멀티미디어를 중심으로 설명하는

디지털 방송 시스템

한종기 | 김재곤 | 서정일 지음

홍릉과학출판사

Preface 머리말

수년전에 저자들이 대학에서 '방송 시스템'이란 과목을 강의하기 시작했을 때 알맞은 교재를 찾지 못해 교재 선정에 적지 않게 어려움을 겪던 일이 생각납니다. 방송 시스템이란 과목을 통해서 학부 학생들에게 가르쳐야 할 내용에는 디지털 TV 방송, 디지털 라디오 방송, DMB 등이 중심이 되는데, 이런 방송 시스템에 관련된 내용들을 학부 학생들에게 강의하려면 이 시스템들을 구성하는 세부 기술들에 대해 먼저 학습시킨 후에야 시스템 전체에 대한 효과적인 강의가 가능했습니다. 방송 시스템을 잘 이해시키기 위해서는 방송국에서 신호가 어떻게 만들어지고, 그 방송 신호는 어떤 과정을 통과한 후 가정이나 사무실의 방송 수신기로 전달되는지에 대해 그 흐름을 이해시킬 필요가 있었습니다. 그러다보니 방송국에서 촬영 및 수집된 동영상 및 오디오 신호는 어떻게 압축되고, 그 신호들은 어떻게 다중화되는 지를 강의해야 했습니다. 또 필요할 때마다 채널 코딩 기술, 변조 및 복조 기술, 안테나 기술 등을 설명해야 했습니다. 저학년 학생들의 경우에는 신호처리 및 정보이론에 대한 기초 지식이 부족해서 이를 먼저 설명해야 될 때도 있었습니다. 이런 내용을 모두 설명하고 있는 단일 교재를 기존 도서들에서 찾는 일은 가능하지 않았습니다. 그래서 저자들이 강의내용과 관련 있는 참고문헌들을 구입한 후 해당 내용들을 모으고 정리해 왔습니다. 이 과정에는 학부생들이 쉽게 이해할 수 있도록 체계적으로 정리하는 노력이 필요했고, 참고 도서들에서 찾을 수 없는 내용은 저자들의 오랜 산업체 및 연구소 근무경험을 바탕으로 보강했습니다. 그래서 올 해 드디어 그 내용들을 한 권의 책으로 엮은 '디지털 방송 시스템'의 첫 판이 나오게 되었습니다.

이 책은 크게 3개 영역으로 구분됩니다. Part I에서는 학부 저학년 학생들을 위해 방송시스템 개론(1장) 및 샘플링 이론(2장), 양자화 이론(3장), 정보 이론(4장), 신호의 변환(5장) 등 기초적인 신호처리 이론을 설명합니다. 이 부분에서 다루는 각 이론들은 다른 전공서적에서 방대하게 다루던 내용 중에서 방송 시스템의 설명에 도움이 되는 부분만 발췌하고 방송 시스템을 이해하는 데 도움이 되도록 다듬은 후 설명하고 있습니다. Part I의 각 장이 기초이론을 다루고 있지만, 각 장의 후반부에서는 해당 기초이론이 방송 시스템에서 어떻게 사용되는지 실제 예제를 제시함으로써 방송 시스템과 연결된 설명을 하려고 노력했습니다.

Part II에서는 동영상 및 오디오 신호로 구성된 방송 콘텐츠를 부호화하는 표준 기술들이 어떤 원리로 만들어졌는지 설명하는 방법으로 구성되어 있습니다. 구체적으로는 HDTV 방송 콘텐츠를 부호화하는 MPEG-2 기술(7장)과 DMB 방송 시스템의 콘텐츠를 부호화하는 H.264/AVC(9장)를 자세히 설명하고 있습니다. 이들 내용에 대해서 이론적인 설명만으로는 충분한 이해가 어렵기 때문에, 7장과 9장에는 실습을 위한 부록 장을 추가하여 학생 스스로 방송 콘텐츠 부호화를 위한 실습이 가능하도록 구성했습니다. 그리고 방송 콘텐츠의 중요한 한 부분인 오디오 신호의 부호화를 위해서 MPEG Audio 전반에 대해 10장에서 설명하고 있습니다. 이 장에서는 인간이 오디오 신호를 인지하는 원리부터 오디오 신호 부호화 이론, 그리고 MPEG에서 표준화해온 오디오 부호화 기술들에 대해 자세히 설명하고 있습니다. 이 외에도 인터넷 방송, VOD 서비스, 디지털 카메라 등 다양한 응용 분야에서 사용되는 비디오 코덱들을 6장과 8장에 정리했습니다.

Part III에서는 Part I과 Part II에서 학습한 기술 내용을 바탕으로 디지털 TV 방송, 디지털 라디오 방송, DMB 방송 등을 쉽게 이해할 수 있게 구성되었습니다. 특히, 첫 장인 11장에서는 비디오 신호와 오디오 신호를 다중화하는 MPEG-2 Systems에 대해 설명하고 있습니다. 또한 11장에는 별도의 부록 장을 추가하여 MPEG-2 Systems의 실습이 가능하도록 구성하였습니다. Part I과 Part II의 내용을 학습한 독자라면 Part III의 방송 시스템들이 자연스럽고 쉽게 이해되는 경험을 하게 될 것입니다.

본 도서를 만드는 데는 산업체와 연구소에서 근무하면서 얻은 경험이 도움이 되었습니다. 특히 저자들이 수년간 MPEG, VCEG, JVT, JCT-VC 등 국제 표준화 회의에 참석하면서 얻은 지식들이 큰 도움이 되었습니다. 아무쪼록 본 도서를 접하는 많은 독자들이 이 분야에 흥미를 얻어 저자들보다 더 뛰어난 인재로 발전하기를 바랍니다.

이 책을 준비하면서 많은 분들이 도와 주셨기에 지면을 통해서나마 감사의 말씀을 드립니다. 이 책을 정리하는데 도움을 준 세종대학교 MSP 연구실 학생들(서찬원, 장명훈, 이재영, 최광현, 이민호, 김기로, 문지혜, 조아라)과 한국항공대학교 미디어통신연구실 학생들(이병탁, 박동일, 박운기, 이상용, 백두산)에게 감사의 말씀을 드립니다. 그리고 오디오 부호화 기술 분야를 작성하는 과정에서 관련 자료를 모아주시고 및 검토해주신 한국전자통신연구원(ETRI) 실감음향연구팀원들에게 감사드립니다. 휴일과 늦은 저녁시간까지 책 때문에 귀가하지 못하는 저자들에게 따뜻한 응원을 해준 가족들께 감사드립니다. 그리고 어느 누구보다도 저희 저자들의 어려움을 미리 아시고 시기적절하게 꼭 필요한 도움을 주신 하나님께 마음을 모아 감사드립니다.

2012년 저자 일동

차례

PART 1 방송 시스템 기초 이론

Part 1

방송 시스템 기초 이론

Chapter 1

방송 통신 시스템

방송 통신 시스템이란 동영상, 정지영상, 음성, 데이터 등으로 구성된 멀티미디어 정보를 방송국과 같은 송신단에서 전송하고 이를 다수의 소비자들이 수신하는 시스템을 의미한다. 방송 통신 시스템을 효율적으로 구현하기 위해서는 정보량이 많은 멀티미디어 자료들을 효율적으로 압축한 후 전송하고, 이를 수신 단말기에서 수신한 후 정확하게 복호화할 수 있어야 한다. 이를 위해서 방송 통신 시스템은 영상과 음성 정보의 특성을 이용하여 큰 압축비로 정보를 압축할 수 있어야 한다. 또한, 채널 에러에 감염된 정보를 멀티미디어 정보의 특성을 이용하여 고품질의 정보로 복원시킬 수 있어야 한다.

본 장의 전반부에서는 방송 통신 시스템의 구성 요소들에 대해서 개략적으로 학습한다. 간단하게 언급하면 방송 통신 시스템은 신호를 압축하는 소스코딩(Source Coding) 모듈, 채널 에러에 대항하기 위한 채널코딩(Channel Coding) 모듈, 이들 각각의 역과정인 소스 복호화(Source Decoding) 모듈, 채널 복호화(Channel Decoding) 모듈, 멀티미디어 정보 출력 모듈로 구성되어 있다. 본 장에서는 이 모듈들의 동작 원리 및 구성 방법에 대해 간략하게 학습한다. 좀 더 구체적인 내용은 이 책의 제2장부터 제5장에서 설명된다. 본 장의 후반부에서는 방송 통신 시스템의 응용 예제들을 설명함으로써 방송 통신 시스템에 대한 이해도를 높인다.

1.1 방송 통신 시스템 구조

그림 1-1과 같이 방송 통신 시스템은 신호 수집 장치(카메라, 마이크), 오디오 및 비디오 소스코딩 모듈, 채널코딩 모듈, 다중화 모듈, 변조(Modulation) 모듈, 복조(Demodulation) 모듈, 역다중화 모듈, 채널 복호화 모듈, 오디오 및 비디오 신호 소스 복호화 모듈, 출력장치(모니터, 스피커) 등으로 이루어져 있다. 각 모듈의 간단한 설명은 다음과 같다.

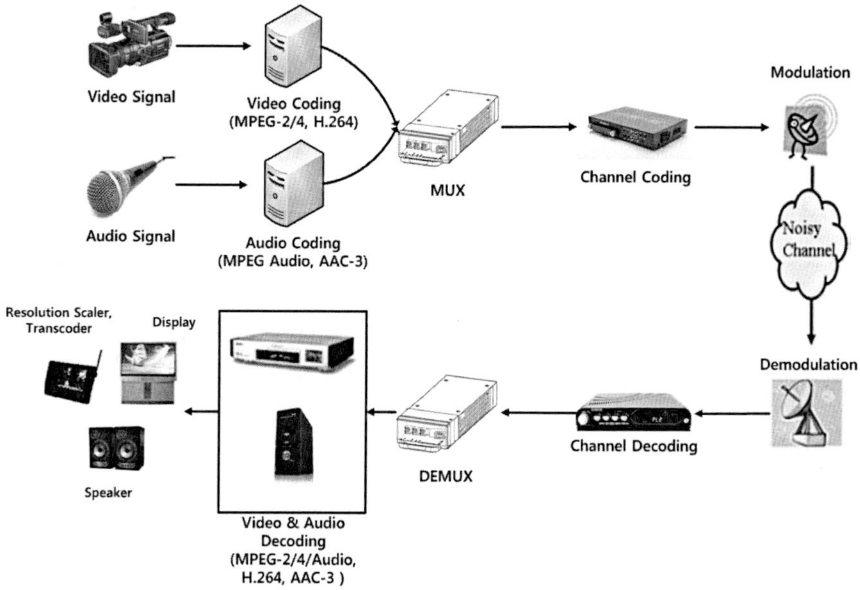

그림 1-1 방송 통신 시스템 구성도

- **신호 수집 장치(카메라, 마이크)** : 영상 및 음성으로 이루어진 멀티미디어 정보를 수집한다. 카메라로는 방송용 카메라, 디지털 카메라, 캠코더 등을 예로 들 수 있다. 방송용 디지털 카메라로 방송을 촬영할 때 보통 초당 30 프레임을 촬영한다. 각 프레임은 HD급일 때 가로 1920 픽셀×세로 1080 라인으로 구성된다. 각 화소는 Red, Green, Blue 3원색으로 컬러색을 표현하며 각 컬러 요소는 8 bit로 표현된다. 마이크는 음성 및 오디오 신호를 수집하는 장치로서 입력 신호를 일정한 대역폭을 갖는 저대역 통과 필터로 처리한 후 저장한다. 디지털 마이크의 경우 아날로그 입력신호(오디오 또는 음성)를 샘플링 해야 하는데, Nyquist Theorem에 따라 신호 대역폭의 2배 주파수로 샘플링한다[1]. 예를 들면, 음성신호의 경우 대역폭을 4 KHz로 가정하고 8 KHz의 주파수로 샘플링한다. 이는 초당 8,000번 샘플링함을 의미한다.
- **오디오 및 비디오 소스코딩 모듈** : 신호 수집 장치를 통해 입력된 멀티미디어 정보는 정보량이 매우 커서 원신호(source signal) 그대로 저장하거나 전송하기 매우 어렵다. 소스코딩 모듈에서는 대용량 멀티미디어 정보를 압축하여, 적은 메모리 공간에 저장하거나 빠른 속도로 전송할 수 있게 한다. 소스코딩 모듈의 기본 작업은 신호에 존재하는 군더더기(redundancy)를 제거하는 과정이다. 소스 인코더부에서 사용하는 압축 기술들로는 양자화, JPEG, MPEG-1, MPEG-2, MPEG-4 등을 예로 들 수 있다[2][3].

- **채널코딩 모듈** : 정보가 전송되는 채널은 공기, 전화선, LAN선, 광섬유 등 다양한 매체로 구성된다. 이런 채널에는 여러 가지 이유로 잡음이 존재하는데, 이 잡음은 전송 신호를 원래 신호와 다른 신호로 왜곡시킨다. 채널코딩 모듈은 채널에 존재하는 에러(잡음)에 영향 받지 않고 압축된 정보를 전송할 수 있도록 정보를 보호하는 기술을 사용한다. 이때 사용되는 기본적인 과정은 전송 신호에 군더더기를 추가하는 과정이다. 이는 source coding 모듈에서 수행한 과정과 반대과정이라고 볼 수 있다[4].
- **다중화 모듈 및 역다중화 모듈** : 소스코딩 과정을 거친 오디오 신호와 비디오 신호 사이에 Display 시간 및 복호화(Decoding) 시간을 일치시킨 후, 오디오 신호와 비디오 신호 그리고 관련 정보 데이터를 다중화(Multiplexing)하여 bit stream을 구성한다. 이 과정에서 channel coding 기술 및 암호화 기술 등 추가 기술이 같이 사용된다. 역다중화는 다중화 과정의 반대 과정으로서 수신된 비트스트림으로부터 오디오 신호와 비디오 신호 그리고 관련 정보 데이터를 분리하여 소스 디코딩 모듈로 보내는 과정이다. 이러한 다중화 및 역다중화 방법들 중에 대표적인 표준 기술이 MPEG-2 Part 1(System)이다. 여기에 서술된 표준 기술을 사용하면, 저장용 비트스트림을 위해서 PS(Program Stream)을 만들거나 전송용으로 TS(Transport Stream)을 만들 수 있다[5][6]. 이에 대한 자세한 내용은 이 책의 제11장에서 자세히 설명한다.
- **변조 모듈(Modulation module)** : 신호가 전송되는 채널들은 전화선, 공기, 구리선, 광케이블, 유무선 인터넷 등 다양한 재질 및 특성을 갖고 있다. 이러한 채널 매질의 전송 특성을 고려하면서 신호의 전송효율을 높이기 위해 신호를 변환 시키는 부분이다. QAM, PSK, FSK 등이 그 한 예라고 할 수 있다[7].
- **복조 모듈(Demodulation module)** : Modulation 모듈에서 변형시킨 신호를 수신단에서 원래 신호로 복원하는 기능을 수행한다.
- **채널 복호화 모듈(Channel decoding module)** : 채널 부호화 모듈에서 수행한 변환의 역과정으로서 채널 부호화된 신호로부터 원래 신호를 복원한다.
- **소스 신호 복호화(Source decoding) 모듈** : Source encoder 모듈에서 압축한 신호를 원래 신호로 복원한다.
- **출력(Display) 모듈** : 복원된 멀티미디어 신호를 출력장치를 이용하여 출력한다. 출력의 방법은 모니터를 통한 시각적인 디스플레이와 스피커 등을 통한 청각적인 출력이 있다. 대표적인 출력 모듈에는 LED, LCD, PDP, CRT 모니터, Projector와 스피커 등이 있다.

앞에서 설명한 시스템 구성 요소 모듈들의 수행 과정들 중에 중요한 몇 가지를 자세하게 서술하면 다음과 같다. 본 장에서 설명하는 대부분의 모듈들은 이 책의 후반부에 있는 제2장~제11장에서 더욱 자세히 서술하고 있다.

1 신호 부호화(Source Coding)

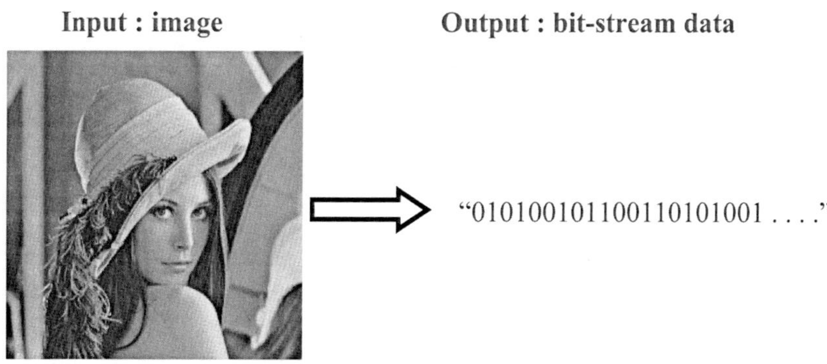

그림 1-2 Source Coding의 개념

Source Coding의 목적은 데이터 량이 많은 영상 및 음성 신호를 적은 수의 비트로 표현하기 위함이다. 그림 1-2의 흑백 사진은 가로 세로 크기가 512×512이다. 흑백 사진이기 때문에 한 화소(pixel)의 밝기 값은 0~255 중 하나의 값을 갖는다. 즉, 한 화소의 밝기를 표현하기 위해서는 8 bit가 필요하다. 한 장의 흑백 사진의 밝기 값을 이진수로 표현하기 위해서는 512×512×8 bit가 필요하다. 특정 압축 기술을 사용해서 위 그림을 512×256 bit 만을 사용해서 표현할 수 있다면 (512×512×8)/(512×256)=16배 압축한 것이 된다.

왜 멀티미디어 신호를 압축해야 하는가? 답부터 이야기하면, 정보를 저장하기 위해 필요한 메모리 용량을 작게 하거나, 한정된 용량의 채널을 통해 정보를 전송할 때 짧은 시간동안 정보를 전송하기 위해서 이다. 예를 들어보자. 현재 우리나라에서 방송되는 HD 방송은 MPEG-2란 소스코딩 기술을 이용하여 압축되어 전송된다. 이런 압축 기술을 사용하지 않으면 동영상 정보를 방송하기 위해서 얼마나 빠른 속도로 전송해야 할까? HD급 방송 신호는 초당 30 프레임이 촬영되며, 각 프레임은 1920×1080 화소수의 해상도를 갖는다. 각 화소는 3원색 컬러(Red, Green, Blue) 성분으로 이뤄져 있고, 각 컬러의 밝기를 표현하기 위해서는 8 bit가 사용된다. 그렇다면, 1초 동안 촬영된 HD급 영상은 어느 정도 크기의 정보가 될까?

$$\frac{30\,\text{frames}}{1\,\text{sec}} \times \frac{1920 \times 1080\,\text{pixel}}{1\,\text{frame}} \times \frac{3 \times 8\text{bit}}{\text{pixel}} = 1{,}492{,}992{,}000\,\text{bits/sec}$$

무려 1.49 Gbps(bit per second)의 속도로 전송해야 한다. 이 신호를 MPEG-2란 압축 기술을 이용하여 100배 정도 압축한다면 14 Mbps로 전송하면 된다. 이런 방식으로 신호를 압축함으로써 전송용량이 작은 채널을 통해 많은 정보를 전송할 수 있으며, 이는 짧은 시간에 많은 정보를 전송할 수 있다는 의미이다.

Source coding 과정에서 수행되는 대표적인 과정은 신호에 존재하는 군더더기를 제거하는 과정이다. 예를 들면, 시간 축 상에서 연속적으로 존재하는 음성 샘플 값들은 그 크기가 유사한 경우가 많다. 영상 신호의 경우에서도 시간축 또는 공간에서 근처에 존재하는 샘플 값들은 서로 유사한 값을 갖는 경우가 많다. 이런 경우 이 유사한 값들을 직접 부호화하지 말고 유사한 값들 간의 차이값을 부호화함으로써 적은 비트를 사용하여 정보를 표현할 수 있다. 이 외에도 멀티미디어 신호를 압축하는 기본 기술들은 다양하게 존재한다. 이들 각각에 대해서 본 교재 제2장~제11장에서 다루기로 한다.

Source Coding은 크게 무손실 부호화(Lossless Coding)와 손실 부호화(Lossy Coding)로 구분 지을 수 있다. 손실 부호화는 신호의 압축 과정에서 원래 신호 값이 아닌 유사한 신호로 변환되는 과정이 포함된다. 이 과정에서 발생하는 대표적인 왜곡은 양자화 왜곡이다. 양자화 과정을 통해 발생되는 양자화 왜곡이 발생한 신호는 어떠한 기술을 사용하더라도 왜곡이 제거된 원 신호로 복원될 수 없다. 양자화 과정에서 양자화 에러가 발생하지만, 양자화 에러가 발생된 채로 복원된 신호가 원 신호와 매우 유사하다면 최종 사용자는 양자화 왜곡을 귀나 눈으로 식별하기 어렵다. 이 경우 양자화 왜곡이 귀나 눈에 거슬리지는 않는다.

무손실 부호화는 압축 과정에서 어떠한 왜곡도 발생하지 않는 경우이다. 이런 압축 방식의 압축률은 1.1~2.4배 정도로 작지만, 원본과 똑같은 신호로 복구할 수 있는 장점이 있다. 주로 의료 영상, 군사 영상, 인공위성에서 촬영된 사진 등을 압축하기 위해서 사용된다. 우리가 PC에서 파일을 압축하기 위해 사용하는 응용 프로그램 들이 무손실 압축 방식의 예이다. 이 프로그램들을 사용하여 컴퓨터 파일(문서, 그림, 음악 등)을 압축한 후, 복원하면 원본 파일과 완전히 똑같은 파일로 복구할 수 있다. 무손실 부호화 방법으로는 Huffman Code, Run-Length Code(RLC), Exp-Golomb Code, Arithmetic Code, LZW 등을 예로 들 수 있으며, 이들 방법들의 다양한 조합 및 개선 변형된 방법들이 존재한다. 개선 및 응용된 무손실 부호화 방법들 중 대표적인 것이 H.264에서 사용되는 CAVLC와 CABAC이다. 이 내용은 이 책의 제9장에서 자세히 학습한다.

현재 상용적으로 사용되는 다양한 압축 기술들은(손실 부호화든지 무손실 부호화든지) 앞서 설명한 다양한 기술들을 조합하여 구성되어 있다. 예를 들면, JPEG 기술은 DCT 변환, 양자화, Huffman Code, RLC 등을 사용하여 구성되어 있다. 멀티미디어 신호를 압축하는 방법을 전 세계적으로 표준화하면 관련된 정보통신 사업 및 관련 기술 발전에 도움이 되기 때문에 멀티미디어 신호 및 응용 분야에 따라서 다양한 압축 기술들을 표준화하고 있다. 현재 많이 알려진 멀티미디어 압축 표준 방법에는 JPEG, H.261, H.263, MPEG-1, MPEG-2, MPEG-4, H.264 등이 있는데, 이 방법들의 세부 모듈들에서는 손실 부호화 방법과 무손실 부호화 방법 등이 모두 사용되고 있으며, 최종적으로 압축된 신호는 손실 부호화 모듈들의 영향에 의해서 손실 부호화된 결과를 발생시킨다. JPEG은 손실 부호화와 무손실 부호화 두 가지 방법을 모두 지원하기는 하지만 대부분 경우 손실 부호화 방법이 사용된다. 우리 가정에서 디지털 HDTV를 시청하면 매우 선명하고 깨끗한 방송을 즐길 수 있는데, 이는 MPEG-2로 압축된 신호를 복원한 영상이다. 이 선명한 신호에도 양자화 왜곡이 첨가되어 있지만 눈에는 잘 보이지 않는다. 그 외에도 Source coding의 다양한 응용 분야로는 Teleconferencing, 인공위성을 이용한 Remote sensing, VOD(video on demand), Video CD, DVD(digital video disk), Medical imaging 등을 들 수 있다.

2 채널 부호화(Channel Coding)

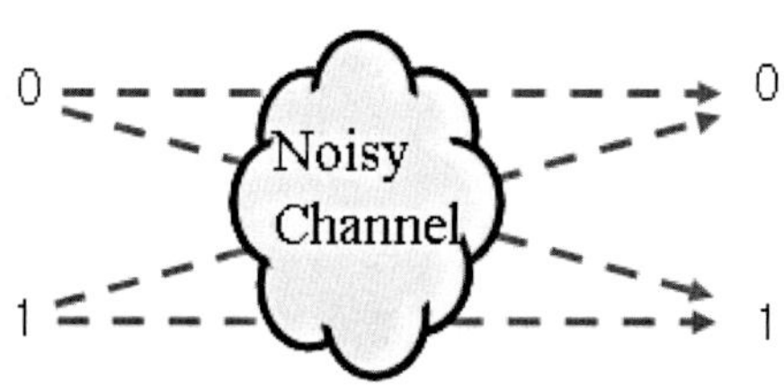

그림 1-3 Binary Symmetric Channel의 모델

채널코딩의 목적은 노이즈가 존재하는 채널 환경에서 노이즈의 영향을 제거하는 것이다. 우리가 통신채널로 사용하는 전선이나 공기 중에는 다양한 잡음(Noise)이 존재한다. 이런 잡음들 때문에 송신단에서 0을 전송했으나 수신단에서는 1이 수신될 수 있다. 만약 이런 잡음이 존재한다면, 송신단에서 0001을 전송했을 때, 수신단에서는 잘못된 데이터 0101이 수신될 수 있다. 수신단에 잘못된 데이터가 도착한

다면 복원 영상 신호에 특이한 형태의 왜곡부분이 발생한다든지, 음악 신호에 잡음이 발생하게 된다.

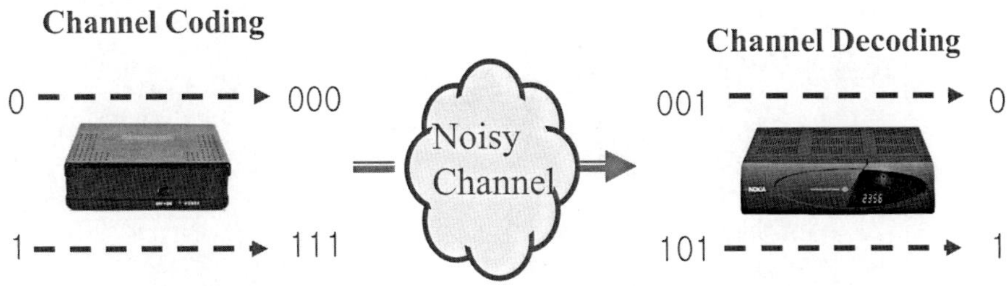

그림 1-4 Channel Coding의 개념

채널 잡음의 효과를 줄이는 채널코딩의 원리를 설명하기 위해 기초적인 채널코딩 기법을 설명한다. 송신해야 하는 신호가 0일 때, 0을 하나만 보내는 것이 아니라 000 이렇게 3번 반복해서 보낸다. 그렇게 되면 채널 잡음에 의해서 001 등으로 왜곡된다. 이때, 동시에 여러 비트가 바뀌는 경우보다는 한 개의 비트만 변경되는 경우가 확률적으로 아주 많다. 수신단에서는 수신된 신호 001을 보고, 0의 개수가 1의 개수보다 많으니, 000을 전송했을 것이라고 판단한다. 따라서 최종적으로 0으로 결정한다. 이 방법을 사용하면, 채널에러의 효과는 줄일 수 있으나, 1비트만 보내도 되는 것을 3비트를 보내야 하는 단점이 있다. Source Coding은 신호의 군더더기를 제거하여 신호를 압축하는 기능을 수행하고, Channel Coding은 신호에 군더더기를 덧붙여 채널에러의 영향을 줄이는 역할을 한다. 우수한 채널코딩 기법은 군더더기를 아주 조금만 덧붙여도 채널에러 영향을 효과적으로 감소시킬 수 있는 방법이다. 대표적인 채널코딩 기법에는 Hamming Code, BCH Code, Cyclic Block Code, Convolutional Code, Reed Solomon Code, Turbo Code, LDPCA 등이 있다 [8][9].

3 Source Decoding에서 에러 감춤(Error Concealment) 기술

앞서 설명한 채널코딩 기법을 사용하였더라도 사용된 채널코딩 기술의 에러방지 능력(capacity)을 초과하는 채널에러가 발생한다면 수신 영상에는 채널 왜곡의 효과가 남게 된다. 다음 그림은 채널코딩 기법을 사용하였음에도 불구하고 수신단에서 남게 된 왜곡현상과 이 왜곡을 보정하는 과정에 대해서 설명하고 있다.

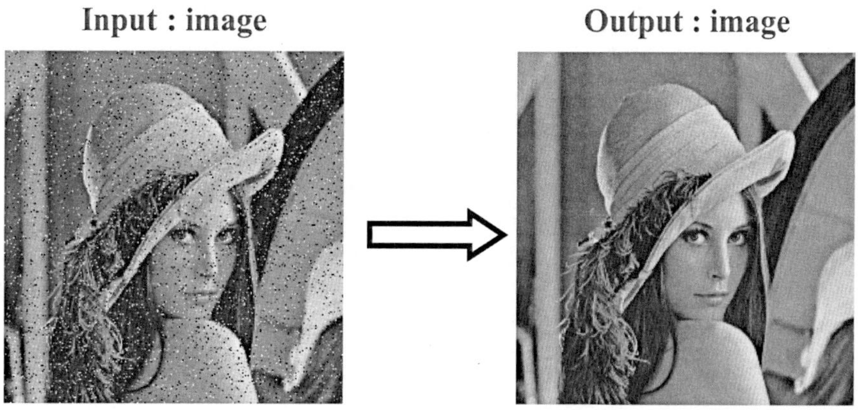

그림 1-5 에러 감춤 기술의 효과

두 개의 그림 중에 왼편의 그림은 채널 잡음 때문에 왜곡된 그림이다. 이런 상태로 수신된 영상신호에 에러 감춤 기법을 사용하면 오른편의 그림처럼 깨끗한 그림이 된다. 구체적인 에러 감춤 기술에는 여러 가지 방식들이 있는데, 주로 주위 화소 간의 상관성을 이용하여 에러가 발생한 화소를 주위 화소들과 비슷한 값으로 변환시키는 방법이 원시적이고 흔한 방법이다. 더 구체적인 방법은 참고문헌 [10][11] 등을 이용하여 학습할 수 있다.

4 Display 장치의 해상도 변환기(Resolution Scaler)

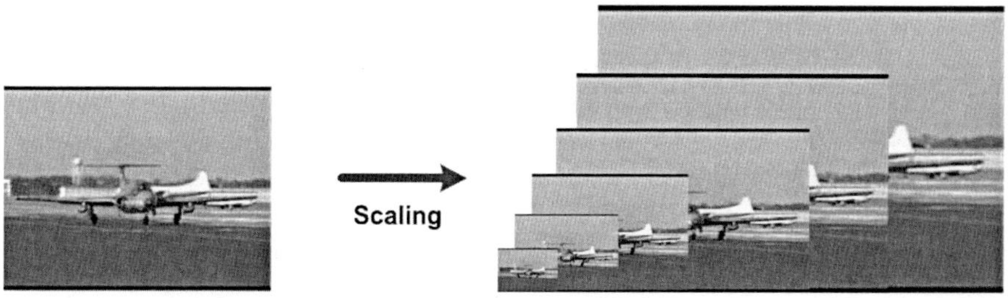

VGA (640x350/640x480/720x400)
SVGA (800x600/832x624)
XGA (1024x768)
SXGA (1152x864/1152x900/1280x1024)
UXGA (1600x1200)
WUXGA (1920x1200)
NTSC/PAL (480i, 576i)

그림 1-6 해상도 변환 예시들

방송 통신 시스템을 구성하는 모듈 가운데 맨 마지막에 위치한 해상도 변환기는 멀티미디어 정보를 수신한 후 복호된 신호를 시각적 디스플레이 장치를 이용하여 출력할 때, 출력 장치의 해상도에 맞게 신호의 해상도를 변환하여 출력하는 역할을 한다.

여러분들이 사용하는 PC 또는 TV 모니터들은 다양한 해상도를 지원하는 기능이 있다. 만약 수신기에서 복호된 영상 신호의 해상도가 SXGA(1152×864)급이고 사용하는 모니터의 지원 해상도는 UXGA(1600×1200)급이라고 가정해보자. 수신 영상 신호의 해상도와 모니터의 해상도 차이가 크기 때문에 이럴 경우 신호의 해상도를 변형시켜 모니터의 해상도에 맞춰줘야 한다. 이런 기능을 수행하는 것이 해상도 변환기의 역할이다.

그림 1-7 해상도 변환 응용 예 1

그림 1-7은 해상도 변환 모듈의 응용 예이다. PC 모니터에서 인터넷 신문을 읽고 있으면서 동시에 DVD로 영화를 본다고 가정하자. 이렇게 2가지 작업을 동시에 수행하려면 PIP(Picture in Picture)기능을 지원하는 모니터를 사용해야 한다. 이런 형태로 작업을 진행하다가, 영화의 내용을 더 큰 해상도로 보고 싶으면, DVD 출력 부분을 마우스로 선택한 후 크게 늘려야 한다. 이런 기능을 가능하게 하려면 해상도 변환 모듈이 필요하다.

그림 1-8 해상도 변환 응용 예 2

그림 1-8은 반대로 큰 화면에서 DVD를 시청하고, 작은 화면으로 인터넷 검색을 수행하는 PIP 모니터 예이다. 이 경우에도 마찬가지로 PC 검색 화면의 해상도를 조절할 수 있다.

그림 1-9 해상도 변환 응용 예 3

그림 1-9는 Double Screen이라고 한다. 모니터를 반으로 나누어 한쪽에는 PC 화면을 다른 한쪽에는 DVD 영화 재생 화면을 출력한다.

이런 해상도 변환 기능을 구현하기 위해서는 interpolation 기법, sampling 기법, filter 디자인 기법 등이 필요하다. 구체적으로는 LPF(Low Pass Filter)를 디자인하고 구현할 수 있어야 하며, sample and hold, bi-linear, cubic B-spline, cubic convolution 등의 interpolation 기술이 필요하다[12]~[15]. 이에 대해서는 본 교재의 제2장에서 자세하게 다루고 있다.

1.2 방송 통신 시스템의 예

1 트랜스코더를 이용한 통신 및 방송 융합 시스템

지금까지 멀티미디어 통신 시스템을 구성하는 세부 모듈들에 대해 개념 및 기본 기능 위주로 개략적인 설명을 했다. 각 모듈의 상세 내용은 이 책의 다른 장(제2장~제11장)에서 다루게 된다. 본 절에서는 멀티미디어 통신 시스템의 개론적인 설명을 위해서 방송 통신 시스템의 응용 예를 설명한다.

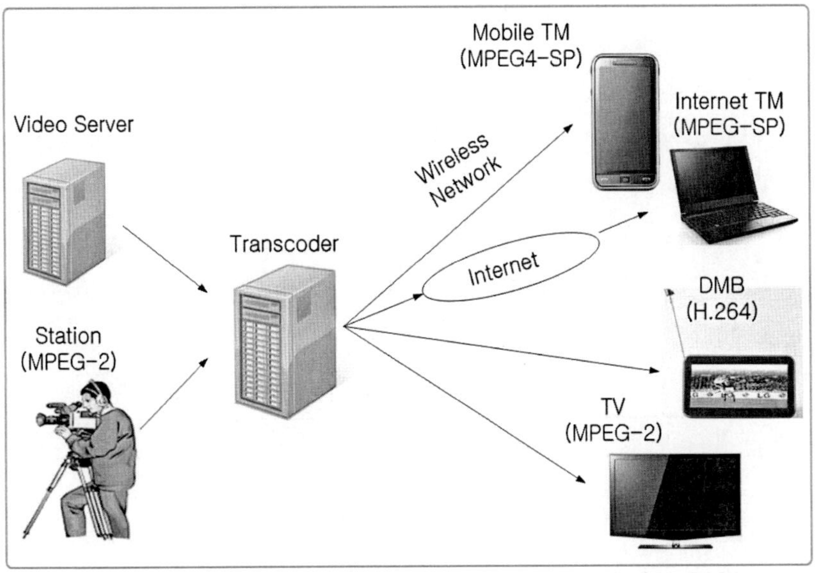

그림 1-10 방송 통신 시스템 예

여러분들은 가정에서 TV드라마를 시청할 때, TV 모니터 상단에 HD라고 표시된 부분을 발견할 수 있다. 이 표시는 High Definition의 약자로서, 해당 프로그램이 MPEG-2 방식으로 압축되어 송신되는 디지털 방송이란 의미이다. 다른 한편으로, 많은 사람들은 TV를 통해 시청하는 방송들 가운데 재미있는 방송을 PC를 이용하여 다시 시청하곤 하는데, 이를 위해서 방송사 홈페이지에 접속해서 VoD(Video on Demand)란 유료 서비스를 이용한다. 이런 서비스는 PC나 노트북을 이용해서 이용하는데, 이때 유선 또는 무선 네트워크를 통해 전송되는 방송 콘텐츠는 MPEG-4라는 기술로 압축된다. 다시 말해, TV에는 MPEG-2로 압축된 서비스가 제공되고, PC나 PDA/스마트폰에는 MPEG-4로 압축된 서비스가 제공된다. 이런 기술의 불일치 문제를 해결하기 위해서 다음 과정을 수행한다. 제일 먼저, 촬영된 드라마 원 신호(Source Signal)를 MPEG-2 방식으로 압축한 후 방송 시스템을 통해 송신한다. 그리고 원 신호를 MPEG-4로도 다시 압축한다. MPEG-2로 압축된 신호는 방송용으로 사용하고, MPEG-4로 압축된 신호는 VoD streaming service용으로 사용한다. 이렇게 사용하면, 방송국 서버룸에 MPEG-2로 압축된 신호와 MPEG-4로 압축된 신호를 모두 다 저장해야 한다. 모든 방송 프로그램을 이와 같이 2가지 방법을 모두 사용하여 압축한 후 저장하는 방식은 방송국 입장에서 매우 큰 저장 공간이 필요하게 된다. 이 문제를 해결하기 위해 그림 1-10과 같은 트랜스코딩(Transcoding) 시스템을 이용한다. 방송국 서버룸에는 MPEG-2로 압축된 멀티미디어 신호만 저장해두고, 네트워크 중간에 존재하는 Transcoder란 장치가 MPEG-2로 압축된 신호를 MPEG-4 비트 스트림으로 변환시켜 준다. 이렇게 변환된 신호를 PC나 PDA/스마트폰 등에서 VoD 서비스 형태로 이용할 수 있다. 이런 방법을 통하여 방송 시스템 전체의 효율성을 향상시킬 수 있다. 트랜스코더는 현재 학문적으로나 산업체에서 매우 중요한 기술로 인식되고 있다[16]~[20].

그림 1-10을 구성하는 요소 기술들을 정리하면 다음 표 1-1과 같다. 이 관련된 요소 기술들은 본 책의 다른 장(chapter)에서 다루게 되는데, 그 관련된 chapter들은 다음과 같다.

표 1-1 그림 1-10에서 사용된 기술들의 분석

기술명	용도	이 책에서 다루는 chapter
MPEG-2	디지털 TV용 고해상도 데이터를 압축함.	제 7 장
MPEG-4	이동 통신 및 이동 기기용 멀티미디어 데이터를 압축함.	제 8 장
H.264/AVC	고성능 방송용 멀티미디어 데이터를 압축함.	제 9 장
Transcoder	특정한 비디오 표준 기술로 압축된 비트스트림을 다른 비디오 코덱용으로 변환 시키는 역할을 수행.	

2 디지털 TV 방송 시스템

아날로그 TV에 비해서 채널 잡음에 강하고 적은 송신 전력으로 방송이 가능한 디지털 TV 방송 시스템에서는 오류정정 기술(채널코딩 기술), 정보 검색 및 편집 기술, 큰 비율의 신호 압축 등이 가능하다. 2012년 12월 말을 기점으로 우리나라에서는 더 이상 아날로그 TV 방송을 서비스 하지 않기 때문에 모든 시청자들은 디지털 TV 또는 디지털 TV를 시청하기 위한 변환기를 준비해야 한다.

아날로그 TV에 비해서 디지털 TV는 16 : 9의 화면 비율을 지원하고 화면 해상도가 매우 높아 고화질 방송 서비스를 제공한다. 또한, 아날로그 TV에서 2채널 스테레오 음향만을 지원하던 것에 비해, 디지털 TV에서는 5.1 채널 돌비 AC-3 기술로 부호화된 고품질의 오디오 신호를 수신할 수 있게 된다[21]~[29]. 이들 외의 다양한 장점 및 특징을 이 책의 제13장에서 자세히 학습하자.

그림 1-11에서는 디지털 TV 방송 시스템을 구성하는 요소 기술들을 표시하였고, 동시에 세부 기술들을 이 책의 어느 chapter에서 학습할 수 있는지 표시하였다. 같은 내용을 표로 정리한 것이 다음의 표 1-2이다.

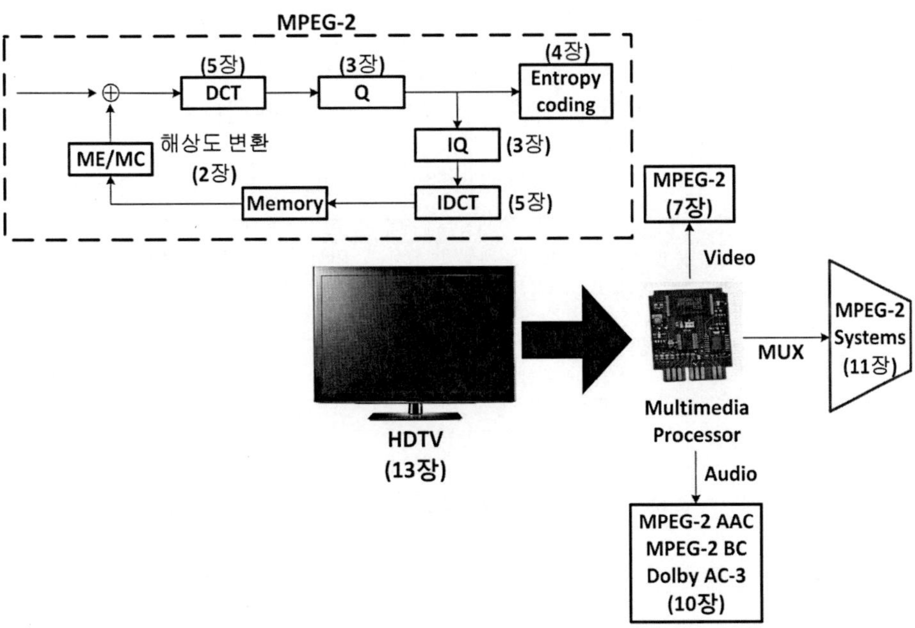

그림 1-11 Digital TV 방송 시스템을 구성하는 기술들

표 1-2 디지털 TV 시스템의 방식 및 요소 기술 분석

세부항목	일본 방식	유럽 방식	미국 방식	이 책에서 다루는 chapter
변조방식	DQPSK, QPSK, 16QAM, 64QAM	DQPSK, 16QAM, 64QAM, MR-16QAM, MR-64QAM	8-VSB	
다중화 방법	MPEG-2 System	MPEG-2 System	MPEG-2 System	제 11 장
비디오 압축 방법	MPEG-2	MPEG-2	MPEG-2	제 7 장
오디오 압축 방법	MPEG-2 AAC	MPEG-2 Audio BC	Dolby AC-3	제 10 장

3 디지털 라디오 방송 시스템

현재 아날로그 라디오가 AM 및 FM 변조 방법으로 서비스되고 있는 반면, 디지털 라디오 방송 시스템은 디지털 변조 및 복조 방법을 사용하고, 디지털 신호를 높은 압축률로 압축하고, 채널 부호화 방법을 사용하여 채널 에러를 극복하는 등 고품질 오디오 방송을 구현하고 있다. 디지털 라디오 방송 시스템에서는 이동하는 수신기의 수신 능력이 월등히 향상되고, 고품질의 오디오 신호를 수신할 수 있으며, 오디오 신호 외의 다양한 고속 데이터 서비스가 가능한 상태이다. 디지털 라디오 방송 시스템에서는 영상

표 1-3 디지털 라디오 방송 시스템의 방식 및 요소 기술 분석

세부 기술	유럽식	일본식	미국식	한국식	이 책에서 다루는 chapter
변조 및 복조	D-QPSK/OFDM	D-QPSK, QPSK, 16QAM, 64QAM/BST-OFDM	QPSK/OFDM	8-PSK, 16QAM/OFDM	
채널 부호화	Convolutional Code	Reed Solomon + Convolutional Code	Convolutional Code	Reed Solomon + Convolutional Code 또는 Reed Solomon + TCM	
오디오 부호화	MPEG-1의 Layer 2 (MUSICAM)	MPEG-2 AAC	MPEG-2 AAC 또는 PAC	MPEG-2 AAC	제 10 장
오디오 서비스	CD급	CD급	CD급	CD급	

데이터를 전송할 수 있고, GPS, 문자방송, 교통정보, Fax 데이터, 광역 호출 정보 등을 전송할 수 있다. 디지털 라디오 방송에 대한 자세한 설명은 본 책의 제14장에서 다루기로 한다.

표 1-3에서는 디지털 라디오 방식의 구성 기술들을 나열하고 있다.

4 DMB 방송 시스템

우리나라에서 서비스되고 있는 디지털 TV 방송은 북미식으로서 유럽식에 비해 화면 해상도는 높으나 이동 수신 능력이 떨어지는 단점이 있다. 이러한 멀티미디어 데이터의 이동 수신 문제를 해결하기 위해 2005년부터 서비스되기 시작한 것이 DMB 방송이다. DMB는 디지털 라디오를 전송하기 위한 채널의 일부에 비디오 방송 신호를 압축하여 전송하는 방식으로서 Digital Multimedia Broadcasting의 약자이다. DMB에 대한 자세한 내용은 본 교재의 제15장에서 다루고 있다.

DMB 방송은 지상파 DMB와 위성 DMB로 구분되는데, 각각의 특징은 다음 표 1-4와 같다. 표에서 알 수 있듯이, DMB 방송 시스템은 (a) 비디오 압축, (b) 오디오 압축, (c) 비디오와 오디오 신호의 다중화(multiplex), (d) 채널코딩, (e) 변조 복조(modulation) 등으로 이루어져 있다. 이는 앞의 그림 1-1에서 설명하는 세부 모듈 모두를 포함하고 있는 형태이다[30]. 이 책에서 다루고 있는 DMB 관련 요소 기술들을 그림 1-12에 표시하였다. 이 그림에서 볼 수 있듯이, DMB 방송 시스템을 구성하는 요소 기술들을 이 책의 다른 장들에서 자세하게 설명하고 있다.

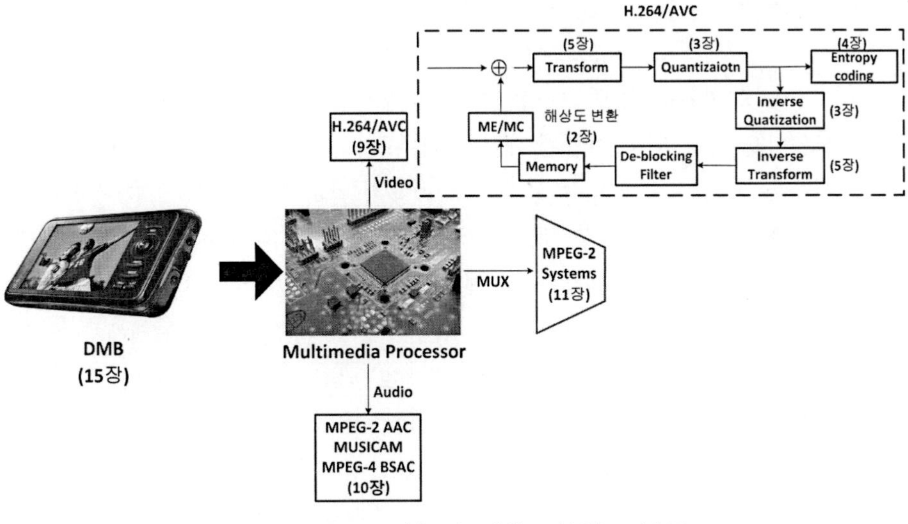

그림 1-12 DMB 방송 시스템을 구성하는 기술들

표 1-4 DMB 방송 시스템의 방식 및 요소 기술 분석

세부 모듈	위성 DMB	지상파 DMB	본 교재에서 자세히 다루는 chapter
용도	위성 방송용	지상파 방송용	
비디오 신호 제공	제공 가능	제공 가능	
지상 중계기 사용	가능	가능	
고속 이동 수신	가능	가능	
다중화	MPEG-2 System	MPEG-2 System	제 11 장
채널코딩	Reed Solomon Code, Convolutional Code	Convolutional Code	
변조 및 복조	QPSK	DQPSK	
오디오 압축 방식	MPEG-2 AAC+SBR	MPEG-1 Layer 2 (MUSICAM)과 MPEG-4 BSAC	제 10 장
비디오 압축 방식	H.264/AVC	H.264/AVC	제 9 장
주파수 대역폭	25 MHz	12 MHz	
전송 용량	7.68 Mbps	6.912 Mbps	

1.3 이 책의 구성

이 책의 Part II인 제6장부터 제10장까지는 지금까지 표준화되어 온 비디오 및 오디오 신호 압축 기술에 대해서 다루고 있다. 이들은 대부분 우리가 신문이나 방송을 통해 자주 들어본 MPEG-2, JPEG, H.264 등이다. 이런 기술들을 이해하기 위해서는 이 코덱들을 구성하는 핵심 모듈들의 원리를 이해해야 하는데, 이 기초 원리들을 이 책의 제2장부터 제5장에서 다루고 있다.

제3장 양자화의 후반부에서는 MPEG-2 등 표준 비디오 코덱에서 어떤 양자화 기법을 사용하는지에 대해 설명하고 있고, 비디오 신호에 다양한 양자화기를 사용한 실험 결과를 제시함으로써, Part II에서 비디오 코덱을 학습하는 데 도움이 되도록 노력하였다. 제4장 정보이론에서는 정보이론의 기본적인 이론부터 시작하지만, 제4장의 후반부에서는 JPEG, MPEG-1, MPEG-2, MPEG-4, H.264 등에서 사용하는

엔트로피 부호화 기법에 대해서 사용 용도마다 구별하여 설명하고 있다. 또, 제5장의 신호의 변환을 학습함으로써 단순 암기식으로 DCT를 이해하는 것이 아니라 신호의 변환의 핵심 원리를 이해하게 하고, 향후 학생 스스로가 최적화된 새로운 변환 기술을 만들 수도 있도록 유도하였다. 제5장의 DCT를 학습함으로써 Part II의 코덱 기술들에서 사용하는 변환 부호화를 자연스럽게 이해할 수 있도록 설명하였다. 한편, MPEG-2, H.264 등의 비디오 코덱들 구조에서 움직임 벡터를 찾는 과정이 필요한데, 이를 위해 화소와 화소 사이를 보간하게 되는데, 이때 단순 암기식으로 이 보간 필터부분을 학습하지 않고, 보간 필터 설계를 위한 핵심 원리를 이해함으로써 향후 차세대 비디오 코덱을 개발하는 과정에서 학생 스스로 새로운 보간 필터를 개발할 수 있도록 하기 위해, 제2장에서 샘플링 및 해상도 변환 기법을 설명하고 있다.

이렇게 Part I의 핵심 요소 기술들을 학습함으로써 자연스럽게 Part II의 표준 비디오 및 오디오 코덱에 대한 이해를 쉽게 유도하고 있다. 다음 표 1-5는 제6장~제10장 내용이 Part I의 각 장들과 어떤 관계가 있고, Part I을 학습함으로써 어떤 도움이 되는지 설명하고 있다.

표 1-5 이 책의 Part I과 Part II 간의 관계

		Part I			
		제2장 샘플링 및 신호의 해상도 변환	제3장 양자화	제4장 정보 이론	제5장 신호의 변환
Part II	제6장 JPEG		○	○	○
	제7장 MPEG-2	○	○	○	○
	제8장 Video 코덱의 표준화	○	○	○	○
	제9장 H.264/AVC	○	○	○	○
	제10장 오디오 부호화		○	○	○

JPEG을 Part II의 가장 처음에 설명하는 이유는 JPEG 압축 방법을 이해하고 나면, 동영상 압축 기술들(MPEG-1, MPEG-2, MPEG-4, H.261, H.264)의 Intra Picture를 압축하는 방법을 자연스럽게 이해할 수 있게 되기 때문이다. JPEG의 다음 장에 위치한 제7장의 MPEG-2에서는 MPEG-2를 본격적으로 설명하기 전에, 정지 영상과 동영상을 압축하는 것이 신호에 존재하는 군더더기를 제거하는 원리라는 점을 강조하여 설명하는 등, 다양한 비디오 압축 원리 및 기초적인 기술 내용을 학습한 후, MPEG-2 코딩 방법을 다루고 있다. 제7장의 부록에 MPEG-2 코덱을 실습하기 위한 안내를 제시함으로써 암기식 학습을 지양하고 현장감 있는 학습을 유도하였다. MPEG-2를 자세히 학습한 독자들은 MPEG-1, MPEG-2, MPEG-4, H.261 등 다른 코덱들을 쉽게 이해할 수 있는데, 그 이유는 비디오 코덱의 기본 구조는 비슷한데, 각 핵심 모듈별로 동작 방법이 약간씩 다르기 때문이다. 이러한 공통점과 차이점을 제8장 비디오 코덱의 표준화에서 학습한다.

제9장 H.264에서는 DMB 방송 시스템에서 사용되는 비디오 압축 방법을 학습하는데, 이 코덱은 다른 이전 코덱들에 비해 복잡한 대신 고성능의 압축률을 얻을 수 있는 기술들이 사용되고 있다. 이 기술들에 대해서 자세히 학습한 후, 제9장 부록에서 실습을 수행하여 산업체에서 요구하는 수준의 학습을 수행할 수 있게 된다.

제10장에서는 방송 시스템에서 비디오 신호와 함께 전송되는 오디오 신호를 압축하는 방법을 학습한다. 오디오 신호를 압축하는 기술의 기본이 되는 지각 오디오 부호화 기술에 대한 기초를 학습한 후 방송 시스템에서 사용 중인 MPEG과 Dolby에서 개발한 여러 가지 오디오 부호화 기술에 대해서 먼저 표준화 되었거나 발표된 순서대로 자세히 학습한다. 그 이유는 현재 방송 시스템에서 사용되는 오디오 코덱이 지각 오디오 부호화 방법을 기본구조로 가지면서 성능을 개선하기 위하여 부가적인 툴들이 추가되는 형태로 개발되어 왔기 때문이다.

Part III에서는 MPEG-2 Systems 기술과 대표적인 방송 시스템 및 서비스에 대해서 학습한다. 제11장에서는 압축된 오디오, 비디오 및 데이터의 다중화 및 동기화 기능을 제공하는 MPEG-2 Systems 표준을 학습하고, 부록에서 공개된 SW 툴을 이용하여 다중화 및 역다중화를 실습한다. 제12장~제15장에서는 디지털 방송, 디지털 TV 방송, 디지털 라디오 방송 및 DMB 방송에 대해서 각 서비스 및 방송 시스템의 개요와 시스템 구성, 관련 표준화 현황 등을 살펴봄으로써, Part II에서 학습한 표준 기술이 실제 시스템에서 적용되는 예를 확인하고 이들 방송 시스템들에 대한 전반적인 이해를 할 수 있게 된다.

다음 표 1-6은 Part II와 Part III에서 학습한 내용들의 관계를 표현하고 있다.

표 1-6 이 책의 Part II와 Part III 간의 관계

		Part II				
		제7장 MPEG-2	제8장 Video 코덱의 표준화	제9장 H.264/AVC	제10장 오디오 부호화	제11장 MPEG-2 Systems
Part III	제11장 MPEG-2 Systems	○			○	
	제13장 디지털 TV 방송	○	○		○	○
	제14장 디지털 라디오 방송				○	
	제15장 DMB		○	○	○	○

• 참고문헌

[1] Alan V. Oppenheim, Alan S. Willsky, S. Hamid Nawab, *Signals & Systems*, Prentice Hall, 1997.pv

[2] 김재균, 권재철, 문주희, 황강욱, 『영상통신개론』, 홍릉과학출판사, 2010.

[3] 하영호, 남재열, 최윤식, 원치선 공역(Ze-Nian Li and Mark S. Drew 저), 『멀티미디어 공학(원제 : *Fundamentals of Multimedia*)』, Pearson Prentice Hall, 2004.

[4] 나상신, 『정보이론』, 브레인코리아, 2003.

[5] ISO/IEC 13818-1 : 2007, *Information technology - Generic coding of moving pictures and associated audio information : Systems.*

[6] M. Uehara, "Application of MPEG-2 Systems to Terrestrial ISDB(ISDB-T)", *IEEE Proceeding*, vol. 94, no. 1, pp. 261-268, Jan. 2006.

[7] John G. Proakis, *Digital Communications*, Mc Graw Hill, 1995.

[8] Shu Lin, *An Introduction to Error-Correcting Codes*, Prentice Hall, 1970.

[9] Stephen B. Wicker, Vijay K. Bhargava, *Reed-Solomon Codes and Their Applications*, IEEE Press, 1994.

[10] William K. Pratt, *Digital Image Processing*, John Wiley & Sons, 1991.

[11] Rafael C. Gonzalez, Richard E. Woods, *Digital Image Processing*, Prentice Hall, 2002.

[12] J. K. Han and S. U. Baek, "Parametric Cubic Convolution Scaler for Enlargement and Reduction of Image", *IEEE Trans. on Consumer Electronics*, pp. 247 - 256, vol. 46, Issue 2, May, 2000.

[13] J. K. Han and H. M. Kim, "Modified Cubic Convolution Scaler with Minimum Loss of Information", *Optical Engineering*, pp. 540 - 546, vol. 40, April 2001.

[14] Jong-Ki Han and Hyung-Myung Kim, "Modified cubic convolution scaler for multiformat conversion in Transcoder", *Optical Engineering*, pp. 1596 - 1608, vol. 43, July 2004.

[15] Sang-Min Kwak, Joo-Hee Moon, and Jong-Ki Han, "Modified cubic convolution scaler for edge directed non-uniform data", *Optical Engineering*, pp. 107001-1 -11, October 2007.

[16] Jong-Ki Han, Sang-Min Kwak and Jinook Kim, "Joint Optimization of the Motion Estimation Module and the Up/Down Scaler in Transcoders", *IEEE Trans. on Circuits and Systems for Video Technology*, pp. 1303 - 1313, Vol. 15, No. 10, Oct. 2005.

[17] Sang-Min Kwak, Jae-Gon Kim and Jong-Ki Han, "Efficient rate control scheme using complexity of macroblock for MPEG-2 transcoder", *IEICE Letters trans. on Information Systems*, pp. 1316-1319, Aug., 2007.

[18] J. Xin, M.-T. Sun, B.-S. Choi, and K.-W. Chun, "An HDTV-to-SDTV spatial transcoder", *IEEE Trans. Circuits Syst. Video Technol.*, vol. 12, no. 11, pp. 998.1008, Nov. 2002.

[19] M.-J. Chen, M.-C. Chu, and C.-W. Pan, "Efficient motion-estimation algorithm for reduced frame-rate video transcoder", *IEEE Trans. Circuits Syst. Video Technol.*, vol. 12, no. 4, pp. 269.275, Apr. 2002.

[20] T. Shanableh and M. Ghanbari, "Heterogeneous video transcoding to lower spatio-temporal resolutions and different encoding formats", *IEEE Trans. Multimedia*, vol. 2, no. 6, pp. 101.110, Jun. 2000.

[21] Ibrahim, K. F., *Newnes Guide to Television and Video Technology : The Guide for the Digital Age - from HDTV, DVD*, Elsevier, 2007.

[22] Sadka, *Compressed Video Communications*, John Wiley & Sons, 2002.

[23] John F. Arnold, Michael R. Frater, Mark R. Pickering, *Digital Television : Technology and Standards*, Wiley-Interscience, 2007.

[24] Ulrich Reimers, *DVB : The Family of International Standards for Digital Video Broadcasting(Signals and Communication Technology)*, Springer, 2005.

[25] Walter Fischer, *Digital Video and Audio Broadcasting Technology : A Practical Engineering Guide(Signals and Communication Technology)*, Springer Verlag, 2008.

[26] Seamus O'Leary, *Understanding Digital Terrestrial Broadcasting(Artech House Digital, Audio, and Video Technology Library)*, Artech House, 2000.

[27] M. Ghanbari, *Standard Codecs : Image Compression to Advanced Video Coding(IET Telecommunications Series)*, Institution of Electrical Engineers, 2003.

[28] Lajos Hanzo, *Video Compression and Communications : From Basics to H.261, H.263, H.264, MPEG4 for DVB and HSDPA-Style Adaptive Turbo-Transceivers*, John Wiley & Sons, 2007.

[29] Lee, Jae-beom, *The VC-1 and H.264 Video Compression Standards for Broadband Video Services*, Springer, 2008.

[30] 구제길, 하상욱, 왕재용, 『DMB 시스템 기술 : 지상파 DMB 구현』, 진한M&B, 2006.

생각해 볼 문제

Q1 방송 통신 시스템을 구성하는 요소 기술들 중에서 신호의 압축을 수행하는 부분의 동작 원리를 설명하시오.

Q2 방송 통신 채널에서 발생하는 채널 에러에 대항하기 위한 요소 기술은 무엇입니까?

Q3 방송 시스템에서 변조와 복조기의 역할은 무엇입니까?

Q4 Transcoder의 역할에 대해서 설명하시오.

Q5 Source Coding과 Channel Coding은 그 역할이 상이하고, 동작 방법이 상쇄적이다. 이에 대해서 설명하시오.

Chapter 2

샘플링 및 신호의 해상도 변환

현재 방송 및 통신 시스템에서는 사용되는 멀티미디어 장치들의 다양한 종류만큼이나 다양한 해상도의 디스플레이 장치가 사용되고 있다. 어떤 장치는 720×480 크기의 해상도를 지원하는가 하면, 다른 디스플레이 장치에서는 1920×1080 크기의 해상도를 지원하고 있다. 이 외에도 HVGA(480×320), VGA(640×480), 1280×720 등이 사용되고 있다. 이렇게 다양한 해상도의 디스플레이 장치가 혼용되어 사용되는 환경에서, 통신 및 방송 시스템의 수신 단말이 수신한 비디오 데이터를 여러 가지 다른 종류의 단말기들에서 공유하기 위해서는 효율적으로 영상의 해상도를 변화시켜야 한다. 예를 들어 설명하면 디지털 TV는 1920×1080의 화면 해상도를 지원하는 데 반해 PDA, PMP, 스마트폰 등 휴대 단말기들은 이보다 작은 240×320 및 480×727의 해상도를 지원하는 디스플레이 장치를 사용한다. 방송 시스템에서 수신한 영상 데이터를 어떤 사람은 디지털 TV로 시청하고, 또 다른 어떤 사람은 PMP 및 스마트폰으로 시청할 수도 있는데, 이렇게 이 두 장치 간 콘텐츠를 공유하고 혼용하기 위해서는 영상 데이터를 화면에 디스플레이할 때마다 필요한 화면 해상도로 변환한 후 사용해야 한다. 이렇게 신호의 화면 해상도를 변환시키는 해상도 변환 모듈은 방송 통신 시스템에서 매우 중요한 장치 중의 하나이다. 해상도 변환 장치는 신호의 샘플링 기법과 밀접한 관계가 있으며 이 장치를 Scaler라고 부르기도 한다.

본 장에서는 방송 및 통신 시스템의 수신단에서 수신하거나 또는 저장된 디지털 영상 신호의 공간 해상도를 변경시키는 방법에 대해서 학습한다. 이는 주어진 디지털 신호의 샘플링 주파수를 변화시키는 방법을 의미한다. 이를 위해서, 먼저 해상도의 정의에 대해서 학습한 후, 디지털 신호의 해상도를 변경하는 방법에 대해 학습한다. 이 과정을 통해 아날로그 신호와 디지털 신호의 관계, 아날로그 신호를 디지털 신호로 변화시키는 방법, 디지털 신호를 아날로그 신호로 복원하는 방법 등에 대해서 학습한다.

2.1 샘플링(Sampling)의 원리

1 해상도의 정의

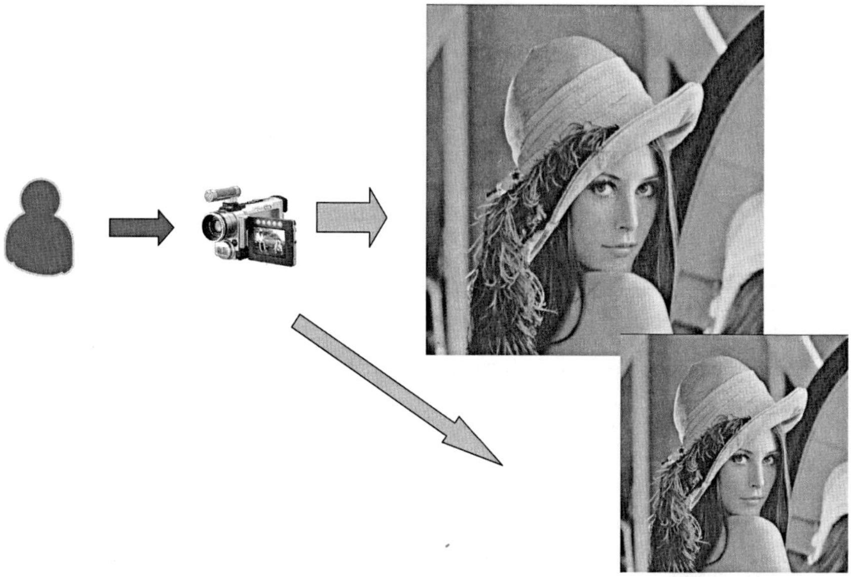

그림 2-1 해상도가 다른 영상의 예

해상도란 아날로그 신호를 디지털 신호로 표현하는(샘플링과 양자화) 과정에서 단위 공간 영역(또는 단위 시간 구간) 당 신호의 샘플링 횟수를 의미한다. 아날로그 신호의 단위 구간을 높은 횟수로 샘플링할수록 아날로그 신호와 비슷한(자연스러운) 디지털 신호를 얻을 수 있다. 이해를 돕기 위해, 디지털 카메라의 해상도를 가지고 설명해보자. 여러분들이 흔히 사용하는 디지털 카메라의 성능을 표현하는 방법들 가운데 "화소수"란 것이 있다. 예를 들면, 100만 화소 디지털 카메라 또는 400만 화소 디지털 카메라 라는 표현을 사용한다. 이는 디지털 카메라가 아날로그 풍경(또는 아날로그 인물)을 촬영할 수 있는 샘플링 위치의 최대 숫자를 나타낸다. 자연계의 풍경이나 인물은 아날로그 신호라고 할 수 있는데, 이 아날로그 신호를 몇 개의 점에서 sampling한 후 카메라에 저장할 수 있는지를 표현한다. 400만 화소 카메라는 아날로그 영상(여러분이 포즈를 취하는 장면)을 400만개의 포인트에서 sampling해서 저장한다. 예를 들면 저가형 카메라는 40만개의 위치(화소)만 sampling할 수 있다.

해상도에 대한 오해를 피하기 위해 몇 가지 부가적인 설명을 추가해보자. 요즘 도시 중심을 지나가다 보면 빌딩마다 대형 전광판을 이용한 광고를 흔하게 접하게 된다. 이러한 전광판의 크기는 매우 커서 보통의 경우 조그만 빌딩 크기에 육박한다. 이런 전광판의 해상도는 높다고 이야기할 수 있는 것인가? 그렇지 않다. 이런 전광판의 경우 각 화소의 물리적인 크기가 크기 때문에 화면 크기가 클 뿐이고, 화면 정보를 몇 개의 가로×세로 화소 위치에서 정보를 보여주고 있는가를 확인해야 한다. 보통의 경우 전광판의 해상도는 320×240 정도로서 다른 장치들에 비해 낮은 해상도를 제공한다. 이에 반대의 예를 들어보자. 병원이나 연구소에서 사용되는 현미경의 경우 사용자에게 보여주는 화면은 작을지라도 실험 재료의 아주 자세한 부분까지 구분지어서 보여줄 수 있다. 이런 장치는 높은 해상도를 지원한다고 이야기할 수 있다. 이렇듯 얼마나 세밀한 부분까지 구분지어 보여줄 수 있는가를 해상도라고 정의할 수 있다.

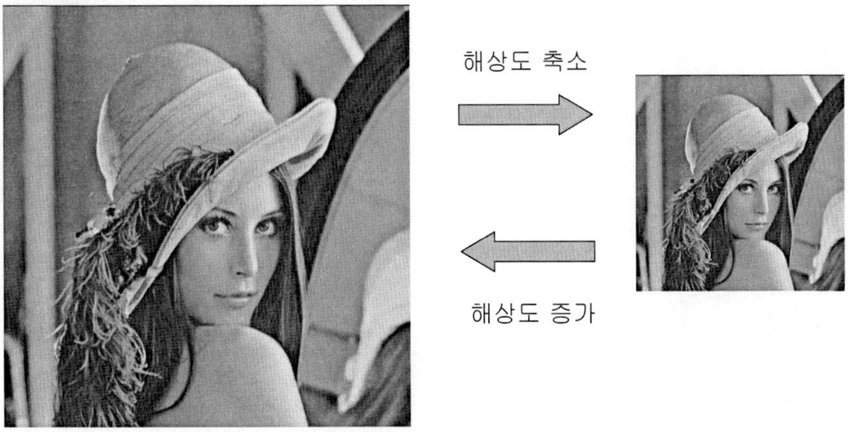

그림 2-2 해상도의 변환 예

고 해상도(예를 들면 700만 화소)로 촬영된 디지털 영상을 사용자의 필요에 따라 저 해상도의 영상으로 변경시킬 필요가 종종 있다. 예를 들면, 700만 화소 카메라로 인물을 촬영했는데, PC LCD 모니터로 Display해보니 촬영 영상의 해상도가 너무 높아 모니터에 표시할 수 없을 정도로 큰 경우가 있다. 이럴 경우 촬영 영상의 일부분만 모니터 화면에 표시된다. 이럴 때는 모니터가 지원할 수 있는 최대 해상도로 영상 신호의 해상도를 변환시킬 필요가 있다. 어떻게 큰 영상을 작은 영상으로 만들 수 있을까? 반대로 저가형 카메라(30만~40만 화소)로 촬영한 조그만 영상을 크게 확대하려면 어떻게 할까? PC 화면에서 마우스를 사용하여 화면에 디스플레이된 영상 신호의 테두리를 선택한 후 영상 신호 크기를 줄이고 늘릴 수 있을까? 그렇게 하면 영상 정보에 왜곡이 생겨 영상 화질이 저하된다. 이 장에서는 영상 정보에 왜곡을 가장 작게 하면서 원하는 해상도로 영상 신호를 변경시킬 수 있는 방법에 대해 학습한다.

2 디지털 신호의 해상도 변경

신호의 종류는 크게 아날로그 신호와 디지털 신호로 나눌 수 있다. 아날로그 신호는 continuous time 신호라고도 하는데, 그림 2-3(a)처럼 x축 전체에서 연속적인 값을 가지고 있다. 여기서 x축은 음성 신호에서는 시간을, 영상 신호에서는 공간을 나타낸다. x축의 모든 실수값에서 신호값을 가지므로 이런 아날로그 신호를 시간 또는 공간적으로 무수히 많은 위치에서 표현하는 것은 불가능하다. 따라서 그림 2-3(b)처럼 x축의 특정한 위치에서만 신호값을 갖는 신호로 바꿔주는데, 이러한 작업을 sampling이라 하고, 이렇게 만들어진 신호를 일반적으로(약간 부정확한 용어이지만) 디지털 신호라 한다. 정확하게는 이산시간 신호(discrete time signal)라고 한다[1][2][3].

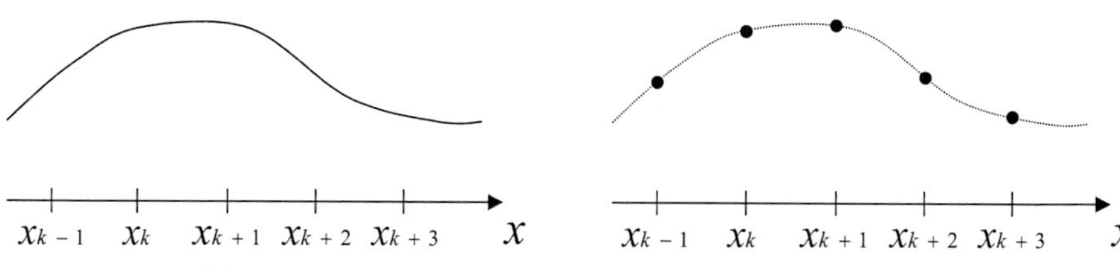

그림 2-3 아날로그 신호와 디지털 신호

x축의 샘플링 위치들 '…, x_{k-1}, x_k, x_{k+1}, …'간의 간격을 sampling 주기라 한다. 이 sampling 간격이 좁아질수록 원래의 아날로그 신호가 가지고 있던 정보를 잃지 않는 디지털 신호를 만들 수 있지만, 그렇다고 너무 촘촘하게 sampling할 경우, 아날로그 신호가 가진 정보를 불필요하게 중복하여 가지게 되고, 표현해야 하는 데이터 량도 많아지므로 바람직하지 않다. 아날로그 신호를 디지털 신호로 만드는 자세한 과정(ADC)은 다음 절에서 설명하도록 한다.

그렇다면 수신한 디지털 신호의 샘플링 주파수를 다른 샘플링 주파수 신호로 변경하려면 어떤 과정을 수행해야 할까? 여기서 수신한(또는 주어진) 디지털 신호의 샘플링 주파수는 특정한 값으로 정해져 있고 이 샘플링 주파수를 다른 주파수로 변경시키려고 한다. 이 과정을 통해 가해지는 신호의 왜곡은 최소화시켜야 한다. 이 문제를 예를 들어 설명하면, 멀티미디어 통신 시스템에서 수신 단말이 복호한 영상 신호의 화면 해상도가 720×480일 때, 이 신호를 디스플레이 장치의 해상도에 맞도록 640×320으로 변경시키는 작업이다. 이 경우 가로 방향으로 존재하는 720개의 샘플을 640개 샘플로 변환시키고, 세로 방향으로 존재하는 480개 샘플 데이터를 320개 샘플로 변경시키는 과정이다[4][5]. 어떻게 하면 신호의 왜곡을 최소화하면서 자연스러운 영상으로 변형시킬 수 있을까?

본 절에서는 디지털 신호의 샘플링 해상도를 변경시키는 과정에 대해서 정성적(또는 개념적)으로 설명한다. 자세한 수학적인 설명은 다음 절에서 다루기로 한다. 일반적으로 디지털 신호의 샘플링 간격을 변환(scaling)할 때는 다음과 같은 절차를 따른다.

[1단계] 디지털 정보의 획득

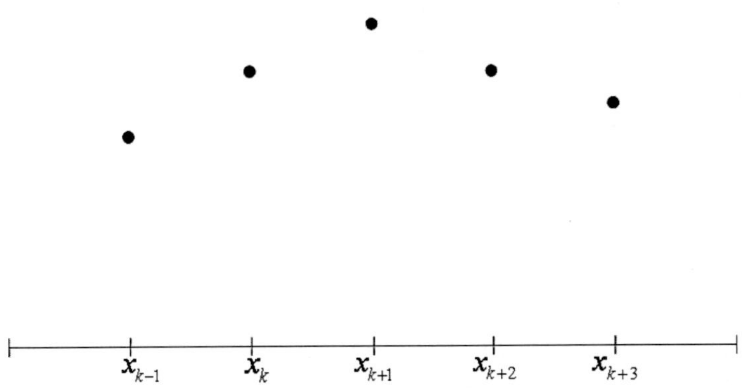

그림 2-4 디지털 신호

그림 2-4는 주어진 디지털 정보를 표현한다. 앞에서 설명한 영상 신호는 2차원(가로축, 세로축) 신호였으나 설명을 간단하게 하기 위해 1차원 신호를 이용해서 설명한다. 그림에서 볼 수 있듯이 샘플링 위치 $x_{k-1}, x_k, \ldots, x_{k+3}, \ldots$에서 디지털 신호가 존재한다. 이 주어진 디지털 신호의 해상도를 변경시키면서 신호의 질(화질 또는 음질)을 고품질로 유지시키려면 어떤 과정을 거쳐야 할까?

[2단계] 아날로그 신호 생성

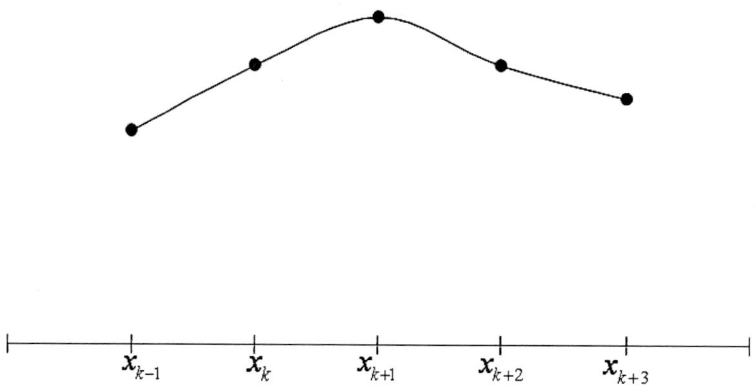

그림 2-5 아날로그 신호

우선 주어진 디지털 신호(검은 점으로 표시함)를 연결하는 아날로그 신호를 만든다. 이 아날로그 신호를 어떻게 만드는가에 대해서는 다음 절에서 설명한다.

[3단계] 새로운 샘플링

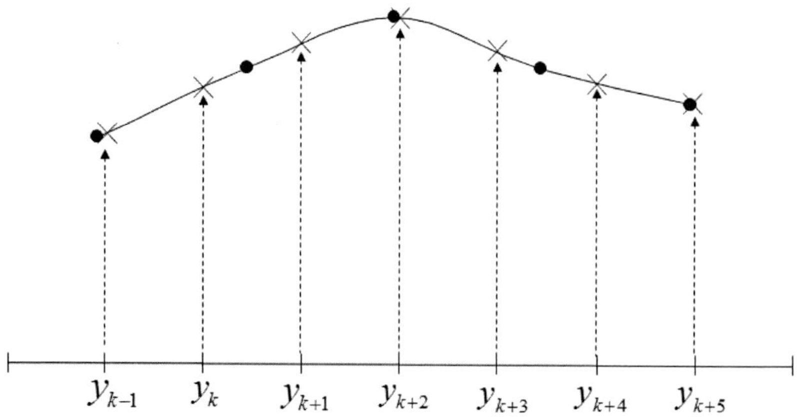

그림 2-6 새로운 해상도로 재 샘플링

앞 단계에서 만들어진 아날로그 신호를 원하는 해상도 위치에서 새롭게 sampling 한다. 이때 새로 선택된 샘플값들을 저장한다.

[4단계] 새로운 해상도 신호

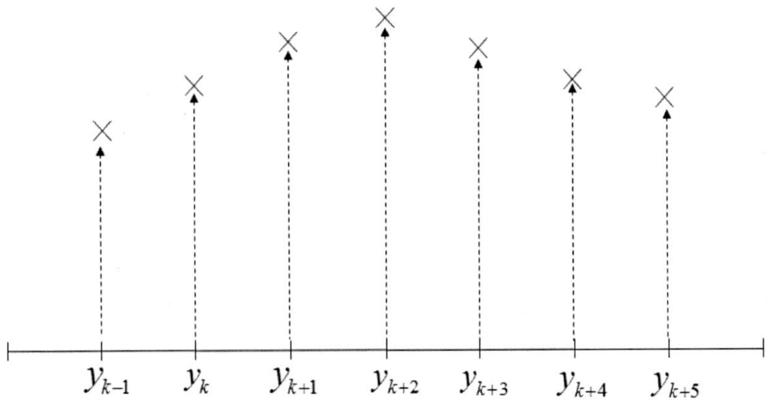

그림 2-7 해상도가 변화된 디지털 신호

이 그림은 새로 만들어진 디지털 신호를 표시한다. 앞서 주어진 디지털 신호보다 더 촘촘히 sampling된 고 해상도 디지털 신호가 만들어졌다. 이 과정을 살펴보면, 총 4단계로 구성되어 있는데, 1번째 단계는 디지털 신호를 확보하는 단계이고, 2번째 단계는 주어진 디지털 신호를 아날로그 신호로 변경시키고, 3번째는 만들어진 아날로그 신호를 원하는 간격으로 sampling하는 것이다. 4번째 단계는 새로 만들어진 디지털 신호를 저장하는 단계이다. 이 4개의 단계 중에서 2번째 단계인 아날로그 신호를 만드는 과정이 가장 중요한 과정이다.

3 ADC (Analog to Digital Conversion)의 주파수 해석

신호의 정보는 시간축에서 표현될 수도 있고, 주파수축에서 해석될 수도 있다. 시간 영역에서 표현된 신호(아날로그 및 디지털 신호)는 푸리에 변환을 통해서 주파수 영역에서 분석될 수 있다. 주파수 변환 영역에서 표현된 신호는 신호가 가지고 있는 주파수 성분들을 보여준다. 즉, 고주파수 성분이 얼마나 포함되었는지, 저주파수 성분이 얼마나 포함되어 있는지를 설명할 수 있다. 예를 들어, 시간축으로 존재하는 음성신호를 푸리에 변환시키면 음성신호가 갖는 주파수 성분들로 분해해서 해석할 수 있는데, 주파수 변환된 신호의 모양이나 값들의 분포를 보고, 고주파 또는 저주파 성분이 얼마나 포함되어 있는지 판단할 수 있다. 신호의 주파수축 해석과 시간축 해석은 동전의 양면과 같아서 시간축 신호로는 주파수 성분을 알 수 없고, 주파수 변환된 신호를 대상으로는 시간축 정보를 알 수 없다. 시간축 정보와 주파수축 정보를 종합적으로 이용할 때, 주어진 신호를 완벽하게 분석할 수 있다.

시간축에서 표현되는 아날로그 신호 $x(t)$는 다음과 같은 식을 통해 푸리에 변환된다[1].

$$F\{x(t)\} = X(jw) = \int_{-\infty}^{\infty} x(t) e^{-jwt} dt \tag{2.1}$$

이 푸리에 변환을 통해서 시간축 정보 $x(t)$는 $X(jw)$로 변환된다. 디지털 신호와 아날로그 신호의 주파수 변환 특징을 비교하기 위해서 아날로그 신호 $x(t)$를 T_s 간격으로 샘플링한 신호를 푸리에 변환시켜보자. 우선 샘플링 신호는 다음과 같이 표현된다.

$$x(kT_s) = x(t)|_{t=kT_s} \tag{2.2}$$

이 샘플링된 신호의 푸리에 변환 결과는 아래와 같이 표현된다[1].

$$F\{x(kT_s)\} = \frac{2\pi}{T_s} \sum_{k=-\infty}^{\infty} X(j(w - 2\pi k \frac{1}{T_s})) \tag{2.3}$$

샘플링 과정을 거치면서 일어나는 변화를 주파주 공간에서 살펴보면 그림 2-8과 같다. 이 그림은 식 (2.1)과 식 (2.3)의 관계로 유추해서 작성된 것이다. 이 그림에서 BW는 아날로그 신호의 대역폭(Bandwidth)을 의미한다. 샘플링 주파수와 샘플링 신호의 간격은 다음의 관계에 있다.

$$f_s = \frac{1}{T_s} \tag{2.4}$$

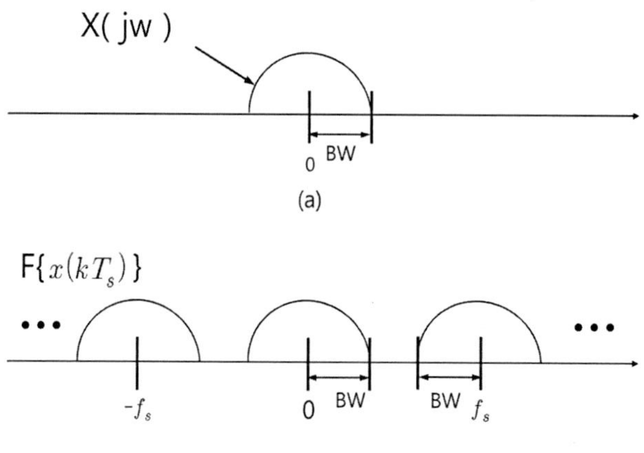

그림 2-8 아날로그 신호와 디지털 신호의 주파수 변환 결과

그림 2-8에서 알 수 있듯이, 디지털 신호의 주파수 변환 결과 $F\{x(kT_s)\}$는 아날로그 신호의 변환 결과 $X(jw)$가 f_s의 배수 위치에서 반복해서 존재하는 형태이다. 즉, 아날로그 신호의 시간 영역 표현과 주파수 영역 표현(푸리에 변환된 신호)을 알고 있다면 디지털 신호(아날로그 신호를 일정한 간격으로 sampling한 신호)의 주파수 변환 영역 그림을 쉽게 알 수 있다. $F\{x(kT_s)\}$의 표현에서 반복되는 신호들 간의 겹침이 없으려면 f_s가 충분히 커서 반복되는 주파수 성분들이 떨어져 있어야 한다. 이 조건은 다음과 같다.

$$2 \times BW \leq f_s \tag{2.5}$$

만약 이 조건을 만족시키지 못하는 f_s를 사용하여 $x(t)$를 샘플링하면, 샘플링된 신호 $x(kT_s)$로부터 원래신호 $x(t)$를 복원할 수 없게 된다. 낮은 f_s를 사용했을 경우 주파수 성분들이 서로 중첩(overlap)되는 모습을 그림 2-9(b)에서 보이고 있다. 이런 현상을 aliasing이라고 한다.

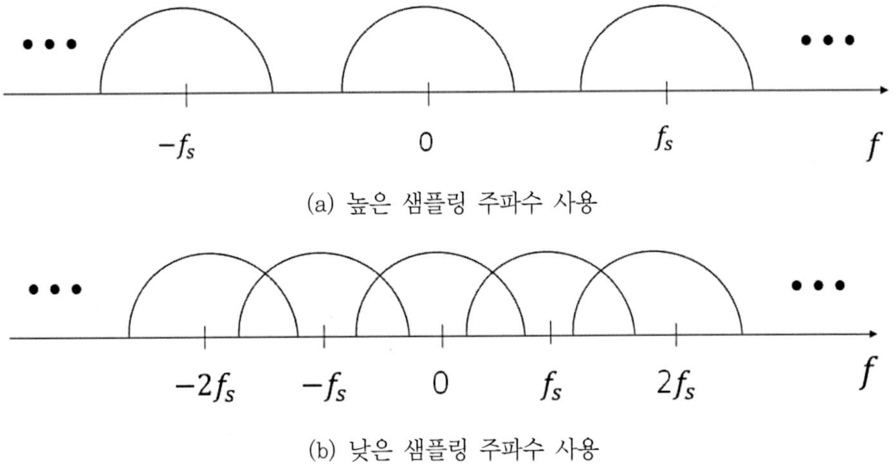

그림 2-9 샘플링 주파수에 따른 $F\{x(kT_s)\}$.

이런 원리를 정리한 것이 Shannon의 Sampling 이론이다[1].

> ※ Shannon Sampling Theorem
>
> 최대주파수 $f_{\max}$를 갖는 아날로그 신호를 샘플링할 때 $f_{\max}$의 2배보다 빠른 주파수로 샘플링하면, 즉 샘플링주기 T_s를 $2 \cdot f_{\max} \leq \frac{1}{T_s}$로 한다면, 샘플링된 신호로부터 원래의 아날로그 신호를 완벽하게 복원할 수 있다.

Shannon의 정리는 신호가 가진 주파수 성분을 잃지 않으면서 sampling을 하는 방법을 말해주고 있다. 샘플링 시간 간격 T_s를 촘촘하게 작은 값으로 설정하면, f_s 값이 커져서 반복되는 주파수 분포들의 간격은 넓어지게 된다. 반대로 샘플링 간격 T_s를 크게 하면 f_s값이 작아지게 되는데, 만약 f_s값이 $2 \cdot f_{\max}$보다 작을 경우에는 그림 2-9(b)처럼 반복되는 주파수들이 겹치게 되어 aliasing이 발생하게 되는데, 이렇게 되면 원래의 아날로그 신호를 복원할 수 없게 된다. 따라서 sampling 주파수 f_s를 $2 \cdot f_{\max}$보다 크게 해야만 원래의 아날로그 신호를 그대로 복원할 수 있는데, 이것이 Shannon의 샘플링 이론의 내용이다.

예를 들면, 보통 인간의 음성 신호의 대역폭은 3.4 KHz인데, 아날로그 음성 신호를 샘플링하기 위해서는 대역폭의 두 배인 6.8 KHz 이상으로 샘플링을 해야 aliasing 현상을 피할 수 있다. 보통은 반복되는 주파수 성분 간에 여유 간격을 둘 수 있도록, 넉넉하게 8 KHz로 샘플링한다. 그래서 우리가 음성 신호를 샘플링해서 디지털 기기에 저장할 때, 초당 8천 번 샘플링해서 저장하는 것이다. 초당 8천 번 샘플링된 음성 신호는 어느 정도의 데이터를 발생시킬까? 한 음성 샘플의 음 높이를 0~1023 사이로 표현한다면 총 10 bit가 필요하다. 즉,

$$\frac{10\text{bits}}{\text{sample}} \times \frac{8,000\text{samples}}{\text{sec}} = 80\,\text{Kbps} \tag{2.6}$$

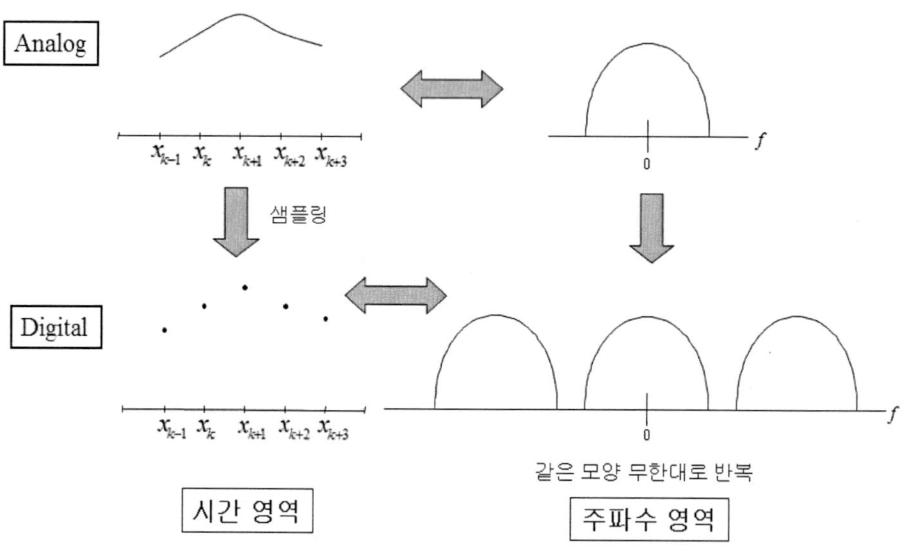

그림 2-10 ADC 과정의 주파수 해석

이 된다. 이 식에서 bps는 bit per sec의 약자로서 초당 몇 비트가 발생하는가를 의미하는 단위이다.

지금까지 설명한 샘플링 과정의 특징을 다시 설명해보자. 그림 2-10은 아날로그 신호와 디지털 신호 간의 관계를 시간 영역과 주파수 영역에서 비교할 수 있도록 표시했다. 이 그림을 살펴보면, 샘플링된 신호의 주파수 변환 결과에서 base band 영역은 아날로그 신호의 주파수 영역과 일치함을 알 수 있다. 즉, 샘플링된 디지털 신호의 주파수 영역에서 base band 영역만 잘라내면, 원래 아날로그 신호의 주파수 영역과 일치한다.

4 DAC (Digital to Analog Conversion)

샘플링된 디지털 신호로부터 원래의 아날로그 신호를 복원하기 위해서는 그림 2-11에서와 같이 디지털 신호의 주파수 성분을 저대역 통과필터(Low Pass Filter)에 통과시켜야 한다. 그림과 같이 디지털 신호의 주파수 변환 영역 신호를 LPF에 통과시키면 저대역 부분만 남게 되는데, 이는 아날로그 신호의 주파수 변환 결과와 일치한다.

디지털 신호의 주파수 변환 성분 $F\{x(kT_s)\}$을 LPF에 통과시키는 과정은 주파수 영역 변환 신호 $F\{x(kT_s)\}$와 LPF의 주파수 영역 신호가 곱해지는 것을 의미하며 이 과정은 다음과 같이 표현된다.

$$F\{x(t)\} = X(jw) = F\{x(kT_s)\} \times H_{LPF}(w) \tag{2.7}$$

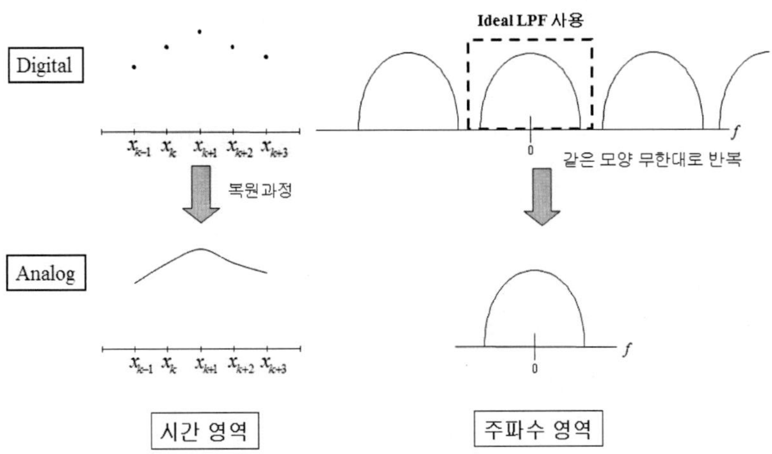

그림 2-11 DAC 과정의 주파수 해석

여기서, $H_{LPF}(w)$는 LPF의 주파수 영역 성분을 의미한다. 주파수 공간에서 신호들 간 곱셈은 시간축에서 convolution(길쌈)과 같으므로 시간 영역의 표현은 다음과 같이 된다.

$$x(t) = x(kT_s)*\mathrm{sinc}(t) \tag{2.8}$$

$$x(t) = \sum_{k=-\infty}^{\infty} x(kT_s)\mathrm{sinc}(t-kT_s) \tag{2.9}$$

식 (2.8)에서 *은 convolution 연산을 의미하고, $H_{LPF}(w) = F\{\mathrm{sinc}(t)\}$의 관계가 있다. 앞의 convolution 식 (2.9)에서 표현되듯이 디지털 신호 $x(kT_s)$로부터 아날로그 신호 $x(t)$를 얻기 위해서는 $\mathrm{sinc}(t)$ 함수의 shift된 형태인 $\mathrm{sinc}(t-kT_s)$를 무한개 사용해서 $x(kT_s)$에 곱한 후 더해야 한다. 그림 2-12는 $\mathrm{sinc}(t)$함수의 시간축 및 주파수축 특성을 나타낸다[1].

그림에서 알 수 있듯이, $\mathrm{sinc}(t)$ 함수는 가로 방향 t축의 $-\infty$부터 $+\infty$까지 유효한(무시할 수 없는) 값을 가지고 있는 함수이다. 이러한 sinc 함수를 무한개 사용해서 곱하고 더해야 아날로그 신호 $x(t)$를 만들 수 있기 때문에, 디지털 신호 $x(kT_s)$와 $\mathrm{sinc}(t)$ 함수를 convolution 시킨다는 것은 현실적으로 불가능하다. 이 비현실적인 문제를 해결하기 위해 실제 응용에서는 $\mathrm{sinc}(t)$대신 다른 함수를 사용해야 한다. 여기서 대신 사용하는 함수를 $\beta(t)$로 표시하고, 앞의 식은 다음과 같이 표현된다.

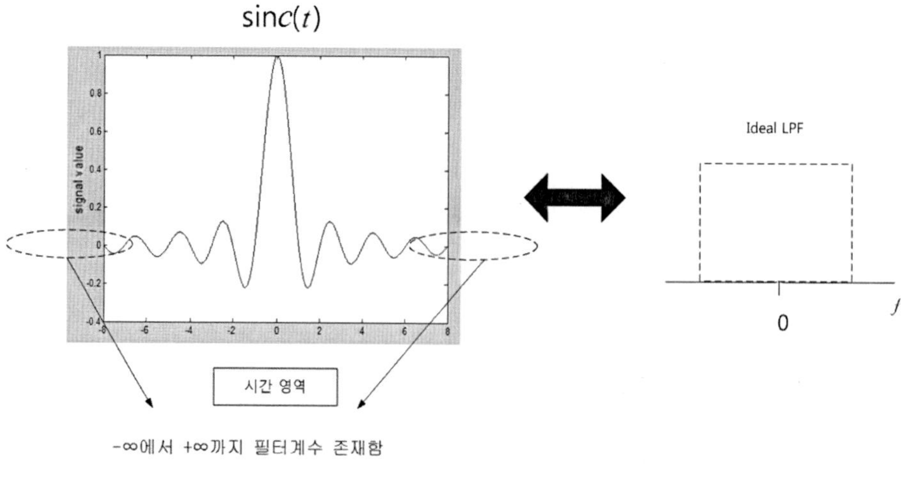

그림 2-12 sinc(t) 함수의 특성

$$x(t) = \sum_{k=-\infty}^{\infty} x(kT_s)\beta(t-kT_s) \qquad (2.10)$$

즉, sinc(t) 함수도 $\beta(t)$의 한 종류로 볼 수 있다. 그렇다면, 현실적으로 사용가능한 $\beta(t)$는 어떤 것이 있을까? 이 문제에 대해 다음 절에서 자세히 살펴보자.

2.2 해상도 변환 기법

이 절에서는 앞의 2.1절에서 설명했듯이, 주어진 디지털 정보로부터 아날로그 신호를 복원할 때, 실제로 사용 가능한 $\beta(t)$들에 대해서 학습한다. 사용되는 $\beta(t)$ 함수에 따라서 Sample & Hold, Bilinear[11][12][20], Cubic B-spline[7]~[9][13][14], Cubic convolution 등으로 구분할 수 있다. 설명의 편의를 위해서 1차원 신호를 사용해서 설명하고, 신호의 가로축 좌표는 변수 t 대신 x를 사용한다. 영상 신호의 경우에는 가로축 좌표 x가 공간좌표를 표시한다.

주어진 디지털 신호 : $f(x_k)$
주어진 디지털 신호의 샘플링 위치 : ...., x_{k-2}, x_{k-1}, x_k, x_{k+1}, x_{k+2}, ...
아날로그 축 좌표 : x
사용되는 basis 함수 : $\beta(x)$
복원된 아날로그 신호 : $\hat{f}(x)$
가중치 계수 : c_k

이 기호들을 이용하여 식 (2.9)와 식 (2.10)에서 표현한 아날로그 신호 복원 수식을 표시해 보면 다음과 같다.

$$\hat{f}(x) = \sum_{k=-\infty}^{\infty} c_k\, \beta(x-x_k) \qquad (2.11)$$

여기서, 가중치 계수 c_k는 디지털 신호 $f(x_k)$일 수도 있고, $f(x_k)$를 특수한 방법으로 처리한 결과일 수도 있다. c_k를 $f(x_k)$와 같게 하고, $\beta(x) = \text{sinc}(x)$를 사용하면

$$\hat{f}(x) = \sum_{k=-\infty}^{\infty} f(x_k)\beta(x - x_k) = \sum_{k=-\infty}^{\infty} f(x_k)\operatorname{sinc}(x - x_k) \quad (2.12)$$

가 된다. 이는 앞의 2.1절에서 표현한 식 (2.9)와 같게 된다.

1 Sample & Hold 기법

Sample and Hold Scheme(S&H)은 사각형 띠 모양의 $\beta(x)$를 이용하여 디지털 신호를 아날로그 신호로 복원(변환)하는 방법이다. 여기서 사용되는 $\beta(x)$는 다음과 같이 표현된다.

$$\beta(x) = \begin{cases} 1, & 0 \le x \le 1 \\ 0, & otherwise \end{cases} \quad (2.13)$$

쉽게 설명하면, S&H는 그림 2-13처럼 주어진 디지털 정보값을 수평으로 연장시켜 아날로그 신호값을 만드는 방법이다. 임의의 아날로그 x 좌표 위치에서 아날로그 신호값은 그 점과 가장 가까운 위치의 왼쪽 디지털 신호값을 그대로 사용하여 복원하는 방식이다. 즉, 제일 가까운 좌측 신호를 holding해서 그대로 사용한다는 뜻이다.

여기서, c_k는 주어진 디지털 신호 $f(x_k)$를 그대로 사용하고, $\beta(x)$는 사각형 모양의 신호를 사용한다. 이 방법을 사용하여 아날로그 신호 $\hat{f}(x)$를 계산한 후 새로운

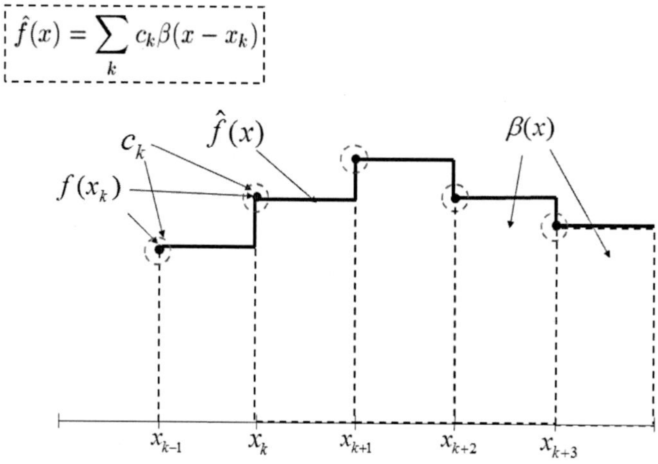

그림 2-13 Sample & Hold 기법

샘플링 위치에서 샘플값을 얻음으로써 새로운 해상도를 갖는 새 디지털 신호를 만든다. 주어진 디지털 신호의 해상도를 변경하기 위해 새로운 샘플값을 얻어야 하는 새로운 위치 y_k가 기존 샘플링 좌표 x_k와 x_{k+1} 사이 구간에 있다면 $\hat{f}(x)|_{x=y_k} = \hat{f}(y_k)$ 형태로 새로운 샘플링 위치에서 신호값을 얻는다.

Sample and Hold는 0차 보간 방식으로 거리가 가장 가까운 Source 픽셀값을 할당하는 방식이기 때문에 다른 방법들에 비해 가장 간단해서 계산 속도가 빠르지만, 좋은 성능을 기대할 수는 없다. 주어진 디지털 신호를 아날로그 신호로 변경하긴 했는데, 디지털 신호 간을 부드럽게 이어주지는 못하고 있다. 또한, 영상 및 음성 신호를 높은 비율로 확대할 때 복원 신호에 왜곡이 심하게 발생한다.

2 Bilinear 기법

삼각형 함수를 Basis 함수 $\beta(x)$로 사용하면 어떨까? 이 경우에도 역시 c_k는 주어진 디지털 신호 $f(x_k)$를 사용한다. 여기서 사용되는 $\beta(x)$는 다음과 같이 표현된다.

$$\beta(x) = \begin{cases} x+1, & -1 \le x \le 0 \\ -x+1, & 0 \le x \le 1 \\ 0, & otherwise \end{cases} \tag{2.14}$$

그림 2-14에서, convolution의 정의에 따라 주어진 각 샘플값 위치에 삼각형 함수를 위치시킨 후 모든 신호의 합을 구하면 직선으로 구성된 아날로그 신호가 복원된다. 복원된 아날로그 신호를 살펴보면 기존에 주어진 디지털 신호들을 직선으로 연결한 선모양이다. 삼각형 함수를 basis 함수로 이용한 경우 만들어진 아날로그

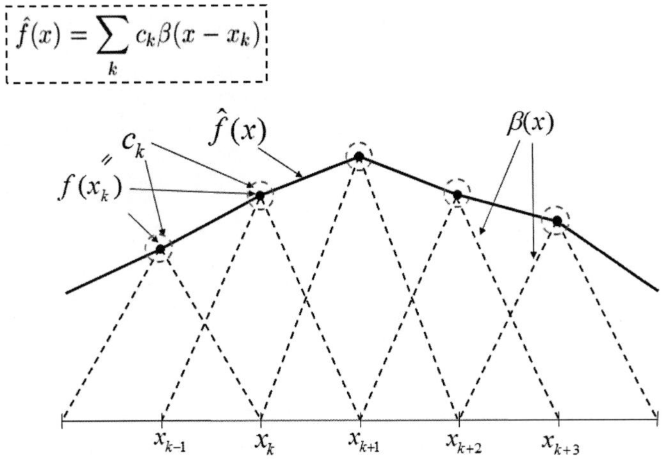

그림 2-14 Bilinear 기법

신호는 앞서 사각형 신호를 사용한 경우보다 더 자연스러워졌다. 이 방법을 bilinear 방법이라고 하는데, bilinear란 뜻은 두 개의 디지털 신호값을 직선으로 연결해서 아날로그 신호를 복원한다는 의미이다.

Bilinear 보간 방법을 사용하여 아날로그 신호를 복원하는 구체적인 방법을 살펴보자. 우선 주어진 디지털 신호의 x축 간격을 1이라고 가정한다. 즉, $x_{k+1} - x_k = 1$이라고 가정한다. 이는 실제 샘플들의 간격이 1이란 의미는 아니고, 주어진 디지털 정보의 간격을 기본 단위로 가정하겠다는 의미이다. 샘플 위치 x_k와 x_{k+1} 사이 구간에서 아날로그 신호를 복원하려면 주어진 디지털 신호 $f(x_k)$와 $f(x_{k+1})$가 필요하다. 새로운 해상도를 갖는 디지털 신호의 샘플링 위치를 $x = x_k + t$라고 하자. 이는 $x_k \le x \le x_{k+1}$이고, $0 \le t \le 1$를 의미한다. 이 관계를 그림 2-15에 나타냈다. 이때, 우리가 원하는 아날로그 신호값은

$$\hat{f}(x) = (1-t) \times f(x_k) + (t) \times f(x_{k+1}) \tag{2.15}$$

으로 계산할 수 있다.

Bilinear 보간 방법은 1차 선형 방정식을 이용한 보간 방식으로 계산이 간단하면서도 우수한 신호 복원 성능을 보이기 때문에 가장 일반적으로 사용하는 방법이다. 가장 가까운 2개의 픽셀 값의 선형적 관계식으로 원하는 픽셀 값을 계산하기 때문에 Sample and Hold 보간 방식 보다 약간 많은 계산을 요구하지만 보다 더 좋은 성능을 기대할 수 있다.

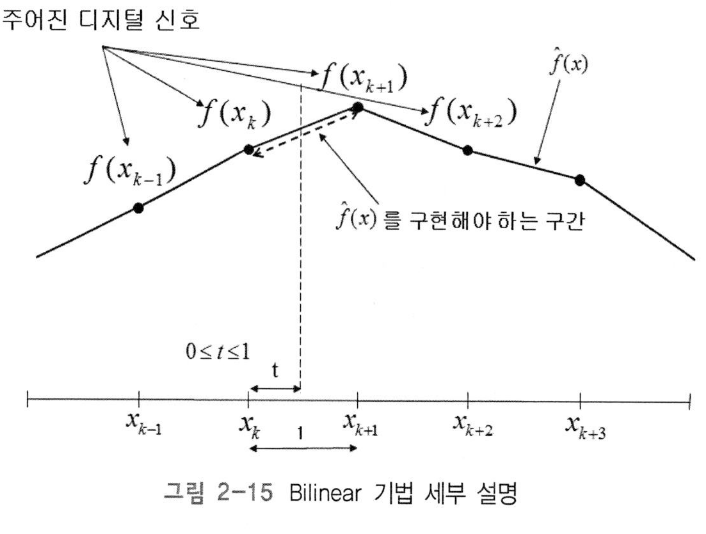

그림 2-15 Bilinear 기법 세부 설명

3 다양한 Basis 함수들

그림 2-13의 0차 보간(Sample and Hold) 방법의 basis 함수 $\beta(x)$는 사각형 함수이고, 그림 2-14의 1차 보간(Bilinear) basis 함수 $\beta(x)$는 삼각형 함수였다. 그렇다면, 제3의 방법 그리고 제4의 방법에서는 어떤 모양의 basis 함수를 사용해야 할까? 더 부드럽고 자연스러운 아날로그 신호를 만들려면 어떤 basis 함수를 사용해야 할까? 이 절에서는 이 문제에 대해 알아보도록 하자.

그림 2-13의 0차 보간 기법과 그림 2-14의 1차 보간 기법에서 사용한 basis 함수들을 각각 $\beta_0(x)$와 $\beta_1(x)$로 표시하자. 이 함수들 간의 관계를 살펴보면 다음과 같다[6].

$$\beta_1(x) = \beta_0(x) * \beta_0(x) \tag{2.16}$$

즉, 똑같은 모양의 사각형 함수 2개를 convolution시키면 삼각형 함수가 만들어진다. 그렇다면, 2차 보간 방법에서 사용될 basis 함수는 어떻게 만들 수 있을까? 0차 basis 함수 3개를 convolution하면 얻을 수 있다.

$$\beta_2(x) = \beta_0(x) * \beta_0(x) * \beta_0(x) \tag{2.17}$$

$$\beta_2(x) = \beta_1(x) * \beta_0(x) \tag{2.18}$$

이런 원리로 3차 보간 기법용 basis 함수도 만들 수 있다.

$$\beta_3(x) = \beta_0(x) * \beta_0(x) * \beta_0(x) * \beta_0(x) \tag{2.19}$$

$$\beta_3(x) = \beta_2(x) * \beta_0(x) \tag{2.20}$$

이 basis 함수들 간의 관계를 그림 2-16에 표현했다.

그림에 표시된 다양한 basis 함수들을 살펴보면, 차수가 높아질수록 basis 함수의 높이는 점점 낮아지고, 폭은 점점 넓어진다. 차수가 높은 basis 함수를 사용할수록 자연스러운 아날로그 신호를 복원할 수 있어 좋은 성능을 기대할 수 있다. 그렇지만, 4차 이상 차수의 보간 방식은 사용되지 않는다. 그 이유는 폭이 지나치게 넓어 구현 복잡도는 크게 증가하는 반면 성능은 거의 비슷하기 때문이다. 2차와 3차 보간 기법에서 사용되는 basis 함수를 수식으로 표현하면 다음과 같다.

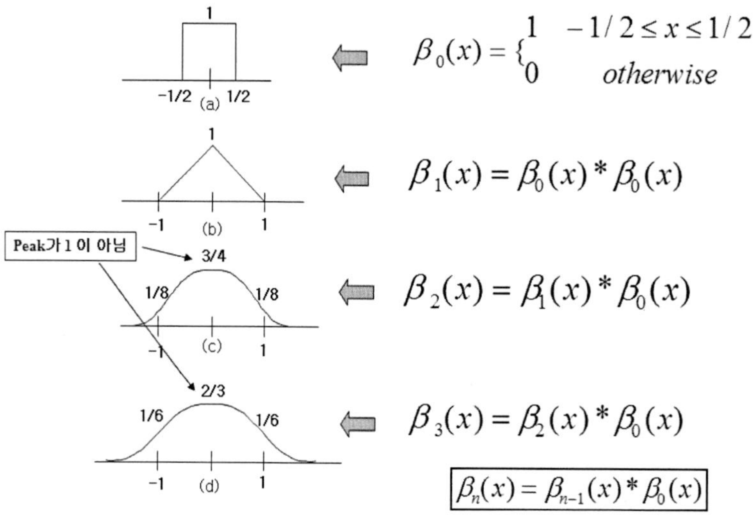

그림 2-16 다양한 basis 함수들 간의 관계

$$\beta_2(x) = \begin{cases} \frac{1}{2}(x+\frac{3}{2})^2, & -\frac{3}{2} \le x \le -\frac{1}{2} \\ \frac{3}{4} - x^2, & -\frac{1}{2} \le x \le \frac{1}{2} \\ \frac{1}{2}(x-\frac{3}{2})^2, & \frac{1}{2} \le x \le \frac{3}{2} \\ 0, & otherwise \end{cases} \tag{2.21}$$

$$\beta_3(x) = \begin{cases} \frac{1}{6}(2+x)^3, & -2 \le x \le -1 \\ \frac{2}{3} - \frac{1}{2}x^3 - x^2, & -1 \le x \le 0 \\ \frac{2}{3} + \frac{1}{2}x^3 - x^2, & 0 \le x \le 1 \\ \frac{1}{6}(2-x)^3, & 1 \le x \le 2 \\ 0, & otherwise \end{cases} \tag{2.22}$$

이런 과정을 통해서 얻어진 3차 basis 함수를 사용하는 보간 기법을 cubic B-spline 기법이라고 한다. 여기서 주의해야 할 것은, cubic B-spline의 basis 함수의 peak 값이 1이 아니라 2/3라는 사실이다. 그림 2-17은 0차~3차 basis 함수들을 겹쳐서 그려서 각각의 폭과 높이들을 비교하고 있다.

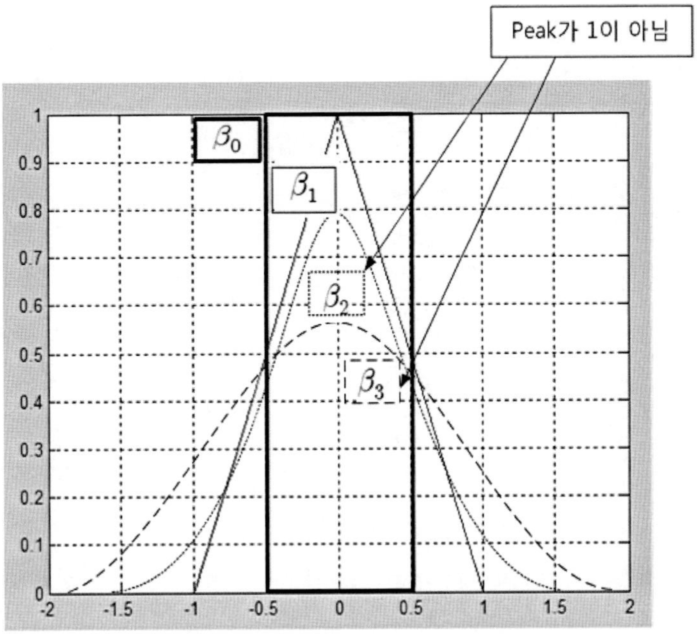

그림 2-17 다양한 basis 함수들의 비교

4 Cubic B-spline 기법

앞 절에서 설명한 sample & hold와 bilinear 기법처럼 Cubic B-spline 보간 기법을 사용해서 DAC를 실시하는 과정을 알아보자. 그림 2-18에서 $\beta_3(x)$ 함수가 basis 함수이다. 디지털 샘플이 존재하는 곳에 이 basis 함수를 위치시키고 모든 basis 함수들을 더해보자. 더하기 전에 주의해서 볼 것은 basis 함수의 peak값이 2/3 밖에 되지를 않아서 주어진 디지털 신호와 떨어져 있다는 것이다.

여기서 만들어진 아날로그 신호를 원래 처음에 주어졌던 디지털 신호의 샘플링 주파수로 다시 샘플링하면 원래의 디지털 신호가 얻어지지 않는다. Basis 함수의 peak값이 2/3 밖에 되질 않아서 이 basis 함수를 이용해서 만들어진 아날로그 신호가 원래 주어진 디지털 신호보다 약 30% 낮은 곳에 위치하게 된다. 이런 곡선을 사용해서 다른 해상도의 디지털 영상을 만든다면 어두운 사진이 만들어진다. 음성 신호의 경우라면 소리의 크기가 작아진다. 이런 문제를 해결하기 위해서 cubic B-spline 방법에서는 전처리 증폭 필터(pre-emphasis 필터)를 사용한다. 즉, cubic B-spline 방법을 사용하기 전에, 주어진 디지털 신호를 증폭시킨 후 사용하는 것이다.

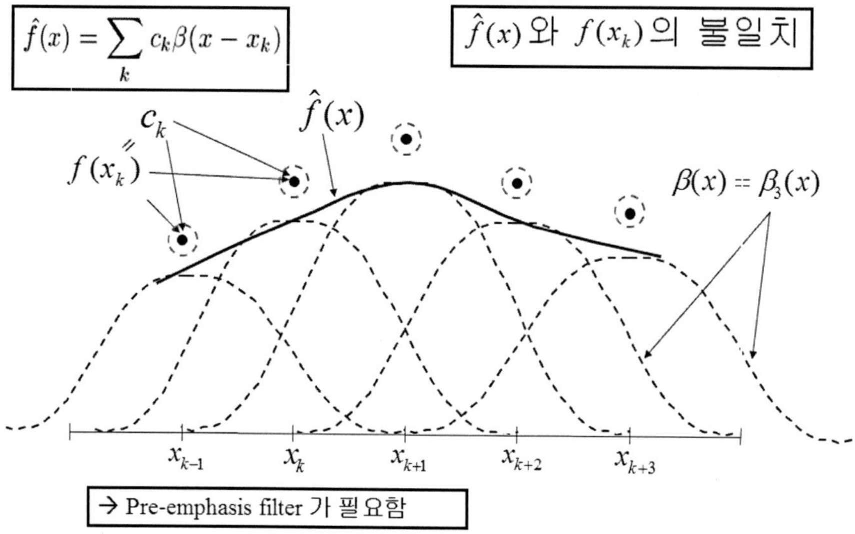

그림 2-18 전처리 필터를 사용하지 않은 경우의 Cubic B-spline 기법

5 전처리 증폭 필터(Pre-Emphasis Filter)

Cubic B-Spline 보간법을 사용하기 위해서는 먼저 Pre-Emphasis Filter를 통과시켜야 한다는 것을 이야기했다. 그렇다면 Pre-Emphasis Filter는 어떻게 디자인되어야 할 것인가를 살펴보자.

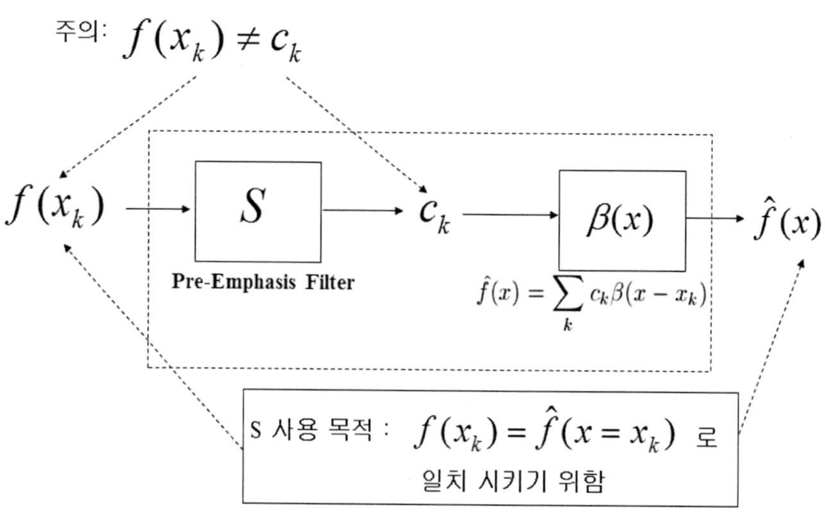

그림 2-19 전처리 증폭 필터의 필요성

그림 2-19는 cubic B-spline 방법에서 전처리 과정으로 증폭기를 사용하는 다이어그램을 표시한다. 그림에서 S로 표시한 부분이 전처리 증폭기이다. 우선 주어진 디지털 신호 $f(x_k)$를 전처리 증폭기 S의 입력으로 사용한다. 전처리 증폭기로 증폭된 신호를 c_k라고 하자. Bilinear 기법 또는 sample & hold 기법에서는 $f(x_k)= c_k$이었던 것과 달리, cubic B-spline 기법에서는 $f(x_k) \neq c_k$이고 $c_k = S(f(x_k))$이다. 이 기법에서는 증폭된 신호 c_k에 cubic B-spline을 적용시켜 아날로그 신호를 만든다. 전처리 증폭 필터를 사용하는 이유는 입력 디지털 신호(주어진 디지털 신호)가 최종적으로 얻어지는 아날로그 신호와 일치하도록 하려는 것이다. 그렇게 해야 DAC 과정을 통해 만들어진 아날로그 신호를 샘플링해서 새로운 디지털 신호를 만들어도 신호의 밝기나 음의 크기가 원래 신호와 유사하게 나오기 때문이다.

그림 2-20은 신호들 간의 관계를 수식으로 표현한 것이다. 전처리 필터 S의 필터 계수를 s_k라고 하면 필터링 된 계수 c_k는 입력 디지털 신호 $f(x_k)$와 증폭필터 계수 s_k의 convolution으로 표현된다.

$$c_k = f(x_k) * s_k \tag{2.23}$$

최종 아날로그 신호는 증폭된 신호 c_k와 basis $\beta_3(x)$함수의 convolution으로 표현된다.

$$\hat{f}(x) = \sum_{k=-\infty}^{\infty} c_k \, \beta_3(x - x_k) = c_k * \beta_3(x_k) \tag{2.24}$$

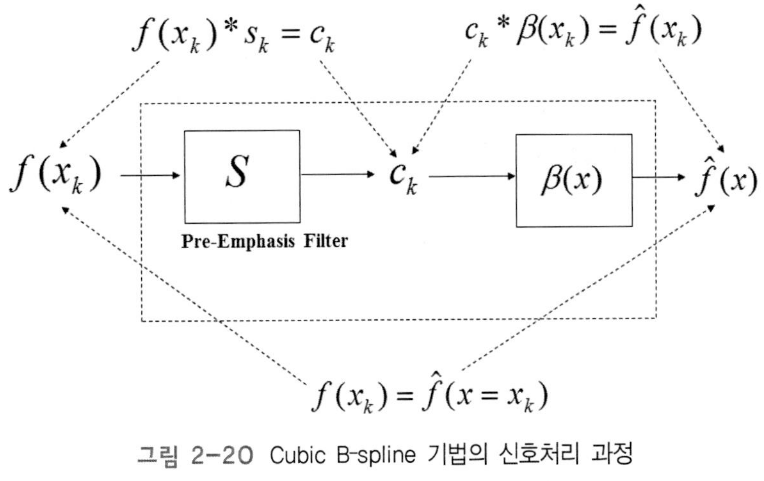

그림 2-20 Cubic B-spline 기법의 신호처리 과정

우리가 전처리 필터 S를 사용하는 이유는 최종적인 아날로그 신호가 원래 주어진 디지털 신호와 겹치게 만들려는 것이다. 그 조건은 다음과 같다.

$$\hat{f}(x_k) = f(x_k) \tag{2.25}$$

이를 위의 convolution 수식과 연관시켜 다시 쓰면 아래와 같다.

$$\hat{f}(x_k) = \hat{f}(x)|_{x=x_k} = c_k * \beta_3(x_k)|_{x=x_k} \tag{2.26}$$

식 (2.23)과 식 (2.26)을 이용하여 정리하면

$$\hat{f}(x_k) = f(x_k) * s_k * \beta_3(x_k) \tag{2.27}$$

이다. $\hat{f}(x_k) = f(x_k)$인 관계를 이용하면, 다음 식이 성립한다.

$$s_k * \beta_3(x_k) = \delta_k \tag{2.28}$$

여기서 δ_k는 $x_k = 0$일 때 '1'의 값을 갖고, 그 외의 경우에서는 '0' 값을 갖는 impulse 함수이다. 이 식 (2.28)을 z-transform시키면,

$$S(z)B(z) = 1 \tag{2.29}$$

이다. 여기서 $S(z) = z - Transform\{s_k\}$이고, $B(z) = z - Transform\{\beta_3(x_k)\}$이다. 이 관계를 그림으로 정리하면 그림 2-21과 같다.

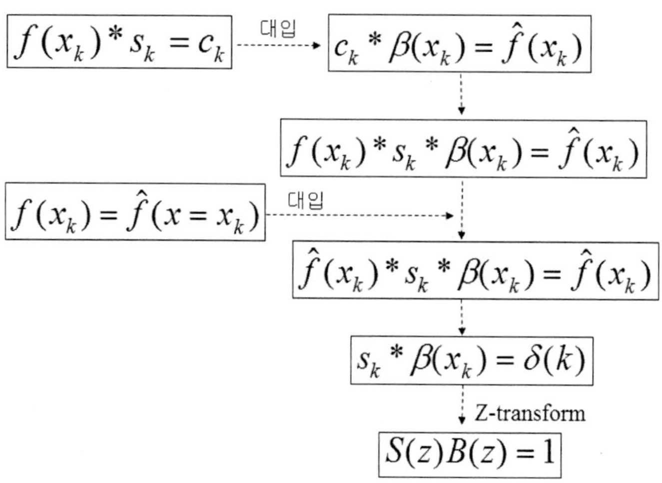

그림 2-21 전처리 증폭 필터의 계산 과정

그림 2-16(d)에서 3차 basis 함수 $\beta_3(x)$의 샘플값 $\beta_3(x_k)$를 이용해서 아래와 같이 FIR filter를 표시할 수 있다.

$$\beta_3(x_k) = \begin{cases} 1/6, & x_k = -1 \\ 2/3, & x_k = 0 \\ 1/6, & x_k = +1 \end{cases} \tag{2.30}$$

이 식을 이용하여 식 (2.29)를 변형하면

$$S(z) = \frac{1}{B(z)} = \frac{1}{\frac{1}{6}z^{-1} + \frac{2}{3}z^{0} + \frac{1}{6}z^{1}} \tag{2.31}$$

으로 정리된다. 식 (2.31)을 inverse z-transform하면

$$s_k = \frac{-6a}{(1-a^2)}a^{|k|}, \quad a = -0.2679 \tag{2.32}$$

가 된다. 이 관계를 그림 2-22에서 나타냈다.

이렇게 계산된 전처리 증폭기를 사용한 B-spline 보간법 전체 흐름도는 그림 2-23과 같다. 이와 같은 방법을 수행함으로써 신호의 감쇄 없이 주어진 디지털 신호를 아날로그 신호로 변환할 수 있다. Cubic B-spline 방법의 장점은 sample & hold 방법과 bilinear 방법 보다 신호 복원 능력이 뛰어나서 더욱 자연스러운 아날로그 영상을 만들어 낼 수 있다는 것이다. 단점으로는 전처리 증폭 필터를 반드시

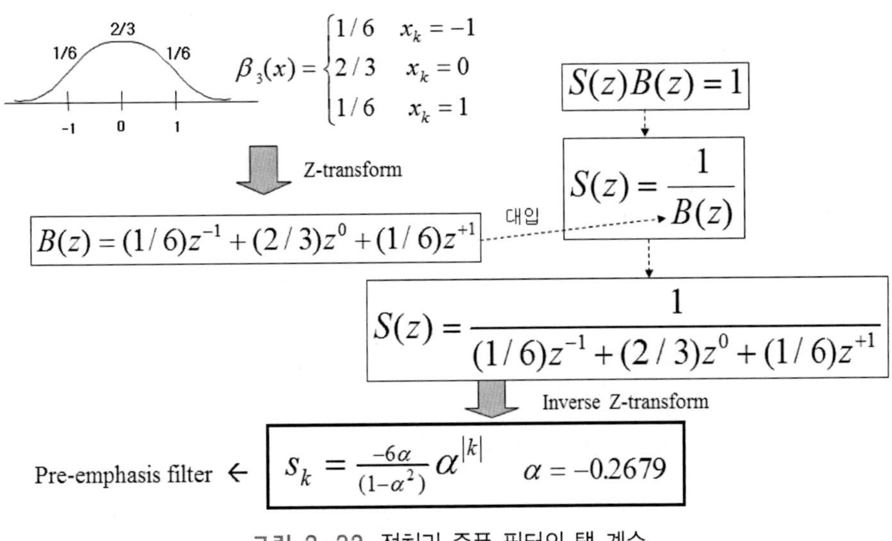

그림 2-22 전처리 증폭 필터의 탭 계수

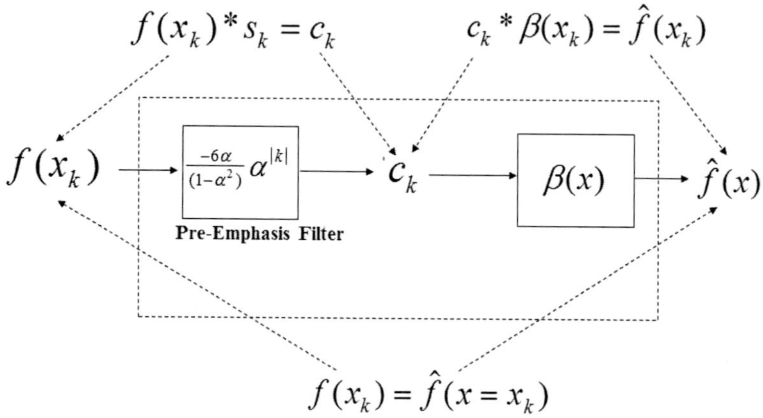

그림 2-23 전처리 증폭 필터를 이용한 블록 다이어그램

사용해야하기 때문에 복잡도가 높다는 단점이 있다. 식 (2.32)의 전처리 증폭 필터를 구현하기 위해서는 상당히 많은 개수의 탭(tap)으로 구성된 FIR(finite impulse response) 필터를 사용해야 하기 때문에 상당히 복잡한 과정을 거치게 된다.

그림 2-18에서와 달리, 전처리 필터를 사용했을 경우에, cubic B-spline을 사용한 아날로그 신호 복원 방법을 그림으로 표시해보면 그림 2-24와 같다. 만들어진 아날로그 신호 $\hat{f}(x)$가 처음에 주어진 디지털 신호 $f(x_k)$를 관통함을 알 수 있다.

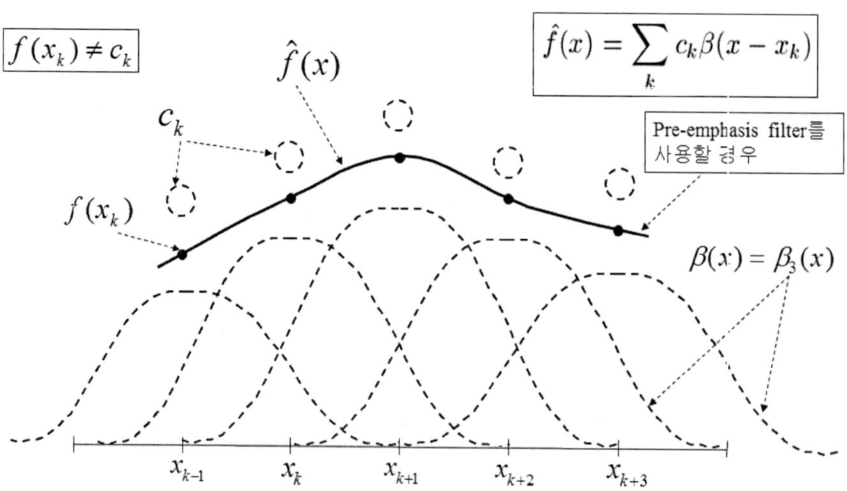

그림 2-24 전처리 증폭 필터를 이용한 Cubic B-spline 기법

원(Original) 영상　　　　Pre-emphasis 필터 통과 영상

그림 2-25 전처리 증폭필터를 통과한 영상의 예

여기서 잠시 Pre-emphasis 필터의 효과를 살펴보자. 그림 2-25의 왼쪽 그림은 원 영상이고 오른쪽 그림은 전처리 증폭 필터를 사용한 후의 영상이다. 전처리 필터를 통과한 영상은 약간 밝아지고, 조금은 거칠어 졌다. 앞의 서술과 연관시켜보면, 원 영상이 $f(x_k)$ 이고 필터를 통과한 영상이 c_k가 된다.

6 Cubic Convolution 기법

이 절에서는 cubic B-spline 방법의 우수한 신호 복원력이란 장점은 유지하면서 단점(pre-emphasis filter 사용으로 인한 복잡함)을 없애는 방법을 학습한다. 이 방법은 cubic convolution scaler라고 알려져 있다. 이 방법은 cubic B-Spline 방식과 마찬가지로 3차(cubic) 보간법이고, basis 함수의 가로축 넓이가 4개의 디지털 샘플들에 걸쳐 있다. Cubic convolution scaler 기법에서 사용되는 basis 함수는 다음과 같이 정의된다[3][7][21][22].

$$\beta(x) = \begin{cases} (\alpha+2)|x|^3 - (\alpha+3)|x|^2 + 1, & 0 \le |x| < 1 \\ \alpha|x|^3 - 5\alpha|x|^2 + 8\alpha|x| - 4\alpha, & 1 \le |x| < 2 \\ 0, & otherwise \end{cases} \tag{2.33}$$

이 식에서 α는 조절 가능한 tuning 파라미터이다. 보통 $-1.5 < \alpha < 1.0$의 범위에서 사용하는데, '-1'에 가깝게 선택한다면 복원된 아날로그 신호에서 Edge 부분이 강하게 표현된다. 해당되는 신호 영역이 급격하게 변하는 부분일 경우는 신호에 overshoot 왜곡이 발생하는 경우도 있다. '1'에 가깝게 선택한다면 복원신호에서

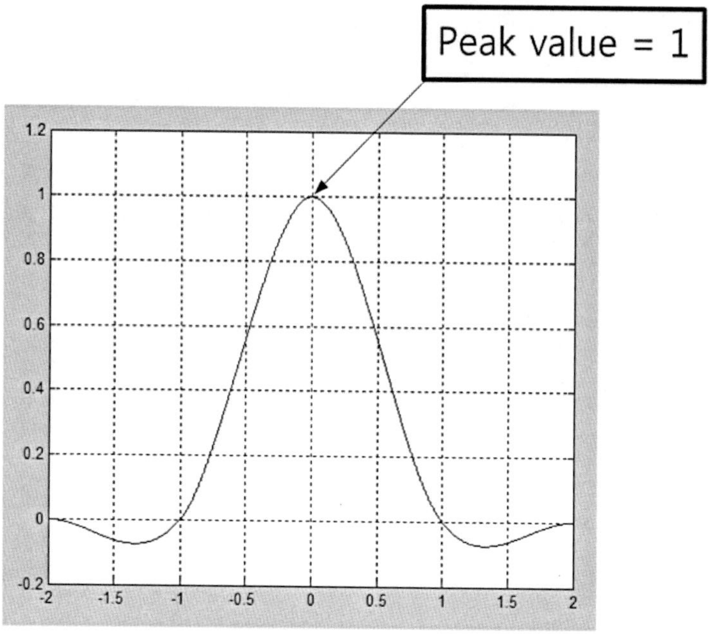

그림 2-26 Cubic convolution 기법의 필터

에지(Edge) 부분이 뭉그러지는 현상이 나타난다. 보통 많은 응용 경우에서 $\alpha = -0.5$로 많이 선택된다. $\alpha = -0.5$로 설정한 경우 cubic convolution scaler 기법의 basis 함수의 모양을 그림 2-26에서 표시하였다.

이 그림에서 확인할 수 있는 것은 basis 함수의 peak value가 1이라는 것이다. 즉, cubic B-spline과 달리 cubic convolution scaler 기법에서는 전처리 증폭 필터를 사용할 필요가 없다. 따라서 cubic convolution scaler 기법은 상당히 간단하게 구현된다.

Cubic convolution scaler 보간 방법을 사용하여 아날로그 신호를 복원하는 구체적인 방법을 살펴보자. 우선 주어진 디지털 신호의 x축 간격을 1이라고 가정한다. 즉, $x_{k+1} - x_k = 1$이라고 가정한다. 이는 실제 샘플들의 간격이 1이란 의미는 아니고, 주어진 디지털 정보의 간격을 기본 단위로 가정하겠다는 의미이다. 샘플 위치 x_k와 x_{k+1} 사이 구간에서 아날로그 신호를 복원하려면 주어진 디지털 신호 4개 $f(x_{k-1})$, $f(x_k)$, $f(x_{k+1})$, $f(x_{k+2})$가 필요하다. 얻고자 하는 아날로그 신호값 또는 새로운 디지털 신호의 새로운 샘플링 위치를 $x = x_k + t$라고 하자. 이는 $x_k \le x \le x_{k+1}$이고, $0 \le t \le 1$를 의미한다. 이 관계를 그림 2-27에서 표시했다. 이때, 우리가 원하는 아날로그 신호값은 식 (2.33)과 샘플링 위치와의 관계를 이용하여

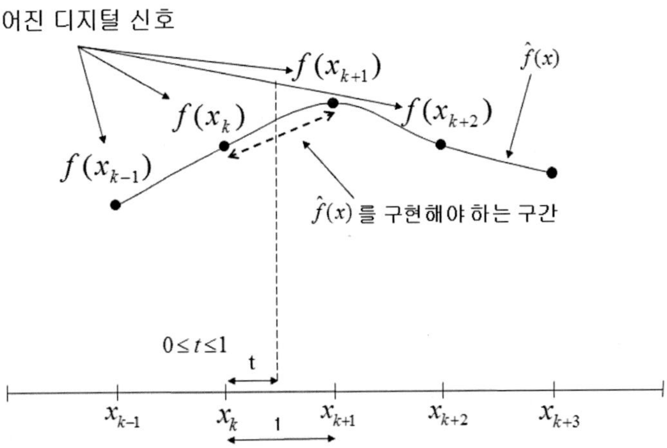

그림 2-27 Cubic convolution 기법을 사용한 해상도 변환 과정

$$\begin{aligned}\hat{f}(x) = \; & f(x_{k-1}) \times \{\alpha t^3 - 2\alpha t^2 + \alpha t\} \\ & + f(x_k) \times \{(\alpha+2)t^3 - (3+\alpha)t^2 + 1\} \\ & + f(x_{k+1}) \times \{-(\alpha+2)t^3 + (2\alpha+3)t^2 - \alpha t\} \\ & + f(x_{k+2}) \times \{-\alpha t^3 + \alpha t^2\}\end{aligned} \tag{2.34}$$

으로 정리할 수 있다.

Cubic convolution scaler 보간 기법은 B-spline 기법처럼 성능이 우수하면서 구현 복잡도는 훨씬 간단한 특징이 있다. 이는 cubic convolution scaler 기법에서 전처리 필터를 사용하지 않기 때문이다.

7 보간 기법들의 성능비교

지금까지 학습한 보간 기법들의 성능을 비교해보자.

표 2-1 해상도 변환 기법들의 성능비교

구현방식	구현 복잡도		사용 image별 성능 비교		
			PC Background (날카로운 에지)	Lena	Circle Zone Plate
Sample & Hold	1 tap	간단	나쁨	나쁨	나쁨
Bilinear	2 tap	간단	나쁨	적당	나쁨
Cuvic B-S Pline	4 tap + Prefilter	매우 복잡	우수	우수	우수
Cubic Convolution	4 tap	간단	우수	우수	우수

- 이 표에서 PC backgound 영상은 PC에 연결된 LCD 모니터의 화면을 캡처한 영상으로서 날카로운 edge 정보들로 구성되어 있다. Circle Zone Plate는 높은 공간 주파수를 갖는 원형 신호 영상으로 영상신호 테스트에 널리 사용된다. 이들 영상은 http : //msp.sejong.ac.kr에서 다운 받을 수 있다.
- Sample & hold 방법은 tap 1개로 구성된다. 매우 간단하게 구현된다. 그러나 성능이 매우 좋지 않다.
- Bilinear 방법은 2개의 tap으로 구성된다. 이 정도는 매우 간단한 편이다. 이 기법의 성능은 sample & hold보다는 좋지만, 여전히 만족스럽지는 않다.
- Cubic B-spline 방법은 성능은 우수하지만, pre-emphasis 필터의 사용 때문에 매우 복잡하다.
- Cubic convolution scaler는 성능도 우수하고, 복잡도도 매우 낮다.

2.3 Cubic convolution scaler 최적화[심화내용]

> 이 절의 내용은 심화 내용으로서 앞의 2.1절과 2.2절 내용을 학습한 후, 깊이 있는 연구를 수행하려는 독자들을 위해서 추가된 내용이다. 학부 저학년의 학생들의 경우 이 2.3절의 학습을 생략해도 된다.

이 절에서는 앞에서 설명한 cubic convolution 기법의 커널(kernel) $\beta(x)$를 최적화하는 방법에 대해서 설명한다. 앞 절의 설명에서는 tuning parameter를 $\alpha=-1/2$ 등으로 고정해서 사용하는 방법을 설명했는데, 이 절에서는 이 파라미터 α를 영상 정보의 위치별로 서로 다른 값으로 설정해서 사용하는 방법에 대해서 설명한다.

앞 절에서 설명했듯이 cubic convolution의 커널은 다음과 같은 식 (2.35)로 표현된다.

$$\beta(x)=\begin{cases}(\alpha+2)|x|^3-(\alpha+3)|x|^2+1, & 0\le x<1,\\ \alpha|x|^3-5\alpha|x|^2+8\alpha|x|-4\alpha, & 1\le x\le 2.\end{cases} \tag{2.35}$$

식 (2.35)에서 kernel $\beta(x)$가 구간 $-2\le x\le 2$에서 정의되므로, cubic convolution 기법을 이용하여 아날로그 신호 $\hat{f}(x)$를 만드는 방법은 식 (2.36)과 같이 표현된다.

$$\begin{aligned}\hat{f}(x) = & f(x_{k-1})[\alpha s^3 - 2\alpha s^2 + \alpha s] \\ & + f(x_k)[(\alpha+2)s^3 - (3+\alpha)s^2 + 1] \\ & + f(x_{k+1})[-(\alpha+2)s^3 + (2\alpha+3)s^2 - \alpha s] \\ & + f(x_{k+2})[-\alpha s^3 + \alpha s^2]\end{aligned} \tag{2.36}$$

이 식 (2.36)은 주어진 디지털 신호 $f(x_{k-1}), f(x_k), f(x_{k+1}), f(x_{k+2})$를 이용하여 $f(x_k)$와 $f(x_{k+1})$ 사이 구간을 아날로그 선 $\hat{f}(x)$으로 연결하는 수식으로서, (2.36)식이 나타내고자 하는 아날로그 신호 $\hat{f}(x)$의 구간영역은 $x_k \le x \le x_{k+1}$이다. 이 식 (2.36)에서 $s = x - x_{k+1}$, $0 \le s \le 1$이다. 이와 같이 만들어진 연속(아날로그) 함수 $\hat{f}(x)$는 처음에 주어진 디지털 신호값들과 x_k와 x_{k+1} 위치에서 같아야 하기 때문에 $\hat{f}(x_k) = f(x_k)$과 $\hat{f}(x_{k+1}) = f(x_{k+1})$인 관계가 있다. 식 (2.36)은 신호의 해상도 증가 및 축소에 공통적으로 사용될 수 있으며, 그 변환 비율이 임의의 값인 경우(정수, 소수, 유리수, 무리수)에도 사용 가능하다.

Rifman[15]과 Bernstein[16]은 식 (2.36)에 존재하는 tuning parameter를 $\alpha = -1$로 설정했는데, 이는 $x = x_{k+1}$에서 $\beta(x)$의 기울기를 $\mathrm{sinc}(x)$함수의 기울기인 -1과 일치시키기 위함이었다. 이에 반해 Keys[7]는 $\alpha = -1/2$로 선정하였다. Keys가 선정한 값 $\alpha = -1/2$을 이용하여 식 (2.36)을 정리하면 아래 식과 같다.

$$\begin{aligned}\hat{f}(x) = & f(x_{k-1})(-s^3 + 2s^2 - s)/2 \\ & + f(x_k)(3s^3 - 5s^2 + 2)/2 \\ & + f(x_{k+1})(-3s^3 + 4s^2 + s)/2 \\ & + f(x_{k+2})(s^3 - s^2)/2\end{aligned} \tag{2.37}$$

식 (2.36)의 α는 복원 영상의 화질을 향상시키는 조절 변수(tuning parameter)로 사용될 수 있기 때문에[10][17], 본 절에서는 해상도를 변환하려는 구간에 따라 서로 다른 값으로 최적화된 α값을 사용함으로써 확대 및 축소된 영상 신호의 정보 손실을 최소화하는 기법을 설명한다. 이 최적화 기법을 설명하기 앞서, 해상도 변환 기법이 영상 정보에 만들어내는 왜곡(신호의 손실량)을 측정하는 방법을 알아보자. 이를 위해 그림 2-28과 같이 영상 정보의 해상도를 변화시키는 시스템을 설명해보자. 그림 2-28의 시스템은 주어진 영상 데이터 $f(x_k)$를 임의의 크기로 축소 또는 확대하여 $\hat{f}(y_n)$을 만든 후, 이 $\hat{f}(y_n)$을 다시 확대 또는 축소하여 원래 영상 크기인 데이터 $g(x_k)$를 만든다. 즉, $g(x_k)$는 원 영상 $f(x_k)$를 축소한 후 다시 확

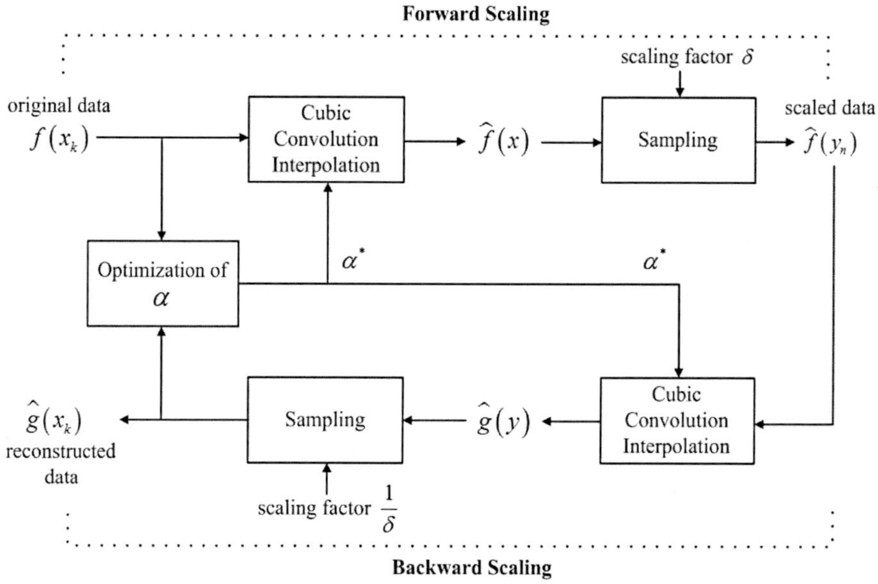

그림 2-28 Scaler 최적화 시스템의 블록 다이어그램

대한 영상일 수도 있고, 또는 원 영상 $f(x_k)$를 확대한 후 다시 축소한 영상일 수도 있다. 이 시스템에서 원 영상 $f(x_k)$로부터 해상도가 변경된 영상 $\hat{f}(y_n)$을 만드는 과정을 순방향 해상도 변환이라고 정의하고, $\hat{f}(y_n)$로부터 복원 영상 $g(x_k)$를 만드는 과정을 역방향 해상도 변환이라고 지칭한다. 순방향 해상도 변환 과정에서 보간 비율은 δ으로 정의한다. 만약 $\delta > 1$이라면, $\hat{f}(y_n)$의 해상도는 $f(x_k)$의 해상도 보다 높아지는 것으로 신호의 확대 과정이 된다. 역방향 보간에서는 $\hat{f}(y_n)$을 보간하여 $g(x_k)$를 만드는데, 여기에서 사용되는 보간 비율은 $1/\delta$이다. 즉, 순방향과 역방향 보간 과정을 모두 통과한 후 얻어지는 신호 $g(x_k)$는 원래 신호 $f(x_k)$와 같은 해상도를 갖는다.

이때, 주어진 영상 $f(x_k)$에 순방향과 역방향 과정 모두를 수행 시킨 후 얻어진 $g(x_k)$가 원 영상 $f(x_k)$와 거의 같다면, 이 시스템에서 사용된 해상도 변환 기술이 영상 정보에 영향을 끼치는 왜곡이 매우 작다고 판단할 수 있다. 만약 이상적인(정보의 손실이 없는) 보간 방법이 사용되었다면, $f(x_k)$와 $g(x_k)$는 일치하여야 한다.

그림 2-28에서 해상도 변환 기술로 인해 발생하는 신호 왜곡을 계산하기 위해 다음과 같이 수학적인 전개를 할 수 있다. 우선, 순방향 보간된 연속 함수 $\hat{f}(x)$는 식 (2.36)을 사용해서 계산되며, 이 연속 함수를 변환 비율 δ를 이용하여 다음과 같이 표본화(샘플링)한다.

$$\hat{f}(y_n) = \hat{f}(x)|_{x = y_n = n \cdot 1/\delta} \tag{2.38}$$

여기서, $x_k \le y_n \le x_{k+1}$, $s = y_n - x_k$이며, 이를 이용하여 식 (2.38)은

$$\hat{f}(y_n) = \hat{f}(x)|_{s = y_n - x_k} \tag{2.39}$$

으로 표현될 수 있다. 역방향 보간 과정에서 보간 연속 함수 $\hat{g}(y)$는

$$\begin{aligned} \hat{g}(y) = \hat{f}(y_{n-1})&[\alpha(t^3 - 2t^2 + t)] \\ &+ \hat{f}(y_n)[\alpha(t^3 - t^2) + (2t^3 - 3t^2 + 1)] \\ &+ \hat{f}(y_{n+1})[\alpha(-t^3 + 2t^2 - t) + (-2t^3 + 3t^2)] \\ &+ \hat{f}(y_{n+2})[\alpha(-t^3 + t^2)] \end{aligned} \tag{2.40}$$

로 표현이 되는데, 여기서 $y_n \le y \le y_{n+1,}$ $t = y - y_n$, $0 \le t \le 1$이다. 역방향 표본화 과정은 변환 비율 $1/\delta$를 이용하여 다음과 같이 수행한다.

$$g(x_k) = \hat{g}(y)|_{y = x_k = k \cdot \delta} \tag{2.41}$$

$$= \hat{g}(y)|_{t = x_k - y_n} \tag{2.42}$$

이 식에서 $y_n \le x_k \le y_{n+1}$, $t = x_k - y_n$으로 정의된다. 순방향과 역방향 보간을 통해 손실된 왜곡의 양은 다음과 같이 표현된다.

$$E(\alpha) = \sum_k [f(x_k) - g(x_k)]^2 \tag{2.43}$$

결국, cubic convolution scaler의 kernel을 최적화하는 문제는 $E(\alpha)$를 최소화시키는 매개변수 α를 계산하는 문제로 볼 수 있다.

$$\alpha E(\alpha) = \alpha \sum_k [f(x_k) - g(x_k)]^2$$

$$\min_\alpha E(\alpha) = \min_\alpha \sum_k [f(x_k) - g(x_k)]^2 \tag{2.44}$$

식 (2.44)를 계산하기 위해서 널리 알려진 steepest-descent 알고리즘[18][19]을 이용할 수 있는데, 이 과정에서 α를 최적화하는 과정은 식 (2.45)와 같다. 여기서, α^*는 알고리즘의 각 반복 단계에서 얻어진 tuning parameter 변수 값이다.

$$\alpha^* = \alpha + \Delta\alpha \tag{2.45}$$

$$\Delta\alpha = -\eta\frac{\partial E(\alpha)}{\partial\alpha} \tag{2.46}$$

α는 알고리즘이 반복할수록, 비용 함수 $E(\alpha)$의 음 기울기인 $-\partial E(\alpha)/\partial\alpha$ 방향으로 변화된다. 이렇게 최적화된 α^*를 계산하기 위해서는 식 (2.46)과 같이 손실 왜곡 $E(\alpha)$를 α에 대해서 편미분한 값을 계산해야 한다. 이를 위해서 식 (2.43)을 α에 대해 편미분을 수행하면 식 (2.47)이 된다.

$$\begin{aligned}\frac{\partial E}{\partial\alpha}(\alpha) &= \sum_k \frac{\partial}{\partial\alpha}[f(x_k)-g(x_k)]^2 \\ &= \sum_k 2[f(x_k)-g(x_k)]\left[\frac{\partial}{\partial\alpha}f(x_k)-\frac{\partial}{\partial\alpha}g(x_k)\right]\end{aligned} \tag{2.47}$$

식 (2.47)에서 원래의 해상도 이미지 $f(x_k)$는 고정된 화소값으로 α값에 독립적이다. 따라서

$$\frac{\partial}{\partial\alpha}f(x_k) = 0 \tag{2.48}$$

이 된다. 해상도 변환 과정의 왜곡 $E(\alpha)$을 편미분하는 식 (2.47)의 값을 계산하기 위해서는 $\frac{\partial}{\partial\alpha}g(x_k)$를 계산해야 하는데, 이는 역방향 보간 함수에 대한 편미분식으로서, 식 (2.40)과 식 (2.42)를 이용하여 다음과 같이 작성할 수 있다.

$$\begin{aligned}\frac{\partial}{\partial\alpha}g(x_k) = \Big\{ &\frac{\partial}{\partial\alpha}\hat{f}(y_{n-1})\alpha(t^3-2t^2+t) \\ &+\hat{f}(y_{n-1})(t^3-2t^2+t)+\frac{\partial}{\partial\alpha}\hat{f}(y_n)[\alpha(t^3-t^2) \\ &+(2t^3-3t^2+1)]+\hat{f}(y_n)(t^3-t^2) \\ &+\frac{\partial}{\partial\alpha}\hat{f}(y_{n+1})[\alpha(-t^3+2t^2-t) \\ &+(-2t^3+3t^2)]+\hat{f}(y_{n+1})(-t^3+2t^2-t) \\ &+\frac{\partial}{\partial\alpha}\hat{f}(y_{n+2})\alpha(-t^3+t^2) \\ &+\hat{f}(y_{n+2})(-t^3+t^2)\Big\} \mid_{t=x_k-y_n,\, y_n\le x_k\le y_{n+1}}\end{aligned} \tag{2.49}$$

식 (2.49)의 표현에서, 등호의 우측 항에 존재하는 편미분 값들을 계산하기 위해서는 다음의 편미분 식을 이용해야 한다.

$$\begin{aligned}\frac{\partial}{\partial\alpha}\hat{f}(y_n) = [&f(x_{l-1})(s^3-2s^2+s)\\&+f(x_l)(s^3-s^2)\\&+f(x_{l+1})(-s^3+2s^2-s)\\&+f(x_{l+2})(-s^3+s^2)]|_{s=y_n-x_l,\, x_l\le y_n\le x_{l+1}}\end{aligned} \tag{2.50}$$

정리해서 이야기하자면, 영상 정보의 구간별 최적화된 tuning parameter α^*를 계산하기 위해서는 식 (2.45)와 식 (2.46)을 이용해야 하는데, 식 (2.46)을 이용하기 위해서는 해상도 변환 모듈이 발생시키는 왜곡 $E(\alpha)$를 α에 대해서 편미분을 계산해야 한다. 이 편미분 값은 식 (2.47)~(2.50)을 이용하여 계산할 수 있다.

이 과정에서 얻어진 α^*는 다음 반복 단계의 순방향과 역방향 보간에서 공통적으로 사용된다. 이런 반복적인 steepest-descent 알고리즘[18][19]을 이용한 α값의 최적화는 일정한 크기의 영상 블록마다 실행된다. 즉, 주어진 영상 정보를 같은 크기의 블록들로 나눈 후, 각 블록 마다 최적화된 α^*를 계산하여 해상도 변환 과정에서 사용한다. 이와 같은 반복적 보상 방법을 사용하는 최적화 알고리즘을 표 2-2에 요약 정리하였다. 여기서, T는 주어진 영상에 존재하는 서브블록들의 개수이며, α_i는 i번째 서브블록의 매개변수이다. 각 서브블록에서 α_i는 다음의 식 (2.51)이 최소화되도록 최적화된다.

$$E_i(\alpha_i) = \sum_{x_k\in B_i}[f_i(x_k)-g_i(x_k)]^2 \tag{2.51}$$

여기서, $f_i(x_k)$와 $g_i(x_k)$는 i번째 서브블록 B_i의 원래 데이터와 두 번의 보간과정(순방향과 역방향 보간)을 실행한 데이터들이다. 여기서, α_i는 다음 같이 최적화된다.

$$\alpha_i^{(r)} = \alpha_i^{(r)} - \eta\frac{\partial E_i}{\partial\alpha_i}(\alpha_i^{(r)}) \tag{2.52}$$

여기서, η는 양(positive)의 값이다. 이 알고리즘은 $\sum_i E_i$ 값 변화가 충분히 작아질 때까지 반복된다. 이와 같은 최적화 알고리즘이 반복적으로 적용되면, 마지막 단계에는 최적화된 α_i값들이 각 블록마다 결정된다.

표 2-2 Cubic convolution scaler의 최적화 알고리즘

Step 1.	Initialize α_i, r=1, and $E_i^{(0)}=\infty$, $1 \le i \le T$
Step 2.	Construct the scaled data $\hat{f}_i(y_n)$ by Eq. (2.38), $1 \le i \le T$
Step 3.	Construct the data $g_i(x_k)$ by Eq. (2.42), $1 \le i \le T$
Step 4.	Calculate $\Delta\alpha_i$ by Eq. (2.46), $1 \le i \le T$
Step 5.	$\alpha_i^* = \alpha_i + \Delta\alpha_i$, $1 \le i \le T$
Step 6.	If $(\Sigma_i E_i^{(r-1)} - \Sigma_i E_i^{(r)}) / \Sigma_i E_i^{(r-1)} > \epsilon$, replace α_i with α_i^*, $1 \le i \le T$, r = r+1, and go to Step 2.
Step 7.	Stop

여기서 설명된 최적화 알고리즘의 성능을 평가하기 위해 실제 이미지들을 사용한 컴퓨터 시뮬레이션을 실행해 보았다. 영상 정보는 2차원 정보를 포함하고 있으므로, 앞 절에서 서술된 보간 기법을 영상 데이터의 수평 방향과 수직 방향으로 각각 차례대로 수행한다. 보간 기법의 최적화에 앞서 우선 주어진 영상 신호를 $L \times L$ 크기 블록으로 나눈 후, 각 블록마다 최적화 알고리즘을 수행하여 최적의 매개변수 α_i^* (i번째 블록에서 사용되는 매개변수)를 계산한다. 이때, i번째 블록의 수평방향 화소열 또는 수직방향 화소열을 식 (2.37)에서 표시한 $f(x_k)$로 여기고 계산한다. 실험에서 사용된 영상들은 Lena, F16, Baboom, PC background 영상 등인데, PC background 영상은 고주파수 성분을 많이 포함하여 해상도 변환 과정에서 신호 왜곡이 크게 발생하는 데이터이다.

표 2-3에서는 객관적인 성능 평가를 위해서 해상도 변화과정에서 발생하는 화질 왜곡을 측정하여 비교하였다. 먼저 각 실험 영상을 bilinear 보간 방법을 이용하여 일정 비율 $\delta(<1)$로 해상도를 축소시킨다. 이 bilinear 기법으로 축소된 영상을 여러 가지 보간 방법들을 사용하여 원래 해상도로 복원시킨다. 원래 해상도로 복귀시킬 때, 해상도 변화 비율은 $1/\delta$로 설정한다. 이때, 원래 해상도로 복원된 영상과 원 영상과의 차이를 PSNR(Peak-to-Peak Signal to Noise Ratio) 단위로 측정하여, 각 보간 기법들의 성능을 비교한다. 이 실험에서 비교대상으로 고려된 보간 방법들은 bilinear[3], quadrature polynomial[12], B-spline[9], and cubic convolution[7], 그리고 최적화된 cubic convolution 기법 등이다. 또한, 이 실험에서는 식 (2.36)에 나타나 있는 α 값의 변화에 따른 PSNR 값들을 정리하였다. 이 실험에서 해상도 변환 비율 δ값을 0.7로 선택하여 사용하였다. 표에서 알 수 있듯이 최적화된 α값을

표 2-3 Bilinear 방법으로 0.7배 축소된 영상을 여러 가지 기법들을 이용하여 1/0.7배로 확대할 경우, 확대된 영상의 화질을 PSNR 단위로 비교한 결과

	PSNR(dB)			
변환 기법	Lena	F16	Baboon	PC background
Bilinear[3]	34.39	33.62	24.58	18.47
Quadratic[12]	35.95	35.47	25.51	19.14
B-spline[9]	36.35	35.99	25.63	19.09
Cubic convolution[7]	35.83	35.35	25.34	18.97
식 (2.36)을 사용한 방법				
α =-2.0	35.11	34.34	25.62	18.95
α =-1.5	36.31	35.83	25.82	19.10
α =-1.0	36.56	36.22	25.70	19.11
α =-0.5	35.83	35.35	25.34	18.97
α =0.0	34.58	33.83	24.83	18.71
α =0.5	33.22	32.23	24.23	18.35
최적화 cubic convolution 기법				
L=16, r=21	36.97	36.58	26.32	19.41
L=64, r=11	36.75	36.43	26.14	19.27
L=256, r=8	36.61	36.37	25.92	19.21

사용하는 cubic convolution 기법을 이용하면 다른 방법들보다 자연스럽고 원래 영상과 가장 가까운 확대 영상을 얻을 수 있었다. 또한, 서브블록의 크기 L의 값이 감소할수록 PSNR의 값이 증가함을 알 수 있었다. 이는 블록의 사이즈가 작을수록 최적화 cubic convolution 기법이 영상 정보의 국지적인 정보를 더 효율적으로 이용함을 나타낸다.

객관적인 성능을 평가하기 위한 또 다른 실험으로, 연속적인 보간 기법들에 의한 정보 손실량을 측정하는 실험을 실시하여 표 2-4에 정리하였다. 이 실험에서는 비교하려는 특정 알고리즘을 사용하여, 영상 데이터를 일정 비율 δ로 변화시킨 후, 변화된 영상을 다시 역 비율 $1/\delta$로 재 변화하여 원래 해상도로 복귀시킨다. 여기서 복귀된 영상과 원 영상 사이의 PSNR을 비교하여 사용된 알고리즘들의 성능을 평가한다. PSNR값이 크다는 것은 손실 정보량이 작다는 것을 의미한다. 본 실험에서는 $\delta=0.7$로 선정하여, 영상을 축소시킨 후, 다시 $1/\delta=1/0.7$로 영상을 확대하였다. 실험 결과에서 알 수 있듯이, 최적화된 cubic convolution 기법이 다른 기존의 방법들보다 손실되는 정보량이 적다는 것을 알 수 있다.

표 2-4 다양한 변환 기법들을 이용하여, 영상들을 0.7배 축소한 후, 다시 1/0.7배 확대시켰을 경우 정보 손실량을 PSNR 단위로 비교한 결과

	PSNR(dB)			
변환 기법	Lena	F16	Baboon	PC background
Bilinear[3]	32.24	38.63	30.14	24.64
Quadratic[12]	40.06	39.71	32.12	25.80
B-spline[9]	45.16	44.14	33.25	26.89
Cubic convolution[7]	43.74	43.11	32.85	26.48
식 (2.36)을 사용한 방법				
α =-2.0	33.10	31.94	26.41	23.14
α =-1.5	37.33	36.16	30.12	25.23
α =-1.0	42.81	42.05	33.18	26.68
α =-0.5	43.74	43.11	32.85	26.48
α =0.0	39.48	38.22	30.60	25.06
α =0.5	36.25	34.77	28.54	23.43
최적화 cubic convolution 기법				
L=16, r=21	46.12	45.22	33.61	27.84
L=64, r=11	45.32	44.87	33.29	27.11
L=256, r=8	44.12	43.62	33.20	26.76

2.4 표준 비디오 코덱에서 사용되는 해상도 변환기

이 절에서는 이 장에서 학습한 해상도 보간 필터가 실제 표준 코덱들에서 어떻게 사용되는지 그 응용 예들을 보이고자 한다. 여러 가지 응용 예들이 있겠지만, 여기서는 간단하게 가장 대표적인 MPEG-2와 H.264/AVC에서 어떻게 보간 필터가 사용되는지를 설명한다.

1 MPEG-2의 Interpolation Filter

이 책의 제7장에서 학습하겠지만, MPEG-2에서는 연속된 프레임 사이의 움직임 벡터를 반화소 단위로 찾는 과정을 사용한다. 이렇게 반화소 단위로 움직임 벡터를 추정함으로써, 정수 화소 단위로 움직임 벡터를 추정할 때보다 더 자연스럽고 정확한 움직임 벡터를 추정할 수 있게 된다. 그런데, 실제 주어진 참조 영상 정보는

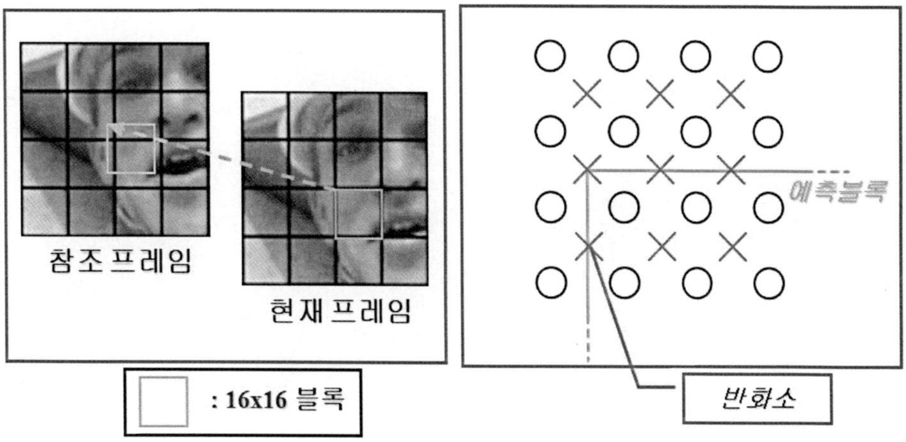

그림 2-29 MPEG-2의 움직임 벡터 추정 단위

화소 단위로만 주어져 있기 때문에, 반화소 단위로 움직임 벡터를 찾기 위해서는 정수 위치의 화소 사이에 실재로는 존재하지 않는 반화소 위치의 밝기 값을 계산한 후, 이 계산된 반화소 데이터에 대해서 움직임 벡터를 찾게 된다. 그림 2-29는 MPEG-2에서 반화소 단위로 움직임 벡터를 찾는 개념을 설명하고 있다.

MPEG-2에서는 이 반화소 밝기 값을 계산하기 위해서 반화소 위치를 기준으로 양옆 그리고 위아래 정수화소 위치의 밝기 값들의 평균값을 계산한다. 이렇게 계산된 평균값을 반화소 위치의 밝기 신호값으로 사용한다. 이 과정에서 수행되는 평균값 계산은 이 장에서 설명한 bilinear 보간법을 이용하는 것이다.

2 H.264/AVC의 Interpolation Filter

H.264/AVC에서는 움직임 벡터를 정수단위, 반화소 단위, 그리고 1/4 화소 단위까지 추정한다. 이 과정에서 실제로 존재하지 않는 반화소 단위와 1/4 화소 단위 위치의 밝기 값을 계산해야 하는데, 이때 보간 필터를 사용한다. 반화소 단위 밝기 값은 6 tap FIR 필터를 사용하고, 1/4 화소위치의 밝기 값은 bilinear 필터를 사용한다. 다음 그림 2-30은 H.264/AVC에서 움직임 벡터를 추정하는 과정에서 사용하는 보간 샘플들의 위치이다. 진한색 사각형은 정수 화소들의 위치이고, 밝은색 사각형들 중에서 aa, bb, cc, dd, ee, ff, gg, hh, b, j, s, h, m 등은 반화소 위치이다. 그리고, 밝은 사각형들 중에서 a, c, d, e, f, g, I, k, n, p, q, r 등은 1/4 화소들의 위치이다. 이 각 서브 픽셀 위치의 밝기 값을 구하는 필터 계수들 및 관련된 자세한 내용은 이 책의 제9장에서 설명한다.

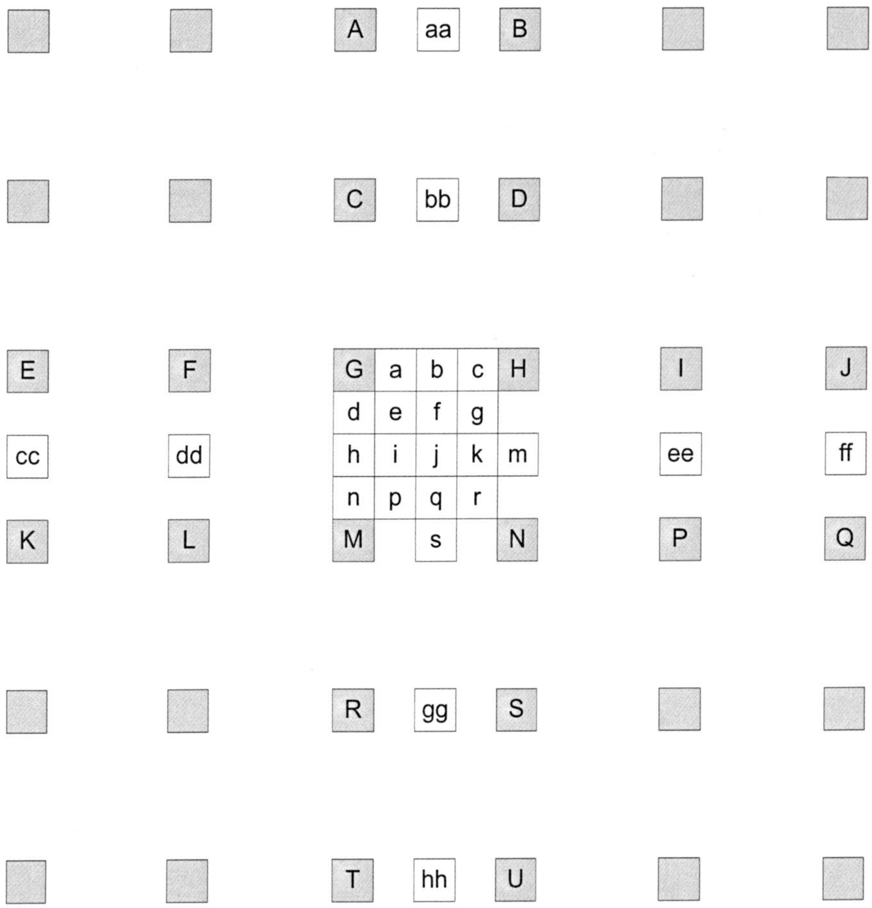

그림 2-30 H.264/AVC에서 반화소 및 1/4화소 단위 움직임 추정을 위한 보간 위치

3 미래 차세대 비디오 코덱에서 Interpolation Filter

향후 개발되고 표준화되는 비디오 코덱을 "차세대 비디오 코덱"이라고 부른다면, 이 비디오 코덱에서는 압축 효율을 향상시키기 위해서 다양한 필터를 디자인하고 적용할 수 있다. 예를 들어, 움직임 벡터를 추정할 때, 1/8 화소 단위까지 움직임 벡터를 찾는다면 이에 적합한 보간 필터를 설계할 수 있다. 또, 지금까지 사용되어 온 반화소 및 1/4 화소용 보간 필터를 새로 설계된 필터로 대체함으로써 비디오 코덱의 성능을 향상시킬 수 있다.

이러한 보간 필터를 Wiener 필터 형태로 최적화하여 사용하는 예들이 국제 표준화 단체인 VCEG(Video Codec Expert Group)과 MPEG(Moving Picture Expert

Group)에서 수차례 제안되고 사용되어 왔다. VCEG에서는 KTA(Key Technology Area)란 차세대 비디오 코덱을 개발하면서 AIF(Adaptive Interpolation Filter), ALF(Adaptive Loop Filter) 등의 형태로 보간 필터를 발전시켜 왔다. MPEG에서는 HEVC(High Efficiency Video Codec)을 표준화하면서 AIF, ALF, BALF 등 다양한 시도를 수행하고 있다.

본 장에서 학습하는 보간 이론을 정확하게 이해함으로써 향후 오디오 및 비디오 신호 처리 기술을 개발하는 데 실제적인 해결 방법을 제시할 수 있으리라 생각한다.

• 참고문헌

[1] Alan V. Oppenheim, Alan S. Willsky, S. Hamid Nawab, *Signals & Systems*, Prentice Hall, 1997.

[2] K. Toraichi, S. Yang, M. Kamada, and R. Mori, "Two-dimensional spline interpolation for image reonstruction", *Pattern Recog.*, vol. 21, pp. 275 - 284, 1988.

[3] W. K. Pratt, *Digital image processing*, John Wiley & Sons, INC., 1991.

[4] P. Van Wie and M. Stein, "A landsat digita image rectification system", *IEEE Trans. Geosci. Electron.*, vol. 15, pp. 130 - 137, 1977.

[5] M. Unser, B. L. Trus, and M. Eden, "Iterative restoration of noisy elastically distorted quasi-periodic images", *Signal Processing*, vol. 17, pp. 191 - 200, July 1989.

[6] M. Unser, A. Aldroubi, and M. Eden, "Enlargement or reduction of digital images with minimum loss of information", *IEEE Trans. on Image Processing*, vol. 4, pp. 247 - 258, March 1995.

[7] R. G. Keys, "Cubic convolution interpolation for digital image processing", *IEEE Trans. Acoustics, Speech, and Signal Processing*, vol. 29, pp.1153 - 1160, Dec. 1981.

[8] H. S. Hou and H. C. Andrews, "cubic splines for image interpolation and digital filtering", *IEEETrans. Acoust., Speech, Signal Processing*, vol. 26, pp. 508 - 517, 1978.

[9] M. Unser, A. Aldroubi, and M. Eden, "Fast B-spline transforms for continuous image representation and interpolation", *IEEE Trans. on Pattern Analysis and Machine Intelligence*, vol. 13, pp. 277 - 285, March 1991.

[10] S. K. Park and R. A. Schowengerdt, "Image reconstruction by parametric cubic convolution", *Computer Vision, Graphics, and Image Processing*, vol. 23, pp. 258 - 272, Sept. 1983.

[11] T. C. Chen and R. J. P. deFigueiredo, "Two-dimensional interpolation by generalized spline filters based on partial differential equations", *IEEE Trans. Acout., Speech, Signal Processing*, vol. 33, pp. 631 - 642, June 1985.

[12] N. A. Dodgson, "Quadratic interpolation for image resampling", *IEEE Trans. on Image Processing*, vol. 6, pp. 1322 - 1326, Sept. 1997.

[13] S. R. Dooley, R. W. Stewart, and T. S. Durrani, "Fast on-line B-spline interpolation", *Electronics Letters*, vol. 35, pp. 1130 - 1131, July 1999.

[14] G. Ramponi, "Warped distance for space-variant linear image interpolation", *IEEE Trans. on Image Processing*, vol. 8, pp. 629 - 639, May 1999.

[15] S. S. Rifman, "Digital Rectification of ERTS Multispectral Imagery", *Proc. Symposium Significant Results Obtained from ERTS-1(NASA SP-327)*, I, Sec. B, pp. 1131 - 1142, 1973.

[16] R. Bernstein, "Digital Image Processing of Earth observation sensor data", *IBM J. Res. Devel.*, vol. 20, pp. 40 - 57, 1976.

[17] K. W. Simon, "Digital image reconstruction and resampling of landsat imagery", *Symposium on Machine Processing of Remotely Sensed Data*, Purdue University, pp. 3A-1 - 3A-11, June 1975.

[18] D. G. Luenberger, *Optimization by Vector Space Methods*, New York, Wiley, 1969.

[19] D. G. Luenberger, *Linear and nonlinear programming*, Addison-Wesley, 1984.

[20] Lance Greggain, *Method and apparatus for quadrature interpolation*, United States Patent, Patent Num. : 5,502,662.

[21] J. K. Han and S. U. Baek, "Parametric Cubic Convolution Scaler for Enlargement and Reduction of Image", *IEEE Trans. on Consumer Electronics*, pp. 247 - 256, vol. 46, Issue 2, May, 2000.

[22] J. K. Han and H. M. Kim, "Modified Cubic Convolution Scaler with Minimum Loss of Information", *Optical Engineering*, pp. 540 - 546, vol. 40, April 2001.

생각해 볼 문제

Q1 주어진 디지털 신호의 해상도를 감소시킬 때와 증가시킬 때 중 언제 LPF가 필요할까? 그 이유를 주파수 분석 측면에서 설명하세요.

Q2 LPF를 구현할 때, cut-off frequency와 해상도 변환 비율 간에는 어떤 관계가 존재할까?

Q3 LPF를 구현할 때, 주파수 축에서 직사각형 모양의 함수를 고려하지 않고, window 함수를 사용하여 부드러운 모양의 함수를 고려하는 이유는 무엇일까?

Q4 LPF를 FIR (Finite Impulse Response) 필터로 구현할 때와 IIR (Infinite Impulse Response) 필터로 구현할 때 어떤 장단점이 존재할까?

Q5 LPF를 구현할 때, 시간축에서 tap의 개수와 LPF의 특성간의 관계를 설명하시오.

Q6 주어진 영상 정보에 필터링 과정을 수행할 때, 영상 정보의 가장자리(맨 왼쪽 끝, 맨 오른쪽 끝, 맨 위쪽 끝, 맨 아래쪽 끝 부분)에서 신호의 padding 과정이 필요하다. 이 padding 방법에 대해서 설명하시오.

Chapter 3

양 자 화

이 장에서는 신호의 양자화 과정, 양자화기의 종류, 양자화기의 코드북 제작 기법 등에 대해 학습한다. 이를 위해서 신호의 전송과 수신 과정에서 양자화기의 역할을 설명한다. 그리고 양자화기의 기능 및 동작과정, 그리고 장단점을 학습한다. 양자화기의 종류를 학습하는 절에서는 양자화기의 종류별 특징에 대해서 학습한다. 구체적으로는 균등 양자화기, 비균등 양자화기, 스칼라 양자화기, 벡터 양자화기에 대해서 학습한다. 이 장의 후반부에서는 양자화기의 코드북을 제작하는 방법에 대해서 학습한다.

3.1 신호의 압축과 전송

아날로그 신호 $f(t)$가 송신기와 수신기를 거치면서 전달되는 과정을 그림 3-1에 표현했다. 제일 첫 단계에서는 sampling 기법(앞의 제2장에서 학습한 내용임)을

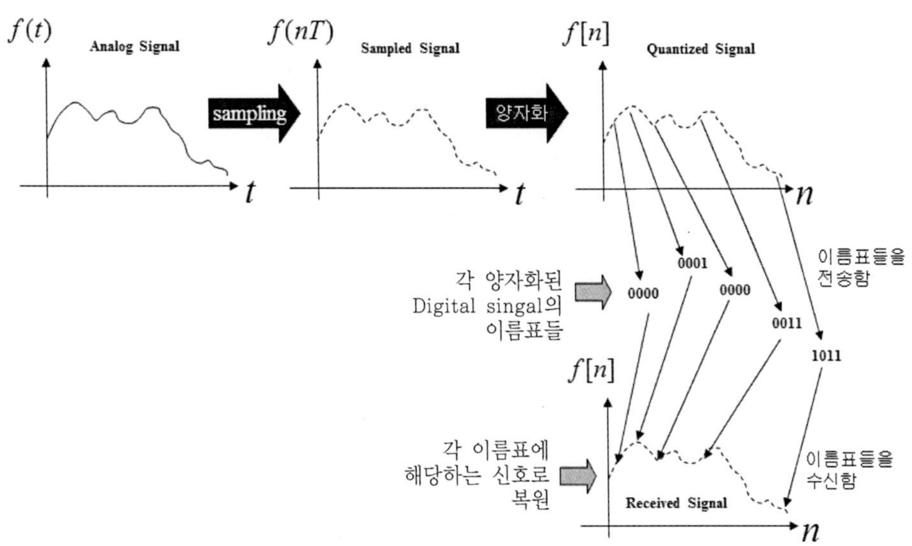

그림 3-1 신호의 송신과 수신

이용하여 아날로그 신호 $f(t)$를 매 T시간마다 sampling한다. 그 결과 $f(nT)$란 이산신호(discrete time signal)가 얻어진다. 이 신호를 양자화 시키면 디지털 신호 $f[n]$이 된다. 이 장에서는 이산신호 $f(nT)$를 양자화 신호 $f[n]$로 바꾸는 장치인 양자화기 모듈에 대해서 자세히 학습한다. 양자화된 신호는 그 신호가 직접 전달되는 것이 아니라 각 양자화된 신호의 이름표(label 또는 index)가 대신 전송된다. 수신단에서는 수신되는 label을 이용하여 디지털 신호 $f[n]$을 복원한다. 이 과정의 각 부분들을 자세히 학습해보자.

1 샘플링

신호의 압축 및 전송 과정에서 제일 먼저 수행되는 일이 sampling이다. 주어진 아날로그 신호 $f(t)$를 일정 시간간격 T마다 sampling을 수행한다. 이로써 얻어지는 신호는 $f(nT)$가 된다. 샘플링된 신호 $f(nT)$를 살펴보면 기존의 아날로그 신호 $f(t)$의 윤곽을 그대로 보여주고 있다. 샘플링에 대한 자세한 내용은 이 책의 제2장에서 학습할 수 있다.

2 양자화

Sampling된 신호 $f(nT)$는 그대로 송신되는 것이 아니라 이 신호들이 유한개의 레벨로 mapping된 후 전송된다. 신호 $f(nT)$가 가질 수 있는 값들은 무수히 많은데, 이 무수히 많은 값들을 모두 사용하지 않고, 대신 유한개(한정된 개수)의 신호값들로 mapping시킨 후 유한개의 신호레벨만을 사용한다. 이 mapping 과정을

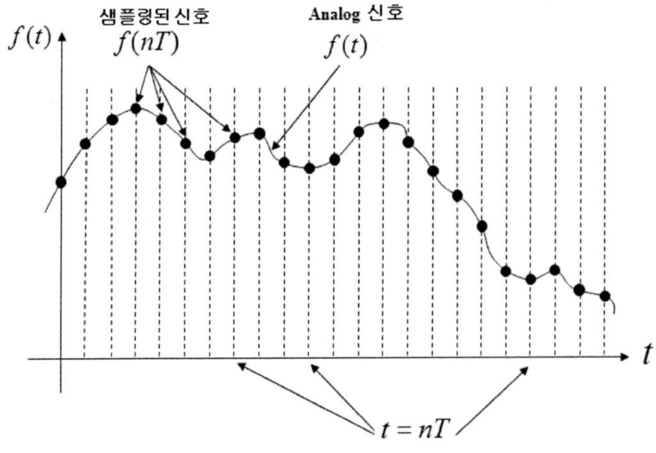

그림 3-2 신호의 샘플링

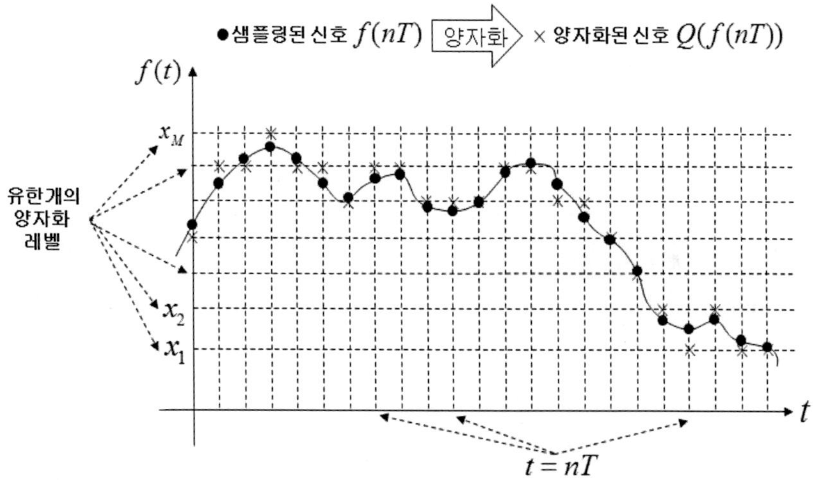

그림 3-3 샘플링된 신호의 양자화

양자화라고 하고, 유한개의 대표 신호를 양자화 레벨이라고 한다. 엄밀한 의미로 신호의 정확한 값인 $f(nT)$대신 이 신호와 같지는 않지만 유사한 신호 $f[n]$을 사용하는 것이다. 앞서 그림 3-2의 샘플링 과정에서 살펴본 것과 같이 $f(nT)$는 원래 신호인 아날로그 신호 $f(t)$의 부드러움을 그대로 유지하는 반면, $f[n]$는 $f(t)$와 적지 않은 차이가 발생함을 그림 3-3과 그림 3-4를 통해 알 수 있다. 이러한 원래 신호와의 차이를 양자화 왜곡이라고 한다. $f(nT)$와 $f[n]$의 신호값들 간의 차이가 거의 없는 경우에는 양자화 왜곡이 매우 작은 경우이고, 차이가 큰 경우에는 양자화 왜곡이 매우 큰 경우이다.

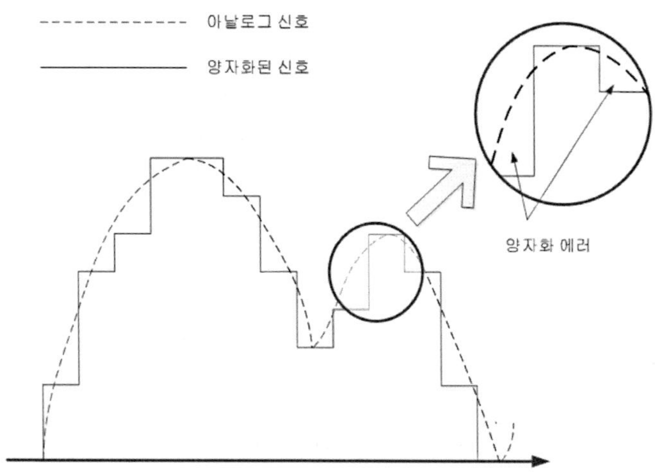

그림 3-4 양자화 신호의 에러

양자화 에러를 줄이려면 양자화 레벨 개수가 많아야 한다. 양자화 레벨 개수를 많이 사용할수록 양자화 왜곡이 작게 된다. 그렇다고 양자화 레벨 개수를 너무 많이 사용하면 신호의 압축률이 낮아져서 효율성이 좋지 않아진다[4][5].

지금까지 설명한 양자화기의 기능을 기호를 사용하여 설명하면 다음과 같다. 특정 신호 구간 Ω_i에 존재하는 모든 아날로그 신호(또는 샘플링된 신호)들을 대표값 x_i로 대체(mapping)하는 것이다. 즉, many-to-one mapping 기능을 수행하는 것이다. 이를 그림 3-5에 표시하였다. 이 양자화 과정에서는 특정 구간 내부의 모든 값들이 하나의 대표 레벨값으로 변경되면서 에러가 발생한다. 예를 들면, $\Omega_1=[+1, +3]$ 구간의 모든 값을 $x_1(=+2.1)$이란 대표값으로 양자화 한다고 하자. 이럴 경우, 구간 내에 속한 신호값 $f(nT)=+1.125$, $+2.0011$, $+2.8727$ 등등이 대표값 $x_1(=+2.1)$로 대체된다. 이 $\Omega_1=[+1, +3]$ 구간의 특정 신호값 $f(nT)$과 대표값 x_1의 차이를 양자화 에러라고 한다. 원래 신호값에 따라서 각각 다른 양자화 에러가 발생한다. 이런 에러는 일단 발생하면 복구가 불가능하다. 그 이유는 양자화된 대표신호 x_1만을 수신한 후 원래 신호 $f(nT)$를 알 수 없기 때문이다. 양자화기를 제작할 때는 이 양자화 에러를 최소화 시키는 것이 중요하다.

양자화 과정에 대한 이해를 돕기 위해 예를 하나 더 들어 설명하면 다음과 같다. 그림 3-5에서, 입력 아날로그 신호 $f(nT)$은 소수(float) 값으로 개인용 컴퓨터(PC)에서 보통 4 Byte로 표현된다. 예를 들면, $f(nT)=1.375$일 수도 있고, 또는 $f(nT)=5.191$일 수도 있다. 여기서는 $f(nT)=1.375$이라고 가정하자. 이러한 float값 1개를 표현하기 위해서는 4 Byte가 필요하다. 한 개 신호를 표현하기 위해서

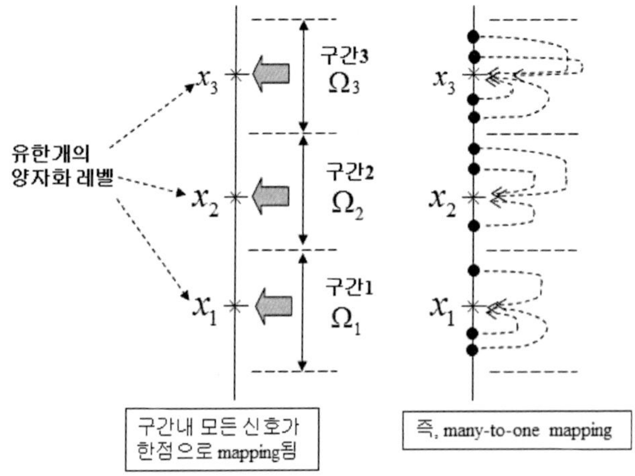

그림 3-5 양자화기의 기능

4 Byte가 필요하다는 것은 너무 많은 bit 수가 필요한 셈이다. 그래서 $f(nT)$을 대신할 수 있는 후보 값을 여러 개 준비한다. 이 그림 3-5에서는 후보 값이 x_1, x_2, x_3, ⋯, x_i로 표현되어 있다. $f(nT)=1.375$와 가장 비슷한 값이 $x_2=1.333$이라고 하면, $f(nT)$ 대신 x_2를 사용한다. x_1, x_2, x_3, ⋯, x_i의 총 개수가 16개라고 가정하면, 이 16개 대표 값에 각각의 이름표를 붙일 수 있다. 0000, 0001, 0010, 0011, 0100, 0101, ⋯.., 1111 이렇게 4비트를 사용하면 16개의 x_i에 구별되는 이름표를 붙일 수 있다. 이렇게 하고 나면, $f(nT)=1.375$ 대신 $x_2=1.333$을 사용할 수 있고, x_2의 이름표가 0001 이므로 4 bit만 사용하면 $f(nT)$을 표현할 수 있다. 단, $f(nT)$과 x_2는 같지 않아서, 그만큼의 에러가 존재한다. 이를 양자화 에러라고 한다. 양자화 에러가 존재하기는 하지만, 약간의 양자화 에러만 감수한다면 4 Byte (= 32 bit)가 필요한 상황을 4 bit만 필요한 상황으로 바꿨으니 8배의 압축을 수행한 것이다.

양자화기를 다른 측면의 그림 3-6으로 표현했다. 가로축이 입력 신호(원 신호, Source Signal) $f(nT)$이고, 세로축이 양자화기의 대표값 x_i를 나타내는 축이다. 원 신호가 d_{i-1}과 d_i 사이에 존재한다면, 그 구간에 할당된 대표값 x_i가 선택된다. d_{i-1}과 d_i 사이에 존재하는 모든 원 신호 $f(nT)$은 x_i로 mapping된다. 이런 관계를 그래프로 그려보니 계단형 그림이 된다. 양자화가 수행되는 과정은 이런 계단형 그래프로 설명될 수 있다. 이런 양자화기는 기초적이고 원시적인 압축 방법이다. 이런 방법 외에 고차원적인 아이디어를 사용한 다양한 방법들이 많다[1].

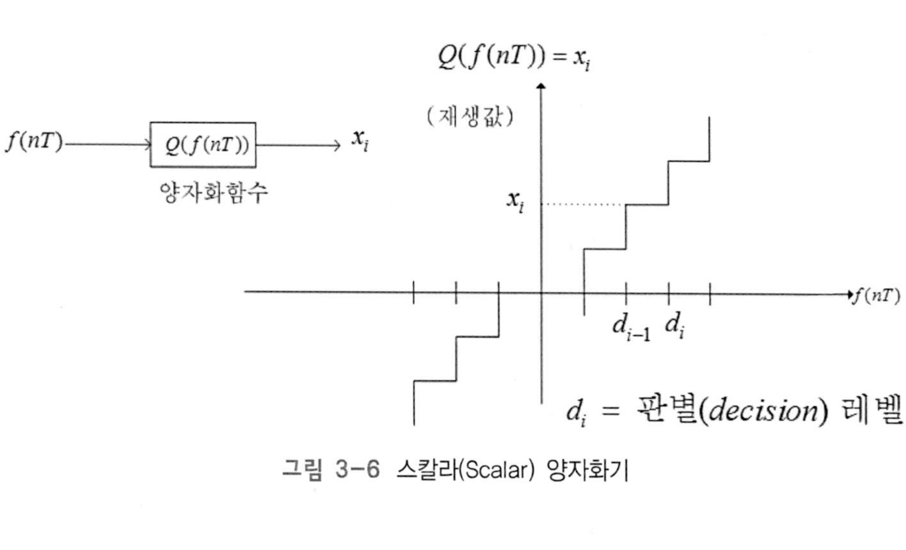

그림 3-6 스칼라(Scalar) 양자화기

3 Labeling (Indexing)

그림 3-1에서 설명했듯이, 양자화된 신호를 직접 송신하고 수신하는 것이 아니라, 선택된 양자화 레벨의 이름표(Label 또는 Index)를 송신하고 수신하는 것이다. 이름표는 앞서 설명한 것같이 이진수(binary) 벡터로 이뤄져 있다. 양자화 과정에서 선택된 양자화 레벨을 이진수 벡터로 표현하는 개념도를 그림 3-7에서 설명하고 있다.

Indexing은 양자화기에서 각 영역군(분할구간 Ω_i)의 대표값 x_i들에 이름을 붙여주는 작업이다. 붙여주는 이름은 이진수를 사용한다. 예를 들면 Indexing을 할 때, 대표값이 8개라면 000부터 111까지를 이용하여 이름을 붙여줌으로 3 bits의 이름표가 필요하다. 대표값이 5개밖에 없더라도 2 bits로는 4개의 이름만 붙여줄 수밖에 없으므로, 대표값 8개를 표현할 때와 마찬가지로 3 bits가 필요하다. 같은 비트수를 사용한다면 대표값이 많을수록 양자화간격이 촘촘해지고 양자화 왜곡이 감소하므로 대표값을 5개 사용하는 것보다는 8개 사용하는 것이 더 좋다. 따라서 효율적으로 양자화를 하려면 대표값들의 개수를 2의 지수승 (2^L) 개수로 하는 것이 좋다. 여기서 L는 이진 벡터의 비트수를 의미한다.

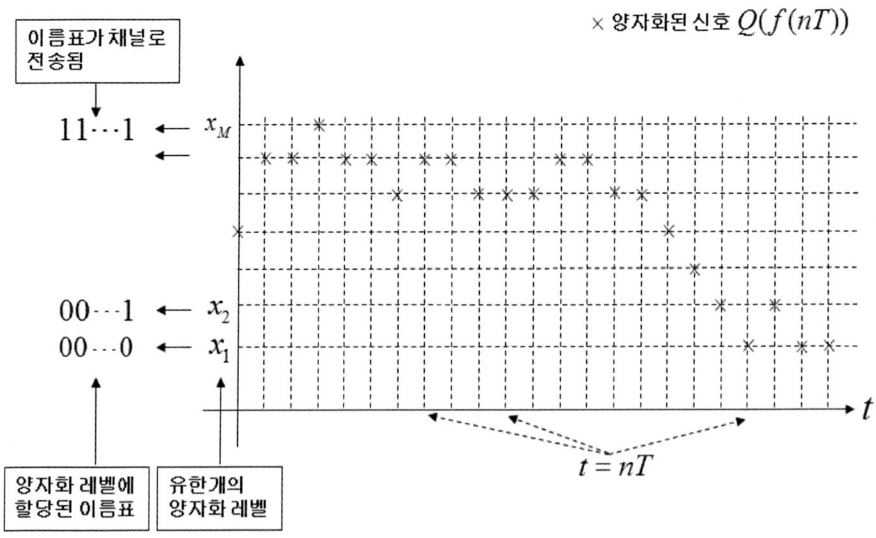

그림 3-7 양자화기의 라벨링(Labeling)

3.2 양자화기의 종류

양자화기를 종류별로 구분하는 방법은 양자화 레벨들의 간격 특징을 기준으로 삼거나, 또는 양자화 수행 단위를 기준으로 삼을 수 있다. 먼저 양자화 레벨 간격이 균등한가 아니면 비균등한가를 가지고 다음과 같이 구분할 수 있다[1][2].

- 균등 양자화기(Uniform Quantizer) : 유한개의 대표값들이 신호 공간에서 균등 간격으로 존재하는 양자화기
- 비균등 양자화기(Non-uniform Quantizer) : 유한개의 대표값들이 신호 공간에서 비균등 간격으로 존재하는 양자화기

다른 한편으로 양자화가 수행되는 신호 샘플들의 단위를 기준으로 다음과 같이 구분할 수 있다.

- Scalar 양자화기 : 신호의 각 sample 단위로 양자화를 수행하는 양자화기
- Vector 양자화기 : 여러 개의 sample들을 벡터로 묶어서 벡터 단위로 양자화하는 양자화기

1 균등 양자화기

그림 3-8은 균등 양자화기의 특징을 표현하는 그림이다. 세로축의 대표값(양자화 레벨)들이 균등 간격으로 존재한다. 이 양자화기의 특성은 샘플된 신호(입력신호)의 확률적인 분포를 전혀 고려하지 않고 신호를 매핑하는 것이다.

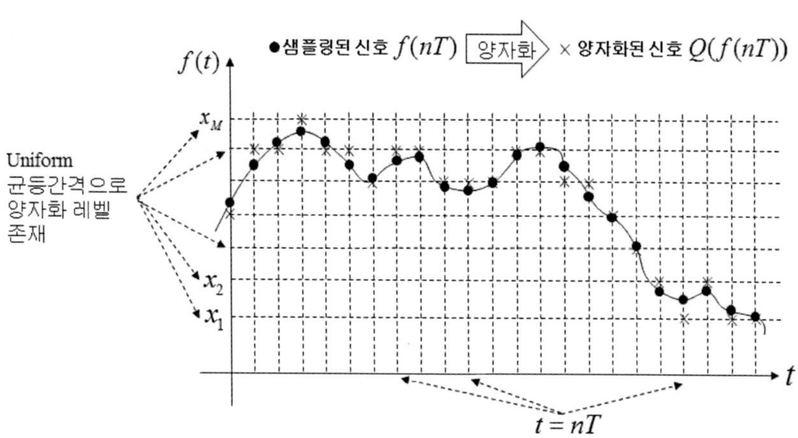

그림 3-8 균등(Uniform) 양자화기

2 비균등 양자화기

그림 3-9는 비균등 양자화기를 표현하고 있다. 세로축의 양자화 레벨(대표값)들이 비균등 간격으로 존재한다. 이 양자화 레벨들은 입력신호의 확률적인 분포를 고려하여 정해지기 때문에, 일반적으로 비균등 양자화기의 성능이 균등 양자화기 보다 우수하다고 알려져 있다[1][2].

[비균등 양자화기 사용 이유]

특별한 신호 구간에서 신호 발생 확률이 높고, 다른 구간은 상대적으로 아주 낮은 신호 발생 확률이 존재한다고 가정해보자. 신호가 자주 발생하는 구간에서는 양자화 레벨을 촘촘하게 만들어 양자화 왜곡이 작게 하고, 가끔 발생하는 신호 구간에서는 양자화 레벨을 듬성듬성하게 만들어 양자화 왜곡이 크게 한다. 비록 양자화 왜곡이 크더라도 그런 경우가 아주 가끔씩 발생하기 때문에 양자화 왜곡이 큰 경우는 그리 자주 발생하지 않는다.

[비균등 양자화기의 성능]

한정된 개수(예를 들면 16개)의 양자화 레벨을 배치한다고 할 때, 균등하게 배치하는 것 보다는 자주 발생하는 신호 영역은 촘촘하게 배치하고 가끔 발생하는 신호 영역은 듬성듬성하게 배치함으로써 양자화기 전체의 성능을 향상시킬 수 있다. 이때 성능을 판단하는 기준은 '평균 양자화 왜곡'을 사용한다. 평균 양자화 왜곡이 적다면 양자화기의 성능이 우수하다는 것을 의미한다.

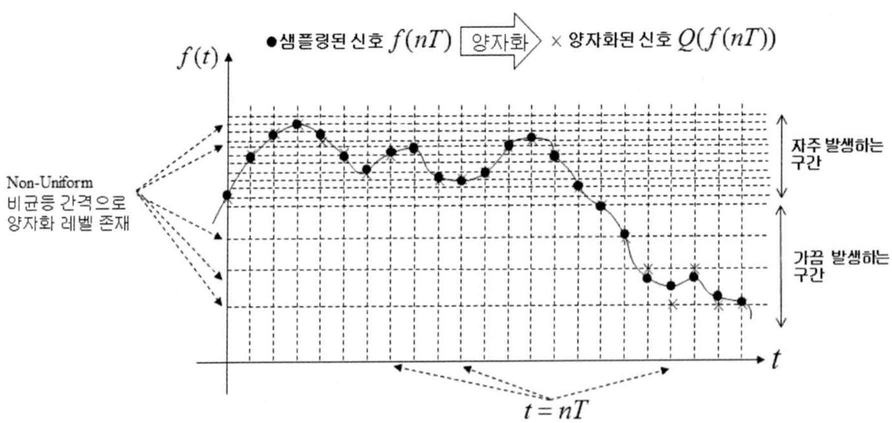

그림 3-9 비균등(Non-uniform) 양자화기

3 스칼라 양자화기

그림 3-3은 스칼라 양자화가 수행되는 과정을 설명한다. 아날로그 신호를 샘플링해서 얻은 샘플값 $f(nT)$를 이 값과 가장 가까운 양자화 레벨 x_i로 양자화를 수행한다. 즉, 양자화를 각 sample 단위로 수행하는 것이다. 그림 3-5는 스칼라 양자화기의 개념도를 나타낸다. 샘플된 신호 $f(nT)$가 어느 분할영역(partition) Ω_i에 속하는가를 조사한 후, $f(nT) \in \Omega_i$이라면, Ω_i 내의 대표값인 x_i가 선택된다.

4 벡터 양자화기

Scalar 양자화에 비해 Vector 양자화는 무엇이 다를까? 예를 들어 2차원 벡터 양자화에 대해서 설명해보자. 2차원 벡터 양자화란 그림 3-10과 같이 연속적인 2개의 샘플을 묶어서 한꺼번에 벡터 단위로 양자화하는 것이다. 2차원 Vector 양자화에서는 양자화 레벨(대표값)도 2개씩 묶여있다. 묶인 2개의 sample들이 2개씩 묶여있는 대표값 묶음들 가운데 가장 비슷한 대표값 묶음으로 양자화 되는 것이다.

그림 3-11은 2차원 벡터 양자화를 도식적으로 설명한 그림이다. 입력 벡터 신호 V_l은 두 개의 샘플값으로 이뤄진 벡터이다. 예를 들면, $V_l = (3.2, 4.1)$이라고 하자. 이 벡터 V_l과 가장 가까운 대표벡터를 V_l대신 사용하는 것을 벡터 양자화라고 한다. 그림에서는 Ω_i영역의 중심점인 $X_i = (3.2, 4.0)$으로 양자화된다. 이렇게 두 개의 샘플값을 묶어서 역시 두 개씩 묶인 대표값으로 mapping하는 것이다.

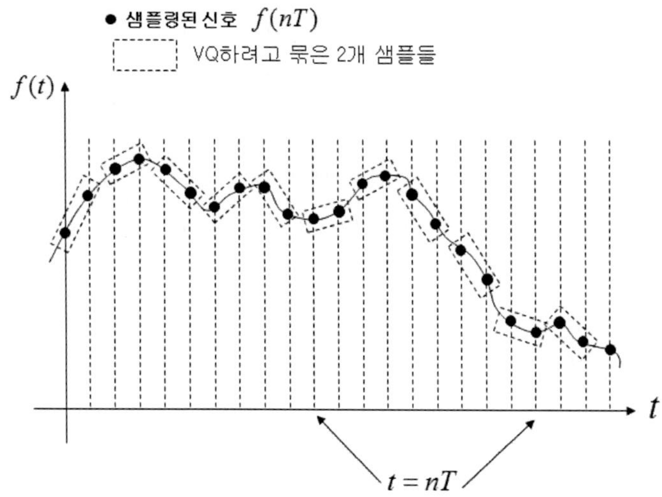

그림 3-10 벡터(Vector) 양자화 과정

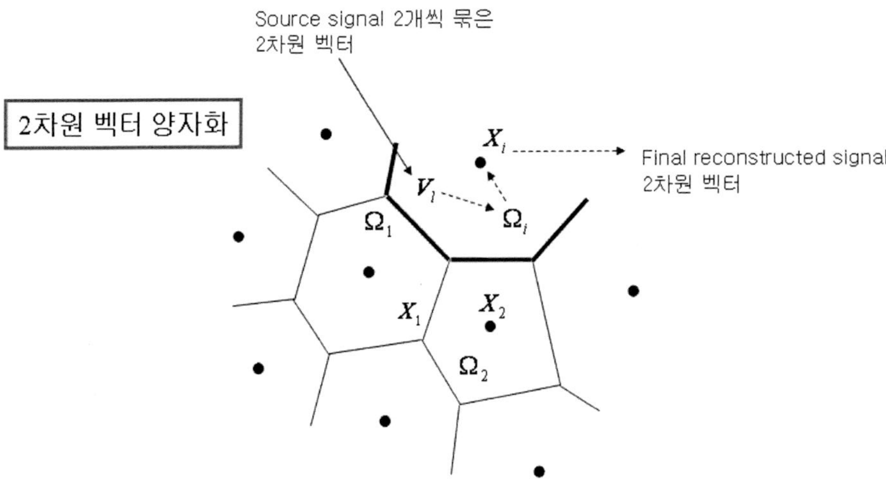

그림 3-11 2차원 벡터(Vector) 양자화기의 개념도

[벡터 양자화의 장점]

벡터양자화는 연속된 입력 신호값들 사이의 상관성을 이용해서 부호화 이득을 얻는 기술이다. 어떤 순서 혹은 조합으로 입력 신호값들을 2개씩 또는 3개씩(일반적으로는 K개씩) 묶어 2차원 벡터 또는 3차원 벡터를 만든다. 이들 각 경우에서 양자화는 2개 샘플 단위로 또는 3개 샘플 단위로 수행된다. 이렇게 샘플 신호값들을 묶어 벡터로 만들 때, 벡터로 묶인 값들 사이에 상관성이 높을수록 압축 효율이 증가한다.

그림 3-12는 2차원으로 묶인 신호값들의 PDF(Probability Density Function) 관점에서 양자화기의 특성 및 성능을 설명하고 있다. 그림 3-12(a)에서 벡터 V_l을 구성하고 있는 각 스칼라 성분을 $V_l = (f_1, f_2)$으로 표현할 때, f_1과 f_2의 각 PDF가 식 (3.1)과 식 (3.2)와 같이 uniform하게 구성됨을 보이고 있다. f_1과 f_2의 공동 확률분포인 joint PDF는 그림 3-12(a)에서와 같이 사각형 영역으로 표시되고 있고 이를 수식으로 표현하면 식 (3.3)과 같다. 이 식 (3.3)이 의미하는 것은 f_1과 f_2에 서로 아무런 상관성이 없기 때문에 $-a \le f_1, f_2 \le +a$ 영역에서 균등한 확률 분포값 $P_{f_1 f_2}$를 갖고 있다는 것이다. 만약 f_1과 f_2 각각을 스칼라 양자화 한다면 어떻게 될까? 그림 3-12(b)처럼 $-a \le f_i \le 0$구간에서는 대표값 $x_1 = -a/2$를 사용하고, $0 \le f_i \le a$구간에서는 대표값 $x_2 = a/2$를 사용한다. 이들 각 대표값 하나는 한 샘플을 대신해서 사용된다. 즉, 한 개의 샘플 신호를 표현하기 위해 한 개의 대표값이 사용된다.

$$P_{f_1} = \begin{cases} \frac{1}{2a}, & -a \le f_1 \le +a \\ 0, & otherwise \end{cases} \tag{3.1}$$

$$P_{f_2} = \begin{cases} \frac{1}{2a}, & -a \le f_2 \le +a \\ 0, & otherwise \end{cases} \tag{3.2}$$

$$P_{f_1 f_2} = \begin{cases} \frac{1}{4a^2}, & -a \le f_1 \text{ and } f_2 \le +a \\ 0, & otherwise \end{cases} \tag{3.3}$$

만약 f_1과 f_2 사이에 양의 상관성이 존재한다고 가정하면 어떤 변화가 있을까? 이를 위해서 f_1과 f_2 사이에 양의 상관성이 존재하는 경우의 joint PDF 함수를 표현해 보면 식 (3.4)와 같다. 이 경우 joint PDF를 그림으로 표현하면 그림 3-12(c)에서 빗금친 영역이 된다. 이 그림은 묶여있는 두 개의 샘플들이 양의 상관성을 갖고 있음을 의미한다. 이는 f_1이 양의 큰 값을 가지면 f_2도 양의 큰 값을 갖고, f_1이 음의 큰 값을 가지면 f_2도 음의 큰 값을 갖는 경우를 의미한다.

$$P_{f_1 f_2} = \begin{cases} \frac{1}{2a^2}, & 0 \le f_1 \text{ and } f_2 \le +a \\ \frac{1}{2a^2}, & -a \le f_1 \text{ and } f_2 \le 0 \\ 0, & otherwise \end{cases} \tag{3.4}$$

이렇게 f_1과 f_2 사이에 양의 상관성이 존재하는 경우, 샘플값 f_1과 f_2를 하나의 벡터 $V_l = (f_1, f_2)$로 묶어 벡터 양자화를 수행하면 어떻게 수행될까? 식 (3.4)의 joint PDF를 고려하면, 그림 3-12(c)를 위한 설명에서 나타냈듯이, 각 샘플값 f_1과 f_2가 서로 양의 상관성을 가지므로 그림 3-12(c)에서와 같이 2차원 벡터 공간 내에 단 두 개의 대표값만을 만든다. 그 위치는 $X_1 = (-a/2, -a/2)$와 $X_2 = (a/2, a/2)$로 설정한다. 양의 상관성에 의해 f_1이 $-a \le f_1 \le 0$ 내의 값일 때 f_2도 $-a \le f_2 \le 0$ 내의 값을 갖기 때문에, 두 샘플값 f_1과 f_2는 한 개의 벡터 $X_1 = (-a/2, -a/2)$로 mapping될 수 있다. 비슷한 논리로 f_1이 $0 \le f_1 \le a$내의 값일 때 f_2도 $0 \le f_2 \le a$ 내의 값을 갖기 때문에, 두 샘플값 f_1과 f_2는 한 개의 벡터 $X_2 = (a/2, a/2)$로 mapping된다. 이 벡터 양자화 기법을 사용함으로써 한 개의 대표값(벡터)은 두 개의 샘플값을 표현할 수 있게 된다.

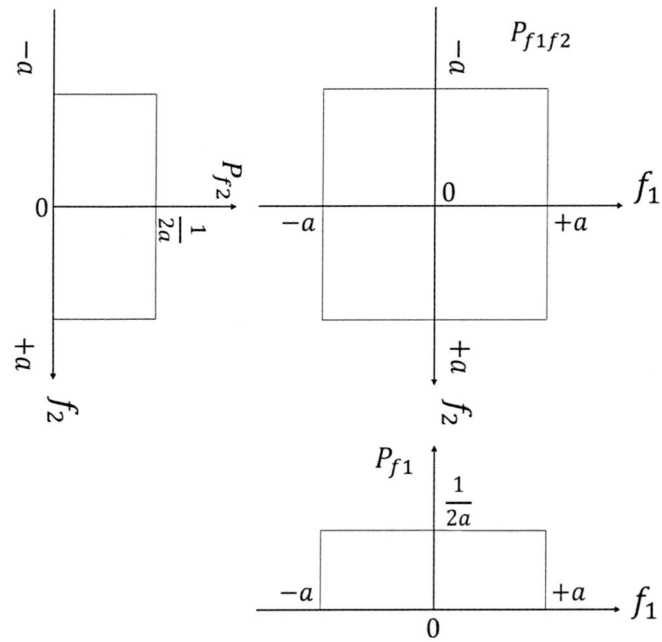

(a) 샘플값 f_1과 f_2 각각의 PDF와 Joint PDF

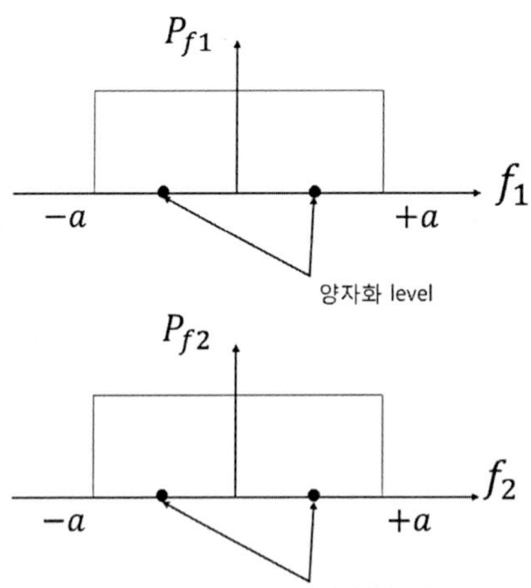

(b) 샘플값 f_1과 f_2를 각각 scalar 양자화하는 경우

그림 3-12 2차원 벡터공간의 확률밀도함수(PDF : Probability Density Function)

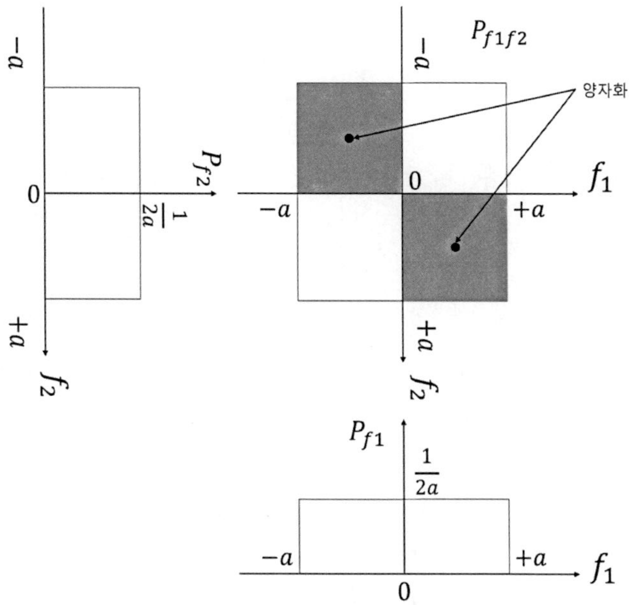

(c) 양의 상관성을 갖는 샘플값 f_1과 f_2를 벡터로 묶어서 벡터 양자화 하는 경우

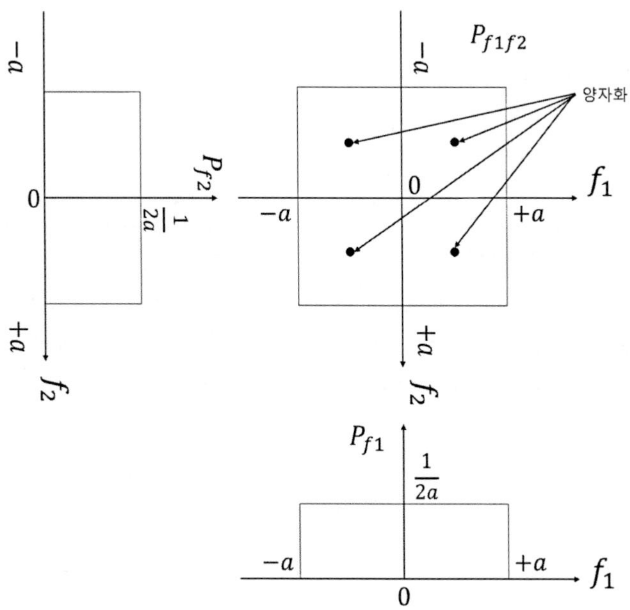

(d) 상관성이 없는 샘플값 f_1과 f_2를 벡터로 묶어서 벡터 양자화 하는 경우

그림 3-12(계속) 2차원 벡터공간의 확률밀도함수(PDF : Probability Density Function)

그림 3-12(c)의 벡터 양자화 기법에서 인덱싱을 살펴보면, 2개의 샘플값이 묶여 만들어진 벡터마다 하나의 이름표(0 또는 1)를 붙인다. 그림 3-12(b)의 스칼라 양자화에서는 1개의 샘플값에 1개의 이름표(0 또는 1)를 붙인다. 스칼라 양자화의 경우에는 한 개의 샘플값을 표현하기 위해 1 bit를 사용하였고, 벡터 양자화에서는 2개의 샘플값을 위해 1 bit를 사용하였다. 즉, 벡터 양자화에서는 단위 샘플당 이름표의 길이가 0.5 bit밖에 되지 않는다. 앞의 예에서 보면, 벡터 양자화기를 사용했을 경우, 양자화 에러는 증가하지 않으면서 스칼라 양자화 기법보다 2배의 압축효율을 얻을 수 있다.

그림 3-12의 예에서, 만약 하나의 벡터로 묶이는 두 개의 샘플값 f_1과 f_2 사이에 식 (3.3)이 표현하는 것처럼 아무런 상관성이 없다고 하면, 벡터 양자화기의 성능과 스칼라 양자화기의 성능 간에 어떤 우열 관계가 있을까? f_1의 값과 f_2의 값들 사이에 아무런 연관성(상관성)이 없는 경우에는 벡터 양자화기와 스칼라 양자화기 모두 그림 3-12(d)의 대표 신호값(점으로 표시한 위치)을 사용한다. 즉, 스칼라 양자화기에서는 대표값 $x_1 = -a/2$ 과 $x_2 = a/2$ 를 모든 입력 신호 f_i에 대해서 사용한다. 이로써 한 개의 입력신호를 표현하기 위해서 1 bit의 이름표가 필요하다. 벡터 양자화기에서는 4개의 대표 벡터 $X_1 = (-a/2, -a/2)$, $X_2 = (a/2, -a/2)$, $X_3 = (-a/2, a/2)$, $X_4 = (a/2, a/2)$를 사용한다. 이로써 2개의 입력신호 f_1과 f_2를 표현하기 위해서 2 bit가 사용된다. 따라서 한 개 샘플당 1 bit가 사용되는 것이고, 이는 스칼라 양자화기를 사용했을 경우와 같게 된다. 결국, 이 경우에는 벡터 양자화기와 스칼라 양자화기의 성능이 같아진다.

[벡터 양자화의 단점]

벡터 양자화기를 사용할 때 스칼라 신호값 K개씩을 묶어서 벡터를 구성한다고 하면, 벡터 양자화기의 양자화 과정과 양자화 코드북 제작 과정에서 K차원의 데이터 공간을 고려해야 하기 때문에 계산량이 복잡해진다. 기존 연구 결과에 의하면 벡터 양자화의 차원 K가 증가할수록 압축 효율은 좋아지지만, 구현 복잡도가 지수함수(exponential)적으로 증가한다고 알려져 있다. K=1일 때 벡터 양자화기는 스칼라 양자화기와 같은 것이 된다.

3.3 양자화 코드북 제작

1 양자화기 설계의 기준

본 절에서는 양자화기(벡터 양자화기와 스칼라 양자화기 모두 해당)의 수학적인 정의 및 특징에 대해서 학습하고, 양자화기 설계의 기준에 대해서 설명한다. 양자화가 수행되는 과정을 기호로 표시하면 다음 식과 같다.

$$Q: R \rightarrow C \tag{3.5}$$

여기서, R은 아날로그 입력 신호 또는 샘플링된 이산시간(discrete-time)신호 V_l들의 집합이다. 이 입력 신호 V_l들은 벡터 양자화의 경우에 K개의 신호들로 구성된 K차원 벡터이고, 스칼라 양자화의 경우에는 한 개의 신호값이다. C는 코드북인데, 대표값들의 집합을 의미하며 다음과 같이 표현된다.

$$C = \{X_0, X_1, ..., X_{N-1}\} \tag{3.6}$$

여기서, C는 N개로 한정된 대표값들로 이뤄져 있다. 벡터 양자화의 경우에는 이 대표값 X_i들이 각각 K차원의 벡터들이고, 스칼라 양자화의 경우에는 이 대표값들이 한 개의 신호값이 된다. 위 식의 경우에서 코드북의 크기는 N이라고 이야기한다. 집합 R에 소속된 샘플값 V_l은 실수값처럼 무수히 많은 값들을 갖거나 적어도 코드북 C 내의 대표값 개수보다는 많은 다양한 값을 갖는다. 그래서 양자화 과정을 many-to-one 과정이라고 할 수 있는 것이다. 양자화 수행과정을 다르게 표현해보면 다음과 같이 표현된다.

$$Q(V_l) = X_i, \text{ if } V_l \in \Omega_i \tag{3.7}$$

여기서, partition Ω_i는 앞서 설명했으며 다음과 같이 서술된다.

$$\Omega_i = \{V_l \mid Q(V_l) = X_i\}, i = 0, 1, ..., N-1 \tag{3.8}$$

$$\cup\, \Omega_i = R, \ \ \Omega_i \cap \Omega_j = \varnothing \text{ for } all \quad i \neq j \tag{3.9}$$

즉, Ω_i는 대표값 X_i로 양자화 되는 샘플값들의 집합이라고 할 수 있다. 어떤 입력 벡터 V_l이 $V_1 \in \Omega_3$이면서 동시에 $V_1 \in \Omega_4$일 수가 없다. V_1이 X_3로도 양자화되고, 동시에 X_4로도 양자화될 수 없기 때문이다. 즉, Ω_i들간에는 교집합이 존재하지 않는다. 앞의 양자화 설명에서 K=1이라면 스칼라 양자화에 해당되는 설명이 된다. 즉, 벡터 양자화의 한 예(K=1인 경우)를 스칼라 양자화라고 할 수 있다.

양자화기의 성능을 나타내는 척도는 양자화 과정에서 불가피하게 발생하는 평균 양자화 왜곡이다. 평균 양자화 왜곡이 작을수록 좋은(잘 만들어진) 양자화기이다. 평균 양자화 왜곡은 다음과 같이 양자화 과정에서 발생하는 평균 제곱 오차로 계산한다.

$$D = \sum_{i=0}^{N-1} \int_{d_{i-1}}^{d_i} (v - X_i)^2 f_v(v)\, dv \qquad (3.10)$$

이 식에서 $f_v(v)$는 입력 신호 v의 확률밀도분포함수(probability density function)이다. 앞에서 설명한 V_i과 v는 동일한 신호를 표현하는 기호들이다. 양자화 과정에서 입력 신호 v는 가장 가까운 대표값 X_i로 양자화된다. 이 과정에서 발생하는 양자화 에러는 $v - X_i$가 된다. 이 값을 제곱한 후, v의 발생 확률을 곱해 적분하는 것이 평균 양자화 왜곡을 계산하는 것이다. 최적화된 양자화기를 설계한다는 것은 양자화 레벨 수 N이 고정되어 있을 때, D값을 최소화 시키는 $C = \{X_0, X_1, \ldots, X_{N-1}\}$와 $\{\Omega_0, \Omega_1, \ldots, \Omega_{N-1}\}$를 계산하는(또는 만들어내는) 것이다.

2 균등 양자화기의 설계

그림 3-13은 균등 스칼라 양자화기의 기능을 그래프로 표시하였다. 입력 신호 v는 가로축에 표시하였고, 양자화기의 출력 신호인 대표값 X_i들은 세로축에 표시하였다. 만약 입력 신호 v가 구간 $[\Delta, 2\Delta)$에 있다면, 양자화기 출력 신호 X_i는 $3\Delta/2$로 정해진다. 그림 3-13과 같이 균등 양자화기에서는 세로축에 존재하는 대표값들이

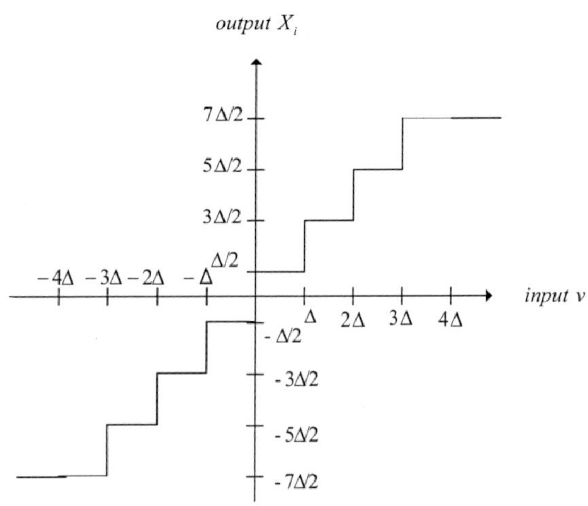

그림 3-13 균등 스칼라 양자화기의 기능도

균등하게 위치하고, 가로축에 표시된 영역군(partition) Ω_i들이 균등하게 나눠져 있다. 이런 균등 양자화기의 평균 양자화 왜곡 D를 최소화시키기 위한 균등 영역 간격 Δ는 어떻게 결정할 수 있을까? 양자화기 제작 방법에 대한 설명에 앞서 균등 양자화기의 수학적인 특성을 정리해보자.

[균등 양자화기의 특성]

- 구분영역 Ω_i를 구분하는 경계값 $d_1, d_2, d_3, \ldots, d_{N-1}$들이 등간격으로 배열되어 있다.
- 즉, $\Delta = d_i - d_{i-1}$
- 대표값 X_i가 영역 Ω_i의 중간 값이다. 즉, $X_i = (d_i + d_{i-1})/2$
- 가로축의 등간격 Δ이 균등 양자화기의 성능을 결정한다.
- $\Omega_0 = (-\infty, d_0)$, $\Omega_{N-1} = (d_{N-1}, \infty)$
- $X_0 = d_0 - \Delta/2$, $X_{N-1} = d_{N-1} + \Delta/2$

이런 특성을 이용해서 평균 양자화 왜곡을 표현하면 다음과 같다.

$$
\begin{aligned}
D &= \sum_{i=0}^{N-1} \int_{d_{i-1}}^{d_i} (v - X_i)^2 f_v(v)\, dv \\
&= 2 \times \sum_{i=0}^{N/2-1} \int_{(i-1)\Delta}^{i\Delta} (v - \frac{(2i-1)\Delta}{2})^2 f_v(v)\, dv \\
&+ 2 \times \int_{(N/2-1)\Delta}^{\infty} (v - \frac{(N-1)\Delta}{2})^2 f_v(v)\, dv
\end{aligned}
\tag{3.11}
$$

이때, 평균 양자화 왜곡을 최소화시키는 Δ값을 계산할 수 있다면, 최적의 균등 양자화기를 만드는 것이다. 최적의 균등 양자화기를 만들기 위해서는 식 (3.11)을 Δ에 대해 편미분한 값이 0이 되도록 해야 한다.

$$\Delta^* = \arg \min_{\Delta} D \tag{3.12}$$

$$\frac{\partial D}{\partial \Delta} = 0 \tag{3.13}$$

확률밀도함수 $f_v(v)$에 따라서 Δ의 최적화 값 Δ^*이 다르게 된다. 표 3-1은 입력 신호 v의 확률밀도함수 $f_v(v)$가 균등 분포(uniform), 가우스 분포, 라플라스 분포를 나타낼 때, 각각의 경우의 최적 Δ^*를 계산한 결과이다. 이 표에서 N은 사용된 코드북의 크기, 즉 양자화 레벨의 개수를 의미한다. 여기서 신호의 분산은 1이라고 가정하였다.

표 3-1 균등 스칼라 양자화기의 최적 양자화 간격

N	최적 양자화 간격 Δ		
	균등 분포	가우스 분포	라플라스 분포
1	1.7320	1.5956	1.4142
2	0.8660	0.9957	1.0874
3	0.4330	0.5860	0.7309
4	0.2165	0.3352	0.4610
5	0.1083	0.1881	0.2800
6	0.0541	0.1041	0.1657
7	0.0271	0.0569	0.0961
8	0.0135	0.0308	0.0549

3 비균등 양자화기의 설계

비균등 양자화는 균등 양자화와 달리 판별 레벨(영역 사이의 구분)이 균등하지 않게 만들어진다. 그렇지만 균등 양자화에서와 마찬가지로 비균등 양자화를 설계하는 목표 또한 평균 제곱 양자화 왜곡(MSE : Mean Squared Error)을 최소화하는 양자화 레벨 X_i과 분할 영역 Ω_i를 결정하는 것이다. 여기서 균등 양자화기 설계와 다른 점은 평균 제곱 양자화 왜곡을 최소화시키기 위해서 확률밀도가 높은 곳은 촘촘한 양자화 스텝(구간 또는 영역)을 갖게 하고, 확률밀도가 낮은 곳은 듬성듬성한 양자화 스텝을 갖게 하는 것이다. 이렇게 함으로써 사용하는 재생 레벨(코드 벡터, 양자화 레벨)의 개수를 증가시키지 않고도 평균 제곱 양자화 에러를 감소시킬 수 있다.

평균 제곱 양자화 오차를 최소화하기 위하여,
확률밀도(PDF)가 높은 곳 → 좁은 분할 영역
확률밀도(PDF)가 낮은 곳 → 넓은 분할 영역

이런 식으로 설계된 양자화기를 사용하면, 입력 신호값들이 드물게 발생하는 구간에서는 양자화 에러값이 크지만 입력 신호값이 많이(자주) 발생하는 구간에서의 양자화 에러값이 줄어들게 되므로 균등 양자화보다 훨씬 작은 평균 제곱 양자화 왜곡을 발생시킨다. 따라서 우수한 양자화기를 만들 수 있다.

균등 양자화기와 마찬가지로 비균등 양자화기의 설계에서도 설계의 기준은 평균 제곱 양자화 왜곡이다.

$$D = \sum_{i=0}^{N-1} \int_{\Omega_i} (v - X_i)^2 f_v(v)\, dv \tag{3.14}$$

다만 식 (3.14)에서는 벡터 양자화를 고려하여 앞의 식 (3.10)에서 사용한 일차원적인 구간표현 $[d_{i-1}, d_i)$대신 영역 또는 공간을 의미하는 Ω_i를 사용하여 표현하였다. 비균등 양자화기의 설계에서도 이 평균 제곱 양자화 왜곡 D를 최소화시키는 재생레벨(양자화 대표값, 양자화 레벨) X_i들과 분할영역 Ω_i들을 결정하면 된다. 비균등 양자화기를 설계하는 구체적인 방법은 다음과 같다.

비균등 양자화기 설계 〈1단계〉

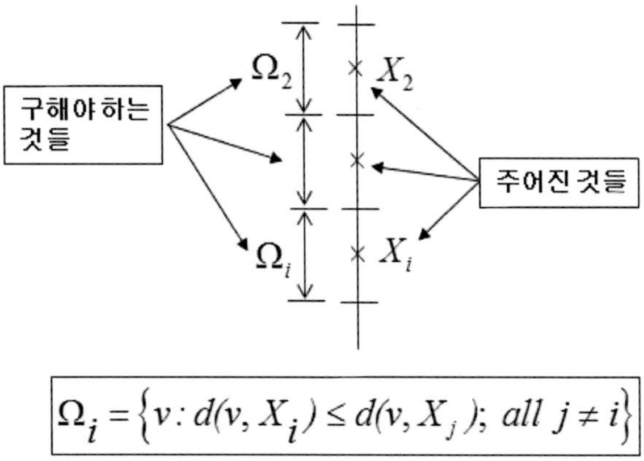

그림 3-14 비균등 양자화기 설계 1단계

첫 번째 단계는 비균등 양자화기의 비균등 분할(partition) 영역 Ω_i를 결정하는 것이다. 그림 3-14에서와 같이 대표값 $X_0, X_1, X_2, \ldots, X_{N-1}$이 주어져 있을 때, 양자화 왜곡을 최소화시키는 $\Omega_0, \Omega_1, \Omega_2, \ldots, \Omega_{N-1}$들의 범위를 구하는 것이다. 이 〈1단계〉 과정은 다음 수식으로 표현되는 과정을 통해 이루어진다.

$$\Omega_i = \{v \mid d(v, X_i) \le d(v, X_j),\ all\ i \ne j\} \tag{3.15}$$

이는 최근린 조건(nearest neighbor condition)을 만족하도록 양자화 구간 $\Omega_0, \Omega_1, \Omega_2, \ldots, \Omega_{N-1}$을 정한다는 의미이다. 여기서, $d(v, X_i)$는 벡터 v와 X_i 간의 벡터차이 제곱값을 의미한다. 이 과정을 거치면, 분할 영역들 사이의 경계값은 다음과 같이 대표 벡터들 간의 중간 지점이 된다.

$$d_1 = (X_1 + X_2)/2,\ d_2 = (X_2 + X_3)/2,\ \ldots,\ d_{N-2} = (X_{N-2} + X_{N-1})/2 \tag{3.16}$$

비균등 양자화기 설계 〈2단계〉

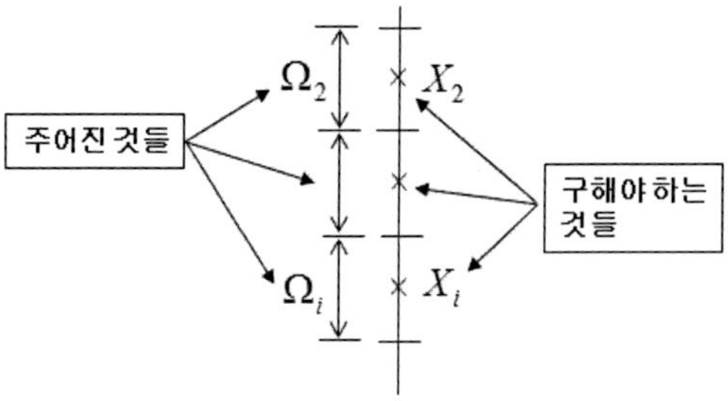

$$X_i = E\left[v \mid v \in \Omega_i\right] = \int_{\Omega_i} v\, f_{v|\Omega_i}(v)dv = \frac{\int_{\Omega_i} v f_V(v)dv}{\int_{\Omega_i} f_V(v)dv}$$

그림 3-15 비균등 양자화기 설계 2단계

두 번째 단계는 대표값 $X_0, X_1, X_2, \cdots, X_{N-1}$을 계산하는 과정이다. 여기서는 분할 영역(partition) $\Omega_0, \Omega_1, \Omega_2, \cdots, \Omega_{N-1}$들이 고정되어 있다고 가정한다. 즉, $\Omega_0, \Omega_1, \Omega_2, \cdots, \Omega_{N-1}$들이 고정된 채로 주어졌을 때, 대표값 $X_0, X_1, X_2, \cdots, X_{N-1}$들을 구하는 것이다. 이 과정은 각 영역 분할 Ω_i에 속한 모든 신호 v들의 무게중심을 구해서 그 무게중심을 X_i로 설정하는 것이다. 정해진 분할구간 Ω_i안에서의 양자화 신호 X_i는 구간에 속하는 입력신호의 평균(기대값)을 계산하여 구할 수 있으며 다음과 같이 수식으로 표현된다.

$$X_i = E[v \mid v \in \Omega_i] = \int_{\Omega_i} v f_{v|\Omega_i}(v)\,dv = \frac{\int_{\Omega_i} v f_v(v)\,dv}{\int_{\Omega_i} f_v(v)\,dv} \tag{3.17}$$

〈1단계〉와 〈2단계〉가 결합된 비균등 양자화기 설계 "전체 제작과정"

앞에서 설명한 〈1단계〉와 〈2단계〉를 서로 반복함으로써 비균등 양자화기의 코드북을 만들 수 있다. 비균등 양자화기를 설계한다는 것은 대표값 $X_0, X_1, X_2, \cdots, X_{N-1}$와 분할 영역 $\Omega_0, \Omega_1, \Omega_2, \cdots, \Omega_{N-1}$을 모두 최적의 값들로 결정하는 것인데, 수행하는 순서는 두 가지 항목들 중 하나를 고정시키고 다른 나머지를 결정하는 과정을 반복하는 것이다. 그림 3-16은 비균등 양자화기 제작을 위한 전체 알고리즘을

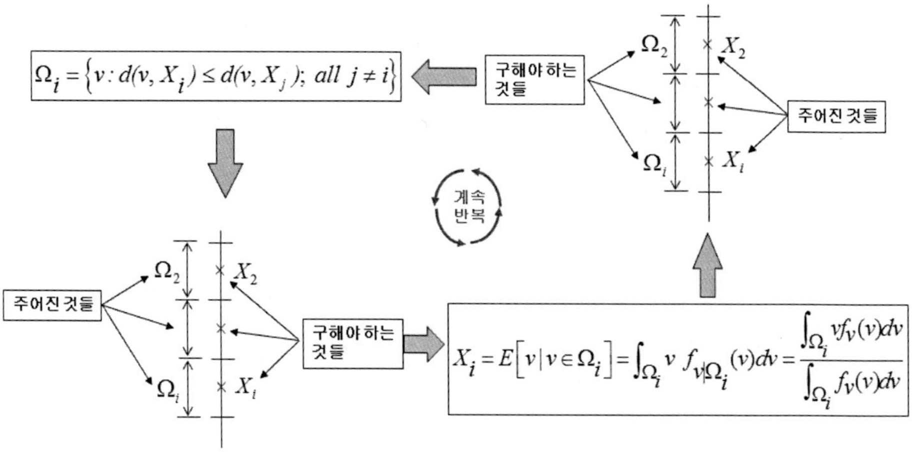

그림 3-16 비균등 양자화기 설계 전체과정

설명하고 있다. 먼저, 주어진 코드북($X_0, X_1, X_2, \ldots, X_{N-1}$)을 기반으로 최적의 분할 영역들($\Omega_i$)을 결정한다. 분할 영역들을 결정할 때는 최근린 조건을 사용한다. 선택된 분할 영역들로부터 무게중심 조건을 사용하여 새로운 코드북($X_0, X_1, X_2, \ldots, X_{N-1}$)을 계산한다. 이 과정을 계속 반복하면 점차적으로 최적화된 코드북을 얻을 수 있다. 반복 횟수가 증가할수록 코드북의 향상정도(최적화 비율, 개선 비율)가 작아지므로 횟수 제한 또는 개선도 비율에 제한을 두어 반복 과정을 중단시킬 수 있다.

그림 3-16에서 표현된 알고리즘을 서술 형태로 표 3-2에 정리하였다.

표 3-2 비균등 양자화기 설계 알고리즘

(Step 1) 초기 대표값 X_i들이 주어져 있다.
(Step 2) 앞 Step에서 주어진 대표값 X_i들에 대해서, 식 (3.15)를 이용하여 최적의 Ω_i를 구한다.
(Step 3) 앞 Step에서 결정된 Ω_i에 대해서, 식 (3.17)을 이용하여 최적의 대표값 X_i를 계산한다.
(Step 4) 평균 제곱 오차가 충분히 작은가? No라면 → (Step 2) Yes라면 → (Step 5)
(Step 5) 지금까지 만들어진 대표값들 X_i과 영역 분할 Ω_i를 저장한다.
(Step 6) 코드북 제작 완료

4 비균등 양자화기의 초기 코드북 $C=\{X_i, i=0,1,2,...,N-1\}$ 제작 방법

표 3-2의 Step 1에서는 초기 대표값 X_i들이 주어졌다고 가정하였으나, 실제 프로그래밍 과정에서는 어느 정도 잘 갖춰진 초기 코드북이 존재해야 코드북 제작과정을 효율적으로 수행할 수 있다. 이 초기 코드북을 만드는 방법에 대해 많은 연구가 이뤄져 있는데[1][3], 여기서는 간단한 방법 한 가지를 표 3-3에서 설명한다.

표 3-3 비균등 양자화기 초기 코드북 제작 알고리즘

Step	처리 동작
Step I	전체 훈련벡터 V_l에 대한 평균 벡터를 계산한다. 이를 훈련벡터의 무게중심 벡터라고 하고 $X_0^{(0)}$로 표시하자. 설명을 간단하게 하기 위해 K=2인 2차원 벡터 공간을 가정한다. 이 중심 벡터의 성분을 $X_0^{(0)}=(f_1, f_2)$로 표시하자.
Step II	무게중심 벡터의 각 성분값에 아주 작은 값을 더해서 유사하지만 같지 않은 2개의 중심 벡터를 만든다. 그 구체적인 방법은 다음 식과 같다. $X_0^{(1)}=(f_1-\epsilon, f_2-\epsilon),\ X_1^{(1)}=(f_1+\epsilon, f_2+\epsilon)$ 여기서 매우 작은 숫자 ϵ은 랜덤함수를 사용하여 발생하며, 매 사용할 때마다 다른 값들이 만들어지도록 하고, 그 크기를 매우 작게 한다. (예를 들면, -0.000001~+0.000001 사이의 값) 그 결과 $X_0 \approx X_0^{(1)} \approx X_1^{(1)}$가 된다.
Step III	앞의 Step II에서 만들어진 두 개의 새로운 벡터 $X_0^{(1)}, X_1^{(1)}$를 초기 코드북으로 정한 후 표 3-2의 알고리즘을 실행시킨다. 이때, (임시적으로) 코드북의 크기는 $N=2$가 된다. 표 3-2의 알고리즘 내의 반복과정(Step 2~Step 4)이 여러 번 수행된 후 $N=2$ 크기의 최적화된 코드북 $\{X_0^{(1)}=(f_{01}, f_{02}), X_1^{(1)}=(f_{11}, f_{12})\}$이 완성된다.
Step IV	앞의 Step III에서 만든 최적화 코드북 $\{X_0^{(1)}, X_1^{(1)}\}$의 각 코드북을 랜덤 변수 ϵ을 사용하여 4개 크기의 임시 코드북을 만든다. $X_0^{(2)}=(f_{01}-\epsilon, f_{02}-\epsilon),\ X_1^{(2)}=(f_{01}+\epsilon, f_{02}+\epsilon)$ $X_2^{(2)}=(f_{11}-\epsilon, f_{12}-\epsilon),\ X_3^{(2)}=(f_{11}+\epsilon, f_{12}+\epsilon)$
Step V	이 4개의 벡터 $X_0^{(2)}$, $X_1^{(2)}$, $X_2^{(2)}$, $X_3^{(2)}$를 초기 벡터로 이용하여 표 3-2의 알고리즘을 실행시킨다. 이때, 임시적으로 코드북의 크기는 $N=4$가 된다. 표 3-2의 알고리즘 내의 반복과정(Step 2~Step 4)이 여러 번 수행된 후 $N=4$ 크기의 최적화된 코드북 $\{X_0^{(2)}, X_1^{(2)}, X_2^{(2)}, X_3^{(2)}\}$이 완성된다.
Step VI	이와 같은 방법으로 우리가 원하는 N 크기의 코드북이 최적화될 때까지 위의 Step IV와 Step V와 같은 과정들을 반복한다.

5 최적화된 비균등 양자화기의 확률 및 통계적 특성

최적화된 비균등 양자화기 $Q(v)$는 다음과 같은 특성들을 갖는다.

[특징 1] 양자화기 출력 신호들의 평균값은 입력 신호들의 평균값과 같다.

이를 수식으로 표현하면 다음과 같다.

$$E[Q(v)] = E[v] \tag{3.18}$$

이유를 생각해보면 다음과 같다. 최적 양자화기에서는 양자화 분할구간의 평균이 그 분할구간의 출력레벨이므로 $E[Q(v)] = X_i$이다. 한편, 입력 신호들의 평균은 양자화 신호값이 되고 $E[v] = X_i$으로 표현된다. 따라서 두 평균값은 같다.

[특징 2] 양자화기 출력 신호값 $Q(v)$와 양자화 에러신호 사이에는 상관성이 없다.

이를 수식으로 표현해보면 다음과 같다.

$$E[Q(v)\{Q(v) - v\}] = 0 \tag{3.19}$$

양자화기의 출력값은 $Q(v)$이고, 양자화 에러신호는 $Q(v) - v$이다. 두 가지 값의 상관성은 위 수식처럼 두 값을 곱한 후 평균을 계산함으로써 구한다. $Q(v)$값은 분할구간에 속하는 입력값 v의 확률밀도함수의 무게중심값(평균값)이므로 하나의 상수값일 뿐이다. 따라서 양자화 에러값인 $Q(v) - v$는 $Q(v)$와 무관하다. 즉, 위 식 (3.19)를 다음과 같이 수정해서 표현할 수 있다.

$$E[Q(v)\{Q(v) - v\}] = E[Q(v)]E[\{Q(v) - v\}] \tag{3.20}$$

식 (3.20)의 오른쪽 항에서 $E[\{Q(v) - v\}] = E[Q(v)] - E[v] = X_i - X_i = 0$이므로, $E[Q(v)\{Q(v) - v\}] = 0$이 된다.

[특징 3] 양자화 에러신호의 분산값은 입력 신호의 분산값과 양자화기의 출력 신호의 분산값 간의 차이다.

양자화 에러(오차)는 $error = v - Q(v)$으로 표현된다. 따라서 양자화 에러신호의 분산(variance)은

$$var(error) = E[error^2] - \{E[error]\}^2 \tag{3.21}$$

이 된다. 이 식을 다시 표현해보면,

$$var(error) = E[(v - Q(v))^2] - \{E[v - Q(v)]\}^2 \tag{3.22}$$

이 된다. 위 식의 마지막 항에서 $E[\{Q(v)-v\}]=E[Q(v)]-E[v]=X_i-X_i=0$ 이기 때문에, 식 (3.21)은 다음과 같이 표현할 수 있다.

$$var(error)=E[(v-Q(v))^2] \tag{3.23}$$

이 식을 좀 더 분석해보면,

$$\begin{aligned} var(error) &= E[(v-Q(v))^2] \\ &= E[v^2-2vQ(v)+\{Q(v)\}^2] \\ &= E[v^2]-2E[vQ(v)]+E[\{Q(v)\}^2] \end{aligned} \tag{3.24}$$

이 된다. 앞의 식 (3.19)에서 이미 증명한 관계 $E[Q(v)\{Q(v)-v\}]=0$를 이용하면 $E[\{Q(v)\}^2-vQ(v)]=E[\{Q(v)\}^2]-E[vQ(v)]=0$이고 $E[\{Q(v)\}^2]=E[vQ(v)]$임을 알 수 있다. 이를 이용하면 식 (3.24)는

$$\begin{aligned} var(error) &= E[v^2]-2E[vQ(v)]+E[\{Q(v)\}^2] \\ &= E[v^2]-E[\{Q(v)\}^2] \end{aligned} \tag{3.25}$$

이 된다. 이 식 (3.25)는 양자화 에러의 분산값을 정리한 것이다. 한편, 입력 신호 v의 분산값과 양자화 출력 신호 $Q(v)$의 분산을 각각 계산하면 다음과 같다.

$$var(v)=E[v^2]-\{E[v]\}^2 \tag{3.26}$$

$$var(Q(v))=E[Q(v)^2]-\{E[Q(v)]\}^2 \tag{3.27}$$

앞에서 증명한 $E[Q(v)]=E[v]$를 이용하면

$$var(v)-var(Q(v))=E[v^2]-E[Q(v)^2] \tag{3.28}$$

이 된다. 이는 양자화기의 입력 신호의 분산과 양자화기 출력 신호의 분산값들 간의 차이를 표현한 식이다. 이 식 (3.28)과 앞의 식 (3.25)를 비교하면, $var(error)=var(v)-var(Q(v))$가 되는 것을 알 수 있다. 이는 양자화 에러의 분산은 입력 신호의 분산과 양자화기 출력 신호의 분산들 간 차이란 의미이다.

[특징 4] 양자화기 출력의 분산은 입력의 분산보다 작다.

앞에서 설명한 [특징 3]에서 $var(error)=var(v)-var(Q(v))$이었다. 이때, $var(error)\ge 0$ 이기 때문에 $var(error)=var(v)-var(Q(v))\ge 0$ 이다. 따라서 $var(v)\ge var(Q(v))$이 된다. 이는 양자화기 출력의 분산이 입력 신호의 분산보다 같거나 작음을 의미한다.

6 스칼라 양자화기와 벡터 양자화기의 설계

지금까지의 설명을 종합적으로 정리하면서, 벡터 양자화기와 스칼라 양자화기를 설계하는 과정을 구분 지어서 설명하면 다음과 같다.

〈균등 스칼라 양자화기 설계〉

앞서 설명한 "균등 양자화기 설계 기술"에서 신호값 v와 대표값 X_i가 $K=1$인 스칼라 데이터로 구성되면 균등 스칼라 양자화기가 만들어진다.

〈비균등 스칼라 양자화기 설계〉

앞서 설명한 "비균등 양자화기 설계 기술"에서 신호값 v와 대표값 X_i가 $K=1$인 스칼라 데이터로 구성되면 비균등 스칼라 양자화기가 만들어진다.

〈균등 벡터 양자화기 설계〉

앞서 설명한 "균등 양자화기 설계 기술"에서 신호값 v와 대표값 X_i가 $K\neq 1$인 vector 데이터로 구성되면 균등 vector 양자화기가 만들어진다.

〈비균등 벡터 양자화기 설계〉

앞서 설명한 "비균등 양자화기 설계 기술"에서 신호값 v와 대표값 X_i가 $K\neq 1$인 vector 데이터로 구성되면 비균등 vector 양자화기가 만들어진다.

3.4 다양한 양자화기의 성능 평가

본 절에서는 앞서 설명한 코드북 설계 방법을 이용하여 만들어진 코드북의 압축 성능을 설명하려고 한다. 본 절에서는 설명의 간결성을 위해서 코드북의 크기를 N으로 표시하고, 데이터의 벡터 차원을 K로 표시한다. 앞서 설명한 코드북 중에 벡터 양자화기(VQ)와 스칼라 양자화기(SQ)가 있는데, 스칼라 양자화기는 벡터 양자화기의 일종으로서 데이터의 벡터 차원이 $K=1$인 벡터 양자화기가 스칼라 양자화기라고 할 수 있다. K차원의 데이터를 양자화한다는 의미는 신호의 샘플값을 K개씩 묶어서 양자화한다는 의미로서, 음성 신호에 대해서 $K=4$라고 하면, 시간적으로 연속적인 4개의 샘플을 묶어서 양자화한다는 의미이다. 영상 신호에 대해서 $K=4$로 양자화한다는 의미는 영상 신호를 2×2 크기 블록단위로 묶어서 양자화한다는 의미이다. 코드북의 크기 N이 32란 의미는 K차원의 코드 벡터가 32개 모여서 코드북을 구성한다는 의미이다. 예를 들어, $K=4$이고 $N=32$인 코드북이라면, 4차원 코드 벡터 32개를 모아서 코드북을 구성한다는 의미이다. 이때 4개 샘플씩 묶여 양자화되는 입력 벡터를 32개 벡터들 가운데 어느 코드 벡터와 가장 닮았는지를 계산한 후, 그 가장 닮은 코드 벡터의 '이름표'를 전송하거나 저장하는 것이 압축 과정이다. 보통의 경우 코드북의 크기인 N은 2의 지수승의 값을 갖는데, 이는 $N=2^r$로 볼 수 있으며, 이때 r은 '이름표'의 비트수 이다. 즉, $N=32$ 크기의 코드북을 사용할 때, 입력 신호를 양자화할 때마다 $r(=5)$ 비트의 이름표를 전송한다. 즉, 5 비트를 사용하여 32개 코드 벡터 가운데 어느 벡터를 선택했는지에 대한 정보를 전송하는 것이다. 양자화기를 사용할 경우 압축률은 bpp(bit per pixel, bit/pixel)로 계산하는데, 그 계산식은 다음과 같다.

$$\frac{r}{K}=\frac{\log_2 N}{K} \tag{3.29}$$

즉, 한 픽셀(화소)을 부호화하는 데 몇 비트를 사용해서 표현했느냐를 측정하는 것이다.

1 벡터 차원 *K*와 코드북 크기 *N*에 따른 코드북의 성능

앞에서 설명한 양자화기 제작 방법을 사용하여 다양한 차원 K와 코드북 크기 N을 갖는 코드북들을 제작한 후, lena 영상을 압축해 보았다. 압축된 영상의 PSNR을 계산하였는데, 이때 PSNR이 큰 값을 가질수록 압축된 영상의 화질이 고화질임을 의미한다. 다시 말해, PSNR이 클수록 양자화 왜곡이 작다는 것을 알 수 있다.

표 3-4에 나타난 결과를 보면, 고정된 K값에 대해서 코드북의 크기가 클수록 PSNR이 증가하는 것을 알 수 있다. 이는 N이 클수록 많은 개수의 양자화 레벨(코드 벡터)을 가지고 있기 때문에 촘촘히 양자화되는 효과를 확인할 수 있다.

표 3-4 K와 N에 따른 코드북의 성능(압축 영상의 PSNR)

N	2	4	8	16	32	64	128	256
K=1	19.347	25.003	30.511	35.976	41.772	46.575		
K=4	19.205	24.152	28.059	30.226	30.423	30.447	30.483	30.646
K=16	18.894	22.888	25.429	26.412	26.419	26.438	26.495	26.559
K=64	18.256	21.044	22.359	22.767	23.129	23.216	23.283	23.329

〈K=1, N=16, 4 bpp〉

〈K=4, N=16, 1 bpp〉

그림 3-17 양자화된 영상의 화질 예

표 3-4에서 N=16인 경우, K=1인 코드북과 K=4인 코드북을 비교해보자. 이 코드북들은 각각 35.976 dB과 30.226 dB의 성능을 갖고 있다. 그렇다면, 이 코드북들을 사용할 경우 비트 전송률은 얼마일까? K=1이고 N=16인 경우, 4 bits/1 pixel =4 bpp이다. K=4이고 N=16인 경우는 4 bits/4 pixels=1 bpp이다. 즉, K=1이고 N=16인 경우 더 많은 비트율을 발생시키고 있고, 이는 압축률이 낮다는 의미이다. 이는 K=1이고 N=16인 코드북의 양자화 레벨이 더 촘촘하다는 의미이다. 같은 양자화 코드북에서 bpp가 클수록 복원 영상의 PSNR이 높은 것은 당연한 것이다.

표 3-4의 정보를 그래프로 표현하면 그림 3-18과 같다. 그림에서 알 수 있듯이, 벡터 차원 K가 고정되어 있는 경우, 코드북의 크기 N이 증가할수록 복원 영상의 화질(PSNR)이 증가한다. 이 그림에서 SQ (K=1)가 VQ들보다 더 높은 PSNR을 나타내는 것은 SQ가 VQ 보다 우수해서가 아니라, SQ가 사용하는 bpp가 더 높기 때문이다. bpp를 고려해서 성능을 비교하면 VQ가 항상 SQ 보다 우수하다고 알려져 있다.

그림 3-17에서는 N값을 고정하고 K값을 변경시켰을 때 화질을 비교하였는데, 아래 그림 3-19에서는 K값을 고정하고 N값을 변경한 실험 영상을 보이고 있다. 그림 3-19에서 볼 수 있듯이 데이터의 벡터 차원 K가 고정되어 있을 경우, 사용되는 코드 벡터들의 개수 N이 증가할수록 양자화된 영상의 화질이 향상되는 것을 알 수 있다.

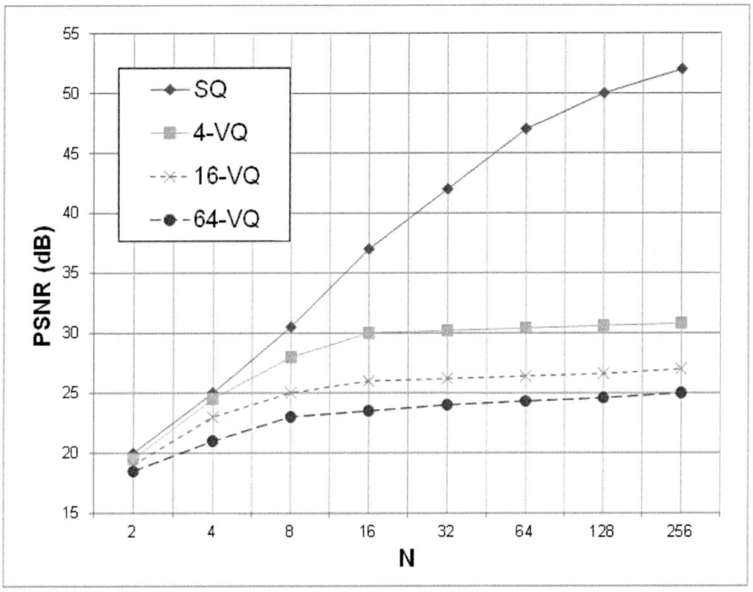

그림 3-18 K와 N에 따른 코드북의 성능(가로축은 N, 세로축은 압축 영상의 PSNR)

〈K=4, N=4, 0.5 bpp〉

〈K=4, N=256, 2 bpp〉

그림 3-19 양자화된 영상의 화질 예

2 bpp에 따른 코드북의 성능

앞에서 설명했듯이 양자화된 영상의 화질은 bpp에 관계가 있으며, K 또는 N값의 한 가지 만으로는 화질의 우열을 판단할 수 없다. 그림 3-20은 압축된 영상의 화질이 bpp에 비례적으로 영향을 받는 실험결과를 제시하고 있다. 즉, K값이 고정되어 있을 경우, bpp가 증가할수록 압축된 화질이 향상된다.

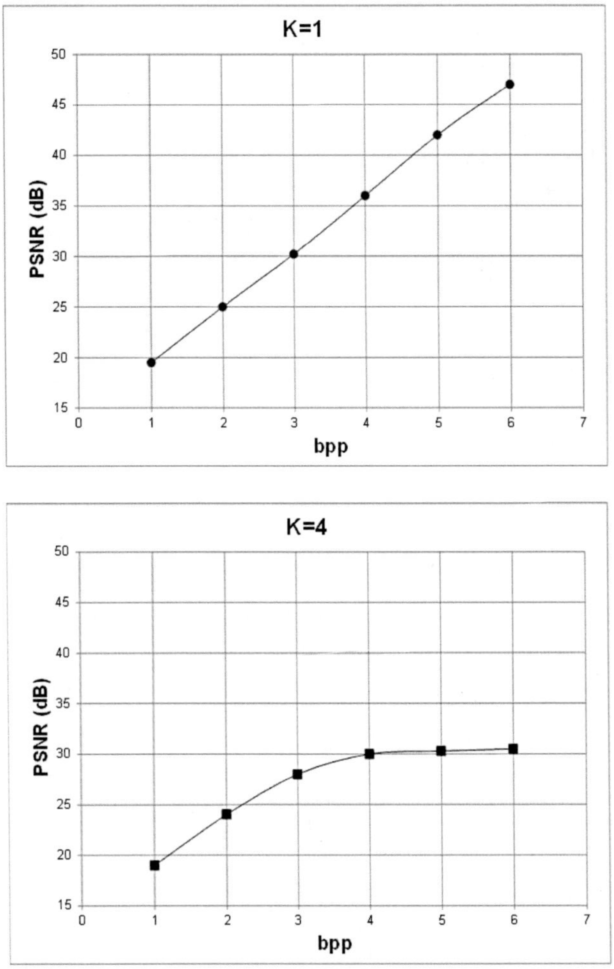

그림 3-20 bpp에 따른 코드북의 성능(가로축은 bpp, 세로축은 압축 영상의 PSNR)

압축 영상의 화질에 대한 bpp의 영향을 분석하기 위해서, 표 3-4의 데이터에 bpp 값을 추가하여 다시 정리한 데이터를 표 3-5에 표시했다. 이 표 3-5에서 알 수 있듯이, K가 고정되었을 경우, bpp가 증가할수록 압축 영상의 화질이 향상된다. 또한, 이 표에서 알 수 있는 중요한 사실 중에 하나는, 같은 bpp를 갖는 경우에는 K가 클수록 압축 영상의 화질이 향상된다는 것이다. 예를 들면, 표 3-5에서 $N=2$이고 $K=4$인 경우, 0.25 bpp이고 화질은 19.205 dB이다. 같은 0.25 bpp를 갖는 코드북을 찾아보면, $N=16$이면서 $K=16$인 경우인데, 이 경우 복원 영상의 화질이 26.412 dB로서 19.205 dB보다 크게 높다. bpp가 같다는 것은 두 코드북의 압축률이 같다는 의미로서 똑같은 영상을 압축할 경우 압축된 파일의 크기가 같다는

표 3-5 bpp에 따른 코드북의 성능(압축 영상의 PSNR)

N	2	4	8	16	32	64
K=1	1bpp	2bpp	3bpp	4bpp	5bpp	6bpp
	19.347	25.003	30.511	35.976	41.772	46.575
K=4	0.25bpp	0.5bpp	0.75bpp	1bpp	1.25bpp	1.5bpp
	19.205	24.152	28.059	30.226	30.423	30.447
K=16	0.0625	0.125	0.1875	0.25	0.3125	0.375
	18.894	22.888	25.429	26.412	26.419	26.438
K=64	0.015625	0.03125	0.046875	0.0625	0.078125	0.09375
	18.256	21.044	22.359	22.767	23.129	23.216

의미이다. 이렇게 같은 압축률을 갖는 코드북의 경우 데이터의 벡터 차원 *K*가 클수록 양자화기의 성능이 더 우수하다는 것을 의미한다. 이는 앞서 VQ를 설명할 때 제시한 벡터 양자화기의 장점 때문에 발생하는 현상으로서, 보다 많은 데이터들을 하나의 벡터로 묶어서 양자화할 경우, 연속된 데이터 샘플 간의 상관성을 효율적으로 이용할 수 있게 되어 양자화 성능이 향상되기 때문이다. 즉, 같은 조건일 경우 벡터 양자화기의 성능은 항상 스칼라 양자화기보다 우수하다고 할 수 있다.

3 벡터 차원 *K*와 코드북 크기 *N*에 따른 코드북 제작 복잡도

그렇다면 압축 영상의 화질을 좋게 하기 위해서 *K*값을 무작정 크게 하면 좋은 것일까? *K*값이 커질수록 양자화기를 최적화하는 알고리즘의 복잡도가 기하급수적으로 증가한다. 앞에서 설명한 비균등 양자화기를 최적화하는 알고리즘을 사용했을 경우, *K*와 *N*값의 변화에 따라 컴퓨터 실행 시간을 측정해보면 표 3-6과 같다. 이 표의 측정 데이터로 알 수 있듯이 *K*값과 *N*값이 증가함에 따라 알고리즘을 실행하는 데 필요한 시간이 크게 증가하는 것을 알 수 있다.

표 3-6 *K*와 *N*값에 따른 코드북 제작 알고리즘의 복잡도(초, second 단위 측정)

N	2	4	8	16	32	64
K=1	3	7.2	19.2	50.4	124.8	316.8
K=4	12	28.8	76.8	201.6	499.2	1,267.2
K=16	96	230.4	614.4	1,612.8	3,993.6	10,137.6
K=64	1,152	2,764.8	7,372.8	19,353.6	47,923.2	121,651.2

3.5 표준 비디오 코덱에서 사용되는 양자화

본 장의 3.1절에서 3.4절까지에서 설명한 양자화 방법은 그림 3-5와 식 (3.7)에서 설명하고 있는 것처럼 입력 벡터 V_l이 i번째 양자화 구간과 $V_l \in \Omega_i$의 관계를 가질 때, Ω_i 구간 내의 대표값 X_i로 양자화하는 방법이었다. 그렇지만, MPEG-2, MPEG-4, H.264 등 표준 비디오 코덱에서 구현된 양자화 기술은 약간 다르게 구현되어 있다[6][7]. 본 절에서는 이런 비디오 코덱에서 사용되는 양자화기가 어떤 특징을 갖고 있는지 간단하게 서술하고자 한다. 보다 구체적인 방법은 이 책의 뒷부분의 제6장~제9장에서 자세히 설명하겠다.

1 표준 비디오 코덱은 스칼라 양자화기를 사용한다

표준 비디오 코덱의 경우, 일부 기술을 표준화하는 과정에서 VQ 방식을 사용하려는 시도는 있었지만, 구현 복잡도 및 성능을 고려하여 표준화에 채택되지 못했다. 결국 대부분의 비디오 코덱에서는 스칼라 양자화기를 사용한다. 새로운 비디오 코덱을 제정할 때마다 많은 전문가들이 VQ 방식을 이용한 양자화 방법을 제시했었지만, 아직 비디오 코덱에서 채택된 예를 찾아보기 어렵다. 오디오 코덱에서는 VQ 기법을 사용한 압축 방법이 채택되기도 했다. 이와 같은 내용을 이 책의 제10장 MPEG Audio에서 확인 해보자.

2 주파수 변환된 정보를 양자화한다

표준 비디오 코덱에서는 화소 정보를 직접 양자화하지 않고, 주파수 변환된 정보를 양자화한다. 대표적으로는 DCT(Discrete Cosine Transform)을 사용하여 화소 정보를 주파수 정보로 변환한 후, 이 변환된 정보를 스칼라 양자화한다. 국제 표준 기술인 JPEG, MPEG-1, MPEG-2, MPEG-4, H.261, H.262 등에서, DCT 변환하는 블록의 크기는 8×8 단위이다. H.264에서는 주파수 변환하는 블록 크기가 4×4 단위이다.

그렇지만, 모든 표준 비디오 코덱에서 양자화 과정을 주파수 변환 계수들에만 적용하는 것은 아니다. 일부 비디오 코덱에서는 화소 영역 데이터에 양자화 과정을 적용하는 기술을 고려한 적도 있다. 최근 표준화가 진행되었던 KTA나 현재 진행되고 있는 HEVC 코덱에서 화소 영역 정보를 양자화하는 기술이 제안되기도 했으나 최종적으로 채택될지 여부는 확실하지 않다.

3 표준 비디오 코덱은 균등 양자화기를 사용한다

MPEG-2, MPEG-4, H.264 등 표준 비디오 코덱들이 사용하는 양자화기는 균등 양자화기이다. 즉, 양자화 구간이 균등간격을 이루고 있다. 이때 양자화 과정은 앞에서 설명한 식 (3.7)의 과정을 따르기 보다는 아래 식 (3.30)을 이용한다.

$$I_t = \left\lfloor \frac{V_l}{Q_{step}} \right\rfloor \tag{3.30}$$

식 (3.30)에서 입력 정보 V_l을 양자화 스텝 크기 Q_{step}으로 나눈 후 결과값의 몫 I_t를 부호화한다. 예를 들어, $V_l = 33$이고 $Q_{step} = 8$이라면, 나눗셈 결과는 4.125가 되고 여기서 몫은 $I_t = 4$가 된다. 비디오 코덱은 이 $I_t = 4$를 무손실 부호화방법인 엔트로피(entropy) 부호화한다. 이 신호를 수신한 복호화기는 $I_t \times Q_{step} = 4 \times 8 = 32$로 복원한다. 따라서 원래값 33을 복원할 수 없고, 1 만큼의 정보는 손실된다. 이를 양자화 에러라고 한다. 한편, $I_t \times Q_{step} = 4 \times 8 = 32$와 같이 복원하는 대신, 복원값을 약간 보정하여 $I_t \times Q_{step} + \lambda$로 복원할 수 있는데, 만약 $\lambda = 0.25$라면 $I_t \times Q_{step} + \lambda = 4 \times 8 + 0.25 = 32.25$로 복원된다. 이 λ값은 비디오 코덱 종류마다 다르게 설정되어 있는데, MPEG-2에서는 0.25로 설정되어 있다. 이와 같은 과정을 그림 3-21에서 도식적으로 설명하고 있다.

4 주파수 성분마다 다른 양자화 스텝 크기를 사용한다

앞에서 설명하였듯이 표준 비디오 코덱에서는 양자화하기 전에 신호를 주파수 변환한다고 했는데, 주파수 변환된 정보는 고주파수 성분과 저주파수 성분으로 구분될 수 있다. 앞서 설명한 것과 같이 8×8 크기 블록을 DCT한 결과는 64개의 주파수 계수로 구성되는데, 64개 주파수 위치마다 다른 양자화 step size를 갖는 양자화기를 사용한다. 비디오 코덱에서는 저주파수 영역 정보는 작은 스텝 크기 Q_{step}로 양자화하고, 고주파수 영역 정보는 큰 스텝 크기 Q_{step}로 양자화한다. 이때 양자화하는 방법은 다음 식 (3.31)을 이용한다.

$$QDCT[i,j] = \left\lfloor \frac{8 \times DCT[i,j]}{Q_{step}[i,j] \times s} \right\rfloor \tag{3.31}$$

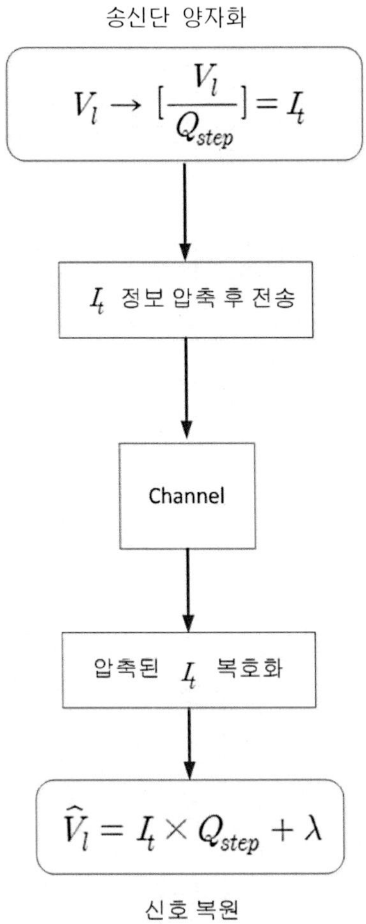

그림 3-21 MPEG-2의 양자화기 동작 방법

이 식에서 사용되는 양자화 매트릭스 Q_{step}는 그림 3-22와 같다. 여기서 스케일링(scaling) 계수 s를 조정하여 실제로 나눠지는 값을 조절한다. 그림 3-22는 MPEG-2에서 사용되는 $Q_{step}[i,j]$ 매트릭스를 설명하고 있다. 인트라 코딩된 블록에서는 저주파 영역의 정보는 작은 크기의 양자화 스텝을 사용하고, 고주파수 영역의 정보는 큰 크기의 양자화 스텝을 사용한다. 그렇지만, 인터 코딩된 블록에 대해서는 모든 주파수 성분에 같은 크기의 양자화 스텝을 사용한다.

지금까지 설명한 양자화 기술은 JPEG(제6장), MPEG-1(제8장), MPEG-2(제7장, 제8장), MPEG-4(제8장), H.261(제8장), H.262(제7장, 제8장), H.263(제8장), H.264(제9장) 등에서 사용되고 있다.

8	16	19	22	26	27	29	34
16	16	22	24	27	29	34	37
19	22	26	27	29	34	34	38
22	22	26	27	29	34	37	40
22	26	27	29	32	35	40	48
26	27	29	32	35	40	48	58
26	27	29	34	38	46	56	69
27	29	35	38	46	56	69	83

(a) 인트라 코딩용 default 양자화 matrix Q_{step}

16	16	16	16	16	16	16	16
16	16	16	16	16	16	16	16
16	16	16	16	16	16	16	16
16	16	16	16	16	16	16	16
16	16	16	16	16	16	16	16
16	16	16	16	16	16	16	16
16	16	16	16	16	16	16	16
16	16	16	16	16	16	16	16

(b) 인터 코딩용 default 양자화 matrix Q_{step}

그림 3-22 MPEG-2의 양자화 스텝 크기

• 참고문헌

[1] A. Gersho and R. M. Gray, *Vector Quantization and Signal Compression*, Kluwer, 1992.

[2] Jae S. Lim, *Two-Dimensional Signal and Image Processing*, Prentice-Hall, 1990.

[3] Y. Linde, A. Buzo, R. M. Gray, "An algorithm for vector quantizer design", *IEEE Trans. on Communications.* Vol. 28, pp. 84-95, January 1980.

[4] William K. Pratt, *Digital Image Processing*, John Wiley & Sons, 1991

[5] Rafael C. Gonzalez, Richard E. Woods, *Digital Image Processing*, Prentice Hall, 2002.

[6] 김재균, 권재철, 문주희, 황강욱, 『영상통신개론』, 홍릉과학출판사, 2010.

[7] 하영호, 남재열, 최윤식, 원치선 공역 (Ze-Nian Li and Mark S. Drew 저), 『멀티미디어 공학 (원제 : *Fundamentals of Multimedia*)』, Pearson Prentice Hall, 2004.

생각해 볼 문제

Q1 벡터 양자화기와 스칼라 양자화기의 성능을 비교해보시오.

Q2 벡터 양자화기에서 K개의 신호를 묶어서 벡터를 구성한 후 양자화하고, 코드 벡터의 개수가 N개 일 때, 압축률을 계산하시오.

Q3 벡터 양자화기의 단점에 대해서 서술하시오.

Q4 비균등 양자화기가 균등 양자화기보다 우수한 성능을 나타내는 이유를 설명하시오.

Q5 스칼라 양자화기는 벡터 양자화기의 특별한 경우임을 설명하시오.

Chapter 4

정보 이론

이번 장에서는 앞 장에서 학습한 양자화기의 코드 벡터에 이름표를 할당하는 방법과 할당되는 이름표의 길이에 대해서 학습한다. 코드북의 각 코드 벡터(대표값)는 각각 다른 발생(또는 선택될) 확률을 가지고 있다. 어떤 대표값은 자주 선택되고 다른 대표값은 아주 가끔씩만 선택된다. 이 발생 확률값은 대표값의 정보량과 밀접한 관계가 있다. 본 장에서는 정보량의 개념을 익히고, 대표값에 할당되는 이름표의 길이와 정보량 사이의 관계에 대해서 학습한다. 그리고 코드 벡터에 할당되는 이름표의 종류에 대해서 학습한다. 먼저, 서로 다른 심볼에 할당된 다른 이름표 간에 복호화 오류가능성이 없어서 유일하게 decoding이 가능한 Uniquely decodable code를 소개한다. 그 다음엔 수신된 이름표(codeword)만을 가지고 추가의 정보가 필요 없이 즉시 decoding이 가능한 Instantaneous code를 학습한다. 이 장의 후반부에서는 Uniquely decodable code의 일종인 Huffman code와 RLC(Run Length Code)에 대해서 학습한다. 그리고 산술부호화 코드와 Exp-Golomb에 대해서 공부한다. 이 장의 마지막 부분에서는 현재 표준 비디오 코덱 기술들에서 사용되는 엔트로피 부호화 방식에 대해서 예제를 이용해서 소개를 한다.

신호를 압축할 때 사용하는 코드북 내의 대표값 $X_1, X_2, \ldots, X_M$들은 직접 전송되거나 저장되는 것이 아니라, 그 대표값에 할당된 이름표가 전송되는 것이다. 그림 4-1에서와 같이 양자화 레벨들에 할당된 이진수 벡터가 전송되거나 저장된다. 따라서 이름표를 어떻게 붙여 사용하느냐에 따라 압축률 및 채널 전송속도는 달라진다. 이름표를 붙이는 가장 간단한 방법은 그림 4-1과 같이 모든 대표값들에 똑같은 길이의 이름표를 붙여서 사용하는 것이다. 그렇지만, 이 방법은 압축 효율이 낮기 때문에 이 방법보다 더 효율적인 방법을 사용해야 한다. 본 장에서는 각 대표값에 할당되는 이름표의 길이를 어떻게 정해야 효율적인 방송 통신이 가능할지에 대해서 학습한다.

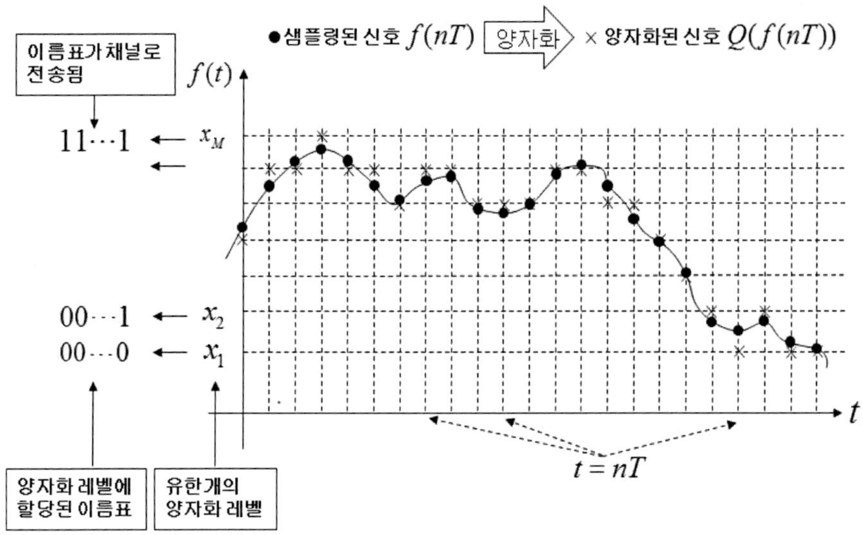

그림 4-1 대표값과 code word의 관계

4.1 정보량

1 정보량

정보량의 정의를 알아보자. 정보량이란 어떤 심볼(여기서는 대표값)이 선택되거나 발생했을 경우 우리에게 전달되는 정보의 양이라고 할 수 있다[1]~[3]. 다시 설명하면 정보량이란 우리에게 전달되는 놀라움의 정도이다. 자주 발생하는 대표값(또는 사건)이 또 발생한다면, 우리는 다음과 같이 생각할 것이다. "그 자주 발생하는 심볼(사건)이 또 발생했어? 그럴 줄 알았어~~ 시시하군!" 발생 빈도가 높은 심볼이 발생하면 우리는 당연하게 생각하는 것이다. 즉, 놀라움이 거의 없다는 것이다. 그 심볼이 발생하는 것이 우리에게는 별다른 정보를 제공하지 못한다는 것이다. 그러나 반대로, 거의 발생하지 않는(발생 빈도가 낮은) 심볼이 발생한다고 해보자. 우리는 다음과 같이 생각할 것이다. "아니! 발생하기 힘든 그 심볼이 발생했단 말이야?? 오~~, 매우 놀라운데…" 이런 생각과 표현은 놀라움을 의미한다. 즉, 발생하기 힘든 심볼이 발생하면 우리에게 큰 놀라움을 제공하고 그로 인해 우리에게 큰 정보가 전달되는 것이다. 다음의 구체적인 예들을 살펴보자.

> ① 올 겨울에는 눈이 올 것이다.
> ② 내일은 비가 올 것이다.
> ③ 나는 이번 주에 로또복권에 1등으로 당첨되었다.

위의 세 문장은 각각 다른 정보량을 보유하고 있다. 이처럼 다른 정보가 있을 때 그 정보의 양을 측정하기 위해 '정보량'의 개념을 사용한다. ①번 문장은 보자마자 '왜 저런 걸 썼을까'라는 생각이 들 정도로 당연한 정보를 담고 있다. ②번 문장은 '그럴 수도 있겠구나'라는 생각이 들 만한 어느 정도 발생 가능성이 있는 문장이다. ③번 문장은 '설마, 그럴리가'라는 생각이 들 정도로 발생 가능성이 희박한 사건 내용을 담고 있다. 이때 ①번 문장처럼 이야기 하나 마나한 당연한 사실을 담고 있는 문장은 거의 '들을 만한 가치 있는' 정보가 없다고 말할 수 있고, ③번처럼 말해주기 전에는 전혀 예상하기조차 힘든 사실을 담고 있는 문장일수록 많은 정보를 담고 있다고 말할 수 있다. 여기서 주목할 것은 ①번 문장이 실현될 가능성은 거의 100%에 가깝고, ③번 문장이 실현될 가능성은 0%에 가깝다는 것이다. 사건의 발생 확률이 높을수록 정보량은 작아지고, 발생확률이 낮은 사건일수록 그 사건의 정보량은 커진다. 즉, 정보량과 발생확률은 서로 반비례 관계가 있다.

앞의 설명을 기반으로 정보량에 대해서 정리하면 다음과 같다. 발생할 수 있는 사건의 가지 수가 M개일 때, 그 각각의 사건을 x_1, x_2, x_3, ⋯, x_M이라 하고, 각 사건의 발생확률을 P_1, P_2, P_3, ⋯, P_M이라 하면, 발생할 수 있는 모든 사건의 확률들을 더한 값은 1이다.

$$\sum_{j=1}^{M} P_j = 1 \tag{4.1}$$

여기서 사건 x_j가 담고 있는 정보량 $I(x_j)$는 다음과 같이 수식으로 정의될 수 있다.

$$I(x_j) = \log_a \frac{1}{P_j} = -\log_a P_j \tag{4.2}$$

위의 식 (4.2)에서 로그의 밑인 a는 각 사건이 가지고 있는 정보를 표현하고자 하는 digit를 나타낸다. 특정 심볼의 정보량을 a진수로 표현하면 몇 비트가 필요한지를 의미한다. 그 비트수가 '정보량'이 된다. 예를 들어 특정 심볼 A의 발생확률이 $P_A = 1/4$이라면, 심볼 A의 정보량은 다음과 같이 계산된다.

$$I(A) = -\log_2\left(\frac{1}{4}\right) = 2\,(\text{bits}) \tag{4.3}$$

또 다른 예로, 16개의 심볼 x_1, x_2, x_3, ⋯, x_{16}들의 발생확률이 똑같을 때 ($P_j = 1/16, j = 1, 2, ..., 16$) 각 심볼들을 2진수로 표현한다고 하면 각 심볼의 정보량을 다음처럼 계산할 수 있다.

$$I(x_j) = -\log_2 \frac{1}{16} = \log_2 16 = 4(\text{bits}) \tag{4.4}$$

식 (4.4)가 의미하는 것은 각 심볼들을 표현하기 위해서 이진수로 4 bits가 필요하다는 것이다. 이 예의 경우는 모든 심볼들의 발생확률들이 같은 경우이다. 심볼의 발생확률과 해당 심볼의 정보량 간의 관계를 수식으로 표현하면 다음과 같다.

$$I(x_j) \geqq 0 \ \text{ for } \ 0 \leqq P_j \leqq 1 \tag{4.5}$$

$$I(x_j) \rightarrow 0 \ \text{ for } \ P_j \rightarrow 1 \tag{4.6}$$

$$I(x_i) > I(x_j) \ \text{ for } \ P_i < P_j \tag{4.7}$$

식 (4.5)가 의미하는 것은, 모든 심볼들의 발생확률은 0보다 크고 1보다는 작기 때문에 심볼의 정보량은 항상 0보다 같거나 크다는 것이다. 식 (4.6)은 발생확률이 최대값인 1에 가까워질수록 심볼의 정보량은 최소값인 0으로 가까워진다는 의미이다. 식 (4.7)은 심볼의 발생확률과 해당 심볼의 정보량은 반비례 관계에 있음을 의미한다. 발생확률이 높은 심볼일수록 해당 심볼의 정보량은 작아진다는 의미이다.

정보량의 의미에 대해서 추가로 설명을 해보자. 해가 서쪽에서 뜰 사건의 정보량은 얼마나 될까? 해는 항상 동쪽에서 뜬다. 서쪽에서 뜰 확률은 거의 없다. 따라서 해가 서쪽에서 뜰 확률 P는 0이 된다. 이 확률을 정보량의 공식에 대입해보자.

$$I = \log_2 \left(\frac{1}{0}\right) = \log_2(\infty) = \infty \tag{4.8}$$

즉, 해가 서쪽에서 뜨는 사건의 정보량 I는 무한대 크기가 된다. 이 관계를 그림 4-2에서 표시하였다. 또 다른 예를 들어보자. 발생확률이 낮은 전쟁이 발생하면 그 사건은 우리에게 큰 정보를 전달해준다. 너무나 큰 정보이기 때문에 TV 뉴스 동안 아주 자세히 설명을 한다. 전쟁 발발 소식을 TV에서 길게 설명하는 이유는 전달해야 할 정보가 많기 때문이다.

각 심볼의 발생확률이 다를 경우에 각 심볼들에 어떻게 이름표(codeword)를 할당할까? 발생확률이 작아서 정보량이 큰 심볼을 표현할 때는 많은 비트수를 할당하여 긴 코드를 사용하고, 발생확률이 높아서 정보량이 작은 심볼을 표현할 때는 적은 비트수를 할당하여 짧은 코드를 사용한다. 우리가 흔하게 경험하는 예를 하나

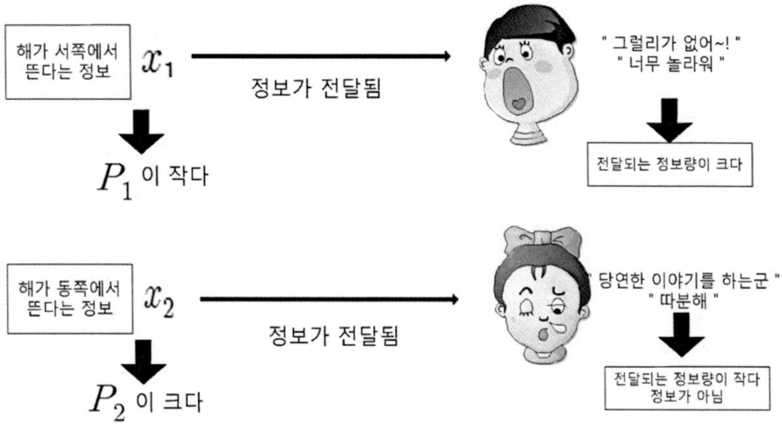

그림 4-2 정보량의 의미

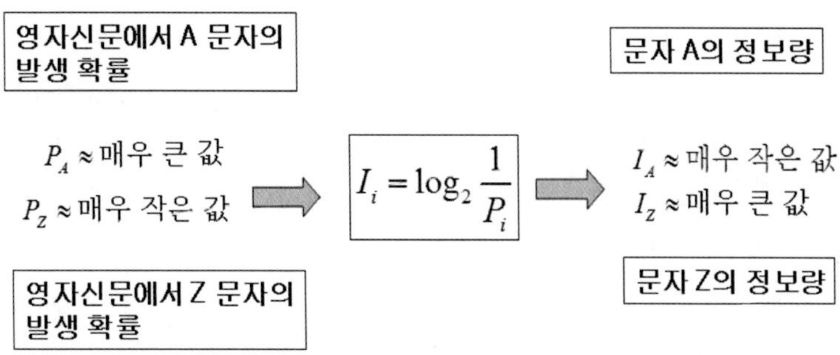

그림 4-3 영어 알파벳 문자들의 정보량

들어보자. 우리가 공부할 때 읽는 인쇄매체(교과서, 영자신문, 영어 소설책)를 살펴보자. 영문으로 구성된 인쇄매체의 경우 모든 단어는 영어 알파벳 A부터 Z까지 총 26개 문자로 이뤄져 있다(여기서 편의상, 소문자와 대문자는 구분하지 않고, 빈칸과 쉼표, 느낌표 등 특수 문자는 없다고 가정하자). 이 각 문자는 각각 발생확률이 다르다. 여러분은 영문 교과서에서 자주 나오는 문자와 가끔씩 나오는 문자를 구별할 수 있다. 보통, a, e, u, o, i 등 대표적인 모음들이 자주 나오고, x, z 등 몇몇 자음들은 가끔 발생함을 알 수 있다. 이런 발생확률의 차이를 이용하여 영어 문장을 효율적으로 부호화 할 수 있는데, 자주 발생하는 a, e, u, o, i 등에는 짧은 이름표(label)을 붙여 저장하고 x, z 등에는 긴 이름표를 붙여 저장하는 것이다.

2 평균 정보량

평균 정보량이란 "여러 가지 사건들 또는 심볼들이 발생할 때, 평균적으로 제공되는 정보량"을 의미한다. 어떤 심볼은 정보량이 적고, 다른 심볼은 정보량이 클 수 있다. 이런 다양한 심볼들이 발생할 수 있을 때, 이 사건들의 평균 정보량이 얼마인지를 계산하는 것이다. 예를 들면, 동전을 던져서 동전의 앞면과 뒷면이 나오는 사건(심볼)들을 고려하자. 동전의 구부러진 특성 또는 동전의 마모 상태에 따라 앞면이 나오는 확률과 뒷면이 나오는 확률이 다를 수 있다. 이 경우 동전을 던져서 나오는 결과(앞면 또는 뒷면)가 우리에게 얼마 만큼의 정보량을 전달해 줄 것인가? 이 정보량이 '평균 정보량'이다. 이 동전은 '평균적으로 이만큼의 정보량'을 전달해 주는 것이다.

평균 정보량을 계산하는 방법은 다음 식과 같이, 각 심볼들의 발생확률과 그 심볼의 정보량을 곱하는 과정을 모든 심볼들에 대해서 계산한 후 총합을 행한 것이다.

$$H(X)=\sum_{i=1}^{M}\{P_i \times I_i\}=\sum_{i=1}^{M}\left\{P_i \times \log_2\left(\frac{1}{P_i}\right)\right\}\ [\text{bits/symbol}] \tag{4.9}$$

이는 사건(또는 심볼)들 $x_i, i=1,2,3,\ldots,M$ 이 존재할 때, x_i가 발생함으로 제공되는 평균 정보의 양(또는 정보량의 기대값; Expectation)을 의미한다. 예를 들어서 설명해보자. 그림 4-4에서와 같이 코드북 내의 심볼들이 $x_i, i=1,2,3,4$ 로 구성되어 있고, 각 심볼들의 발생 확률이 'Case 1', 'Case 2', 'Case 3'과 같이 다른 확률 분포를 가질 때, 각 Case의 평균 정보량을 계산해보자. 그림 4-4에는 각 Case의 평균 정보량을 계산해 놓았다. 이는 각 Case에서 심볼들의 발생확률을 식 (4.9)에 대입해서 계산한 결과이다. 특이한 것은, 'Case 3'에서 P_1만 '1'의 값을 갖고 나머지 심볼들의 발생확률은 '0'의 값을 갖는다. 이는 코드북 내의 4개 심볼들 중, 항상 첫 번째 심볼만 발생한다는 의미이다. (심볼이 출력되는) 사건이 언제 발생하더라도 이 사건을 지켜보는 사람은 "보나 마나 첫 번째 심볼이겠지."라고 생각할 것이다. 발생하는 심볼을 보지 않고도 알 수 있는 상황인 것이다. 따라서 이 경우에는 전달되는 정보량이 전혀 없는 것이다. 그렇다면, 그림 4-4의 3가지 Case들

심볼들	x_1	x_2	x_3	x_4	
Case 1	$P_1=1/2$	$P_2=1/4$	$P_3=1/8$	$P_4=1/8$	$H(X)=7/4$ *bits/symbol*
Case 2	$P_1=1/4$	$P_2=1/4$	$P_3=1/4$	$P_4=1/4$	$H(X)=2$ *bits/symbol*
Case 3	$P_1=1$	$P_2=0$	$P_3=0$	$P_4=0$	$H(X)=0$ *bits/symbol*

그림 4-4 평균 정보량의 예

중에서 평균적으로 가장 큰 정보량을 전달하는 것은 어느 경우일까? 정답은 'Case 2'이다. 'Case 2'의 코드북이 사용되는 경우, 각심볼들의 발생확률이 균등하게 0.25이므로, 발생하는 심볼들을 직접 확인하기 전에는 어떤 심볼이 발생했는지 알 수 없게 된다. 이 경우 발생하는 한 개의 심볼을 확인하고 나면 $-\log_2(0.25)$의 정보량을 얻을 수 있다. 이런 사실을 식 (4.9)에 대입하여 계산하면 $H(X) = 2$ bits/symbol이 된다.

3 평균 정보량의 최대값

앞의 평균 정보량에 대한 설명을 더 진행해보자. 그림 4-4의 예제에서 알 수 있듯이, 심볼들의 개수가 같더라도, 각 심볼들의 발생확률 분포가 다르다면 다른 평균 정보량을 나타낸다. 그렇다면 어떤 확률분포일 때 평균 정보량이 최대가 되고, 어느 경우에 최소가 되는가? 이 문제에 대한 답을 주기 위해 다음과 같은 상황을 고려해보자. (그림 4-4의 Case 2처럼) 모든 심볼값의 발생확률이 같다고 가정하자. 대표값 $x_1, x_2, ..., x_M$이 모두 똑같은 발생확률을 갖는다면 발생확률은 $P_i = 1/M, i = 1,2,.., M$이 된다. 이 경우 모든 심볼들의 발생확률이 똑같기 때문에 어느 특정 심볼이 발생할지 예측하기 조차 어렵다. 이 경우 특정 심볼이 발생한 결과를 보고나면, 그 결과가 우리에게 전달해주는 정보량은 최대가 된다. 즉, 평균 정보량이 최대가 된다. 이 상황을 평균 정보량을 계산하는 식 (4.9)에 대입하여 평균 정보량을 계산해 보면 다음과 같다.

$$\begin{aligned} H(X) &= \sum_{i=1}^{M}\left\{P_i \times \log_2\left(\frac{1}{P_i}\right)\right\} \\ &= \sum_{i=1}^{M}\left\{\frac{1}{M} \times \log_2(M)\right\} \\ &= \left\{\frac{1}{M} \times \log_2(M) + \frac{1}{M} \times \log_2(M) + \dots + \frac{1}{M} \times \log_2(M)\right\} \\ &= M \times \frac{1}{M} \times \log_2(M) \\ &= \log_2(M) \end{aligned} \tag{4.10}$$

즉, $P_i = 1/M, i = 1,2,.., M$인 경우 평균 정보량은 $H(X) = \log_2(M)$이 되고 이 값은 최대 평균 정보량이다. 한편, 평균 정보량이 최소가 되는 경우는 어떤 경우일까? 최소가 되는 경우는 그림 4-4의 Case 3에서 이미 설명했듯이, 특정 심볼의 발생확률이 1 이고 나머지 다른 심볼들의 발생확률들은 0일 경우이다. 이런 사실을 이용하여 다음과 같은 결론을 정리할 수 있다.

$$0 \le H(X) \le \log M \tag{4.11}$$

4 동전 던지기 놀이의 평균 정보량

일상생활에서 쉽게 경험할 수 있는 사건을 예제로 이용하여 평균 정보량에 대해 설명해보자. 동전을 공중에 던진 후 바닥에 떨어진 동전의 윗면이 동전의 앞면인지 뒷면인지 알아 맞추는 게임을 생각해보자. 동전의 앞면이 위로 나오는 사건을 x_1이라고 하고, 반대로 뒷면이 위로 나오는 사건을 x_2라고 하자. 이 경우 심볼들의 개수는 2가 되며 $M=2$로 표현할 수 있다. 사건 x_1이 발생할 확률을 $P_1 = p$ 라고 하면, 사건 x_2의 확률은 $P_2 = 1-p$ 가 된다. 즉, $P_1 + P_2 = 1$ 이 된다. 이는 당연한 사실인데, 바닥에 떨어진 동전의 앞면이 위로 나오는 경우와 뒷면이 위로 나오는 경우 외에 다른 경우가 없기 때문이다(동전이 옆면으로 세워지는 경우는 고려하지 않는다). 이 확률 분포를 이용하여 동전을 던졌을 때 발생하는 사건들의 평균 정보량은 다음과 같다.

$$\begin{aligned} H(X) &= \sum_{i=1}^{2}\left\{P_i \times \log_2\left(\frac{1}{P_i}\right)\right\} \\ &= \left\{p \times \log_2\left(\frac{1}{p}\right) + (1-p) \times \log_2\left(\frac{1}{1-p}\right)\right\} \\ &= \{-p \times \log_2(p) - (1-p) \times \log_2(1-p)\} \end{aligned} \tag{4.12}$$

이 식을 그림으로 그려보면 그림 4-5와 같다.

그림 4-5의 가로축은 동전의 앞면이 나올 확률 p이고, 세로축은 평균 정보량 $H(X)$를 나타내는 축이다. 결과 그래프를 살펴보았더니 가운데가 볼록한 그림이 되었다. 평균 정보량의 최대값은 가운데에서 발생한다. 즉, 동전의 앞면이 나올 확률이 $P_1 = p = 0.5$일 때, 평균 정보량이 최대가 된다. 동전의 앞면이 나올 확률이 0.5란 의미는 앞면이 나올 확률과 뒷면이 나올 확률이 반반씩으로 똑같다는 의미이다.

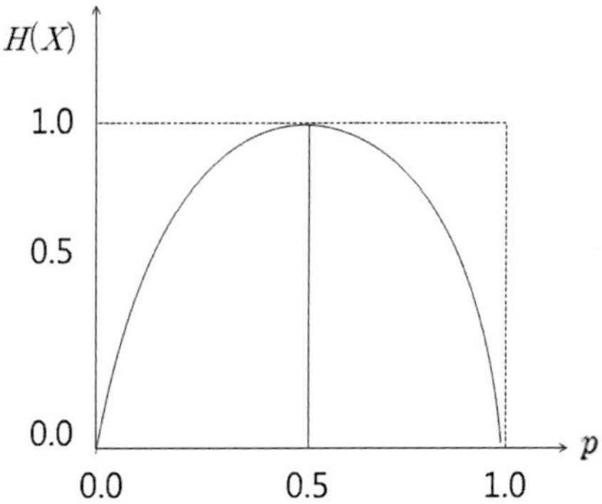

그림 4-5 동전 던지기 사건의 평균 정보량

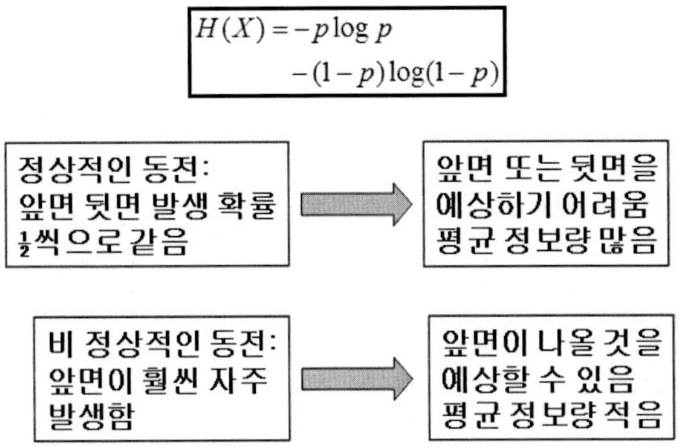

그림 4-6 동전 던지기 사건의 평균 정보량 의미

즉, $P_1 = p = 0.5$, $P_2 = 1 - p = 0.5$란 의미이다. 이런 확률이 반반씩인 동전은 아주 정상적인 동전이다. 이런 정상적인 동전을 던질 때, 발생하는 앞면 뒷면 정보는 우리에게 큰 정보량을 전달해 준다는 것이다. 이것이 무슨 의미일까?

만약 동전이 비정상적인 동전(구부러진 동전)이라서, 10번 던지면 9번이 앞면 나오고, 1번만 뒷면이 나온다고 가정해보자. 친구가 이 구부러진 동전을 던진다. 당연히 앞면 나올 확률이 높다. 앞면이 나오면 여러분은 동전의 앞면을 보고 다음과 같이 생각한다. “앞면이 나올 줄 알았어…에이 시시해”. 그렇다!! 앞면이 압도적으로 많이 나오는 동전은 던지나 마나 시시해서 우리에게 특별히 놀라움(정보량)을 주지 않는다. 반면, 앞면과 뒷면이 똑같이 반반씩 나오는 정상적인 동전을 던질 때 여러분은 다음과 같이 생각한다. “아..기대된다. 앞면이 나올까? 뒷면이 나올까? 어라 뒷면이 나왔네…야…그렇구나” 이것이 무엇을 뜻할까? 놀라움(정보량)을 의미한다. 동전을 던진 결과가 놀라움을 많이 줄수록, 호기심을 많이 해소시켜 줄수록, 그만큼 많은 정보가 전달되는 것이다.

4.2 코드워드의 길이

그림 4-1의 대표값(심볼)들에 이름표를 붙일 때, 각 이름표의 길이는 어느 정도가 적당할까? 이 절에서는 특정 심볼의 이름표의 길이가 어느 정도 되어야 적당한지에 대해서 설명한다. 이는 각 심볼의 정보량과 관련이 있다. 대표값 x_1, x_2, $\cdots$, x_M이 존재하고 이들의 발생확률들이 $P_1, P_2, \ldots, P_M$라고 가정하자. 이때 각 대표값(심볼들)의 최소 이름표 길이는 다음과 같이 설정된다[4].

$$N_i = \left\lfloor \log_2(\frac{1}{P_i}) \right\rfloor \qquad (4.13)$$

즉, 각 심볼을 표현하기 위해서는 해당 심볼이 제공하는 정보량만큼의 이진 비트수가 필요하다. 식 (4.13)에서 코드워드 길이 N_i는 심볼 x_i의 정보량을 계산한 후, 소숫점 이하를 올림한 값이다. 이진수의 비트수는 정수값을 가지므로 이진수를 소숫점 길이의 비트(예를 들면, 3.2 bit)를 이용해서 표현할 수는 없기 때문이다. 예를 들어 발생확률 P_i가 0.27이라면? $\log_2(1/0.27)=1.889$가 되며 이 값을 무조건 올림하면 2가 된다. 즉, 발생확률이 0.27인 심볼(대표값)의 이름표는 2 bits 길이를 갖는다. 이런 심볼들을 모은 집단(코드북)의 평균 코드길이는 다음과 같이 계산한다.

$$\overline{N} = \sum_{i=1}^{M}\{P_i N_i\} \qquad (4.14)$$

평균 정보량과 평균 코드길이의 관계는 다음과 같다.

$$H(X) \le \overline{N} \qquad (4.15)$$

그 이유는 다음과 같다. 각 이름표의 길이 N_i는 심볼의 정보량(self information) I_i에 무조건 올림과정을 취했기 때문에, N_i는 정보량 I_i보다 항상 크기 때문이다.

$$\sum_{i=1}^{M}\left\{P_i \log_2(\frac{1}{P_i})\right\} \le \sum_{i=1}^{M}\left\{P_i \left\lfloor \log_2(\frac{1}{P_i}) \right\rfloor\right\} \qquad (4.16)$$

4.3 코드워드의 특성별 분류

1 Uniquely decodable codeword

심볼마다 unique하게 할당된 이름표를 의미한다. 서로 다른 심볼에 할당된 다른 이름표 간에 복호화 오류가능성이 없어 유일하게 decoding이 가능한 코드를 Uniquely decodable code라고 한다. 방송 통신 시스템의 수신단에서 수신한 이름표를 보고 어떤 심볼의 이름표가 송신된 것인지를 오류없이(헷갈림 없이) 알 수 있는 코드워드이다. 그림 4-7은 4개의 심볼 A, B, C, D로 이루어진 코드 벡터의 이름표를 uniquely decodable codeword로 할당한 예이다.

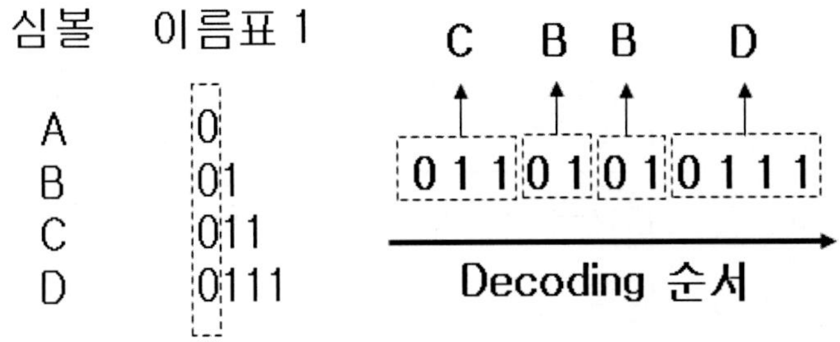

그림 4-7 Uniquely decodable codeword의 예

그림 4-7에서 각 이름표는 unique하다. 즉, 수신단에서 이름표만 보면 해당 심볼을 알 수 있다. 수신단에서 011이란 이름표를 보면 C란 심볼의 이름표라는 판단을 할 수 있다. 011이란 이름표는 A나 B나 D의 이름표는 아니란 것을 쉽게 알 수 있다. 그래서 "이름표 1"에 있는 code들은 uniquely decodable code이다.

예를 하나 더 살펴보자. 그림 4-8에는 4개의 심볼 S1, S2, S3, S4들에 각기 다른 코드워드를 할당한 예를 보이고 있다. code1, code2, code3, code4 가운데 어느 code가 uniquely decodable할까?

Code1, Code2, Code3는 "uniquely decodable code"이다. 반면, Code4는 uniquely decodable code가 아니다. 그 이유는 다음과 같다. code4에서 S1이 두 번 연속적으로 부호화된 S1S1의 이름표는 11이 된다. 이는 S2의 이름표와 같게 된다. 따라서 수신단에서 11을 수신했을 경우, S2로 decoding해야 할지, S1S1으로 decoding해야 할지 판단할 수 없다.

	Code1	Code2	Code3	Code4
S1	00	1	1	1
S2	01	01	10	11
S3	10	001	100	00
S4	11	0001	1000	01

그림 4-8 Uniquely decodable codeword의 판별

Extension이 같다

S1S1	11	S3S1	001
S1S2	111	S3S2	0011
S1S3	100	S3S3	0000
S1S4	101	S3S4	0001
S2S1	111	S4S1	011
S2S2	1111	S4S2	0111
S2S3	1100	S4S3	0100
S2S4	1101	S4S4	0101

그림 4-9 앞의 그림의 Code4를 이용한 연속된 심볼들의 표현

> [Uniquely decodable code의 정확한 정의]
> 임의의 개수의 연속된 심볼들을 표현하는 이름표(code word)들이 다른 연속된 심볼들의 조합을 표현하는 이름표가 되지 않아야 uniquely decodable 코드이다.

앞의 그림 4-8에서 예로 들은 Code 4를 이용하여, 심볼을 두 개씩 묶은 조합들을 표현해보자. 그 예시는 그림 4-9에 보이고 있다.

그림 4-9에서 S1S2의 이름표가 111인데, 이는 S2S1의 이름표 111과 같다. 이렇기 때문에 Code 4는 uniquely decodable 하지 않다고 한다.

2 Instantaneous codeword

Instantaneous codeword는 앞에서 설명한 Uniquely codeword 보다 더 엄격한 기준을 요구하는 코드워드이다. 이는 복호화 오류없이 디코딩이 가능한 것뿐만 아니라, 지금까지 수신된 이름표를 보면 추가의 다른 정보가 없어도 decoding이 되는 코드워드이다. 앞의 그림 4-7에서 사용된 '이름표1'을 살펴보자. 수신기에서 이름표 011을 수신하면, 혹시 그 다음에 1이 추가적으로 수신되지 않을까? 하고 걱정하게 된다. 만약 추가적으로 1이 들어오면 0111이 되어 D의 이름표가 되기 때문이다. 만약 추가적으로 들어오는 것이 0이라면 앞서 수신된 011은 C의 이름표가 된다. 이름표가 unique하게 할당되어 있기 때문에, 잘못 decoding되지는 않는다. 그렇지만, 추가로 들어오는 비트를 살펴봐야 확실히 decoding을 할 수 있다. 즉, "이름표1"은 instantaneous code가 아니다. 그렇지만, 앞서 설명대로 uniquely decodable code이다. 그렇다면, instantaneous code의 예를 살펴보자.

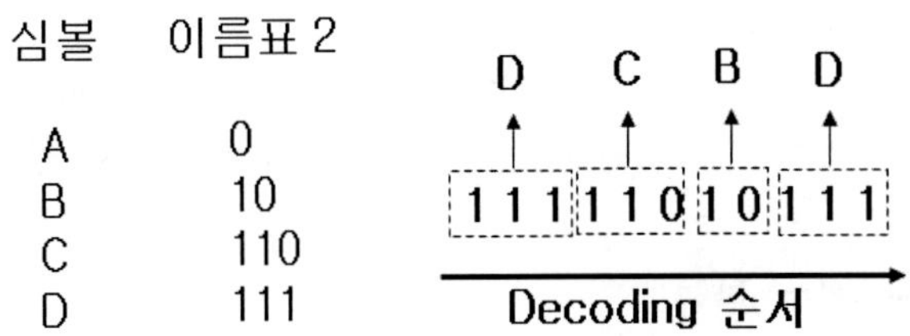

그림 4-10 Instantaneous codeword의 예

그림 4-10의 '이름표2'는 Instantaneous code를 나타낸다. 예를 들어, 수신단에서 이름표 10을 수신하였을 때, 추가의 비트를 받지 않아도 심볼 B의 이름표인지 알 수 있다. 그렇기 때문에 '이름표2'는 instantaneous codeword이다. 이렇듯 어떤 코드워드들은 instantaneous code이고, 어떤 코드워드들은 uniquely decodable code들이다. 이들 간의 관계는 어떠할까? 각 종류의 code word들의 포함관계를 그림 4-11에 나타냈다.

Instantaneous code가 가장 엄격한 기준을 요구하는 code word이다. 이 Instantaneous code와 관련하여 다음과 같은 부등식이 성립한다.

[Kraft inequality]

모든 Instantaneous code에서 사용되는 코드워드들의 길이 $N_1, N_2, ..., N_M$은 다음의 부등식을 만족시켜야 한다. (필요조건임. 충분조건 아님.)

$$K = \sum_{i=0}^{M} 2^{-N_i} \le 1 \tag{4.17}$$

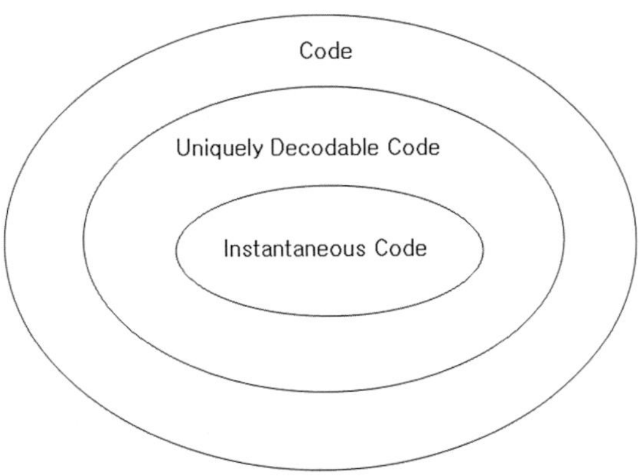

그림 4-11 codeword들 간의 관계

이 부등식은 instantaneous code에 대한 충분조건이 아니라 필요조건이다. 즉, 위 부등식을 만족시킨다고 해서 그 코드워드들이 instantaneous code는 아니라는 것이다. 그렇지만, 모든 instantaneous code들은 위의 부등식을 만족시켜야 한다.

3 코드워드 성능 분석

코드북 내의 대표값(심볼)들의 확률분포가 주어졌을 때, 심볼들에 최적의 코드워드란 어떤 것일까? 이에 대한 설명을 하기 위해서 그림 4-12에서 4가지 코드워드들의 예를 보이고 있다. 우선 그림에서와 같이 심볼 A, B, C, D가 존재한다고 가정한다. 각 심볼들의 발생확률은 $1/2, 1/4, 1/8, 1/8$로 주어져 있다. 발생확률을 알고 있으니 평균 정보량 $H(X)$를 계산할 수 있는데, 계산을 해보니 $H(X)$는 1.75이다. 식 (4.15)에 따르면, 정상적인 코드워드들은 $H(X) \leq \overline{N}$ 인 (uniquely decodable을 위한 필요조건) 관계를 만족시켜야 하기 때문에, 이 심볼들에 할당되는 코드워드의 평균 길이는 1.75이상이어야 한다. 그림 4-12에서 사용된 4가지 코드 예들을 살펴보자.

Code 1을 살펴보자. A, B, C, D에 이름표를 00, 01, 10, 11 이렇게 4가지를 할당했다. 그랬더니, 평균 코드 길이는 $\overline{N}=2.0$이 되었다. 평균 코드 길이(2.0)가 평균 정보량 $H(X)=1.75$보다 크다. 이는 Code 1이 uniquely decodable하기 위한(충분조건이 아니라) 필요조건을 만족한다는 의미이다. K는 1.0이며 이는 Kraft 부등식을 만족시킨다. 따라서 이 코드는 instantaneous code이기 위한 필요조건을 만족

Instantaneous Code (→ Code 4)

x_i	P_i	Code 1	Code 2	Code 3	Code 4
A	1/2	00	0	0	0
B	1/4	01	1	01	10
C	1/8	10	10	011	110
D	1/8	11	11	0111	111
$\overline{N}$		2.0	1.25	1.875	1.75
K		1.0	1.5	0.9375	1.0

$H(X)=1.75$ bits/symbol

H(X)보다 작은 평균 코드길이는 가질 수 없다.
→ Not uniquely decodable

가장 짧은 평균 code 길이 = H(X)

그림 4-12 codeword들의 성능 분석

하고 있다. Code 1에서 사용되고 있는 코드워드들을 살펴보면, 이름표 간에 혼동이 없게 할당되어 있기 때문에 uniquely decodable함을 알 수 있다. 그리고 또한 특정한 이름표가 다른 이름표의 prefix가 아닌 것을 알 수 있다. 즉, 이 코드워드가 instantaneous code임을 알 수 있다. 따라서 Code 1은 평균 코드 길이는 큰 편이지만 uniquely decodable하고 instantaneous code이다.

Code 2를 살펴보자. 먼저 평균 코드 길이를 계산해 보니, $\overline{N}=1.25$이다. 놀라운 결과이다. 평균 코드 길이($\overline{N}=1.25$)가 평균 정보량 $H(X)=1.75$보다 작다. 이런 일은 있을 수 없는 일이다. uniquely decodable하기 위한 필요조건을 만족하지 못하는 잘 못 만들어진 code word란 의미이다. 즉, uniquely decodable하지 않다. 그림 4-11에서처럼 uniquely decodable하지 않다면 당연히 instantaneous code가 아니다. 이 사실을 점검하기 위해서 K값을 계산해 보니 $K=1.5$이다. 이 값이 1보다 작거나 같아야 instantaneous code인데 K가 1.5로서 1보다 크다.

Code 3을 살펴보자. 평균 코드 길이는 $\overline{N}=1.875$로서 $H(X)=1.75$보다 커서 uniquely decodable code이기 위한 필요조건을 만족한다. K값도 1보다 작아 instantaneous code이기 위한 필요조건을 만족한다. 그렇지만, Code3에서는 '0'이란 prefix가 존재하고 이 prefix 다음에 오는 '1'의 개수에 따라서 다른 심볼로 decoding된다. 따라서 추가의 수신 bit가 '1'인지 '0'인지에 따라서 현재 심볼을 decoding할 수 있으므로 instantaneous code가 아니다. 그렇지만, 할당된 코드워드들 간에 혼선없이 디코딩이 가능하기 때문에 uniquely decodable code이다.

Code 4를 살펴보자. 평균 코드 길이는 1.75로서 평균 정보량 $H(X)=1.75$와 같다. 이 코드가 uniquely decodable하다면 최적으로 가장 짧은 codeword들을 할당했다는 의미이다. Code 4를 살펴보면, instantaneous code임을 알 수 있으며, Kraft 부등식도 만족함을 알 수 있다. 그림 4-12에서 Code 4가 가장 좋은 code word이다.

4.4 코드워드들의 종류

1 기본적이고 단순한 엔트로피 코드

각 심볼의 발생확률이 주어졌을 때, 기본적이고 단순한 엔트로피 codeword를 만드는 방법에 대해 알아보자.

[1단계] 먼저 심볼들의 발생확률을 살펴본다.

[2단계] 발생확률이 높은 심볼에는 짧은 코드워드를 할당하고, 발생확률이 낮은 심볼에는 긴 코드워드를 할당한다.
이때 심볼에 할당되는 코드워드의 길이는 심볼의 정보량을 계산한 후, 정보량 값의 올림 값으로 정한다.

$$N_i = \left\lfloor \log_2\left(\frac{1}{P_i}\right) \right\rfloor$$

평균 코드 길이 $\overline{N}$이 최소(minimum)가 되도록 한다. 이때 이론적으로 가능한 최소값은 평균 정보량 $H(X)$이다. 즉, $H(X) \leq \overline{N}$

[3단계] 한 codeword가 다른 codeword와 같지 않게 한다. 즉, uniquely decodable하게 만든다.

[4단계] Instantaneous code가 되도록 만든다. 이렇게 되기 위한 필요조건은 'K 값이 1보다 작다'이다. 주요 특징으로는 한 코드워드가 다른 코드워드의 prefix가 아니어야 한다.

2 Huffman 코드

Uniquely decodable한 코드를 쉽게 만드는 방법을 배워보자. Huffman code라고 알려진 코드워드를 만드는 방법은 다음과 같다.

[1단계]

먼저 심볼들 S1, S2, S3, S4의 발생확률들을 표시한다.

[2단계]

발생확률이 내림차순으로 표시되도록 심볼들의 순서를 수정한다. 그림 4-13에서는 P4가 0.25로 2번째로 큰 값이므로 S1 다음으로 S4를 위치시킨다.

[3단계]

가장 발생확률이 작은 두 개 심볼을 선택한다. 선택된 두 심볼들의 발생확률들을 더한다. 그림에서는 P2와 P3를 더했다. 그 결과 0.25가 되었다.

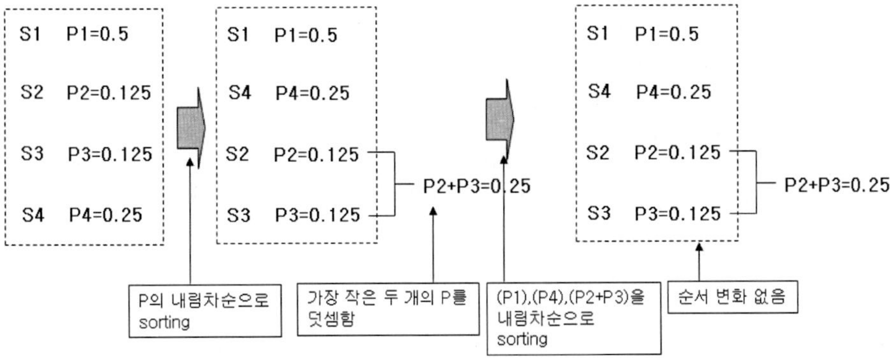

그림 4-13 Huffman code 만들기 1단계~4단계

[4단계]

덧셈해서 나온 확률을 새로운 하나의 확률로 인식하고 [2단계]에서 했던 것처럼 발생확률이 내림차순이 되도록 배치를 새롭게 한다. 그림에서는 덧셈해서 나온 확률이 0.25로 바로 위 P4=0.25와 같기 때문에 위치 변화 없이 그대로 놓는다.

[5단계]

"3단계"처럼 가장 작은 확률 2개를 덧셈한다. 이 과정을 그림 4-14에 표시하였다. 이 단계에서 P4+P2+P3를 계산해서 0.5를 만들었다.

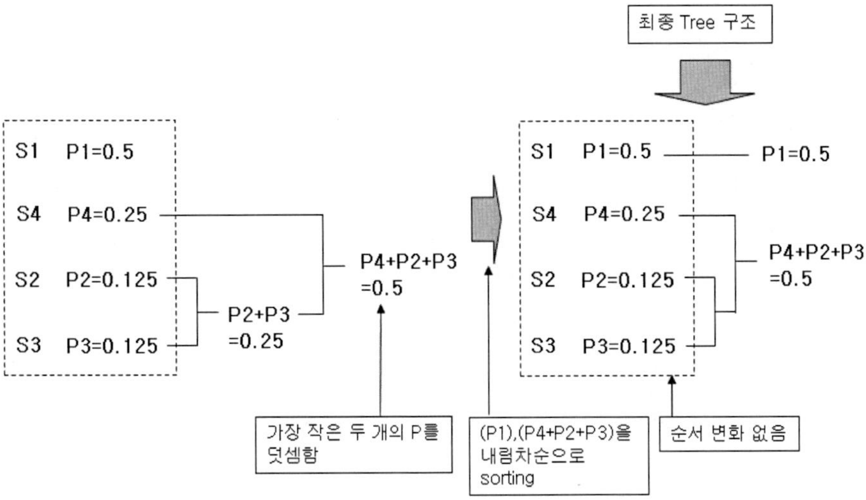

그림 4-14 Huffman code 만들기 5단계~6단계

[6단계]

"4단계"처럼 확률을 내림차순이 되도록 배열을 조정한다.

[7단계]

단 2개의 확률만 남을 때까지 "3단계"와 "4단계"를 반복한다. 이렇게 함으로써 최종 나무(Tree) 구조를 얻는다.

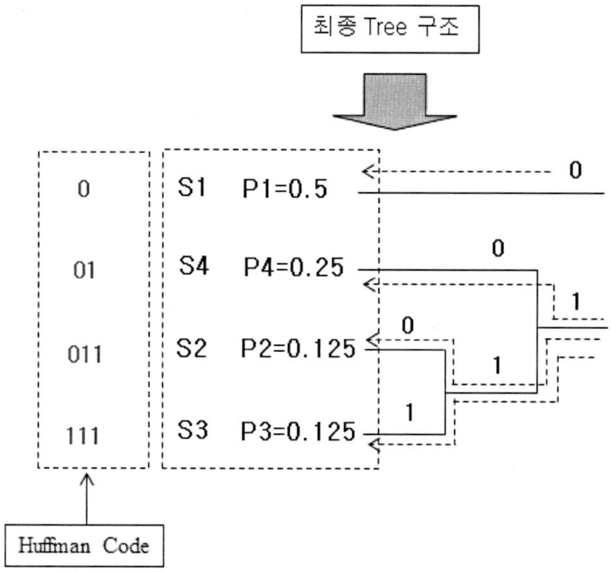

그림 4-15 Huffman code 만들기 최종 단계

최종 나무 구조는 두 개의 가지를 갖는다. 0과 1을 사용해서 나무 가지가 갈라지는 곳을 구분한다. 그림 4-15에서 갈라진 경로를 0과 1로 표시해서 구분하였다. Huffman code는 좀 전에 0과 1을 붙였던 순서로(root부터 시작해서 심볼쪽으로) 나무 가지를 따라서 이름표를 만든다. 이 과정을 통해서

- S1에는 이름표 0을,
- S2에는 이름표 110을,
- S3에는 이름표 111을,
- S4에는 이름표 10을

할당한다. 이 이름표를 Huffman code라고 한다. Huffman code의 특징은 특정 이름표가 다른 이름표의 prefix가 되지 않는다는 것이다. 따라서 Huffman code는 instantaneous code가 된다. 예를 들어, 이 Huffman code로 압축된 신호를 수신

단에서 수신했다고 가정하자. 복호기에서 '0'이란 신호를 받고나면 추가 비트를 수신하지 않아도 S1인 것을 알 수 있다. Huffman codeword는 instantaneous code이므로, 그림 4-11의 관계에 의해서 당연히 uniquely decodable code이다.

3 Run-Length 코드

Run-Length 코드워드는 심볼의 반복성을 이용하는 압축 기법들 중의 하나이다. 예를 들어 영문자들이 다음과 같이 반복적으로 발생한다고 가정해보자.

AAAABBBBBCCCCCCCCDEEE

이 경우 반복되는 문자들을 '런(run)' 이라고 명명하며, 다음과 같이 간단하게 코딩한다.

4A5B8C1D3E

4개의 A들이 연속되어 발생하고, 5개의 B들이 연속적으로 발생하고, 8개의 C들이 반복적으로 발생하고, 1개의 D가 발생하고, 3개의 E들이 반복하고 있다. Run-Length Code에서는 이런 식으로 심볼들이 연속적으로 발생하는 패턴을 표현하는 것이다. 영어 한문자를 표현하는 데 필요한 비트수가 8 bit(= 1 byte)라고 가정하면, 위의 압축되지 않은 21개의 알파벳 문자를 코딩하는 데 필요한 비트수는 21 byte가 된다. 하지만 Run-Length 코딩을 하게 되면 10 byte로 표현이 가능하게 된다(숫자 1개도 1 byte로 표현한다고 가정하자). 따라서 압축률은 21 byte / 10 byte =2.1배가 된다.

하지만 실제 이렇게 반복되는 영문자는 매우 드물어서 위의 방법만으로는 정보를 압축하기 힘들 때가 많다. 예를 들어 아래와 같은 문장을 Run Length Code(RLC)로 압축한다고 가정해보자.

MyDogHasFleas

위 문장을 RLC로 부호화하면 다음과 같이 된다.

1M1y1D1o1g1H1a1s1F1l1e1a1s

이 경우 원래 글자 수보다 RLC로 부호화한 결과의 글자 수가 2배로 증가하기 때문에 압축률은 0.5가 된다. 원래 문장은 13 바이트로 표현할 수 있었는데, RLC로 부호화하고 나면 26바이트로 표현해야 한다. 이는 반복되는 심볼이 없기 때문에 RLC가 효과적이지 못하기 때문이다. 이러한 단점을 해결하기 위해 몇 가지 개선 방법들이 존재하는데, 그 중에 하나는 반복되는 숫자 앞에만 특정 기호를 삽입하는 방법이다. 예를 들어, 다음과 같은 문자열을 개선된 RLC로 부호화한다면 아래와 같이 압축된다.

원 문자열	ABCDDDDDDDDEEEEEEEEE
개선된 RLC로 부호화된 문자열	ABC : 8D : 9E

즉, 반복되는 문자열에 대해선 " : " 뒤에 반복되는 숫자와 문자를 표시한다. 반면에 반복되지 않는 문자열에 대해선 기존과 동일하게 표시하여 손해를 보지 않게 하는 방법이다. 위의 예제처럼 압축을 수행하고 나면 압축률은 2.22(= 20 byte/9 byte)가 된다. 이 경우에 반복되는 Run의 길이가 적어도 3개 이상이 되어야 압축 효율을 얻을 수 있다.

4 산술 (Arithmetic) 코드

산술 부호화는 부호화할 데이터의 발생확률을 이용하는 엔트로피 부호화 알고리즘들 중 한 가지 종류이다[3][4]. 산술 부호화에서는 부호화하려는 각 심볼의 발생확률에 비례하는 길이로 0과 1 사이의 구간을 분할한 후, 부호화하려는 심볼열의 발생확률이 0과 1 사이 구간 내부의 어느 곳에 위치하는지를 부호화하는 방법이다. 이때 현재 부호화하고자 하는 심볼열이 가리키는 위치를 가장 효율적으로 표현할 수 있는 이진수를 생성하여 이를 코드워드로 사용한다. 예를 들어, 부호화할 심볼 A, B, C, D, E의 발생할 확률들이 표 4-1과 같다고 가정하자. 여기서 E는 알파벳 중 하나를 의미하는 것이 아니라, End of Message로서 부호화하려는 데이터 열의 마지막을 표시하는 기호이다.

표 4-1 알파벳 A, B, C, D, E의 발생확률

알파벳	A	B	C	D	E
발생확률 P( )	0.1	0.2	0.4	0.2	0.1

표 4-1과 같이 각 심볼의 발생확률이 주어진 상황에서 'CBC'의 심볼열을 산술 부호화하는 예를 살펴보자. 우리가 부호화(압축)해야 하는 문자열은 'CBC'이지만 문자열의 마지막에 End of Message를 삽입하여 'CBCE'를 압축해야 한다. 산술 부호

화의 가장 첫 단계는 각 심볼의 발생확률을 그림 4-16과 같이 0에서 1 사이 구간 내부에 표시하는 것이다. 이때 각 심볼의 발생확률에 따라 각 심볼이 차지하는 구간이 결정된다.

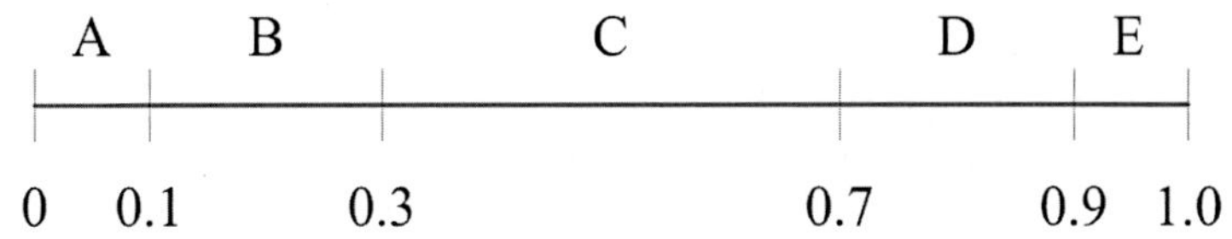

그림 4-16 알파벳 A, B, C, D, E의 확률 구간

이렇게 그림 4-16처럼 구간 분할을 수행한 후, 실제로 부호화할 심볼열(여기서는 CBCE)을 부호화한다. 가장 먼저 부호화하는 심볼 C의 확률 구간 [0.3, 0.7)을 다시 A~E의 발생확률에 비례하는 구간으로 다시 분할하여 그림 4-17과 같이 표현한다. 그림 4-17에서 두 번째 심볼인 B의 영역 [0.34, 0.42)가 선택된다.

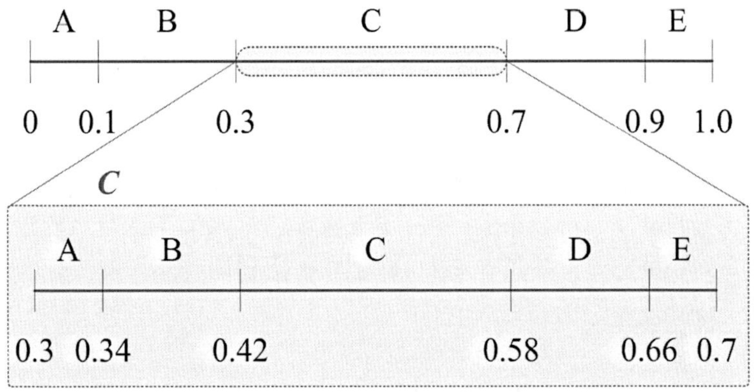

그림 4-17 심볼 C 다음의 심볼을 부호화하기 위한 확률 구간 분할

3번째 심볼 C를 부호화하기 위해서는 B번째 심볼이 차지하는 구간을 표 4-1에 제시된 심볼들의 발생확률에 비례하는 길이로 다시 나누어 그림 4-18과 같이 만든다. 이 그림 4-18에서 3번째 심볼 C의 구간 0.364~0.396이 선택된다. 이 같은 방법으로 나머지 심볼들에 대하여 확률 구간 분할을 반복적으로 수행하면 그림 4-18과 같은 결과를 얻을 수 있다.

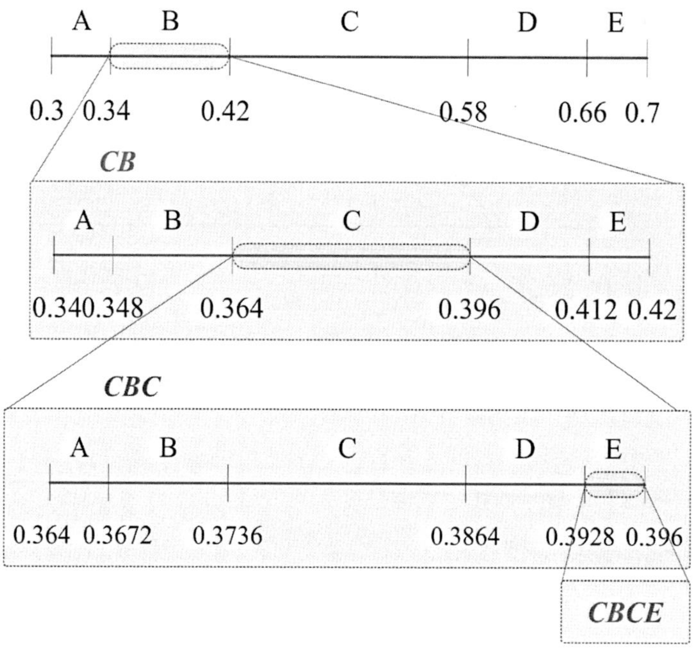

그림 4-18 심볼 CBCE의 부호화를 위한 확률 구간 분할

그림 4-18과 같이 부호화해야 하는 심볼열 CBCE가 가리키는 확률 구간은 [0.3928, 0.396)이 된다. 이 해당 구간에 존재하는 10진수 중, 가장 적은 수의 비트로 표현이 가능한 2진수를 찾아 부호화를 수행한다. 그림 4-18의 예제에서 해당 구간의 10진수인 0.39453125를 2진수로 표현한다면 0.01100101이 된다. 이를 계산하는 방법은 다음 수식과 같다.

$$\begin{aligned} 0.011001010_{(2)} &= 0\times\frac{1}{2}+1\times\frac{1}{4}+1\times\frac{1}{8}+0\times\frac{1}{16}+0\times\frac{1}{32} \\ &\quad +1\times\frac{1}{64}+0\times\frac{1}{128}+1\times\frac{1}{256}+0\times\frac{1}{512} \end{aligned} \tag{4.18}$$

식 (4.18)에서 10진수인 0.39453125를 8 bit로 구성된 2진수인 0.01100101로 표현하지 않고 맨 마지막에 2진수 '0'을 추가로 사용하여 9 bit로 구성된 2진수인 0.011001010으로 표현하였다. 이렇게 표현한 이유는 다음과 같다. 우리가 'CBCE'를 8 bit인 0.01100101로 부호화한 결과가 이후에 발생하는 다른 심볼열의 정보들과 연결되는 경우, 이후에 압축되는 다른 심볼열 데이터와 연결되어 9 bit인 0.011001011로 인식될 수 있고, 이는 10진수로 0.396484375로 복호화될 수 있다. 이렇게 복호화된 10진수는 그림 4-18에서 우리가 표현하려는 최종 구간의 외부를 가리키기 때문에 복호화 에러가 발생하게 된다. 따라서 불필요해 보이는 2진수 '0'을 추가함으로써 9 bits로 표현되는 0.011001010으로 부호화해야 올바로 복호화가 가능해진다. 위와 같은 과정을 통해서 심볼열 'CBCE'를 부호화할 경우, 총 9 bits로 표현할 수 있음을 알 수 있다.

이론적으로 표 4-1의 발생확률을 이용한 CBCE의 정보량은 다음과 같다.

$$8.287712 = \log_2 \frac{1}{P(C)} + \log_2 \frac{1}{P(B)} + \log_2 \frac{1}{P(C)} + \log_2 \frac{1}{P(E)} \tag{4.19}$$

이 계산은 심볼열 CBCE의 정보량이 8.287712 비트임을 나타내며, 우리가 부호화한 결과인 9 bits와 매우 근사한 값을 가지는 것을 알 수 있다. 이와 같이 산술 부호화를 이용한 부호화 결과의 비트수는 실제 심볼열의 정보량과 매우 근사한 값을 가지며, 이는 산술 부호화의 부호화 효율이 매우 우수함을 의미한다. 산술 부호화는 심볼들의 발생확률을 기준으로 0부터 1까지의 확률 구간을 여러 개의 영역으로 분할하고, 각 심볼의 발생확률에 비례하게 해당 구간을 반복적으로 분할하여 복수개의 심볼들을 한꺼번에 부호화함으로써 해당 심볼열의 정보량에 가까운 압축 효율을 나타낸다. 산술 부호화 방식에는 이렇게 고압축률을 제공하는 장점이 있지만, 부호화하는 과정이 복잡하다는 단점이 있다.

5 Exp-Golomb 코드

Exp-Golomb(Exponential Golomb) Code는 그림 4-19와 같이 '00..00' 형태의 비트열을 갖고, 가운데 '1'을 중심으로 대칭 길이 구조를 갖는 코드워드를 의미한다. 이때, '1'을 중심으로 이진수가 대칭구조란 의미가 아니라, '1'을 중심으로 좌우에 배치된 이진수의 비트수가 같다는 의미이다. 여기서 '1'이 나오기 전에 존재하는 복수개 '0'의 열을 접두사(prefix)라고 한다. 가운데 '1'을 분리자(separator)라고 하고, 분리자 '1'의 다음에 존재하는 이진수열을 접미사(suffix)라고 한다.

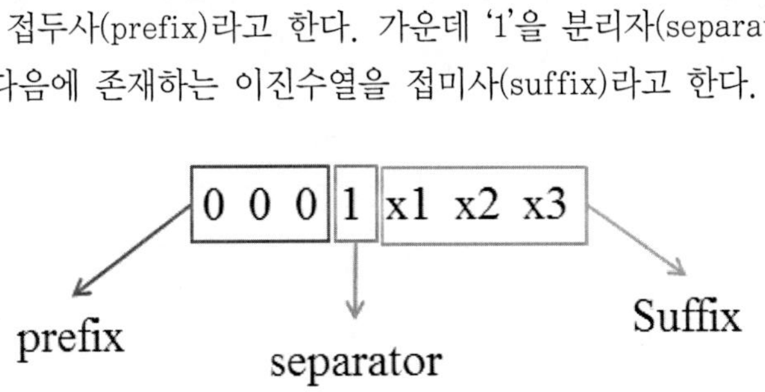

그림 4-19 Exp-Golomb 코드 구조

Bit string form (codeword)	Range of codeNum
1	0
0 1 x0	1-2
0 0 1 x1 x0	3-6
0 0 0 1 x2 x1 x0	7-14
0 0 0 0 1 x3 x2 x1 x0	15-30
0 0 0 0 0 1 x4 x3 x2 x1 x0	31-62
...	...

Compressed form

codeNum	codeword
0	1
1	010
2	011
3	00100
4	00101
5	00110
6	00111
7	0001000
...	...

General form

그림 4-20 Exp-Glomb 코드와 다른 코드북의 비교

Exp-Golomb 코드로 부호화된 비트 스트림을 보고 이진수 비트열의 어디까지가 접두사이고 비트열의 어디부터 접미사인지 알아야 하는데, 이러한 역할을 하는 것이 분리자이다. 접미사(Suffix)는 현재 부호화하려는 심볼값에 대한 정보를 나타낸다. 만약 접미사의 길이가 M bit라고 하면, M bit의 suffix를 가지고 있는 코드워드로는 총 2^M개의 심볼들을 구분할 수 있다. 이를 그림 4-20에 표현하였다. 이 그림에서는 특정 길이의 Exp-Golomb Code로 표현할 수 있는 Code Num의 범위를 나타내고 있다.

그림 4-19와 그림 4-20에서 알 수 있듯이, 접두사의 길이와 접미사의 길이가 같기 때문에, 접두사의 길이를 안다면, 분리자 이후에 접두사의 길이와 똑같은 접미사가 뒤따른다는 것을 알 수 있다. 일반적으로 접두사의 길이가 p라고 하면, 해당 코드워드를 복호하는 데 사용되는 비트수는 $(2\times p)+1$ 비트가 된다.

Exp-Golomb 코드를 이용한 부호화 및 복호화 과정은 어떻게 진행될까? 이 질문에 대한 답을 제시하기 위해, Exp-Golomb 코드의 복호화 방법을 다음과 같이 3 단계로 나누어 설명한다.

표 4-2 Exp-Golomb 코드의 복호화 방법

1 단계	분리자(1)가 나올 때까지 접미사 비트들을 읽는다.
2 단계	분리자 이전에 존재하는 접미사의 비트수만큼의 비트를 분리자 다음의 비트열에서 읽는다.
3 단계	읽은 접미사 비트열을 이용하여 신호값을 복원한다.

예를 들어 "0001011011"이라는 이진 비트열을 복호하려면 제일 먼저 분리자 '1'이 나올 때까지 접두사를 읽어 들인다. 위의 예의 경우 네 번째 비트 위치에 있는 '1'이

접두사 이후에 나오는 첫 번째 '1'이므로 분리자가 된다. 따라서 접두사가 3비트로 이루어져 있고 분리자 이후의 접미사 비트도 3비트라는 것을 알 수 있다. 따라서 3비트를 더 읽어 '011'을 받아 3이라는 값을 복호한다. 남은 건 '011'인데, 역시 같은 방식으로 복호화하면, 접두사 '0', 분리자 '1', 접미사 '1'로 구성된 것이라는 것을 알 수 있다. 이때, 접미사인 2진수 '1'을 10진수로 변환하면 10진수 '1'이 된다. 이와 같은 과정을 그림 4-21에 도식적으로 표시했다.

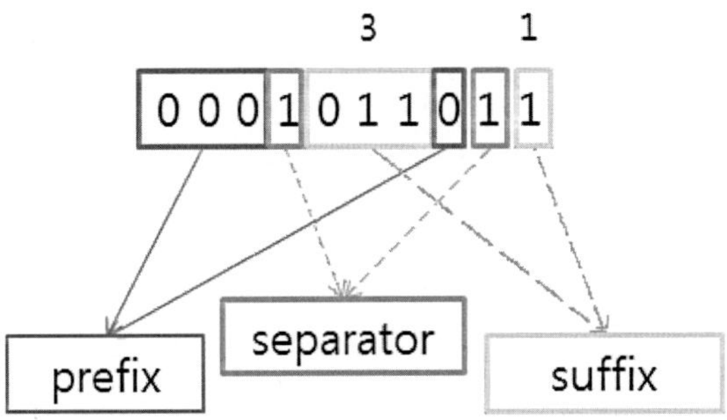

그림 4-21 지수 Golomb 코드 복호화 과정의 예제

그림 4-20에서 알 수 있듯이, 접두사인 '0'들의 개수에 따라 표현 가능한 신호값(Code num)의 범위가 다르다는 것을 알 수 있다. '0'이 하나도 없을 경우 표현 가능한 Code num은 1개이며 그 값은 0이 된다. 접두사가 1개의 '0'으로 구성되어 있으면, 접미사도 1 bit로 구성되어 있고, 이때 접미사 2진수 1 bit가 표현 가능한 신호의 종류는 2가지이다. 따라서 이 경우는 Code num 1과 2를 표현한다. 접미사가 '0'일 경우는 전체 코드가 010이 되며, 이는 10진수 Code num 1을 의미한다. 접미사가 '1'인 경우는 전체 코드가 011이 되며, 이는 10진수 Code num 2를 의미한다. 이를 아래 표와 같이 정리할 수 있다.

표 4-3 Exp-Golomb 코드와 Code Num과의 관계

Exp-Golomb Code	Code Num
1	0
010	1
011	2
00100	3
00101	4
00110	5
00111	6

즉, 접두사의 길이가 1이면 표현 가능한 Code Num의 종류가 2개, 접두사 0의 열의 길이가 2이면 표현 가능한 Code Num이 4개가 된다. 이렇게 표현 가능한 Code Num의 개수는 접두사인 0의 열의 길이의 2의 지수승이 된다. 이러한 Exp-Golomb 코드는 Code num이 가장 작은 0일 때 가장 짧은 비트열이 발생되며, 반대로 Code num이 커지면 커질수록 긴 비트열이 발생한다.

Exp-Golomb는 가변길이 코드이지만 규칙성을 가지고 있다. 이러한 이유 때문에 Exp-Golomb 코드는 Huffman 코드나 산술 부호화 코드와 비교해서 코드 길이가 긴 단점을 가지고 있지만 일정한 규칙성 때문에 다른 코드들 보다 에러에 강하다. Huffman 코드의 경우 일반적으로 한 번 에러가 발생하면 에러가 발생한 지점에서부터 그 뒤로는 복원을 하기가 힘든 구조를 가진다. 반면에 Exp-Golomb코드는 에러가 발생하면 일반적으로 일정 구간만 복호화하지 못하고 그 부분이 지나면 다시 제대로 복호할 수 있는 구조를 가진다. 예를 들어 접미사에서 에러가 발생할 경우 현재 복호하는 값은 제대로 복호가 되지 않겠지만, 현재 위치를 벗어나면 다시 값을 제대로 복호할 수 있다. 이렇게 에러에 강하다는 이점 때문에 H.264/AVC에서 헤더나 변수 등의 데이터를 Exp-Golomb 코드 방식을 이용하여 부호화 한다.

4.5 표준 비디오 코덱에서 사용되는 엔트로피 코딩

이 절에서는 앞서 설명한 엔트로피 코딩 기술들이 국제 표준 비디오 압축 기술들에서는 어떻게 사용되고 있는지 알아보자. 이 과정을 통해서 엔트로피 코딩 방법의 유용성과 확장 가능성을 이해할 수 있다.

1 JPEG에서 사용되는 Entropy Encoder

JPEG을 이용한 정지영상 압축과정에서는 엔트로피 코딩이 사용되기 이전에, 엔트로피 부호화의 효율을 높이기 위한 몇 가지 과정이 선행된다[5][6]. 그 대표적인 것이 양자화할 데이터의 zig-zag scan이다. 이를 그림 4-22와 그림 4-23에 나타내었다. 이 zig-zag scan은 부호화할 데이터 열에서 반복되는 0의 개수를 증가시키기 위한 과정이다.

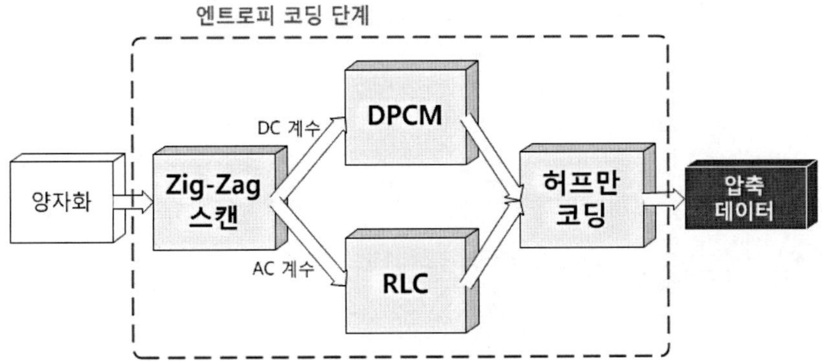

그림 4-22 JPEG에서 엔트로피 코딩 단계

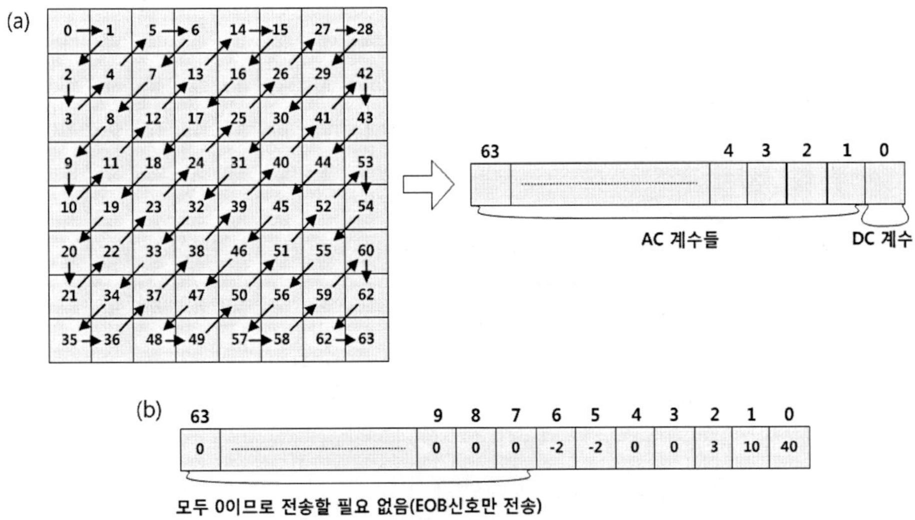

그림 4-23 지그재그 스캐닝 결과

그림 4-23(a)는 2차원 매트릭스 형태로 존재하는 DCT 양자화 계수들을 지그재그 스캐닝하여 1차원 스트링으로 만든 결과를 보여주고 있다. 이 그림에서 알 수 있듯이 지그재그 스캔 방식에서는 DC 계수를 먼저 스캔하고, 그 다음에 낮은 주파수의 계수부터 높은 주파수 계수까지 지그재그 스캐닝을 수행한다. 이 과정을 통하여 0이 반복할 확률이 높아지고, 스캔 순서의 후반부에는 여러 개의 0이 끝까지 반복되는 0의 열을 만들 수 있다. 이 과정을 통하여 Run-Length Coding에 유리한 데이터 열을 만들 수 있다. 그림 4-23(b)는 지그재그 스캐닝을 한 후의 결과 예제를 표현한 것이다. 높은 주파수로 갈수록 DCT 후 양자화된 계수값들은 영상의 특성상 '0'이 들어 있을 확률이 높다. 이러한 특성을 이용하여, 그림 4-23(b)와 같이 모두

'0'이 되는 부분은 전송할 필요 없이 EOB(End Of Block) 신호만 전송하여 효과적으로 압축을 수행할 수 있다.

그림 4-22에서처럼 JPEG의 엔트로피 코딩은 DC 계수와 AC 계수를 분리하여 따로 부호화한다. 따라서 다음 서술에서는 DC 계수 부호화 과정과 AC 계수 부호화 과정을 나누어서 설명한다.

(가) DC 계수의 부호화

각 DCT 변환블록의 DC 값은 해당 블록 내부 화소들의 휘도 및 색도 레벨의 평균을 알려주는 계수이다. 그래서 변환 블록 내에서 가장 큰 값을 갖게 되며 이러한 중요성 때문에 양자화 과정에서 가장 작은 값으로 나눠주게 된다. 보통의 경우 이웃하는 8×8 블록들 간의 평균 밝기 값은 유사하기 때문에, 각 블록의 DC 값 역시 서로 유사한 값을 갖게 된다. 이런 정보구조에서 가장 효율적인 압축방법은 DC 값을 그대로 압축하는 것이 아니라, 연속하는 이웃 블록의 DC 값들을 서로 빼서 그 차이 값을 전송하는 방법이다. 이 방식을 DPCM 코딩이라고 한다. 이렇게 함으로써 비교적 큰 값인 DC 계수를 코딩하는 데 소요되는 비트수를 상당히 줄일 수 있다.

표 4-4 DPCM의 결과인 차이신호에 대한 카테고리 정보

SSS	DPCM으로 만들어진 차이신호
0	0
1	-1, 1
2	-3, -2, 2, 3
3	-7~-4, 4~7
4	-15~-8, 8~15
5	-31~-16, 16~31
6	-63~-32, 32~63
7	-127~-64, 64~127
8	-255~-128, 128~255
9	-511~-256, 256~511
10	-1023~-512, 512~1023
11	-2047~-1024, 1024~2047
12	-4095~-2048, 2048~4091
13	-8191~-4096, 4096~8191
14	-16383~-8192, 8192~16383
15	-32767~-16384, 16384~32767
16	32768

표 4-5 SSS를 부호화하기 위한 허프만 코드

SSS	DPCM으로 만들어진 차이신호	
	밝기신호(Luma)	색차신호(Chroma)
0	00	00
1	010	01
2	011	10
3	100	110
4	101	1110
5	110	11110
6	1110	111110
7	11110	1111110
8	111110	11111110
9	1111110	111111110
10	11111110	1111111110
11	111111110	11111111110

DC 값을 부호화하는 과정을 예를 들어 설명하면 다음과 같다. 연속된 이웃 블록들의 DC 계수들만 선택하여 나열한 값들이 12, 13, 11, 11, 10, ... 라고 한다면 각각의 차이값들은 12, 1, -2, 0, -1, ... 과 같이 될 것이다. 이 차이값을 표 4-4에서 찾아 그에 맞는 카테고리 정보 SSS를 읽는다. 이 카테고리 정보 SSS는 차이값을 표현할 수 있는 비트수를 나타낸다. 앞의 예제 숫자 열에 표 4-4를 적용하면 SSS 값들은 4, 1, 2, 0, 1, ... 이 된다. 그 후 SSS를 표 4-5를 이용하여 부호화 하게 된다. 밝기신호와 색차신호는 다른 코드를 사용한다.

표 4-6 DPCM의 결과인 차이신호에 대한 코드북

SSS	DPCM으로 만들어진 차이신호	추가 비트
0	0	-
1	-1, 1	0, 1
2	-3, -2, 2, 3	00, 01, 10, 11
3	-7~-4, 4~7	000~011, 100~111
4	-15~-8, 8~15	0000~0111, 1000~1111
...	...	...
16	32768	-

예제에서 발생된 SSS 값을 표 4-5의 코드에 적용하면 최종적으로 허프만 코딩된 신호인 101, 010, 011, 00, 010, ... 이 된다. 마지막으로 같은 카테고리 SSS 내의 DPCM의 결과인 서로 다른 연속된 차이신호들을 구분하기 위해 표 4-6의 추가 비트 코드북을 이용하여 추가 비트를 사용하게 된다.

앞의 예제에 모든 과정을 마친 최종 결과 값은 아래 표 4-7과 같다.

표 4-7 예제에서 DC 계수의 허프만 코딩 결과

차이 값	SSS	허프만 인코딩된 SSS	추가비트	인코딩된 비트열
12	4	101	1100	101 1100
1	1	010	1	010 1
-2	2	011	01	011 01
0	0	00		00
-1	1	010	0	010 0

(나) AC 계수의 부호화

8×8 크기 블록에서, DC 계수를 제외한 나머지 63개의 AC 계수는 앞에서 설명했듯이 지그재그 스캐닝을 하였기 때문에 0값이 연속으로 있는 배열을 갖는다. 이러한 특성을 활용하기 위해 RLC(Run-Length Code)를 수행하는데, 0의 개수를 나타내는 SKIP과 0이 아닌 값을 나타내는 value를 (SKIP, value) 형태로 코딩한다. 앞의 그림 4-23(b)에서 예제로 보여준 AC 데이터를 다시 정리하면 10, 3, 0, 0, -2, -2, 0, 0, ..., 0 이 된다. 이 데이터를 RLC 부호화한 결과를 다음과 같이 표현할 수 있다.

(SKIP, value)	(0, 10) (0, 3) (2, -2) (0, -2) (0, 0)

최종 문자열 (0, 0)은 블록에서의 마지막 문자열임을 나타내며 나머지 계수들은 모두 0이 된다. 여기서 value가 나타내는 AC계수들은 표 4-8과 같은 15개의 카테고리(SSS)로 묶게 된다.

위 예제의 값들을 표 4-8을 이용해 카테고리 정보들을 계산하면 다음과 같다.

(SKIP, SSS)	(0,4), (0,2), (2,2), (0,2), (0,0)

표 4-8 AC 계수에 대한 카테고리 정보

SSS	AC 계수값
1	-1, 1
2	-3, -2, 2, 3
3	-7~-4, 4~7
4	-15~-8, 8~15
5	-31~-16, 16~31
6	-63~-32, 32~63
7	-127~-64, 64~127
8	-255~-128, 128~255
9	-511~-256, 256~511
10	-1023~-512, 512~1023
11	-2047~-1024, 1024~2047
12	-4095~-2048, 2048~4091
13	-8191~-4096, 4096~8191
14	-16383~-8192, 8192~16383
15	-32767~-16384, 16384~32767

그 다음에 표 4-9에서 보인 AC 계수 코딩용 허프만 표를 사용하여 코딩한다. 여기서, 블록 내의 RLC 부호화된 SKIP 및 SSS 필드들은 두 개가 복합되었지만 한 개의 심볼로 취급하여 코딩한다.

표 4-9 AC 계수 코딩용 허프만 코드워드 표

SKIP/SSS	codeword	length	(SKIP, SSS)	codeword	length
0/0	1010(=EOB)	4	4/1	111011	7
0/1	00	3	4/2	1111111000	12
0/2	01	3	4/3	1111111110010111	19
0/3	100	6	4/4	1111111110011000	20
0/4	1011	7	4/5	111111111001101	21
0/5	11010	10	4/6	111111111001110	22
0/6	111000	12	4/7	111111111001111	23
0/7	1111000	14	4/8	1111111110011100	24
0/8	1111110110	18	4/9	1111111110011101	25
0/9	1111111110000010	25	4/10	1111111110011110	26
0/10	1111111110000011	26	5/1	1111010	8
1/1	1100	5	5/2	1111111001	12
1/2	111001	8	5/3	1111111110011111	19

1/3	1111001	10	5/4	1111111110100000	20
1/4	111110110	13	5/5	1111111110100001	21
1/5	11111110110	16	5/6	1111111110100010	22
1/6	1111111110000100	22	5/7	1111111110100011	23
1/7	1111111110000101	23	5/8	1111111110100100	24
1/8	1111111110000110	24	5/9	1111111110100101	25
1/9	1111111110000111	25	5/10	1111111110100110	26
1/10	1111111110001000	26	6/1	1111011	8
2/1	11011	6	6/2	11111111000	13
2/2	11111000	10	6/3	1111111110100111	19
2/3	1111110111	13	6/4	1111111110101000	20
2/4	1111111110001001	20	6/5	1111111110101001	21
2/5	1111111110001010	21	6/6	1111111110101010	22
2/6	1111111110001011	22	6/7	1111111110101011	23
2/7	1111111110001100	23	6/8	1111111110101100	24
2/8	1111111110001101	24	6/9	1111111110101101	25
……	……	……	……	……	……

그 후 마지막 단계로서 같은 카테고리 SSS 내의 서로 다른 AC 값을 구분하기 위해 추가 비트를 사용하게 된다. 이 추가 비트는 표 4-10을 이용하여 해당하는 AC 계수를 구분하는 추가 비트를 선택한다.

표 4-10 AC 값을 구분하기 위한 추가 비트 코드북

SSS	AC 계수값	추가 비트
1	-1, 1	0, 1
2	-3, -2, 2, 3	00, 01, 10, 11
3	-7~-4, 4~7	000~011, 100~111
4	-15~-8, 8~15	0000~0111, 1000~1111
...	...	...
16	32768	-

이와 같은 과정을 통해 만들어진 비트열을 그 단계별 결과와 같이 정리하면 다음과 같다.

표 4-11 JPEG에서의 엔트로피 코딩의 예제

<table>
<tr><td>AC 계수들</td><td colspan="6">10, 3, 0, 0, -2, -2, 0, 0, ..., 0</td></tr>
<tr><td>(SKIP, value)</td><td colspan="6">(0, 10) (0, 3) (2, -2) (0, -2) (0, 0)</td></tr>
<tr><td>(SKIP, SSS)</td><td colspan="6">(0,4), (0,2), (2,2), (0,2), (0,0)</td></tr>
<tr><td rowspan="2">최종 비트열</td><td>1011</td><td>1010</td><td>01</td><td>10</td><td>......</td><td>1010</td></tr>
<tr><td>(0,4)</td><td>(add)</td><td>(0,2)</td><td>(add)</td><td>......</td><td>(EOB)</td></tr>
</table>

2 MPEG-2에서 사용되는 Entropy Encoder

MPEG-2는 동영상 압축 기술이기 때문에 영상 정보를 I, P, B 픽처로 구분지어 부호화한다. 세부적으로는 각 매크로블록을 inter mode와 intra mode로 구분지어 부호화하는데, intra mode의 부호화 과정에서 사용되는 엔트로피 부호화 방법은 앞서 JPEG에서 사용한 방법과 거의 유사하다. 따라서 여기서는 자세한 설명을 생략한다.

한편, inter mode로 부호화하는 경우에는 연속된 픽처 사이에서 움직임 벡터를 찾고, 이 과정에서 잔차(residual) 신호를 만든 후, 그 잔차 신호를 DCT 변환하고, 양자화를 적용하고, zig-zag scan 한 후, 엔트로피 코딩을 수행한다[7]. 잔차 신호를 엔트로피 코딩하는 부분은 앞의 JPEG 부호화와 유사하기 때문에 여기서는 자세한 설명을 생략한다.

이 절에서는 JPEG에서와 달리 MPEG-2에서 양자화된 정보 이외의 신호에 대해서 어떻게 엔트로피 부호화를 수행하는지에 대해서 설명한다. MPEG-2의 부호화 과정에서 발생한 움직임 벡터와 CBP(Coded Block Pattern) 정보는 VLC(Variable Length Code)로 부호화되는데, 이때 사용되는 code table들은 표 4-12와 표 4-13과 같다. 표 4-12는 움직임 벡터를 부호화할 때 사용하는 가변길이 코드북을 표시한다. 이 표에서 알 수 있듯이, 움직임 벡터의 절대값의 크기가 작을수록 짧은 코드워드가 할당되고, 절대값이 크기가 클수록 긴 코드워드가 할당된다. 이는 연속된 영상들 간의 유사성이 높기 때문에, 대부분의 경우 작은 크기의 움직임 벡터가 발생할 확률이 높기 때문에, 발생확률의 높은 경우에 짧은 코드워드를 할당한 것이다. MPEG-2에서 부호화되는 움직임 벡터에 대한 추가 이해를 위해서는 이 책의 제7장을 학습하기 바란다.

표 4-12 motion code를 부호화하기 위한 가변길이 코드

variable length code : 1~11 bit	motion_code
0000 0011 001	-16
0000 0011 011	-15
0000 0011 101	-14
0000 0011 111	-13
0000 0100 001	-12
0000 0100 011	-11
0000 0100 11	-10
0000 0101 01	-9
0000 0101 11	-8
0000 0111	-7
0000 1001	-6
0000 1011	-5
0000 111	-4
0001 1	-3
0011	-2
011	-1
1	0
010	1
0010	2
0001 0	3
0000 110	4
0000 1010	5
0000 1000	6
0000 0110	7
0000 0101 10	8
0000 0101 00	9
0000 0100 10	10
0000 0100 010	11
0000 0100 000	12
0000 0011 110	13
0000 0011 100	14
0000 0011 010	15
0000 0011 000	16

표 4-13 coded block pattern을 부호화하기 위한 가변길이 코드

VLC code	cbp	VLC code	cbp
111	60	0001 1100	35
1101	4	0001 1011	13
1100	8	0001 1010	49
1011	16	0001 1001	21
1010	32	0001 1000	41
1001 1	12	0001 0111	14
1001 0	48	0001 0110	50
1000 1	20	0001 0101	22
1000 0	40	0001 0100	42
0110 1	52	0001 0001	23
0110 0	56	0001 0000	43
0101 1	1	0000 1111	25
0101 0	61	0000 1110	37
0100 1	2	0000 1101	26
0100 0	62	0000 1100	38
0011 11	24	0000 1011	29
0011 10	36	0000 1010	45
0011 01	3	0000 1001	53
0011 00	63	0000 1000	57
0010 111	5	0000 0111	30
0010 110	9	0000 0110	46
0010 101	17	0000 0101	54
0010 100	33	0000 0100	58
0010 011	6	0000 0011 1	31
0010 010	10	0000 0011 0	47
0010 001	18	0000 0010 1	55
0010 000	34	0000 0010 0	59
0001 1111	7	0000 0001 1	27
0001 1110	11	0000 0001 0	39
0001 1101	19	0000 0000 1	0

표 4-13은 CBP를 부호화하기 위한 코드북을 나타낸다. CBP란 DCT 변환 및 양자화된 16×16 크기의 블록 내부에 발생한 중요한 값들의 위치를 표현하는 데이터이다. 16×16 크기 블록을 4개의 8×8 블록으로 나눈 후, 각 8×8 블록을 DCT 변환 및 양자화를 수행하면, 어떤 8×8 블록은 남은 신호가 매우 작아서 무시할만하여

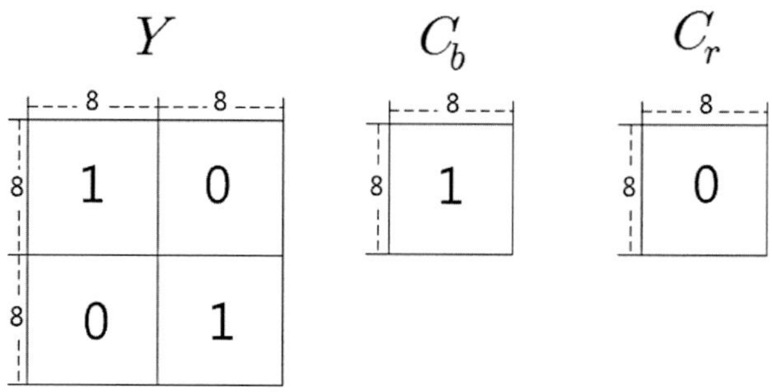

1 : Coding 할 data가 있음
0 : Coding 할 data가 없음

Coding할 data가 존재하는 블록의 패턴 (CBP)
→ 100110

그림 4-24 CBP를 설명하는 그림

부호화하지 않고 그냥 skip해도 상관없고, 어떤 8×8 블록은 남은 신호가 꽤 커서 무시하지 못하고 부호화해야 한다. 이때, 중요한 8×8 블록과 무시할 만한 8×8 블록의 위치를 이진수열로 표시한 것이 CBP이다. CBP 개념을 그림 4-24에서 설명하고 있다. 표 4-13에서는 자주 발생하는 CBP에는 짧은 코드워드를 할당하고, 발생 확률이 낮은 CBP에는 긴 코드워드를 할당함으로써 압축 효율을 높이고 있다.

3 MPEG-4에서 사용되는 Entropy Encoder

(가) RLL Coding

RLL encoding이란 zig-zag 스캔된 정보를 Run-Level-Last 형식으로 표현하는 방법을 의미한다[8]~[12]. Zig-zag 스캔 과정의 목적 및 방법은 앞서 설명하였고, 추가로 이 책의 제6장과 제7장에서 자세히 설명하고 있기에 여기서는 생략한다. 스캔된 숫자 열을 표현할 때, '0'이 아닌 계수 앞에 오는 '0'의 개수인 'Run'과 '0'이 아닌 계수의 값 Level, 그리고 현재 계수가 마지막 '0'이 아닌 계수인지 표현하는 'Last'로 구성한다. 현재 표현하는 '0'이 아닌 값이 마지막 non-zero라면 Last는 '1'이 된다. 예를 들면 다음과 같다.

Given the input Symbls : 2, 0, 0, -1, 0, 0, 0, 0, 1, 0, 0··· (all zeros) The RLL encoded output : (0,2,0), (2,-1,0), (4,1,1)

그림 4-25 RLL coding의 예제

(나) Pre-Huffman coding

다른 비디오 코덱과 마찬가지로 MPEG-4는 엔트로피 부호화 방법으로 허프만 부호화 방법을 사용한다. 허프만 부호화의 기본적인 아이디어는 자주 발생하는 심볼에 대해 짧은 코드를 사용하고 가끔 발생하는 심볼에 대해 긴 코드를 사용하는 것이다. 다른 비디오 코덱과 달리, MPEG-4에서는 사전에 미리 계산된 여러 개의 허프만 코드북들을 사용한다. 즉, 확률 연구를 바탕으로 화면 내 블록, 화면 간 블록, motion vector 등 여러 종류의 정보마다 각각의 허프만 코드북을 부호화기와 복호화기에 미리 정의해 놓았다. 부호화하려는 심볼의 종류에 따라서 각기 다른 허프만 코드를 선택해서 사용한다.

표 4-14 MPEG-4 Visual Transform Coefficient VLCs (partial, all codes ⟨ 9)

Last	Run	Level	Code
0	0	1	10s
0	1	1	110s
0	2	1	1110s
0	0	2	1111s
1	0	1	0111s
0	3	1	01101s
0	4	1	01100s
0	5	1	01011s
0	0	3	010101s
0	1	2	010100s
0	6	1	010011s
0	7	1	010010s
0	8	1	010001s
0	9	1	010000s
1	1	1	001111s
1	2	1	001110s
1	3	1	001101s
1	4	1	001100s
0	0	4	0010111s
0	10	1	0010110s
0	11	1	0010101s
0	12	1	0010100s
1	5	1	0010011s
1	6	1	0010010s
1	7	1	0010001s
1	8	1	0010000s
ESCAPE			0000011s
…	…	…	…

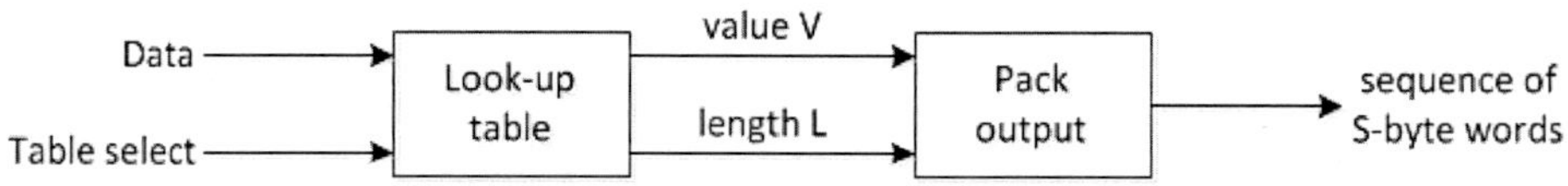

그림 4-26 MPEG-4에서 사용하는 VLC의 구조

그림 4-26은 MPEG-4에서 사용하는 VLC 부호화기의 구조를 나타낸다. 그림에서 Data는 부호화하려는 정보이고, Table select는 Data의 종류에 따라서 다른 허프만 코드북을 가리키는 인덱스이다. 비디오 정보의 Data와 어떤 정보의 VLC 테이블을 사용했는지 정해지면, 미리 정의된 테이블을 보고 value V가 발생되는데, 이 value V를 비트스트림에 삽입할 때 몇 비트의 길이로 삽입할 것인가에 대한 정보를 length L로 표시한다. 이러한 V와 L을 기반으로 1 byte 씩 묶어서 비트스트림을 만들게 된다.

예를 들면 그림 4-25에 보이고 있는 예제 숫자열을 표 4-14에서 미리 정의된 VLC 테이블을 이용하여 Entropy coding하면 다음과 같다.

The RLL encoded input : (0,2,0), (2,-1,0), (4,1,1) The variable length coded output : 1111s 1110s 001100s (s : sign bit)

그림 4-27 RLL을 VLC 부호화하는 예제

(다) RVLC

VLC는 채널 에러 및 전송오류에 민감하다. 전송 또는 저장 과정 중에 하나의 비트에서 오류가 발생하면 동기화를 잃고 다음 동기 신호 위치까지 복호화가 불가능하다. 이것을 오류 전파(Error propagation)라고 한다. 이는 심볼을 서로 다른 길이의 코드로 부호화했기 때문에, 오류가 발생하면, 동기화 위치를 알 수 없어 복호화 능력을 상실하게 되는 현상이다. 이런 문제를 극복하기 위해서, MPEG-4에서는 Reversible VLC를 사용한다. 이는 특정 비트에서 에러가 발생하면, 에러가 발생한 위치 이후에는 순차적으로 복호화가 불가능하기 때문에, 순차적으로 복호화하는 것을 포기하고, 패킷의 맨 마지막 위치에서 역방향으로 복호화를 할 수 있도록 설계된 VLC 코드북을 의미한다. 이 RVLC를 이용하면 정방향과 역방향 모두 복호가 가능하기 때문에 역방향 복호를 통해서 기존의 가변길이 부호에서 잃을 수밖에 없던 데이터의 상당 부분을 복구할 수 있다. 그림 4-28은 RVLC를 이용한 복호화 과정을 예제로 보이고 있다. 패킷에 저장된 채로 전달되는 MPEG-4 정보의 중간에

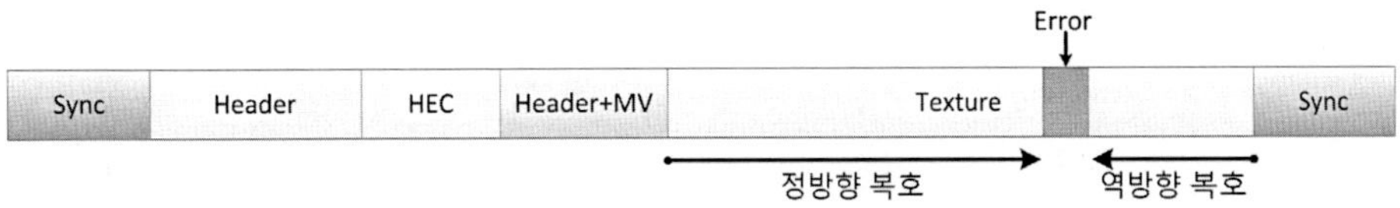

그림 4-28 Reversible VLC를 이용한 복호화 과정

error가 발생하면, 에러 발생 위치부터는 정방향으로 복호화가 불가능하다. 이때, 정방향 복호화를 포기하고, 뒷부분 sync 신호부터 역방향으로 VLC를 수행하는 방법이다.

4 H.264에서 사용되는 Entropy Encoder

지금까지 여러 가지 비디오 코덱에서 사용되는 엔트로피 부호화 방법에 대해서 설명했다. 여기에서는 H.264에서 사용되는 Entropy Coding이 다른 코덱들의 방법들과 어떻게 차이가 나는지에 대해 간략하게 서술한다. H.264의 엔트로피 코딩에 대한 자세한 내용은 이 책의 제9장에서 학습하기 바란다.

H.264로 부호화된 데이터는 데이터의 중요성에 따라 여러 가지 계층 구조를 갖는다. 가장 먼저, H.264/AVC에서 최상위 계층 정보인 SPS(Sequence Parameter Set)와 PPS(Picture Parameter Set)를 부호화하는 방법에 대해서 설명하고자 한다. 이 SPS와 PPS는 시퀀스 또는 픽처 내의 데이터들을 복호화할 때 공통적으로 사용되는 정보들로서 다른 데이터들에 비해 매우 높은 중요도를 갖는다. 따라서 SPS와 PPS는 채널 에러에 강해야 하기 때문에 에러에 강인한 엔트로피 코딩 방법인 고정길이 부호화(Fixed length code : FLC)와 지수 Golomb 코드(Exponential Golomb Code : Exp-Golomb Code)를 이용하여 부호화한다. Exp-Golomb Code는 본 장의 앞 부분에서 설명한 바 있다.

SPS와 PPS 이외의 데이터를 부호화 할 경우, 다음의 2가지 엔트로피 코딩 중 하나를 선택하여 부호화 한다. 첫 번째 종류는 문맥기반 적응적 가변길이 부호화 CAVLC(Context-based Adaptive Variable Length Coding)이며, 두 번째 가변길이 부호화 방법은 문맥기반 적응적 이진 산술 부호화 CABAC(Context-based Adaptive Binary Arithmetic Coding)이다. 이 두 가지 방법들 모두 CA란 용어를 사용하는데, 이는 '문맥 기반'이란 의미로서, 엔트로피 부호화용 코드워드를 할당하는 과정에서 사용되는 심볼들의 발생확률들을 미리 정해진 고정값으로 사용하는 것이 아니라, 현재 블록을 부호화하기 직전까지 발생했던 심볼들의 누적 발생확률을 조사한 후, 그 결과로 계산된 발생확률값을 이용한다는 의미이다. VLC란 용어는 앞서 설명한 가변

길이 부호화 코드를 의미하고, BAC란 용어는 앞서 설명한 산술 부호화(AC : Arithmetic Code) 중에서 특수한 형태, 즉 이진수(Binary)에만 적용되는 산술 부호화 코드를 의미한다. 일반적으로 CAVLC 모드는 에러에 강하고 낮은 복잡도를 가지는 대신에 낮은 압축 효율을 가지며, CABAC 모드는 에러에 약하고 높은 복잡도를 가지나 높은 압축 효율을 보인다. CAVLC와 CABAC의 자세한 동작 원리는 제9장에서 설명하고 있으니 꼭 학습하기 바란다.

• 참고문헌

[1] Masud Mansuripur, *Introduction to Information Theory*, Prentice-Hall, 1987.

[2] 김신환, 이채욱, 『정보이론』, 청문각, 2004.

[3] 나상신, 『정보이론』, 브레인코리아, 2003.

[4] Majid Rabbain, Paul W. Jones, *Digital Image Compression Techniques*, SPIE Optical Engineering Press, 1991.

[5] 김재균, 권재철, 문주희, 황강욱, 『영상통신개론』, 홍릉과학출판사, 2010.

[6] 하영호, 남재열, 최윤식, 원치선 공역 (Ze-Nian Li and Mark S. Drew 저), 『멀티미디어 공학 (원제 : *Fundamentals of Multimedia*)』, Pearson Prentice Hall, 2004.

[7] 이호석, 김준기, 『알기쉬운 MPEG-2』, 홍릉과학출판사, 2001.

[8] Fernando Pereira, Touradj Ebrahimi, *The MPEG-4 Book*, Prentice Hall, 2003.

[9] K. R. Rao, J. J. Hwang, *Techniques & Standards for Image Video & Audio Coding*, Prentice Hall, 1996.

[10] Iain E. G. Richardson, *Video Codec Design*, John Wiley & Sons, 2002.

[11] John Watkinson, *The MPEG Handbook*, Elsevier, 2004.

[12] 박기현, 『코덱의 세계로의 초대』, 홍릉과학출판사, 2006.

생각해 볼 문제

Q1 식 (4.15)는 평균 정보량과 평균 코드워드의 길이 간의 관계를 표현하고 있다. $H(X) \le \overline{N}$. 이 식에서 등호가 성립하는 경우는 어떤 경우일까? 설명하시오.

Q2 심볼 A, B, C, D, E의 발생확률이 0.25, 0.2, 0.2, 0.15, 0.2일 경우, 이 심볼들을 표현하는 Huffman code를 제작하시오.

Q3 Lossy coding과 Lossless coding의 차이점에 대해서 설명하시오.

Q4 Huffman code의 장점 및 단점에 대해서 서술하시오.

Q5 RLC의 장점 및 단점에 대해서 서술하시오.

Chapter 5

신호의 변환

이 장에서는 시간영역 또는 화소영역에서 표현되는 신호를 다른 공간영역으로 변환시켜 신호를 다른 측면에서 분석하는 방법을 학습한다. 여기서 다른 공간영역이라 함은 주파수 공간이 될 수도 있고, 웨이브릿(wavelet) 공간, 또는 DCT 주파수 공간이 될 수도 있다. 신호를 다른 공간영역으로 변경하는 목적과 과정을 이해하기 위해 5.1절에서는 특정 공간에서 신호값을 표현하기 위해 사용하는 basis vector에 대해서 학습한다. Basis vector를 설명하는 과정에서는 2차원 공간의 basis vector부터 3차원, 8차원 공간의 basis vector 설명이 제시된다. 이 basis vector의 개념을 익히고 나면, 신호의 변환이 무엇인지 알기 쉬우며, 이로 인해 5.2절에서 학습하는 DCT 변환에 대한 이해가 쉬워진다. 5.3절에서는 DCT 변환의 특징 및 영상 신호에 적용된 DCT 변환 예를 보여준다.

5.1 기본 벡터 (Basis Vector)

특정 공간에 존재하는 신호값은 basis vector를 기본단위로 표시할 수 있다. 예를 들면, 일상 생활에서 사용하는 7이란 값은 1차원 basis vector '1'을 사용하여 7×'1'로 표현됨을 알 수 있다. 이런 관점에서 2차원, 3차원, 8차원에서 사용되는 basis vector들에 대해서 알아보자.

1 2차원 공간의 Basis Vector

그림 5-1에서는 2차원 평면 위의 한 점을 표현하기 위한 basis vector를 설명하고 있다. 그림에서 2차원 평면 위의 임의의 한 점 X의 좌표값은 어떻게 결정되는가? 그림에서 X는 가로축 상에서 '1'만큼 오른쪽으로 이동하였고, 세로축 상에서 위쪽으로 '1'만큼 이동한 점이다. 이 점의 좌표값을 (a_1, b_1)이라고 표시한다면 a_1과 b_1는 어떤 값이 될까? 이 물음에 정확한 대답을 하기 위해서는 사용하는 basis vector가 무엇인지 알아야 한다. Basis vector가 다음과 같다고 가정하자.

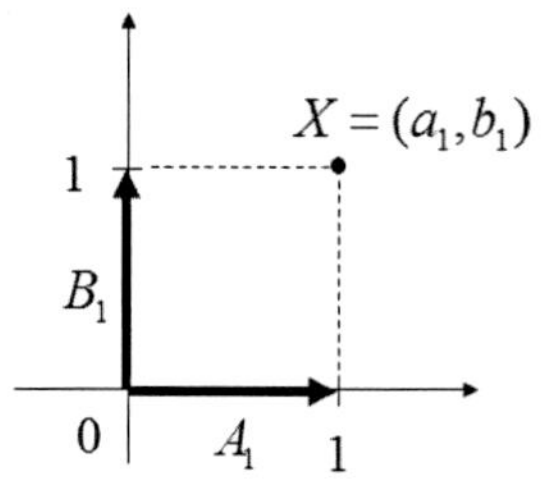

point X의 좌표값 (a_1,b_1)은?

2개의 basis vectors : $A_1=(1,0)$ $B_1=(0,1)$

$$X = a_1 \times A_1 + b_1 \times B_1$$
$$= a_1 \times (1,0) + b_1 \times (0,1)$$

$\rightarrow a_1 = 1, b_1 = 1$

$\rightarrow (a_1,b_1) = (1,1)$

결론: Basis vector가 $A_1=(1,0)$ $B_1=(0,1)$일 때
X의 좌표값은 $(a_1,b_1)=(1,1)$ 이다.

그림 5-1 2차원 공간의 Basis vector (예 1)

$$A_1 = (1,0), B_1 = (0,1) \tag{5.1}$$

이 경우 해당 점 X는 다음과 같이 표현된다.

$$\begin{aligned} X &= a_1 \times A_1 + b_1 \times B_1 \\ &= a_1 \times (1,0) + b_1 \times (0,1) \end{aligned} \tag{5.2}$$

이 식을 만족하는 a_1, b_1을 계산하면 다음과 같다.

$$a_1 = 1, b_1 = 1 \tag{5.3}$$

그러므로 다음과 같은 결론을 내릴 수 있다.

Basis vector가 $A_1=(1,0), B_1=(0,1)$일 때, X의 좌표값은 $(a_1,b_1)=(1,1)$이다.

그림 5-1에서와 똑같은 점 X를 다른 basis vector들을 사용해서 표현하면 어떨까? 그림 5-2는 다른 basis vector를 사용했을 경우 똑같은 점 X의 좌표값 (a_2,b_2)를 계산하는 과정을 설명한다[1].

여기서 사용하는 basis vector는 다음과 같다.

$$A_2 = \left(\frac{1}{\sqrt{2}}, \frac{1}{\sqrt{2}}\right), B_2 = \left(-\frac{1}{\sqrt{2}}, \frac{1}{\sqrt{2}}\right) \tag{5.4}$$

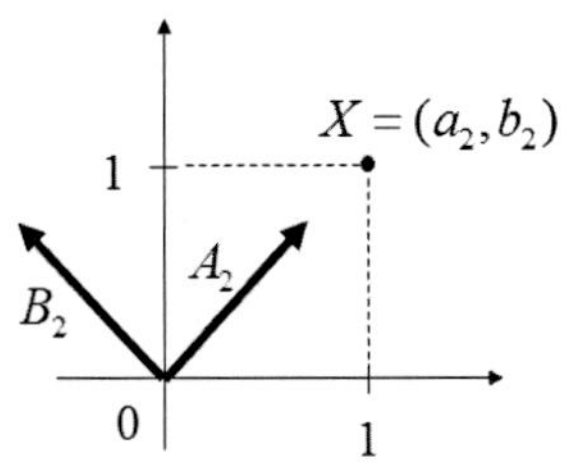

point X의 좌표값(a_2,b_2)은?

2개의 basis vectors : $A_2=(\frac{1}{\sqrt{2}},\frac{1}{\sqrt{2}})$ $B_2=(-\frac{1}{\sqrt{2}},\frac{1}{\sqrt{2}})$

$$X=a_2\times A_2+b_2\times B_2$$
$$=a_2\times(\frac{1}{\sqrt{2}},\frac{1}{\sqrt{2}})+b_2\times(-\frac{1}{\sqrt{2}},\frac{1}{\sqrt{2}})$$

$\rightarrow a_2=\sqrt{2},\ b_2=0$

$\rightarrow (a_2,b_2)=(\sqrt{2},0)$

결론: Basis vector가 $A_2=(\frac{1}{\sqrt{2}},\frac{1}{\sqrt{2}})$ $B_2=(-\frac{1}{\sqrt{2}},\frac{1}{\sqrt{2}})$일 때
X의 좌표값은 $(a_2,b_2)=(\sqrt{2},0)$이다.

그림 5-2 2차원 공간의 Basis vector (예 2)

이 경우 해당 점 X는 다음과 같이 표현된다.

$$\begin{aligned} X &= a_2\times A_2+b_2\times B_2 \\ &= a_2\times(\frac{1}{\sqrt{2}},\frac{1}{\sqrt{2}})+b_2\times(-\frac{1}{\sqrt{2}},\frac{1}{\sqrt{2}}) \end{aligned} \tag{5.5}$$

이 식을 만족하는 a_2, b_2를 계산하면 다음과 같다.

$$a_2=\sqrt{2},\ b_2=0 \tag{5.6}$$

그러므로 다음과 같은 결론을 내릴 수 있다.

Basis vector가 $A_2=\left(\frac{1}{\sqrt{2}},\frac{1}{\sqrt{2}}\right)$, $B_2=\left(-\frac{1}{\sqrt{2}},\frac{1}{\sqrt{2}}\right)$일 때, X의 좌표값은 $(a_2,\ b_2)=(\sqrt{2},0)$이다.

여기서 궁금한 점이 있다. Basis vector $A_1=(1,0)$, $B_1=(0,1)$을 사용하여 좌표값 $(a_1,b_1)=(1,1)$으로 표현된 점 X는 basis vector를 바꾸면 좌표값이 어떻게 그리고 왜 변할까? Basis vector를 $A_2=(1/\sqrt{2},1/\sqrt{2})$, $B_2=(-1/\sqrt{2},1/\sqrt{2})$로 바꾸면 같은 점 X는 $(a_2,b_2)=(\sqrt{2},0)$으로 다르게 표현된다. 그 변환 과정을 그림 5-3에서 설명하였다.

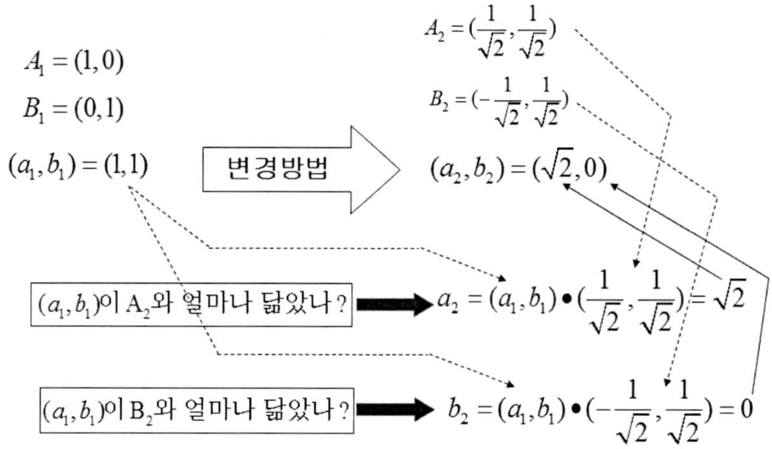

그림 5-3 2차원 공간에서 신호의 변환 예(순방향)

a_2는 벡터 (a_1,b_1)과 벡터 A_2의 내적(서로 닮은 정도)으로 계산된다. b_2는 벡터 (a_1,b_1)과 벡터 B_2와의 내적(서로 닮은 정도)으로 계산된다. 즉, 점 X의 좌표값 (a_1,b_1)을 벡터 A_2에 수직으로 projection시킨 값이 a_2가 되고, (a_1,b_1)을 B_2에 projection시킨 것이 b_2가 된다. 이는 벡터 (a_1,b_1)을 A_2성분과 B_2성분으로 '분해'하는 과정이다. 영문으로는 analysis라고 할 수 있다.

반대 과정을 생각해보자. Basis vector $A_2 = (1/\sqrt{2}, 1/\sqrt{2})$, $B_2 = (-1/\sqrt{2}, 1/\sqrt{2})$을 사용하여 좌표값 $(a_2,b_2) = (\sqrt{2}, 0)$으로 표현된 점 X는 basis vector를 바꾸면 좌표값이 어떻게 변할까? Basis vector를 $A_1 = (1,0)$, $B_1 = (0,1)$로 바꾸면

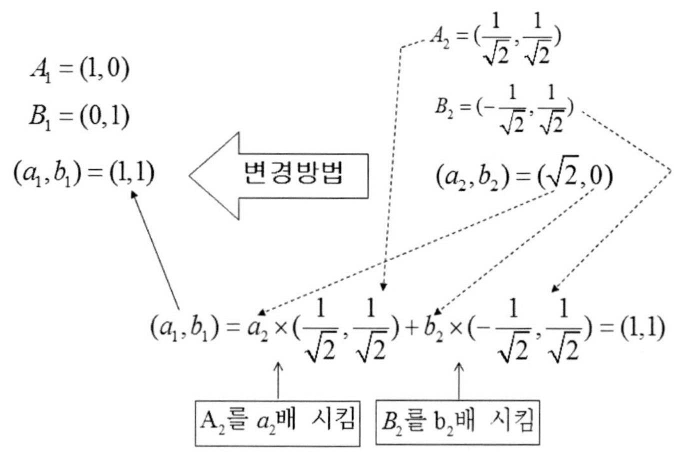

그림 5-4 2차원 공간에서 신호의 변환 예(역방향)

같은 점 X는 $(a_1,b_1)=(1,1)$으로 다르게 표현된다. 그 변환 과정을 그림 5-4에서 설명하였다.

벡터 $(a_1,b_1)=(1,1)$은 a_2와 A_2를 곱하고, b_2와 B_2를 곱한 후, 그 결과를 덧셈한 것이다. 이는 벡터 A_2방향의 성분 a_2만큼과 벡터 B_2방향의 성분 b_2만큼을 섞어서(더해서) 합성하면 (a_1,b_1)가 구해진다. 이는 앞서 '분해'과정과 반대되는 '합성' 과정으로서 Synthesis라고 한다.

2 3차원 공간의 Basis Vector

2차원 공간 정보에 대해서 설명한 내용은 3차원 공간 정보에 대해서도 그대로 성립한다. 이를 그림 5-5에서 설명하고 있다. 이 그림의 왼편에서 basis vectors $A_1=(1,0,0)$, $B_1=(0,1,0)$, $C_1=(0,0,1)$를 이용하여 좌표값 $(a_1,b_1,c_1)=(1,1,1)$로 표현된 정보를 오른쪽 좌표계로 변환하는 예를 설명하고 있다. 오른쪽의 좌표계는 $A_2=\left(\frac{1}{\sqrt{3}}, \frac{1}{\sqrt{3}}, \frac{1}{\sqrt{3}}\right)$, $B_2=\left(\frac{1}{\sqrt{2}}, 0, \frac{-1}{\sqrt{2}}\right)$, $C_2=\left(\frac{1}{\sqrt{6}}, \frac{-2}{\sqrt{6}}, \frac{1}{\sqrt{6}}\right)$를 basis vector로 사용하고 있으며 이 새로운 basis vector를 사용할 때, 해당정보는 오른쪽 좌표계의 좌표값 $(a_2,b_2,c_2)=(\sqrt{3},0,0)$으로 표현된다. 이렇게 변환되는 과정은 왼편 좌표계의 좌표값 $(a_1,b_1,c_1)=(1,1,1)$이 오른편 좌표계의 basis vector들 A_2, B_2, C_2와 얼마나 닮았는지를 계산함으로써 이뤄진다.

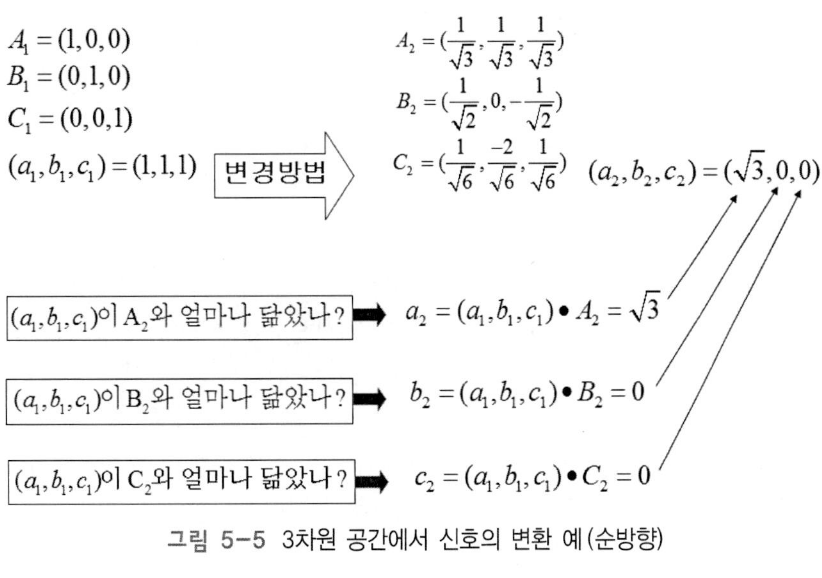

그림 5-5 3차원 공간에서 신호의 변환 예(순방향)

$$a_2 = (a_1, b_1, c_1) \cdot A_2 = \sqrt{3} \tag{5.7}$$

$$b_2 = (a_1, b_1, c_1) \cdot B_2 = 0 \tag{5.8}$$

$$c_2 = (a_1, b_1, c_1) \cdot C_2 = 0 \tag{5.9}$$

이와 같이 '얼마나 닮았는지'를 계산하는 과정은 정보의 '분해'과정이며, 벡터 간의 내적(즉, projection) 과정으로 계산될 수 있다.

반대로 오른쪽 좌표계에서 왼쪽 좌표계로 변환하는 과정을 설명하면 다음과 같다. 오른쪽 좌표계의 basis vector A_2에 오른쪽 좌표값의 첫 번째인 a_2를 곱하고, B_2에 오른쪽 좌표값의 두 번째인 b_2를 곱하고, C_2에 오른쪽 좌표값의 세 번째인 c_2를 곱한 후, 이 모두를 더하는 것이다.

$$(a_1, b_1, c_1) = a_2 \times A_2 + b_2 \times B_2 + c_2 \times C_2 = (1, 1, 1) \tag{5.10}$$

이는 앞서 설명했듯이 정보의 '합성'과정이다.

3 무한차원 공간의 Basis Vector

앞의 절에서는 서로 다른 basis vector를 사용하는 서로 다른 신호 공간들에서 같은 점 X가 다르게 표현되는 것(다른 좌표값을 가짐)을 설명하였다. 이 세부 절에서는 앞에서 설명한 '합성'과 '분해' 과정의 가장 일반화된 형태인 DTFT(Discrete Time Fourier Transform)에 대해서 간단하게 설명한다. DTFT의 순방향과 역방향 정의는 다음과 같다[2].

$$X(e^{jw}) = \sum_{n=-\infty}^{+\infty} x[n]\, e^{-jwn} \tag{5.11}$$

$$x[n] = \frac{1}{2\pi} \int_{2\pi} X(e^{jw})\, e^{jwn}\, dw \tag{5.12}$$

순방향 DTFT를 나타내는 식 (5.11)은 시간 영역의 신호값(좌표) $x[n]$가 basis vector e^{-jwn}와 얼마나 닮았는지를 계산하여 $X(e^{jw})$를 발생시킨다. 즉, $x[n]$을 e^{-jwn}로 projection시키는 것이다. 이를 위해서 $x[n]$와 e^{-jwn}의 내적(inner product)을 계산하고 있다. 이 과정은 앞의 2차원, 3차원 공간에서 설명한 신호의 '분해'(analysis)에 해당한다. 이때 $x[n]$와 e^{-jwn}에서 $n = -\infty, \ldots, 0, \ldots, \infty$ 이므로 고려되는 공간의 차원(dimension)은 무한대(∞)가 된다.

식 (5.12)가 나타내는 의미는 basis vector e^{jwn} 방향으로 분해된 성분 $X(e^{jw})$를 모두 모으면, 즉, '합성(synthesis)'하면 원래신호 $x[n]$으로 복원된다는 의미이다. 이는 앞의 2차원과 3차원에서 설명한 '합성'의 의미와 똑같고, 다만 신호의 차원이 무한대 차원이란 것만 다르다.

4 8차원 공간의 Basis Vector

2차원과 3차원 공간 정보에 대해서 설명한 내용은 다른 차원 공간 정보에 대해서도 성립한다. 여기서는 8차원 공간 정보에 대해 다른 basis vector를 사용할 경우 좌표값이 달라지는 과정을 설명한다. 그림 5-6과 그림 5-7에서는 8차원 basis vector $A_1, B_1, \dots, H_1$을 사용해서 (1, 1, ⋯, 1)로 표현되는 8차원 신호(a_1, b_1, ⋯, h_1)가 다른 basis vector $A_2, B_2, \dots, H_2$를 사용하면 어떤 신호로 변경되는 지에 대해 설명하고 있다. 이 과정 역시 앞서 2차원, 3차원에서 설명한 닮은 정도(내적, projection) 계산에 따른다. 차원이 8로 증가하는 것 외에는 앞의 설명과 같기 때문에 구체적인 계산 과정은 생략한다.

그림 5-6의 새로운 basis vector $A_2, B_2, \dots, H_2$는 양수와 음수의 소수값으로 구성된 8차원 벡터 8개들이다. $A_2, B_2, \dots, H_2$는 $A_1, B_1, \dots, H_1$과 마찬가지로 vector 간 orthogonal하고 vector의 크기가 1이 된다. 이 두 조건을 합쳐서 basis vector 들이 orthonormal하다고 한다. 이 관계를 다음과 같이 표현할 수 있다.

$A_1 = (1,0,0,0,0,0,0,0)$
$B_1 = (0,1,0,0,0,0,0,0)$
$C_1 = (0,0,1,0,0,0,0,0)$
$D_1 = (0,0,0,1,0,0,0,0)$
$E_1 = (0,0,0,0,1,0,0,0)$
$F_1 = (0,0,0,0,0,1,0,0)$
$G_1 = (0,0,0,0,0,0,1,0)$
$H_1 = (0,0,0,0,0,0,0,1)$

$(a_1, b_1, c_1, d_1, e_1, f_1, g_1, h_1) = (1,1,1,1,1,1,1,1)$

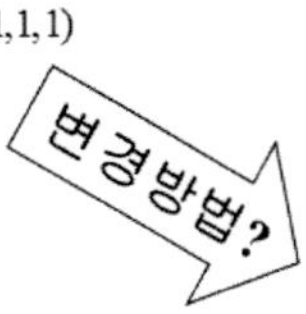

$(a_2, b_2, c_2, d_2, e_2, f_2, g_2, h_2) = (?,?,?,?,?,?,?,?)$

$A_2 = (0.3536 \quad 0.3536 \quad 0.3536 \quad 0.3536 \quad 0.3536 \quad 0.3536 \quad 0.3536 \quad 0.3536)$
$B_2 = (0.4904 \quad 0.4157 \quad 0.2778 \quad 0.0975 \quad -0.0975 \quad -0.2778 \quad -0.4157 \quad -0.4904)$
$C_2 = (0.4619 \quad 0.1913 \quad -0.1913 \quad -0.4619 \quad -0.4619 \quad -0.1913 \quad 0.1913 \quad 0.4619)$
$D_2 = (0.4157 \quad -0.0975 \quad -0.4904 \quad -0.2778 \quad 0.2778 \quad 0.4904 \quad 0.0975 \quad -0.4157)$
$E_2 = (0.3536 \quad -0.3536 \quad -0.3536 \quad 0.3536 \quad 0.3536 \quad -0.3536 \quad -0.3536 \quad 0.3536)$
$F_2 = (0.2778 \quad -0.4904 \quad 0.0975 \quad 0.4157 \quad -0.4157 \quad -0.0975 \quad 0.4904 \quad -0.2778)$
$G_2 = (0.1913 \quad -0.4619 \quad 0.4619 \quad -0.1913 \quad -0.1913 \quad 0.4619 \quad -0.4619 \quad 0.1913)$
$H_2 = (0.0975 \quad -0.2778 \quad 0.4157 \quad -0.4904 \quad 0.4904 \quad -0.4157 \quad 0.2778 \quad -0.0975)$

그림 5-6 8차원 공간에서 신호의 변환

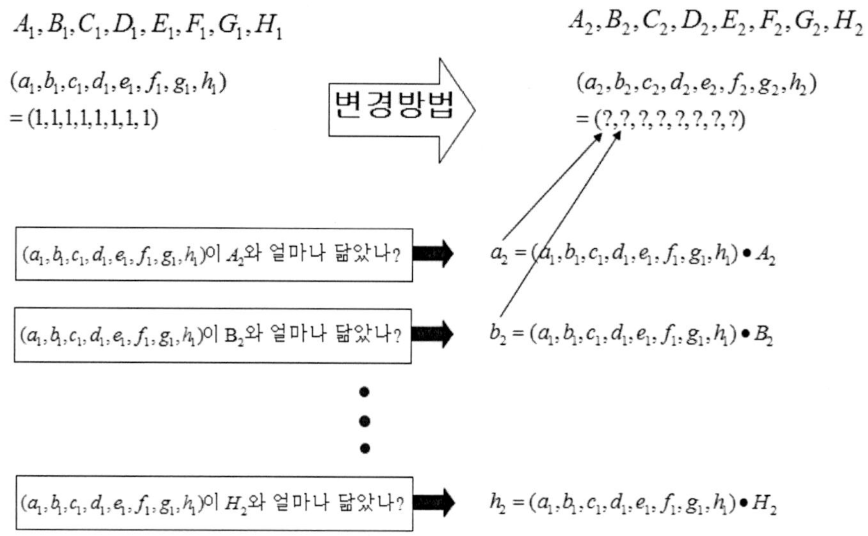

그림 5-7 8차원 공간에서 신호의 변환 방법(순방향)

$$|A_1| = |B_1| = |C_1| = \dots = |H_1| = 1 \tag{5.13}$$

$$\begin{aligned} A_1 \cdot B_1 &= A_1 \cdot C_1 = \dots = A_1 \cdot H_1 = 0 \\ B_1 \cdot A_1 &= B_1 \cdot C_1 = \dots = B_1 \cdot H_1 = 0 \\ &\vdots \\ H_1 \cdot A_1 &= H_1 \cdot B_1 = \dots = H_1 \cdot G_1 = 0 \end{aligned} \tag{5.14}$$

$$|A_2| = |B_2| = |C_2| = \dots = |H_2| = 1 \tag{5.15}$$

$$\begin{aligned} A_2 \cdot B_2 &= A_2 \cdot C_2 = \dots = A_2 \cdot H_2 = 0 \\ B_2 \cdot A_2 &= B_2 \cdot C_2 = \dots = B_2 \cdot H_2 = 0 \\ &\vdots \\ H_2 \cdot A_2 &= H_2 \cdot B_2 = \dots = H_2 \cdot G_2 = 0 \end{aligned} \tag{5.16}$$

그림 5-6에서 보이고 있는 basis vector $A_2, B_2, \dots, H_2$를 그림으로 표시하면 그림 5-8처럼 된다. 이는 삼각함수인 cosine 함수를 8개의 등 간격 위치에서 샘플링하여 얻은 값들이다. A_2는 주파수를 0으로 설정한 cosine 함수를 8개의 지점에서 샘플링한 모양이다. B_2는 저주파 cosine 함수를 샘플링한 결과이다. 이런 식으로 H_2는 매우 높은 고주파 cosine 함수를 샘플링한 모양이다. 이를 수식으로 표현하면 다음과 같다.

$$\begin{aligned} A_2 &= (x_1, x_2, .., x_i, .., x_8) \\ B_2 &= (x_1, x_2, .., x_i, .., x_8) \\ &\vdots \\ H_2 &= (x_1, x_2, .., x_i, .., x_8) \end{aligned} \tag{5.17}$$

$$x_i = \frac{C(v)}{2} cos \frac{(2i+1)v\pi}{2N} \tag{5.18}$$

$$v = \begin{cases} 0, & \text{if } A_2 \\ 1, & \text{if } B_2 \\ 2, & \text{if } C_2 \\ 3, & \text{if } D_2 \\ 4, & \text{if } E_2 \\ 5, & \text{if } F_2 \\ 6, & \text{if } G_2 \\ 7, & \text{if } H_2 \end{cases} \tag{5.19}$$

$$C(v) = \begin{cases} 1/\sqrt{2}, & \text{if } v = 0, \\ 1, & otherwise \end{cases} \tag{5.20}$$

식 (5.18)에서 $N = 8$이다. 이 수식에서 i는 샘플링 위치와 관련된 인덱스이고, v는 cosine 함수의 주파수에 관련된 인덱스이다. v가 0일 때는 DC 주파수를 갖는 cosine 함수를 사용하는 경우이고, v가 7일 경우는 높은 주파수를 갖는 cosine 함수를 샘플링함을 의미한다. 여러 문헌들[2]에서 설명되어 있듯이, 이산(discrete) 삼각 함수로 표현되는 신호들의 경우, 신호들 간의 주파수 차이가 2π만큼 있다면 그 신호들은 서로 같은 신호이다. 따라서 식 (5.18)과 식 (5.19), 그리고 그림 5-8에서 v가 8 이상인 함수들은 $v = 0, 1, 2, \cdots, 7$인 경우의 신호들과 중복된다. 따라서 $v = 0, 1, 2, \cdots, 7$인 경우만 고려하면 모든 주파수 성분을 고려한 것과 마찬가지이다.

이와 같은 수학적인 정의로 인해 그림 5-6과 그림 5-7의 변환 과정을 Discrete Cosine Transform(DCT)라고 한다[3][4]. 실제 영상 데이터를 사용하여 DCT 변환을 수행하면 어떤 결과가 얻어질까? 이에 대한 예를 그림 5-9에서 보여주고 있다. 실제 영상에서 발췌한 8개의 화소 밝기 값(121,123,128,129,135,117,105,106)은 8차원 공간에서 그림 5-6의 basis vector $A_1, B_1, \ldots, H_1$을 이용해 표현된 좌표이다. 이 벡터 좌표 정보를 그림 5-6의 basis vector $A_2, B_2, \ldots, H_2$를 이용해서 표현하면 아래의 8차원 벡터(340.82, 17.30, ⋯, 0.77, 3.97)가 된다. 이 결과를 DCT 변환된 정보라고 한다.

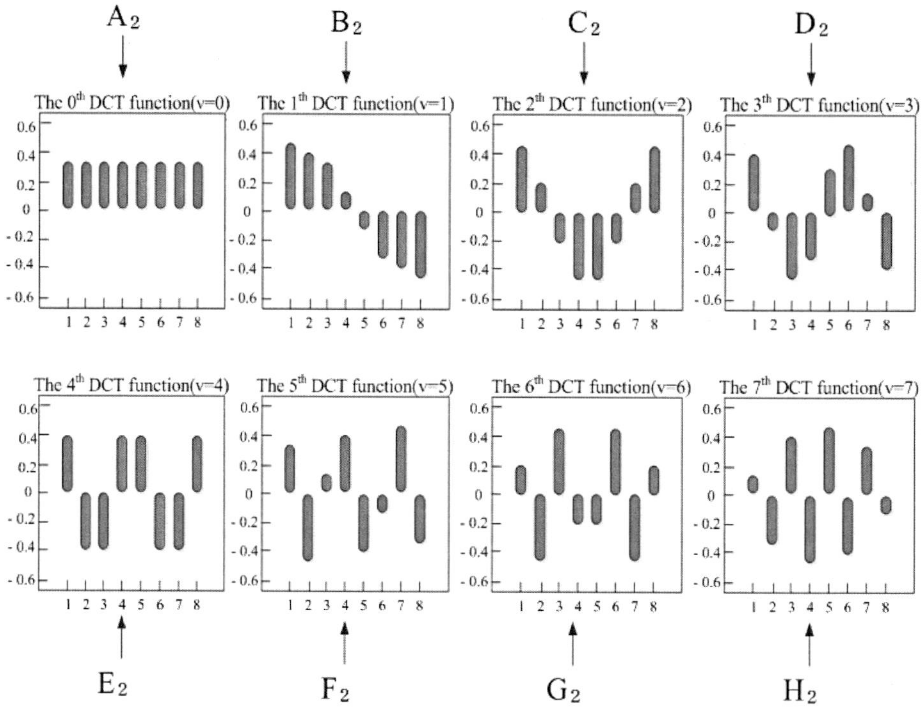

그림 5-8 8차원 공간의 Basis vectors

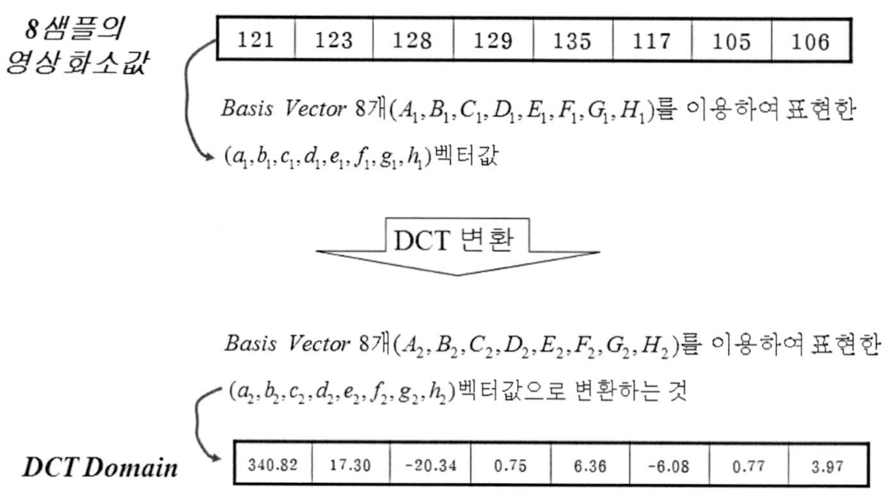

그림 5-9 8차원 데이터 신호의 DCT 변환 예

이 DCT 변환은 JPEG, MPEG-1, MPEG-2, MPEG-4 등에서 신호의 변환을 위해서 사용되는 중요한 과정이다. 보통은 DCT 변환된 정보를 양자화한 후 엔트로피 코더를 이용하여 신호를 압축한다. 즉, DCT는 본 교재 제3장의 양자화 기술과 제4장의 엔트로피 코딩 기술 등과 같이 사용될 때 신호 압축 기기에서 의미가 있다. 자세한 내용은 본 교재의 제6장, 제7장 등에서 자세히 설명한다.

5.2 DCT (Discrete Cosine Transform)

이 절에서는 앞의 5.1절에서 설명한 DCT 변환 과정을 설명한다. 우선 8개의 화소값을 DCT 변환하는 과정을 표현하면 다음 수식과 같다.

$$F(u) = \frac{C(u)}{2}\sum_{i=0}^{7}\cos\frac{(2i+1)u\pi}{16}f(i),\ \ u=0,1,...,7 \tag{5.21}$$

$$C(u) = \begin{cases} 1/\sqrt{2}, \text{if } u=0, \\ 1, \quad otherwise \end{cases} \tag{5.22}$$

여기서, $f(i), i=0,\ 1,\ ..,\ 7$은 8개의 화소 밝기 값을 의미하고, 이 신호값을 DCT 변환한 결과를 $F(u), u=0,1,...,7$이라 한다. 여기서 i는 샘플의 위치를 의미하고, u는 주파수 값을 의미한다. $u=0$은 가장 낮은 주파수인 DC 신호 성분을 의미한다. 즉, $F(u=0)$은 $f(i), i=0,\ 1,\ ..,\ 7$에 존재하는 DC 성분을 의미한다.

그림 5-10은 8개의 영상 밝기 정보를 DCT 변환시켜 8개의 DCT 계수를 계산하는 예를 보여준다. DCT 변환된 8차원 벡터 신호는 그 위치에 따라 신호의 고주파 성분과 저주파 성분의 양을 나타낸다. (121, 123, ..., 106)으로 구성된 8개 화소 정보를 DCT 변환하면 화소 정보의 저주파 성분(DC 성분)은 맨 좌측 계수(그림에서는 340.82)로 만들어지고, 화소 정보의 고주파 성분(고주파 AC 성분)은 맨 우측 계수(그림에서는 3.97)로 만들어진다. DCT 변환 계수를 살펴보면, 저주파 성분의 절대값은 매우 큰 편이며 이는 주어진 8개 화소값이 큰 저주파 성분을 포함하고 있다는 것을 의미한다. 반면, 고주파 성분이 3.97밖에 안된다는 것은 8개 화소들 간에 고주파 성분(급격한 밝기 값의 변화)이 매우 적다는 것을 알 수 있다.

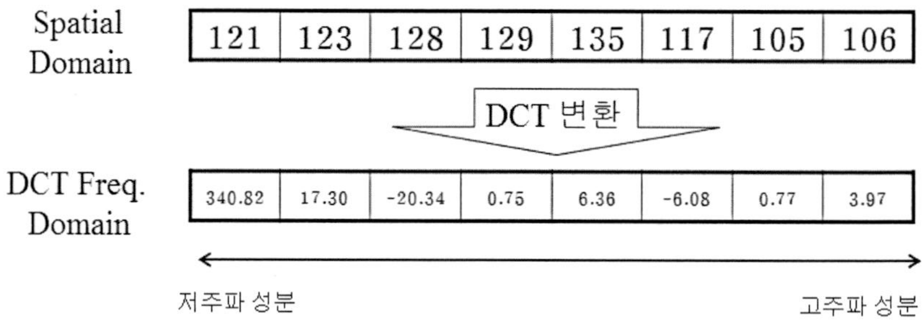

그림 5-10 DCT 변환 신호의 주파수 성분

지금까지 설명한 8차원 벡터 신호의 DCT 변환 기법을 영상 정보에 적용하는 방법에 대해서 설명해보자. 그림 5-11은 lena 영상을 가로 방향과 세로 방향으로 DCT 변환하는 과정을 보여주고 있다. 우선 lena 영상의 화소 정보를 가로 방향으로 8개씩 묶어 DCT 변환을 수행한다. 그런 후, 이 가로 방향 DCT 변환 정보를 세로 방향으로 8개씩 다시 묶어 세로 방향 DCT를 수행한다. 이 과정을 마친 것이 lena 영상을 8×8 DCT 변환한 결과이다.

8×8 블록 단위로 DCT 변환된 영상을 원래의 lena 영상으로 되돌리려면 어떻게 할까? 그림 5-12는 8×8 DCT 변환된 정보로부터 lena 영상을 복원하는 과정을 보여주고 있다. 우선 DCT 변환 영상을 세로 방향으로 8차원 Inverse DCT를 수행하고, 그 결과를 가로 방향으로 8개씩 묶어 8차원 IDCT를 수행한다.

그렇다면, 지금까지의 DCT 방법 외에, 8×8 영상 블록내의 화소 데이터를 가로 방향 및 세로 방향으로 동시에 DCT 변환하거나 IDCT 변환하는 방법을 알아보자.

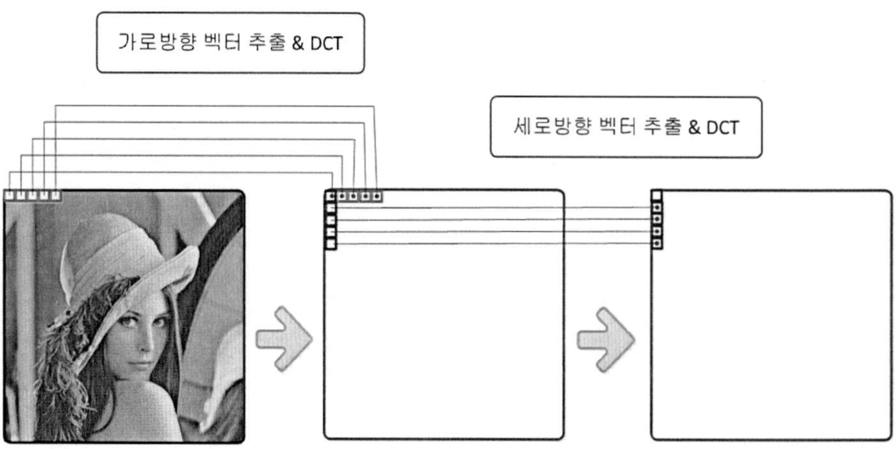

그림 5-11 영상 신호에 DCT 변환 적용 예

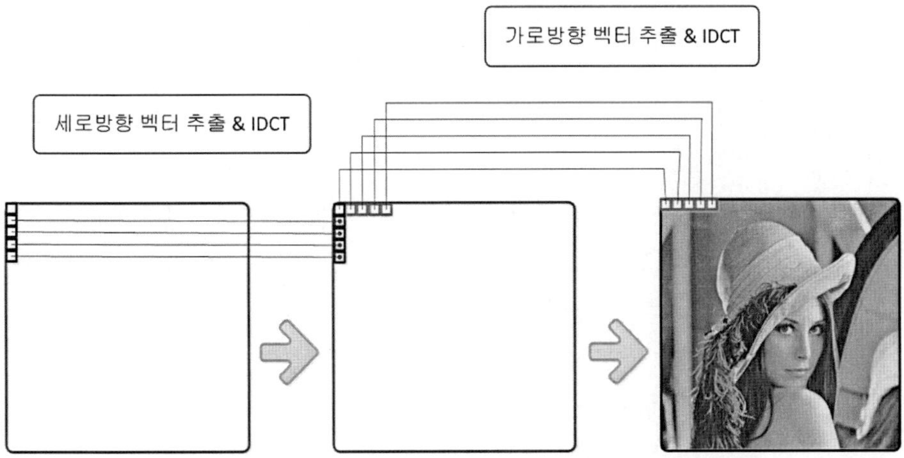

그림 5-12 영상 신호에 Inverse DCT 변환 적용 예

아래의 수학적 표현은 8×8 영상 블록 단위로 DCT 및 IDCT 변환하는 방법을 서술하고 있다. $f(i,j), 0 \leq i \leq 7, 0 \leq j \leq 7$는 8×8 화소 블록내의 화소 밝기 값을 의미한다. 이 데이터를 DCT 변환한 결과 정보를 $F(u,v), 0 \leq u \leq 7, 0 \leq v \leq 7$로 표현한다. 여기서 i, j는 영상 화면에서 가로 및 세로 좌표를 표시하며, u, v는 DCT 변환 공간에서 세로 방향 및 가로 방향 주파수 좌표를 표현한다. $u=0$이면 가로 방향으로 저주파 성분을 의미하며, $u=7$이면 가로 방향 고주파 성분을 의미한다. 예를 들어, 8×8 화소 블록을 DCT 변환시켰을 때, DCT 변환 계수 $F(u=0, v=7)=100$은 가로 방향으로 저주파이면서 세로 방향으로 고주파인 성분의 양이 '100'임을 의미한다.

8×8 블록의 Forward DCT

$$F(u,v) = \frac{C(u)C(v)}{4} \sum_{i=0}^{7} \sum_{j=0}^{7} \cos\frac{(2i+1)u\pi}{16} \cos\frac{(2j+1)v\pi}{16} f(i,j)$$

8 x 8 DCT 변환 블록 데이터

8 x 8 화소블록 데이터

8×8 블록의 Inverse DCT

$$\tilde{f}(i,j) = \sum_{u=0}^{7} \sum_{v=0}^{7} \frac{C(u)C(v)}{4} \cos\frac{(2i+1)u\pi}{16} \cos\frac{(2j+1)v\pi}{16} F(u,v)$$

8 x 8 화소블록 데이터

8 x 8 DCT 변환 블록 데이터

주어진 8×8 화소 정보들을 DCT 변환하여 $F(u,v), 0 \le u \le 7, 0 \le v \le 7$를 만든 후, 이를 다시 역 DCT(IDCT) 수행한 결과 $\tilde{f}(i,j), 0 \le i \le 7, 0 \le j \le 7$를 컴퓨터 프로그램으로 분석하면 $f(i,j) = \tilde{f}(i,j), 0 \le i \le 7, 0 \le j \le 7$이 되는 것을 알 수 있다.

그림 5-13은 실제 영상 정보의 특정 8×8 블록을 DCT 변환한 결과이다. DCT 변환 결과를 살펴보면, 왼쪽 위 부분은 가로 방향과 세로 방향 모두 저주파인 성분(즉, DC 성분)의 양을 나타낸다. 반대로 DCT 변환 블록의 오른쪽 하단의 삼각형 모양 부분은 가로 방향 및 세로 방향으로 고주파 성분의 양이 표시된다.

저주파수 성분으로 구성된 평범한 영상 데이터 블록의 경우 DC 값은 그 절대값이 매우 크고, 저주파 신호값들의 절대값은 큰 편이며, 고주파 신호값들의 절대값은 매우 작은 편이다. 이러한 DCT 변환 블록의 특성과 HVS(Human Visual System, 인간 시각 시스템)의 특성을 동시에 이용하여, JPEG 및 MPEG-x 표준 기술에서 정지영상 및 동영상을 효율적으로 압축할 수 있다[4]~[9].

8 x 8 화소 블록 데이터

162	162	162	161	162	156	163	160
162	162	162	161	162	156	163	160
162	162	162	161	162	156	163	160
162	162	162	161	162	156	163	160
162	162	162	161	162	156	163	160
164	164	157	155	161	159	158	159
160	160	163	158	160	161	159	155
158	158	155	156	158	158	156	157

DCT

DC신호

저주파신호

8 x 8 DCT 변환 블록 데이터

고주파신호

1281.1250	6.363341	2.503026	-0.259355	0.374998	0.095326	-6.042856	6.900668
8.392326	-0.016341	0.475179	-4.953980	1.862028	3.404680	-4.245826	3.349280
-5.293889	-0.960819	-1.390165	1.345265	-0.744146	-0.543490	2.063261	-1.723268
2.382498	1.691604	1.497528	1.546990	-0.587228	-1.504850	0.169221	0.360008
-1.125016	1.628501	-0.179741	-1.833170	1.625000	1.191180	-1.413839	-0.078088
1.441596	0.884794	-1.858592	-0.065509	-2.046073	0.910121	1.460117	0.704157
-2.001470	-0.085522	3.063257	1.956211	1.796525	-2.663255	-0.859835	-1.303862
1.541896	-0.211375	-2.329401	-1.917243	-1.031558	2.301225	0.297424	1.059241

그림 5-13 DCT 변환된 8X8 영상 블록의 주파수 특성

5.3 DCT 사용 예제

1 다양한 종류의 영상 데이터에 대한 DCT 결과

우리에게 잘 알려진 lena 영상을 DCT한 결과를 화면으로 확인하면 그림 5-14와 같다. 이 영상을 자세히 보면 lena 영상의 화소영역 형태를 어렴풋이 볼 수 있다. 이렇게 보이는 이유는 다음과 같다. lena 영상을 8×8 크기 블록들로 나눈 후 DCT를 수행하면, 각 8×8 크기의 변환블록의 좌측 상단에 DC 성분이 위치하는데, 이 DC 값은 각 8×8 블록의 평균 밝기 값을 의미한다. 보통의 경우 이 DC 신호가 매우 큰 값을 갖는데, 이 평균 밝기 값이 규칙적인 위치(각 8×8 블록의 좌측 상당)에 존재하기 때문에 그 값들이 lena 영상의 어렴풋한 형태를 보여주게 된다.

그림 5-14에서는 AC 변환 계수들의 절대값이 매우 작기 때문에 AC 값에 의한 형태를 알아보기 힘든 점이 있다. 이런 점을 극복하고 DCT 변환 영상을 시각적으로 확인하기 위해 다음과 같은 과정을 수행하였다. 제일 먼저, lena 영상을 DCT 변환한 후 변환된 각 주파수 성분값들을 제곱한다. 그 다음 단계로는, 제곱된 값들에 log() 함수를 적용한 다음 정규화(Normalization) 과정을 수행하여 상대적으로 작은 값을 갖는 AC 신호 계수들을 강조한다. 이 과정을 거친 결과 그림을 그림 5-15에 나타내었다. 이 그림에서 볼 수 있듯이 각 8×8 블록에서 AC 계수들의 분포를 눈으로 확인할 수 있다. 특히, 고주파 성분이 많은 머리카락이나 모자의 경계 부분에서는 절대값이 큰 AC 계수들이 존재하는 것을 확인할 수 있다. 이런 현상을 더

그림 5-14 DCT후 Normalization한 Lena 영상

그림 5-15 DCT후의 Power Spectrum

자세하게 확인하기 위해서 모자 경계 부분을 확대해서 그림 5-16에 나타내었다. 이 그림을 보면 8×8 블록 내부에 고주파 성분이 많을수록 DCT 변환된 8×8 블록의 오른쪽 하단 부분에 절대값이 큰 변환 계수값들이 많이 존재하는 것을 알 수 있다.

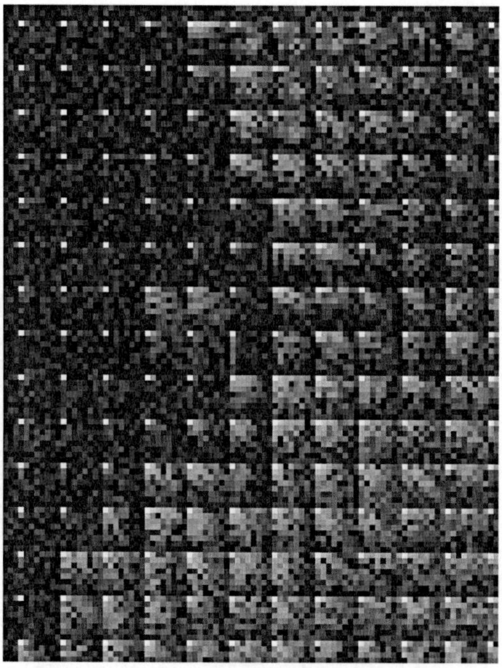

그림 5-16 DCT 변환 영상의 모자부분 확대

DCT 변환한 결과의 특징을 재미있게 학습하기 위하여, 매우 높은 고주파수 성분을 갖는 인공적인 영상을 만든 후, 이 영상을 DCT 변환시켰을 경우 그 변환 계수의 분포는 어떻게 될 것인지 확인해보자. 이 실험을 위해서 인공적으로 '세로 무늬 영상'과 '가로 무늬 영상'을 만든 후, 각 테스트 영상을 DCT하여 그림 5-17과 그림 5-18에 나타내었다. 그림 5-17에서, 주어진 테스트 영상이 수직 무늬로 이뤄져 있기 때문에, 이 영상에는 '가로 방향'으로 고주파 성분들을 포함하고 있는 반면, 세로 방향으로는 DC 신호로만 이뤄져 있다. 즉, 세로 방향으로는 DC 외에 어떠한 주파수 성분도 존재하지 않는다. 이 영상을 8×8 블록들로 나눈 후, 각 블록을 DCT 변환하면, 각 변환 블록에는 세로 방향으로 DC 신호만 존재하기 때문에, 세로 방향으로 AC 신호를 표현하는 위치에는 변환 계수가 존재하지 않게 된다. 따라서 8×8 크기의 DCT 변환 블록의 맨 윗줄(세로 방향 DC 신호 위치)에만 변환 계수가 존재하고 다른 위치에서는 변환 계수가 존재하지 않는다.

(a) 세로 무늬 테스트 영상

(b) 세로 무늬 영상을 DCT한 결과

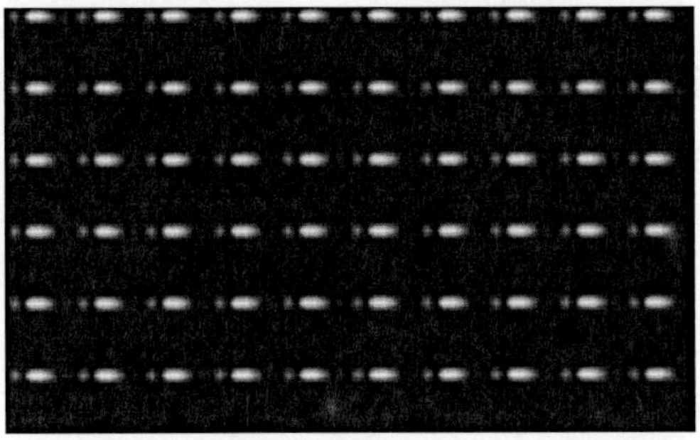

(c) 확대된 DCT 변환 결과

그림 5-17 세로 무늬 영상의 DCT 변환 실험

(a) 가로 무늬 테스트 영상

(b) 가로 무늬 영상을 DCT한 결과

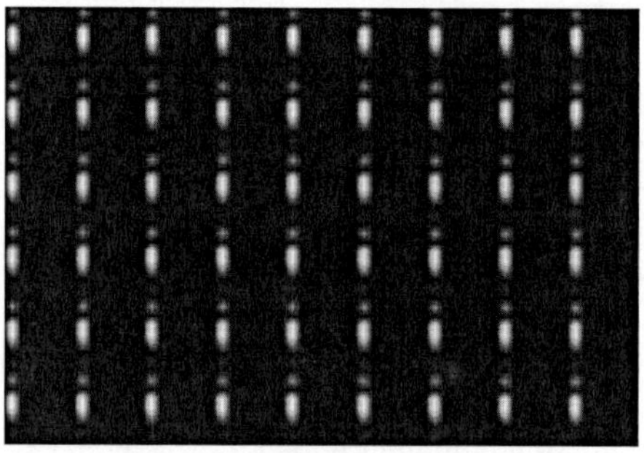

(c) 확대된 DCT 변환 결과

그림 5-18 가로 무늬 영상의 DCT 변환 실험

그림 5-18에 주어진 테스트 영상은 수평 무늬만으로 이뤄져 있기 때문에, 이 영상에는 '세로 방향'으로 고주파 성분들을 포함하고 있는 반면, 가로 방향으로는 DC 신호로만 이뤄져 있다. 즉, 가로 방향으로는 DC 외에 어떠한 주파수 성분도 존재하지 않는다. 이 영상을 8×8 블록들로 나눈 후, 각 블록을 DCT 변환하면, 각 변환 블록에는 가로 방향으로 DC 신호만 존재하기 때문에, 가로 방향으로 AC 신호를 표현하는 모든 위치에는 변환 계수가 존재하지 않게 된다. 따라서 8×8 크기의 DCT 변환 블록의 맨 왼쪽 줄(가로 방향 DC 신호 위치)에만 변환 계수가 존재하고 다른 위치에서는 변환 계수가 존재하지 않는다.

2 다양한 크기의 DCT 변환 결과

지금까지는 DCT 변환하는 블록의 크기를 8×8로 고정하여 사용하였다. 이 절에서는 이 DCT 변환 블록의 크기를 다양하게 조절해서 실험해보자. 512×512 크기의

lena 영상을 다양한 크기의 정사각형 블록으로 나눈 후, 각 블록을 DCT 변환한 결과를 그림 5-19에 보이고 있다. 여기서 DCT 변환을 수행하려는 블록의 크기를 $N \times N$이라고 할 때, DCT 변환 식은 다음과 같다.

$$F(u,v) = \frac{C(u)C(v)}{4} \sum_{i=0}^{N-1} \sum_{j=0}^{N-1} \cos\frac{(2i+1)u\pi}{2N} \cos\frac{(2j+1)v\pi}{2N} f(i,j), \quad 0 \le u,\ v \le N-1 \tag{5.23}$$

$$C(u) = \begin{cases} 1/\sqrt{2}, & \text{if } u = 0, \\ 1, & otherwise \end{cases} \tag{5.24}$$

$$C(v) = \begin{cases} 1/\sqrt{2}, & \text{if } v = 0, \\ 1, & otherwise \end{cases} \tag{5.25}$$

이에 대응되는 역 DCT 변환식은 다음과 같다.

$$\tilde{f}(i,j) = \sum_{u=0}^{N-1} \sum_{v=0}^{N-1} \frac{C(u)C(v)}{4} \cos\frac{(2i+1)u\pi}{2N} \cos\frac{(2j+1)v\pi}{2N} F(u,v), \quad 0 \le i,\ j \le N-1 \tag{5.26}$$

이 식의 N값을 다양하게 사용한 실험 결과들을 그림 5-19에 보이고 있다. 너무 작은 크기(예를 들면 2×2) 블록으로 나눈 후 DCT 변환을 수행하면, (2×2 크기의) DCT 변환 블록 내부에 위치한(4개의) 계수들이 모두 큰 값으로 존재하기 때문에 양자화 등을 통해 신호를 압축하기 어렵다. 그에 반해 매우 큰 크기(예를 들면 128×128) 블록으로 DCT 변환을 수행한다면, (128×128 크기의) 화소 블록 내부에는 저주파수 성분뿐만 아니라 고주파수 성분까지 섞여 있기 때문에, 이 큰 블록을 DCT 변환한 결과 블록 내부에서는 고주파수 성분을 나타내는 계수부터 저주파 성분을 나타내는 계수까지 대부분의 계수들이 큰 값을 갖게 된다. 이 경우 역시 신호의 압축 측면에서 불리하게 된다. 신호의 압축 측면에서 가장 유리한 경우는 DCT 변환한 결과 주파수 성분들 중 일부에서만 큰 값을 갖고 나머지 대부분의 계수들은 무시할 만큼 작은 값을 갖은 경우이다. 그렇다면, 어떤 크기 단위로 DCT 변환을 수행하는 것이 영상 신호 압축 측면에서 유리한 것일까? lena 영상에서 여인의 이마 주위나 뺨 부근처럼 저주파수 화소 성분으로만 이뤄진 곳에서는 큰 크기의 블록 단위로 DCT를 수행하는 것이 유리하고, 머리카락이나 모자의 경계선 부근처럼 고주파수 성분으로 이뤄진 화소 영역에서는 작은 블록 크기로 DCT를 수행하는 것이 유리하다.

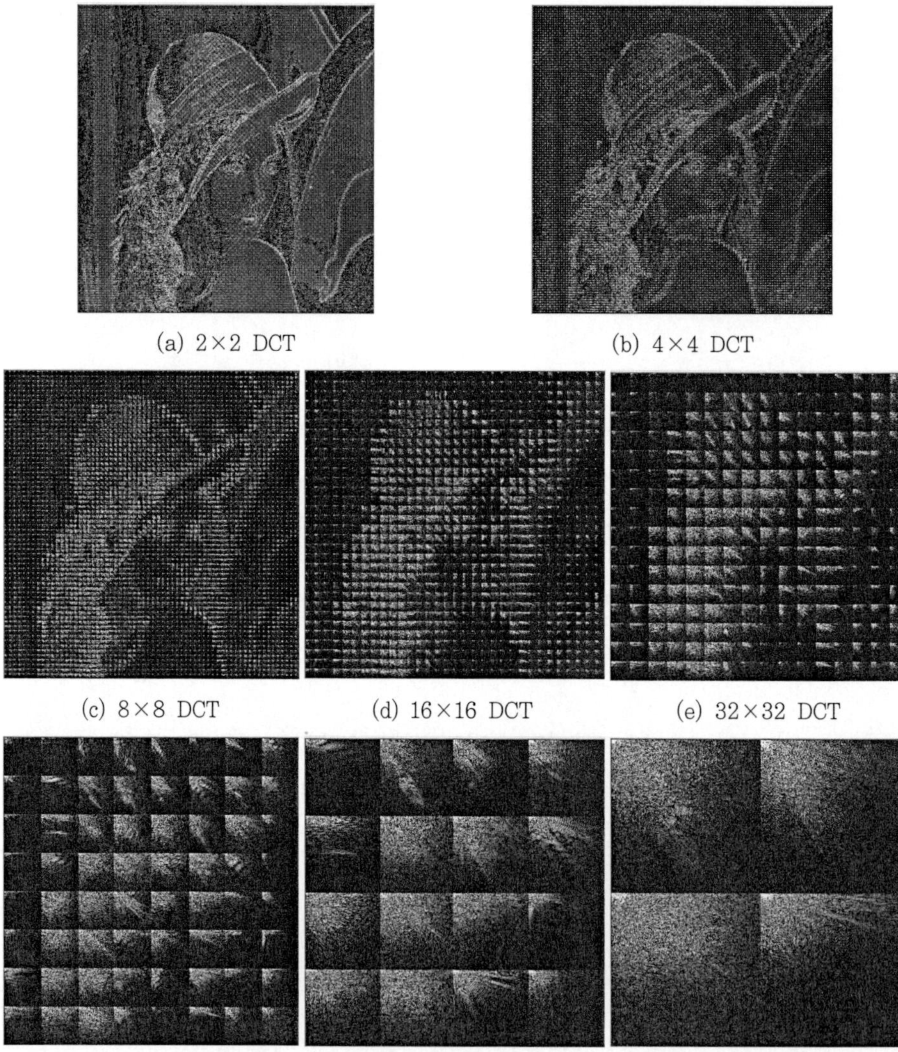

(a) 2×2 DCT (b) 4×4 DCT

(c) 8×8 DCT (d) 16×16 DCT (e) 32×32 DCT

(f) 64×64 DCT (g) 128×128 DCT (h) 256×256 DCT

그림 5-19 여러 가지 크기의 DCT 변환 실험

그림 5-19의 실험에서처럼 다양한 블록 크기의 DCT를 수행할 때, 수행 복잡도는 어떠할까? 이를 확인하기 위해서 다양한 블록 크기의 DCT를 수행할 때, 실행 프로그램이 CPU를 점유하는 시간을 측정하여 그림 5-20에 그래프로 표시하였다. 이 그래프에서 가로축은 블록 크기를 나타내는 N을 의미하고, 세로축은 사용된 CPU 점유 시간을 초(second)로 표시하였다. 그림에서 볼 수 있듯이, 변환 블록의 크기가 커질수록 기하급수적으로 복잡도가 증가하는 것을 알 수 있다. 이 결과로

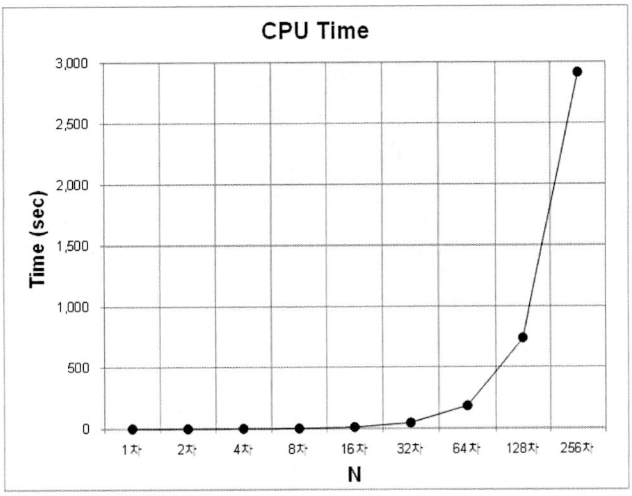

그림 5-20 여러 가지 크기의 DCT 변환 시 CPU 점유 시간 비교

판단할 수 있듯이, DCT 변환 블록의 크기가 너무 크면 신호를 압축하기 어려울 뿐만 아니라 동작 복잡도도 높아지기 때문에 바람직하지 않다는 것을 알 수 있다.

3 DCT 변환 데이터의 고주파수 성분 제거

8×8 크기의 블록을 DCT 변환하면 8×8 크기의 DCT 계수들이 만들어진다. 8×8 크기의 DCT 계수 모두를 사용하여 역(inverse) DCT(IDCT)를 수행하면, 8×8 크기의 원래 화소 블록으로 복원된다. 그렇다면, 8×8 크기의 DCT 계수들 중에 일부 계수만을 사용하고, 나머지 계수들은 강제로 '0' 값으로 채워 넣은 후, IDCT를 수행하면 어떤 영상이 복원될까? 그림 5-21에서는 8×8 DCT 블록 중에 저주파 성분 계수들을 중심으로 일부 계수들만 사용하고, 나머지 고주파 성분 계수들은 강제로 '0'으로 대체한 후 IDCT한 결과를 보여주고 있다. 그림 5-21(a)에서는 8×8 DCT 블록 내 DC 계수만을 사용하여 IDCT한 결과를 보여주고 있다. 이때 복원된 lena 영상은 모자이크 처리된 영상처럼 왜곡이 심한 영상이 된다. 그렇지만, 거칠게라도 lena 영상의 윤곽 모습을 확인할 수는 있다. 그림 (b)와 (c)에서는 보다 많은 DCT 계수를 사용하여 IDCT한 결과를 보여주고 있다. 이 그림들에서 알 수 있듯이, DCT 계수 중 고주파 성분들 중 몇 개를 사용하지 않고 IDCT를 수행해도 복원 영상의 시각적인 화질이 좋다는 것을 알 수 있다. 이는 인간의 눈(시각 시스템)이 고주파수 성분에 둔감하여, 고주파수 성분에서 발생한 왜곡을 둔감하게 감지하기 때문이다. 이런 현상을 이용하여 JPEG, MPEG-2 등 비디오 코덱 기술들에서는 DCT 변환된 계수의 저주파수 성분에서는 양자화 왜곡이 아주 적게 발생하도록 양자화를 수행하고,

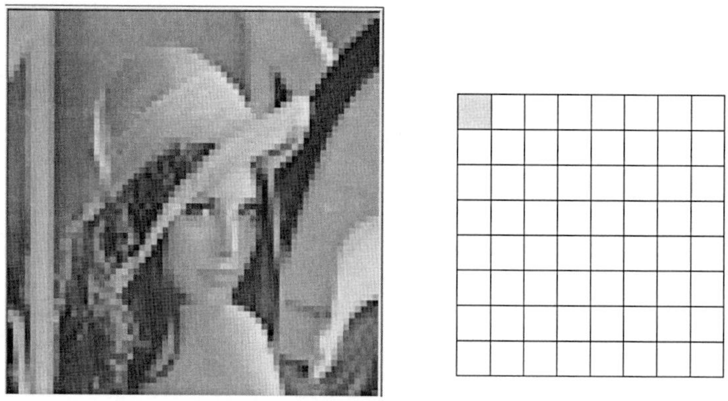

(a) 8×8 DCT 계수들 중 DC 계수만 사용하여 IDCT한 결과

(b) 8×8 DCT 계수들 중 10개의 저주파 계수만 사용하여 IDCT한 결과

(c) 8×8 DCT 계수들 중 32개의 저주파 계수만 사용하여 IDCT한 결과

그림 5-21 8×8 DCT 변환 후, 일부 계수만 이용하여 IDCT를 수행한 결과들

고주파수 성분 계수들에는 양자화 왜곡이 발생하더라도 허용하는 방법으로 양자화를 수행하고 있다. 이렇게 양자화함으로써 신호의 압축률은 증가시키면서 시각적으로 느껴지는 복원 화질을 높게 유지할 수 있게 된다.

그림 5-22는 lena 영상을 다양한 크기의 블록들로 나눈 후, 각 블록을 다양한 크기의 DCT 변환을 수행한 후, DC 신호만 남기고 나머지 AC 계수들은 모두 '0'으로 대체한 후, IDCT를 수행한 영상을 보이고 있다. 즉, DCT 변환 계수들 중 DC 계수만을 이용하여 영상을 복원하였을 경우 효과를 보이고 있다. 이때, DCT 변환은 2×2, 4×4, 8×8, 16×16, 32×32 블록 크기로 실행하였다. 그림 5-22(a)에서 확인할 수 있듯이 작은 크기 블록 단위로 DCT를 수행한 후 DC만을 남기고 나머지 AC 계수를 삭제하였을 경우, 왜곡이 눈에 거슬리지 않은 정도로 신호를 복원할 수 있다. 그렇지만 5-22(e)와 같이 큰 블록 단위로 DCT한 후 AC 계수를 삭제하면 복원 영상의 화질이 매우 나빠짐을 알 수 있다. 이는 잃어버리는 고주파수 성분이 과도하게 많아 정상적인 신호 복원이 불가능해지기 때문이다.

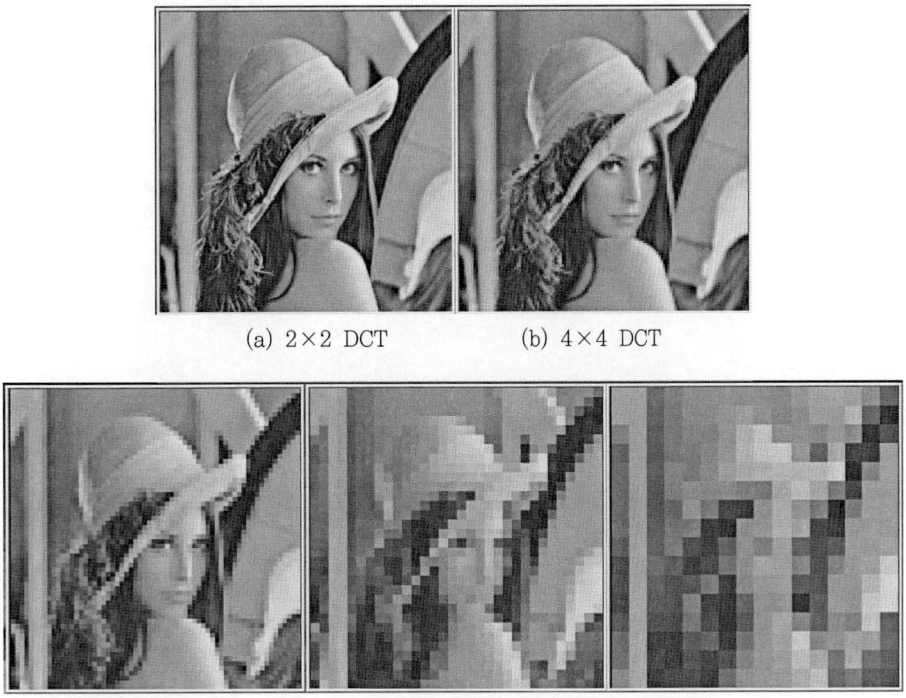

(a) 2×2 DCT (b) 4×4 DCT

(c) 8×8 DCT (d) 16×16 DCT (e) 32×32 DCT

그림 5-22 다양한 블록 크기의 DCT 변환 후, DC 계수만 사용하여 IDCT를 수행한 결과들

4 DCT 변환 데이터 양자화

이 절에서는 8×8 DCT 변환된 계수값들을 주파수 성분 위치에 따라 서로 다른 양자화 값을 사용하여 양자화를 수행했을 경우, 복원 영상의 화질에 미치는 영향을 분석한다. 먼저 그림 5-23에 표시된 양자화 테이블을 이용하여 양자화한 경우, 복원 영상의 화질은 35 dB 이상으로 높은 화질을 나타낸다. 이렇게 고화질 영상을 복원할 수 있는 것은 그림 5-23에 표시된 것처럼 저주파수 성분은 작은 크기의 양자화 스텝을 사용하고, 상대적으로 중요도가 낮은 고주파수 성분은 큰 양자화 스텝을 사용하여 양자화함으로써 복원화질을 향상시킬 수 있었다.

16	11	10	16	24	40	51	61
12	12	14	19	26	58	60	55
14	13	16	24	40	57	69	56
18	22	37	56	68	109	103	77
24	35	55	64	81	104	113	92
49	64	78	87	103	121	120	101
49	64	78	87	103	121	120	101
72	92	95	98	112	100	130	99

그림 5-23 예제 양자화 테이블을 이용하여 양자화된 DCT 계수를 이용한 복원 영상(35 dB)

그림 5-23에 비해, 그림 5-24에서는 모든 주파수 성분을 '1'이란 값으로 양자화함으로써 더욱 높은 화질의 영상을 복원할 수 있었다. 이 실험에서는 모든 주파수 성분을 '1'로 나눠줌으로 해서 소수점 이하의 정보만 버림을 하고 대부분의 DCT 계수를 부호화하게 된다. 이렇게 하면, 부호화해야 하는 양자화된 DCT 계수의 절대값 크기가 매우 커서, DCT 계수를 부호화하는 과정에서 발생하는 비트양이 크게 증가하게 되며, 이 때문에 신호가 거의 압축되지 않게 된다.

1	1	1	1	1	1	1	1
1	1	1	1	1	1	1	1
1	1	1	1	1	1	1	1
1	1	1	1	1	1	1	1
1	1	1	1	1	1	1	1
1	1	1	1	1	1	1	1
1	1	1	1	1	1	1	1
1	1	1	1	1	1	1	1

그림 5-24 예제 양자화 테이블을 이용하여 양자화된 DCT 계수를 이용한 복원 영상(58 dB)

100	100	100	100	100	100	100	100
100	100	100	100	100	100	100	100
100	100	100	100	100	100	100	100
100	100	100	100	100	100	100	100
100	100	100	100	100	100	100	100
100	100	100	100	100	100	100	100
100	100	100	100	100	100	100	100
100	100	100	100	100	100	100	100

그림 5-25 예제 양자화 테이블을 이용하여 양자화된 DCT 계수를 이용한 복원 영상(28 dB)

압축률을 높이기 위해, 그림 5-25에서처럼 모든 DCT 변환 계수값들을 '100'이란 큰 값으로 양자화하면, 양자화된 DCT 계수값들은 매우 작은 절대값을 갖게 된다. 따라서 부호화해야 할 데이터가 적어 높은 압축률을 달성할 수는 있지만, 그림 5-25에서 확인할 수 있듯이 복원 화질이 열화가 매우 심하게 된다. 이는 고주파수 성분뿐만 아니라 저주파수 성분까지 양자화 과정을 통해 손실됨으로 해서 보존되어야 할 많은 정보들이 손실되었기 때문이다. 그림 5-26에서는 DCT 계수들의 위치마다 차별적으로 다른 양자화 스텝을 사용하는 경우의 실험 결과를 보이고 있다. 이 그림에서는 비록 DCT 계수마다 차별적으로 양자화를 수행했지만, 저주파수 성분을

72	92	95	98	112	100	130	99
49	64	78	87	103	121	120	101
49	64	78	87	103	121	120	101
24	35	55	64	81	104	113	92
18	22	37	56	68	109	103	77
14	13	16	24	40	57	69	56
12	12	14	19	26	58	60	55
16	11	10	16	24	40	51	61

그림 5-26 예제 양자화 테이블을 이용하여 양자화된 DCT 계수를 이용한 복원 영상(30 dB)

큰 양자화 스텝으로 나눠주고, 고주파수 성분을 작은 스텝으로 나눠주는 등, 비효율적인 양자화 과정을 적용한 경우이다. 이 실험에서는 복원 영상의 화질이 크게 나빠지는 것을 볼 수 있다. 결론적으로 DCT 양자화된 계수들을 양자화할 경우, 시각적으로 민감한 저주파수 영역의 계수들은 작은 양자화 스텝을 사용하여 양자화하고, 시각적으로 둔감한 고주파수 영역의 계수들은 큰 양자화 스텝을 사용하여 양자화하는 것이 복원화질의 향상과 높은 압축률 유지라는 측면에서 유리하다는 것을 알 수 있다.

5.4 표준 비디오 코덱에서 사용되는 변환 부호화

이 장에서 학습한 변환 부호화를 국제 표준 코덱들에서는 어떻게 활용하고 있는지에 대해서 다음 표와 같이 정리할 수 있다.

비디오 코덱 종류	Transform 방법	특징
JPEG	8×8 DCT	
JPEG-2000	Wavelet Transform	WT 변환된 데이터를 양자화한 후, 양자화된 데이터를 zero tree 기법을 이용하여 부호화함으로써 높은 압축률을 얻을 수 있음.
H.261	8×8 DCT	
H.262/ MPEG-2	8×8 DCT	
H.263	8×8 DCT	
H.264/AVC	4×4, 8×8 Integer Transform	Forward Transform과 Inverse Transform 과정의 mismatch 문제를 해결하기 위해 Integer 계산 변환을 사용함.
MPEG-1	8×8 DCT	
MPEG-4	8×8 DCT	
HEVC	다양한 크기의 DCT 및 DST	데이터 특성에 따라 DCT 및 DST(Discrete Sine Transform)을 선택적으로 사용함. Mismatch 문제를 해결하기 위해 Integer 계산 방법을 이용함.

JPEG, H.261, H.262(MPEG-2), H.263, MPEG-1, MPEG-4 등에서는 8×8 DCT를 사용한다. 그런데 이 DCT 변환은 계산 과정에서 float 형태의 정보를 이용하기 때문에, 하드웨어 또는 소프트웨어 구현 시, 정보의 소수점 아래 부분을 표현하는 유효자리 단위를 충분히 크게 정하지 않으면, DCT 변환과 Inverse DCT 변환 사이에 mismatch 문제가 발생한다. Mismatch 문제란 특정 영상을 DCT한 후, DCT 변환된 데이터를 다시 IDCT 시켰을 때, 원본 영상과 다른 영상이 얻어지는 문제이다. 이는 float 데이터 형태로 변환된 DCT 변환 데이터의 소수점 아래의 일부 정보를 잃음으로 해서 발생되는 왜곡이다. 이 문제를 피하기 위해 충분히 긴 유효자리 수를 유지할 수도 있지만 그렇게 할 경우 하드웨어의 크기가 커지고, 소프트웨어가 많은 메모리를 점유하고, 동작 속도가 느려지는 단점이 있다.

이와 같은 mismatch 문제를 피하기 위해 H.264/AVC에서는 모든 계산을 Integer 단위로 수행하는 방법을 사용한다. 이에 관련된 자세한 설명은 이 책의 제9장에서 자세히 다루고 있다.

• 참고문헌

[1] David C. Lay, *Linear Algebra and Its Applications*, Pearson, 2006.

[2] Alan V. Oppenheim, Ronald W. Schafer, John R. Buck, *Discrete-Time Signal Processing*, Prentice Hall, 1999.

[3] 김재균, 권재철, 문주희, 황강욱, 『영상통신개론』, 홍릉과학출판사, 2010.

[4] 하영호, 남재열, 최윤식, 원치선 공역 (Ze-Nian Li and Mark S. Drew 저), 『멀티미디어 공학 (원제 : *Fundamentals of Multimedia*)』, Pearson Prentice Hall, 2004.

[5] 이호석, 김준기, 『알기쉬운 MPEG-2』, 홍릉과학출판사, 2001.

[6] Fernando Pereira, Touradj Ebrahimi, *The MPEG-4 Book*, Prentice Hall, 2003.

[7] K. R. Rao, J. J. Hwang, *Techniques & Standards for Image Video & Audio Coding*, Prentice Hall, 1996.

[8] Iain E. G. Richardson, *Video Codec Design*, John Wiley & Sons, 2002.

[9] John Watkinson, *The MPEG Handbook*, Elsevier, 2004.

생각해 볼 문제

Q1 3차원 공간 정보를 표현할 수 있는 basis vector set을 설계하시오. 즉, 3개의 basis vector를 만드시오. 이때, 이들 벡터들은 orthonormal하게 만드시오.

Q2 Basis vector (1,0,0), (0,1,0), (0,0,1) 를 이용하여 (1,1,1)로 표현된 정보를 Q1에서 만든 basis vector를 이용하여 표현(분해과정을 수행)하시오.

Q3 Q2에서 수행한 '분해'과정의 반대인 '합성'과정을 수행하시오.

Q4 본문에서 설명한 8차원 DCT basis vector를 참고하여, 4차원 DCT basis vector를 만드시오.

Q5 실제 영상을 8×8 DCT 하는 프로그램을 작성하시오.

Part 2

방송 콘텐츠 부호화

Chapter 6

JPEG

이 장에서는 JPEG 압축방식의 특징 및 구체적인 부호화 방법에 대해서 학습한다. 주요 내용으로는 JPEG의 개괄적인 설명, DCT 변환 영역에서의 양자화, 엔트로피 코딩 등에 관해 설명한다.

6.1 JPEG Overview

1 JPEG이란?

컬러 정지 영상 압축에 관한 표준화가 ISO/TC97/SC2/WG8에서 처음으로 시작된 것은 1980년대 초였는데, 그 후 표준방식을 통신 용도까지 넓히기 위해 CCITT SG8과의 합동위원회가 조직되었고 ISO/TC97/SC2/WG8 산하에 JPEG이 설치되었다. JPEG은 Joint Picture(또는 Photographic) Expert Group의 약자로서 원래는 조직 명칭이었지만, 최근에는 MPEG과 마찬가지로 압축 알고리즘의 권고 그 자체를 말하는 것으로 사용되고 있다. 여기서 Joint는 ISO와 ITU-T 간에 공동으로 구성된 표준화 구성원이란 의미에서 사용되었다. 여기서 ISO란 International Organization for Standardization, ITU란 International Telecommunication Union의 약자이다[1]~[3].

JPEG을 표준화할 때 다음과 같은 사항들을 고려하면서 표준화를 진행하였다[1].

- 압축률과 이미지의 품질을 사용자가 선택할 수 있도록 한다.
- 이미지의 내용, 이미지의 크기, 화면의 가로 세로 비율(aspect ratio), 해상도, 색상 모델 등에 관계없이 모든 이미지에 대해서 적용될 수 있도록 한다.
- 소프트웨어로도 구현할 수 있도록 해야 하며 하드웨어를 이용할 경우 이미지의 품질이 크게 향상될 수 있도록 한다.

다음과 같은 4가지의 다른 인코딩 방법을 제공한다.

- 방법 1(순차적 모드) : 이미지들은 RGB 또는 YCbCr 등 여러 개의 요소들로 구성되어 있는데, 이미지의 각 요소가 스캔되는 순서에 따라서 인코딩을 진행한다. DCT 변환과 양자화, 그리고 엔트로피 코딩을 이용하는 손실 압축 방법이며, 이 순차적 모드는 기본적으로 반드시 제공해야 한다.
- 방법 2(점진적 모드) : DCT 변환과 양자화를 이용하는 기본적인 인코딩 과정은 앞의 순차적 모드와 동일한 손실 압축 방법이다. 그러나 이미지가 여러 번의 스캔으로 인코딩된다는 점에서 한 번만 스캔하여 생성하는 순차적 모드와 다르다. 이렇게 인코딩된 이미지를 복원하는 경우, 처음 스캔을 디코딩하면 이미지의 윤곽 정보들이 나타나고 이후의 스캔들을 디코딩함에 따라 점차 이미지가 선명해지게 된다.
- 방법 3(무손실 모드) : DCT 변환과는 무관한 간단한 예측 방법을 이용하여 이미지의 모든 정보를 손실 없이 인코딩한다. 여기서 예측 방법이란, 화소의 밝기 또는 칼라 신호 값을 인접한 화소의 밝기 값들과의 차이 정보로 나타내는 것이다. 차이 정보는 허프만 코딩과 같은 무손실 압축 기법을 이용하여 인코딩된다. 이러한 인코딩을 통해 약 2 : 1 정도의 압축률을 얻을 수 있다.
- 방법 4(계층적 모드) : 다양한 환경에서 이미지를 재생하거나 출력할 수 있도록 하기 위해 여러 해상도를 지원하는 방법으로, 이미지의 해상도를 조금씩 높여가면서 인코딩을 반복적으로 수행한다. 각 단계의 인코딩은 순차적 모드나 점진적 모드, 무손실 모드 중 어느 것을 사용하여도 된다. 높은 해상도의 이미지를 낮은 화면 해상도의 모니터에 상영하거나 낮은 해상도의 프린터 등에 출력하고자 할 때 효과적이다.

위의 4가지 모드들에 대해서 보충설명을 하자면, JPEG 압축 방식은 '손실 부호화 방식'과 '무손실 부호화 방식'으로 구분할 수 있다. 무손실 부호화 방식은 압축과정과 복호화 과정을 거친 데이터가 원래 데이터와 완벽하게 똑같은 압축 방식이다. 이 방식은 주로 공간 예측 방식을 사용하는데, 압축과 복호를 반복하여도 원 신호를 유지할 수 있는 장점이 있으나, 압축율이 상당히 낮은 단점이 있다. 이와 달리 손실 부호화 방식은 DCT 기반 부호화 방식으로 압축과 복호화 과정을 거친 정보가 원래 데이터와 같지는 않지만 인간의 시각적 인지 특성을 고려하여 압축하였기 때문에 양자화 왜곡 효과가 눈에 잘 보이지 않으며 압축 효율이 매우 높다. JPEG '손실 부호화 방법'은 기본방식(Baseline)과 확장방식(Extended)으로 나눌 수 있다. 여기서 기본방식은 컴퓨터 응용 프로그램들이나 디지털 카메라 등에서 사용되는 방식이며, 화면 스캔은 순차적인 순서로 수행하고, 엔트로피 코딩은 허프만 부호화를 사용한다. 확장방식에서는 높은 화면 해상도를 지원하고, 순차적 부호화, 점진적 부호화 기법 등이 지원되는 특징이 있다. 또한, 확장방식의 엔트로피 부호화에서는 허프만 부호화와 산술 부호화 가운데 한 종류를 선택하여 사용할 수도 있다. 이와 같은 내용을 표 6-1에 정리하였다. 이 장에서는 흔하게 사용되는 JPEG baseline 방식을 주로 설명한다. 훗날 JPEG 압축 기술은 MPEG의 기본기술로도 채택되었다.

표 6-1 JPEG의 압축 모드 구분

손실/무손실 구분	손실 부호화		무손실 부호화
압축 기술 적용 공간	DCT 기반		공간 예측 기반
방식 종류	Baseline	Extended	
압축 방법	순차적 부호화	순차적 부호화, 점진적 부호화	
엔트로피 코딩 종류	허프만 부호화	허프만 부호화, 산술 부호화	
화면 해상도		높은 해상도 (큰 화면 영상)	

2 JPEG 인코더 구조

앞에서 설명한 4가지 인코딩 방법(모드)들 중에 가장 기본적인 JPEG 기술은 순차적 모드이다. 다른 코딩 모드들은 훗날 표준화가 완성된 JPEG-2000에서 중요한 기술로 사용되었다. 본 장에서 설명할 JPEG 기술은 순차적 모드를 사용하는 손실 부호화 방법이다. 순차적 모드를 지원하는 JPEG 인코더의 구조는 그림 6-1과 같이 구성되어 있다.

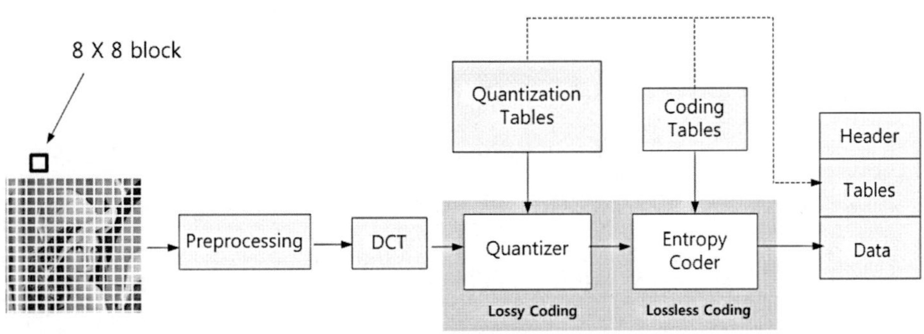

그림 6-1 JPEG Encoder의 구조

JPEG 인코더를 이용하여 영상 정보를 압축하는 방법에 대해서 개괄적으로 설명해보면 다음과 같다. 먼저 부호화할 이미지를 읽어 압축할 준비를 한다. 이 준비과정에서 입력 영상을 8×8 크기의 블록들로 나누게 된다. 즉, 한 블록은 64개의 화소(pixel)로 구성된다. 이렇게 8×8 크기로 나눠진 블록들은 각 화소 값에 -128을 더한 후 DCT(discrete cosine transform) 변환과정을 겪게 된다. 이렇게 128을 각 화소 값에서 빼는 이유를 뒷 부분에서 설명할 것이다. DCT 변환에 대해서는 이 책의 제5장에서 신호의 변환을 설명하면서 자세히 다루었다. DCT 변환 과정을 통과한 8×8 크기 블록들은 8×8 크기의 주파수 성분 데이터로 변환된다. 이 변환된 블록들을 양자화하여 신호를 압축한다. 이 양자화 방법 역시 이 책의 제3장에서 설명한 바 있다. 양자화 과정은 손실 부호화 과정의 일종으로서 한번 양자화된 신호는 원본 영상으로 복구할 수 없다. 하지만, 이 양자화 과정을 겪음으로써 영상 정보에 대한 압축률을 높일 수 있다. 양자화된 신호 값들은 DC 성분과 AC 성분으로 구분되어 각기 다른 방법으로 부호화된다. 먼저 DC 신호는 DPCM 방식으로 압축된다. 이에 반해 AC 신호는 zig-zag 스캔 순서를 따라서 Entropy 부호화가 수행된다. DPCM과 허프만 코드를 이용하는 Entropy coding은 대표적인 무손실 압축 기술이다. 압축된 정보들은 JPEG 신택스(syntax)에 맞게 bit stream을 구성한다.

3 JPEG 디코더 구조

그림 6-2는 JPEG 디코더의 블록 다이어그램이다. 이 디코더는 인코더 수행 순서의 역순으로 실행된다. 디코딩 과정의 첫 단계로 엔트로피 디코딩을 수행하고, 그 다음에 역 양자화를 수행한다. 마지막 단계에서 역(Inverse) DCT를 수행한다. 이렇게 수행된 결과에 +128의 연산을 화소단위로 수행하는데, 이는 JPEG 인코더에서 수행된 전처리과정에 대응하는 JPEG 디코더의 후처리과정이다. 이로써 8×8

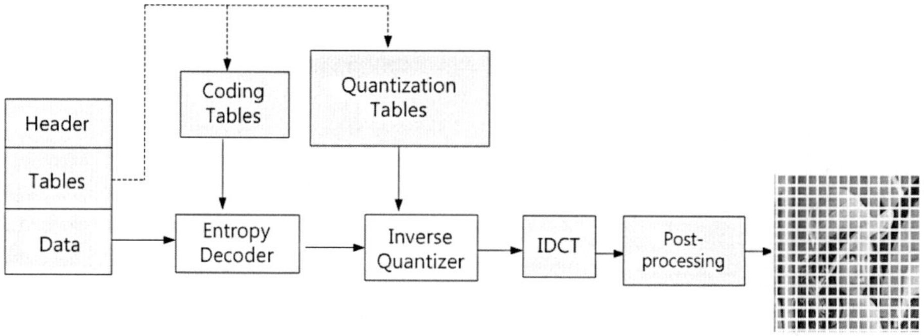

그림 6-2 JPEG Decoder의 구조

블록 크기의 화소 블록이 만들어진다. 이런 과정을 입력 8×8 블록마다 적용시키면 8×8 화소 블록이 계속 만들어지고, 이 화소 블록들을 원 영상의 해당위치에 배치하면 복원 영상이 된다.

6.2 Preprocessing

이 과정은 JPEG 인코더에서 가장 먼저 수행되는 과정이다. 우선 압축하려는 영상 전체를 여러 개의 8×8 블록 단위로 나눈다. JPEG 인코더 알고리즘은 이 8×8 블록 단위로 압축 과정이 수행되는 것이다. 즉, 8×8 크기 블록은 부호화되는 최소 단위가 된다. 하나의 8×8 블록을 JPEG으로 압축하고 나면, 그 다음 8×8 블록을 압축하는 식으로 같은 동작을 블록 단위로 수행한다. 이 단위가 커지면 필요한 memory의 크기가 커지게 된다. 이는 전처리(preprocessing) 모듈 이후에 있는 DCT와 양자화, 그리고 entropy coding까지 이 size의 정보를 메모리에 저장해야 할 필요가 있기 때문이다. 게다가 양자화 테이블도 커져야 되며, DCT 계수를 저장하는 메모리도 늘어나게 된다. 또 하나의 단점은 압축 화질이 나빠지게 된다. 이는 양자화를 다룰 때 좀 더 자세하게 알아보도록 한다. 반면에 block size가 작아지면 전체 코딩 시간이 늘어나게 된다. 만약 512×512 크기의 영상을 4×4 크기 단위로 부호화하면 처리해야 되는 블록은 총 16,384개가 된다. 이는 DCT, 양자화, entropy coding을 모두 16,384번 해야 한다는 의미이다. 반면 16×16 크기 블록 단위로 부호화를 수행한다면 JPEG 부호화 과정을 1,024개의 블록들에 대해서만 반복하면 되기 때문에 시간적인 면에서 차이가 많이 나게 된다. 압축 알고리즘의 성능을 따질 때 살펴봐야 하는 3가지 평가기준인 압축률, 화질, 부호화 속도를 기준으로 encoding되는 최소 크기 블록 단위를 결정할 필요가 있다. JPEG에서는 8×8 크기의 블록을 기본 코딩 블록 단위로 채택했다. 따라서 이후에 있는 DCT와 양자화, entropy coding 모두 8×8 크기 블록 단위로 처리하게 된다.

압축하려는 영상을 8×8 크기 블록들로 나눈 후에는 블록 내부의 모든 화소 밝기 값에 산술 동작 -128 level shifting을 수행한다. 이는 0~255 범위를 갖는 화소 값들을 -128~127의 범위를 갖도록 변환하는 것이다. 이와 같은 level shifting을 수행하는 이유는 다음과 같다. 일반적인 영상들의 화소 값들은 너무 어둡거나 너무 밝은 값을 갖기 보다는 거의 대부분이 중간 밝기 값을 많이 갖고 있다. 따라서 변형된 화소 값들이 0에 가까운 값들로 변형될 수 있도록 -128만큼 level shifting을 수행한다. 또 다른 이유로는 DCT를 수행하고 나면 DC 성분에 큰 신호 값이 발생하는 것을 확인할 수 있는데, DC 성분은 영상의 평균을 의미하기 때문에 전체 화소 값들을 일률적으로 -128 level shifting을 하게 되면 DC의 값을 낮추는 역할을 하게 된다. 이 과정을 수행함으로 DCT 변환 시 평균 밝기 값을 낮출 수 있고, 결국 압축효율을 높일 수 있게 된다. 이와 같은 전처리 과정을 거친 영상 정보에 대해 8×8 블록 단위로 DCT 변환을 수행한다.

6.3 DCT 변환

DCT 변환에 대한 내용은 이 책의 '제5장 신호의 변환'에서 자세히 학습하였다. 이 절에서는 DCT 변환 방법 자체에 대한 설명 보다는 JPEG 표준 기술 내에서 DCT 변환이 어떻게 사용되는지에 대해서 설명한다. 기본적으로 DCT는 Transform 기법 중의 한 가지이다. Transform 기법은 데이터의 영역을 적절한 변환을 통하여 다른 공간 영역으로 옮김으로써 데이터를 구성하는 단위 정보의 특성 및 형태를 변형시켜 부호화(압축)에 유리하게 만드는 기법이다.

데이터를 시간 영역에서 주파수 영역으로 옮기는 변환 기법으로 푸리에 변환(Fourier transform)이 있다. 그러나 푸리에 변환은 시간 영역에 있는 연속(아날로그) 신호를 주파수 영역으로 옮기는 변환이므로 샘플링을 통해 생성된 이산(discrete)값 형태의 데이터를 변환하는 데는 바로 이용할 수 없다. 따라서 이산신호 데이터를 변환하는 경우에는 푸리에 변환의 변형된 형태인 DFT(Discrete Fourier Transform)가 이용된다. 하지만 이러한 DFT 변환된 데이터를 표현하는 데 실수부 data와 허수부 data가 발생하게 되고, 이를 각각 처리하려면 처리해야 할 데이터양이 2배로 늘어나기 때문에 압축률 측면에서 오히려 압축률이 낮아지는 결과를 초래하게 된다.

따라서 이러한 DFT 대신 다른 변환 방법을 사용하는데, 그것이 바로 이산(discrete) 코사인 변환(DCT : Discrete Cosine Transform)이다. DCT는 정지 영상 압축 표준인 JPEG과 동영상 데이터의 압축 표준인 H.26x 와 MPEG-x 등에서 인코딩 과정의 일부로 이용된다. 이는 2차원 행렬로 정의된 이미지 데이터를 공간 영역에서 주파수 영역으로 변환하는 방법이다. DCT는 다양한 종류의 이미지 데이터를 변환하는 데 적용할 수 있고, 변환 후에 양자화 과정을 거치고 나서 앞 절에서 설명한 무손실 압축 기법을 이용하여 압축하였을 때 높은 압축률을 얻을 수 있기 때문에 많은 표준기술들에서 이용되고 있다. 기본적으로 DCT는 푸리에 변환과 비교했을 때 허수부 데이터를 가지고 있지 않기 때문에 data량이 늘어나지 않고 실수부 data 만을 가지고 처리 할 수 있다.

실제 영상 데이터에서 추출한 8×8 크기의 화소 블록을 DCT 변환한 결과를 그림 6-3에서 보이고 있다. 그림 6-3(a)는 -128 level shifting을 수행하지 않은 채 DCT 변환한 결과를 보여주고 있고, 그림 6-3(b)는 -128 level shifting을 수행하고 나서 DCT 변환한 결과를 보여주고 있다. 양쪽의 결과를 확인 해보면 DC 성분 값을 제외하고는 모든 값들이 동일하게 나오는 것을 확인할 수 있다. DCT된 영상을 부호화할 때, 양자화 과정을 거치게 되고, 이때 0에 가까운 수들이 많이 발생하면 신호 압축률을 높일 수 있다. 그림 6-3에서, DCT 변환 영역의 DC 값을 살펴보면, level shifting을 하지 않은 경우에는 1,283이 되고, level shifting을 한 경우에는 259가 되는 것을 알 수 있다. 1,283 보다는 259가 0에 훨씬 가깝기 때문에 양자화 에러를 줄일 수 있고, 압축률도 높일 수 있다. 그림에서 볼 수 있듯이, DCT 변환된 값들은 양자화되기 이전의 값들이기 때문에 소수점 값(float type)을 갖는다. 이 float type 값을 직접 전송하거나 저장한다면 압축 효과를 전혀 얻을 수 없기 때문에, 이 값들을 양자화한 후 선택된 양자화 레벨의 이름표(index) 값을 부호화함으로써 압축률을 얻는다.

DCT 변환된 신호들의 분포는 변환 이전의 화소 값 분포와 달리 특이한 형태를 갖는다. 8×8 크기의 변환된 신호 블록을 보면, 저주파 영역과 고주파 영역으로 나눌 수 있다. 그림 6-3에서 저주파 부분은 8×8 크기 블록의 왼쪽 상단 부분을 의미하며, 이 부분에는 상당히 큰 절대값을 갖는 신호들로 이뤄져 있다. 이에 반해 고주파 영역은 8×8 크기 블록의 오른쪽 하단 부분으로서, 이 부분에는 절대값이 작은 신호들로 구성되어 있다. 이는 일반적인 영상 신호를 DCT 변환하면 고주파 신호가 상대적으로 적기 때문에 이 부분의 에너지가 작은 것으로 이해된다.

DCT 변환의 장점은 다음과 같다. DCT 변환 전에는 화면 전체 화소들에 넓게 분포해 있는 신호의 에너지들이 변환 후에는 일부 영역(저주파 영역)으로 집중된다. 이는 대부분의 영상 신호들이 저주파 성분을 많이 포함하고 있고, 고주파 성분(경계선 등)을 상대적으로 적게 포함하기 때문이다. 인간의 시각 시스템의 특징은 저주파 성분 신호의 왜곡에는 민감하나 고주파 신호의 왜곡에는 둔감한 특징이 있다. 이 특징을 이용하여 저주파 성분은 촘촘히 작은 양자화 스텝 사이즈로 양자화를 수행하고, 고주파 성분은 듬성듬성 큰 양자화 스텝 사이즈로 양자화를 수행한다. 이로써 저주파 성분에는 양자화 왜곡이 아주 적게 발생하는 반면, 고주파 성분에서는

162	162	161	160	162	157	163	161
162	162	161	160	162	157	163	161
162	162	161	160	162	157	163	161
162	162	161	160	162	157	163	161
162	162	161	160	162	157	163	161
164	164	158	156	161	160	159	161
161	161	164	159	160	162	160	157
158	158	157	157	159	159	157	158

DCT

1283,75	3,521569	4,259928	0,341813	0,25	-1,19316	-4,7411	5,983985
5,413497	-0,53787	1,523914	-2,99025	2,035405	2,045816	-4,49256	2,895411
-4,01536	-0,54945	-2,08211	0,643294	-0,90747	-0,03041	2,173097	-1,27984
2,669762	1,474407	1,912388	1,174219	-0,44024	-1,2954	0,156475	-0,06951
-2	-1,65679	-0,57403	-1,21817	1,5	0,813952	-1,38582	0,329556
1,934214	1,124967	-1,30361	-0,17929	-1,94786	0,959664	1,336538	0,340523
-1,85156	-0,40552	2,423097	1,493242	1,728875	-2,33567	-0,66789	-1,02264
1,20426	0,011527	-1,8853	-1,41193	-0,99707	1,954289	0,1508	0,903989

(a) level shifting 사용 안함

34	34	33	32	34	29	35	33
34	34	33	32	34	29	35	33
34	34	33	32	34	29	35	33
34	34	33	32	34	29	35	33
34	34	33	32	34	29	35	33
36	36	30	28	33	32	31	33
33	33	36	31	32	34	32	29
30	30	29	29	31	31	29	30

DCT

259,75	3,521569	4,259928	0,341813	0,25	-1,19316	-4,7411	5,983985
5,413497	-0,53787	1,523914	-2,99025	2,035406	2,045816	-4,49256	2,895411
-4,01536	-0,54945	-2,08211	0,643297	-0,90747	-0,03041	2,173097	-1,27984
2,669762	1,474407	1,921388	1,174219	-0,44024	-1,2954	0,156475	-0,06951
-2	-1,65679	-0,57403	-1,21817	1,5	0,813952	-1,38582	0,329556
1,934214	1,124967	-1,30361	-0,17929	-1,94786	0,959664	1,336538	0,340523
-1,85456	-0,40552	2,423097	1,493242	1,728875	-2,33567	-0,66789	-1,02264
1,20426	0,011527	-1,8853	-1,41193	-0,99707	1,954289	0,1508	0,903989

(b) level shifting 사용 함

그림 6-3 '-128' level shifting을 사용했을 경우 DCT 변환의 결과

왜곡이 크게 발생하게 된다. 하지만, 고주파 성분의 왜곡은 눈에 잘 인지되지 않으므로 사람의 눈에 거슬림이 없이 압축과정이 수행된다.

6.4 DCT 영역의 양자화

이 절에서는 DCT 변환된 영상 신호를 양자화하는 과정을 설명한다. 양자화기의 종류 및 양자화에 관련된 이론 내용은 이 책의 '제3장 양자화'에서 설명하였다. 양자화부터는 실질적으로 압축이 일어나는 모듈이다. 이전 절에서 설명한 DCT는 단순히 시간영역에 Data를 주파수 영역으로 변형시켰으며 이로 인해 오히려 계수 하나를 표현하는 비트수가 늘어났다(8 bit로 표현할 수 있는 unsigned char 타입의 화소 정보들이 32 bit로 표현되는 float 타입의 주파수 변환 신호들로 변경되었기 때문임). 반면에 양자화부터는 계수 하나를 표현하는 데 필요한 비트수가 현격하게 줄어들게 된다. 즉, 압축이 수행된다. 하지만, 양자화는 손실 압축이 수행되기 때문에 이곳에서 너무 많은 압축을 수행하면 후에 복원된 영상의 화질이 떨어지게 된다.

양자화 과정을 거치면서 신호의 왜곡이 발생하는데, 이를 양자화 왜곡이라고 한다. JPEG의 양자화 모듈에서 사용되는 양자화 레벨(대표값)은 양자화 구간의 무게 중심이 아니라, DCT 변환 신호를 정수로 나눈 후의 '몫' 값이 된다. 여기서 촘촘히 양자화를 수행한다는 것은 작은 숫자로 DCT 변환 결과를 나눈다는 것이고, 듬성듬성 양자화를 수행한다는 것은 큰 값으로 나누는 것이다. 이때, 나눗셈의 결과로 '나머지' 값이 발생하고, 이 '나머지' 값이 양자화 과정을 거치면서 손실되는데, 이 부분이 양자화 과정에서 발생하는 왜곡 성분(양자화 에러 성분)이 된다. 이 '나머지' 값은 디코더에서 복구할 수 없다.

DCT 변환 데이터를 양자화 table에 표시된 정해진 값들로 나누어 유효자리 bit를 줄임으로써 압축이 이루어진다. DCT 변환 값을 큰 숫자로 나누면 몫이 작아지고, 작은 숫자로 나누면 몫이 커진다. 보통의 경우, 저주파 신호용 양자화 스텝은 작은 값을 사용하고, 고주파 신호용 양자화 스텝은 큰 값을 사용한다. DCT 변환 영상의 양자화 과정은 다음과 같은 단계를 거쳐 이뤄진다.

[단계 1] 각 DCT 계수를 정해진 '양자화 숫자(스텝 : step)'으로 나눈다.
[단계 2] 나눈 결과의 몫을 저장한다.

〈특징 1〉 저주파 신호는 작은 양자화 스텝으로 나눔.
〈특징 2〉 고주파 신호는 큰 양자화 스텝으로 나눔.
〈특징 3〉 양자화 결과 저주파 영역은 큰 몫이 저장되고, 고주파 영역은 작은 몫 또는 '0'이 저장됨.

그림 6-4는 JPEG에서 사용되는 양자화 테이블들이다. DCT 변환된 정보들의 크기가 8×8 블록 크기이기 때문에, 양자화 테이블의 크기도 8×8 블록 크기로 사용된다. 그림의 왼쪽 테이블은 밝기 신호, 즉 휘도 신호를 양자화하기 위한 양자화 테이블이다. 오른쪽 테이블은 컬러 신호를 양자화하기 위한 테이블이다. 각 테이블 표에 있는 숫자는 DCT 변환 신호를 나눠주는 값을 의미한다. DCT 변환 영상에서 DC 값이 복원 영상의 화질에 가장 큰 영향을 끼치기 때문에 작은 값으로 나누어 준다. 그림에서 볼 수 있듯이, 밝기 신호의 DC 값은 16으로 나눈다. DCT 변환 정보에서 고주파수 성분은 화질 향상에 대한 중요도가 낮기 때문에 큰 값으로 나눈다. 그림에서 103, 99 등 상당히 큰 값을 고주파 성분을 나누는 데 사용하고 있다. 이 그림에서 색차 신호, 즉 컬러 신호를 양자화하기 위해 사용하는 테이블을 살펴보면, 밝기 신호용 테이블과 차이가 있다. 나눠주는 값들의 경향은 밝기 신호와 비슷하지만, 고주파수 성분을 모두 99란 값으로 통일해서 나눠주는 것이 특징이다.

DC신호용 양자화 스텝 / 저주파신호용 양자화 스텝들 / 고주파신호용 양자화 스텝들

16	11	10	16	24	40	51	61
12	12	14	19	26	58	60	55
14	13	16	24	40	57	69	56
14	17	22	29	51	87	80	62
18	22	37	56	68	109	103	77
24	35	55	64	81	104	113	92
49	64	78	87	103	121	120	101
72	92	95	98	112	100	103	99

(a) 밝기 신호에 사용되는 양자화 스텝 크기값

DC신호용 양자화 스텝 / 저주파신호용 양자화 스텝들 / 고주파신호용 양자화 스텝들

17	18	24	47	99	99	99	99
18	21	26	66	99	99	99	99
24	26	56	99	99	99	99	99
47	66	99	99	99	99	99	99
99	99	99	99	99	99	99	99
99	99	99	99	99	99	99	99
99	99	99	99	99	99	99	99
99	99	99	99	99	99	99	99

(b) 색차 신호에 사용되는 양자화 스텝 크기값

그림 6-4 JPEG의 양자화 테이블

실제 DCT 변환 데이터를 양자화한 결과를 그림 6-5에 표시하였다. 양자화 스텝 사이즈를 주파수 대역별로 차이가 나도록 배치했기 때문에 양자화를 수행하고 나면 그림과 같이 저주파수 영역에만 의미 있는 정보가 남고, 고주파 영역의 남는 몫 정보는 대부분 0에 가까운 작은 값이 된다.

DCT 계수를 양자화한 후에 남은 몫 정보는 Entropy Coding 기법을 사용하여 압축한다. 이 과정은 비손실 압축방법으로서 양자화 된 정보의 발생확률에 따라 서로 다른 길이의 비트열로 양자화된 정보를 표현함으로써 신호를 부호화한다. 비손실 압축 방법이기 때문에 entropy coding을 수행하여 압축된 정보를 entropy decoding하여 신호를 복원하면, 이 부분에서는 왜곡이 발생하지 않고 원래 신호를 얻을 수 있다.

8x8 DCT 변환 블록 데이터

1231.1250	6.363341	2.503026	-0.259355	0.374998	0.095326	-6.042856	6.900668
8.392326	-0.016341	0.475179	-4.953980	1.862028	3.404680	-4.245826	3.349280
-5.293889	-0.960819	-1.390165	1.345265	-0.744146	-0.543490	2.063261	-1.723268
2.382498	1.691604	1.497528	1.546990	-0.587228	-1.504850	0.169221	0.360008
-1.125016	-1.628501	-0.179741	-1.833170	1.625000	1.191180	-1.413839	-0.078088
1.441598	0.884794	-1.858592	-0.065509	-2.046073	0.910121	1.460117	0.704157
-2.001470	-0.085522	3.063257	1.956211	1.796525	-2.663255	-0.859835	-1.303862
1.541896	-0.211375	-2.329401	-1.917243	-1.031558	2.301225	0.297424	1.059241

Quantization

양자화된 블록 데이터

80	1	0	0	0	0	0	0
1	0	0	0	0	0	0	0
0	0	0	0	0	0	0	0
0	0	0	0	0	0	0	0
0	0	0	0	0	0	0	0
0	0	0	0	0	0	0	0
0	0	0	0	0	0	0	0
0	0	0	0	0	0	0	0

그림 6-5 JPEG의 양자화 실행 예

DC 계수와 AC 계수들에 적용되는 entropy coding 방식이 서로 다르다. DC 계수는 각 8×8 블록 마다 1개씩 발생하기 때문에 이전 블록에서 발생하는 DC 값과 현재 블록에서 발생하는 DC 값을 비교하여 차이 신호를 계산한 후, 이 차이 값을 entropy 부호화한다. 이 과정을 DPCM이라고 한다. AC 계수들은 각 8×8 블록마다 63개가 발생하기 때문에, 이웃 블록들과 별도로(독립적으로) 부호화한다. 63개의 AC 계수들은 zig-zag 순서로 부호화되는데, 이때 entropy coding 방식이 사용된다. 이들 각 방법들을 다음 절들에서 설명한다.

6.5 DC 신호 부호화를 위한 DPCM

DPCM(Differential Pulse Coded Modulation)은 DC 계수를 부호화하는 방법으로서, 이전 블록의 DC 값과 현재 블록의 DC 값들 간의 차이(Difference)를 부호화하는 과정이다. DC 계수는 값이 크고 AC 계수와 특징이 다를 수 있기 때문에, DC 계수는 AC 계수에서 분리되어 독립적으로 부호화된다. DC 값은 각 블록의 평균 밝기를 반영한다. DPCM 과정은 DC 계수를 원래값보다 작은 값으로 변환시키고 동시에 신호의 분산이 작아지도록 만든다. 이런 과정은 신호의 압축율을 높이는 데 큰 영향을 끼친다. DPCM을 거친 DC 신호를 압축하기 위해 JPEG에서는 차분 DC 신호를 위한 부호화 테이블을 준비해 놓고 있다[1]~[3].

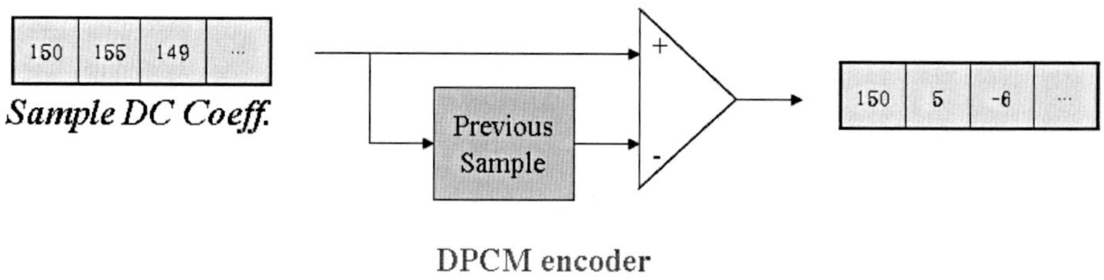

그림 6-6 DPCM 실행 예

그림 6-6은 여러 개의 8×8 블록들로부터 모아진 DC 값들 사이의 차이 값을 계산하는 과정을 표현하고 있다. 그림에서 볼 수 있듯이, 모아진 DC 값들의 예는 150, 155, 149… 등이다. 이 경우 첫 DC 값인 150은 그대로 통과시키고, 그 다음 DC 값 155는 이전 DC 값 150과의 차이 신호인 +5를 계산하여 출력한다. 이와 같은 방법으로 3번째 차이 값 -6을 출력한다. 이와 같은 predictive coding 기술은 이전 정보를 바탕으로 다음 정보를 예측하고, 예측에 의해 발생한 작은 크기의 차이 정보를 entropy coding함으로써 압축을 수행할 수 있다. 영상 신호를 DCT 변환한 후 양자화를 거쳐도 DC 성분값은 매우 크기 때문에, 이를 예측 부호화 방법을 사용하여 효과적으로 압축하는 것이다. 정지 영상에서 현재 8×8 크기 블록과 이전 블록은 매우 유사한 성질을 가지고 있다. 특히, 이웃한 블록들 간의 평균 밝기 값은 서로 매우 유사한 특징이 있다. 따라서 영상 블록 내 화소 값들의 평균 밝기 값 정보를 의미하는 DC 성분 역시 이웃 블록간 매우 비슷하게 된다. 이러한 특성을 이용하여 현재 블록을 코딩할 때 이전 블록의 DC 성분을 이용하여 차이 값을 계산하여 그 결과를 코딩하는 것이다.

6.6 AC 신호 부호화를 위한 Zig-Zag Scan

DCT 변환 계수 가운데 AC 계수를 양자화한 결과를 엔트로피 부호화를 하기 위해서 RLC(Run-Length Coding) 기술을 이용한다. 양자화된 AC계수에는 0의 발생이 빈번하므로 0의 개수를 지정하는 방법과 0이 아닌 경우를 고려하는 방법을 이용하는 것이 압축률을 높일 수 있다. AC 계수의 Entropy Coding과정에서 연속되는 0의 계수가 많아지게 하기 위해서 Zig-Zag scanning 기법을 이용한다. 그림 6-7은 zig-zag scanning 방법을 표현하고 있다. Zig-Zag Scan은 2차원 data를 1차원 형태로 만들려고 할 때 그 순서를 결정하는 방법이다. 만약에 zig-zag 스캔 방법을

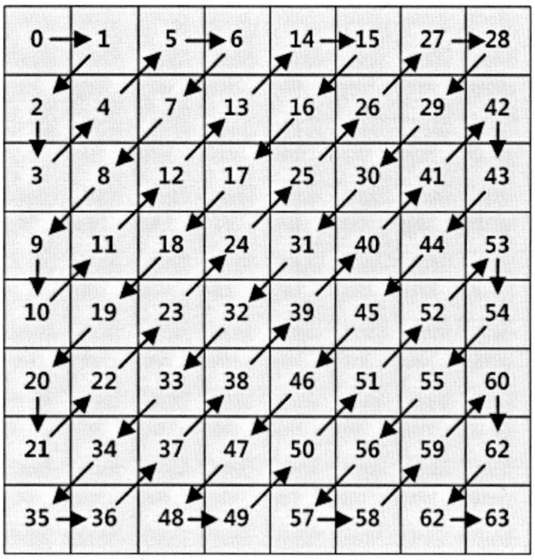

그림 6-7 Zig-Zag Scan

사용하지 않고, 8×8 크기 블록의 가장 윗줄의 가장 왼쪽부터 오른쪽 스캔한 후, 그 다음 줄의 왼쪽부터 오른쪽으로 한 줄 한 줄 순차적으로 스캔한다면 0이 발생하는 부분을 효과적으로 읽어 들일 수가 없다. 영상의 특성과 양자화 테이블의 특성상 저주파 부분(왼쪽 윗부분)에 큰 양자화된 값들이 위치하고 고주파 영역에 작은 양자화된 값(또는 0의 값)들이 몰리게 된다. 따라서 zig-zag scan을 하게 되면 0이 반복되어지는 길이를 늘려 줄 수 있다. 이로써 이후에 사용되는 Run-Length Coding 과정에서 압축 효율을 높일 수 있다.

Zig-Zag scanning 후, 연속적인 0의 계수는 Run-Length Coding 기법을 사용하여 부호화한다. Run-Length Coding(RLC)은 다음과 같은 과정을 거쳐 실시된다.

> Zig-zag order로 scan된 AC 계수를 {뛰어 넘을 0의 개수, 0이 아닌 값}으로 코딩한다.
> {0,0}은 블록의 마지막을 나타낸다.
> RLC 부호화 과정에서 DC 계수는 사용하지 않는다.

그림 6-8은 양자화된 AC 계수들을 RLC기법으로 표현한 예를 보여주고 있다. 이렇게 RLC로 부호화된 정보들을 엔트로피 부호화하기 위해 JPEG에서는 허프만 코드를 사용한다.

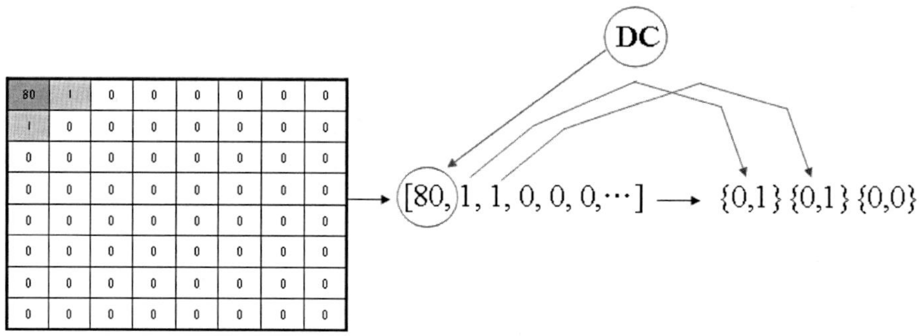

그림 6-8 Run-length Coding의 예

6.7 DC 신호를 위한 Entropy Coding

앞 절에서 설명했듯이, 양자화된 DC 신호에 대해서는 DPCM을 수행한 후 차이 신호를 만들고, 양자화된 AC 신호는 zig-zag scan한 후, RLC 과정을 거쳐 {뛰어 넘을 0의 개수, 0이 아닌 값} 형태로 변형시킨다. 이렇게 변형된 정보들에 엔트로피(entropy) 코딩 기술을 적용하여 최종적으로 저장 또는 전송되는 비트열을 만든다. 여기서 사용되는 엔트로피 코딩 기술은 비손실 압축과정이다[1][4]~[6].

먼저 DC 신호를 압축하기 위한 엔트로피 코딩에 대해서 설명하면 다음과 같다. DC 신호에 대해 DPCM 과정을 거쳐 발생한 차이 값 신호는 표 6-2와 표 6-3에 표시된 코드북을 사용하여 부호화 된다. 첫 단계로 부호화하려는 차이 신호 값을 표 6-2에서 찾는다. 그 다음 표 6-2에서 차이 신호 값과 같은 라인에 위치한 SSSS 값을 읽는다. SSSS는 자신이 몇 비트로 코딩되는지 알려주는 카테고리 정보이다. 카테고리 정보 SSSS는 표 6-3을 이용하여 부호화한다. 만약 SSSS가 0이면 이는 DPCM 차이 값이 0이라는 것을 쉽게 알 수 있다. 그렇지만, SSSS가 0이 아닌 경우에는 추가적인 비트가 필요하게 된다. SSSS 값이 1이면 추가로 필요한 코드워드의 길이가 1비트이고, SSSS가 2이면 추가로 2비트, SSSS가 3이면 추가로 3비트 길이의 코드워드를 사용하게 된다. 이 추가 비트들을 표 6-4에 나타냈다. 표 6-4에서, 차이 값 -1은 0으로 표현하고, -3은 00으로 표현하고, 차이 값 2는 10으로 표현한다. 차이 값 -7은 000으로 표현하고, 차이 값 15는 1111로 표현한다. 이 표에서 알 수 있듯이, 절대값이 작은 차이 값들에 짧은 코드워드를 부여한다. 이렇게 하는 이유는 DPCM 과정을 통과한 차이 신호는 DC 신호들간의 상관성 때문에 대부분 작은 절대값을 갖기 때문이다.

표 6-2 DPCM의 결과인 연속된 DC 신호간 차이 신호를 부호화하기 위한 카테고리 정보 SSSS

<table>
<tr><th>카테고리 정보
SSSS</th><th>DPCM으로 만들어진 차이 신호</th><th colspan="3">Precision
(bit)</th></tr>
<tr><td>0</td><td>0</td><td rowspan="12">8</td><td rowspan="16">12</td><td rowspan="17">16</td></tr>
<tr><td>1</td><td>-1,1</td></tr>
<tr><td>2</td><td>-3,-2,2,3</td></tr>
<tr><td>3</td><td>-7, …, -4,4, …, 7</td></tr>
<tr><td>4</td><td>-15, …, -8,8, …, 15</td></tr>
<tr><td>5</td><td>-31, …, -16,16, …, 31</td></tr>
<tr><td>6</td><td>-63, …, -32,32, …, 63</td></tr>
<tr><td>7</td><td>-127, …, -64,64, …, 127</td></tr>
<tr><td>8</td><td>-255, …, -128,128, …, 255</td></tr>
<tr><td>9</td><td>-511, …, -256,256, …, 511</td></tr>
<tr><td>10</td><td>-1023, …, -512,512, …, 1023</td></tr>
<tr><td>11</td><td>-2047, …, -1024,1024, …, 2047</td></tr>
<tr><td>12</td><td>-4095, …, -2048,2048, …, 4095</td><td></td></tr>
<tr><td>13</td><td>-8191, …, -4096,4096, …, 8191</td><td></td></tr>
<tr><td>14</td><td>-16383, …, -8192,8192, …, 16383</td><td></td></tr>
<tr><td>15</td><td>-32767, …, -16384,16384, …, 32767</td><td></td></tr>
<tr><td>16</td><td>32768</td><td></td><td></td></tr>
</table>

표 6-3 카테고리 정보 SSSS를 부호화하기 위한 Huffman Code(8 bit precision에 대한 것)

카테고리 정보 SSSS	SSSS에 대한 코드워드	
	밝기신호(Luminance)	색차신호(Chrominance)
0	00	00
1	010	01
2	011	10
3	100	110
4	101	1110
5	110	11110
6	1110	111110
7	11110	1111110
8	111110	11111110
9	1111110	111111110
10	11111110	1111111110
11	111111110	11111111110

표 6-4 DPCM의 결과인 차이 신호에 대한 코드북

SSSS	DPCM으로 만들어진 차이 신호	Additional bits
0	0	-
1	-1,1	0,1
2	-3,-2,2,3	00,01,10,11
3	-7, ⋯, -4,4, ⋯, 7	000, ⋯, 011,100, ⋯, 111
4	-15, ⋯, -8,8, ⋯, 15	0000,⋯.,0111,1000,⋯.,1111
⋮	⋮	⋮
16	32768	-

표 6-5 DPCM의 결과인 차이 신호에 대한 부호화 예제

Quantized DC value	+8	+9	+8	-6	-8	-3	+3	+3
DPCM difference	0	+1	-1	-14	-2	+5	+6	0
SSSS	0	1	1	4	2	3	3	0
SSSS에 대한 코드워드	00	010	010	101	011	100	100	00
Additional bits	-	1	0	0001	00	101	110	-

표 6-5는 표 6-2, 표 6-3, 그리고 표 6-4를 이용하여 양자화된 DC 신호를 부호화하는 과정을 예제를 사용하여 설명하고 있다. 표 6-5의 첫 줄처럼 양자화된 DC 신호가 주어졌다고 가정하자. 이 예제에서 첫 '+8'이 있기 전에 이전 블록의 DC 값도 또한 '+8'이라고 가정한다. 이 신호들 간의 차이를 구하는 과정인 DPCM을 수행하면 2번째 줄의 결과를 얻을 수 있다. 이 값들에 대해서 앞의 표들의 코딩 방식을 적용하면 표 6-5의 맨 아래 줄과 같은 코딩 결과를 얻을 수 있다.

6.8 AC 신호를 위한 Entropy Coding

AC 정보를 부호화하는 방법은 DC를 부호화하는 방법과 다르다. 왜냐하면, AC 신호는 Run-Length Coding을 수행한 후, 그 결과 정보를 엔트로피 코딩하기 때문이다. Zig-Zag Scan된 AC 신호는 2차원 신호가 1차원 신호로 변형된 형태인데, 이 변형된 1차원 신호의 연속된 신호들을(뛰어 넘을 0의 개수, 0이 아닌 값) 형태로 표현하는 것이 RLC 부호화이다. 예를 들어, zig-zag 스캔된 데이터가 6, 7, 3, 3, 0,

0, 1, 0, 0, 0, 1, 0, …, 0로 주어졌을 경우, run length coding을 수행하면 (0,6), (0,7), (0,3), (0,3), (2,1), (3,1), (0,0)으로 표현된다. 처음부터 읽어보면 (0,6)은 자신 앞에 0은 하나도 없고 6이라는 말과 동일하다. (0,7)은 7앞에 0이 하나도 없다는 의미이다. (2,1)은 1이 나오기 전에 0이 2개 발생한다는 의미이다. 이와 같은 (뛰어 넘을 0의 개수, 0이 아닌 값)을 부호화하는 첫 단계는 '뛰어 넘을 0의 개수'를 RRRR로 표시하고, '0이 아닌 AC값'의 카테고리 SSSS를 표 6-6에서 찾는 것이다. 표 6-6은 부호화할 AC 계수들을 15개의 카테고리로 묶은 것으로, DC 신호를 부호화할 때 DC 신호의 DPCM 결과값에 대해 사용한 표 6-2와 거의 같은 표이다. 표 6-2와 달리, 표 6-6에서는 SSSS가 0인 경우는 고려하지 않는다. 이 단계를 거치고 나면 (뛰어 넘을 0의 개수, 0이 아닌 값)으로부터 RRRR와 SSSS가 만들어진다 [1][4]~[6].

표 6-6 AC 계수에 대한 카테고리 정보 SSSS

SSSS	AC 계수값
1	-1,1
2	-3,-2,2,3
3	-7, …, -4,4, …, 7
4	-15, …, -8,8, …, 15
5	-31, …, -16,16, …, 31
6	-63, …, -32,32, …, 63
7	-127, …, -64,64, …, 127
8	-255, …, -128,128, …, 255
9	-511, …, -256,256, …, 511
10	-1023, …, -512,512, …, 1023
11	-2047, …, -1024,1024, …, 2047
12	-4095, …, -2048,2048, …, 4095
13	-8191, …, -4096,4096, …, 8191
14	-16383, …, -8192,8192, …, 16383
15	-32767, …, -16384,16384, …, 32767

RRRR과 SSSS는 하나로 묶여서 부호화 되는데, 이를 설명하는 것이 표 6-7이다. 이 표에서 보면 RRRRSSSS가 총 8비트로 표현되고 있다. RRRR을 4비트로 표시하고, SSSS를 4비트로 표시하는 것이다. 예를 들어, RRRR이 4이고 SSSS가 3이라면 RRRRSSSS의 code number는 16진수로 43이 된다. 이는 16진수로 RRRR×16+SSSS를 표시한 것이다. 이 예를 2진수로 표시하면 RRRR의 4를 0100로 표시하고,

SSSS의 3을 0011로 표시하여, RRRRSSSS를 01000011로 표시한다. 이 01000011를 10진수로 읽으면 code number가 67이 된다. 이 67에 해당하는 Huffman code를 전송하거나 저장하는 것이다. 이 Huffman code table은 본 교재에서 표시하지 않았다. 참고 문헌 [1]을 참조하기 바란다. 표 6-7에서 RRRR=0이고 SSSS=0인 경우는 zero가 한 개도 발생하지 않고 그 다음에 0가 발생한 경우로 해석되는데, 이는 모순되는 이야기가 된다. 따라서 이 table에서는 그렇게 해석하지 않고 부호화하려는 남은 AC 계수들이 모두 0일 때, 현재 블록의 마지막이란 의미(EOB : End of Block)로 사용된다.

표 6-7 RRRR과 SSSS 결합에 해당되는 16진수 code number

		SSSS															
		0	1	2	3	4	5	6	7	8	9	10	11	12	13	14	15
	0	EOB	01	02	03	04	05	06	07	08	09	0A	0B	0C	0D	0E	0F
	1	N/A	11	12	13	14	15	16	17	18	19	1A	1B	1C	1D	1E	1F
	2	N/A	21	22	23	24	25	26	27	28	29	2A	2B	2C	2D	2E	2F
	3	N/A	31	32	33	34	35	36	37	38	39	3A	3B	3C	3D	3E	3F
	4	N/A	41	42	43	44	45	46	47	48	49	4A	4B	4C	4D	4E	4F
	5	N/A	51	52	53	54	55	56	57	58	59	5A	5B	5C	5D	5E	5F
	6	N/A	61	62	63	64	65	66	67	68	69	6A	6B	6C	6D	6E	6F
RRRR	7	N/A	71	72	73	74	75	76	77	78	79	7A	7B	7C	7D	7E	7F
	8	N/A	81	82	83	84	85	86	87	88	89	8A	8B	8C	8D	8E	8F
	9	N/A	91	92	93	94	95	96	97	98	99	9A	9B	9C	9D	9E	9F
	10	N/A	A1	A2	A3	A4	A5	A6	A7	A8	A9	AA	AB	AC	AD	AE	AF
	11	N/A	B1	B2	B3	B4	B5	B6	B7	B8	B9	BA	BB	BC	BD	BE	BF
	12	N/A	C1	C2	C3	C4	C5	C6	C7	C8	C9	CA	CB	CC	CD	CE	CF
	13	N/A	D1	D2	D3	D4	D5	D6	D7	D8	D9	DA	DB	DC	DD	DE	DF
	14	N/A	E1	E2	E3	E4	5E	E6	E7	E8	E9	EA	EB	EC	ED	EE	EF
	15	ZRL	F1	F2	F3	F4	F5	F6	F7	F8	F9	FA	FB	FC	FD	FE	FF

이렇게 RRRR과 SSSS 정보를 코딩한 후, 같은 카테고리 SSSS 내의 서로 다른 AC 값을 구분 짓기 위해서 추가 비트를 사용하여 AC 계수를 부호화한다. SSSS와 AC 신호에 대한 추가 비트를 표 6-8에서 표시하였다. 이는 앞의 표 6-4와 유사한 표이다.

표 6-8 AC 신호에 대한 추가 비트 코드북

SSSS	AC 계수	Additional bits
1	-1,1	0,1
2	-3,-2,2,3	00,01,10,11
3	-7, ···, -4,4, ···, 7	000, ···, 011,100, ···, 111
4	-15, ···, -8,8, ···, 15	0000,···,0111,1000,···,1111
⋮	⋮	⋮
16	32768	-

이와 같은 부호화 과정을 예제를 통해 다음과 같이 표 6-9에서 설명한다. 주어진 AC 계수 63개(DC 신호는 제외함으로)에 대해서 Run-Length Code (4,-14), (2,1), (0,0)를 계산한다. 이 RLC 부호화 결과로부터, zero run 숫자인 RRRR과 non-zero인 AC 계수의 카테고리 정보 SSSS를 계산한다. 그 다음엔 RRRR과 SSSS를 이용하여 16진수 code number와 10진수 code number를 계산한다. 계산된 code number에 해당되는 가변길이 code word를 Huffman codebook에서 찾아 사용한다. 이 Huffman codebook의 일부분을 표 6-10에 표시하였다. 이 코드 워드를 사용한 후, 표 6-8을 이용하여 해당되는 non-zero AC 계수를 구분하기 위한 추가 비트를 사용한다. 이 과정을 통해서 최종적으로 부호화된 비트열은 다음과 같다.

1111111111110011000	‖	0001	‖	11011	‖	1	‖	1010
(4,4)		(Add)		(2,1)		(Add)		(EOB)

표 6-9 AC 신호에 대한 코딩 예제

Zigzag index	1	2	3	4	5	6	7	8	9	10	11	···	63
AC descriptor (AC 계수값)	0	0	0	0	-14	0	0	+1	0	0	0	···	0
Run, RRRR	4					2			EOB				
SSSS					4			1					
RRRR&SSSS의 code number (16진수)					44			21					
RRRR&SSSS의 code number (10진수)					68			33					
Additional bits					0001			1					

표 6-10 RRRR와 SSSS를 부호화하기 위한 Huffman Codebook의 일부분

RRRR/SSSS	codeword	length	RRRR/SSSS	codeword	length
0/0	1010(=EOB)	4	4/1	111011	7
0/1	00	3	4/2	1111111000	12
0/2	01	3	4/3	111111111000	19
0/3	100	6	4/4	1111111110010111	20
0/4	1011	8	4/5	1111111110011000	21
0/5	11010	10	4/6	1111111110011001	22
0/6	111000	12	4/7	1111111110011010	23
0/7	1111000	14	4/8	1111111110011100	24
0/8	1111110110	18	4/9	1111111110011101	25
0/9	1111111110000010	25	4/A	1111111110011110	26
0/A	1111111110000011	26	5/1	1111010	8
1/1	1100	5	5/2	111111001	12
1/2	111001	8	5/3	111111110011111	19
1/3	1111001	10	5/4	111111110100000	20
1/4	111110110	13	5/5	111111110100001	21
1/5	1111110110	16	5/6	111111110100010	22
1/6	111111110000100	22	5/7	111111110100011	23
1/7	111111110000101	23	5/8	111111110100100	24
1/8	111111110000110	24	5/9	111111110100101	25
1/9	111111110000111	25	5/A	111111110100110	26
1/A	111111110001000	26	6/1	1111011	8
2/1	11011	6	6/2	11111111000	13
2/2	11111000	10	6/3	111111110100111	19
2/3	1111110111	13	6/4	111111110101000	20
2/4	1111111110001001	20	6/5	111111110101001	21
2/5	1111111110001010	21	6/6	111111110101010	22
2/6	1111111110001011	22	6/7	111111110101011	23
2/7	1111111110001100	23	6/8	111111110101100	24
2/8	1111111110001101	24	6/9	111111110101101	25
2/9	1111111110001110	25	6/A	111111110101110	26
2/A	1111111110001111	26	7/1	11111001	9
3/1	111010	7	7/2	11111111001	13
3/2	111110111	11	7/3	111111110101111	19
3/3	11111110111	14	7/4	111111110110000	20
3/4	1111111110010000	20	7/5	111111110110001	21
3/5	1111111110010001	21	7/6	111111110110010	22

JPEG에서는 고정된 Huffman codebook을 이용하여 양자화된 계수들을 효과적으로 코딩을 한다. 이 코드북에 관한 정보는 약속된 정보이기 때문에 JPEG decoder에서는 앞에서 설명한 표들을 가지고 있다. 따라서 encoding의 역순으로 decoding을 하게 되면 encoding 이전의 data로 완전히 복원이 가능해진다.

6.9 JPEG 부호화 및 복호화 순서 정리

지금까지 JPEG 압축 표준 기술을 이용하여 정지 영상을 압축하는 과정을 설명하였다. 이 과정을 요약 정리하기 위해서, JPEG 압축의 encoding 과정과 decoding 과정의 흐름(flow)을 그림 6-9에 표시하였다. 디코딩 과정은 인코딩 과정의 역순이라고 보면 된다. 즉, JPEG 디코딩 과정은 제일 먼저 파일 형태로 저장되거나 또는 전송되어진 압축된 data를 entropy decoding을 한다. 이때 DC 값과 AC 값은 따로 처리를 한다. 먼저 약속된 Huffman 코드북을 이용하여 양자화된 DC 계수 간의

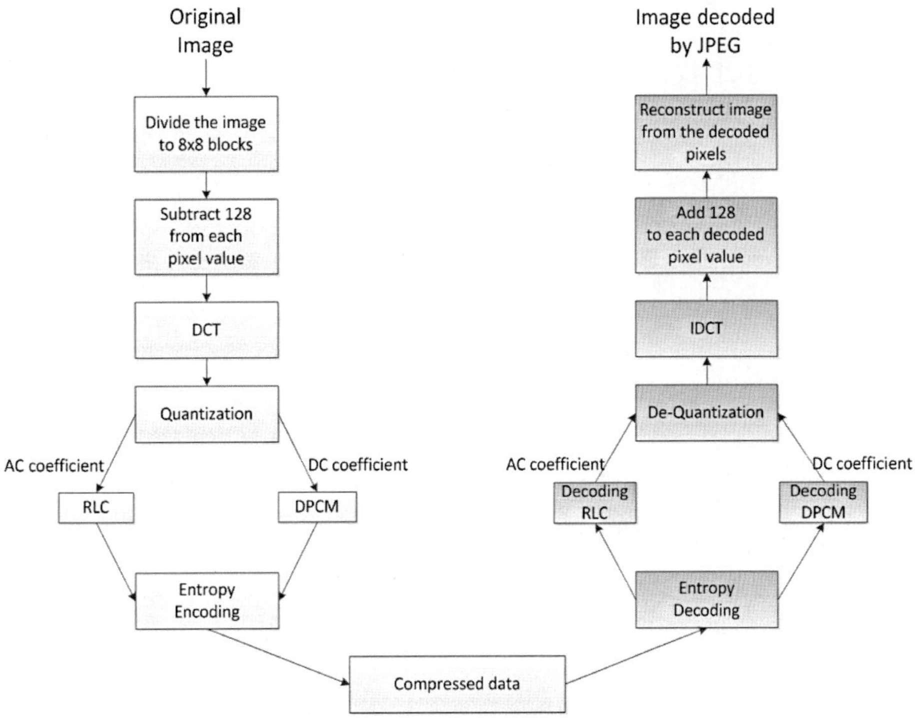

그림 6-9 JPEG encoder와 decoder의 동작 과정

차이 값을 복원하고, AC 계수들에 대한 (뛰어 넘을 0의 개수, 0이 아닌 값)을 복원한다. 그 다음, Run-length decoding을 수행하여 한 블록당 64개의 정보를 만들어낸다. 이렇게 만들어진 정보를 이용하여, DC 성분에 대한 복호화 정보는 이전 DC 값과 더해서 현재 블록의 정확한 DC 값을 복호하고, AC 계수들은 Zig-Zag scan 순서로 배치하여 최종적으로 8×8 크기의 블록을 복원한다. 이후에 역 양자화를 거치고 마지막으로 역 DCT를 수행하여 화소 영역의 신호 값을 복원한다. Encoder에 비해 decoder는 수행 복잡도가 낮은 것이 일반적이다.

여기까지가 JPEG 순차 모드에 관한 설명이다. 이렇게 압축 과정을 수행한 후에 pixel당 1 bit도 안 되는 양으로 영상 정보를 표현할 수 있게 된다. JPEG은 약간의 시간적 차이가 있지만 1987년에 2개의 표준화 기관(ITU와 ISO/IEC)들이 공동으로 표준화를 시작하여, 1990년쯤에 표준화를 완성하였다. 이후에 계속된 연구와 표준화의 진행으로 2000년쯤에 정지 영상에 대한 새로운 압축 표준 기술인 JPEG-2000을 완성하였다. JPEG-2000에서는 점진적 모드와 무손실 모드, 계층적 모드를 고려해서 영상을 압축한다.

6.10 Syntax 구조

이번 절에서는 JPEG의 syntax 구조 및 헤더 구조에 대해 학습한다. JPEG에서는 한 장의 영상을 8×8 block 단위로 나눈 후, 각 블록들을 래스터(raster) 스캔 순서로 압축한 후 전송한다. 래스터 스캔이라 함은 한 장의 영상을 여러 개의 8×8 block들로 나눈 후, 영상의 가장 상단의 왼쪽에 위치한 블록부터 오른쪽 블록으로 순서대로 부호화한 후, 그 다음 라인의 8×8 block들을 같은 방향으로 순서대로 부호화하는 것을 의미한다. 이때, 송신단과 수신단은 몇 가지 약속된 방법으로 마커(Marker)를 삽입하고, 여기에 부호화된 블록 정보를 연결하여 만들어진 비트스트림을 전송한다. 이때 Marker에는 디코더가 디코딩할 때 필요한 여러 가지 부가정보들을 포함하게 된다[1].

그림 6-10은 JPEG을 압축한 후 구성되는 비트스트림의 syntax 구조를 나타낸다. JPEG의 비트스트림 구조는 Marker segments와 Entropy coded segments로 구성된다. Marker segments는 헤더, 테이블, 또는 일반적인 정보를 전송할 때 사용되며, 그림 6-10에서는 진한색 블록으로 표시되어 있는 SOI, EOI, Frame Header, Application Data, DQT, DHT, SOS, RST0 등이 marker segments이다. 이 그림

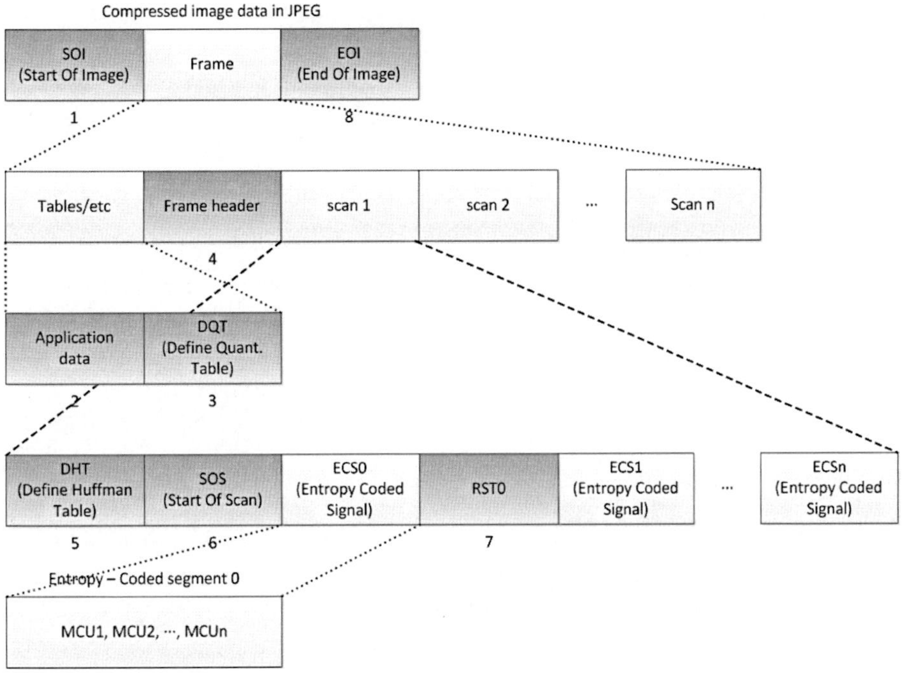

그림 6-10 JPEG syntax 구조

에서 마커 세그먼트 아래의 아라비아 숫자는 한 장의 영상을 압축할 때 삽입되는 마커의 삽입 순서를 의미한다. 이 마커들의 종류, 이진코드, 길이, 이름 등을 정리하면 그림 6-11과 같다[1].

Marker는 2 bytes의 데이터로 구성되어 있는 것도 있고 Marker 뒤에 추가 데이터가 더 붙는 경우도 있다. 추가 데이터가 더 붙는 경우, Marker 뒤에 추가 데이터의 길이를 포함하는 전체 길이를 2 bytes로 표시한 후 그 다음에 추가 데이터를 전송한다. 추가 데이터는 최대 65,533 bytes까지 올 수 있다. 추가적인 데이터가 오지 않는 경우에는 Marker length와 data 부분은 생략되고 Marker code만 표시된다.

Makder Segment와 달리 ECS(Entropy coded segments)는 8×8 MCU(Minimum coded unit) 단위로 부호화된 데이터이다. 각 블록 내부의 픽셀값들을 DCT 변환한 후, 양자화를 수행하고, 그리고 엔트로피 부호화한 정보들을 의미한다. 이때, 양자화된 정보를 엔트로피 부호화하기 전에 zig-zag scan을 사용하고, 엔트로피 부호화를 위해서는 Run-length code와 Huffman code를 사용한다.

1

Short name	Code	Length	Name	Category
SOI	0xFFD8	2bytes	Start of image	

-이미지의 시작을 알리는 marker로, 세부 정보가 담겨 있지 않다.

2

Short name	Code	Length	Name	Category
APPn	0xFFEn	Variable size	Application data	

-각각 다른 application data를 구분하기 위해 사용한다. 0~F까지 번호가 할당되어있어 각각 application 프로그램을 사용할 때 표시된다. APPn은 이미지 자체에 전혀 영향을 주지 않으며 application 프로그램에서 보조 자료로 사용되는 marker이다.

3

Short name	Code	Length	Name	Category
DQT	0xFFDB	Variable size	Define quantization tables	

- Quantization table을 정의 하는 marker이다. 한 개 또는 여러 개의 양자화테이블을 구분 할 수 있고 최대 4개의 table을 가질 수 있다. 양자화 테이블을 다음 그림과 같이 zig-zag 순서로 저장된다.

4

Short name	Code	Length	Name	Category
SOFn	0xFFC0 0xFFC1 0xFFC2 0xFFC3 0xFFC5 0xFFC6 0xFFC7 0xFFC9 0xFFCA 0xFFCB 0xFFCD 0xFFCE 0xFFCF	Variable size	Start of frame	baseline DCT extended sequential DCT progressive DCT lossless differential sequential DCT differential progressive DCT differential lossless extended sequential DCT progressive DCT lossless differential sequential DCT differential progressive DCT differential lossless

- 이미지의 한 frame header를 뜻 한다. SOF는 압축의 모드와 어떤 엔트로피 부호화를 사용했는지에 따라 달라진다. 이외에도 영상의 세로, 가로의 크기 등 추가적으로 정보가 들어있다. SOFn은 JPEG파일 안에 오직 하나만 존재한다.

5

Short name	Code	Length	Name	Category
DHT	0xFFC4	Variable size	Define huffman tables	

- huffman table을 표시하는 marker이다. 하나 또는 여러 개의 huffman table을 표시한다. huffman table은 AC 계수 table과 DC 계수 table이 따로 보관되어 있으며 각각 4개의 table을 보유 할 수 있다.

6

Short name	Code	Length	Name	Category
SOS	0xFFDA	Variable size	Start of scan	

- scan header를 나타내는 marker이다. 블록의 각 계수들이 어떤 huffman table을 사용했는지 알려주는 marker이다. SOS 다음에 ECS블록이 오게 되는데 이 블록은 픽셀을 샘플링-DCT-양자화-huffman 부호화 과정을 거쳐 만들어낸 데이터이다.

7

Short name	Code	Length	Name	Category
DRI	0xFFDD	4bytes	Define restart interval	
Short name	Code	Length	Name	Category
RSTn	0xFFDn	2bytes	Restart marker	
- scan header를 나타내는 marker이다. 블록의 각 계수들이 어떤 huffman table을 사용했는지 알려주는 marker이다. SOS 다음에 ECS블록이 오게 되는데 이 블록은 픽셀을 샘플링-DCT-양자화-huffman 부호화 과정을 거쳐 만들어낸 데이터이다.				

8

Short name	Code	Length	Name	Category
EOI	0xFFD9	2bytes	End of image	
- 이미지의 마지막을 알리는 marker이다.				

그림 6-11 JPEG Syntax에 사용되는 마커들

Marker Code[2bytes]	Marker length[2bytes]	Data

그림 6-12 추가 데이터가 오는 Marker의 형식

• 참고문헌

[1] William B. Pennebaker, Joan L. Mitchell, *JPEG Still Image Data Compression Standard*, Van Nostrand Reinhold, 1993.

[2] 김재균, 권재철, 문주희, 황강욱, 『영상통신개론』, 홍릉과학출판사, 2010.

[3] 하영호, 남재열, 최윤식, 원치선 공역(Ze-Nian Li and Mark S. Drew 저), 『멀티미디어 공학 (원제 : *Fundamentals of Multimedia*)』, Pearson Prentice Hall, 2004.

[4] K. R. Rao, J. J. Hwang, *Techniques & Standards for Image Video & Audio Coding*, Prentice Hall, 1996.

[5] Iain E. G. Richardson, *Video Codec Design*, John Wiley & Sons, 2002.

[6] John Watkinson, *The MPEG Handbook*, Elsevier, 2004.

생각해 볼 문제

Q1 JPEG으로 정지 영상을 압축할 때, 압축 효율을 높이기 위해서는 어느 모듈을 어떻게 설계해야 하는지 설명하시오.

Q2 8×8 블록을 DCT 변환하기 전에 -128 만큼 level shifting하는 이유를 설명하시오.

Q3 DCT 변환된 블록 내의 계수들의 특성에 대해서 설명하시오.

Q4 DCT 변환된 블록 내 계수들을 양자화하는 방식에 대해서 설명하고, 이 방법이 인간의 시각적인 민감도와 어떤 관계가 있는지 설명하시오.

Q5 Zig-Zag Scan을 사용하는 이유에 대해서 설명하고, alternative scan 방법에 대해서 조사한 후 설명하시오.

Chapter 7

MPEG-2

이번 장에서 학습하려는 영상압축 표준기술은 표준화 기관 ITU-T에서 H.262로 명명되었고, 표준화 기관 ISO/IEC에서는 MPEG-2라고 알려진 비디오 코덱 기술이다. 이 동영상 압축 기술도 JPEG과 마찬가지로 ITU-T와 ISO/IEC가 협력하여 공동으로 표준화한 기술이다. 이 기술은 5~20 Mbps 이상의 높은 비트율에서 고화질 및 고품질의 방송 서비스를 실현하기 위한 동영상 및 음향 압축 기술로서 저장미디어 뿐만 아니라 통신, 방송 미디어에도 적용이 가능하다. 응용분야로는 디지털 위성방송, 고선명TV, 디지털 비디오 디스크(DVD), 주문형비디오(VOD) 등이 있다.

이 장에서는 우선 비디오 신호의 공간적인 특징과 시간적인 특징을 학습한다. 그리고 나서 MPEG-2 인코더의 개괄적인 기능을 학습한다. 구체적으로는 MPEG-2에서 사용되는 Intra 및 Inter Coding 기법, MPEG-2 Encoder의 영상 압축 기술, I Picture, P picture, B picture의 부호화 방법, 각 Picture 타입별 매크로블록들이 부호화될 수 있는 mode 등에 대해서 학습한다. 이 장의 후반부에서는 MPEG-2 Encoder와 Decoder의 복잡도를 비교 설명하였고, 그 외 여러 가지 MPEG-2에 관한 특징들에 대해서 학습한다.

7.1 Video 신호의 특성

MPEG-2에는 영상 정보의 여러 가지 특성들을 이용한 기술들이 사용되었는데, 여기서 사용된 영상 신호의 특징들을 살펴보면 다음과 같다.

1 공간적으로 인접한 화소 값들의 상관성

그림 7-1은 Lena 영상 내의 특정블록을 구성하고 있는 픽셀들의 밝기 값을 보여주고 있다. 이 그림에서 보면 이웃하는 주위 화소들 간에는 밝기 값이 매우 유사하다는 것을 알 수 있다. 물론 인물의 어깨선과 턱선 등 에지(경계)를 나타내는 부분에서는 이웃하는 화소들간에도 큰 차이가 존재한다. 그렇지만, 전체 화소 수에 비해

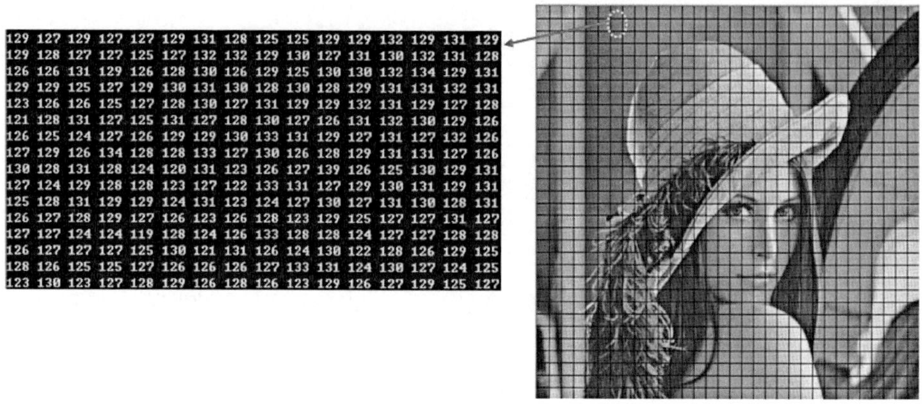

그림 7-1 이웃 화소 값들의 유사성 예

edge가 차지하는 화소 수는 매우 적은 반면, 이웃하는 화소간의 밝기 값이 비슷한 평면 영역의 화소들의 개수가 훨씬 많은 것을 알 수 있다.

2 순차주사 방식과 비월주사 방식 사용

동영상을 구성하는 각 영상은 interlaced(비월주사) 방식으로 구성될 수도 있고, progressive(순차주사) 방식으로 구성될 수도 있다. Interlaced 주사 방식 영상을 촬영하거나 구성할 때는 영상의 순서에 따라 홀수 라인과 짝수 라인을 독립적으로 촬영한다. 예를 들면, 짝수 번째 영상을 촬영할 때는 영상 내의 짝수 라인들만 촬영하고, 그 다음 영상을 촬영할 때는 홀수 라인들만 촬영하는 것이다. 촬영하려는 영상의 공간적 해상도(영상의 크기)가 720×480이라면, 홀수 번째 영상에서는 홀수 번째 라인 240개만 촬영하여 720×240 크기의 영상을 저장하고, 짝수 번째 영상에서는 짝수 번째 라인 240개만 촬영하여 720×240 크기의 영상을 저장하는 방식이다. 이렇게 홀수 라인으로만 촬영되거나 또는 짝수 라인으로만 촬영된 영상 각각을 '필드(field)'라고 부른다. 짝수 번째 라인으로만 구성된 영상을 even field라고 하고, 홀수 번째 라인으로만 구성된 영상을 odd field라고 한다. 그런데, 영상을 다루는 사람들에 따라서 영상의 맨 윗 라인을 0번째 라인이라고 정하는 사람도 있고, 맨 윗 라인을 1번째 라인으로 다루는 사람도 있기 때문에 even field와 odd field의 개념에 혼동이 생기곤 한다. 이 문제를 해결하기 위해서 첫 번째 라인을 포함하는 필드를 top field라고 명명하고, 두 번째 라인을 포함하는 필드를 bottom field라고 명명한다. 이렇게 interlaced 주사 방식으로 촬영되는 경우, 초당 60장의 field들을 촬영한다.

이에 반해, progressive 주사 방식이란 동영상을 구성하는 각 영상에서, 영상 내의 홀수 라인과 짝수 라인의 구분 없이 연속으로 한 번에 촬영하는 것이다. 예를 들어 720×480 크기(공간 해상도)의 영상을 촬영한다고 하면, 매 영상마다 720×480 크기의 영상을 촬영하고 저장하는 것이다. 이때, 각 영상에는 수직방향으로 총 480 라인이 저장된다. 매 영상마다 480개 라인을 연속적으로 촬영하여 저장하는 것이다. 이렇게 촬영되고 저장된 영상을 progressive 영상이라고 하고, 한 개의 progressive 영상을 '프레임(Frame)'이라고 명명한다. 보통의 경우 프레임들은 초당 30장씩 촬영되고 저장된다.

그림 7-2에서 나타낸 내용은 미식 축구 경기 장면을 interlaced 방식으로 촬영한 영상이다. 촬영하려는 원래 영상의 공간 해상도는 720×480 크기인데(이 영상은 480개의 수평 라인 정보로 구성되어 있음), 어떤 시간에는 짝수 번째 라인 240개를 촬영한 후 저장하고(top field 저장), 또 다른 시간에는 홀수 번째 라인 240개(bottom field)를 저장한다. 각 field들은 미식 축구 경기를 서로 다른 시간에 촬영한 결과이기 때문에 약간 다른 데이터로 구성되어 있다. 그림 7-2의 왼쪽 그림은 서로 다른 시간에 촬영된 top field와 bottom field을 합친 그림이다. 이때, 합치는 순서는 top field의 첫째 라인, bottom field의 첫째 라인, top field의 두 번째 라인, bottom field의 두 번째 라인…이 된다. 이런 식으로 top field와 bottom field의 라인 정보들을 교대로 저장하는 방법으로 합치게 된다. 이렇게 합쳐진 영상은 480개의 라인으로 구성되며, 이 영상을 '프레임(Frame)'이라고 명명한다. 즉, interlaced 방식으로 촬영된 2개의 field 영상을 합친 것도 Frame이고, progressive 방식으로 촬영된 1장의 영상도 Frame이라고 부른다. 미식 축구나 야구 경기 같이 빠른 움직임을 포함하는 동영상을 촬영하고 저장할 때는 시간적인 해상도(초당 몇 장의 영상을 촬영하는가의 문제)가 중요한 특성이 되므로, 초당 60장(즉, 1/60초마다 한 장)의 interlaced 영상을 촬영하는 것이 움직임을 자연스럽게 표현하는 방법이 된다. 하지만 각 장의 라인 수가 480개가 아닌 240개 밖에 되지 않기 때문에 공간 해상도 측면에서 화질 저하를 느끼게 되는데, 이는 인간 시각 시스템의 잔상 효과 때문에 화질 열화(저하)가 작게 느껴진다. 최근 가전시장에서 판매되는 디지털 TV들은 수신된 interlaced 영상(field)에 다양한 보간(interpolation) 기법을 적용하여 progressive 영상으로 만드는 기능이 내장되어 있다. 이 과정을 통해 field 영상을 frame으로 만든 후 TV 화면에 출력함으로써 공간 해상도를 보완하게 된다.

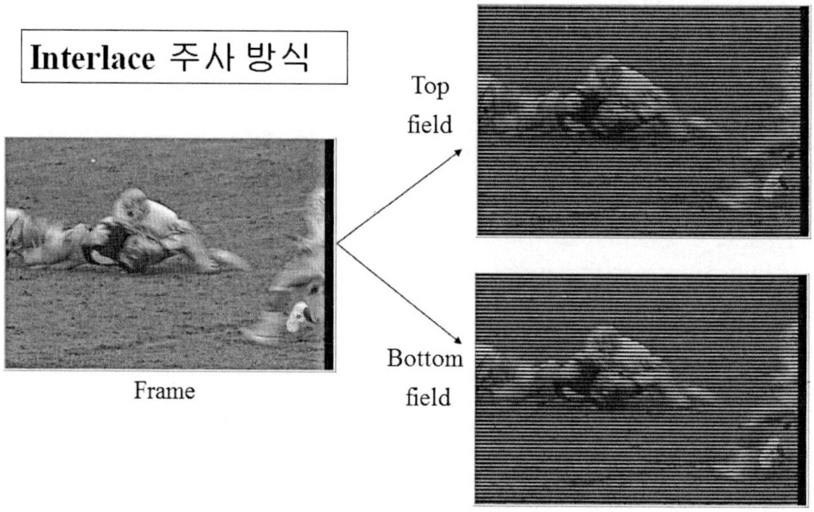

그림 7-2 Interlace 주사 영상의 예

3 고주파 성분에 둔감한 사람의 시각 시스템

사람의 시각 시스템은 신호의 주파수에 따라서 느끼는 민감도에 차이가 난다. 일반적으로 저주파 신호에는 민감한 반면 고주파 신호에는 둔감한 특성을 나타낸다. 이런 특성을 설명하기 위해서 그림 7-3을 이용하여 인간의 주파수 특성 민감도를 설명한다. 우선, 그림 7-3의 왼편 그림을 보면 밝기 값 220과 220이 연속으로 위치해 있다. 이 경우 두 밝기의 차이는 0이다. 그 아래 샘플값들을 보면 밝기 값이 220과 190이 연속으로 위치하였고, 이 경우 두 밝기 차이는 30이 된다. 이 화소 값들의 배치에서 알 수 있는 것은 윗부분의 화소 값 220들 중에서 한 개 화소의 밝기 값이 220에서 190으로 30만큼 감소했더니 밝기 값이 30만 변했는데도 큰 차이를 느낄

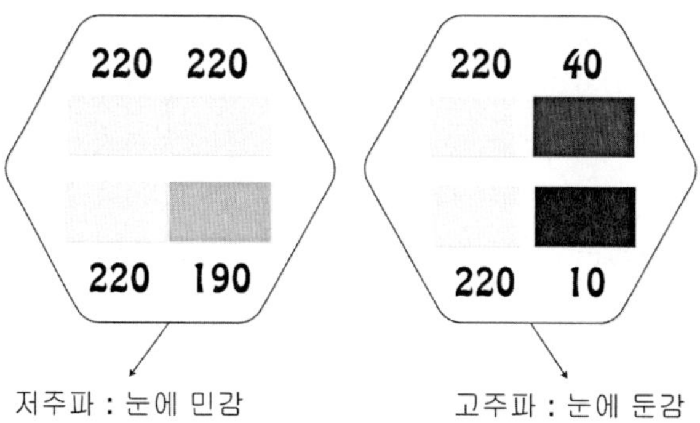

그림 7-3 저주파 및 고주파 성분에 대한 인간의 시각 반응

수 있다는 것이다. 이와 비교하기 위해 그림 7-3의 오른쪽 부분 화소 값들을 살펴보자. 밝기 값이 220과 40이 연속으로 위치한 경우 두 밝기 차이는 180이다. 그 아래 사각형들의 밝기 값을 살펴보면, 220과 10이 연속으로 위치해 있고 이 경우 밝기 차이는 210이 된다. 그렇지만, 이 그림에서 40이란 밝기 값이 10이란 밝기 값으로 감소된 것을 눈으로 느끼기 어렵다. 즉, 위 화소의 밝기 값 40이 30만큼 감소해서 10으로 변했는데도 큰 차이점을 느낄 수 없다. 여기서 알 수 있는 내용은 다음과 같다. 주위 화소 값들간의 차이가 없거나 차이 값이 작은 저주파수 영역에서는 밝기 차이가 아주 조금 (예를 들면, 30만큼) 발생해도 그 차이가 눈에 쉽게 보인다. 그렇지만 주위 화소간에 밝기 차이가 크게 존재하는 (예를 들면, 180만큼 차이가 나는 경우) 고주파수 영역에서는 화소 밝기 값이 어느 정도 (예를 들면, 30만큼) 변해도 그 변화가 사람의 눈에 보이지 않는다. 이렇듯 사람의 눈에는 저주파 영역의 변화에 민감하고 고주파 영역의 변화에 둔감한 특징이 있다.

고주파 신호 영역에서 신호의 변화 또는 왜곡에 둔감한 시각 특성을 보여주는 또 다른 예는 그림 7-4와 같다. 왼쪽 그림은 lena 영상의 각 화소 밝기 값을 256 레벨로 표현한 그림이다. 오른쪽 그림은 lena 영상의 각 화소 밝기 값을 균등하게 선택된 8 레벨만으로 표현한 그림이다. 왼쪽 그림과 오른쪽 그림을 비교함으로써 알 수 있듯이 양자화 레벨 숫자가 감소함으로 인해 발생하는 화질 열화(양자화 왜곡)를 영상의 모든 부분에서 똑같은 강도로 느끼는 것은 아니다. 양자화 왜곡이 발생한 오른쪽 그림에서 머리카락 등 고주파 영역에서는 양자화 왜곡이 눈에 잘 보이지 않는다. 그와 반대로 얼굴과 어깨 등 저주파 영역에서는 왜곡이 심하게 보이는 현상을 발견할 수 있다. 이런 특성을 이용해서 JPEG과 MPEG-x 등 비디오 압축을

Quantization level : 256

Quantization level : 8

그림 7-4 신호의 양자화 왜곡에 대한 인간의 시각 반응

위한 표준 기술들에서는 저주파 영역 정보는 작은 크기의 양자화 스텝을 사용하고, 고주파 영역 정보에 대해서는 큰 크기의 양자화 스텝을 사용하여 양자화를 수행한다. 이는 이 책의 제5장과 제6장에서 설명한 바 있다.

4 밝기 신호와 컬러 신호의 해상도 특성

자연계에 존재하는 컬러 신호를 컴퓨터 및 전자 장치에서 표현하기 위해서는 색의 3원색을 이용한 합성 과정이 필요하다. 일반적으로 카메라 또는 모니터와 같이 빛을 다루는 장치에서는 R(Red), G(Green), B(Blue)를 3원색으로 사용한다. 이와 달리, 프린터와 같이 잉크를 사용하는 경우에는 C(Cyan), M(Magenta), Y(Yellow)를 3원색으로 사용한다. RGB는 CMY와 보색(補色, complementary color)관계에 있다. 잉크를 사용하는 장치와 빛을 사용하는 장치에서 각각 사용하는 3원색이 다른 이유는 다음과 같다. 빛을 발생시키는 장치는 표현하려는 컬러 신호에 해당하는 파장의 빛 신호를 발생(내보냄 또는 발광)시키지만, 잉크를 사용하는 장치에서는 잉크가 표현하려는 컬러에 해당하는 파장의 빛 신호는 반사하고 나머지 파장의 신호들은 흡수하는 원리로 동작하기 때문이다. 이를 다시 설명하면, 빛으로 컬러 신호를 표현할 때는 덧셈 원리로 합성하고, 잉크로 색을 표현할 때는 뺄셈 원리로 합성한다고 말할 수 있다. 빛의 3원색을 모두 합성하면 흰색(white color)이 되는 반면, 잉크의 3원색을 모두 합성하면 검정색(black color)이 된다.

방송 장비 등 전자 장치들에서 컬러 신호를 RGB 3원색으로 다루지만, 영상 신호를 압축하는 과정에서는 RGB 신호를 YCbCr로 변환한 후, 이렇게 변환된 Y, Cb, Cr 신호를 독립적으로 압축하게 된다. Y는 luminance(밝기)를 나타내는 신호이고 Cb와 Cr은 컬러 신호를 표현하는 요소이다. RGB 신호를 YCbCr로 변환하는 방정식은 아래 수식 (7.1)과 같다. [1]

$$
\begin{aligned}
Y &= 0.299R + 0.589G + 0.114B \\
Cb &= -0.16874R - 0.33126G + 0.5B \\
Cr &= 0.5R - 0.41869G - 0.08131B
\end{aligned}
\tag{7.1}
$$

식 (7.1)을 이용하여 Y, Cb, Cr로 변형된 신호는 여러 가지 비디오 신호 압축 방법으로 각각 부호화된 후 채널을 통해 전송된다. 이렇게 압축된 Y, Cb, Cr 신호 각각은 수신단에서 복호화된 후 LCD 모니터 등 출력 장치에서 표현되기 전에 다시 RGB로 변형된 후 화면에 출력(display)된다. YCbCr 신호를 RGB로 변형시키는 방법은 다음 식 (7.2)를 이용한다.

$$
\begin{aligned}
R &= Y + 1.402\,Cr \\
G &= Y - 0.344\,Cb - 0.713\,Cr \\
B &= Y + 1.772\,Cb
\end{aligned}
\tag{7.2}
$$

그렇다면, 왜 RGB 신호를 YCbCr로 변형한 후 부호화(압축) 및 복호화 처리를 하고, 복원된 YCbCr 영상을 다시 RGB로 변형한 후, 모니터에 출력할까? 이런 과정을 거치지 않고, RGB 신호를 직접 압축 및 복호화하면 안될까? 그 이유는 컬러 신호에 대한 인간의 민감도 차이에 있다. 인간의 시각 시스템은 밝기 신호의 왜곡에는 민감한 반면, 컬러 신호의 왜곡에는 둔감한 특성이 있다. R, G, B 신호 각각을 양자화하면 R, G, B 모든 신호에 양자화 왜곡이 발생하는데, 이 왜곡된 R, G, B 신호가 합성되어 표시되는 영상 신호의 양자화 왜곡이 인간의 눈에 매우 거슬려 보이게 된다. 이에 반해, RGB 신호를 YCbCr로 변환하면, 밝기 신호는 Y로 모이고, 컬러 신호는 Cb와 Cr로 모이게 된다. 이렇게 밝기 성분과 컬러 성분으로 영상 신호를 분리하고 나면, 인간의 시각에 민감한 밝기 신호 Y는 세심하게 다뤄 양자화 왜곡이 아주 작게 발생하도록 하고, 인간의 눈에 둔감한 컬러 신호 Cb와 Cr은 상대적으로 간단하고 성능이 좋지 않은 기법으로 압축할 수 있다. 이 같은 방법을 사용하면, Cb와 Cr 신호에 양자화 왜곡이 크게 발생할 수 있는데, 그렇게 되더라도 사람의 눈에는 왜곡이 잘 안보일 수 있다.

이런 원리를 이용하여, Y, Cb, Cr 신호의 공간 해상도를 다르게 사용할 수 있다. 원 영상의 크기가 가로 W개 화소로 이뤄져 있고, 세로가 H개 화소로 이뤄져 있다면, R, G, B 신호 각각의 크기는 $W \times H$가 된다. 이들 R, G, B 신호를 Y, Cb, Cr로 변형하면, Y, Cb, Cr 신호 각각의 크기 또한 $W \times H$가 된다. 여기서 인간의 눈이 컬러 신호에 둔감함을 이용하기 위해서, 컬러 신호인 Cb와 Cr의 가로 방향 해상도를 반으로 줄인다면, 즉, 가로 방향으로 W개 화소로 표현된 Cb와 Cr 영상을 subsampling 기법을 통해 $W/2$개 화소로 줄인다면, Y의 크기는 여전히 $W \times H$이지만, Cb와 Cr의 크기는 각각 $(W/2) \times H$가 된다. 이렇게 50%의 크기가 감소된 컬러 신호 Cb와 Cr을 압축한다면, 압축하기 이전부터 무려 2배의 압축률을 달성한 상태에서 작업을 시작하는 셈이다. 이렇게 Y, Cb, Cr 영상들 간에 해상도 비율이 100 : 50 : 50 인 상태에서 비디오 압축을 수행하고, 이렇게 압축된 신호를 수신단에서 복호화하면, 양자화 왜곡이 포함된 Y, Cb, Cr을 복구할 수 있다. 이때, 이 복구된 신호들의 해상도 크기는 각각 $W \times H$, $(W/2) \times H$, $(W/2) \times H$가 된다. 이렇게 복구된 Y, Cb, Cr 영상을 모두 같은 크기의 해상도를 갖게 하기 위해서 Cb와 Cr 신호를 가로 방향으로 보간(interpolation)을 수행한다. 이 과정을 거치게 되면 Y,

Cb, Cr 모두 $W \times H$의 해상도를 갖게 된다. 이렇게 복구된 Y, Cb, Cr에 식 (7.2)에서 설명하는 변환 방법을 통해 R, G, B로 변형한 후, 모니터에 display한다. 이런 과정을 거침으로써 컬러 신호 압축 과정에서 매우 큰 비율의 압축성능을 얻을 수 있고, 컬러 신호에 발생한 왜곡이 인간의 눈에 잘 느껴지지 않는 특성 때문에 시각적인 만족도 또한 손실되지 않는 특성이 있다. 참고로 수신단에서 Cb, Cr 신호를 보간하는 방법은 이 책의 제2장에서 설명한 보간 기법들을 이용하여 수행한다.

앞의 설명과 같은 이유로 컬러 신호 Cb와 Cr의 가로 및 세로 해상도를 반으로 줄이면, Cb와 Cr의 해상도가 각각 $(W/2) \times (H/2)$이 된다. 이렇게 컬러 신호의 공간적인 해상도를 1/4 크기로 줄인 후, 그 축소된 신호를 압축하고 복원하여도 인간의 눈은

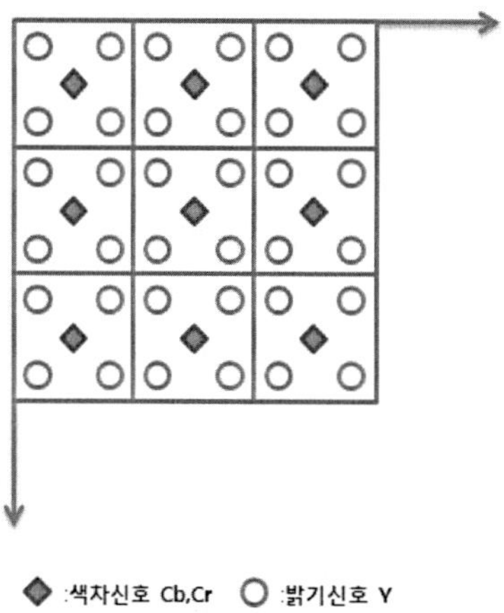

(a) MPEG-1에서 4 : 2 : 0

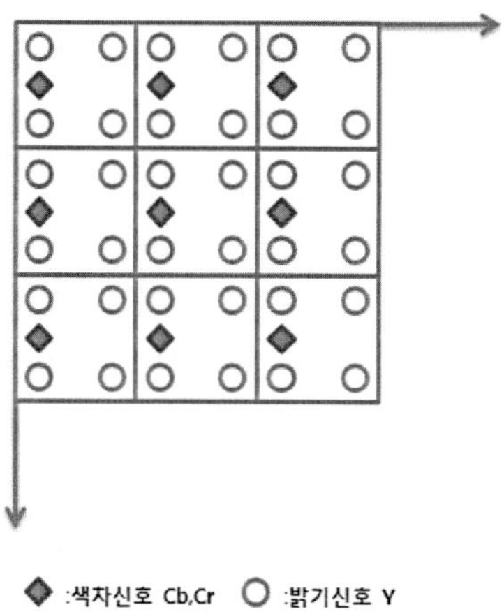

(b) MPEG-2에서 4 : 2 : 0

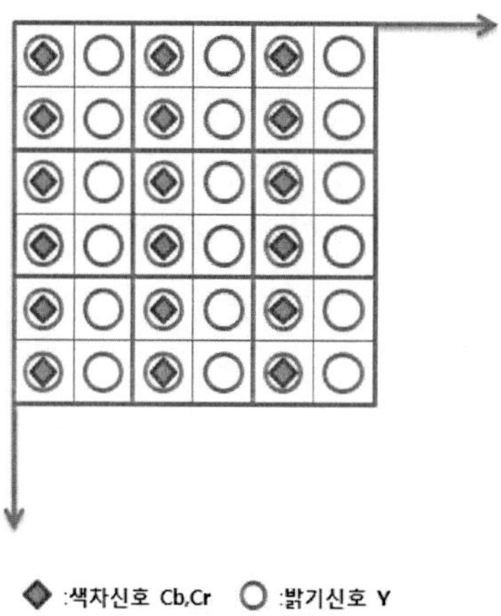

(c) MPEG-1과 MPEG-2에서 4 : 2 : 2

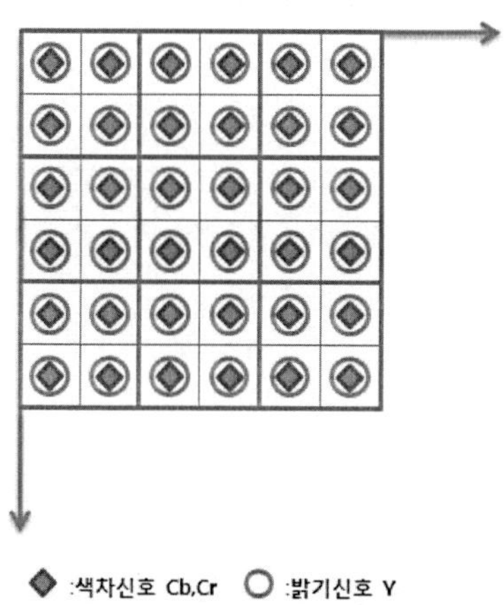

(d) MPEG-1과 MPEG-2에서 4 : 4 : 4

그림 7-5 밝기 신호와 컬러 신호의 해상도 특성

표 7-1 컬러 포맷의 종류

컬러 포맷	Y	Cb	Cr
4 : 4 : 4	W×H	W×H	W×H
4 : 2 : 2	W×H	(W/2)×H	(W/2)×H
4 : 2 : 0	W×H	(W/2)×(H/2)	(W/2)×(H/2)

이에 관련된 왜곡을 잘 느끼지 못하는 경향이 있다. 이렇게 비디오 신호 압축 이전에 컬러 신호의 해상도를 줄여서 준비된 영상들을 구분하기 위해 특별한 명칭을 사용하는데, 그 각각을 '4 : 4 : 4', '4 : 2 : 2', '4 : 2 : 0'라고 명칭한다. 이를 표 7-1과 그림 7-5에 정리하였다.

5 연속적인 picture들 사이의 유사성

동영상을 구성하는 여러 장의 연속된 픽처들은 서로 유사성이 많다. 그림 7-6은 연속된 픽처의 한 예를 보여주고 있다. 이 비디오 신호는 건물 공사장을 배경으로 어떤 인물이 공사장을 설명하는 내용을 담고 있다. 이 그림에서 볼 수 있듯이 연속적으로 촬영된 픽처들은 서로 비슷한 부분이 아주 많은 것이 일반적이다. 이런 특성을 이용한다면, 동영상 정보를 압축할 때, 현재 픽처(T)를 과거 픽처(T-1)과 비교한 후 픽처 사이의 차이 값만 부호화함으로써 압축 효율을 높일 수 있다. 이와 같이 현재 픽처와 과거 픽처 간의 차이 값을 계산한 후 부호화하는 것을 시간적 예측 부호화라고 한다. 그림 7-6의 경우, 인물 뒷 배경의 건물은 시간이 흘러도 움직이지 않고 고정되어 있기 때문에, 픽처 간 상관성이 매우 높다고 할 수 있다. 이런 영역은 앞 영상과 뒷 영상 간의 차이 값이 거의 없기 때문에 이 부분을 압축하면서 발생하는 비트양은 매우 적을 것으로 예측된다. 이에 비해 시간에 따라 움직이는 손과 얼굴 표정은 연속된 픽처 사이에 차이가 꽤 있기 때문에, 이 부분을 압축하는 과정에서 발생하는 비트양은 적지 않을 것으로 예상할 수 있다.

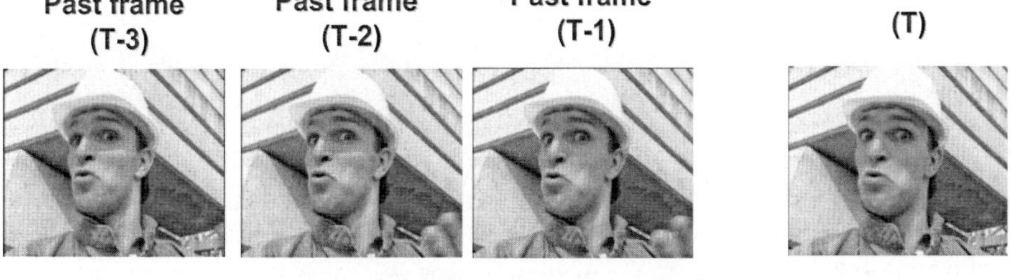

그림 7-6 연속적인 영상들 사이의 상관성(유사성)

7.2 Picture 종류 및 GOP 구조

지금까지 설명된 영상 정보의 특징들을 이용하여 MPEG-2 부호화 알고리즘이 만들어졌다. 동영상의 연속적인 모든 picture들을 같은 방식(타입)으로 부호화하지 않고 다음과 같이 3가지 타입으로 나누어서 부호화한다[2].

1 I Picture 부호화

I 픽처는 동영상을 구성하는 다른 픽처들을 참조하지 않고, 현재 Picture 내부의 화소 밝기 값들 사이의 공간적인 상관성만을 이용하여 압축된다. 이 방법은 제6장에서 학습한 JPEG의 기술을 이용하여 정지 영상을 압축하는 방법과 매우 유사하다. 동영상을 구성하는 다른 픽처 타입(P, B)과 달리 I 픽처는 자기 자신만을 가지고 부호화되기 때문에, 복호화할 때도 I 픽처에 해당하는 정보만 있으면 복호화가 가능하다. I 픽처는 Intra 픽처를 의미하는 명칭으로서, I 픽처를 부호화하는 자세한 방법은 다음 절에서 설명한다.

2 P Picture 부호화

연속된 픽처들이 서로 비슷하기 때문에 이전 픽처와 현재 픽처간에 차이나는(다른 부분) 부분만 부호화하는 방법을 사용하여 P 픽처를 압축한다. 과거 영상을 기준(reference)으로 현재 픽처를 위한 예측값을 만든 후, 이렇게 만들어진 예측값과 현재 픽처 사이의 차이 신호를 계산하기 때문에 예측(Predictive) 부호화란 의미로 P 픽처 부호화라 명칭한다. 현재 영상과 이전 영상의 차이 값을 효율적으로 계산하기 위해서, 움직임 벡터를 과거 참조(reference) 영상으로부터 찾는다. 자세한 내용은 다음 절에서 설명한다.

3 B Picture 부호화

현재 영상을 시간적으로 과거에 촬영된 참조(reference) 영상과 비교한 후, 두 영상 사이의 차이 값을 부호화하는 P 픽처 부호화 방법과 달리, B 픽처를 부호화할 때는 현재 영상을 시간적으로 과거에 촬영된 영상뿐만 아니라 시간적으로 미래에 촬영된 영상과도 비교하여 차이 값을 계산한다.

B 픽처를 부호화하는 과정에서, 현재 픽처와 과거 참조 영상을 비교하여 가장 닮은 부분을 찾아 낸 후, 그 가장 닮은 부분끼리의 차이 값을 부호화하는 것은 P 픽처

의 부호화 방법과 같다. 그렇지만, B 픽처 부호화에서는 추가적으로 현재 픽처와 미래 참조 픽처를 비교하여 가장 닮은 부분을 찾은 후, 현재 픽처와 미래 참조 영상과의 차이 값도 부호화한다. 이렇게 과거 참조 영상과 미래 참조 영상 모두에 대해서 닮은 부분을 찾은 후, 찾아진 닮은 부분들을 비교하여 과거 쪽 참조 블록이 현재 블록과 더 닮았는지, 미래 쪽 참조 블록이 현재 블록과 더 닮았는지, 아니면 과거 참조 블록과 미래 참조 블록 모두를 사용할 때 현재 블록과 더 닮은 신호를 만들 수 있는지를 판단한다. 이렇게 과거와 미래의 양쪽 방향으로 닮은 블록들을 찾고 그 블록들 간의 차이 값을 계산하는 것을 Bi-directional 예측 부호화 방법이라고 한다. 이러한 Bi-directional 예측 방법을 이용하여 부호화되는 픽처를 B 픽처라고 명칭한다.

앞의 설명처럼 B 픽처를 부호화하기 위해서는 미래 시간에 촬영될 영상을 참조 영상으로 사용해야 하는데, 이는 현재 픽처를 부호화할 때 현재 픽처만 사용가능하다고 압축할 수 있는 것이 아니라 미래에 촬영될 참조 영상을 기다렸다가 현재 영상을 촬영해야 한다는 의미이다. 이런 이유 때문에 현재 B 픽처를 부호화하기 위해서는 일정 개수의 미래 촬영 픽처들을 버퍼에 저장해서 보관하고 기다려야하는 buffering 과정이 필요하고, 이 과정에서 시간 지연(delay)이 존재한다.

4 GOP 구조

앞서 설명한 I, P, B 타입 픽처들이 동영상을 구성하는데, 그 예를 그림 7-7에 보이고 있다. 앞에서 설명했듯이, I 픽처는 다른 픽처들과 관계없이 독립적으로 부호화되고 복호화되는 픽처이다. P 픽처는 혼자서 부호화될 수 없고, '과거' 픽처와 차이 값을 계산하여 부호화된다. 이 과정을 식 (7.3)에서 표현하고 있다. 우선, P 픽처 내부의 현재 부호화하려는 블록 $BL_{current}$과 과거 참조 픽처 내부에서 현재 블록과 가장 닮은 블록 BL_{refer} 사이의 차이 신호 블록 BL_{resid}을 계산한다. 이 3가지 블록들의 크기는 모두 16×16으로 같다. 이렇게 계산된 차이 신호 블록을 (JPEG 압축 과정에서 사용한 것처럼) DCT 변환하고, 양자화하고, zig-zag scan하고, RLC 부호화하고, 허프만 부호화를 수행한다.

$$BL_{resid} = BL_{current} - BL_{refer} \tag{7.3}$$

이렇게 BL_{resid}을 압축하면 압축과정에서 양자화 왜곡이 발생하기 때문에, 이 신호를 수신단에서 복호화하면 $\widetilde{BL_{resid}}$로 복호화된다. 이 $\widetilde{BL_{resid}}$ 블록에는 참조 블록과 현재 블록 사이의 차이 신호에 양자화 왜곡이 추가된 신호로서 이 신호만으로는

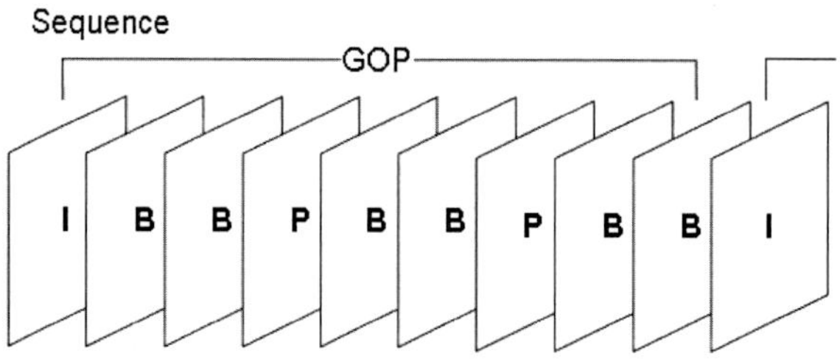

그림 7-7 시퀀스의 GOP 구조

화소 정보를 복구할 수 없다. 따라서 수신단의 디코더에서는 다음과 같은 과정을 거쳐 화소 정보를 복구하게 된다.

$$\widetilde{BL_{resid}} + BL_{refer} = \widetilde{BL_{current}} \qquad (7.4)$$

따라서 P 픽처를 복호화하기 위해서는 부호화될 때 기준으로 사용되었던 참조 픽처가 존재해야 하고, 참조 픽처가 없다면 P 픽처 단독으로는 복호화될 수 없다. B 픽처는 과거 참조 픽처뿐만 아니라 미래 참조 픽처를 사용하여 픽처 간의 차이 신호를 부호화하는 픽처이다. B 픽처 역시 단독으로 복호화될 수 없고, 부호화 시 사용되었던 과거 및 미래 참조 픽처가 먼저 복호화된 후에서야 그 참조 픽처들을 기준으로 B 픽처를 복호화할 수 있다. 지금까지의 설명으로 알 수 있듯이, I, P, B 픽처들 중에서 독립적으로 복호화가 가능한 픽처는 I 픽처뿐이다. 독자들은 DVD 또는 인터넷 동영상 파일을 시청할 때, display되는 화면들 중에서 중간의 임의의 픽처부터 무작위(random하게)로 복호화할 수 없고, 정해진 몇 개의 장면부터만 복호화할 수 있었던 경험이 있을 것이다. 이는 압축된 동영상 정보를 복호화할 경우 항상 I 픽처부터 독립적으로 복호화될 수 있다는 사실 때문이다. 그림 7-7에서 I 픽처부터 다음 I 픽처 이전까지의 픽처들의 집합(Group)을 GOP(Group of Picture)라고 한다. MPEG-2에서는 GOP가 동영상 복호화의 random access 단위라고 할 수 있다.

5 픽처들의 재순서화

앞의 설명에서와 같이 B 픽처 사용으로 인해 buffering 과정을 통한 시간 지연이 존재하는데, 이 과정은 그림 7-8에서 설명하는 픽처 재순서화(reordering)과정을 통해 실시된다. 그림 7-8에서 윗부분은 카메라로 촬영된 순서로 픽처들을 나열한 그림이다. 여기서 Picture들의 촬영 순서가 0(I), 1(B), 2(B), 3(P), 4(B), 5(B), 6(P), 7(B), 8(B), 9(P), …일 때 1(B) picture를 압축하기 위해서는 0(I) picture와

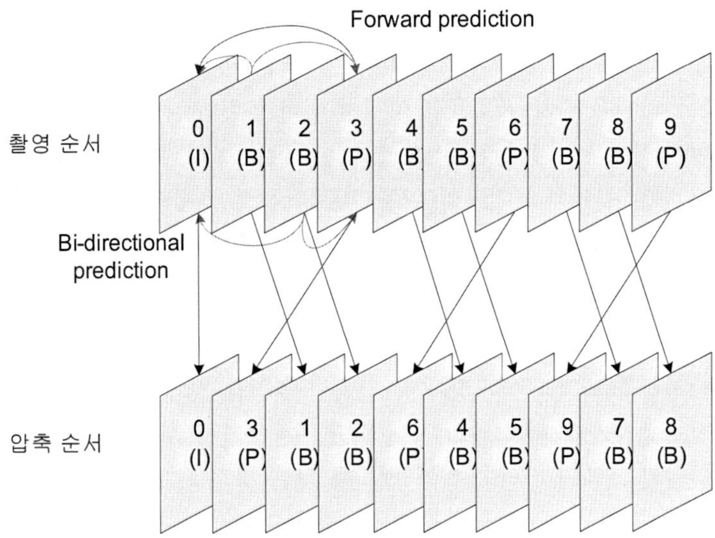

그림 7-8 픽처 재순서화(Reordering)

3(P) picture가 먼저 압축된 후, 복호화되어 있어야, 이 복호화된 0(I) picture와 3(P) picture를 참조 영상으로 사용하여 현재 픽처인 1(B) picture를 압축할 수 있다. 이 과정에서 현재 픽처인 1(B)의 내부 블록들이 참조 영상들인 0(I), 3(P)의 어느 부분과 가장 닮았는지를 탐색한 후, 가장 유사한 참조 블록과 현재 블록 간의 차이 신호를 계산해서 차이 신호만 부호화한다. 또한 2(B) picture를 압축하기 위해서도 0(I) picture와 3(P) picture가 먼저 압축되어 있어야 한다(이에 대한 더 자세한 이유는 이 장의 후반부에 서술되어 있다. 여기서는 이런 순서로 압축된다고 이해하고 넘어가자). 따라서 그림 7-8의 아래 부분 그림에서처럼 0(I), 3(P), 1(B), 2(B), 6(P), 4(B), 5(B), 9(P), 7(B), 8(B), … 순서로 픽처들을 압축한다. 이와 같이 촬영된 순서와 부호화 순서는 재순서화 과정을 거치면서 달라진다. 이런 과정들은 디지털 방송에서 시간 지연(delay)을 발생시킨다.

7.3 움직임 벡터 추정(ME)과 움직임 보상(MC)

앞 절에서, P 픽처나 B 픽처를 부호화할 때, 현재 코딩하려는 블록과 과거 및 미래 참조 블록과의 차이 신호를 압축한다고 설명했다. 이러한 압축 과정에서 압축을 잘 한다는 것은 압축 효율이 높다는 것인데, 이는 압축된 신호의 비트양이 적으면서 복원된 영상의 화질이 우수하다는 의미이다. 압축 효율을 높이기 위해서는 찾아진 참조 블록이 현재 블록과 매우 닮아서, 현재 블록과 참조 블록 간의 차이 블록이 0에 가까운 잔차 신호들로 이뤄져 있어야 한다. 즉, 압축 효율을 높이기 위해서는 현재 블록과 매우 닮은 참조 블록을 찾아야 한다. 이 닮은 참조 블록을 찾는 과정에서 현재 블록의 공간적인 위치 좌표와 참조 블록의 공간적인 위치 좌표 사이의 차이를 움직임 벡터(MV, Motion Vector)라고 한다. 이 MV를 찾는 과정을 움직임 벡터 추정 과정이라고 한다.

움직임 벡터 추정 과정(ME, Motion Estimation)은 동영상에 존재하는 시간축 중복성을 제거하는 과정이다. 연속된 영상들 간에 비슷한 부분이 존재한다면 모든 정보를 다 전송하지 않고 차이 값만 전송하기 위해 사용되는 과정이다. 그림 7-9는 연속된 프레임 간의 움직임 벡터를 찾는 과정을 보여주고 있다. 움직임 벡터 추정(ME)은 현재 Picture 내의 MB(Macro Block, 매크로블록)이 참조 Picture의 어느 16×16 블록과 가장 유사한가(닮았는가, 비슷한가)를 결정하는 과정이다. 매크로블록이란 움직임 벡터를 추정하는 블록 단위이며 MPEG-2에서는 16×16(=256)개 픽셀들의 모임이 된다.

현재 MB과 가장 유사한 16×16 크기 블록을 참조 영상 내에서 찾는 과정은 현재 MB 내부의 화소 값들과 참조 블록 내부의 화소 값들 사이의 평균 제곱 오차(Mean Square Error, MSE)가 최소인 블록을 찾아내는 과정이다. 두 블록들 간의 MSE를 계산하는 식은 다음과 같다.

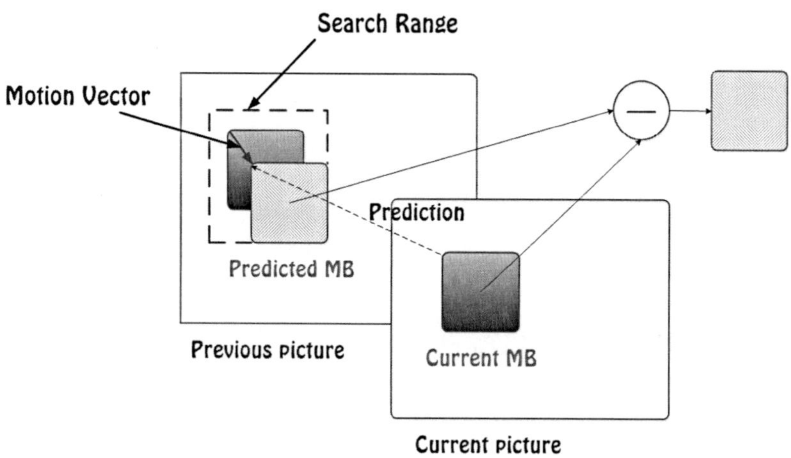

그림 7-9 움직임 추정 과정

$$MSE(mx,my)=\frac{1}{16\times 16}\sum_{i=0}^{15}\sum_{j=0}^{15}(B_c(i,j)-B_r(i+mx,j+my))^2 \quad (7.5)$$

이 수식에서 $B_c(i,j)$는 현재 블록 내부의 (i,j)위치에 존재하는 샘플 밝기 값이고, $B_r(i+mx,j+my)$는 참조 픽처 내부에서 현재 블록 $B_c(i,j)$의 위치와 (mx,my)만큼 다른 위치에 있는 블록 내부에서 (i,j)위치에 존재하는 샘플 밝기 값이다. $MSE(mx,my)$는 위치가 (mx,my)만큼 다른 두 블록 간의 평균 제곱 에러를 의미한다. 수식으로부터 알 수 있듯이, MSE는 현재 매크로블록의 256개 화소와 참조 영상의 16×16 블록 내 256 화소 사이의 차이 값을 제곱한 후 평균을 구한 것이다. 이 MSE가 가장 작은 16×16 블록을 참조 영상에서 찾으면, 현재 매크로블록과 찾아진 블록 사이의 위치차이를 움직임 벡터로 저장한다. 예를 들어, 현재 MB이 현재 Picture 내 (32,16)에 위치하고 있고, 이 MB과 가장 비슷한 블록이 참조 Picture 내의 (28,18)에 위치한다고 하자. 이 경우 움직임 벡터 MV는 (32 - 28, 16 -18)=(4,-2)가 된다. 이때, 참조 영상 내 모든 영역에서 움직임 벡터를 찾는 것이 아니라 과정의 복잡도를 줄이기 위해 탐색 영역(Search Range)을 정한 뒤 그 영역 내에서 최적의 움직임 벡터를 찾는다. 예를 들면, 현재 MB의 Motion Vector를 과거 Picture의 (32,16) 위치를 중심으로 폭 32, 높이 32 화소 영역에서 찾는다. 이때, 위치 (10,9)를 중심으로 폭 32, 높이 32 화소 영역을 탐색 영역이라고 한다.

MPEG-2에서 움직임 벡터는 정수 화소 단위와 반화소 단위로 모두 찾아본 후, 부호화 효율이 더 좋은 경우를 선택하여 사용한다. 정수 화소 단위로 움직임 벡터를 찾는다는 의미는 현재 블록과 가장 닮은 참조 블록을 참조 픽처의 화소 값을 이용하여 찾는다는 것이다. 즉, 식 (7.5)에서 $B_r(i+mx,j+my)$은 참조 픽처 내부의 픽셀값들로 이뤄진 블록을 의미한다. 다른 한편으로, 움직임 벡터를 반화소 단위로 찾는다는 것은 현재 블록과 가장 닮은 블록이 참조 픽처 내의 화소 값과 화소 값 사이에 존재한다는 의미이다. 이를 위해서 화소와 화소 사이의 반화소 위치에 가상적인 화소 밝기 값을 계산해야 한다. 이 과정은 이 책의 제2장에서 설명한 해상도 변환 기법과 관련이 있다. MPEG-2에서는 반화소 위치에 새로운 샘플링 값을 계산하기 위해서, 제 2 장에서 학습한 바 있는 bilinear 방법을 사용하여 보간(interpolation)한다. 반화소 단위의 움직임 벡터를 추정하는 과정에서는 식 (7.5)의 $B_r(i+mx,j+my)$가 bilinear 보간 방법으로 만들어진 블록임을 의미한다. 이 경우, 반화소 위치의 보간 화소 값들과 현재 블록 내부의 화소 값들 사이의 최소 MSE를 계산함으로써 움직임 벡터를 찾는다. 이 과정을 거침으로써, 찾아진 움직임 벡터 (mx,my)의 mx와 my는 1/2의 정수배 값을 갖는다.

움직임 벡터를 찾은 후 현재 MB의 화소 값들과 제일 유사한 참조 블록의 화소 값들 간의 차이 신호를 나머지(Residual) 신호라고 한다. 이 관계를 식 (7.6)에 표시하였다.

$$BL_{resid} = BL_{current} - BL_{refer} \tag{7.6}$$

이렇게 만들어진 Residual 신호를 압축함으로써 연속된 화면 간 차이 신호만을 부호화하는 것이 가능하게 된다. 물론 수신단에서 올바른 복호화가 가능하도록 MV도 같이 압축하여 전송해야 한다. 수신단에서는 송신단에서 보내준 MV를 가지고 참조 영상을 만들고, 식 (7.7)의 과정을 통해 현재 블록을 복구하게 된다. 이 식 (7.7)에서 참조 블록인 BL_{refer}를 만들기 위해서는 수신기에서 이전에 복호화한 후 저장하고 있는 참조 영상에서 수신된 MV가 가리키는 위치의 블록을 복사해서 사용해야 한다. 이렇게 MV가 가리키는 참조 블록을 사용하는 과정을 움직임 보상(MC, Motion Compensation) 이라고 한다.

$$\widetilde{BL_{resid}} + BL_{refer} = \widetilde{BL_{current}} \tag{7.7}$$

MV를 수신한 수신기는 이전에 복호화한 참조 영상에 수신한 MV를 사용하여 움직임 보상 영상을 구성한다. 찾아진 움직임 벡터를 이용하여 참조 영상 정보를 재구성하는 움직임 보상(MC) 과정을 그림 7-10에 표시하였다. 그림에서처럼 만들어진 MC 영상 BL_{refer}에 복호화된 잔차 신호(차이 신호) $\widetilde{BL_{resid}}$를 더하면 현재 픽처의 복원 영상 $\widetilde{BL_{current}}$이 된다. 이렇게 만들어진 현재 픽처의 복원 영상은 다른 픽처를 위한 참조 영상으로 사용되기 위해서 메모리에 저장된다.

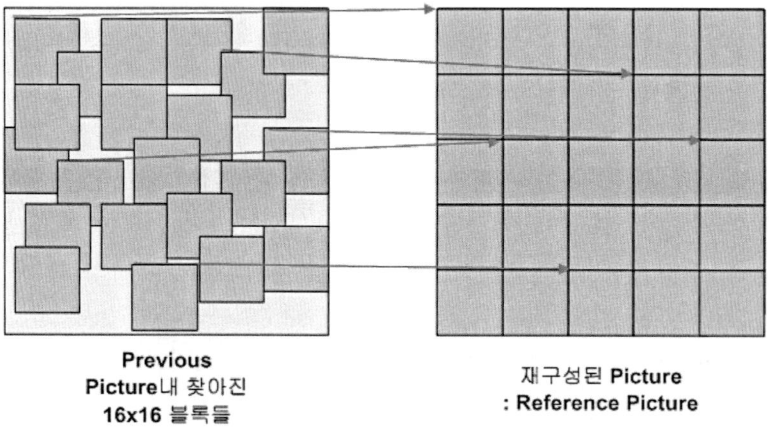

그림 7-10 움직임 보상(Motion Compensation)

7.4 Picture 타입별 부호화 방법

1 MPEG-2 인코더의 구조

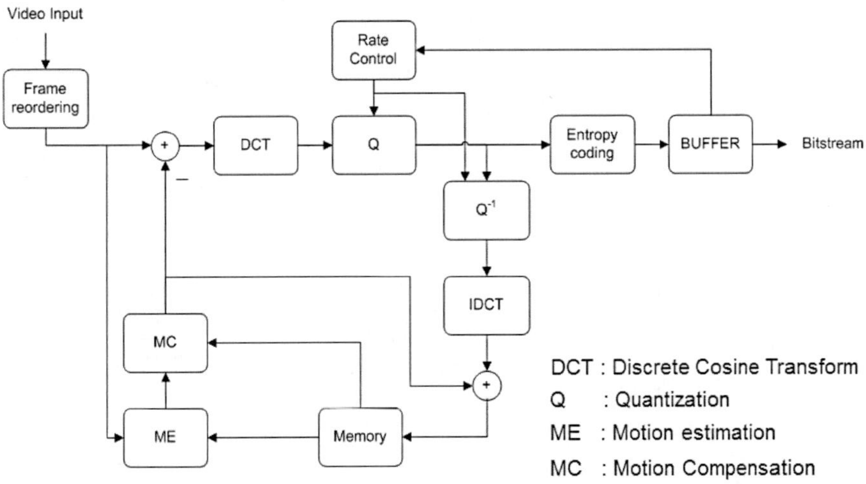

그림 7-11 MPEG-2 인코더 구조

그림 7-11은 MPEG-2 인코더의 구조를 나타낸다. MPEG-2 인코더에는 어떤 모듈들이 있는지 살펴보자. 블록 다이어그램의 맨 왼쪽 상단의 처음 부분에는 Frame reordering 모듈이 있고, 그 다음에는 DCT 모듈, 양자화 모듈 Q가 있다. 그 옆에는 엔트로피 코딩 모듈도 있다. 그림의 오른쪽 부분에는 역(Inverse) 양자화 모듈이 있고, 역 DCT 모듈인 IDCT 모듈도 있다. 복호화된 픽처를 저장하는 메모리가 있고, ME(Motion Estimaion, 움직임 추정), MC(Motion Compensation, 움직임 보상) 모듈들이 있다. 이 모듈들에 대한 간략한 설명을 다음 표 7-2에 정리하였다. 이렇게 구성된 MPEG-2 인코더로 동영상을 어떻게 압축하는지 I, P, B 픽처 타입별로 나눠서 각각 부호화하는 과정을 설명하겠다.

표 7-2 MPEG-2 인코더의 핵심 모듈들의 기능

모듈	목적 및 동작 과정
Frame Reordering	B 픽처를 부호화할 때 과거 참조 영상뿐만 아니라 미래의 참조 영상도 사용하기 때문에, 영상의 촬영 순서와 영상의 부호화 순서가 다르게 된다. 이 문제를 해결하기 위해서 촬영된 영상들의 순서를 재배치해야 하는데, 이 기능을 Frame Reordering 모듈에서 수행한다. 이 과정은 그림 7-8에서 설명하고 있다.
DCT	영상에 존재하는 공간적 상관성을 없애기 위해서 화소 공간의 정보를 주파수 공간으로 변환시키는 기능을 수행한다. I 픽처에서는 화소 정보를 직접 DCT 변환하고, P 또는 B 픽처에서는 참조 블록과 현재 블록 간의 차이 신호를 DCT 변환한다. 이 책의 제5장과 제6장에서 자세한 설명을 하고 있다.
Q	DCT 변환한 정보를 양자화하는 모듈이다. 저주파수 영역은 작은 크기의 스텝으로 양자화하고, 고주파수 영역은 큰 스텝으로 양자화 한다. 이 책의 제3장과 제6장에서 자세히 설명하고 있다.
Entropy Coding	양자화된 정보를 zig-zag 스캔한 후, RLC과 Huffman Code를 이용하여 압축하는 과정을 수행한다. 이에 대한 자세한 내용은 제4장과 제6장에서 설명하고 있다.
Buffer	Entropy Coding을 거친 비트 스트림을 채널을 통해 전송하기 전에 버퍼에 잠시 저장한다.
Inverse Q	인코더 내부에서 참조 영상을 만들기 위해서 복호화 과정의 일부분을 수행하는데, 이를 Inverse Q와 IDCT, 그리고 MC 모듈이 수행한다. Inverse Q는 양자화 과정의 반대 과정을 의미한다.
IDCT	IDCT는 DCT의 역과정으로서 인코더 내부에서 참조 영상을 만들기 위한 과정이다.
Memory	인코더 내부에서 디코딩 과정의 일부를 수행함으로써 현재 영상의 복호화된 영상을 만들 수 있는데, 이 영상을 Memory에 저장한다. 여기에 저장된 복호화된 영상은 다음에 부호화할 P 또는 B 픽처의 참조 영상으로 사용된다.
ME	움직임 벡터(MV)를 계산하는 과정으로 복잡도가 매우 높다. 이 부분을 효율적으로 설계하고 구현함으로써 인코더의 복잡도를 크게 낮추고 압축 효율을 향상시킬 수 있다. 그림 7-9에서 설명하고 있다.
MC	움직임 보상 기능을 수행하는 모듈로서 인코더 내부에서 디코딩 과정의 일부를 수행하여 참조 영상을 만들 때 사용한다. 그림 7-10에서 설명하고 있다.
Rate Control	I, P, B 픽처를 부호화할 때, 각 픽처마다 발생하는 비트양을 조절하는 기능을 수행한다. 이 모듈에서는 발생 비트양을 조절하기 위해서 매크로블록마다 양자화 스텝 사이즈를 변경한다. 이 자세한 과정을 이 장의 후반부에서 설명하고 있다.

2 I Picture 부호화

I 픽처는 P나 B 픽처와 달리 참조 영상을 사용하지 않고, 홀로 독립적으로 부호화 되는 픽처이기 때문에, 움직임 벡터를 찾는 과정을 사용하지 않는다. 그림 7-12는 I 픽처를 부호화할 때, 사용되는 블록들을 표시하고 있다. 그림에서 볼 수 있듯이 I 픽처를 부호화할 때는 DCT, 양자화(Q), Entropy Coding만을 거치게 된다.

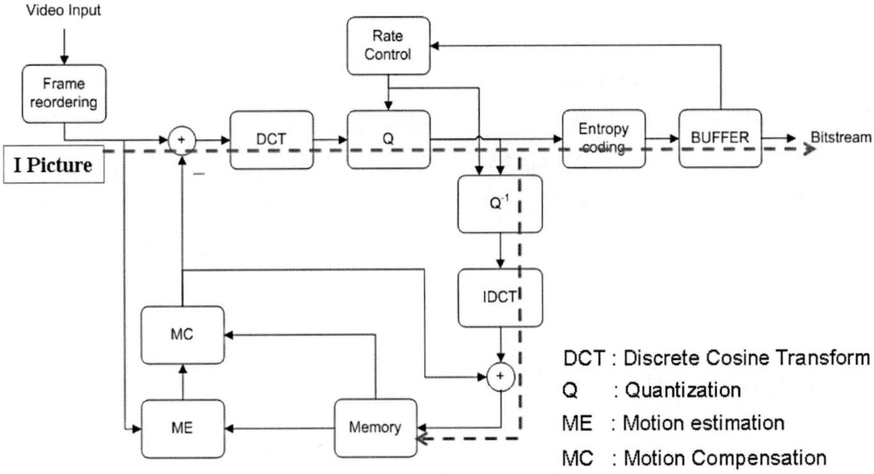

그림 7-12 I-picture 부호화 과정

I 픽처를 부호화하는 세부 과정은 다음과 같다. 제일 먼저 I Picture를 8×8 블록 단위로 나눈다. 그리고 나서, 나눠진 각 8×8 블록을 각각 DCT 변환한다. 이때, 그림 7-12의 화살표 상의 DCT 블록을 사용한다. 그리고 나서 DCT 변환 결과를 양자화한다. 이때, Q 모듈을 이용한다. 그 다음엔 양자화 결과를 Entropy Coding한다. 그리고 Entropy coding된 결과를 전송하거나 저장한다. 이 과정을 보니, 본 교재의 앞 장에서 학습한 JPEG 인코딩 알고리즘이 생각나지 않는가? 맞다. MPEG-2 인코더에서 I Picture를 압축하는 방법은 JPEG 방법과 거의 같다고 할 수 있다. 이 과정을 그림으로 표현하면 그림 7-13과 같이 표현할 수 있다.

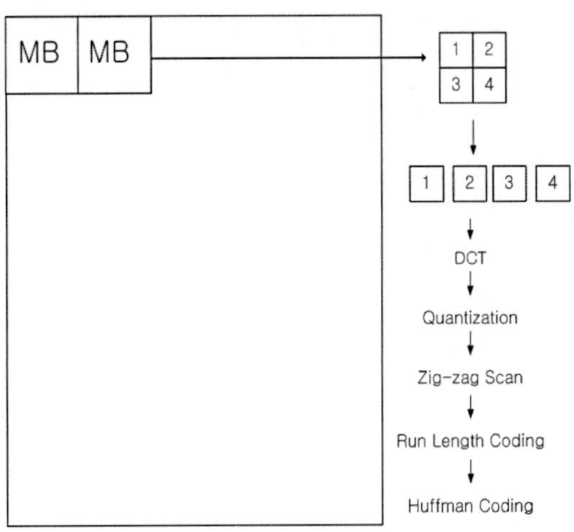

그림 7-13 I-Picture 부호화 과정

그런데 MPEG-2의 I Picture를 압축하는 과정은 여기서 끝나지 않는다. 그림 7-12에서 볼 수 있듯이, 양자화된 데이터를 Q^{-1} 모듈을 사용하여 역양자화 하고, 그 데이터를 IDCT 모듈을 이용하여 화소 영역으로 복원한다. 왜 인코더에서 디코더 기능을 수행할까? 인코더에서는 인코딩만 수행하면 될 것을 왜 디코딩 과정을 수행해서 복원된 I Picture를 그림 7-12의 루프 내부에 존재하는 Memory에 저장하는 것일까? 그 이유는 다음과 같다. I 픽처를 부호환 다음에는 P 또는 B 픽처를 부호화해야 하는데, 이때 지금 부호화한 I 픽처를 참조 영상으로 사용해야 한다. P 또는 B 픽처를 부호화할 때 입력으로 들어오는 원본 I 픽처와 P 또는 B 픽처 사이의 차이 신호를 부호화해서 수신단으로 전송한다면, 수신단에서는 원본 I 픽처를 갖고 있지 않기 때문에 수신된 차이 신호로는 현재 블록의 정확한 값을 복구할 수 없게 된다. 수신단에서는 양자화 왜곡이 포함되어 복원된 I 픽처만을 가지고 있기 때문에, 이에 대한 mis-match 문제를 해결하기 위해서 인코더에서 픽처 간 차이 신호를 만들 때 디코더를 모방해서 양자화 왜곡이 포함된 복원된 I Picture를 참조 영상으로 사용하는 것이다. 이를 수식으로 표시해서 설명하면 다음과 같다. 인코더에서 P 또는 B 픽처 내부의 현재 부호화하려는 블록 $BL_{current}$와 참조 블록 BL_{refer}간의 차이 블록을 계산하는 식은 다음 (7.8)과 같다.

$$BL_{resid} = BL_{current} - BL_{refer} \tag{7.8}$$

이렇게 만들어진 차이 신호 블록 BL_{resid}은 양자화 과정 등을 거치기 때문에 수신단에서 복호화를 하면 원본 신호 BL_{resid}를 얻지 못하고 양자화 왜곡이 추가된 $\widetilde{BL_{resid}}$을 얻게 된다. 디코더에서 이 $\widetilde{BL_{resid}}$ 신호를 이용하여 현재 블록 신호를 복호화하는 과정은 다음 식 (7.9)와 같다.

$$\widetilde{BL_{resid}} + \widetilde{BL_{refer}} = \widetilde{BL_{current}} \tag{7.9}$$

식 (7.9)에서 현재 블록을 복구하기 위해서 BL_{refer}를 이용하는 대신 $\widetilde{BL_{refer}}$를 이용하는 이유는 수신단에서 얻을 수 있는 신호는 항상 양자화 왜곡에 영향을 받은 신호 밖에 없기 때문이다. 이런 사실을 고려한다면, 잔차 신호 블록을 만드는 식 (7.8)도 다음과 같이 식 (7.10)으로 수정되는 것이 좋을 것이다. 왜냐하면, 디코더단에서 사용할 수 있는 참조 블록을 사용하여 인코더에서 잔차 신호를 만들어야 최종적으로 복구된 영상의 왜곡이 감소할 것이기 때문이다.

$$BL_{resid} = BL_{current} - \widetilde{BL_{refer}} \tag{7.10}$$

즉, 수신단에서 (7.9)와 같이 현재 블록을 복구할 것이기 때문에, 인코더에서 차이 신호 블록을 만드는 과정에서도 (7.8) 대신 (7.10)을 이용하는 것이 수신단에서 복호화하는 영상의 화질 향상에 더 유리하게 된다. 앞의 절에서 사용한 식 (7.3), (7.4), (7.6), (7.7) 등은 설명을 간략하게 하기 위해서 이와 같은 사실을 생략한 채 설명한 '임시 식'들이었다.

이러한 이유 때문에 I Picture를 JPEG과 유사한 방법으로 부호화한 후에는 반드시 복호화를 수행하여 복원 영상을 내부 메모리에 저장하게 된다. 이와 같은 I Picture 부호화 과정을 표 7-3에 정리하였다.

표 7-3 I 픽처 부호화 과정

단계	동작 Process
1단계	영상을 8×8 블록들로 나눈다.
2단계	각 8×8 블록을 DCT한다.
3단계	각 DCT 결과를 양자화한다.
4단계	양자화 결과를 Zig-zag scan한다.
5단계	scan 결과를 RLC와 Huffman Code를 이용하여 Entropy Coding한다.
6단계	모든 8×8 블록에 대해서 [2단계]~[5단계]를 반복한다.
7단계	Entropy coding 결과를 전송한다.
8단계	양자화 결과를 역양자화한다.
9단계	역양자화 결과를 역DCT한다.
10단계	이 결과를 메모리(Memory)에 저장한다. 저장된 영상은 다음 Picture(P 또는 B 픽처)의 reference 영상이 된다.
특징	• I picture에서는 움직임을 찾지 않고, I picture 내의 공간적인 상관성을 축소시키는 방법으로 압축한다. • [1단계]~[6단계] 과정은 JPEG 과정과 같은 과정이다.

3 P Picture 부호화

그림 7-14에 표시된 P Picture를 압축하는 절차를 확인해 보면, 앞서서 I picture를 부호화 하는 과정에서 Memory에 저장했던 참조 영상과 현재 입력으로 들어오는 P picture와의 차이를 계산한다. 여기서 차이를 계산한다는 것은 16×16 크기의 화소 블록마다 움직임 벡터(MV)를 찾는 과정을 수행한 후 현재 블록과 가장 닮은 참조 블록과 현재 블록 사이의 차이 블록을 계산하는 과정이다. 다시 설명하면, 입력 P picture를 16×16 크기의 블록 단위로 나눈 후, 각 16×16 블록이 메모리에

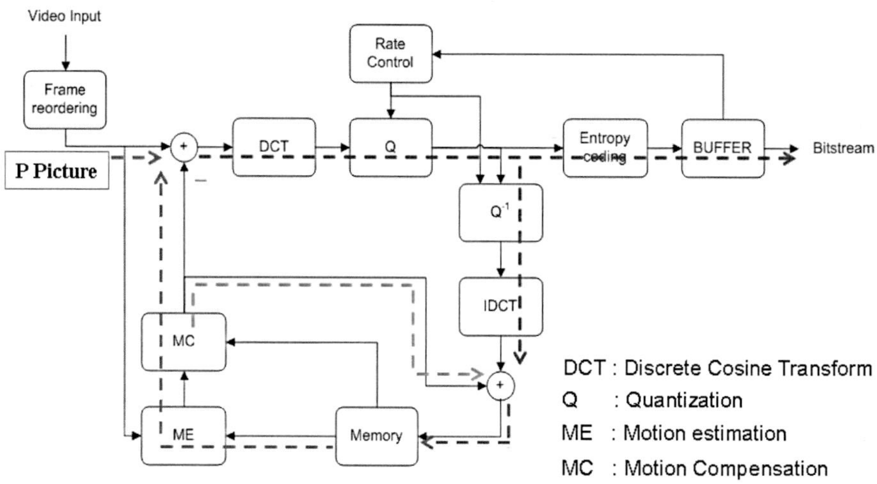

그림 7-14 P-picture 부호화 과정

저장되어 있는 참조 영상의 어느 영역과 가장 비슷한가를 찾는 것이다. 현재 P picture의 특정 16×16 블록이 참조 영상의 특정 부위의 16×16과 가장 유사하다고 결정되면, 그 블록들 간의 위치를 움직임 벡터(MV)로 표현한다. 움직임 벡터를 찾고 나면, 현재 16×16 블록과 reference 16×16 사이의 차이 값 블록이 얻어진다. 이 차이 값 블록의 크기도 16×16이 된다.

움직임 벡터 추정을 통해 16×16 크기의 차이 값 블록 BL_{resid}들을 얻은 후, 다음과 같은 절차로 부호화를 수행한다. 먼저 16×16 크기의 차이 값 블록을 4개의 8×8 블록으로 나눈다. 그리고 나서, 각 8×8 블록을 DCT한다. 그 DCT 결과를 양자화한다. 양자화 결과를 Entropy Coding한다. 그리고 나서, Entropy coding 결과를 전송한다. 이러한 P picture coding 과정은 차이 값 블록을 JPEG 방법으로 압축하는 것과 똑같다. 이 과정을 그림 7-15에 도식적으로 표현했다.

P picture를 부호화한 후, 현재 부호화를 마친 P 픽처가 다음 영상을 압축하는 시점에서는 참조 영상으로 사용될 수 있도록, 몇 가지 후처리 과정을 수행한다. 먼저, 양자화 결과를 역 양자화한다. 그리고 나서, 역양자화 결과를 역 DCT한다. 이 과정을 수행하면, 역 DCT한 결과는 움직임 추정 과정(Motion Estimation)을 통해 얻은 차이 값(residual) 신호에 양자화 왜곡이 더해진 결과인 $\widetilde{BL_{resid}}$이 얻어진다. 역 DCT를 통해서 얻은 복호화된 residual 신호 $\widetilde{BL_{resid}}$를 메모리에 저장되어 있는 I picture와 더한 후 다시 메모리에 저장한다. 이 과정에서 식 (7.9)의 동작을 수행한다. 이때 그냥 더하는 것이 아니라 메모리에 저장된 영상을 MC(움직임 보상,

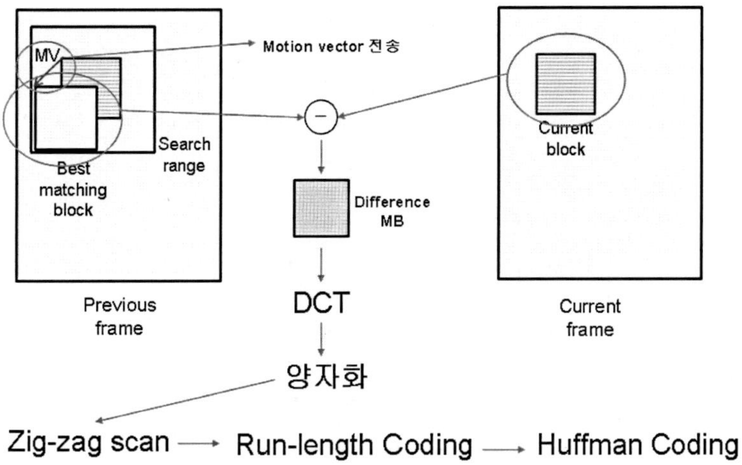

그림 7-15 P Picture 부호화 과정

Motion Compensation) 모듈을 통해 움직임 보상을 시킨 후 더한다. 즉, 식 (7.9) 식의 $\widetilde{BL_{refer}}$는 움식임이 보상된 참조 영상 정보를 의미한다. 움직임 보상 과정은 그림 7-10에서 설명한 바 있다. 이 과정을 통해 최종적으로 메모리에 저장된 정보는(양자화 왜곡이 포함되어 있기 때문에) P picture의 오리지널 정보와 같지는 않지만 매우 비슷한 정보가 된다. 이 메모리 저장 정보는 다른 P picture를 코딩하기 위한 참조 영상이 될 수도 있고, B picture를 코딩할 때 참조 영상이 될 수도 있다. 참고로 P 픽처를 부호화할 때, I 픽처나 다른 P 픽처를 과거 참조 영상으로 사용할 수 있으나, B 픽처는 참조 영상으로 사용하지 않는다. MPEG-2에서는 B 픽처의 화질이 좋지 않기 때문에 이를 참조 영상으로 사용하지 않는다.

P 픽처를 부호화하는 과정을 표 7-4에 정리하였다. P 픽처를 부호화하기 위해서, P 픽처보다 과거에 촬영된 과거 참조 영상과 현재 부호화하려는 P 픽처 간의 차이 값을 계산한 후, 계산된 차이 값을 JPEG 부호화 하듯이 부호화한다. JPEG 부호화 하듯이 부호화한다는 의미는, 계산된 차이 값 신호에 표 7-3의 [1단계]~[7단계]를 적용하여 부호화한다는 의미이다. 계산된 차이 값 신호를 부호화하는 것 외에는 I 픽처를 부호화하는 과정과 똑같다.

P 픽처를 부호화할 때, 압축 효율을 높이기 위해서는 과거 참조 영상과 현재 P 픽처 간 닮은 블록들이 매우 유사하고, 이 결과 계산된 차이 값 신호의 절대값 크기가 매우 작은 값들이어야 한다. 이를 위해서는 정확한 움직임 벡터를 찾아서 잔차 신호(residual)신호의 에너지 값을 작게 만드는 것이 중요하다.

표 7-4 P 픽처 부호화 과정

단계	동작 Process
1단계	현재 영상을 16×16 매크로블록(Macro Block) 단위로 나눈다.
2단계	현 MB의 움직임 벡터(MV, Motion Vector)를 참조 영상에서 찾는다. 찾아진 MV를 압축해서 저장한다. 여기서, 참조 영상은 표 7-3의 [10단계]에서 Memory에 저장된 복호화된 영상을 사용한다.
3단계	찾아진 닮은 16×16 블록 내 화소들과 현 MB의 화소들 간의 차이를 계산한다. 이를 Residual MB 또는 Difference MB이라고 한다. 즉, 차이 매크로블록이라고 한다.
4단계	차이 매크로블록을 4개의 8×8 블록으로 나눈다.
5단계	각 8×8 블록을 DCT한다.
6단계	각 DCT 결과를 양자화한다.
7단계	각 8×8 블록의 양자화 결과를 Zig-zag scan한다.
8단계	각 8×8 블록의 scan 결과를 RLC와 Huffman Code를 이용하여 Entropy Coding(부호화)한다.
9단계	모든 매크로블록에 대해서 [2단계]~[8단계]를 반복한다.
10단계	Entropy coding 결과를 전송한다.
11단계	양자화 결과를 역양자화한다.
12단계	역양자화 결과를 역DCT한다. 여기서, 복호화된 차이 신호 값들이 얻어진다.
13단계	[2단계]에서 찾은 움직임 벡터를 이용하여 Memory에 저장된 참조 영상을 움직임 보상(MC : Motion Compensation)시킨다. MC된 영상과 [12단계]에서 복호화된 IDCT된 영상을 합침으로 현재 P 픽처의 복원 영상을 얻는다.
14단계	이 결과를 메모리에 저장한다. 저장된 영상은 다음 Picture(P 또는 B 픽처)의 reference 영상이 된다.
특징	[5단계]~[8단계] 과정은 JPEG 과정과 같은 과정이다.

4 B Picture 부호화

그림 7-16은 B 픽처를 부호화하는 과정을 표시하고 있다. B picture를 압축하는 과정에서는 움직임 벡터를 추정하기 위해서 과거의 영상과 미래의 영상 모두를 참조 영상으로 사용한다. 즉, 두 장의 참조 영상을 사용한다. B picture가 입력 영상으로 들어오면 메모리에 저장되어 있는 두 장의 참조 영상을 이용하여 움직임 벡터를 찾는다. 이 과정은 ME 모듈이 수행한다. 두 장의 참조 영상이란(예를 들면) 이전 단계에서 압축 및 복원된 후 메모리에 저장된 I Picture와 P picture 이렇게 두 장이 될 수 있다. 현재 B 픽처 내부에 있는 16×16 크기의 매크로블록 마다 과거의 참조 영상과 미래의 참조 영상에 대해서 움직임 벡터를 추정하기 때문에, 각 매크로

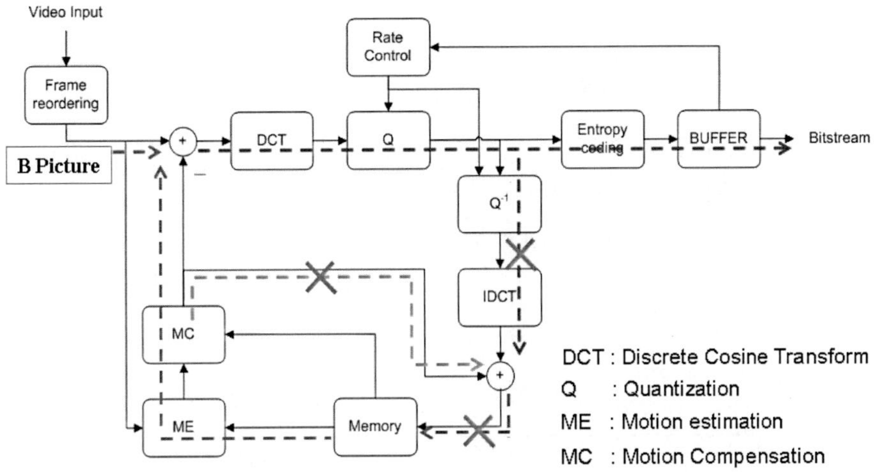

그림 7-16 인코더 구조에서 설명하는 B picture 부호화 과정

블록마다 과거 방향 MV와 미래 방향 MV가 존재한다. P 픽처에서는 과거 방향 MV만 존재했던 것과 차이가 있다.

움직임 벡터를 찾고 나면 P picture를 부호화할 때와 똑같이 16×16 크기의 차이 영상 블록들이 발생한다. 이 16×16 크기의 차이 값 블록을 4개의 8×8 블록으로 나눈 후, 각 8×8 블록을 DCT 변환한다. 이 후 DCT 변환된 결과 신호를 양자화한 후, 양자화 결과를 Entropy Coding한다. B 픽처를 부호화하는 과정에서 P 픽처에서와

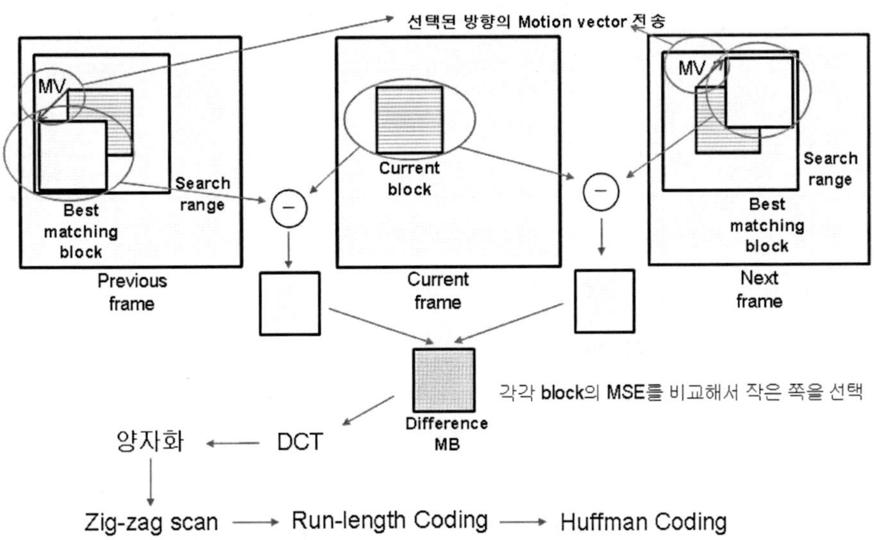

그림 7-17 B Picture 부호화 과정

마찬가지로 JPEG과 같은 과정을 거치게 되는데, 움직임 벡터를 추정한 후 얻어지는 차이 신호 영상을 JPEG에서 수행한 방법과 같은 방법으로 압축한다. 이 과정을 그림 7-17에 도식적으로 표현하고 있다.

B picture를 수행하는 과정이 P picture를 코딩하는 과정과 다른 점은 역양자화, 역DCT 등을 수행하지 않는다는 점이다. B picture의 경우 복호화 과정을 거친 후 메모리에 복원된 영상을 다시 저장하는 그런 과정은 수행하지 않는다. 왜냐하면, MPEG-2에서는 B picture가 다른 영상의 참조 영상으로 사용되지 않기 때문이다. B picture의 압축 과정을 표 7-5에서 정리하고 있다.

표 7-5 B 픽처 부호화 과정

단계	동작 Process
1단계	현재 영상을 16×16 매크로블록(Macro Block) 단위로 나눈다.
2단계	현 MB의 움직임 벡터(MV, Motion Vector)를 두 장의 참조 영상들에서 찾는다. 찾아진 과거 MV와 미래 MV를 압축해서 저장한다. 여기서, 참조 영상은 Memory에 저장된 복호화된 I 픽처와 P 픽처를 의미한다.
3단계	찾아진 유사 16×16 블록 내 화소들과 현 MB의 화소들 간의 차이를 계산한다. 이를 Residual MB 또는 Difference MB이라고 한다. 즉, 차이 매크로블록이라고 한다.
4단계	차이 매크로블록을 4개의 8×8 블록으로 나눈다.
5단계	각 8×8 블록을 DCT한다.
6단계	각 DCT 결과를 양자화한다.
7단계	각 8×8 블록의 양자화 결과를 Zig-zag scan한다.
8단계	각 8×8 블록의 scan 결과를 RLC와 Huffman Code를 이용하여 Entropy Coding(부호화)한다.
9단계	모든 매크로블록에 대해서 [2단계]~[8단계]를 반복한다.
10단계	Entropy coding 결과를 전송한다.
특징	[5단계]~[8단계] 과정은 JPEG 과정과 같은 과정이다.

5 움직임 추정 과정의 복잡도

MPEG-2 인코더에서는 여러 가지 조건과 상황을 모두 고려해서 움직임 벡터를 찾기 때문에 그 과정이 매우 복잡하다. 다음 표 7-6은 MPEG-2 인코더에서 움직임 벡터를 찾을 때 고려하는 사항들을 설명하고 있다. 이와 같이 다양한 고려사항을 모두 고려하면서 움직임 벡터를 찾아야 하기 때문에, MPEG-2 인코더에서 움직임 추정 모듈의 복잡도는 대단히 높다. 따라서 이 과정을 효율적으로 간단하게 할 수 있는 많은 기술들이 제안되어 사용되고 있다.

표 7-6 MPEG-2 인코더의 움직임 추정 과정에서 고려사항들

고려사항	움직임 추정 과정
Interlaced 영상	MPEG-2에서는 Progressive 영상뿐만 아니라 Interlaced 스캔 영상을 사용하기 때문에, Interlaced 스캔 영상을 사용하는 경우에는 다음과 같은 조합으로 움직임 벡터를 추정한다. 현재 픽처의 top field → 참조 픽처의 top field 현재 픽처의 top field → 참조 픽처의 bottom field 현재 픽처의 bottom field → 참조 픽처의 top field 현재 픽처의 bottom field → 참조 픽처의 bottom field 현재 Frame → 참조 Frame ※여기서 Frame이란 top field와 bottome field를 합쳐서 만든 픽처를 의미함.
Progressive 영상	촬영된 영상이 Progressive 영상일 경우에는 현재 progressive 영상과 참조 progressive 영상 사이에 움직임 벡터를 추정한다. 현재 progressive 영상 → 참조 progressive 영상
과거 및 미래의 참조 영상	현재 픽처 → 과거 픽처 현재 픽처 → 미래 픽처 현재 픽처 → 과거 픽처와 미래 픽처의 평균값으로 만들어진 가상 픽처
반화소 단위의 움직임 벡터	정수 단위 화소의 움직임 벡터 추정 반화소 단위의 움직임 벡터 추정
비고	MPEG-2에서는 위의 모든 경우를 고려하여 움직임 벡터를 추정한 후, 가장 압축 효율이 좋은 경우를 선택한다. 이 선택된 방법으로 부호화를 수행한다. 따라서 복잡도가 대단히 높다.

표 7-7에는 픽처의 타입별, 영상의 스캔 방법별 부호화해야 하는 MV의 최대 개수를 정리하였다. 입력 영상의 스캔 타입이 Interlaced 형식일 경우에는 top field에 대해서 MV를 찾고, bottom field에 대해서도 별도의 MV를 찾아야 하기 때문에 압축 및 전송해야 하는 MV 개수가 2배가 된다.

표 7-7 사용 모드별 압축해야 할 최대 MV 개수

영상 스캔 타입	P 픽처	B 픽처	MV의 해상도
Interlaced 영상	과거 방향으로 최대 2개	과거 방향으로 최대 2개 미래 방향으로 최대 2개	정수 및 반화소 단위 MV 고려
Progressive 영상	과거 방향으로 최대 1개	과거 방향으로 최대 1개 미래 방향으로 최대 1개	

7.5 매크로블록의 부호화 Mode

앞에서 설명한 것처럼 MPEG-2에서는 압축과정이 MB 단위로 이뤄진다. 따라서 MB 마다 서로 다른 압축 Mode를 가질 수 있는데, 이를 픽처 타입별로 설명하고자 한다.

1 I Picture

I picture 내의 모든 MB은 Intra mode로 압축된다. 즉, I 픽처 내의 모든 MB이 JPEG 방법처럼 압축된다. I 픽처 내부의 블록들이 I(Intra) mode로 압축된다는 것이 당연한 일이다.

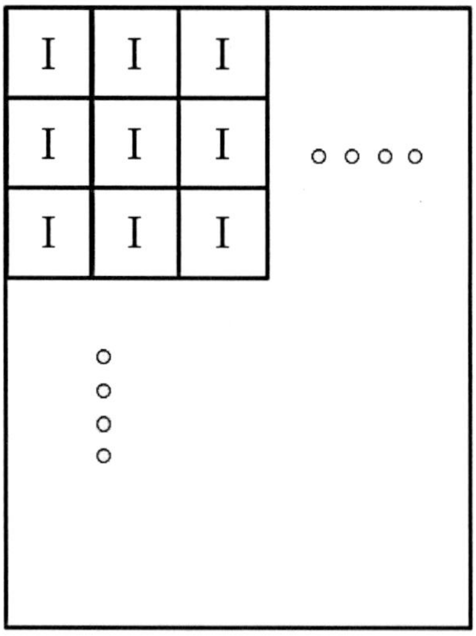

그림 7-18 I Picture의 모드 정보

2 P Picture

P picture 내의 MB은 Intra mode 또는 P mode로 압축된다. 각 MB은 P mode(과거 참조 영상에서 MV를 찾고, 차이 블록을 부호화하는 방법으)로 압축해 본 후, 압축 효율이 좋지 않으면, 다시 I mode로 압축한다. 따라서 그림 7-19와 같이 어떤 MB은 I mode로 압축되고, 어떤 MB은 P mode로 압축된다. 주로 현재 픽처에는 존재하는 물체가 참조 영상에 없는 경우, 해당 MB은 I(Intra) 모드로 압축된다.

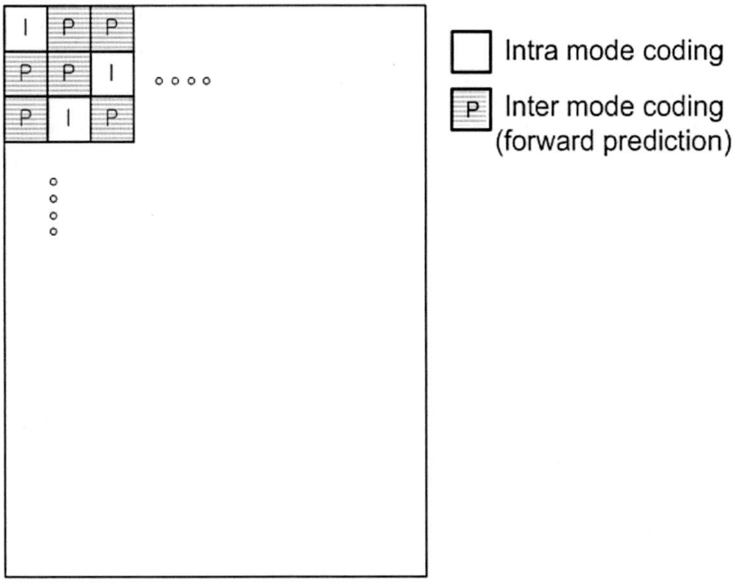

그림 7-19 P Picture의 모드 정보

3 B Picture

B picture 내의 MB은 Intra mode, 전방향 inter mode, 역방향 inter mode, 양방향 inter mode 가운데 하나로 압축된다. 각 MB을 Intra mode, 전방향 inter mode, 역방향 inter mode, 양방향 inter mode들로 압축해 본 후, 가장 압축 효율이 좋은 mode로 선택하여 부호화 한다. 전방향 inter mode란 P 픽처에서처럼 과거의 참조 영상만을 사용해서 움직임 벡터를 찾고, 그 차이 신호를 부호화하는 모드를 의미한다. 후방향 inter mode란 미래의 참조 영상만을 이용하여 움직임 벡터를 찾는 부호화 방법을 의미한다. 양방향 inter mode란 움직임 벡터를 과거의 참조 영상과 미래의 참조 영상에 대해 모두 찾은 후, 양방향에서 찾아진 최적의(가장 닮은) 참조 블록들을 평균하여 현재 블록을 위한 예측 신호로 사용한다. 현재 블록과 예측 신호의 차이 신호를 계산한 후, 차이 신호를 JPEG 방법을 이용하여 압축한다.

앞에서 설명한 여러 가지 모드들 외에도 Skip mode란 것이 있다. P, B picture의 각 MB을 압축해 본 결과, 참조 블록이 현재 블록과 너무 유사해서, 압축할 차이 정보가 너무 적으면 SKIP mode로 coding한다. 이는 정보를 전송하지 않고 SKIP mode를 의미하는 flag만 전송하기 때문에 높은 압축률을 얻을 수 있다.

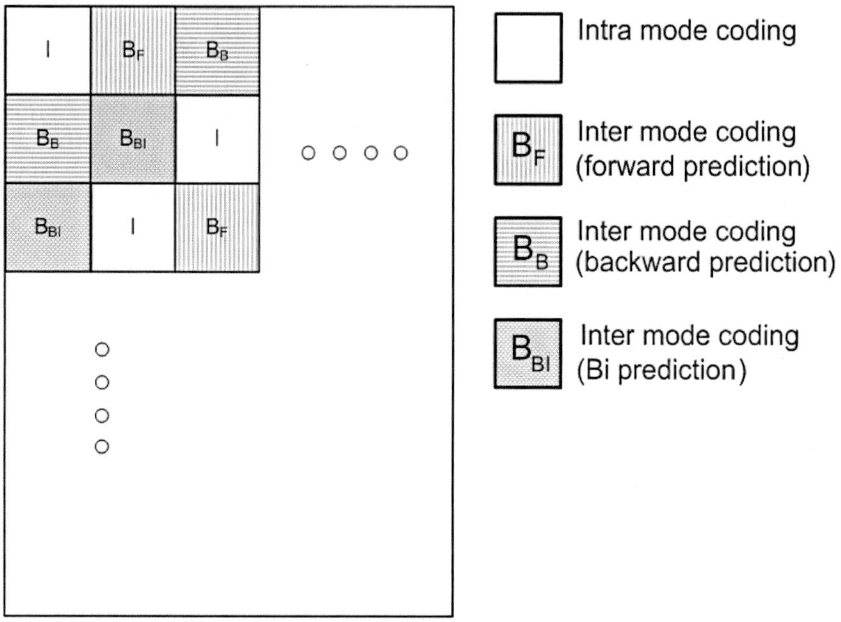

그림 7-20 B Picture의 모드 정보

7.6 MPEG-2 Syntax

이번 절에서는 MPEG-2 비트스트림의 각 구성 요소들이 포함하는 정보들에 대해서 학습한다. MPEG-2 비트스트림을 구성하는 각 요소들 간의 구성 순서 및 구성 흐름을 flow chart를 이용하여 자세히 학습한다[2].

1 MPEG-2 영상의 데이터 구조

동영상 데이터는 그림 7-21에서 보여주는 것과 같은 여러 계층 구조를 갖는다.

(가) Sequence Layer

여러 장의 정지 영상들이 모인 집합을 의미한다. 여러 장의 정지 영상들이 모여 동영상을 구성한다. 보통 수백~수천~수만 장의 Picture들이 모여서 하나의 sequence를 구성한다.

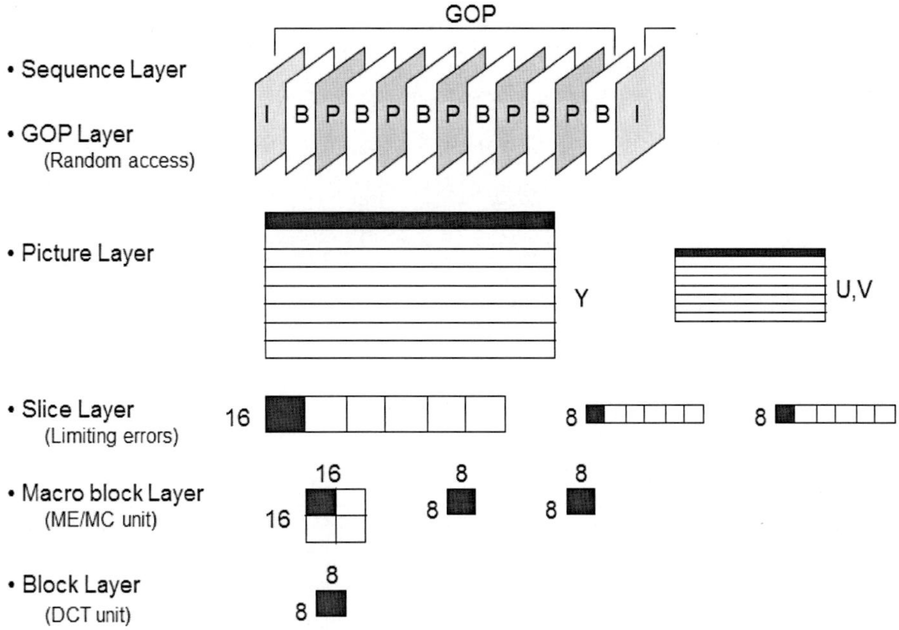

그림 7-21 MPEG-2 영상 데이터 구조

(나) GOP Layer

I picture부터 시작해서 다음 I picture가 나오기 직전까지 영상들 모음이다. 예를 들어, I B B P B B P B B I B B P B B P B B I B B P …로 Sequence가 구성될 때 GOP는 I B B P B B P B B를 의미한다. GOP는 동영상 신호의 편집 단위가 될 수 있다.

(다) Picture Layer

한 장의 정지 영상을 picture라고 한다. Picture란 단어는 Coding되는 단위를 의미한다. Interlace 주사 방식이 사용되는 상황에서 Field 단위로 Coding하면 "field picture로 부호화한다."라고 말한다. 이 상황에서 Frame 단위로 Coding하면 "frame picture로 부호화한다."고 말한다. Progressive 주사 방식에서는 항상 "frame picture로 코딩한다."라고 말한다. 4 : 2 : 0 컬러 방식 picture에서는 밝기 신호 Picture(Y)의 데이터 양이 색차신호(Cb 또는 Cr) 데이터 양의 4배가 된다.

(라) Slice Layer

한 picture 내의 일부분을 의미하는데, 보통은 여러 개의 MB들의 집합을 의미한다. 여러 개의 MB들을 묶은 Slice 개념을 사용하는 이유는 한 slice 단위로 패킷을 구성해서 코딩함으로써 채널 에러로 인한 정보 손실을 Slice 단위로 제한하려고 한다. 특정 Slice 내에서 발생한 에러는 다른 slice 내의 데이터에 영향을 끼치지 않는다. 즉, 각 Slice는 독립적으로 부호화 및 복호화 된다.

(마) 매크로블록 Layer

움직임 벡터를 추정하는 단위이다. 밝기 신호 픽처(Y)에서 MB의 크기는 16×16이며 4 : 2 : 0 타입의 색차 신호의 경우 Cb 및 Cr 픽처에서 MB의 크기는 8×8이다.

(바) Block Layer

DCT 변환이 실행되는 단위 블록을 의미한다. 밝기 신호 픽처(Y)에서는 한 MB 내에 8×8 block이 4개 존재한다. 4 : 2 : 0 포맷의 색차 신호 픽처(Cb 또는 Cr)에는 한 MB 내에 8×8 block이 1개씩 존재한다.

2 계층적 부호화 과정

Sequence → GOP → Picture → Slice → MB → Block

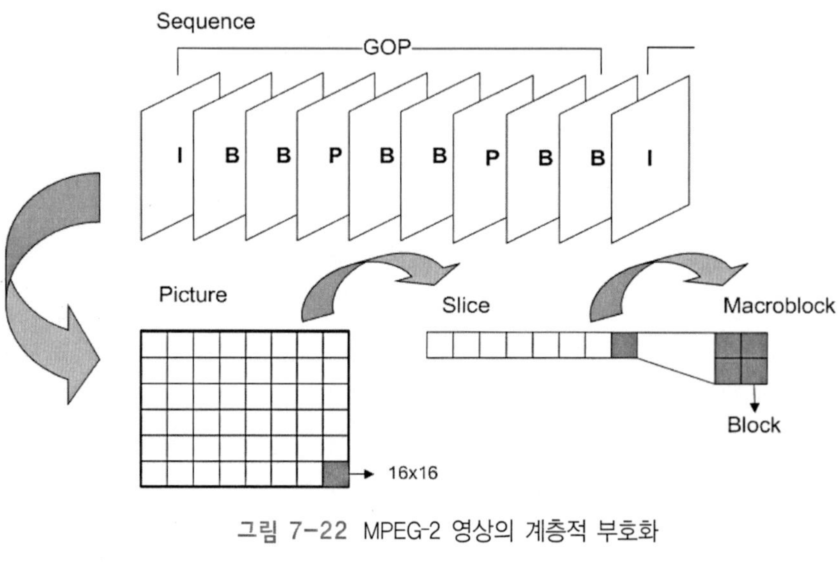

그림 7-22 MPEG-2 영상의 계층적 부호화

MPEG-2 Encoder는 그림 7-22와 같이 데이터를 계층적으로 다루면서 부호화를 수행한다. 맨 처음에는 Sequence 전체에서 공통적으로 사용되는 정보를 부호화한 후, 그 다음에는 GOP에 관련된 정보를 부호화한다. 그리고 나서 Picture, Slice, MB, Block 순서로 앞에서 설명한 계층적(hierarchical)인 순서로 정보를 부호화한다. 이 과정을 표 7-8에 정리하였다.

표 7-8 계층적 부호화 과정

단계	단계별 수행 과정
[1단계] Sequence 부호화	MPEG-2 부호화 과정의 첫 단계로서 Sequence의 전체적으로 공통으로 사용되는 정보를 부호화한다. (예) 화면 크기, 코딩 비트율 등
[2단계] GOP 부호화	Sequence 내의 특정 GOP 마다 특성을 고려한 정보를 부호화한다. (예) GOP 편집을 위한 정보
[3단계] Picture 부호화	GOP 내의 한 픽처의 특성을 부호화한다. 각 픽처가 I인지 P인지 B 인지 등을 부호화한다.
[4단계] Slice 부호화	한 픽처 내의 특정 Slice를 부호화한다.
[5단계] Macro block 부호화	MB단위로 움직임 벡터를 찾고 나머지 신호를 만드는 과정을 의미한다.
[6단계] Block 부호화	MB 내의 8x8 블록에서 DCT를 수행한다.

3 MPEG-2 비트스트림 구조

여기서는 MPEG-2로 압축된 비트스트림의 구조에 대해서 학습해보자. 그림 7-23은 MPEG-2의 기본 비트스트림의 구조를 보여준다. 스트림의 맨 처음에는 [Sequence Header]가 존재하고, 그 다음엔 [GOP Header] + [Picture Header] + [Picture Data]가 존재한다. Sequence가 끝날 때까지 [GOP Header] + [Picture Header] + [Picture Data] 구조가 계속 반복해서 존재한다. [Picture Data] 부분의 내부에는 [Slice Header] + [MB 정보] + [Block 정보] 구조가 여러 번 반복해서 존재한다.

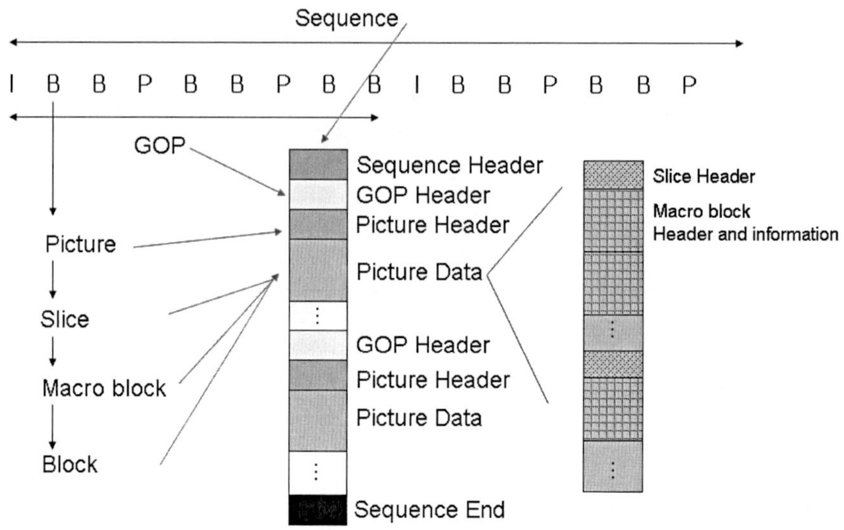

그림 7-23 MPEG-2 비트스트림의 기본 구조

(가) Sequence Header

[Sequence Header]에 들어가는 정보들에 대해서 알아보자. (a) 화면 Size 정보가 들어있다. 이는 한 picture의 가로 세로 크기 정보를 의미한다. (b) 화면의 가로 크기 대 세로 크기 비율 정보가 들어있다. (c) Frame rate, 즉 초당 Frame의 display 주파수 정보가 들어있다. 예를 들어, 1초에 30프레임이 display된다면, 30 Hz란 정보가 저장된다. (d) 초당 평균 발생 비트율이 저장된다. 예를 들면, 20 Mbps 같은 정보가 저장된다. (e) vbv buffer size 정보가 저장된다. 여기서, vbv는 Virtual Buffer Verifier의 약자이다. 송신단과 수신단의 버퍼 크기에 대한 정보를 의미한다. (f) Quantization matrix에 관한 정보이다. 이는 DCT 변환 블록을 양자화하는 matrix에 대한 정보를 의미한다.

(나) GOP Header

[GOP Header]에 들어가는 정보에 대해서 알아보자. GOP 단위는 비디오 신호의 편집 단위가 된다. 따라서 편집을 위한 정보를 GOP Header에 저장한다. 예를 들면, Closed_GOP, Broken_Link 등이 저장된다.

(다) Picture Header

[Picture Header]에는 매 picture 마다 필요한 정보를 부호화한 후 저장한다. 예를 들면, picture coding type, vbv_delay, temporal reference 등이 여기에 저장된다.

(라) Picture Data

[Picture Data]에는 Picture를 코딩한 후 얻어지는 정보를 저장한다. DCT 변환한 계수를 양자화한 결과 값, 움직임 벡터 등을 부호화해서 저장한다.

(마) 강제적 Extension

한편, MPEG-2 bit stream에는 그림 7-24와 같이 강제로 꼭 들어가야 하는 2 종류의 "강제적인" Extension이 있다. 하나는 [Sequence Extension]이고, 또 다른 하나는 [Picture Coding Extension]이다. [Sequence Extension]은 [Sequence Header] 바로 뒤에 위치한다. [Picture Coding Extension]은 [Picture Header] 바로 뒤에 위치한다. 이 각각의 Extension의 기능에 대해서 표 7-9에 정리하였다.

표 7-9 강제적 Extension의 종류 및 기능

강제적 Extension 종류	Extension의 기능
Sequence Extension	[Sequence Header]에서 할당된 비트로 표현하지 못한 부분을 표현한다. 예를 들면, [Sequence Header] 내에서 화면 해상도를 표현하는 비트수는 12 비트이다. 화면 크기가 너무 커서 12비트수로 표현할 수 없을 때는 [Sequence Extension]의 2비트를 추가로 이용한다.
Picture Coding Extension	꼭 필요한 정보이긴 하지만, 다른 정보에 비해 상대적으로 중요도가 덜한 정보를 포함한다.

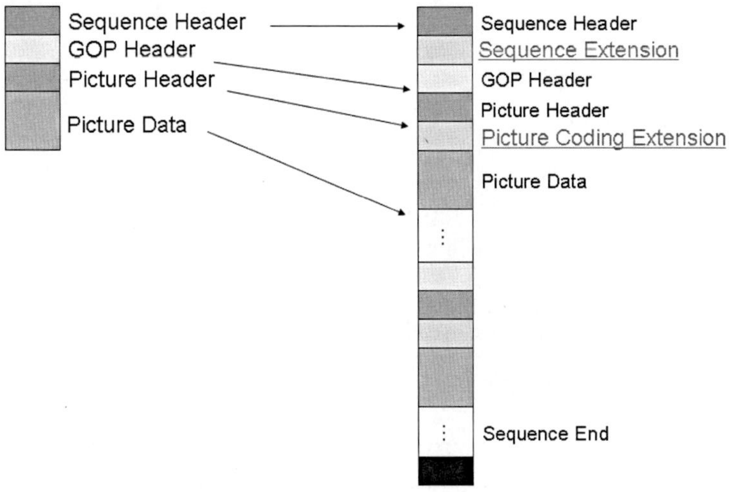

그림 7-24 강제적 Extension

(바) 선택적 Extension

MPEG-2 stream에는 그림 7-25에서와 같이 3가지 종류의 '선택적' Extension & User data가 존재한다. 첫 번째는 Extension & User data 0이다. 이것은 'Sequence Extension'과 'GOP Header' 사이에 존재한다. 두 번째는 Extension & User data 1이다. 이것은 'GOP Header'와 'Picture Header' 사이에 존재한다. 세 번째는 Extension & User data 2이다. 이것은 'Picture Coding Extension' 다음에 존재한다. 선택적 Extension을 통해서 전송하는 정보는 표 7-10과 같다.

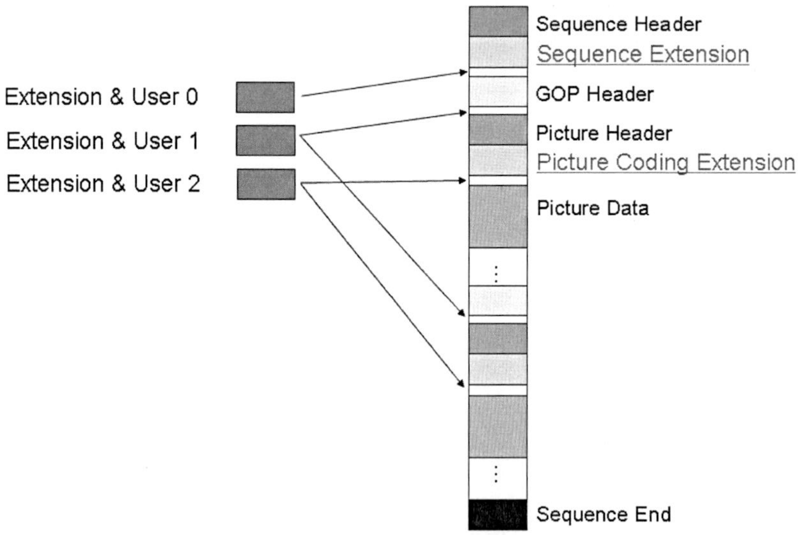

그림 7-25 선택적 Extension

표 7-10 선택적 Extension의 종류 및 기능

선택적 Extension의 종류	Extension의 기능
Sequence display extension	Video format, color format, display size
Sequence scalable extension	scalability 변수, scalable mode
Quant matrix extension	색 신호를 위한 quantization matrix
Picture display extension	pan/scan 관련 정보
Picture temporal scalable extension	temporal scalability 관련 정보
Copy right extension	소유권을 표시

4 MPEG-2 비트스트림 전체 구조

지금까지 설명한 비트스트림의 구조를 종합적으로 그리면 그림 7-26과 같이 나타낼 수 있다.

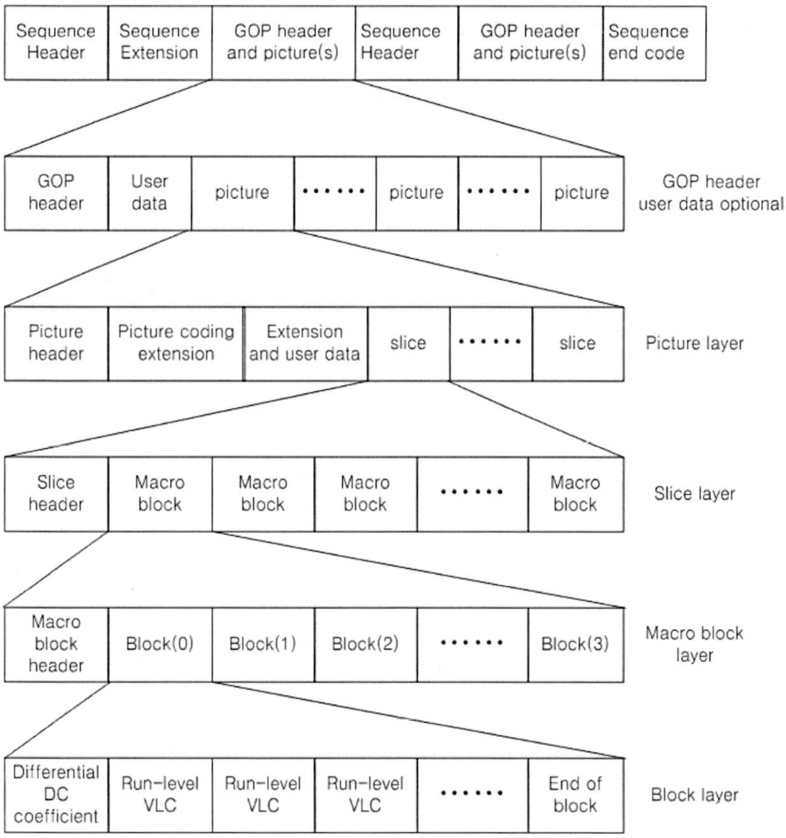

그림 7-26 MPEG-2 비트스트림의 구조

그림 7-27은 지금까지 설명한 bit stream 구성 요소들을 이용하여 bit stream을 만드는 flow chart이다. 맨 처음 Sequence Header 후에 Sequence Extension (강제 Extension)이 없다면 이는 MPEG-1 sequence를 의미한다. 모든 MPEG-2 sequence에서는 강제 Extension인 Sequence Extension이 존재한다.

Sequence Extension 다음에는 선택적인 Extension인 [Extension & User]가 있다. 이 [Extension & User]은 여러 개가 존재할 수도 있고 한 개도 존재하지 않을 수도 있다. 그 다음엔 [GOP Header], 선택적 Extension [Extension & User] 이 존재한다.

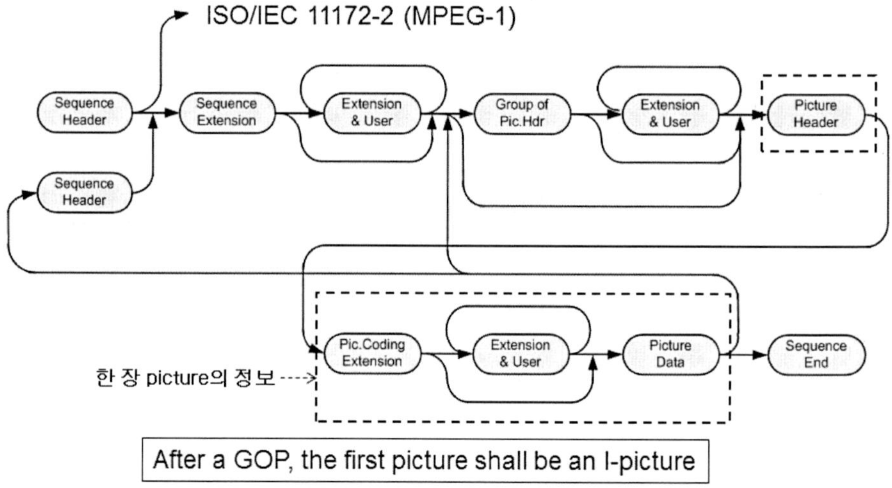

그림 7-27 MPEG-2 비트스트림을 구성하는 flow chart

그 다음엔 [Picture Header], 그리고 강제 Extension인 [Picture Coding Extension], 그리고 선택적 Extension인 [Extension & User], [Picture Data]이 한 장의 Picture에 대한 데이터를 구성한다.

한 장의 Picture가 코딩된 후 다음 Picture에 대한 정보는 화살표를 따라 [Picture Header], 그리고 강제 Extension인 [Picture Coding Extension], 그리고 선택적 Extension인 [Extension & User], [Picture Data]로 구성된다. 이 과정은 GOP 내의 모든 Picture들에 대해서 반복된다.

GOP 내의 모든 Picture에 대해서 코딩이 끝나면, 다음 GOP를 시작하는 정보 [GOP Header], 그리고 선택적 Extension인 [Extension & User]를 부호화한다. 그 다음에는 한 장의 picture를 코딩하는 [Picture Header], 강제 Extension인 [Picture Coding Extension], 그리고 선택적 Extension인 [Extension & User], [Picture Data]를 부호화한다.

모든 GOP를 부호화하고 나면 새로운 Sequence를 시작해야 한다. 이는 [Sequence Header]를 부호화하면서 부호화 과정이 이뤄진다. 그 다음 과정은 앞서 설명한 것을 반복하는 과정이다.

앞에서 [Sequence Header]에는 Sequence 전체에서 공통으로 사용되는 필수적인 정보가 들어있다고 했다. Sequence Header가 1개 Sequence에서 맨 처음에 단 한 번만 존재한다면 어떨까? 한 개 Sequence를 이루는 방송 프로그램을 맨 처음부터 시청하지 않고 중간에 TV 채널을 변경시켜 방송을 시청하려면 Sequence Header를 수신하지 못해 시청이 불가능할 것이다. 즉, 방송을 맨 처음부터 보지 않으면 볼 수 없다는 것이다. 이 문제를 해결하기 위해서 Sequence Header를 반복적으로 위치시켜 Repeated Sequence를 만든다. 대신 GOP Header를 생략할 수도 있다.

7.7 비트 할당 및 제어 알고리즘

MPEG-2 부호화기는 압축된 영상들의 화질들이 적절한 균형을 이루도록 각 픽처를 부호화할 때 픽처마다 사용될 비트양을 할당한다. 이 비트양은 화면의 복잡도와 픽처의 형식(I, P, B)에 따라 다르게 할당된다. 부호화기가 비트율을 제어(rate control)하는 한 가지 방법은 양자화 스케일을 변경시키는 것으로, 버퍼의 충만도에 따라서 양자화 스텝의 크기를 가변적으로 조절함으로써 발생 비트양을 조절할 수 있다. 즉, 예상했던 기준값보다 많은 비트가 발생하면 버퍼 안에 저장되는 비트양이 증가하므로, 다음 부호화될 픽처에 대해서는 양자화 값을 증가시켜 발생 비트양을 줄인다. 반대로 특정 픽처를 부호화할 때 발생 비트양이 예상 기준값보다 작게되면 그 다음 픽처를 부호화할 때는 양자화 스텝 크기를 감소시켜 발생하는 비트양을 많게 한다. 이런 과정을 통하여 부호화기의 버퍼 상태를 일정하게 조절하는 것이다. 이때 양자화 값은 화질에 직접적인 영향을 주기 때문에 비트율 제어는 영상의 화질을 좌우하는 중요한 기능을 제공한다.

MPEG-2 TM(Test Model)-5에서 비트율 제어는 3단계 알고리즘으로 이루어져 있다. 첫 번째 단계로는 목표 비트 할당(target bit allocation)이다. 이것은 특정 픽처가 부호화되기 직전에 이 픽처를 부호화하기 위해 사용될 비트양을 할당하는 단계이다. 두 번째 단계로는 비트율 제어(rate control) 단계로, 이전 매크로블록들을 부호화하면서 발생한 비트양을 참고하여 현재 매크로블록을 부호화할 때 사용되는 기준 양자화 파라미터 값을 결정한다. 마지막 단계는 적응 양자화(adaptive quantization) 단계로 밝기 신호의 공간 활동도(activity)에 따라 양자화 파라미터를 조절하는 단계이다[2].

1 목표 비트 할당(Target Bit Allocation)

이 과정은 픽처가 부호화될 때, 픽처마다 목표 발생 비트양을 할당하는 단계로서, 각 픽처의 형식(I, P, B)에 따라 다른 계산식을 적용한다. 식 (7.11)은 픽처 형식(I, P, B)에 따라 픽처별 목표 비트 할당량을 계산하는 식을 표현한다.

표 7-11 예제 설명을 위한 부호화의 조건

부호화 조건 예제	
GOP 구조	N=9, M=3
Bit rate	30M bits/sec
Frame rate	30 frame/sec

$$
\begin{aligned}
T_i &= \max\left\{\frac{R}{1+\dfrac{N_pX_p}{X_iK_p}+\dfrac{N_bX_b}{X_iK_b}},\ \frac{bit\_rate}{8\times picture\_rate}\right\} \\
T_p &= \max\left\{\frac{R}{\left(N_{b+}\dfrac{N_pK_pX_b}{K_bX_p}\right)},\ \frac{bit\_rate}{8\times picture\_rate}\right\} \\
T_b &= \max\left\{\frac{R}{\left(N_{p+}\dfrac{N_pK_pX_p}{K_pX_b}\right)},\ \frac{bit\_rate}{8\times picture\_rate}\right\}
\end{aligned}
\tag{7.11}
$$

그렇다면 이 식의 구조와 사용 방법을 예제를 통해서 알아보자. 위 표 7-11에서 제시한 부호화의 예제 조건을 살펴보면 목표 bit rate가 30 M bits/sec이고 frame_rate가 30 frame/sec이므로 프레임 한 장에 1M bits/sec가 할당되고, 하나의 GOP에 총 9 M bits가 할당된다. 그러므로 목표 비트양 할당식 (7.11)에서 사용되는 잔여 비트양(R)의 초기값은 9 M bits가 된다(R =9 M bits). GOP 초기 잔여 비트양 R이 이와 같을 때, 각 픽처의 형식별 목표 비트양 할당 순서와 방법에 대해서 알아보자.

(가) I 픽처 목표 비트 할당

N=9인 GOP에서 첫 번째로 부호화되는 픽처 형식이 I 픽처이다. I 픽처의 목표 비트양을 적절하게 할당하기 위해 사용되는 식이 바로 식 (7.12)이다.

$$
T_i = \max\left\{\frac{R}{1+\dfrac{N_pX_p}{X_iK_p}+\dfrac{N_bX_b}{X_iK_b}},\ \frac{bit\ rate}{8\times picture\ rate}\right\} \tag{7.12}
$$

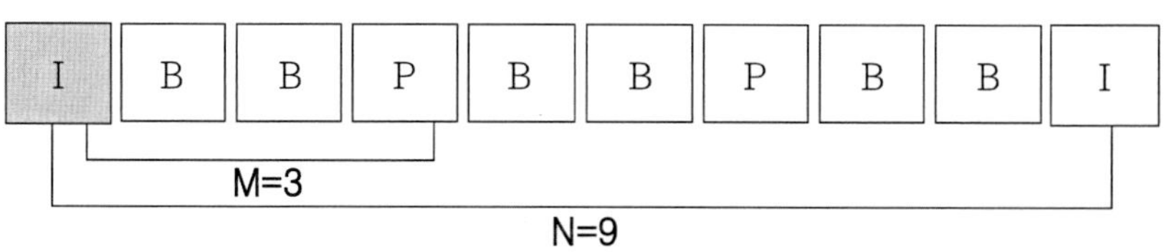

그림 7-28 I 픽처의 목표 비트 할당

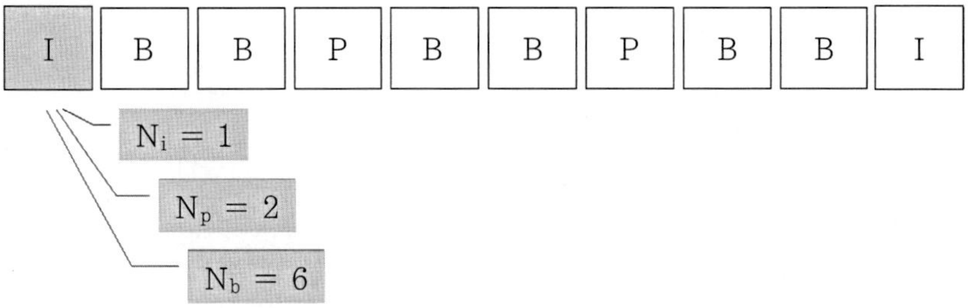

그림 7-29 I 픽처 부호화 시 잔여 픽처 수

식 (7.12)를 살펴보면, R은 전체 GOP에 할당된 bit량 중에서 사용 후 남은 비트양이다. 이때 I 픽처는 GOP에서 가장 먼저 부호화되기 때문에 R의 초기값 9 M가 사용된다. K는 화면 형태에 따른 부호화 복잡도의 정규화 변수를 의미하는데, 이는 복잡도 상수를 의미한다. 특별한 경우가 아니면 이 상수들은 $K_p = 1.0$, $K_b = 1.4$으로 세팅된다. N은 현재 GOP 안에 남아있는 자신을 포함한 같은 형식의 픽처 수를 의미한다. 부호화 조건이 표 7-11과 같고 I 픽처가 부호화되고 있다면, 각 형식의 N은 그림 7-29에서 알 수 있듯이 $N_i = 1$, $N_p = 2$, $N_b = 6$이 된다. 여기서, N_i가 잔여 I 픽처수, N_p가 잔여 P 픽처 수, N_b가 잔여 B 픽처 수이다.

식 (7.12)를 이용하여 목표 비트를 할당하는 데 가장 많은 영향을 미치는 인자가 바로 복잡도 X_i, X_p, X_b이다. 복잡도는 각 형식별로 계산되고, 형식별로 다른 초기값을 갖는다. 초기값은 전체 시퀀스에서 한 번만 사용된다. 식 (7.13)은 I 픽처의 복잡도의 초기값을 계산하는 식이다. 전체 시퀀스에서 첫 번째 I 픽처가 나왔을 경우, 식 (7.13)을 통해서 복잡도를 계산한 후, 이 값을 식 (7.11) 또는 (7.12)에 적용하여 목표 비트양을 할당한다. 첫 번째 I 픽처를 부호화하고 나서 다른 종류의 P와 B 픽처 여러 장을 부호화한 후, 다시 부호화하게 되는 I 픽처의 목표 비트양을 계산할 때는 식 (7.14)를 이용하여 복잡도를 계산한다. 식 (7.14)에서는 현재 장의 복잡도를 이전 I 픽처에서 사용한 비트양과 평균 양자화 크기의 곱으로 계산한다. 이때 S_i가 이전 I 픽처에서 사용한 비트양이고, Q_i가 이전 I 픽처에서 사용한 평균 양자화 스텝의 크기이다.

$$X_i = \frac{160 \times bit\ rate}{115} \tag{7.13}$$

$$X_i = S_i Q_i \tag{7.14}$$

(나) P 픽처 목표 비트 할당

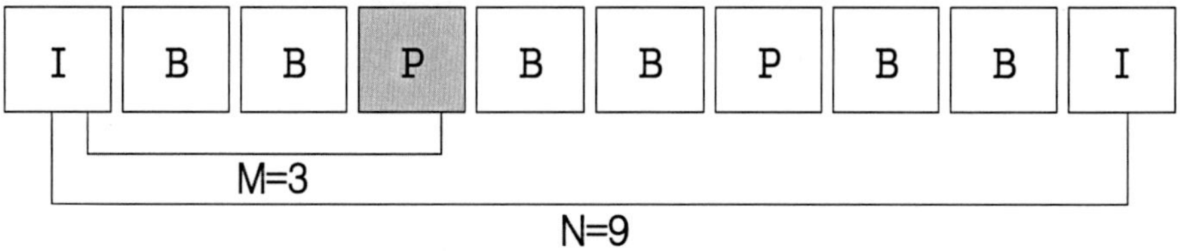

그림 7-30 P 픽처의 목표 비트 할당

두 번째로 부호화하는 픽처 형식이 P 픽처이다. B 픽처가 움직임 벡터를 과거와 미래의 양방향에서 찾아야하기 때문에, 시퀀스의 촬영 순서는 I 픽처 다음에 B 픽처이지만 부호화 순서는 B 픽처보다 P 픽처를 먼저 부호화해야 한다. P 픽처의 목표 비트를 할당하기 위해 식 (7.15)를 이용한다.

$$T_p = \max\left\{ \frac{R}{\left(N_{b} + \frac{N_p K_p X_b}{K_b X_p}\right)}, \frac{bit\ \ rate}{8 \times picture\ \ rate} \right\} \tag{7.15}$$

위 식의 구조를 살펴보면, R은 전체 GOP에 할당된 비트양 중에서 이전의 I 픽처를 부호화했을 때 발생한 비트양을 제외하고 남은 비트양이다. 즉, P 픽처의 목표 비트양을 계산할 때, R의 초기값(9 Mbits)에서 I 픽처를 부호화하면서 사용된 비트양을 제외한 양을 R값으로 사용한다. 그림 7-31은 식 (7.15)를 이용해서 P 픽처의 목표 비트양을 계산할 때 사용되는 R을 그림으로 표시한 것이다.

앞의 그림 7-29에서 I 픽처를 부호화할 때와 달리, P 픽처를 부호화할 때는 그림 7-32와 같이 타입별 잔여 픽처 개수를 알 수 있다($N_p = 2$, $N_b = 6$).

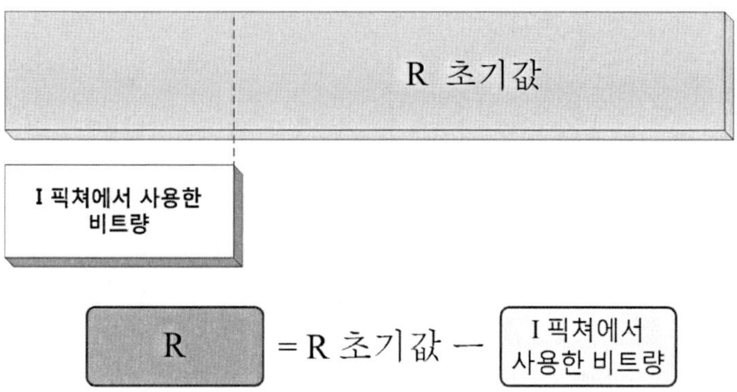

그림 7-31 P 픽처의 목표 비트 할당에서 사용되는 R

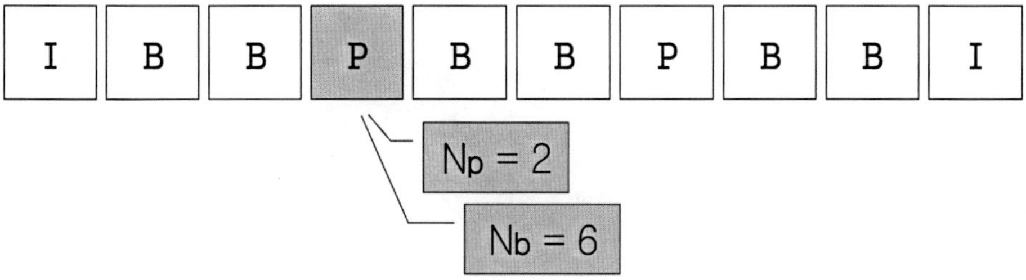

그림 7-32 P 픽처 부호화 시 잔여 픽처 수

식 (7.16)은 P 픽처의 복잡도의 초기값을 계산하는 식이다. 전체 시퀀스에서 첫 번째 P 픽처가 나왔을 경우, 식 (7.16)을 식 (7.11), (7.12), 그리고 식 (7.15) 등에 대입하여 현재 픽처에 할당되는 목표 비트양을 계산한다. 현재 시퀀스에서 P 픽처가 한번이라도 부호화된 이후에는 P 픽처의 복잡도를 식 (7.17)로 계산한다. 식 (7.17)는 이전 P 픽처에서 사용한 비트양과 평균 양자화 크기의 곱으로 계산된다. 이때 S_p가 이전 P 픽처에서 사용한 비트양이고, Q_p가 이전 P 픽처에서 사용한 평균 양자화 크기이다.

$$X_p = \frac{60 \times bit\ rate}{115} \tag{7.16}$$

$$X_p = S_p Q_p \tag{7.17}$$

(다) B 픽처 목표 비트 할당

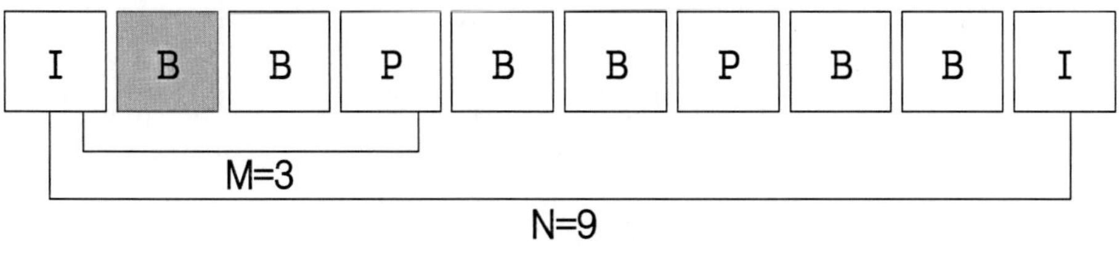

그림 7-33 GOP 구조에서 B 픽처

세 번째로 부호화하는 픽처 형식이 B 픽처이다. 앞서 이야기한 바와 같이 B 픽처가 I 픽처 다음에 위치하지만 P 픽처가 부호화된 이후, B 픽처를 부호화한다. B 픽처에 할당되는 목표 비트양을 계산하기 위해 식 (7.11) 또는 (7.18)을 사용한다.

$$T_b = \max\left\{ \frac{R}{\left(N_p + \frac{N_p K_p X_p}{K_p X_b}\right)}, \frac{bit\ rate}{8 \times picture\ rate} \right\} \tag{7.18}$$

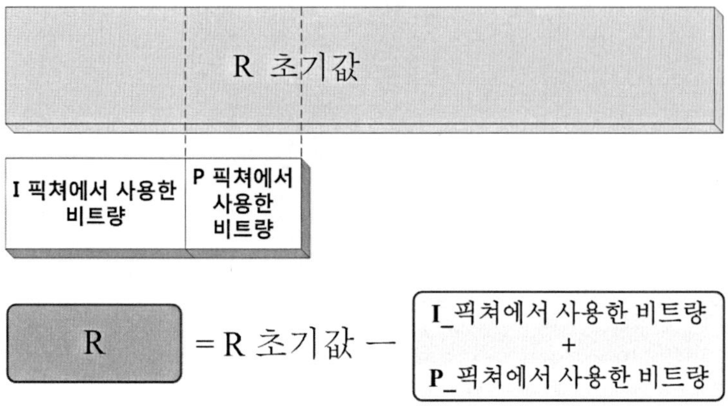

그림 7-34 B 픽처 목표 비트 할당에서 사용되는 R

식 (7.18)을 살펴보면, R은 전체 GOP에 할당된 비트양 중에서 이전 픽처들을 부호화하면서 사용한 비트양을 제외하고 남은 비트양이다. B 픽처는 GOP 내에서 I 픽처와 P 픽처를 부호화한 이후에 부호화되기 때문에, 식 (7.18)에서는 R의 초기값(9 M bits)에서 I 픽처를 부호화하는 데 사용된 비트양과 P 픽처를 부호화하는 데 사용된 비트양을 제외한 비트양을 R값으로 사용한다. 그림 7-34는 식 (7.18)에서 사용되는 R을 도시화한 것이다.

식 (7.18)에서 타입별 잔여 픽처 개수를 의미하는 N값은 그림 7-35에서와 같이 계산한다. 그림 7-35에서처럼, 현재 GOP에서 I 픽처와 P 픽처, 그리고 한 장의 B 픽처가 부호화된 후, 현재 2번째 B 픽처를 부호화하기 직전이라고 가정하면, 잔여 P 픽처 수(N_p)는 1이고, 잔여 B 픽처 수(N_b)는 5이다.

식 (7.19)는 B 픽처의 복잡도의 초기값을 계산하는 식이다. 전체 시퀀스에서 한 개의 B 픽처도 부호화하지 않은 상태라면 식 (7.19)를 이용하여 B 픽처의 초기 복잡도를 계한한 후, 이를 식 (7.11) 또는 (7.18) 등에 대입해서 목표 비트양을 할당한다. 이후 한 장의 B 픽처라도 부호화했다면, 그 다음부터는 B 픽처의 복잡도를

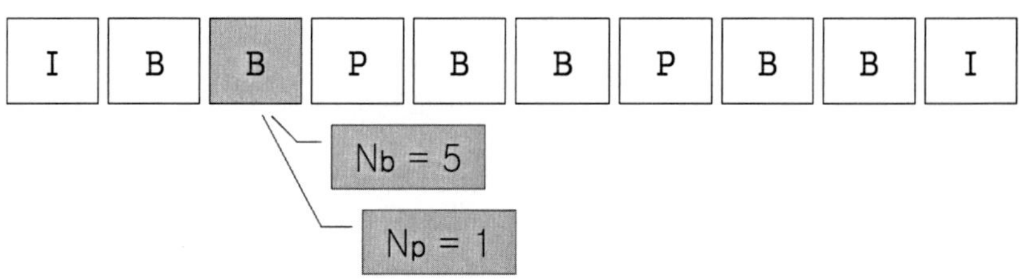

그림 7-35 B 픽처 부호화 시 잔여 픽처 수

식 (7.20)을 이용하여 계산하고, 이를 이용하여 각 타입 픽처의 목표 비트양을 할당한다. 식 (7.20)에서 B 픽처의 복잡도는 이전 B 픽처에서 사용한 비트양과 평균 양자화 크기의 곱으로 계산된다. 이때 S_b가 이전 B 픽처에서 사용한 비트양이고, Q_b가 이전 B 픽처에서 사용한 평균 양자화 크기이다.

$$X_b = \frac{42 \times bit\ rate}{115} \tag{7.19}$$

$$X_b = S_b Q_b \tag{7.20}$$

2 비트율 제어(Rate Control)

각 픽처들을 부호화할 때, 앞서 설명한 식 (7.11)을 이용하여 현재 픽처에서 사용할 목표 비트양을 할당한 이후, 현재 픽처 내의 각 매크로블록별로 양자화 파라미터를 결정한다. 이를 비트율 제어라고 한다. 비트율 제어는 해당 픽처의 매크로블록 단위로 이루어진다. 현재 매크로블록의 양자화 파라미터를 계산할 때, 이전 매크로블록을 부호화하면서 발생한 비트양을 참고하여 가상 버퍼의 충만도를 계산하고, 계산된 충만도와 반응 파라미터를 이용해서 현재 매크로블록에서 사용될 양자화 파라미터를 계산한다.

$$\begin{aligned} d_j^i &= d_0^i + B_{j-1} - \left(\frac{T_i \times (j-1)}{MB\_cnt}\right) \\ d_j^p &= d_0^p + B_{j-1} - \left(\frac{T_p \times (j-1)}{MB\_cnt}\right) \\ d_j^b &= d_0^b + B_{j-1} - \left(\frac{T_b \times (j-1)}{MB\_cnt}\right) \end{aligned} \tag{7.21}$$

식 (7.21)은 j번째 매크로블록($MB_j(j \geq 1)$)을 부호화하기 직전에, 지금까지 $j-1$ 번째 매크로블록들까지 부호화한 결과의 버퍼의 충만도를 계산하는 식이다. d_0^i, d_0^p, d_0^b는 가상 버퍼의 초기 충만도이며 B_{j-1}은 $j-1$ 번째 매크로블록까지의 부호화 했을 때 발생된 비트양이다. MB_cnt는 현재 픽처 내에 있는 총 매크로블록들의 개수이며, d_j^i, d_j^p, d_j^b는 j 번째 매크로블록을 부호화하기 직전의 가상 버퍼의 충만도이다. 현재 j번째 매크로블록에서 사용될 양자화 파라미터는 식 (7.21)을 이용해서 계산한 j 번째 가상 버퍼의 충만도와 식 (7.23)을 이용해서 계산한 반응 파라미터 r을 식 (7.22)에 대입하여 계산한다.

$$Q_j = \left(\frac{d_j \times 31}{r} \right) \tag{7.22}$$

$$r = 2 \times \frac{bit\_rate}{picture\_rate} \tag{7.23}$$

식 (7.21)에서 사용하는 초기 충만도 d_0^i, d_0^p, d_0^b는 식 (7.24)을 이용하여 계산한다.

$$\begin{aligned} d_0^i &= 10 \times \frac{r}{31} \\ d_0^p &= K_p \times d_0^i \\ d_0^b &= K_b \times d_0^i \end{aligned} \tag{7.24}$$

식 (7.22)를 이용하여 결정된 양자화 파라미터를 기준 양자화 파라미터 Q_j 라고 한다.

3 적응 양자화 (Adaptive Quantization)

이 단계는 앞 단계에서 계산한 기준 양자화 파라미터 Q_j 로부터 양자화 변수($mquant$)를 얻는 과정이다. j번째 매크로블록에서 사용되는 양자화 변수($mquant_j$)를 계산할 때, 현재 j번째 매크로블록이 이전 매크로블록들에 비해 상대적으로 얼마나 활성도(activity)가 있는 지를 계산하여 이를 반영한다. 여기서 매크로블록의 활성도(activity)란 매크로블록 내부의 화소 값들이 얼마나 다양한 값들로 이뤄져 있는지를 의미하는 것으로서, 만약 매크로블록 내부의 화소 값들이 모두 같은 값을 갖고 있다면, 이 매크로블록의 활성도는 '0'이 되고, 매크로블록 내부의 화소 값들이 서로 서로 매우 유사한 값들을 갖고 있다면, 활성도가 매우 낮은 값을 갖게 된다. 이와 반대로 매크로블록 내부의 화소 값들이 서로 서로 매우 다른 값들로 구성되어 있다면, 본 매크로블록의 활성도는 매우 높은 값을 갖게 된다. 인간의 시각 시스템은 활성도가 높은 영상 정보(고주파수 신호로 구성된 정보)를 압축할 때 발생되는 왜곡 현상을 둔감하게 느끼고, 활성도가 낮은 정보(변화가 없는 저주파수 신호 성분으로 구성된 매크로블록)를 압축 과정에서 발생되는 신호 왜곡을 민감하게 느끼는 특성이 있다. 따라서 활성도가 낮은 매크로블록에서는 양자화 왜곡이 가능하면 작게 발생되게 하려고 작은 양자화 변수($mquant_j$)를 사용하여 양자화 스텝 크기를 작게 한다. 이와 반대로 매크로블록의 활성도가 매우 클 경우, 인간의 눈이 양자화 왜곡에 둔감하기 때문에 큰 양자화 스텝을 사용할 수 있고, 이에 따라 큰 양자화 변수($mquant_j$)를 사용한다. 이에 대한 구체적인 방법 및 과정은 다음 설명과 같다.

제일 먼저, 현재 j번째 매크로블록 내부의 화소들을 8×8 크기의 세부 블록 8개로 나눈다. 이때, 16×16 크기의 매크로블록의 화소들을 프레임 구조에서 4개의 8×8 블록으로 나누고, 또 이 매크로블록을 필드 구조에서 4개의 8×8 블록으로 나눔으로써 8개의 8×8 블록들을 만들 수 있다. 각 세부 블록은 64개의 화소들로 구성되어 있다. 그 다음에는 각 세부 블록 내부의 64개 화소 값들의 분산 값을 다음 식 (7.25)과 (7.26)를 이용하여 계산한다.

$$vblk_n = \frac{1}{64} \times \sum_{k=1}^{64} \left(P_k^n - P\_mean_n\right)^2 \tag{7.25}$$

$$P\_mean_n = \frac{1}{64} \times \sum_{k=1}^{64} P_k^n \tag{7.26}$$

식 (7.26)에서는 n번째 블록 내부 화소 값들의 평균을 구하는데, 이때 P_k^n는 n번째 세부 블록 내부의 k번째 화소 값이다. (7.25)의 계산을 8개 서브블록들에 대해서 계산한 후, 다음 식 (7.27)를 이용하여 현재 j번째 매크로블록의 활성도를 계산한다.

$$act_j = 1 + \min\left(vblk_1, vblk_2, vblk_3, \ldots, vblk_8\right) \tag{7.27}$$

식 (7.27)의 과정은 각 세부 블록의 분산도($vblk$) 중에서 가장 작은 분산도 값에 1을 더함으로써 현재 j번째 매크로블록의 활성도를 계산하는 것이다. 계산된 j번째 매크로블록의 활성도(act_j)와 이전 픽처 내부 화소 값들의 평균 활성도(avg_act)를 식 (7.28)에 대입하여 정규화 활성도(N_act_j)를 결정한다. 이 정규화 활성도는 과거 화소 값들의 경향에 비교해서 현재 j번째 매크로블록 내 화소 값들의 활성도가 얼마나 높은지 또는 낮은가를 반영하여 정규화(normalization)한 값이다. 여기서 결정된 정규화 활성도를 앞서 계산한 기준 양자화 파라미터(Q_j)에 곱함으로써 최종적인 양자화 변수($mquant_j$)를 결정한다. 식(7.29)는 양자화 변수 결정식이며, 여기서 평균 활성도의 초기값은 400이다. $mquant_j$의 최종값은 1~31까지의 범위를 갖는다.

$$N\_act_j = \frac{(2 \times act_j) + avg\_act}{act_j + (2 \times avg\_act)} \tag{7.28}$$

$$mquant_j = Q_j \times N\_act_j \tag{7.29}$$

7.8 MPEG-2 디코더 구조

그림 7-36은 MPEG-2 decoder를 나타내고 있다. 수신되는 신호의 decoding 순서는 부호화기의 압축 순서의 반대 순서가 된다. 그 과정은 다음과 같다.

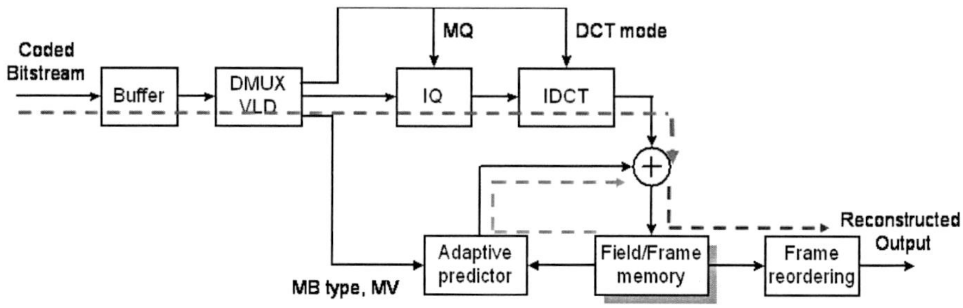

그림 7-36 MPEG-2 Decoder 구조

1 Entropy decoding : DMUX & VLD

수신된 압축 신호는 신호의 발생확률에 따라 코드워드를 차별적으로 할당하는 variable length code로 부호화되어 있기 때문에, 이 과정의 역과정인 entropy decoding(variable length decoding, VLD)을 가장 먼저 수행한다.

2 역양자화 : IQ

인코더의 양자화 과정이 특정 구간의 신호 값들을 대표 신호 값으로 매핑(mapping)한 후, 그 선택된 대표 신호 값의 이름표(index)를 만들어 내는 과정이므로, 역양자화 과정은 이름표(index)로부터 대표 신호 값을 찾는 과정이 된다. 이 과정은 LUT(Look UP Table)을 찾는 과정을 통해 간단히 수행된다(참고로 앞서 수행한 entropy decoding을 거쳐서 얻는 정보는 양자화기의 index 값이 된다). 이 역양자화 과정을 거친 후 얻어지는 정보는 DCT 변환된 신호 값이다.

3 역 DCT : IDCT

역양자화 과정을 거쳐서 얻어진 정보가 DCT 변환된 정보이므로, 역 DCT 과정을 통해서 주파수 영역의 정보를 화소 영역의 정보로 변환시킨다. 역 DCT 과정을 거쳐서 얻어지는 정보는 I 픽처에서는 화소 값이 되고, P 또는 B 픽처에서는 움직임을 추정한 후 얻어지는 나머지 값(참고 블록과 현재 매크로블록 간의 차이 값)이 된다.

4 움직임 벡터 복호화

송신단에서 부호화한 움직임 벡터를 복호화함으로써 움직임 벡터값을 얻는다.

5 움직임 보상(Motion Compensation) 및 현재 픽처 복호화

현재 블록이 P 또는 B 픽처일 경우, 참고 프레임에서 위의 '움직임 벡터 복호화' 단계에서 얻어진 움직임 벡터가 가리키는 블록의 복사한 후, 이 복사된 값에 앞의 'IDCT' 단계에서 얻은 나머지 값(차이 값)을 더함으로써 현재 픽처 정보를 복호화한다. 이 과정에서 움직임 벡터가 가리키는 위치의 참고 블록을 복사해 오는 과정을 '움직임 보상' 과정이라고 한다.

6 Frame 재순서화

인코더에서 픽처들을 압축할 때, 촬영된 순서대로 부호화하지 않고 참조하는 픽처들 간의 관계를 고려해서 부호화하기 때문에 디코더에서 픽처들을 복호화할 때도 같은 방법으로 재순서화 과정을 거친 후 display하게 된다.

7.9 MPEG-2의 특성

MPEG-2 Encoder를 구성하는 여러 모듈들의 복잡도를 측정해보면, 움직임 추정(Motion Estimation) 및 움직임 보상(Motion Compensation) 부분이 가장 큰 복잡도를 갖고 있으며 이는 인코더 전체 복잡도의 약 67%를 차지한다. 따라서 효율적인 MPEG-2 Encoder를 구성하려면 움직임 추정 부분의 복잡도를 줄여 간단히 구현해야 한다.

MPEG-2 Decoder를 구성하는 모듈들의 복잡도를 측정해보면 움직임 보상(Motion Compensation)과 역 DCT(IDCT) 부분의 복잡도가 MPEG-2 decoder 전체 복잡도의 약 70%를 차지한다. 따라서 decoder를 효율적으로 제작하기 위해서는 MC와 IDCT 부분을 효율적으로 설계하고 구현해야 한다.

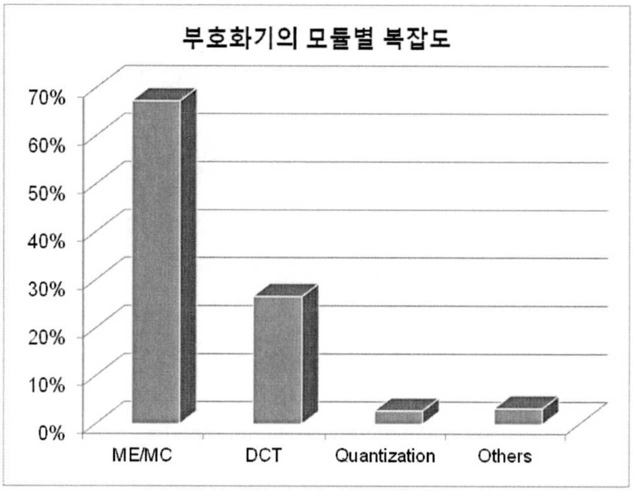

그림 7-37 MPEG-2 부호화기의 모듈별 복잡도

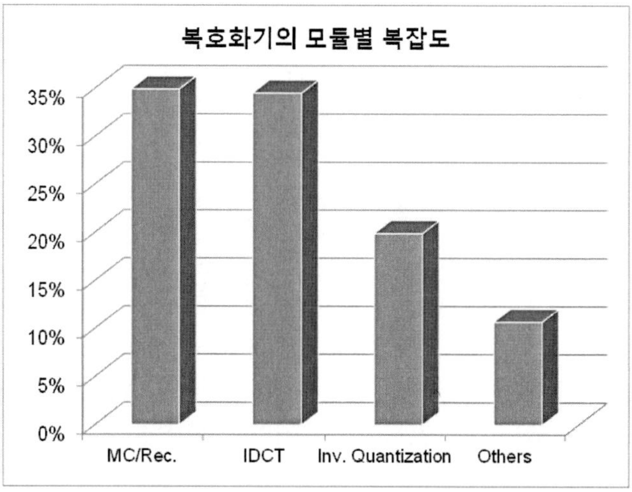

그림 7-38 MPEG-2 복호화기의 모듈별 복잡도

MPEG-2 압축 방법에는 표 7-12에서 표시한 것과 같이 여러 가지 Profile들과 Level들이 존재한다. Profile은 사용되는 기술들의 종류에 따라서 달라진다. 간단한 알고리즘들만으로 구성된 Simple profile이 있고, 핵심 기술들로 구성된 Main profile이 있다. Level은 화면 해상도 및 비트 발생률에 따른 구분이다. 관련 기술에 상관없이 화면 해상도 크기나 부호화 비트율의 범위 등을 기준으로 여러 가지 Level로 나눌 수 있다. 주로 사용하는 Profile과 Level은 Main Profile과 Main Level이다[3]~[7].

표 7-12 MPEG-2 Profile과 Level

Level \ Profile	Simple	Main	SNR Scalable	Spatial Scalable	High
High (1920×1152×60)		MP@HL			HP@HL
High-440 (1440×1152×60)		MP@H1440		SSP@H1440	HP@H1440
Main (720×576×30)	SP@ML	MP@ML	SNP@ML		HP@ML
Low (352×288×30)		MP@LL	SNP@LL		

앞에서 설명한 MPEG-2 압축 표준의 특징을 정리하면 표 7-13과 같이 정리될 수 있다[3]~[7].

표 7-13 MPEG-2의 특성

항목	특성
주사 방식	MPEG-2에서는 Progressive 주사 방식과 Interlace 주사 방식 모두를 사용한다.
움직임 벡터 추정 단위	움직임 벡터를 찾는 단위는 매크로블록이고 그 크기는 16×16이다.
DCT 적용 단위	DCT를 수행하는 블록의 크기는 8×8 이다.
영상 압축 타입	영상 압축하는 타입은 I picture, P picture, B picture로 구분할 수 있다.
비트율 제어 방법	MPEG-2에서는 발생 비트율을 제어하기 위해서 DCT 계수의 양자화 스텝 크기를 조절한다.
랜덤 액세스	MPEG-2로 압축한 비트스트림은 GOP 단위로 랜덤 액세스가 가능하다.
응용 분야	MPEG-2의 응용 분야는 저장 및 방송 미디어 분야이다.
MPEG-2과의 호환성	MPEG-2 디코더는 MPEG-1 비트스트림을 재생할 수 있다.

• 참고문헌

[1] W. K. Pratt, *Digital image processing*, John Wiley & Sons, INC., 1991.

[2] 이호석, 김준기, 『알기쉬운 MPEG-2』, 홍릉과학출판사, 2001.

[3] 김재균, 권재철, 문주희, 황강욱, 『영상통신개론』, 홍릉과학출판사, 2010.

[4] 하영호, 남재열, 최윤식, 원치선 공역(Ze-Nian Li and Mark S. Drew 저), 『멀티미디어 공학 (원제 : *Fundamentals of Multimedia*)』, Pearson Prentice Hall, 2004.

[5] K. R. Rao, J. J. Hwang, *Techniques & Standards for Image Video & Audio Coding*, Prentice Hall, 1996.

[6] Iain E. G. Richardson, *Video Codec Design*, John Wiley & Sons, 2002.

[7] John Watkinson, *The MPEG Handbook*, Elsevier, 2004.

생각해 볼 문제

Q1 P 픽처나 B 픽처의 내부 블록들 중 일부가 Intra 모드로 부호화되는 이유에 대해서 설명하시오.

Q2 B 픽처에서 과거 참조 영상뿐만 아니라 미래 영상도 참조함으로써 얻어지는 이득은 어떤 것이 있는가?

Q3 GOP 단위로 Random Access가 가능하다는 의미를 설명하시오.

Q4 MPEG-2 인코더의 내부에 decoding 모듈이 존재하는 이유를 설명하시오.

Q5 MPEG-2 인코더의 동작 속도를 높이기 위해서는 어떤 방법을 사용할 수 있는가? 이 때, 설명하는 방법을 사용할 때, 장점과 단점을 서술하시오.

Chapter 7

[부록] MPEG-2 실습

이번 장에는 MPEG-2 Codec에 관한 실습을 학습한다. Codec이란 Encoder와 Decoder를 의미한다. 본 장에서 설명하는 대로 따라 실행하면 다음과 같은 과정을 거쳐서 MPEG-2 코덱 관련 실습을 수행할 수 있다. (a) 표준 공개 Encoder와 Decoder software는 인터넷 홈 페이지에서 얻을 수 있다. (b) 인터넷을 통해 확보한 표준 소프트웨어를 Visual Studio 프로그램을 이용하여 Compile하고 실행한다. (c) Encoding 과정에서 parameter file을 세팅하는 방법을 학습한다. (d) Decoding 과정에서 인자(argument)를 세팅하는 방법을 학습한다. (e) Encoding 과정에서 발생한 정보를 그래프를 이용하여 표시하는 방법을 학습한다.

1 MPEG-2 Codec 소프트웨어 얻기

MPEG-2 실습을 하기 위해서 우선 그림 7[부록]-1과 같이 [MPEG-2 Codec Software] 다운 받아야 한다. 방법은 다음과 같다.

(a) 첫 단계로, 인터넷 브라우저의 주소창에
http : //www.mpeg.org/MPEG/video/mssg-free-mpeg-software.html라고
입력하여 해당 홈페이지에 접속한다.

(b) 해당 홈페이지에서 mpeg2v12.zip 파일을 클릭한다.

(c) 파일 다운로드 창이 보이면, 저장을 클릭한다.

(d) 저장된 압축파일 mpeg2v12.zip을 원하는 폴더에 압축을 풀어 저장한다.
그림 7[부록]-2의 예제에서는 E : ₩mpeg2에 저장하였다.
압축을 풀고나면, mpeg2 디렉토리에는 여러 가지 파일과 서브 디렉토리가 만들어진다.
mpeg2 ₩src 내부에는 mpeg2dec 디렉토리와 mpeg2enc 디렉토리가 존재한다.
mpeg2dec 디렉토리는 mpeg2 decoder에 관련된 software가 저장되어 있고,
mpeg2enc 디렉토리에는 mpeg2 encoder에 관련된 software가 저장되어 있다.

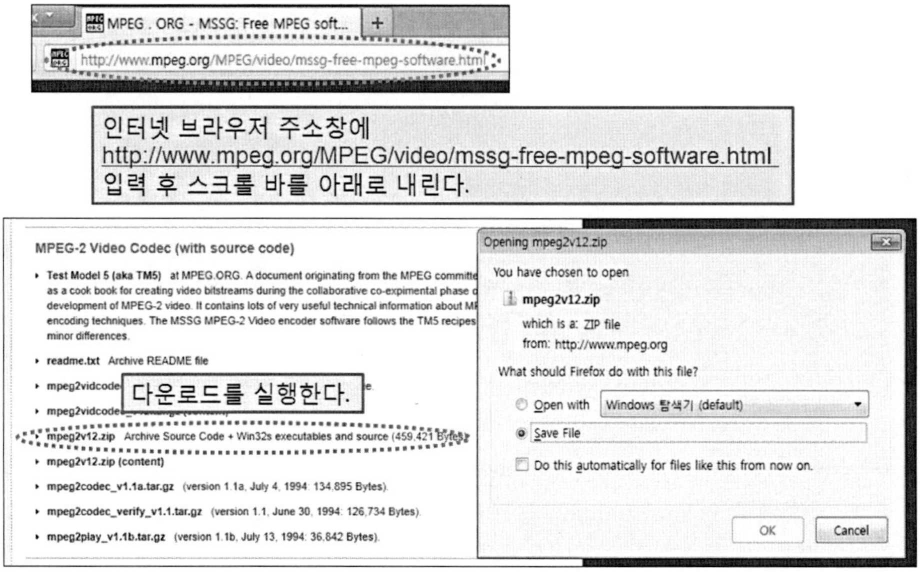

그림 7[부록]-1 MPEG-2 codec software 다운로드

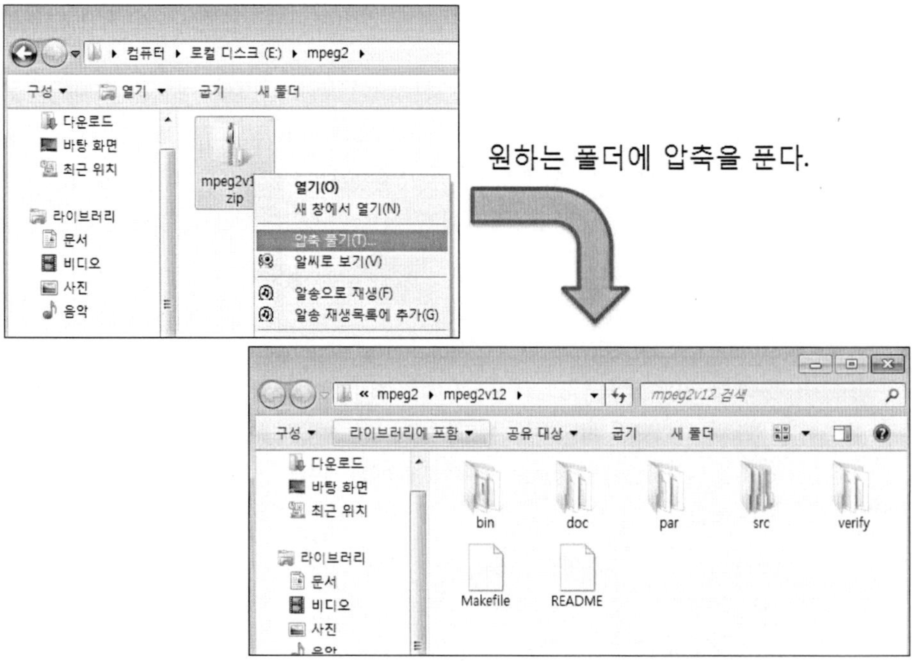

그림 7[부록]-2 MPEG-2 codec software 압축 풀기

2 MPEG-2 Encoder 실행하기

MPEG-2 Encoder 프로그램을 실행해보자. 이 실습을 하기 위해서는 컴퓨터에 C 언어 컴파일러가 설치되어 있어야 한다. 아직 C언어 컴파일러를 설치하지 못한 사람은 프로그램을 설치한 후 학습을 진행하자. 본 교재에서는 Microsoft 사의 Visual Studio 2008을 이용하는 방법을 설명한다. 구체적인 방법은 다음과 같다.

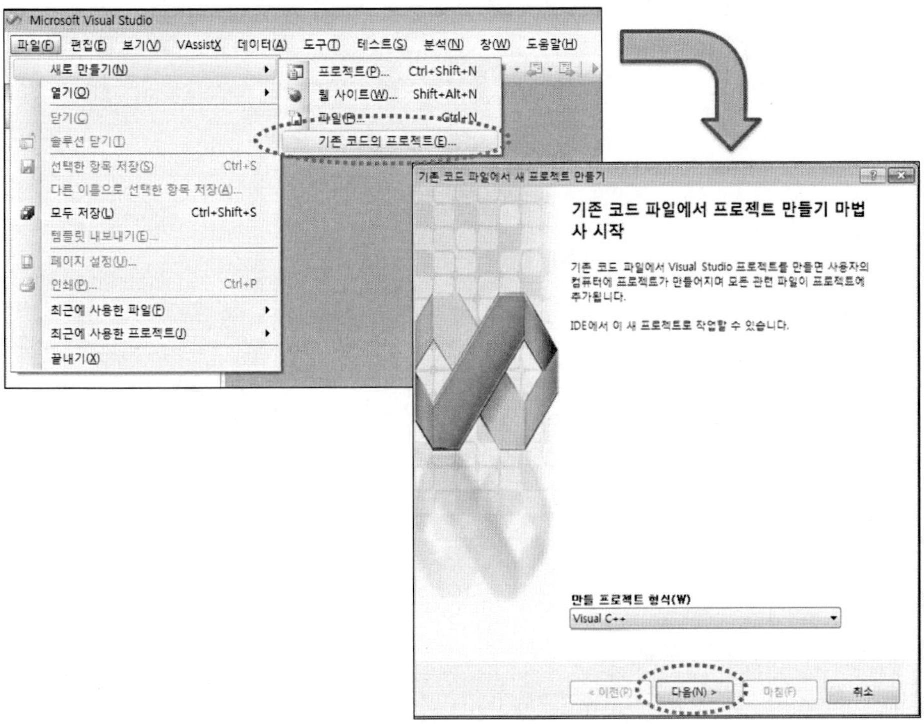

그림 7[부록]-3 MPEG-2 Encoder 프로젝트 생성하기

[1단계] 그림 7[부록]-3처럼, 먼저 Microsoft 사의 Visual Studio 2008을 실행한다. 그리고 [파일] → [새로 만들기] → [기존 코드의 프로젝트]를 선택한다. 다음창에서 만들 프로젝트 형식이 'Visual C++'임을 확인하고 [다음]을 클릭한다.

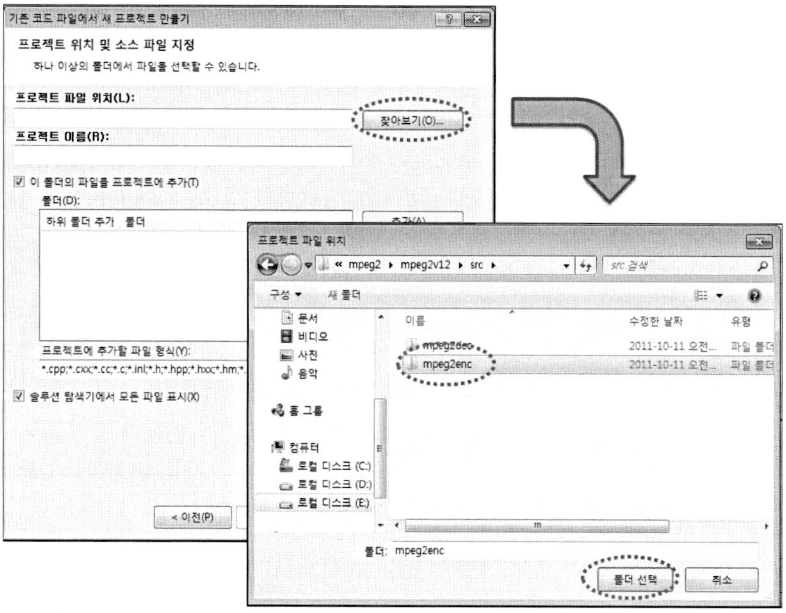

그림 7[부록]-4 MPEG-2 Encoder 프로젝트에 파일 추가하기

[2단계] 그림 7[부록]-4처럼 [찾아보기]를 클릭한다.

이때, 앞의 단계에서 압축을 풀어 둔 폴더 중 src₩mpeg2enc을 선택한다.

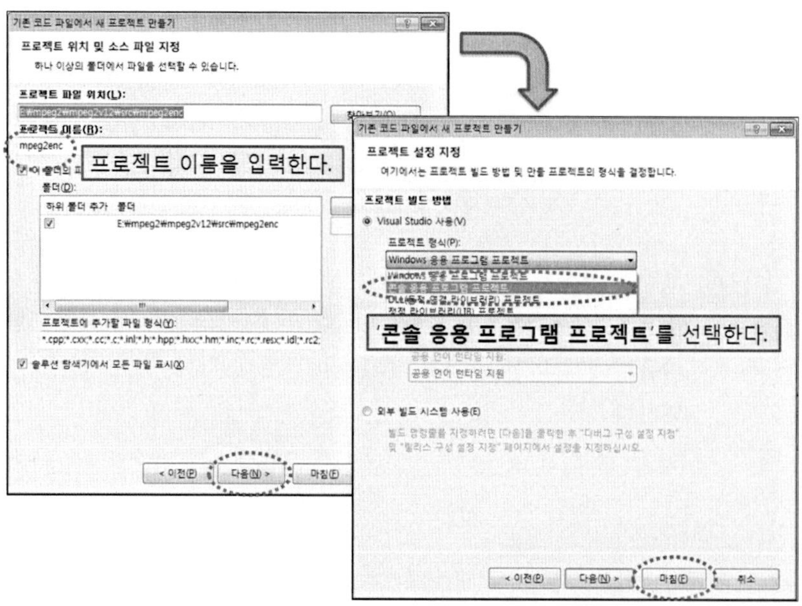

그림 7[부록]-5 MPEG-2 Encoder 프로젝트 설정하기

[3단계] 그림 7[부록]-5처럼 프로젝트 이름을 입력하고 [다음]을 클릭한다. 다음 단계에서 프로젝트 형식을 '콘솔 응용 프로그램 프로젝트'로 설정하고 [마침]을 클릭하여 프로젝트 생성 과정을 마무리한다.

그림 7[부록]-6 MPEG-2 Encoder 프로젝트에 포함된 파일 확인하기

[4단계] 그림 7[부록]-6처럼 프로젝트 이름 왼쪽에 있는 [+] 아이콘을 클릭하면 MPEG-2 Encoder 프로젝트에 모든 파일이 포함되어 있는 것을 확인할 수 있다.

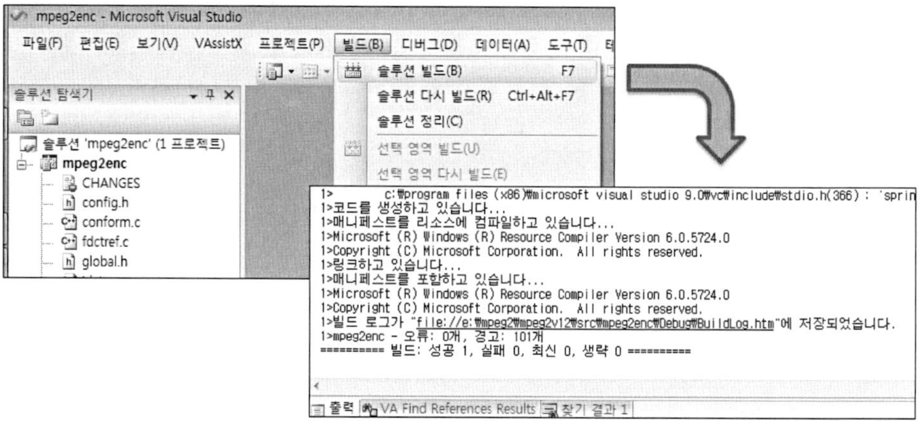

그림 7[부록]-7 MPEG-2 Encoder 컴파일 하기

[5단계] 그림 7[부록]-7처럼 [빌드] → [솔루션 빌드]를 수행하면, 컴파일이 성공적으로 됨을 확인할 수 있다.

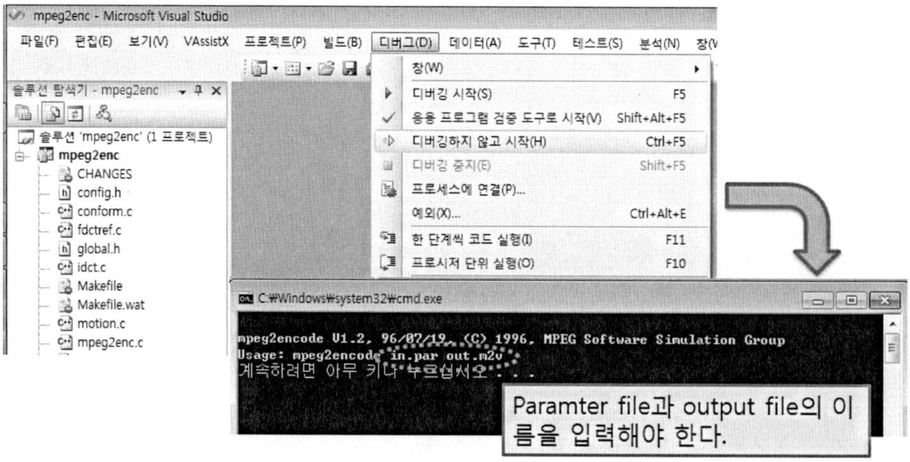

그림 7[부록]-8 MPEG-2 Encoder 실행하기

[6단계] 그림 7[부록]-8처럼 [디버그] → [디버깅하지 않고 시작]을 클릭하여 MPEG-2 Encoder를 실행하면, Encoder 동작을 위한 정확한 명령어를 입력하라는 메시지가 나온다. parameter file과 outfile의 이름을 정확하게 입력해야 Encoder를 실행시킬 수 있음을 알 수 있다.

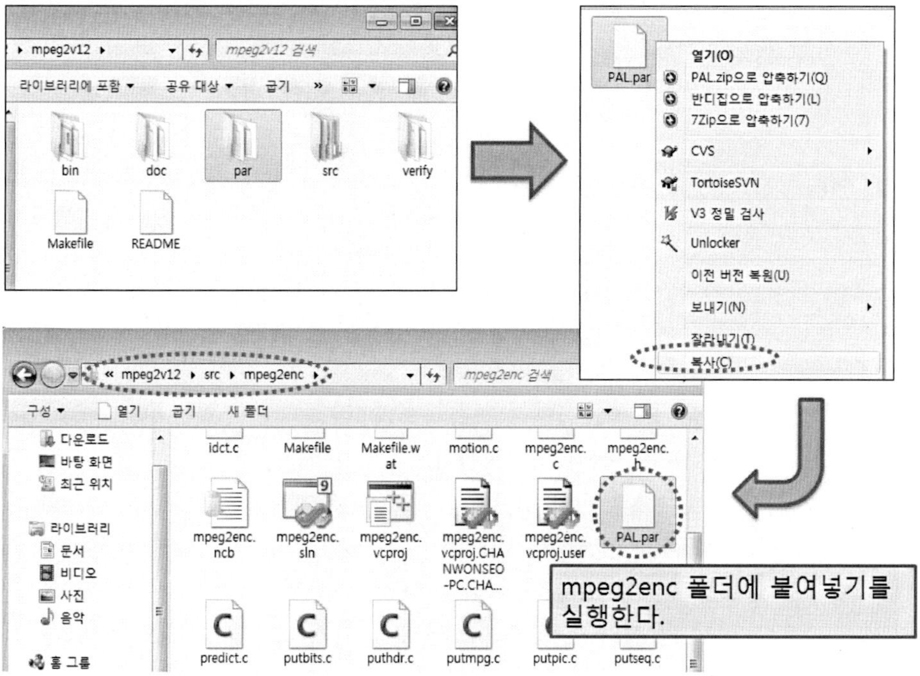

그림 7[부록]-9 Parameter file 만들기

[7단계] 그림 7[부록]-9처럼, E : ₩mpeg2₩par에 저장되어 있는 PAL.par 파일을 E : ₩mpeg2₩src₩mpeg2enc로 복사한다.

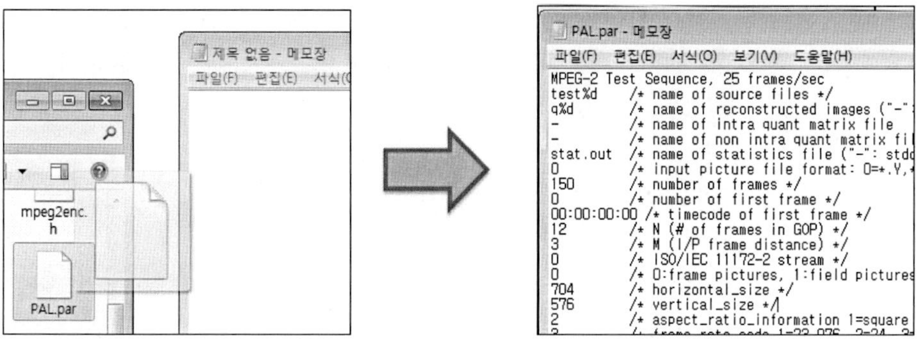

그림 7[부록]-10 Parameter file 열기

[8단계] 그림 7[부록]-10처럼, 메모장을 실행한 후 PAL.par 파일을 끌어다 놓으면, parameter file의 내용을 볼 수 있다.

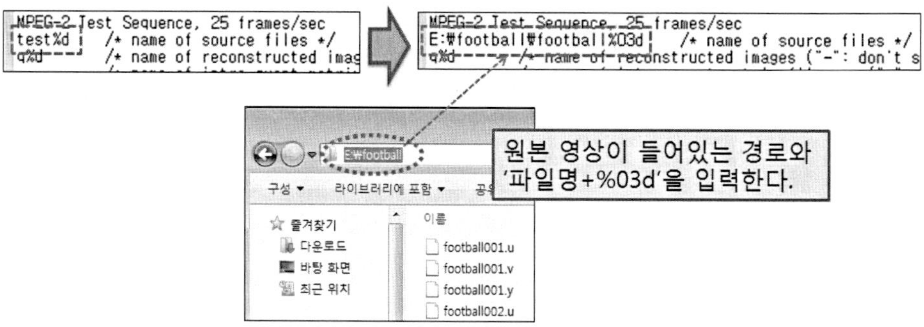

그림 7[부록]-11 Parameter file setting(1)

[9단계] 그림 7[부록]-11에서처럼, test%d라고 쓰여 있는 것을 E : ₩football₩football%03d라고 변경한다.

이때, E : ₩football₩ 디렉토리 내부에는 football001.y, football001.u, football001.v football002.y, football002.u, football002.v, football003.y, … 등이 저장되어 있어야 한다.

이 football 영상들은 인터넷에서 쉽게 다운로드 받을 수 있다.

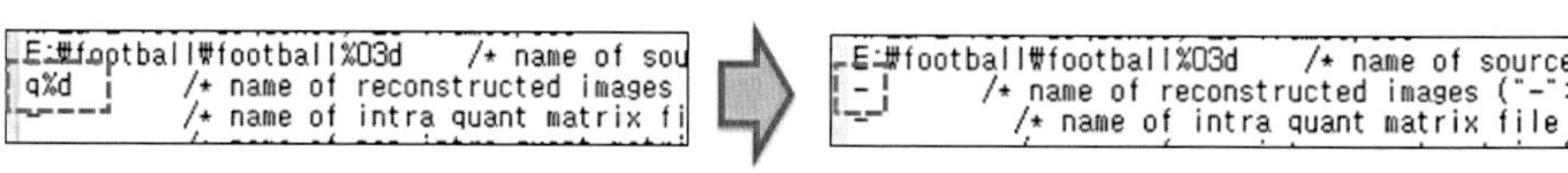

그림 7[부록]-12 Parameter file setting(2)

[10단계] 그림 7[부록]-12에서, /* name of reconstructed images */ 라인의 q%d는 football 영상을 mpeg2 encoding한 후, 그 결과를 decoding한 복원 영상의 이름을 적는 부분이다.

q%d 대신 마이너스 표시 - 를 한다.

마이너스 표시 - 를 하면, 복원 영상을 저장하지 않는다는 뜻이다.

만약 recon_football001, recon_football002, recon_football003, recon_football004, … 등으로 복원 영상을 저장하려면 q%d 대신 recon_football%03d이라고 적는다.

여기서 잠깐

[질문] mpeg2 encoder를 실행시켰는데, 어떻게 mpeg2 deocding한 후의 복원 영상을 저장할 수 있을까?

[답] mpeg2 encoder는 mpeg2 decoder를 포함하는 구조이다. mpeg2 encoder의 feedback loop에서 frame memory에 저장되는 내용이 복원 영상 recon_football%03d이다.

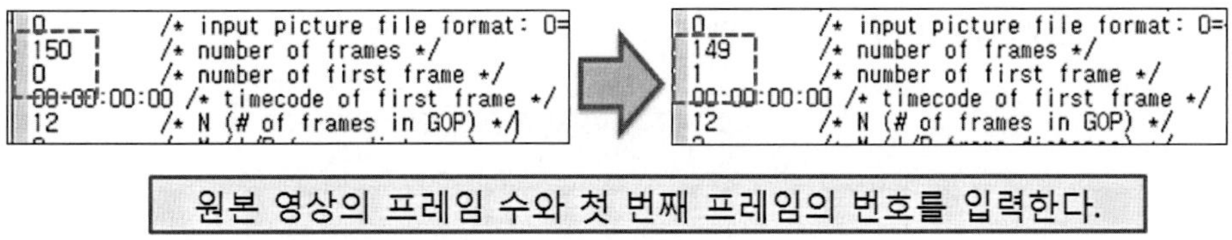

그림 7[부록]-13 Parameter file setting(3)

[11단계] 그림 7[부록]-13에서처럼, PAL.par 파일에서 frame의 총 장수 및 첫 번째 frame의 번호를 바르게 세팅한다.

만약, E：₩football₩ 디렉토리 내부에 ffootball001.y, football001.u, football001.v football002.y, football002.u, football002.v, football003.y, …, football149.v 등이 저장되어 있다면 number of frames는 149로 세팅하고, number of first frame은 1로 세팅한다.

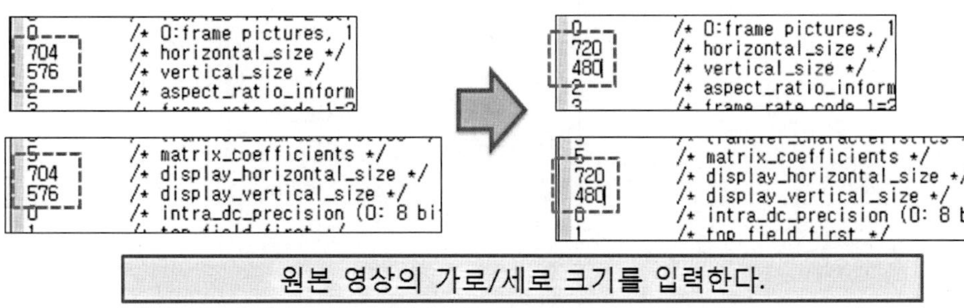

그림 7[부록]-14 Parameter file setting(4)

[12단계] 그림 7[부록]-14에서처럼, Horizontal size와 vertical size를 세팅한다.

[13단계] display_horizontal_size와 display_vertical_size를 세팅한다.

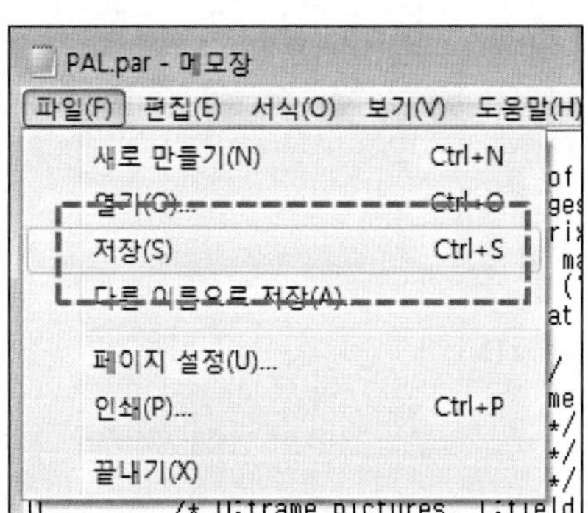

그림 7[부록]-15 Parameter file setting(5)

[14단계] 그림 7[부록]-15에서처럼, PAL.par 세팅이 끝나면 저장한다.

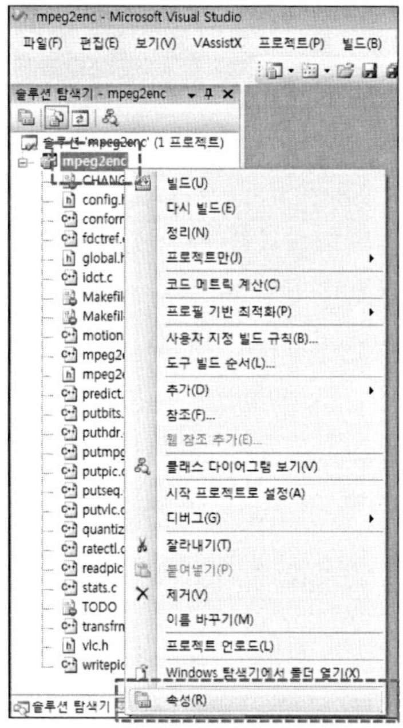

그림 7[부록]-16 Encoder Project setting(1)

[15단계] 그림 7[부록]-16에서처럼, mpeg2enc 프로젝트를 선택한 후 마우스 오른쪽 버튼을 클릭하여 [속성] 메뉴를 선택한다.

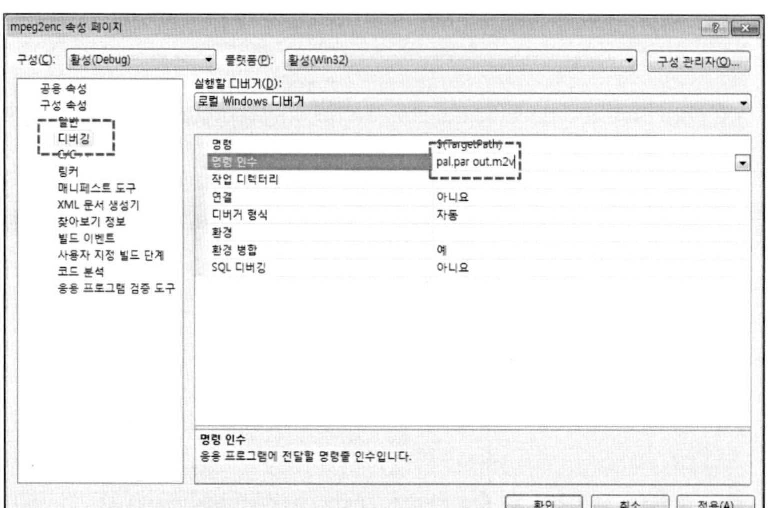

그림 7[부록]-17 Encoder Project setting(2)

[16단계] 그림 7[부록]-17에서처럼, 왼쪽의 [구성 속성]의 하위 메뉴 중 [디버깅]을 선택한다.
'명령 인수'란에 pal.par out.m2v를 기입한다.
여기서 pal.par은 파라미터 파일명이고, out.m2v는 MPEG-2 encoder로 football을 압축한 비트스트림 파일의 이름이다.

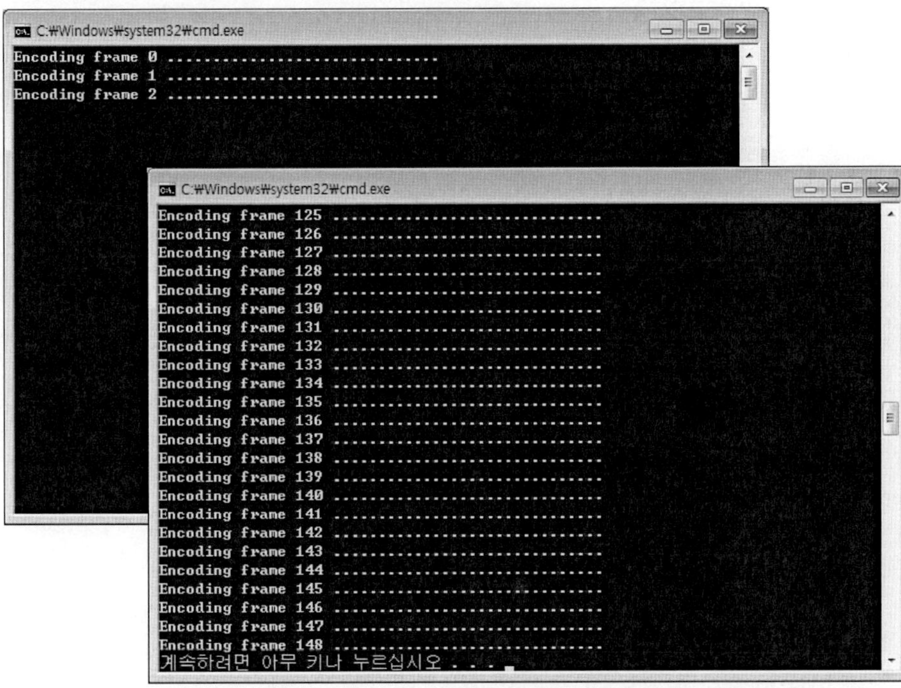

그림 7[부록]-18 Encoder Program 실행

[17단계] Visual Studio에서 그림 7[부록]-8의 실행 메뉴를 클릭하거나, 'Ctrl+F5'의 단축키를 이용해서 MPEG-2 Encoder를 실행한다.
그림 7[부록]-18처럼 실행창이 뜨면, MPEG-2 Encoding 과정이 무사히 끝난 것이다.

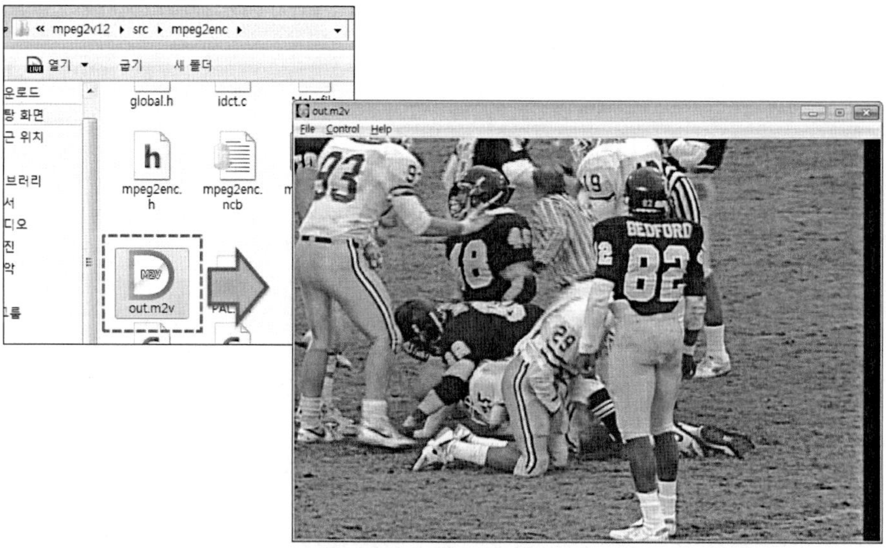

그림 7[부록]-19 MPEG-2 Encoder 실행 성공 여부 확인

> **MPEG-2 Encoding 과정 성공 여부 확인은 어떻게 하나?**
>
> mpeg2 비트스트림을 화면에 출력할 수 있는 응용 프로그램을 사용해서 화면에 동영상을 표시해본다. 사용 가능한 몇 가지 상용 프로그램 및 공개 프로그램을 인터넷에서 다운 받아 사용 가능하다.

3 MPEG-2 Encoder Parameter File

MPEG-2 Encoder를 실행시킬 때 사용하는 parameter file 내의 각 선택 옵션을 설명하면 다음과 같다.

파라미터	의미
name of source files	Source file의 경로와 이름을 입력
name of reconstructed images("-" : don't store)	Reconstruction image를 저장할 때 이름을 지정
name of intra quant matrix file("-" : default matrix)	사용자 지정 Intra block 양자화 matrix를 사용할 때 경로 입력

name of non intra quant matrix file("-" : default matrix)	사용자 지정 non Intra block(inter block) 양자화 matrix를 사용할 때 경로 입력
name of statistics file("-" : stdout)	Encoding 결과를 출력하는 file의 이름을 지정
input picture file format : 0=*.Y,*.U,*.V, 1=*.yuv, 2=*.ppm	Input picture file의 format을 정함
number of frame	Frame의 개수를 입력
number of first frame	첫 번째 frame의 번호를 입력
timecode of first frame	첫 번째 frame의 코딩을 시작할 때의 시간 지정
N(# of frames in GOP)	GOP size 입력(I type frame 간의 거리)
M(I/P frame distance)	Sub GOP size 입력(I와 P, 또는 P와 P type frame 간의 거리)
ISO/IEC 11172-2 stream	1로 setting할 경우 MPEG-1으로 코딩
0 : frame pictures, 1 : field pictures	Input picture의 type이 frame인지, field인지 지정
horizontal_size	Input picture의 가로 크기 입력
vertical_size	Input picture의 세로 크기 입력
aspect_ratio_information 1=square pel, 2=4 : 3, 3=16 : 9, 4=2.11 : 1	Display 가로 : 세로 의 비율 결정
frame_rate_code 1=23.976, 2=24, 3=25, 4=29.97, 5=30 frames/sec	1초 동안 Display되는 frame의 수 지정(field picture의 경우는 두 배)
bit_rate(bits/s)	1초 동안 사용할 bit량 결정
vbv_buffer_size(in multiples of 16 kbit)	Decoder의 decoding 속도를 고려하여, buffer size를 선택
low_delay	1로 setting 할 경우 delay를 최소화하는 모드로 coding(미 구현 상태)
constrained_parameters_flag	1로 setting할 경우 MPEG-1의 정해진 setting으로 코딩
Profile ID : Simple = 5, Main = 4, SNR = 3, Spatial = 2, High = 1	MPEG-2의 profile 선택(현재 버전은 Main과 Simple만을 지원)
Level ID : Low = 10, Main = 8, High 1440 = 6, High = 4	Bitrate, sample rate, maximum MV range 등을 제한 하는 parameter
progressive_sequence	0 이면 video camera source와 같이, 1이면 film source와 같이 코딩
chroma_format : 1=4 : 2 : 0, 2=4 : 2 : 2, 3=4 : 4 : 4	색차 format을 결정
video_format : 0=comp., 1=PAL, 2=NTSC, 3=SECAM, 4=MAC, 5=unspec	Video format을 결정
color_primaries	정해진 색차 format의 좌표 표준 선택

transfer_characteristics	Source picture의 광전자 공학 transfer characteristic 표준 선택
matrix_coefficients	RGB로부터 구해낸 휘도, 색차 matrix coefficient 의 표준 선택
display_horizontal_size	Display 가로 크기
chroma_format : 1=4 : 2 : 0, 2=4 : 2 : 2, 3=4 : 4 : 4	색차 format을 결정
intra_dc_precision(0 : 8 bit, 1 : 9 bit, 2 : 10 bit, 3 : 11 bit)	Intra block의 DC계수에 할당할 bit 수 결정
top_field_first	Interlaced의 경우 top/bottom field 중 먼저 오는 field 결정
frame_pred_frame_dct(I P B)	1로 setting할 경우 DCT domain 상에서의 Motion Compensation 실행
concealment_motion_veictors(I P B)	Intra로 코딩된 picture를 이용하여 concealment motion vector를 실행(미 구현 상태)
q_scale_type(I P B)	0이면 linear, 1이면 non linear 양자화 scale type 사용
intra_vlc_format(I P B)	Intra block의 variable length coding table 선택
alternate_scan	0이면 zig-zag scan(MPEG-1), 1이면 alternate scan
repeat_first_field	1이면, decoder에서의 3 : 2 pulldown을 지원하기 위하여 first field를 다시 한번 반복
progressive_frame	0이면 interlaced, 1이면 progressive로 코딩
P distance between complete intra slice refresh	모든 slice가 intra coded macro block Picture의 수를 지정(미 구현 상태)
rate control : r(reaction parameter)	Rate control parameter 설정(보통 0으로 설정)
rate control : avg_act(initial average activity)	Rate control parameter 설정(보통 0으로 설정)
rate control : Xi(initial I frame global complexity measure)	Rate control parameter 설정(보통 0으로 설정)
rate control : Xp(initial P frame global complexity measure)	Rate control parameter 설정(보통 0으로 설정)
rate control : Xb(initial B frame global complexity measure)	Rate control parameter 설정(보통 0으로 설정)
rate control : d0i(initial I frame virtual buffer fullness)	Rate control parameter 설정(보통 0으로 설정)
rate control : d0p(initial P frame virtual buffer fullness)	Rate control parameter 설정(보통 0으로 설정)

rate control : d0b(initial B frame virtual buffer fullness)	Rate control parameter 설정(보통 0으로 설정)
P : forw_hor_f_code forw_vert_f_code search_width/height	Motion vector search range 설정
B1 : forw_hor_f_code forw_vert_f_code search_width/height	Motion vector search range 설정
B1 : back_hor_f_code back_vert_f_code search_width/height	Motion vector search range 설정
B2 : forw_hor_f_code forw_vert_f_code search_width/height	Motion vector search range 설정
B2 : back_hor_f_code back_vert_f_code search_width/height	Motion vector search range 설정

4 MPEG-2 부호화후 Stat.out file 확인하기

여기서는 MPEG-2 Encoding을 수행한 후, 압축 과정에서 사용된 비트양, 영상의 화질 등 실험 결과에 대한 다양한 정보를 확인하는 방법을 설명한다.

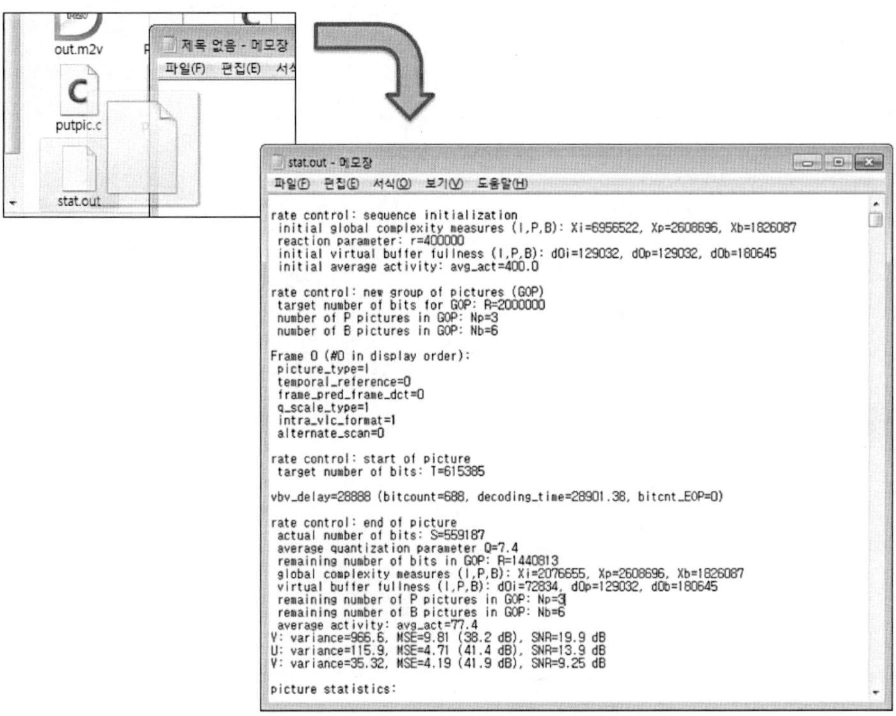

그림 7[부록]-20 stat.out file 확인하기

그림 7[부록]-20처럼, stat.out 파일을 메모장에 끌어다 놓으면 MPEG-2 Encoder로 Encoding한 결과를 확인할 수 있다. stat.out file 내의 내용이 의미하는 것을 설명하면 다음과 같다.

(a) Rate control : sequence initialization

파라미터	의미
complexity measures(I, P, B)	초기 Bit allocation을 위한, 초기 영상의 복잡도를 임의로 지정
Reaction parameter	Buffer의 고갈과 넘침의 속도를 결정하는 parameter
Initial virtual buffer fullness(I, P, B)	초기 Rate control을 위한 초기 buffer fullness를 임의로 지정
Initial average activity	초기 Rate control을 위한 초기 영상 activity를 임의로 지정

(b) Rate control : new group of pictures(GOP)

파라미터	의미
Target number of bits for GOP	하나의 GOP에 할당한 bit량
Number of P pictures in GOP	하나의 GOP가 가지는 P picture의 수
Number of B pictures in GOP	하나의 GOP가 가지는 B picture의 수

(c) Frame i(#j in display order)

: i번째 encoding되고, j번째 display 되는 frame

(d) Picture_type

: I, P, B와 같은 Picture type

(e) Temporal_reference

: 현재 frame과 reference frame 간의 display 순서의 차이

(f) Frame_pred_frame_dct / Q_scale_type / Intra_vlc_format / alternate_scan

: Parameter file에서 frame_pred_frame_dct / q_scale_type / intra_vlc_format / alternate_scan의 setting 상태

(g) Rate control : start of picture

파라미터	의미
Target number of bits	하나의 picture를 coding하기 위한, bit 할당량
vbv_delay	Decoder buffer의 처리 속도를 감안, encoder에서 주는 delay

(h) Rate control : end of picture

파라미터	의미
Actual number of bits	Encoding할 때 실제 사용된 bit량
Average quantization parameter	평균 양자화 step size
Remaining number of GOP	GOP에 할당된 bit 중 남아있는 bit량
Global complexity measure(I, P, B)	I,P,B picture들의 global complexity
Virtual buffer fullness(I, P, B)	Encoder의 virtual buffer의 충만도
Remaining number of P/B pictures in GOP	GOP 내에 남아있는 P/B picture의 수
Average activity	Picture의 평균 activity

(i) Y/U/V : variance=…,MSE=…,(….dB), SNR=…dB

: Y/U/V frame의 reconstruction picture의 분산, 평균 제곱 에러, PSNR, SNR 순으로 출력

(j) Picture statistics

파라미터	의미
#of intra coded macro blocks	Intra mode로 coding된 macro block 수
#of coded block	8X8 size block 중 encoding된 블록의 수(색차 block 포함)
#of not coded macro block	Encoding되지 않은 macro block
#of skipped macro blocks	Skip된 macro block의 수
#of forw. Pred. macro blocks	앞의 frame을 reference로 사용하여 prediction한 macro block 수
#of backw. Pred. macro blocks	뒤의 frame을 reference로 사용하여 prediction한 macro block 수
#of interpolated macro blocks	Interpolation되어진 macro block 수

(k) Macro block_type map

: 각각의 macro block의 type을 보여줌

: Q 양자화 step 크기가 변경된 macro block

(l) Mquant map

: 각각의 macro block의 양자화 step 크기를 보여줌

5 Stat.out file 결과로 그림 성능분석 그림 그리기

지금까지 실습한 결과로 얻어진 압축 영상들의 화질을 프레임별로 평가하는 방법은 다음과 같다. 먼저, stat.out file 내 정보 가운데 모든 픽처(프레임)의 Y성분의 PSNR을 다른 파일로 옮겨 적는다. 이 결과를 그래프로 그린다. 이때, Matlab이나 Excel 프로그램을 이용한다. 참고로, stat.out 파일에 있는 PSNR은 객관적인 화질을 나타내는 수치로서, 이를 계산하는 수학적인 식은 다음과 같다.

$$PSNR = 10 \times \log_{10}\left\{ \frac{W \times H \times 255 \times 255}{\sum_{j=1}^{W}\sum_{i=1}^{H}(P(i,j) - R(i,j))^2} \right\}$$

이 식에서 $P(i,j)$는 원본 픽처 내의 (i,j)위치의 화소 값이고 $R(i,j)$는 압축된 데이터를 복원한 후 얻어진 픽처 내의 (i,j)위치의 화소 값이다. W는 픽처의 가로 방향 총 화소 개수이고, H는 픽처의 세로 방향 총 화소 개수이다. PSNR이 클수록 객관적인 화질이 높다는 의미이다. 그림 7[부록]-21는 PSNR을 확인하는 예제를 보이고 있다.

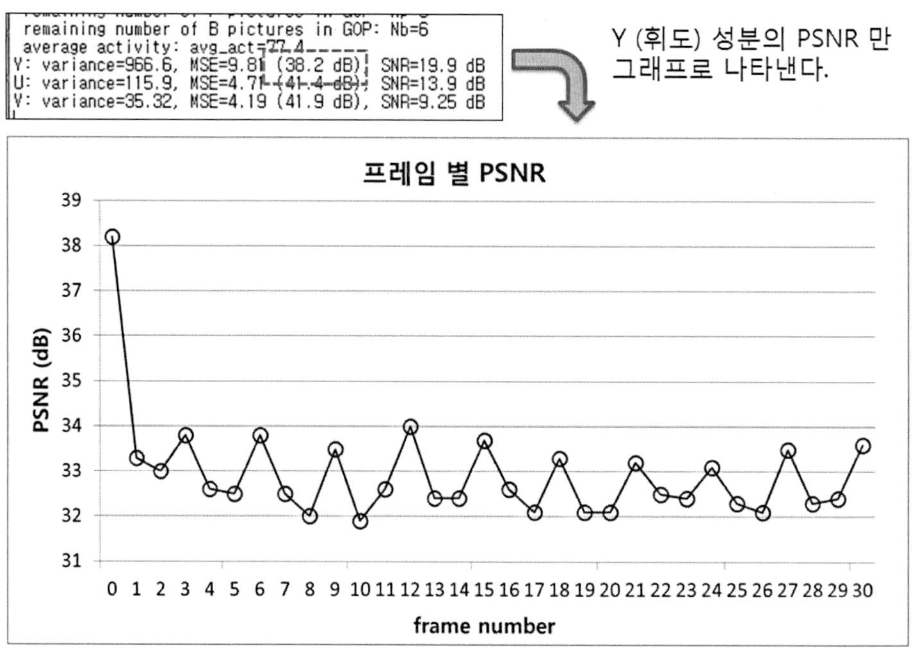

그림 7[부록]-21 stat.out file에서 PSNR 정보 판독하기

지금까지의 실습을 수행하고 나서, 각 픽처를 압축하면서 발생한 프레임별 발생 비트양 측정을 그래프로 표시하는 방법을 설명해보자. 먼저, stat.out file 내 정보 가운데 실제 발생 비트양을 다른 파일로 옮겨 적는다. 그리고 나서, Matlab이나 Excel 프로그램을 이용하여 그래프를 그린다. 그림 7[부록]-22는 프레임별 발생 비트를 그래프 형태로 확인하는 예를 보이고 있다.

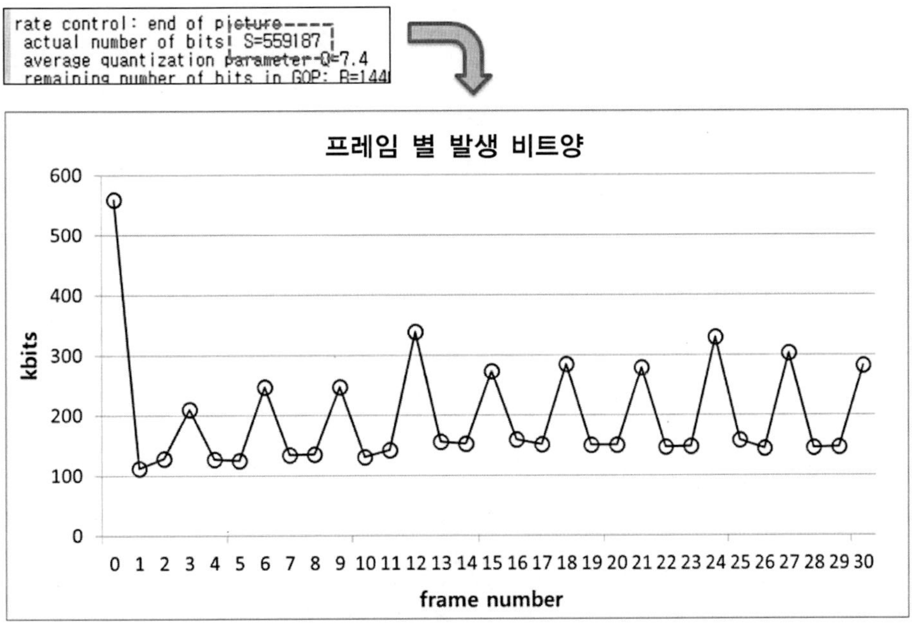

그림 7[부록]-22 stat.out file에서 발생 비트양 정보 판독하기

6 MPEG-2 Decoder 실행 방법

[1단계] 그림 7[부록]-3처럼, Visual Studio 2008을 실행하고, [파일] → [새로 만들기] → [기존 코드의 프로젝트]를 선택한다. 다음 창에서 만들 프로젝트 형식이 'Visual C++'임을 확인하고 [다음]을 클릭한다.

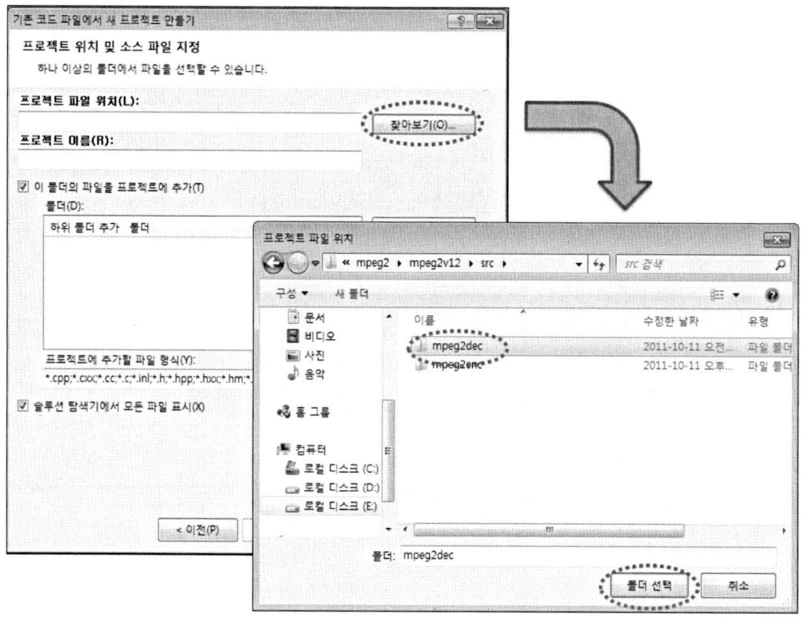

그림 7[부록]-23 MPEG-2 Decoder 프로젝트에 파일 추가하기

[2단계] 그림 7[부록]-23처럼 [찾아보기]를 클릭한다.
이때, 앞의 단계에서 압축을 풀어 둔 폴더 중 src₩mpeg2dec을 선택한다.

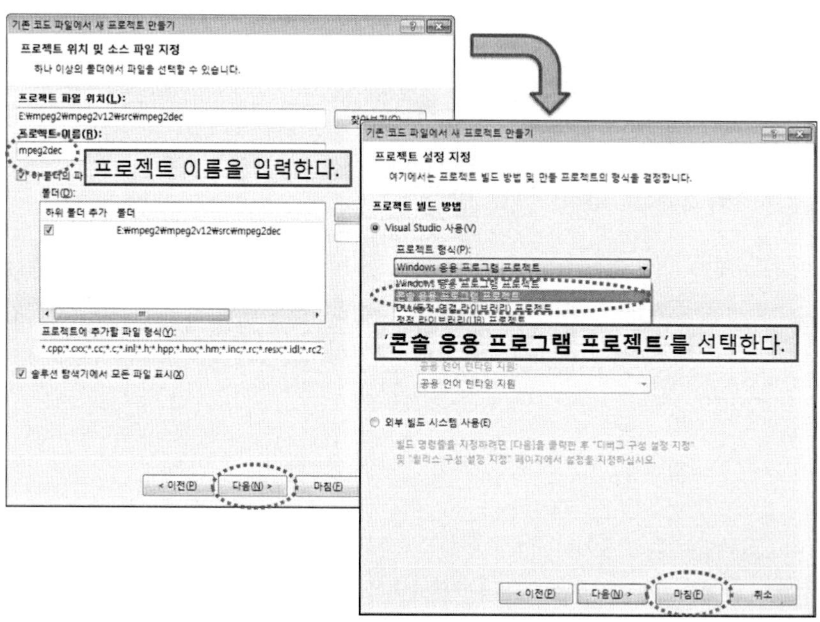

그림 7[부록]-24 MPEG-2 Decoder 프로젝트에 설정하기

[3단계] 그림 7[부록]-24처럼 프로젝트 이름을 입력하고 [다음]을 클릭한다. 다음 단계에서 프로젝트 형식을 '콘솔 응용 프로그램 프로젝트'로 설정하고 [마침]을 클릭하여 프로젝트 설정을 마무리한다.

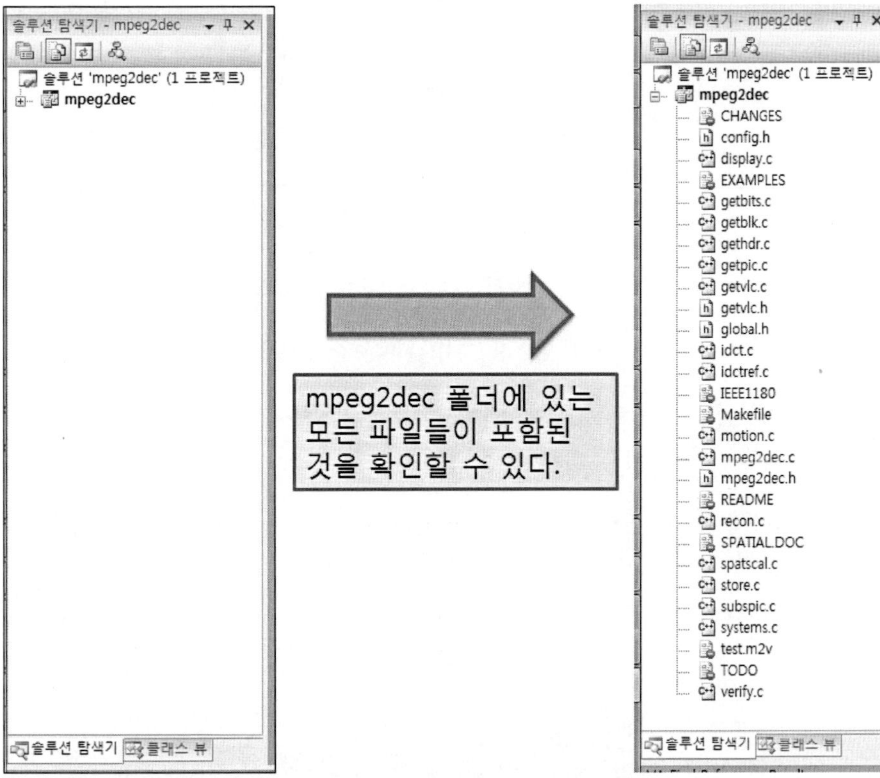

그림 7[부록]-25 MPEG-2 Decoder 프로젝트에 포함된 파일 확인하기

[4단계] 그림 7[부록]-25처럼 프로젝트 이름 왼쪽에 있는 [+] 아이콘을 클릭하면 MPEG-2 Decoder 프로젝트에 모든 파일이 포함되어 있는 것을 확인할 수 있다.

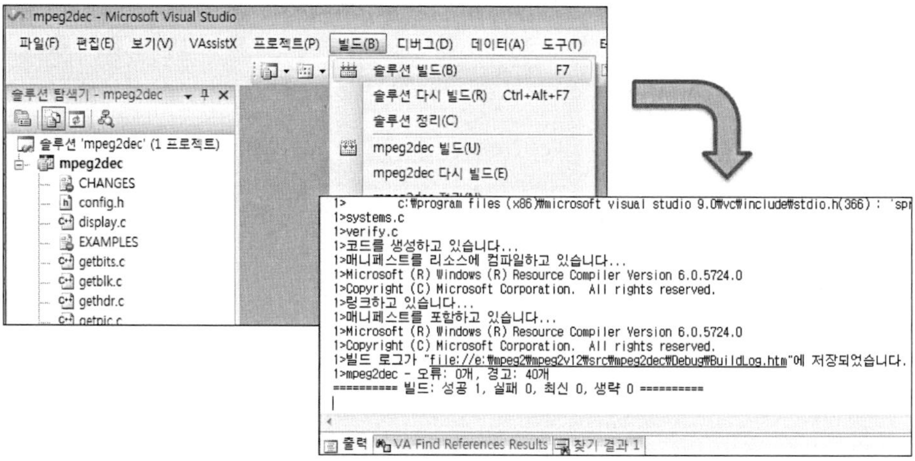

그림 7[부록]-26 MPEG-2 Decoder 컴파일하기

[5단계] 그림 7[부록]-26처럼 [빌드] → [솔루션 빌드]를 수행하면, 컴파일이 성공적으로 됨을 확인할 수 있다.

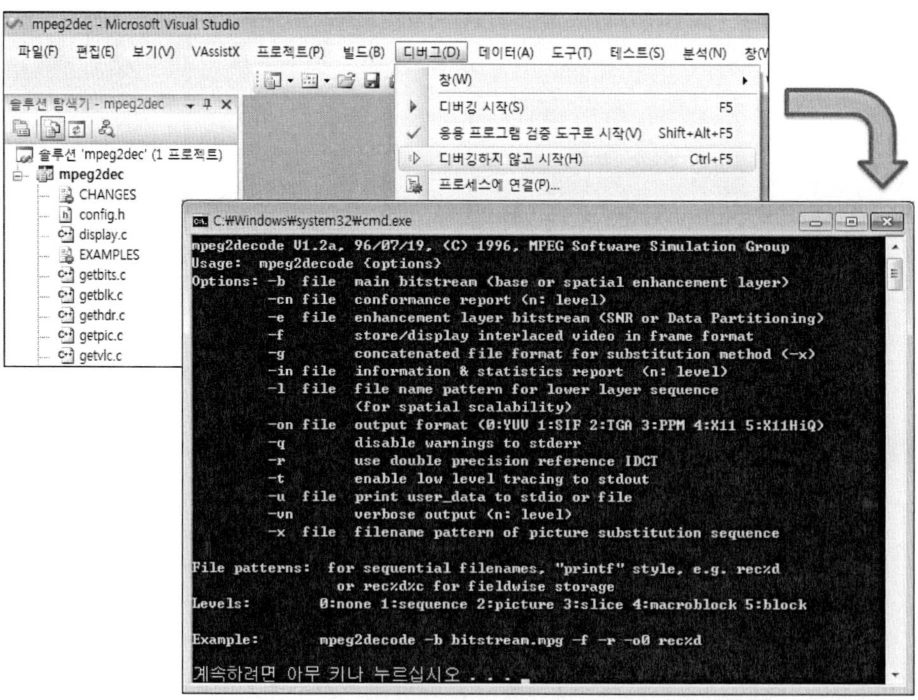

그림 7[부록]-27 MPEG-2 Decoder 실행하기

[6단계] 그림 7[부록]-8처럼 [디버그] → [디버깅하지 않고 시작]을 클릭하여 MPEG-2 Decoder를 실행하면, Decoder 동작을 위한 정확한 명령어를 입력하라는 메시지가 나온다.

[7단계] MPEG-2 Encoding 과정에서 만들어진 out.m2v 파일을 E : ₩mpeg2₩src ₩mpeg2dec로 복사한다.

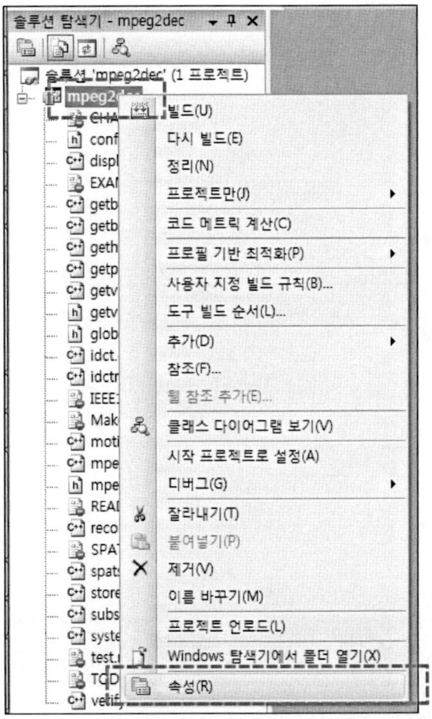

그림 7[부록]-28 Decoder Project setting(1)

[8단계] 그림 7[부록]-28에서처럼, mpeg2dec 프로젝트를 선택한 후 마우스 오른쪽 버튼을 클릭하여 [속성] 메뉴를 선택한다.

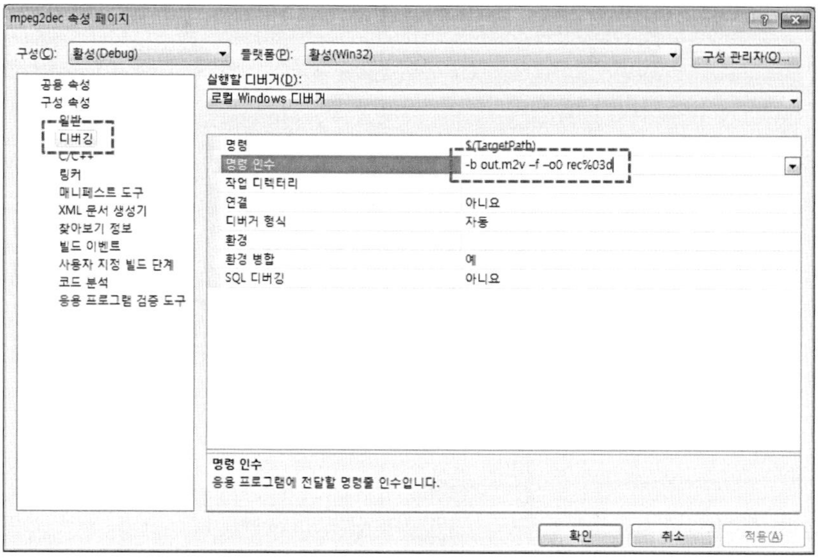

그림 7[부록]-29 Decoder Project setting(2)

〈9단계〉 그림 7[부록]-29에서처럼, '명령 인수'란에 -b out.m2v -f -o0 rec%03d 를 입력한다.

여기서, mpeg2 bitstream file out.m2v를 decoding한 결과를 rec000, rec001, rec002, rec003, 등의 형태로 저장하도록 세팅한다.

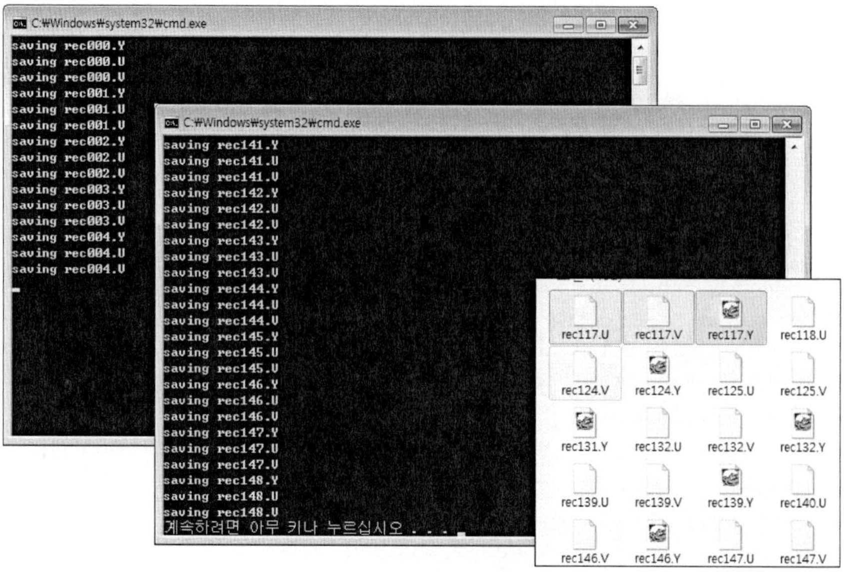

그림 7[부록]-30 Decoder Program 실행

[10단계] Visual Studio에서 그림 7[부록]-8의 실행 메뉴를 클릭하거나, 'Ctrl+F5'의 단축키를 이용해서 MPEG-2 Decoder를 실행한다.
그림 7[부록]-30처럼 실행창이 뜨면, MPEG-2 Decoding 과정이 무사히 끝난 것이다.
Decoder source 폴더에 복원된 영상이 생성된 것을 확인할 수 있다.

Chapter 8

Video 코덱의 표준화

이 장에서는 지금까지 표준화되어 온 다양한 비디오 코덱들의 종류 및 각각의 특징에 대해서 학습한다. 지금까지 독자들은 JPEG과 MPEG-2 등을 학습했다. 이 두 가지 압축 방식 외에도 MPEG-1, MPEG-4, H.263 등 여러 가지 압축 표준에 대해서 들어보았을 것이다. 또, 요즘은 DMB 방송이 인기라던데 이 DMB 방송용 동영상 압축 표준은 H.264란 방법이라고 들어봤을 것이다. 이러한 다양한 동영상 압축 표준에 대해서 학습하는 것이 이번 장의 목적이다. 코덱들의 종류가 많기 때문에, 코덱들을 표준화 기관에 따라 구분지어 설명하려고 한다. 가장 먼저, 비디오 코덱의 표준화 동향에 대해서 설명하고, 두 번째로 표준화 기관 ITU-T를 통해 표준화한 H. 계열 표준 기술들에 대해서 설명한다. 지금까지 표준화 기관 ITU-T에서 표준화한 코덱기술들에는 H.261, H.262, H.263, H.264 등이 있다. 세 번째로는, 표준화 기관 ISO/IEC에서 표준화한 코덱 기술들을 설명한다. ISO/IEC에서 표준화한 비디오 코덱 기술들에는 MPEG-1, MPEG-2, MPEG-4 등이 있고, 코덱 기술은 아니지만 멀티미디어 관련 표준 기술들에는 MPEG-7, MPEG-21 등이 있다.

8.1 Video 코덱 기술 표준화 동향

1 국제 표준화 기관

비디오 신호의 압축 표준 기술들은 표준화 기관 ITU-T와 ISO/IEC에서 각각 독립적으로 또는 때때로 협력적(공동으로)으로 표준화되어 왔다. 두 표준화 기관에 대해서 각각 설명하면 다음과 같다.

ITU는 '국제 전기 통신 연합'이란 의미의 International Telecommunication Union의 약자이다. 이는 전기 통신 분야의 발전과 합리적인 사용을 위해 국제 협력을 증진시키고 전기 통신 업무의 능률 향상 및 이용 증대를 도모하기 위해 구성된 UN(국제 연합)의 전문 기관이다. ITU는 담당 분야에 따라 여러 부문으로 나눠지는데, 정보통신 개발 부문을 담당하는 ITU-D, 전파 통신 부문을 담당하는 ITU-R,

정보 통신 표준화 개발 부문을 담당하는 ITU-T가 있다[1]~[5]. 비디오 코덱을 표준화하는 기관은 ITU-T이다. 이 부문에서 표준화되는 비디오 코덱 관련 기술들의 명칭은 'H.' 형태로 명명되는데, 지금까지 표준화된 H.261, H.262, H.263, H.264 등이 이 기관에서 표준화된 기술들이다[6]~[10]. 참고로 ITU-T에서 표준화된 오디오 및 음성 코덱들은 G.XXX 형식으로 명명되어 왔다.

IEC는 International Electrotechnical Commission의 약자로서 국제 전기 표준 회의의 약자이다. 1906년에 세계 각국의 전기 기술에 관한 국제 표준을 조정하고 통일을 유도하려고 만들어졌다. 주로 각국의 전기 기술자들 사이에서 공통으로 사용될 용어, 단위, 기호 등의 표현 방법을 규정하고 전기 기기의 규격을 제정하기 위해 설립되었다. 1947년에는 국제 표준화 기구(ISO : International Standard Organization)의 전기 부문에 가입했다. ISO/IEC 산하에는 여러 위원회들이 존재하고, 각 위원회에는 여러 개의 연구모임들이 존재한다. 그중 하나가 JTC(Joint Technical Committee)-1의 산하에 있는 SC(Subcommittee)-29의 11번째 WG (Working Group)인 '동영상 연구 모임'이다[1]~[5]. 이 Working Group을 MPEG (Moving Picture Expert Group)이라고 한다. 요약해서 표현해보면, MPEG은 ISO/IEC/JCT1/SC29/WG11이 된다. MPEG에서 표준화된 기술들을 명명할 때는 MPEG-x 형태로 표현하는데, MPEG-1, MPEG-2, MPEG-4, MPEG-7, MPEG-21 등이 이에 해당된다[7][11]-[13].

상황에 따라서는 ITU-T와 ISO/IEC 두 기관이 공동으로 표준 기술들을 만들기도 하는데, 이렇게 공동으로 만들어진 기술들에는 JPEG, JPEG-2000, MPEG-2(H.262), H.264, SVC, MVC, HEVC 등이 있다.

2 표준화 동향

지금까지 표준화되어 온 비디오 코덱 기술들을 연도별로 살펴보면 그림 8-1과 8-2와 같다. 아래 설명에서 표시된 연도는 표준화가 마무리되던 시기를 의미하며, 경우에 따라서는 표준 기술들의 수정 과정 등 때문에 연도가 약간 다를 수도 있다. 이 그림들에서 표현된 표준화 과정을 표준화 연도별로 설명하면 다음과 같다.

- 1990년에 ITU-T에서 ISDN 망을 통한 화상회의 시스템용 비디오 코덱을 표준화하였다. 이 기술을 표준화하는 과정에서 DCT(Discrete Cosine Transform), 양자화 등 JPEG에서 사용되었던 기존 기술들을 이용하였고, 이 표준화된 기술을 H.261 라고 명명하였다[1]~[3].

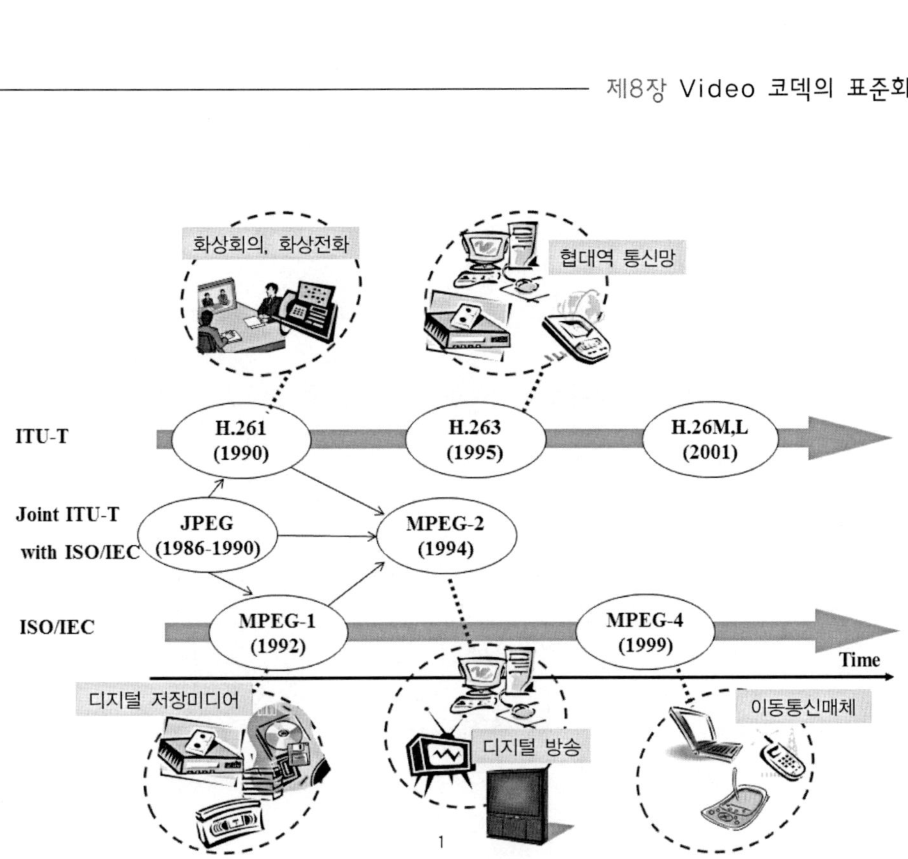

그림 8-1 Video 표준화 동향(1)

- 1992년에 ISO/IEC에서 MPEG-1 기술을 표준화하였는데, 이 코덱은 Video CD 등 저장 매체에 동영상 기술을 압축해서 저장하기 위해 만들어졌다. MPEG-1이란 이름은 애칭이며, 공식적인 표준 명칭은 ISO/IEC 11172 이다[11].
- 1994년에는 방송용 콘텐츠를 고화질/고압축률로 압축하기 위한 코덱 기술을 개발하였다. 이때 당시 이와 같은 목표를 ITU-T와 ISO/IEC가 동시에 갖고 있었기 때문에 이 두 기관의 전문가들이 공동으로 표준화를 진행하였다. 이렇게 만들어진 표준기술을 ITU-T에서는 H.262라고 명명했으며, ISO/IEC에서는 MPEG-2라고 명명했다. MPEG-2의 공식적인 표준 번호는 ISO/IEC 13818 이다[7].
- 1995년에 ITU-T는 협대역 통신망에서 사용되는 비디오 코덱 기술을 표준화하였다. 여기서 협대역 통신망이란 이동통신망 및 인터넷 통신망과 같이 전송 대역폭이 좁은 통신 시스템을 의미한다. 이런 응용 분야에서 비디오 신호를 압축하여 전송하기 위해서는 이전의 코덱 기술보다 발전된 복잡한 기술을 사용해야 했다. 이렇게 함으로써 비디오 화질은 고화질로 유지하면서 압축률은 월등히 향상시킬 수 있었다. 이렇게 표준화된 기술을 H.263라고 명명하였다[8].

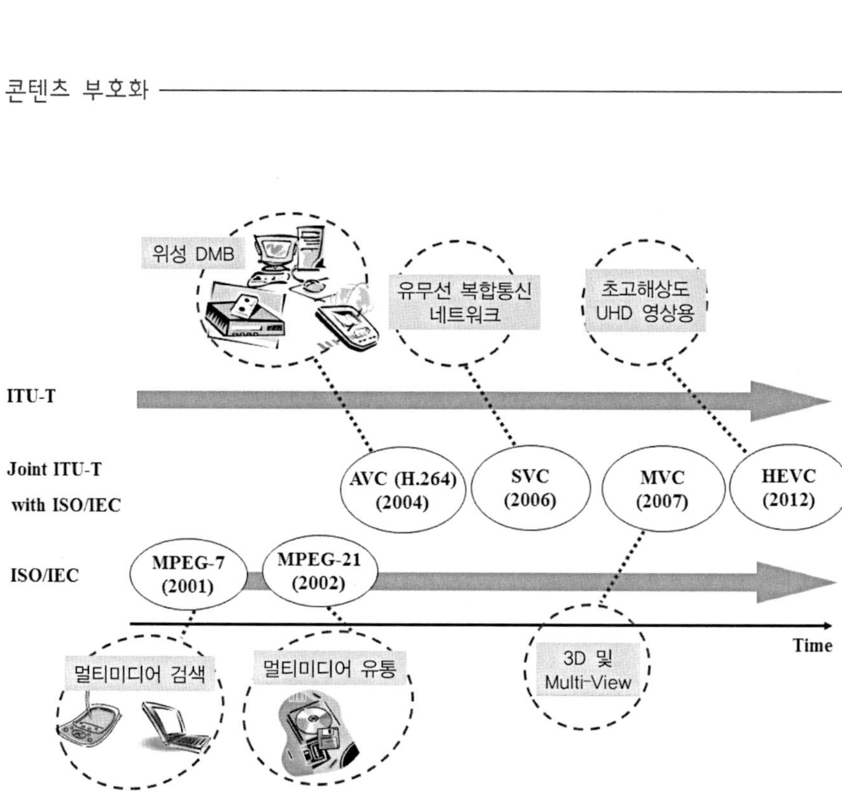

그림 8-2 Video 표준화 동향(2)

- 1999년에 ISO/IEC에서도 협대역 통신망에서 사용되는 비디오 코덱 기술인 MPEG-4를 표준화하였다. 이 기술은 H.263 기술과 경쟁할 수도 있을 정도로 유사한 목적을 가지고 비슷한 시기에 표준화된 기술이다. MPEG-4를 표준화하려던 초기에는 협대역 통신망에서 사용하기 위해서 저전송 비트율을 발생시키는 코덱을 개발하려고 했으나, 표준화가 진행되어 가면서 애니메이션, 컴퓨터 그래픽과 관련된 콘텐츠를 압축하는 기술 등이 포함되어 저전송률부터 고전송률까지 범위에서 사용되는 복잡한 코덱으로 완성되었다. MPEG-4의 공식 명칭은 ISO/IEC 14496이다[12][13].
- 2001년에 ISO/IEC에서는 멀티미디어 신호의 indexing을 위한 기술인 MPEG-7을 표준화했다. 이 기술은 멀티미디어 신호에 label하는 방법을 표준화함으로써 멀티미디어 신호를 검색하는 응용 시스템에서 사용될 수 있는 방법을 표준화하였다. 이 기술은 멀티미디어 신호용 코덱 기술은 아니고 압축된 기술에 label 또는 index를 추가하는 방법을 약속하는 표준 기술이다. MPEG-7의 공식 명칭은 ISO/IEC 15938이다.
- 2002년에 ISO/IEC에서 MPEG-21이란 기술을 표준화하였다. 이 기술은 멀티미디어를 압축하는 기술이 아니라, 멀티미디어 정보를 저장하고 전송하는 과정에서 필요한 multimedia framework를 표준화하는 기술이다.

- ITU-T와 ISO/IEC가 공동으로 JVT(Joint Video Team)을 구성하였다. 2004년에 JVT에서는 MPEG-4의 코덱 성능을 능가하는 고성능 비디오 코덱을 표준화하였다. 이 기술을 JVT에서는 AVC(Advanced Video Codec)라고 명명하였고, ITU-T에서는 H.264라고 명명하였고, ISO/IEC에서는 MPEG-4 part-10이라고 명명하였다[9][10].
- 2006년~2007년에는 ITU-T와 ISO/IEC가 공동 구성한 JVT에서 SVC(Scalable Video Codec)과 MVC(Multi-view Video Codec)를 표준화하였다. SVC는 채널 대역폭이 시간마다 변하는 가변 대역폭 네트워크에서 압축된 비디오 신호를 전송하기 위한 코덱 기술로서, SVC로 압축된 멀티미디어 신호는 채널 node에 존재하는 extractor로 비트스트림의 일부가 잘려 없어져도 수신단에서 복호화할 수 있는 기술을 의미한다. MVC는 복수개의 카메라가 같은 장면을 다른 각도로 각각 촬영할 경우, 복수개의 비디오 신호들 간의 상관성을 이용하여 비디오 신호를 압축하는 기술이다.
- 2011년에는 ITU와 ISO/IEC가 공동으로 구성한 JCT(Join Collaboration Team)에서 HEVC(High Efficiency Video Codec)를 표준화하고 있으며, 이는 2012년에 완성될 예정이다.

이와 같이 설명된 기술들의 응용분야를 표로 정리하면 표 8-1과 같다.

표 8-1 표준 비디오 코덱들의 응용분야

코덱 명칭	응용 분야
H.261	ISDN 등 화상 전화를 이용한 비디오 통신용 압축 기술
H.262(=MPEG-2)	디지털 방송용 콘텐츠를 압축하기 위한 기술
H.263	인터넷, 휴대폰 등 협대역 통신망을 이용한 영상 통신용 기술
H.264(= AVC, MPEG-4 part-10)	DMB 방송 등 협대역 통신망을 이용한 디지털 방송용 기술
MPEG-1	저장 매체용 멀티미디어 압축 기술 MPEG-1의 오디오 압축 기술 중 Layer-3를 MP3라고 함
MPEG-4	인터넷, 휴대폰 등 협대역 통신망을 이용한 영상 통신용 기술
MPEG-7	멀티미디어 검색을 위한 표준 기술
MPEG-21	멀티미디어 정보 유통을 위한 표준 기술
SVC	네트워크의 대역폭 변화에 적응적으로 통신하기 위한 비디오 압축 기술
MVC	여러 개의 카메라를 이용한 다중 멀티미디어 시퀀스 압축용 코덱
HEVC	초고해상도 비디오 신호를 압축하기 위한 표준 코덱 기술

8.2 ITU-T를 통한 표준화

이 절에서는 ITU-T를 통해 표준화된 비디오 코덱 기술들에 대해서 좀 더 자세히 알아보고, 서로 다른 코덱들 간 유사한 점과 다른 점을 비교 분석해보자.

1 H.261

(가) 응용 분야

H.261은 1990년쯤 ISDN 망을 통한 영상전화에 사용하기 위해 만들어진 코덱이다. ISDN 케이블 한 가닥의 전송속도가 64Kbps이기 때문에, 병렬로 사용되는 ISDN 케이블의 가닥 수가 p개라고 하면 64Kbps×p의 전송률을 지원한다. 화상 전화의 특성상 화면의 해상도가 매우 낮은 통신 시스템에 적용되는 코덱으로서 주로 지원하는 해상도는 CIF(352×288)과 QCIF(176×144)이다.

(나) GOP 구조

화상 전화기를 사용하여 통신을 한다고 생각해보자. 불편함이 없이 상대방과 대화를 주고 받기 위해서는 어떤 점이 지원되어야 할까? 통신 지연(delay)이 크지 않아야 할 것이다. 만약 화상 전화기의 비디오 신호를 부호화하는 과정에서 복잡도가 높아서 내가 이야기하는 말소리와 내 얼굴 표정이 큰 지연 시간을 기다렸다가 전송된다면 답답해서 이야기를 주고 받을 수 없을 것이다. 그래서 H.261에서 사용되는 부호화 기술들은 대체로 간단한 경향이 있다. 특히, 이 코덱에서는 비디오 촬영 순서와 부호화 순서를 다르게 처리하는 B 픽처를 사용하지 않는다. B 픽처를 사용한다는 것은 비디오 신호를 촬영한 후 일정시간 버퍼에 저장해 두었다가 나중에 부호화를 수행한다는 의미인데, 이런 과정이 긴 시간 지연을 발생시키고, 이는 통화 품질 만족도를 급격하게 저하시키게 된다. B 픽처 부호화 과정에 관련된 설명은 이 책의 제7장 MPEG-2에서 자세히 설명하였다. 결론적으로 H.261에서는 GOP 구조가 IPPPPIPPPPIPPPP… 형태로 이루어져 있다.

(다) 인코더 구조

그림 8-3은 H.261의 부호화기의 구조를 보이고 있다. 이 encoder의 기본적인 구조 및 동작 방식은 앞 장에서 학습한 MPEG-2 인코더와 매우 유사하다. 다만 움직임 벡터를 찾을 때, MPEG-2에서는 반화소(1/2 화소) 단위까지 찾는 데 반해, H.261에서는 정수 화소 단위까지만 찾는 등 몇 가지 차이점을 갖는 것을 제외하고는 두 코덱이 매우 유사함을 알 수 있다.

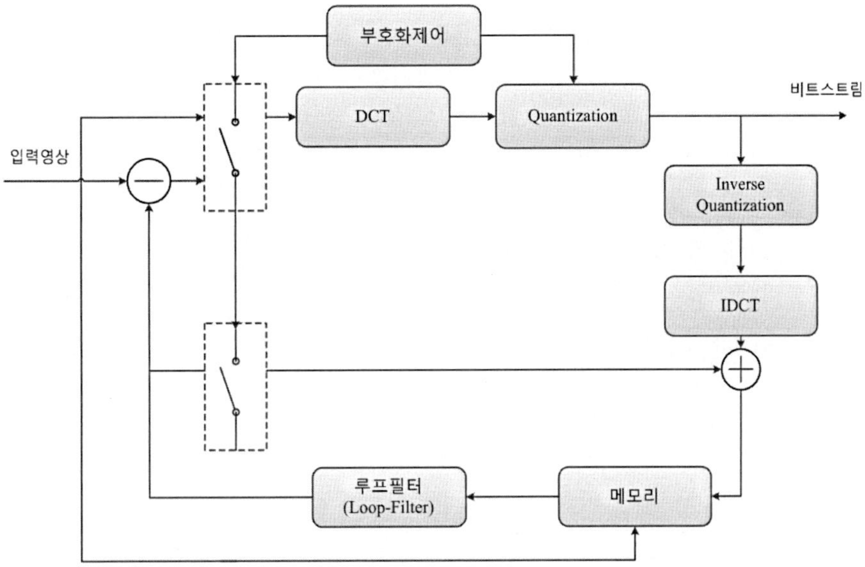

그림 8-3 H.261 부호화기 구조

이 그림에서 알 수 있듯이 H.261의 부호화기는 화면 내 압축 기술로 DCT 및 양자화를 사용하고, 화면 간 부호화 기술로 움직임 벡터 추정(ME) 및 움직임 벡터 보상(MC)을 사용한다. 이 코덱에서 양자화된 결과 데이터는 Huffman Coding을 이용한 엔트로피 부호화를 사용한다. 이 코덱의 중요한 특징들 중에 하나는 예측 메모리에 저장되어 있는 참조 영상에 루프(loop) 필터를 적용한 후, 참조 영상으로 활용한다는 점이다.

(라) Inter Coding

• 순방향 움직임 예측구조

H.261에서는 inter frame을 부호화할 때, 움직임을 순방향으로만 추정(estimation)한다. 즉, 과거 영상들만을 참조 영상으로 사용하여 움직임 벡터를 찾는다. 이에 반해, 앞 장에서 학습한 MPEG-2에서는 B picture란 것을 사용하면서 과거 픽처와 미래 픽처를 동시에 참조 영상으로 사용했다. 이렇게 H.261에서 과거 픽처만 참조 영상으로 사용하는 이유는 다음과 같다. H.261이 화상 전화에 사용되는 코덱이기 때문에 영상 신호 압축과정에서 지연(delay)이 크면 통화 품질에 나쁜 영향을 끼치게 된다. MPEG-2에서 B 픽처를 사용하면서 발생하는 부호화 지연이 크다는 것을 학습한 바 있다. 따라서 미래 영상들까지 참조 영상으로 사용하면서 발생하는 큰 부호화 지연을 피하기 위해 과거 영상만을 참조 영상으로 사용한다. 즉, H.261에서

는 B picture가 존재하지 않고, I picture와 P picture만 존재한다. 다음 그림 8-4는 H.261에서 inter 부호화하는 과정을 설명하고 있다.

그림 8-4 H.261 부호화기의 순방향 예측구조

• 움직임 벡터의 해상도

H.261에서는 움직임 벡터를 정수 화소 단위로 찾는다. 과거 학습한 적이 있는 MPEG-2에서는 움직임 벡터를 화소 단위로도 찾고 반화소 단위로도 찾았었다. 여기서 설명하는 H.261에서는 반화소 단위로는 찾지 않고 정수 화소 단위로만 움직임 벡터를 찾는다. 이와 같이 H.261에서 정수 화소 단위로만 움직임 벡터를 찾는 이유는 부호화 지연을 작게 하려는 이유 때문이다. 또한, 다른 한편으로 H.261이 적용되는 응용 시스템이 화상 전화와 같이 화면 해상도가 낮은 영상(화면이 작은 영상, 화면이 적은 개수의 화소들로 이뤄진 영상)을 사용하기 때문에 정수 화소 단위로 움직임을 찾아도 시각적으로 느껴지는 화질 열화가 작기 때문이다. 그림 8-5는 H.261에서 사용되는 정수 화소 단위 움직임 추정 과정을 그림으로 표시하고 있다.

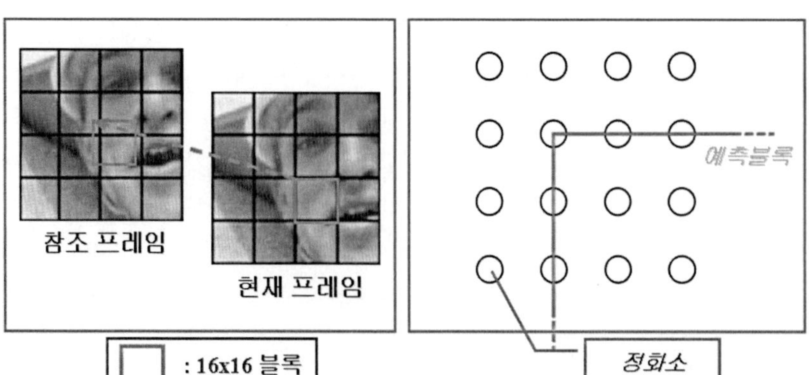

그림 8-5 H.261 부호화기의 움직임 추정 단위

(마) Intra Coding

H.261의 Intra Frame은 JPEG의 압축 방식과 매우 유사한 방법으로 압축된다. Intra 프레임은 다른 영상의 도움을 받지 않고 Intra 프레임 자체 정보만을 이용하여 압축되기 때문에, 프레임 내부 화소들 간에 존재하는 상관성을 제거하는 원리로 신호가 압축된다.

Intra 코딩의 첫 단계에서는 16×16 크기의 매크로블록을 4개의 8×8 블록으로 나눈 후, 각 8×8 블록을 DCT 변환한다. DCT 변환된 8×8 블록에는 DC 계수, 저주파수 계수, 중간 주파수 계수, 고주파수 계수 등이 존재하는데, 이는 8×8 블록 내부의 화소 정보를 주파수 정보를 표시한 것이다. 이 DCT 변환 블록을 양자화한 후, 양자화된 값을 zig-zag 스캔하고, Entropy Coding을 수행함으로써 Intra 프레임 부호화를 마친다. 이 과정을 그림 8-6에 표시하였다.

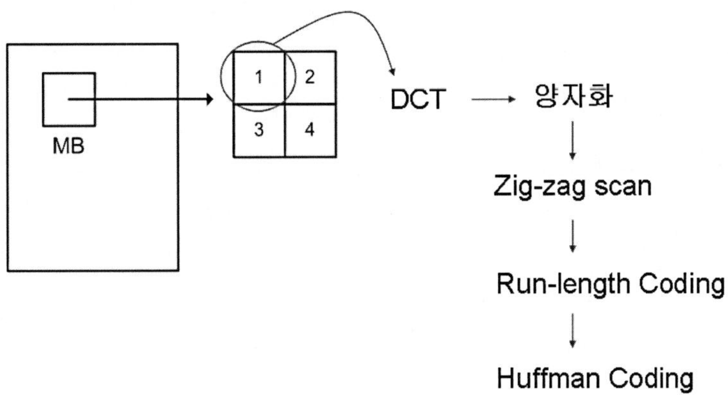

그림 8-6 Intra-Picture 부호화 과정

(바) Transform

H.261에서는 화소 영역의 정보를 주파수 영역으로 변환시킨 후 부호화를 수행한다. 이를 위해서 DCT를 8×8 크기의 화소 블록에 적용하는데, intra 프레임에서는 화소 값들에 DCT를 적용하고, inter 프레임에서는 화면 간 예측을 수행한 결과로 발생되는 잔차 신호를 DCT 변환한다. Intra 프레임에서 DCT 변환을 수행하는 과정은 제6장의 JPEG에서 설명한 내용과 같다. H.261가 표준화될 당시 그 전에 표준화가 진행되던 JPEG의 핵심기술을 활용하여 만들어졌다.

(사) 양자화

H.261에서는 DCT 변환된 8×8 블록을 양자화할 때, 인트라 모드 블록의 DC 계수와 그 외 계수(인트라 모드 블록의 AC 계수, 인터 모드 블록의 DC 및 AC 계수)를 구분하여 양자화를 수행한다. 인트라 모드 불록의 DC 계수의 경우, 변환계수를 step_size '8'로 나누어 준 후 floor 연산자를 사용하여 양자화된 계수 값을 얻는다. 그 외 계수의 경우에는, '2'부터 '62'까지의 범위에서 31가지 '짝수' 숫자(2, 4, 6, …, 62) 중에 하나를 step_size로 선택하여 사용한다. 이때, H.261에서는 JPEG과 달리 모든 주파수 계수에 같은 step_size 값으로 양자화를 수행한다. 참고로 JPEG과 MPEG-2에서는 DCT 계수의 주파수 성분별로 서로 다른 가중치 값을 사용하는 양자화 매트릭스를 사용하여 양자화를 수행한다(이 책의 제6장 JPEG, 제7장 MPEG-2를 참고하자).

H.261에서 사용되는 양자화기는 균등(스컬러) 양자화기로서, 인트라 모드의 DC 계수를 양자화할 때는 0 근처에 dead zone이 없고, 그 외 계수를 양자화할 때는 dead zone이 존재한다.

(아) 엔트로피 코딩

H.261에서는 양자화된 DCT 계수를 zig-zag 스캔한 후, 추가적인 압축률을 얻기 위해 엔트로피 코딩을 수행한다. 엔트로피 코딩이란 자주 발생하는 심볼에는 짧은 코드워드를 할당하여 표현하고, 가끔 발생하는 심볼에는 긴 코드워드를 할당하는 방법이다. H.261에서는 JPEG에서와 유사하게, zig-zag 스캔된 계수 값들을 Run-Length Code로 표현한 후, 이를 Huffman Code를 이용하여 부호화한다.

위와 같은 화소 정보의 엔트로피 부호화 외에도 MBA(Macro Block Addressing), CBP Code Block Pattern), MV(Motion Vector; 움직임 벡터), MTYPE(Macro Block Type) 등을 부호화하기 위해 엔트로피 코딩을 사용한다. 이는 JPEG에서 MBA, CBP, MV, MTYPE 등에 VLC를 사용하지 않은 것과 차이가 있다.

(자) 특징

• 루프(Loop) 필터 사용

H.261 인코더에서 움직임 벡터를 찾을 때, 이전에 압축된 후 복원된 화면(예측 메모리에 저장된 화면 정보)을 참조 영상으로 사용한다. 이때, 화상 전화의 특성상 좁은 채널 대역폭을 사용하기 때문에 비디오 신호를 높은 압축률로 압축해야 하고, 그로 인해 대부분의 참조 영상의 화질이 크게 열화(왜곡)되어 있다. 이 왜곡은 주로 양자화 과정에서 발생한 양자화 에러 성분이며, 움직임 벡터가 추정되는 16×16 크

기의 매크로블록 단위마다 서로 다른 양자화 계수를 사용함으로써 이 양자화 에러가 눈에 두드러지게 보이게 된다. 그림 8-7의 왼쪽의 2개 영상은 양자화 왜곡에 의해 매크로블록의 경계선이 두드러지게 강조되어 보이는 예들을 나타내고 있다. 이와 같은 왜곡을 블록화 현상(blocking artifact)이라고 한다. H.261에서 부호화된 후 복호화되어 다음 영상의 참조 영상으로 사용될 영상에 이와 같은 블록화 현상이 존재한다면, 현재 픽처의 움직임 벡터가 부정확하게 찾아지게 된다. 왜냐하면, 블록화된 왜곡을 영상 정보 내의 경계선으로 인식하여 블록의 경계선을 따라서 실제로 물체가 존재하는 것으로 인식되어 움직임 벡터가 부정확하게 찾아지는 것이다. 이 현상을 극복하기 위해서는 예측 메모리에 저장되어 있는 영상을 참조 영상으로 사용하기 전에 블록화 현상을 감소시키는 필터링을 수행하여야 한다. 이 필터링 과정은 저대역 통과 필터링(LPF, Low Pass Filter)과 유사한 프로세스로 이뤄지며, de-blocking filter 또는 loop filter라고 부른다. loop filter라고 명명한 이유는 그림 8-3의 인코더 구조에서 복호화 과정으로 구성된 closed 형태의 loop 내에 위치하기 때문이다. 그림 8-7에서는 블록화 현상이 발생한 2개의 영상(윗부분은 저압축률로 압축하였고, 아래부분은 고압축률로 압축한 영상)을 왼쪽에 표시하였고, 오른쪽에는 왼쪽의 영상들을 de-blocking filter로 처리한 영상들을 보이고 있다.

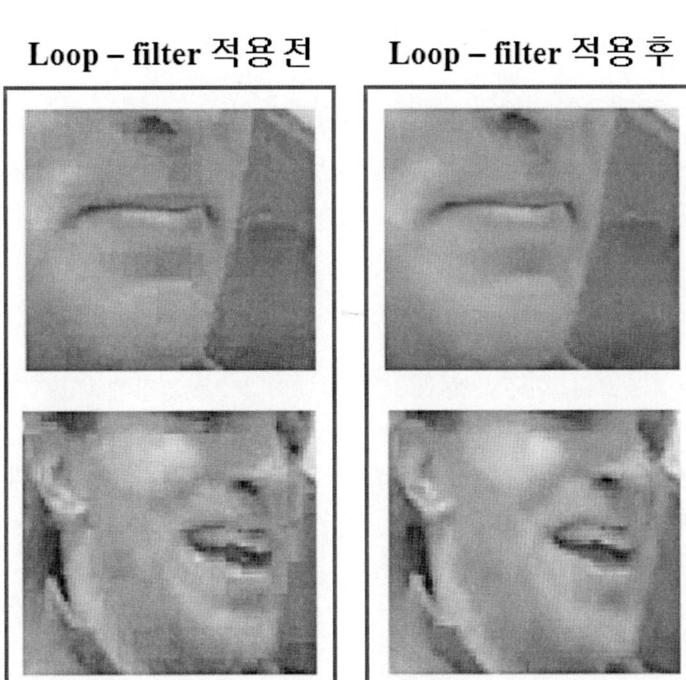

그림 8-7 H.261 부호화기의 loop-filter 사용 예

지금까지 설명한 H.261의 특성을 표 8-2에 정리하였다.

표 8-2 H.261의 특징

항목	특징	의미
표준화 기관	ITU-T(VCEG)	
응용 분야	ISDN을 이용한 영상 전화 및 영상 회의용 위한 비디오 코덱	압축 delay가 적어야 화상통화가 가능함.
전송속도	p×64 kbps(p=1~30)	복수개의 ISDN 케이블을 묶어서 사용할 수 있는데, p는 케이블의 개수임.
지원 해상도	CIF(352×288), QCIF(176×144)	화면 해상도가 작음.
사용된 주요 압축 기술	DCT	Discrete Cosine Transform. JPEG, MPEG-2에서 사용한 DCT와 같은 것임.
	화면 간 움직임 예측(ME, MC)	과거의 참조 영상만을 이용함으로써 압축 지연을 작게 함.
	가변길이 부호화 (Huffman coding)	Entropy Coding 방법임. 신호를 DCT → 양자화 → Entropy Coding 함.
	Loop filter (De-blocking filter)	블록화 왜곡을 감소시킴.

2 H.262

이 기술의 자세한 내용은 앞 제7장(MPEG-2)에서 학습한 바 있어 여기서는 간단한 설명만을 제공한다. H.262/MPEG-2에 대해서 자세하게 학습하려면 이 책의 제7장을 참고하기 바란다.

(가) 응용 분야

H.262는 1994년에 국제 표준화 기구 ITU-T와 ISO/IEC에서 공동으로 표준화된 코덱 기술로서, 이 코덱을 ITU-T에서는 H.262로 명명하고 ISO/IEC에서는 MPEG-2로 명명하였다. H.262는 5~30 Mbps 대역의 비교적 높은 비트율에서 고화질 방송 콘텐츠 동영상과 음향 정보를 압축하는 코덱 기술이다. 이 코덱의 응용 범위는 저장 미디어(DVD, VoD)뿐만 아니라 통신 및 방송 미디어(HDTV, 위성 TV)로서 다양한 고품질 방송 시스템에서 사용된다.

(나) GOP 구조

H.262/MPEG-2에서는 움직임 벡터를 추정할 때 과거 Picture와 미래 Picture를

모두 참조 영상으로 사용한다. 따라서 H.262에서는 B picture가 사용된다. 그림 8-8은 H.262에서 사용되는 양방향 움직임 예측 과정을 그림으로 표현하고 있다.

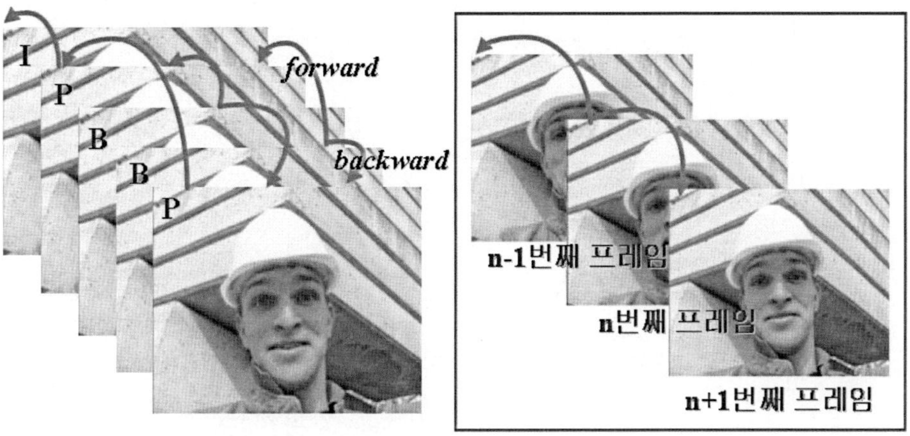

그림 8-8 H.262의 양방향 예측 구조

H.262에서와 같이 과거 및 미래의 양방향에서 현재 블록과 닮은 블록을 찾음으로써 현재 블록과 더욱 닮은 블록을 찾을 수 있다. 이런 노력을 통해 움직임 추정(ME) 및 움직임 보상(MC)을 거치고 만들어지는 잔차 신호 블록 내에 부호화할 데이터가 줄어들어 높은 압축률을 얻을 수 있다.

또, 비디오 신호를 구성하는 연속된 프레임들 중에서 갑자기 장면 변환(Scene Change)가 발생하면, 현재 블록과 닮은 블록을 과거 영상에서 찾을 수 없다. 이럴 경우에는 현재 블록과 닮은 블록을 미래 영상에서 찾는다면 매우 효율적인 신호 압축을 수행할 수 있다.

(다) 인코더 구조

그림 8-9는 H.262 인코더의 구조를 나타낸다. MPEG-2 인코더에는 어떤 모듈들이 있는지 살펴보자. 블록 다이어그램의 맨 왼쪽 상단의 처음 부분에는 Frame reordering 모듈이 있고, 그 다음에는 DCT 모듈, 양자화 모듈 Q가 있다. 그 옆에는 엔트로피 코딩 모듈도 있다. 그림의 오른쪽 부분에는 역양자화 모듈이 있고, 역 DCT 모듈인 IDCT 모듈도 있다. 복호화된 픽처를 저장하는 메모리가 있고, ME(Motion Estimation, 움직임 추정), MC(Motion Compensation, 움직임 보상) 모듈들이 있다.

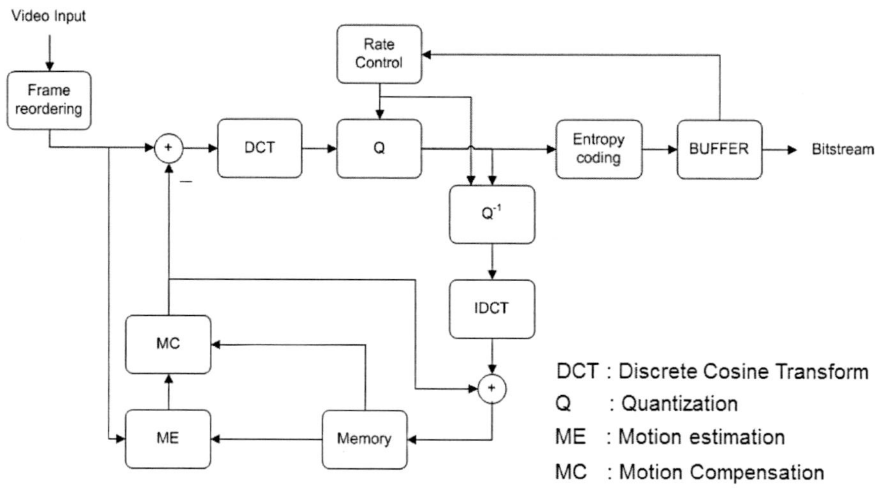

그림 8-9 H.262 인코더 구조

Frame reordering 모듈은 B 픽처를 사용함으로써 발생하는 비디오 신호의 촬영 순서와 압축 순서의 불일치 문제를 해결하기 위하여, 촬영한 프레임들의 순서를 조정하는 기능을 수행한다. 신호 변환 모듈인 DCT와 양자화기인 Q 모듈은 앞서 학습한 JPEG에서의 기능과 거의 같다.

(라) Inter Coding

H.262에서 사용되는 Inter Coding 방법에는 (a) 과거 영상을 참조하여 화면 간 예측 부호화하는 방법, (b) 미래 영상을 참조하는 방법, (c) 과거와 미래 영상들을 모두 참고하여 예측 부호화하는 방법으로 구분할 수 있다. 이 3가지 방법 모두를 고려하여 부호화한 후 가장 압축 효율이 높은 경우를 선택하여 사용한다.

H.262에서는 순차(progressive)주사와 격행(interlaced)주사 방식 모두를 지원한다. 그림 8-10은 순차주사 방식과 격행주사 방식을 이용한 부호화 차이를 그림으로 보이고 있다. 순차주사 방식이란 한 Picture 내의 영상 정보가 맨 윗 라인부터 맨 아래 라인까지 순서대로 Display되는 주사 방식을 의미한다. 격행주사 방식이란 홀수 번째 Picture는 영상 정보가 맨 윗 라인부터 맨 아래 라인까지 홀수 라인만 주사되고, 짝수 번째 Picture는 짝수 라인 정보만 주사되는 방식을 의미한다.

H.262에서는 픽처 구성 형식이 progressive 타입일 수도 있고, interlaced 타입일 수도 있다. Progressive 타입일 경우에는 field 개념을 사용하지 않는다. 즉, 짝수 및 홀수 라인을 순서대로 한 프레임에 모두 저장하여 픽처를 구성한다. Progressive

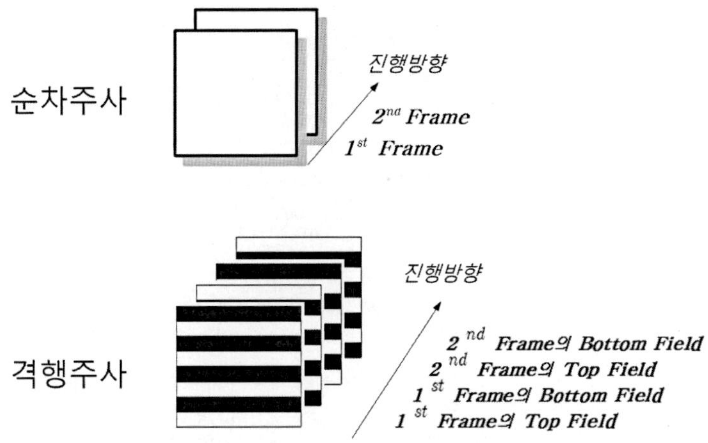

그림 8-10 순차주사와 격행주사의 비교

방식과 달리, Interlaced 타입일 경우, 짝수 스캔 라인과 홀수 스캔 라인을 구분해서 다룬다. 각 픽처는 짝수 번째 스캔 라인만으로 구성된 even field(또는 top field)일 수도 있고, 아니면 각 픽처는 홀수 번째 스캔 라인만으로 구성된 odd field(또는 bottom field)일 수도 있다. Top field와 bottom field를 결합시킨 것을 frame이라고 명명하기 때문에, 픽처라고 하는 것이 top field를 의미할 수도 있고, bottom field를 의미할 수도 있고, frame을 의미할 수도 있다. 이 관계를 아래 표 8-3과 같이 정리하였다.

표 8-3 영상의 스캔 방법 및 픽처 구성

스캔 방식	Field와 Frame 관계	Picture 구성
Progressive Scan	Frame 개념만 존재. Field 개념 없음.	Frame Picture
Interlaced Scan	Even(Top) field	Field Picture
	Odd(Bottom) field	Field Picture
	Even field와 Odd field를 결합하여 Frame을 구성.	Frame Picture

이런 픽처 타입의 특성이 움직임 벡터 추정 과정을 더욱 복잡하게 한다. 이런 픽처타입을 고려해서 H.262에서는 5가지 움직임 벡터 추정 과정들을 사용하는데, 그 각각은 표 8-4와 같다.

표 8-4 H.262에서 움직임 추정 방법

Picture 구성 및 움직임 예측 방법		MV 추정 방법	MB당 발생하는 움직임 벡터 최대 개수
Frame Picture to Frame Picture	Frame 간 예측	Progressive Scan 타입이든지 Interlaced Scan 타입이든지 상관없이, Frame Picture 사이의 움직임 벡터를 추정하는 방법이다.	P picture : 1개 B picture : 2개
	Field 간 예측	Interlaced scan된 필드들이 합쳐져서 picture를 구성한 경우 사용되는 방법이다. 합쳐진 각 field를 분리시켜, field 간의 MV를 찾는 방법이다. Top field의 MV는 참조 영상의 top field에서 찾을 수도 있고, bottom field에서 찾을 수도 있다. Bottom field의 MV는 참조 영상의 top field에서 찾을 수도 있고, bottom field에서 찾을 수도 있다.	P picture : 2개 B picture : 4개
	Dual-prime 보상 기법	Interlaced scan된 필드들이 합쳐져서 picture를 구성한 경우 사용되는 방법이다. Field 간 움직임 예측을 할 때 사용되는 기술이다. P 픽처에서만 사용된다. 먼저, 현재 picture의 top field의 MV는 참조 영상의 top field에서 추정하고, 현재 picture의 bottom field의 MV는 참조 영상의 bottom field에서 추정한다.(same parity 추정) 두 번째 단계에서는 현재 top field의 MV는 참조 영상의 bottom field에서 찾고, 현재 bottom field의 MV는 참조 영상의 top field에서 찾는다.(opposite parity) opposite parity에서 추정된 MV를 부호화할 때, same parity ME에서 찾아진 MV를 기준 벡터로 사용하여, 현재 MV와 기준 MV 간의 차이 벡터 DMV를 부호화한다.	P picture : 2개 B picture : 4개
Field Picture to Field Picture	Field 간 예측	모든 picture들이 interlaced scan된 field로 구성되어 있는 경우 사용되는 방법이다. 어떤 picture는 top field로 구성되고, 다른 picture는 bottom field로 구성된다. 이 경우 field picture 간에 움직임 벡터를 추정한다.	P picture : 1개 B picture : 2개
	16×8 블록 움직임 예측	모든 picture들이 interlaced scan된 field로 구성되어 있는 경우 사용되는 방법이다. Field picture 내부의 16×16를 두 개의 16×8로 나눈 후, 각 16×8 블록마다 MV를 추정하는 방법이다.	P picture : 2개 B picture : 4개

이와 같이 여러 가지 픽처 타입과 움직임 벡터 추정 방향(과거 및 미래 방향)이 존재하는데, 이 각 경우마다 움직임 벡터를 반(1/2)화소 단위로 찾는다. 이로 인해 부호화 효율이 향상되는 장점이 있으나, 다른 한편으로 복잡도가 증가하는 단점이 있다.

(마) Intra Coding

Intra 픽처는 동영상을 구성하는 다른 픽처들을 참조하지 않고, 현재 Picture 내부의 화소 밝기 값들 사이의 공간적인 상관성만을 이용하여 신호를 압축한다. 이 방법은 JPEG 방법을 이용하여 정지 영상을 압축하는 방법, 그리고 H.261의 Intra 픽처 부호화 과정과 거의 유사하다. 동영상을 구성하는 다른 픽처 타입과 달리 Intra 픽처는 자기 자신만을 가지고 부호화하기 때문에, 복호화할 때도 Intra 픽처에 해당하는 정보만 있으면 복호화가 가능하다.

(바) Transform

H.262에서는 화소 영역의 정보를 주파수 영역으로 변환시킨 후 부호화를 수행한다. 이를 위해서 DCT를 8×8 크기의 화소 블록에 적용하는데, intra 프레임에서는 화소 값들에 DCT를 적용하고, inter 프레임에서는 화면 간 예측을 수행한 결과로 발생되는 잔차 신호를 DCT 변환한다. Intra 프레임에서 DCT 변환을 수행하는 과정은 제6장의 JPEG에서 설명한 내용과 일치한다.

(사) 양자화

DCT 변환된 8×8 크기의 블록은 균등 스컬러 양자화기를 이용하여 양자화된다. 이때 DCT 변환 계수의 주파수 성분에 따라서 다른 양자화 스텝 크기로 양자화된다. 주파수 변환된 정보는 고주파수 성분과 저주파수 성분으로 구분될 수 있다. MPEG-2 코덱에서는 저주파수 영역 정보는 작은 스텝 크기 Q_{step}로 양자화하고, 고주파수 영역 정보는 큰 스텝 크기 Q_{step}로 양자화한다. 이때 양자화하는 방법은 다음 식 (8.1)을 이용한다.

$$QDCT[i,j] = \left\lfloor \frac{8 \times DCT[i,j]}{Q_{step}[i,j] \times s} \right\rfloor \tag{8.1}$$

이 식에서 사용되는 양자화 매트릭스 Q_{step}는 다음 그림과 같다. 여기서 스케일링 계수 s를 조정하여 실제로 나눠지는 값을 조절한다.

8	16	19	22	26	27	29	34
16	16	22	24	27	29	34	37
19	22	26	27	29	34	34	38
22	22	26	27	29	34	37	40
22	26	27	29	32	35	40	48
26	27	29	32	35	40	48	58
26	27	29	34	38	46	56	69
27	29	35	38	46	56	69	83

(a) 인트라 코딩용 default 양자화 matrix Q_{step}

16	16	16	16	16	16	16	16
16	16	16	16	16	16	16	16
16	16	16	16	16	16	16	16
16	16	16	16	16	16	16	16
16	16	16	16	16	16	16	16
16	16	16	16	16	16	16	16
16	16	16	16	16	16	16	16
16	16	16	16	16	16	16	16

(b) 인터 코딩용 default 양자화 matrix Q_{step}

그림 8-11 H.262의 양자화 스텝 크기

(아) 엔트로피 코딩

H.262에서 사용되는 엔트로피 부호화 방법은 MPEG-1 등에서 사용되는 방법과 거의 유사하다. 양자화된 DCT 계수를 1차원 데이터 열로 만들기 위해서 zig-zag 스캔을 사용하는데, H.262에서는 alternative scan이라고 하는 별도의 스캔 방법도 추가로 사용한다. 이는 interlaced 포맷 영상의 경우 zig-zag 스캔 방법보다 더 높은 압축 효율을 나타내기 때문에 이 두 가지를 선택적으로 사용하고 있다.

1차원 데이터 열로 변환된 계수 값들은 DC 신호와 AC 신호로 구분되고, DC 신호는 이웃 8×8 블록의 DC와 DPCM 방법으로 부호화한다. AC 신호의 경우는 Run Length Code로 표현한 후, 그 결과를 Huffman Code를 이용하여 부호화한다.

(자) 프로파일 및 레벨

비디오 코덱에는 여러 가지 기술(알고리즘)들과 다양한 파라미터들이 존재한다. 사용되는 알고리즘에 따라서 압축 성능이 높거나 낮을 수 있고, 동작 속도가 느리거나 빠를 수 있다. 따라서 특정 응용 제품이나 시스템에서는 복잡하지만 압축 성능이 높은 알고리즘 조합으로 코덱을 구성하고, 다른 응용에서는 간단하지만 압축 성능도 낮은 알고리즘들의 조합으로 코덱을 구성할 수 있다. 이러한 알고리즘의 조합을 프로파일(Profile)이라고 한다.

다른 한편, 입력 영상의 화면 해상도에 있어서 비디오 코덱이 큰 해상도의 비디오 신호를 압축할 수도 있고, 작은 해상도의 비디오 신호를 압축할 수도 있다. 또 경우마다 낮은 발생 비트를 목표로 정할 수 있고, 또 다른 경우에는 높은 발생 비트양을 목표로 정할 수도 있다. 이렇게 다양한 목표 발생 비트율을 설정할 수 있다. 이렇게 알고리즘과는 상관없지만 사용되는 파라미터들을 다르게 설정한 조합들이 사용될 수 있는데, 이런 조합들의 구분을 레벨(Level)이라고 한다.

H.262에는 표8-5에서 표시한 것과 같이 여러 가지 Profile들과 Level들이 존재한다. 간단한 알고리즘들만으로 구성된 Simple profile이 있고, 주로 사용하는 핵심 기술들로 구성된 Main profile이 있다. Level은 화면 해상도 및 비트 발생률에 따른 구분이다. 관련 기술에 상관없이 화면 해상도 크기나 부호화 비트율의 범위 등을 기준으로 여러 가지 Level로 나눌 수 있다. 주로 사용하는 Profile과 Level은 Main Profile과 Main Level이다.

표 8-5 H.262의 Profile과 Level

Profile / Level	Simple	Main	SNR Scalable	Spatial Scalable	High
High (1920×1152×60)		MP@HL			HP@HL
High-440 (1440×1152×60)		MP@H1440		SSP@H1440	HP@H1440
Main (720×576×30)	SP@ML	MP@ML	SNP@ML		HP@ML
Low (352×288×30)		MP@LL	SNP@LL		

(차) 특징

• Scalability

H.262/MPEG-2 코덱은 다양한 스케일러빌리티(scalability)를 지원한다. 여기서 지원되는 scalability는 SNR, Spatial(공간적), Temporal(시간적), 하이브리드 scalability 등이 있다. 그렇지만, 현재 방송 시스템 구현에서는 거의 사용되지 않고 있다.

• MPEG-1과의 호환성

H.262(=MPEG-2)는 MPEG-1과 순방향 호환성을 갖는다. 즉, MPEG-1으로 압축된 데이터는 MPEG-2 decoder로 복호화가 가능하다는 의미이다.

표 8-6에서 H.262 코덱의 특성들을 정리했다.

표 8-6 H.262의 특성

항목	특성
영상 포맷	ITU-T권고 601, 4 : 2 : 0, 4 : 2 : 2, 4 : 4 : 4, EDTV, HDTV 등의 포맷을 부호화 할 수 있다.
영상 품질	4 Mbps에서 가정용 TV(PAL/SECAM/NTSC)화질 10 Mbps에서 스튜디오 TV 화질 30 Mbps에서 HDTV 방송 품질 70 Mbps에서 HDTV 스튜디오 품질
부호화, 복호 지연	영상 전화 등의 지연이 문제되는 응용분야에서도 150 msec 이하를 실현.
호환성	MPEG-1과 호환된다.
비트열 편집기능	MPEG-1과 같이 GOP단위로 편집 실현.
트릭 모드	빨리감기, 되감기, 느린 재생 등의 기능 실현.
비트열 스케일러빌리티	비트열 전부를 복호하는 경우에 비해, 그 일부분만 복호함으로써 상이한 공간 해상도, 시간 해상도, SNR이 얻어질 수 있다.
부호화, 복호의 반복	편집이나 프로그램 분배를 위해, 부호화, 복호를 반복해도 영상 품질의 손상이 거의 없다.
랜덤 엑세스 및 채널 호핑	랜덤 엑세스 0.5초 이하, 채널 호핑(TV채널전환) 0.3~1초
비디오 윈도우	16 : 9의 영상을 4 : 3의 화면에 표시할 때, 일부분만을 표시할 수 있다.

3 H.263

(가) 응용 분야

H.263은 인터넷 또는 무선통신환경과 같은 대역폭이 좁은(협대역) 환경에서 멀티미디어를 전송하기 위한 압축 기술이다. ITU-T 산하의 VCEG(Video Coding Expert Group)에서는 방송용 코덱인 H.262를 표준화한 후, 협대역 통신망에서 멀티미디어 정보를 원활하게 전송하기 위해서, H.262보다는 저비트율을 발생시키고, H.261보다는 고품질의 비디오 신호를 다룰 수 있는 고성능 코덱을 표준화할 필요성을 느끼게 되었다. 이러한 요구를 반영하여 1995년 VCEG에 의해서 H.263이 표준화되었다.

(나) GOP 구조

H.263에서는 움직임 벡터를 추정할 때 과거 및 미래 참조 영상을 사용한다. 즉, 양방향 움직임 예측 기능을 사용한다. 다시 말해, H.263에서는 I, P, B 픽처를 모두 사용한다. 이는 과거 영상만을 참조 영상으로 사용하는 H.261과 다른 점이고, H.262와는 같은 점이다.

협대역 통신망을 통한 비디오 신호를 전송하기 위해서는 비디오 신호를 효율적으로 압축해야 하는데, 이렇게 고성능의 압축 효율을 얻기 위해서는 양방향 움직임 예측 구조가 필수적이다. 이전에 H.261을 부호화할 때는 시간 지연 및 복잡도 문제로 단방향(과거 방향)으로만 움직임 벡터를 추정했으나, H.263이 개발될 당시는 H.261이 개발될 때보다 전자기기의 하드웨어 및 소프트웨어의 성능이 향상되어 복잡도에 대한 부담이 상대적으로 낮았고, 압축 성능에 대한 요구가 높았기 때문에 양방향 예측 부호화 방법이 채택되었다.

(다) 인코더 구조

H.263 인코더의 구조는 MPEG-1, MPEG-2(=H.262), H.261 등 기존의 다른 표준 코덱들의 구조와 매우 유사하다. 다만, 적용되는 세부 기술들에 차이가 있다. 그림 8-12는 H.263 부호화기의 구조를 나타내고 있다. 앞에서 배웠던 H.262, H.261의 인코더 구조와 매우 유사하다는 것을 알 수 있다.

H.263 코덱은 H.261 코덱을 기반으로 개발되었기 때문에 코덱 대부분의 구조가 H.261의 것과 거의 유사하지만, 양방향 움직임 벡터를 추정한다든지, 반화소 단위로 움직임을 추정한다든지 등의 차이점이 존재한다. 또한, H.261에서 사용했던 loop filter가 H.263에서는 사용되지 않는 차이점이 존재한다.

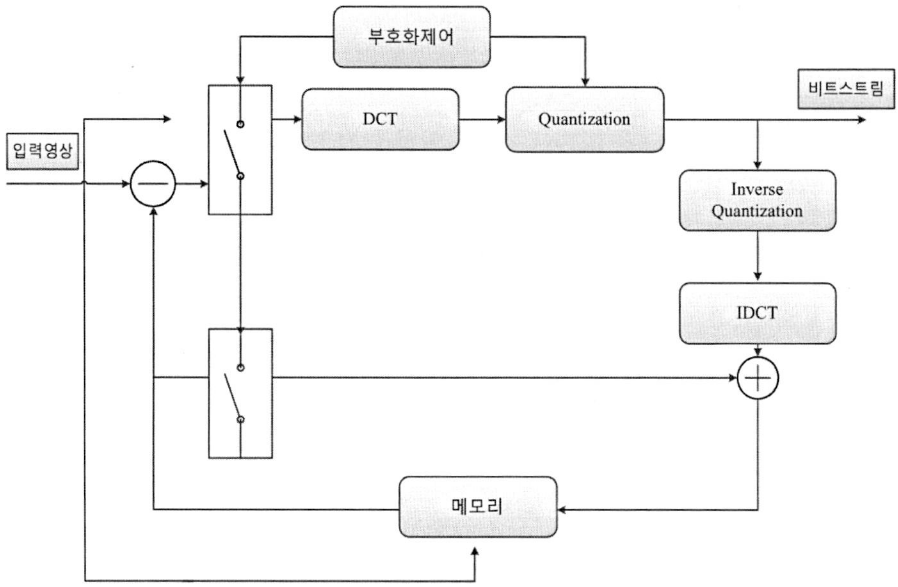

그림 8-12 H.263의 부호화기 구조

(라) Inter Coding

• 움직임 벡터 추정 블록 크기

H.263에서는 움직임 예측 시, 16×16 크기 블록단위 또는 8×8 크기 블록단위로 움직임을 추정한다. 영상을 구성하는 정보 중에서 눈 및 머리카락 같은 세밀한 정보로 구성된 블록은 작은 크기 블록인 8×8 단위로 움직임을 추정하고, 배경이나 단조로운 평면 정보를 포함하는 위치에서는 큰 블록인 16×16 단위로 움직임을 추정한다.

8×8 단위로 움직임을 추정하는 경우, 8×8 단위마다 움직임 벡터를 전송해야 하므로 움직임 벡터를 부호화하면서 발생하는 비트양이 증가하지만(16×16 블록마다 움직임 벡터를 찾을 경우보다 움직임 벡터의 개수가 4배로 증가함), 현재 블록과 매우 닮은 참조 블록을 찾음으로 해서, 현재 블록과 참조 블록 간의 차이 블록이 포함하는 정보가 매우 작게 되고, 이로 인해 부호화할 데이터가 거의 없거나 매우 작아지게 된다. 따라서 전송할 정보가 매우 작게 된다. 즉, 움직임 벡터 개수의 증가로 인한 압축률 손실이 발생하지만, 잔차 신호(현재 블록과 참조 블록 간의 차이 신호)를 부호화하는 과정에서 압축률 이득이 크게 발생하여 전체적으로 압축률 이득을 얻을 수 있다.

16×16 크기 블록 단위로 움직임 벡터를 추정하는 경우, 부호화해야 할 움직임 벡터의 개수가 적어 압축률 향상을 얻을 수 있으나, 큰 블록 단위로 참조 영상에서 가장 닮은 블록을 찾는 과정은 유사한 블록을 찾기 어려운 경향이 있다. 그렇기 때문에, 16×16 크기 블록 단위로 움직임 벡터를 추정하는 경우는 공간적으로 단조로운 영역에서 이뤄지게 된다. 이 단조로운 영역에서는 움직임 벡터를 추정하는 블록이 크더라도 매우 닮은 블록을 찾을 수 있어, 잔차 신호가 작은 결과를 얻을 수 있다.

공간적으로 복잡한 영역에서 16×16 블록 단위로 움직임 벡터를 찾는다면, 부호화해야 할 움직임 벡터 개수는 적지만, 현재 블록과 닮은 블록을 참조 영상에서 찾기가 어렵고, 가장 닮은 참조 블록을 찾는다 하더라도 잔차 신호가 매우 커서 압축 효율이 나빠진다. 또 다른 예로, 공간적으로 단조로운 영역에서 8×8 단위로 움직임 벡터를 찾는다면, 16×16 블록 단위로 움직임 벡터를 찾는 것과 마찬가지로 잔차 신호가 작지만, 부호화해야 할 움직임 벡터의 개수가 많게 된다. 즉, 잔차 신호를 작게한다는 측면에서는 16×16 블록으로 움직임 벡터를 찾아도 되는 영역에서, 8×8 단위로 움직임 벡터를 찾음으로 해서 압축해야 할 움직임 벡터의 개수만 증가시키고 있는 것이다.

H.263 인코더에서는 16×16 크기의 현재 매크로블록을 16×16 크기 블록으로 움직임 벡터를 추정해서 부호화해보고, 또 현재 매크로블록을 4개의 8×8로 나눈 후 움직임 벡터를 추정해 본 후, 어느 방법의 압축 효율이 높은가를 비교해서 유리한 방법으로 부호화한다.

• 움짐임 벡터의 해상도

H.263에서 움직임 벡터를 정수 화소 단위뿐만 아니라 반화소 단위로도 추정한다. 이는 H.262와 같은 방법이고, H.261과는 다른 방법이다. H.263에서 반화소 단위까지 움직임 벡터를 추정하는 이유는 H.262에서 설명한 이유와 같이, 비록 부호화 복잡도는 증가하지만, 정확한 움직임 벡터를 추정함으로써 더 닮은 참조 블록을 찾을 수 있고, 이로 인해 잔차 신호의 정보량이 작아지고, 결국에는 압축 효율이 높아지기 때문이다.

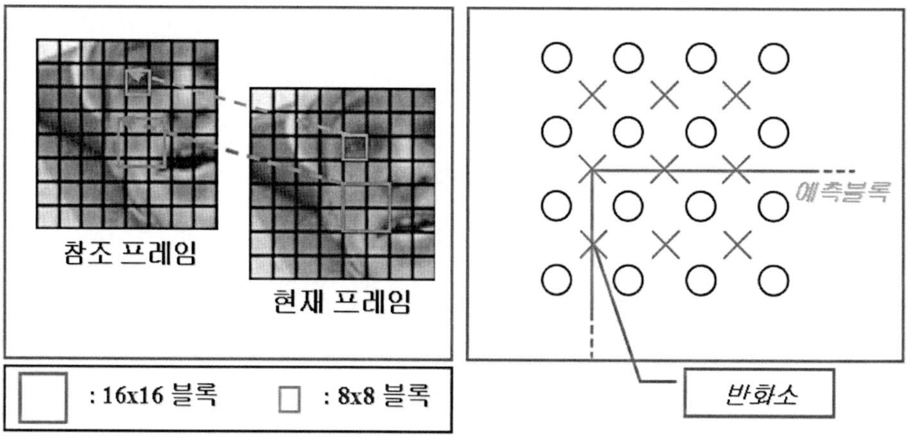

그림 8-13 H.263의 움직임 벡터 추정 단위

(마) Intra Coding

H.263의 Intra Coding 방법은 앞에서 설명한 H.261의 Intra Coding 방법과 같다.

(바) Transform

H.263의 변환 부호화 방법은 앞서 설명한 H.261의 DCT 기반 변환 부호화 방법과 동일하다.

(사) 양자화

H.263의 양자화 방법은 앞에서 설명한 H.261의 양자화 방법과 같다. 즉, 모든 주파수 성분 계수들을 같은 양자화 step 값으로 양자화한다.

(아) 엔트로피 코딩

양자화된 DCT 블록을 1차원 데이터 열 형태로 scan한 후, Intra mode의 DC 계수와 그 외 계수(Intra mode의 AC, Inter mode의 AC 및 DC)를 구분 지어 엔트로피 코딩을 수행한다.

Intra mode의 DC 계수는 8 bit의 고정 비트로 부호화를 수행한다. 그 외 나머지 변환 계수들은 (LAST, RUN, LEVEL) 형태로 표현한 후, 이 벡터 형태의 결합 정보를 Variable Length Code로 표현한다. 흔하게 발생하는 (LAST, RUN, LEVEL) 형태에 짧은 코드워드를 할당하고, 좀처럼 발생하지 않는 형태에는 긴 코드워드를 할당한다.

(자) 추가의 부호화 기술들

H.263에서는 앞서 설명한 핵심 알고리즘들(core algorithms) 외에 18가지 부호화 옵션(coding options) 기술들이 지원된다. 이 모드들은 baseline profile에서는 사용되지 않고, 그 외 profile들에서 선택적으로 사용된다.

- [추가기술01] Continuous Presence Multipoint and Multiplex Mode
- [추가기술02] Unrestricted Motion Vector Mode
- [추가기술03] Syntax-based Arithmetic Coding Mode
- [추가기술04] Advanced Prediction Mode
- [추가기술05] PB-frames Mode
- [추가기술06] Forward Error Correction
- [추가기술07] Advanced INTRA Coding Mode
- [추가기술08] Deblocking Filter Mode
- [추가기술09] Slice Structured Mode
- [추가기술10] Supplemental Enhancement Information
- [추가기술11] Improved PB-frames Mode
- [추가기술12] Reference Picture Selection Mode
- [추가기술13] Temporal, SNR, and Spatial Scalability Mode
- [추가기술14] Reference Picture Resampling Mode
- [추가기술15] Reduced-Resolution Update Mode
- [추가기술16] Independent Segment Decoding Mode
- [추가기술17] Alternative INTER VLC Mode
- [추가기술18] Modified Quantization Mode

(차) 프로파일 및 레벨

H.263에는 다음과 같이 총 9개의 프로파일들이 존재한다.

표 8-7 H.263의 프로파일

프로파일	사용되는 Tools	특징
Profile 0, Baseline	이 프로파일은 H.263의 간단한 동작 모드로서 optional mode들을 사용하지 않는다.	모든 Profile들의 기본이 되는 Baseline이다. 각 Profile에서는 Baseline Profile의 tools에 추가의 tools을 사용한다.
Profile 1, Coding Efficiency (version 2)	Advanced Intra Coding, De-blocking Filter, Supplemental Information, Modified Quantization	
Profile 2, Coding Efficiency (version 1)	Advanced Prediction	
Profile 3, Interactive and Streaming Wireless	Advanced Intra Coding, De-blocking Filter, Modified Quantization, Slice Structured Mode	Noisy한 채널에서 error resilience 기능을 제공함.
Profile 4, Interactive and Streaming Wireless	Advanced Intra Coding, De-blocking Filter, Modified Quantization, Data Partitioned Slice Mode, Previous Picture Header Repetition Supplemental Enhancement Information	
Profile 5, Conversational	Profile 1과 Profile2의 tools, Unrestricted Motion Vector, Enhance Reference Picture Selection	화상 전화기(Video Telephony)와 같은 Conversational(대화형) 응용 시스템에서 사용하는 프로파일이다.
Profile 6, Conversational	Profile 5의 tools, Slice Structured Mode(인터넷 화상회의 용), Arbitrary Slice Ordering	
Profile 7, Conversational	Profile 5의 tools, Interlaced Field Indications	
Profile 8, High Latency	Profile 6의 tools, B Pictures, Reference Picture Resampling	스트리밍 비디오와 같이 긴 시간 지연(delay)이 허용되는 시스템에서 사용된다.

H.263에는 다음과 같이 총 8개의 레벨들이 존재한다.

표 8-8 H.263의 레벨(level)

Level	Parameter	범위
Level 10	화면 해상도	QCIF, sub-QCIF
	발생 비트율	up to 64 Kbps
	Frame Rate	15 Hz
Level 20	화면 해상도	CIF, QCIF, sub-QCIF
	발생 비트율	up to 128 Kbps
	Frame Rate	15 Hz(CIF), 30 Hz(QCIF, sub-QCIF)
Level 30	화면 해상도	CIF, QCIF, sub-QCIF
	발생 비트율	up to 384 Kbps
	Frame Rate	30 Hz
Level 40	화면 해상도	CIF, QCIF, sub-QCIF
	발생 비트율	up to 2,048 Kbps
	Frame Rate	30 Hz
Level 45	화면 해상도	QCIF, sub-QCIF
	발생 비트율	up to 128 Kbps
	Frame Rate	15 Hz
Level 50	화면 해상도	CIF
	발생 비트율	up to 4,096 Kbps
	Frame Rate	50 Hz(CIF), 60 Hz(others)
Level 60	화면 해상도	720×288
	발생 비트율	up to 8,192 Kbps
	Frame Rate	50 Hz(720×288), 60 Hz(720×240)
Level 70	화면 해상도	720×576
	발생 비트율	up to 16,384 Kbps
	Frame Rate	50 Hz(720×576), 60 Hz(720×480)

(카) 특징

H.263은 H.261의 기술들을 기본으로 하고 추가적인 기술들을 적용시켜 표준화 되었다. H.263은 인터넷 또는 무선환경과 같이 대역폭이 좁은 환경에서 64 kbps 이하의 저전송률로 멀티미디어를 전송하기 위한 압축 기술이다. H.263은 향후 MPEG-4 표준 규격의 기본이 되었다. H.263에는 채널 전송 과정에서 채널 에러에 의한 정보 손실을 복구할 수 있는 기능을 포함하고 있다.

4 H.264

H.264에 대해서는 이 책의 제9장에서 자세히 설명하고 있다. 이번 제8장에서는 개괄적인 내용만을 설명하고, 자세한 내용은 제9장에서 설명한다.

(가) 응용 분야

H.264는 다양한 응용 분야를 갖고 있는데, 우리나라에서는 DMB 방송과 IPTV 등에서 사용되고 있다. 최근에는 네크워크 IP 카메라, 디지털 캠코더 등에서도 사용되고 있다. 유럽 국가들에서는 위성 방송에서 비디오 코덱으로 H.264를 사용하고 있다. 2009년부터 전 세계적으로 유행하고 있는 스마트폰에서 H.264가 사용되고 있다. 이처럼 H.264는 매우 경쟁력이 높고 많은 응용 분야를 가지고 있는 비디오 코덱이다.

(나) GOP 구조

H.264에서는 H.262에서처럼 I, P, B 픽처들이 사용된다. 이들의 특성은 앞서 설명한 바 있으니 여기서는 생략한다. H.262와 달리, H.264에서는 계층적(Hierarchical) B 픽처 구조를 사용한다. 이 계층적 B 픽처 구조를 그림 8-14에 보이고 있다.

그림 8-14에서 볼 수 있듯이, 한 GOP 내의 픽처들이 여러 개의 레벨(level)로 이루어져 있다. 하위 레벨의 픽처들은 상위 레벨의 픽처들을 참조 영상으로 사용할 수 있으나, 상위 레벨의 픽처들은 하위 레벨의 픽처들을 참조 영상으로 사용할 수 없다. 또한, H.262와 다르게, H.264에서는 B 픽처도 참조 영상으로 사용될 수 있다. 이런 특징을 가진 Hierarchical B 픽처 구조의 GOP를 갖는 것이 H.264의 특징들 중에 하나이다.

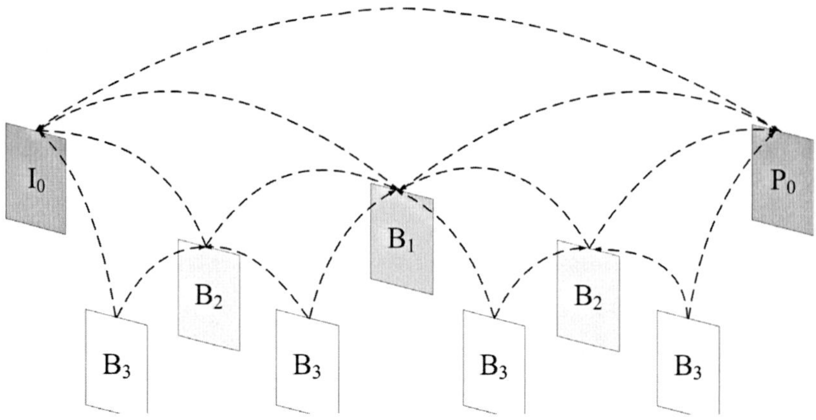

그림 8-14 Hierarchical B 픽처 구조

(다) 인코더 구조

H.264 인코더의 구조를 그림 8-15에 나타냈다. 이 구조를 신호 흐름 측면으로 살펴보면, 기존 코덱들의 인코더 구조와 유사하다. 그렇지만, 인코더 내부에서 사용되는 세부적인 모듈들의 기능(알고리즘)들은 기존 코덱들에서 사용되는 기술들과 매우 다르고 상당히 발전된 알고리즘들로 이루어져 있다. 기존 코덱들과 비교해서, H.264 인코더에서 크게 달라진 모듈들은 Integer Transform, Quantization, ME/MC, Intra Prediction, De-blocking filter, Entropy Coding 등이다.

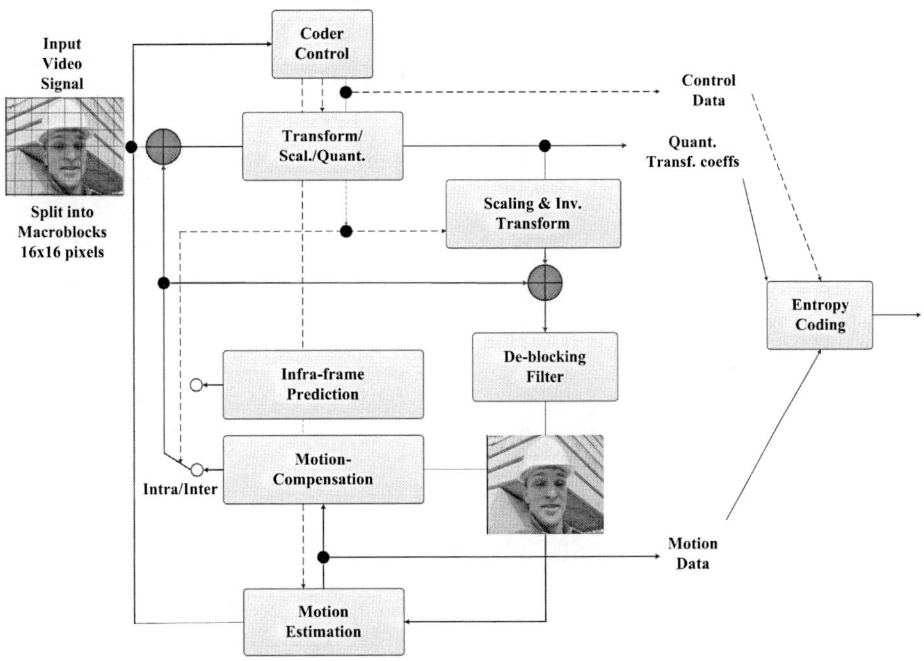

그림 8-15 H.264의 Encoder 구조

(라) Inter Coding

현재 입력 영상을 Inter Picture 타입으로 압축한다면, 프레임 메모리에 저장되어 있는 참조 영상에 대해 현재 픽처의 상대적인 움직임을 추정(ME : Motion Estimation)한다. H.264에서 움직임을 추정하는 영상의 단위는 매크로블록 단위(16×16)보다 작은 블록 단위이다. 총 7가지 크기의 블록들을 사용하는데, 구체적으로는 4×4, 4×8, 8×4, 8×8, 8×16, 16×8, 16×16 크기의 블록 단위로 움직임을 수행한다. 이렇게 매크로블록(16×16)을 분할하여 움직임을 추정하는 블록들을 그림 8-16에서 비교 설명하고 있다. 이렇게 다양한 크기의 블록을 사용하여 움직임을 추정함으

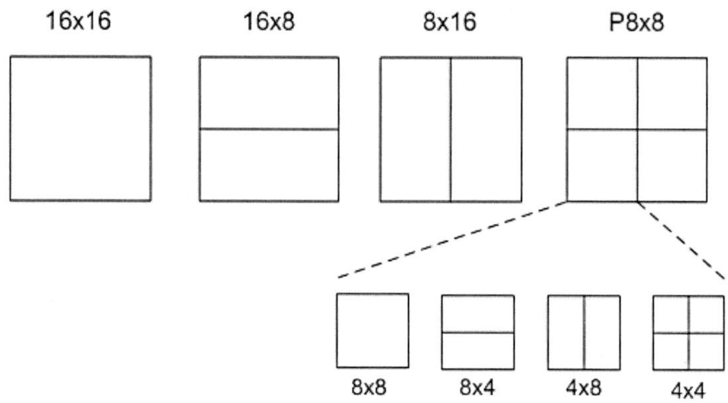

그림 8-16 매크로블록 서브분할

로써 압축 효율이 향상된다. 즉, 복잡한 영역에서는 작은 크기 블록으로 움직임을 추정하고, 단순한 영역에서는 큰 블록 단위로 움직임 벡터를 추정함으로써, 매우 정교한 움직임 보상을 수행할 수 있게 되는 장점이 있다. 그렇지만, 7가지 크기의 블록 단위로 움직임을 추정한 후, 가장 닮은 블록을 찾을 수 있는 블록 크기를 선택하는 과정이 매우 복잡하기 때문에, 이 기술을 사용함으로써 인코더의 복잡도가 매우 증가하게 된다.

(마) Intra Coding

Intra Prediction 기법은 H.264에서 새롭게 사용된 기술로서 기존 비디오 코덱인 H.261과 H.262 등에서는 사용되지 않은 기술이다. H.262 등 이전의 코덱들에서는 Intra 픽처를 부호화할 때, 픽처 내 화소 정보를 그대로 transform한 후 양자화하였으나, H.264에서는 현재 블록과 닮은 예측 블록을 현재 블록의 주위 화소들을 이용해서 만들고, 이 예측 블록과 현재 블록 사이의 차이 신호를 만든 후, 이 차이 신호(잔차 신호, residual signal)를 transform 및 양자화하여 신호를 압축한다. 이때, 주위 화소 값을 이용하여 만든 예측 블록 신호가 현재 블록과 닮으면 닮을수록 부호화 효율이 향상된다. 현재 블록과 매우 유사한 예측 블록을 만들기 위해서, 주위 화소들을 이용하여 다양한 방향으로 예측을 시도하는데, 4×4 블록에서는 9가지 방향을 이용하고, 16×16 블록에서는 4가지 방향으로 예측한다. 그림 8-17은 4×4 블록 단위로 수행되는 Intra Prediction의 9가지 방향을 도식적으로 설명하고 있다.

Intra 프레임 부호화에서는 현재 블록과 예측 블록의 차이를 계산하여 차이 신호 블록을 만든 후, 이 차이 신호 블록을 Transform 및 Quantization한다. 그리고 나서 양자화된 결과를 엔트로피 코딩한다.

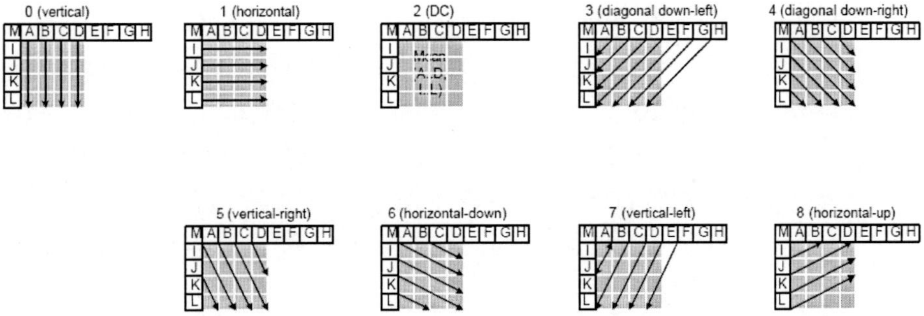

그림 8-17 4×4 크기 블록에서 방향성 Intra 예측 부호화

(바) Transform

기존의 코덱에서는 float 타입 데이터를 다루는 DCT와 Inverse DCT를 사용했으나, H.264에서는 Integer(정수) 타입의 데이터를 다루는 변형된 DCT 변환을 사용한다. 이는 데이터 타입을 정수로 다룸으로써 순방향 신호변환과 역방향 신호변환 과정에서 mismatch가 발생하지 않게 하기 위함이다.

(사) 양자화

H.264에서는, float DCT 대신 integer transform을 사용하면서, 양자화기 기능을 integer transform 내부에 구성하였다. 이와 같이 transform 기능과 양자화(Quantization) 기능을 결합하여 구성함으로써 빠른 구현 및 신호 왜곡을 감소시킬 수 있었다.

(아) 엔트로피 코딩

H.264에서 엔트로피 코딩 방법으로는 CAVLC란 기술과 CABAC란 기술이 사용된다. 이 두 기술의 명칭에서 공통적으로 사용되는 CA란 Context Adaptive란 의미로서, 엔트로피 부호화에서 활용되는 심볼들의 발생확률을 고정시켜 사용하지 않고 문맥 기반으로 계속 update 시키면서 부호화 한다는 의미이다. 이 "문맥 적응"의 특성을 VLC(Variable Length Code : 가변 길이 코드)와 BAC(Binary Arithmetic Code : 이진수 산술 부호화 코드)에 적용시켜 엔트로피 코딩을 수행한다. 기존 비디오 코덱들에서 사용되던 엔트로피 코딩 기술보다 훨씬 복잡하지만, 성능 또한 훨씬 우수하다.

(자) 프로파일 및 레벨

H.264 코덱에서 사용하는 기술들의 조합에 따라서 Base line profile, Main profile, Extended profile로 구분할 수 있다. 아래 표 8-9에서는 각 profile에 따라 사용되는 기술들을 정리하였다. Baseline profile에서는 복잡하고 시간 지연이 길어지는 B slice, CABAC, Data Partition 기술을 사용하지 않는다. 이에 반해 Main profile과 Extended profile에서는 복잡하면서 높은 압축 효율을 발생시키는 기술들을 사용하고 있다.

표 8-9 H.264의 profile에 따라 사용되는 알고리즘들

Tool	Baseline	Main	Extended	High
Color format	4 : 2 : 0	4 : 2 : 0	4 : 2 : 0	4 : 2 : 0
Bit per sample	8	8	8	8
Flexible MB Ordering(FMO)	○	×	○	×
Arbitrary Slice Ordering(ASO)	○	×	○	×
Redundant Slices	○	×	○	×
Data Partitioning	×	×	○	×
SI and SP slices	×	×	○	×
B slices	×	○	○	○
Interlaced Coding	×	○	○	○
CABAC	×	○	×	○
8×8 Transform	×	×	×	○

H.264 코덱에서 사용되는 영상의 화면 해상도, 발생 비트율 범위, 프레임 주파수 등 사용되는 변수(파라미터)들의 범위에 따라서 여러 가지 Level로 구분 지을 수 있다. 표 8-10은 각 Level별 파라미터의 설정 범위를 표시한다.

표 8-10 H.264의 Level에 따라 사용되는 파라미터

Level Number	Typical Picture Size	Typical Frame Rate	Maximum Bit Rate	Vertical MV Range
1	QCIF	15	64 kbps	[-64, +63.75]
1b	QCIF	15	128 kbps	[-64, +63.75]
1.1	CIF / QCIF	7.5 / 30	192 kbps	[-128, +127.75]
1.2	CIF	15	384 kbps	[-128, +127.75]
1.3	CIF	30	768 kbps	[-128, +127.75]
2	CIF	30	2 Mbps	[-128, +127.75]
2.1	480i / 576i	30 / 25	4 Mbps	[-256, +255.75]
2.2	SD	15	4 Mbps	[-256, +255.75]
3	SD	30	10 Mbps	[-256, +255.75]
3.1	720p	30	14 Mbps	[-512, +511.75]
3.2	720p	60	20 Mbps	[-512, +511.75]
4	720p / 1080i	60 / 30	20 Mbps	[-512, +511.75]
4.1	720p / 1080i	60 / 30	50 Mbps	[-512, +511.75]
4.2	1080p	60	50 Mbps	[-512, +511.75]
5	2K×1K	70	135 Mbps	[-512, +511.75]
5.1	4K×2K	30	240 Mbps	[-512, +511.75]

(차) 특징

H.264의 압축 효율을 살펴보면 MPEG-2에 비해서 64%만큼 추가로 더 압축이 되고, H.263에 비해서 49% 만큼 추가로 더 압축된다. 그리고 MPEG-4에 대해서는 39% 만큼 압축 효율이 높다. 이러한 실험 결과 자료를 표 8-11에 나타냈다.

표 8-11 H.264의 부호화 효율

Codec	MPEG-4	H.263	MPEG-2
H.264	39%	49%	64%
MPEG-4		17%	43%
H.263			31%

H.264가 MPEG-2와 MPEG-4에 비해 압축 효율이 높은 이유는 고도화된 부호화 기술들(예를 들면, 다중 참조 영상 사용, 7가지 블록 크기 단위로 움직임 추정, 다양한 방향의 Intra 예측 부호화, De-blocking 필터 사용 등)을 이용하기 때문인데, 반면 이들 기술로 인해 H.264 인코더와 디코더의 부호화 복잡도가 상당히 높은 편이다.

8.3 ISO/IEC를 통한 표준화

이 절에서는 ISO/IEC/JTC1/SC29/WG11(MPEG)을 통해 표준화된 비디오 코덱 기술들에 대해서 알아보고, 서로 다른 코덱들 간 같은 점과 다른 점을 비교 분석해 보자.

1 MPEG-1

(가) 응용 분야

MPEG-1은 CD 등의 디지털 저장매체에 동영상과 음향을 압축 및 저장하기 위한 국제표준 코덱 기술이다. MPEG-1이 목표로 하는 비트율은 1.5 Mbps 이내로서 상당히 저비트율을 목표로 삼은 셈이다. 이렇게 낮은 비트율을 목표로 삼은 이유는 MPEG-1이 표준화될 당시에는 비디오 신호의 화면 해상도(352×240)가 매우 낮았으며, 그때 당시 비디오 코덱을 위해 연구되어온 기술들의 종류가 많지 않고 그 성능도 요즘에 비해 상당히 낮았기 때문이다. MPEG-1이 사용된 응용 예로는 Video CD, 가라오케 등을 들 수 있다.

(나) GOP 구조

MPEG-1에서 사용되는 GOP 구조는 I, P, B 픽처가 사용되는 구조이다. 이는 앞서 설명한 H.262의 GOP 구조와 같다. H.261에서는 시간 지연을 적게 하려고 B 픽처를 사용하지 않았지만, MPEG-1은 저장 매체용 코덱이기 때문에 시간 지연에 대해 어느 정도 너그럽기 때문에 B 픽처를 사용하게 되었다. B 픽처를 사용함으로써 Inter Picture의 부호화 효율이 향상되는 장점이 있다.

(다) 인코더 구조

MPEG-1의 부호화기 구조는 앞서 설명한 H.261의 구조와 매우 유사하기 때문에 여기서 다시 표시하지는 않았다. MPEG-1 인코더를 구성하는 주요 모듈에는 움직임 보상(ME/MC), DCT, 양자화, Run-Length Coding, Huffman Coding 등이 있다. 그러나 H.261과 달리 MPEG-1 인코더에는 루프(loop) 필터가 사용되지 않는다.

(라) Inter Coding

MPEG-1에서 사용되는 Inter Coding 방법에는 (a) 과거 영상을 참조하여 화면간 예측 부호화하는 방법, (b) 미래 영상을 참조하는 방법, (c) 과거와 미래 영상들을 모두 참고하여 예측 부호화하는 방법으로 구분할 수 있다. 이 3가지 방법 모두를 고려하여 부호화한 후 가장 압축 효율이 높은 경우를 선택하여 사용한다. 이때, 각 경우마다 움직임 벡터는 반(1/2)화소 단위로 찾는데, 이로 인해 부호화 효율이 향상하는 장점이 있으나, 다른 한편으로 복잡도가 증가하는 단점이 있다.

(마) Intra Coding

MPEG-1에서의 Intra Coding은 H.261에서와 마찬가지로 화소 값을 DCT 변환하고, 양자화함으로써 수행된다.

(바) Transform

MPEG-1에서 사용되는 변환 부호화 기법은 H.261에서 사용되는 8×8 크기 블록 단위 DCT 변환이다.

(사) 양자화

MPEG-1 코덱의 양자화기는 H.262 또는 JPEG에서 사용하는 방법과 같다. 즉, 양자화 가중치 matrix를 사용하여 DCT 변환 계수의 주파수 위치에 따라 차등적인 양자화를 수행한다.

(아) 엔트로피 코딩

MPEG-1에서 양자화된 DCT 계수는 DC 계수와 AC 계수를 나누어서 양자화한다. 먼저 DC 계수는 이웃하는 블록의 DC 계수와의 차이 값을 계산하는 DPCM 기술을 이용하여 차분 DC 신호를 만든 후, VLC로 부호화한다. AC 계수들은 zig-zag scan을 통해 1차원 데이터 열로 만들어진 후, Run-Length Code로 부호화된다. 이 과정을 통해 (Run, Level) 형태로 표현된 데이터를(발생확률에 반비례하는 코드워드 길이를 갖는) 가변 비트율 코드워드를 이용하여 부호화한다. 이는 앞서 설명한 H.261에서의 방법과 같다.

(자) 특징

MPEG-1의 특징을 다음과 같이 정리할 수 있다.

표 8-12 MPEG-1의 특징

	특징
비트율	H.261과 JPEG을 기본으로 하되, 이를 개량하여 만든 것으로서 1.5 Mbps 까지 부호화 비트율 지원.
예측 방법	프레임 단위의 압축은 물론 프레임 간의 연관성을 이용한 압축 방법 적용, 비디오 시퀀스가 갖는 시간축 상의 중복을 없애기 위해 움직임 보상 방법을 이용.
변환 부호화	2차원 공간상의 중복을 제거하기 위해 DCT 이용.
시간축 예측 방향	프레임 메모리 2장을 사용하여 쌍방향 예측 수행.
GOP 구조 및 임의 접근 특징	임의 접근(Random access)을 가능케 하기 위해, 프레임 내 부호화 화면(I picture)을 주기적으로 도입하고, 프레임 내 부호화 화면이 적어도 1장 들어가는 GOP 구조를 제공함.
응용 분야 특징	CD-ROM과 같은 읽기전용 기억장치(Read-only memory)에서의 이용을 주요 대상으로 하였으므로 부호화에 소요되는 시간은 어느 정도 허용된 반면, 복호 처리는 실시간으로 가능하게 함.
화면 해상도	스크린 포맷에 있어서 화면 크기를 자유롭게 선택할 수 있도록 함(두 가지 형태의 SIF(Source Input Format) 지원, NTSC 용 : 352×240 화소에 초당 30프레임, PAL 용 : 352×288 화소에 초당 25 프레임으로 각각 구성되어 있음).

2 MPEG-2

MPEG-2에 대한 설명은 앞의 제7장에서 자세히 다뤘고, 또 본 장의 8-2절에서도 H.262란 이름으로 추가 설명을 하였다. 따라서 여기서는 추가 설명을 하지 않는다.

3 MPEG-4

(가) 응용 분야

MPEG-4의 응용 분야에는 (a) 디지털 TV 방송, (b) 화상 회의, (c) 비디오 저장 분야, (d) 객체 기반 비디오 응용분야, (e) 인터넷과 무선 채널을 통한 스트리밍 비디오, (f) 2D와 3D의 변형 가능한 Mesh 도형 또는 사람의 얼굴 및 몸통 애니매이션을 이용하는 컴퓨터 그래픽, (g) 실제 비디오와 정지이미지, 컴퓨터 그래픽을 결합하는 하이브리드(Hybrid) 비디오 응용 분야 등 매우 다양하다.

MPEG-4의 표준화 초기에는 저전송률(64 kbps 이하) 환경에서 적용하기 위한 코덱 개발을 목표로 삼았으나, 최종적으로는 저속 전송에서부터 초고속 전송에 이르는 모든 응용 분야에 다양하게 적용(64 kbps 이하, 64~384 kbps, 384 kbps)할 수 있도록 표준화되었다. MPEG-4가 표준화된 시기는 1999년쯤이다.

(나) 객체 기반 부호화 구조

MPEG-4 코덱에서는 기존의 코덱들과 달리, 한 화면 내부의 의미 있는 물체들을 각각의 객체로 정의하여, 이 객체를 기반으로 부호화한다. 즉, 한 화면을 화면 내의 물체들 및 배경 조각 등으로 구분 지은 후, 각 객체별로 독립적인 부호화를 수행한다. 이 절에서는 MPEG-4에서 사용되는 객체 기반 압축 기술들에 대해 학습해보자.

• 비디오 객체를 이용한 부호화

화면 내 존재하는 화소 정보들을 의미 있는 객체(VOP, Video Object Plane)들로 구분 지은 후, 객체 마다 독립적으로 부호화를 하는 방법이다. 예를 들어, 뉴스 앵커가 뉴스를 진행하는 비디오 신호를 압축한다고 하면, 화면을 구성하는 화소 정보들을 '앵커 객체'와 '배경 객체'로 나눈 후, 각 객체를 독립적으로 부호화하는 것이다. 그림 8-18에서 보여주는 것처럼, 비디오 신호를 'A 배경 객체', 'B 배경 객체' 그리고 '인물 객체' 이렇게 3개 객체로 나눈 후, 각 객체로 이뤄진 동영상 정보를 독립적으로 부호화한다. 이렇게 되면 독립된 비트스트림 3개가 얻어지는데, 이를 수신단에서 각각 독립적으로 복호화한 후 이들을 합성하여 원래 동영상을 만들게 된다. 이때, 수신단의 선택에 의해서 일부 객체들은 복호화되고 다른 일부 객체들은 복호화하지 않고 버려짐으로써 다양한 조합의 합성 비디오를 만들 수 있다. 그림 8-18에서는 수신단에서 합성된 2가지 종류의 비디오의 예를 보이고 있다. 이와 같이

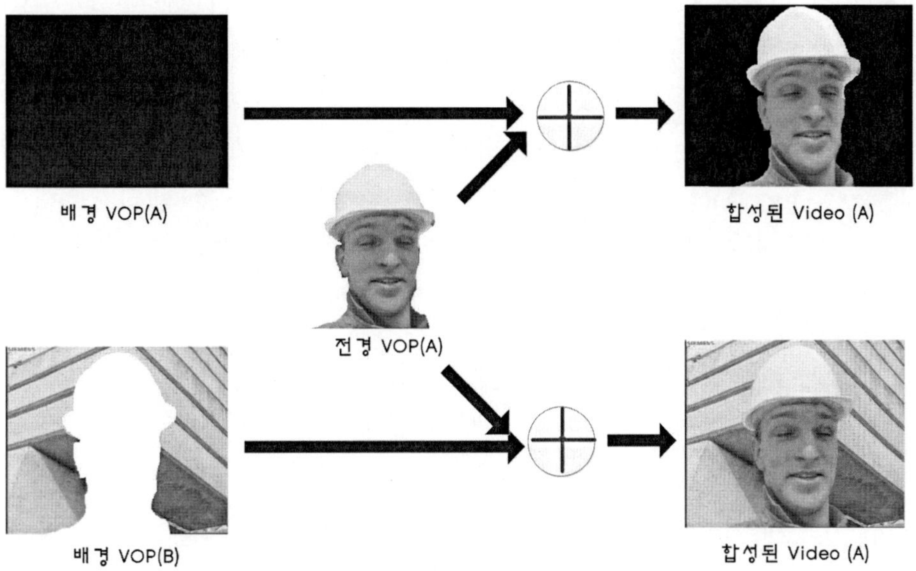

그림 8-18 비디오 객체 사용의 예

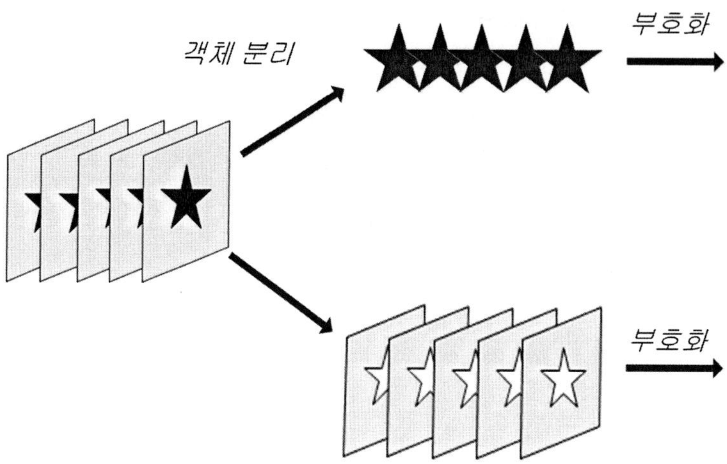

그림 8-19 비디오 객체 전송

비디오 신호가 여러 개의 객체들로 구분되어 진 후, 각 객체들을 독립적으로 부호화하기 때문에, 필요에 따라서는 객체별 중요도를 평가하여 중요한 객체는 고화질로 부호화하고, 상대적으로 중요하지 않은 객체(예를 들면, 배경 객체)들은 저화질로 부호화할 수 있다.

이러한 비디오 객체를 전송할 때, 영상 데이터를 프레임 단위로 모두 전송하지 않고, 그림 8-19와 같이 객체 단위로 분리하여 부호화한 후 전송하기 때문에, 수신단의 필요에 따라서 필요한 객체 정보만 전송해도 된다. 따라서 채널로 전송하는 데이터양을 줄일 수 있게 된다.

이와 같이 영상을 구성하는 화소들을 객체별로 구분하기 위해서는 segmentation 과정이 필요하다. 현재 서비스되고 있는 디지털 방송에서 사용하기 위해서는 1초에 30장의 영상에 대해서 segmentation을 수행해야 하는데, 이는 시스템 구현에 매우 부담스러울 정도의 복잡도이다. 그렇지만, 애니메이션으로 구성된 비디오 신호에서는 실시간 적용이 가능한데, 그 이유는 다음과 같다. 애니메이션 제작 과정의 특성상, 애니메이션이 제작되면서 배경과 인물들을 여러 개의 객체로 나뉘어 제작되기 때문에 별도의 segmentation 과정이 불필요하기 때문이다.

• 얼굴 객체 부호화

MPEG-4 코덱에서는 인간의 얼굴을 표현하기 위해 얼굴 객체 개념을 사용한다. 이를 위해서, 얼굴 모양을 '얼굴정의' 매개변수와 '얼굴동작' 매개 변수를 이용하여 부호화한다. 여기서, '얼굴정의' 매개변수(FDP : Facial Definition Parameter)는

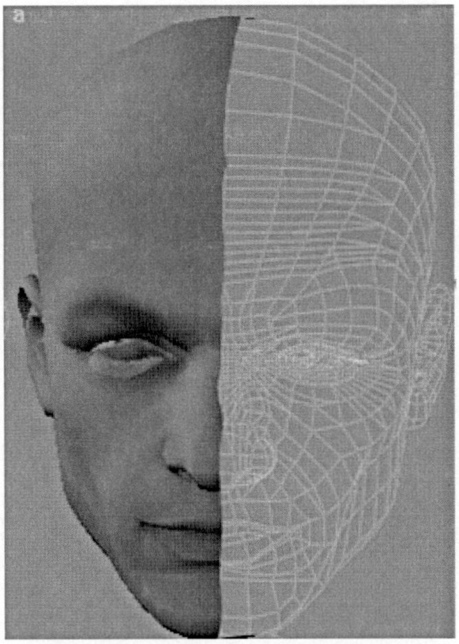

그림 8-20 얼굴 객체 표현

얼굴의 모양이나 피부결 정보를 표현함으로써 얼굴 정보를 표현할 수 있다. '얼굴 동작' 매개변수(FAP : Facial Animation Parameter)는 다양한 표정들을 부호화할 수 있다.

• 그물 객체 부호화

시간에 따라 변화하는 물체의 형태를 삼각형의 조각들로 분할된 Mesh 구조를 이용하여 표현한다. 이 기법은 과거에 컴퓨터 그래픽 분야에서 3차원 물체를 표현하기 위해 사용되어 온 방법이다. 그림 8-21에는 그물 객체를 기반으로 비디오 신호를 부호화하는 개념을 보여주고 있다.

• 정지 화면 객체 부호화

정지 화면 객체 부호화를 수행할 때는 Wavelet 변환 기법을 사용한다. 정지 영상 객체를 Wavelet 변환하면 여러 sub-band들로 신호가 분해되어, 가장 저주파수 성분 영역부터 고주파수 성분 영역까지 다양한 성분들이 점진적으로 분포하게 된다. 이 변환 신호에서 가장 낮은 저주파수 영역은 DPCM 방식으로 부호화를 수행하고, 나머지 고주파수 영역의 데이터들은 주파수 영역 간 상관성을 이용하는 zero tree 부호화 기법을 이용하여 부호화한다.

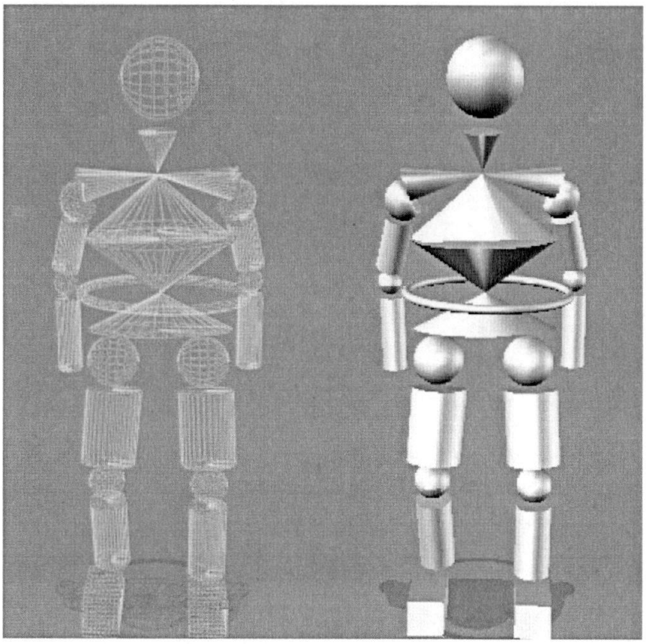

(a) 그물 객체(Mesh)로 표현된 사물의 예

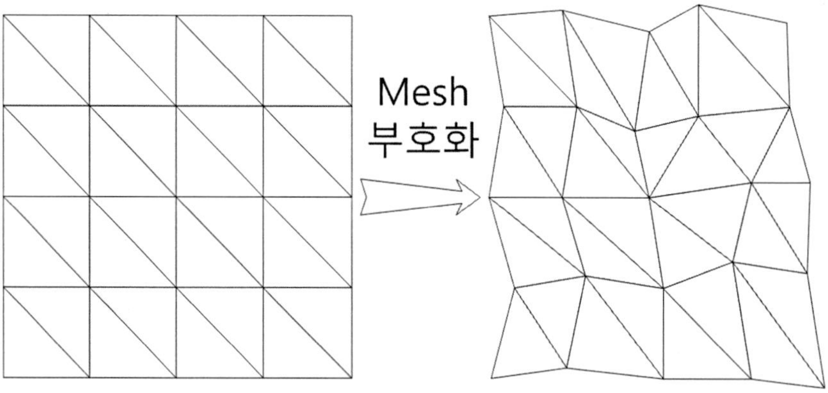

(b) 그물 객체로 표현된 물체의 움직임 표현 방법

그림 8-21 그물 객체의 이용

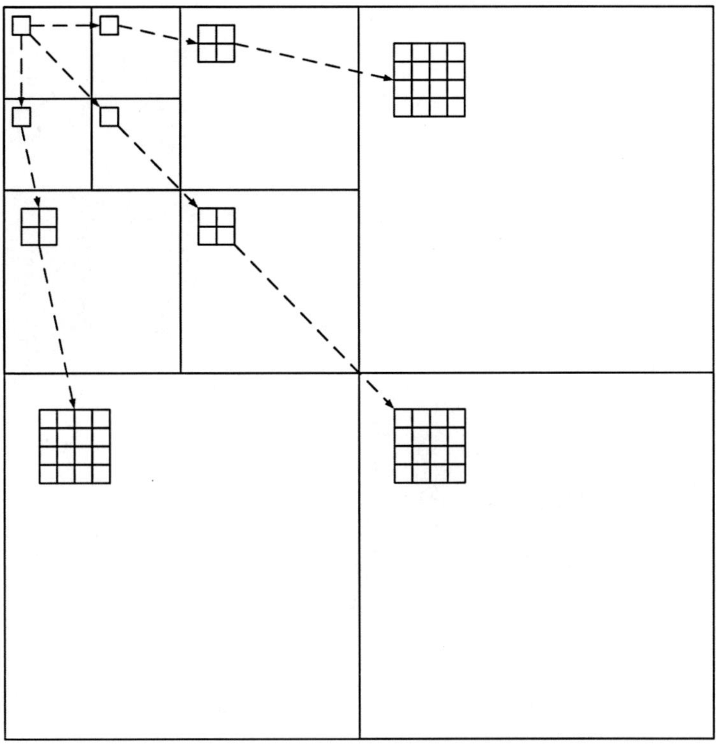

그림 8-22 정지 화면 객체 부호화 방법

• 스프라이트 부호화

화면을 구성하는 객체를 (a) 배경 객체와 (b) 주목하는 물체 객체로 구분지은 후, 배경 객체는 파노라마 '정지' 영상으로 한 번만 부호화한다. 배경은 비록 정지 영상 방식으로 부호화했지만, 파노라마 형식으로 매우 큰 범위의 배경 정보를 갖고 있기 때문에, 필요한 영역만을 선별적으로 추출해서 사용(화면에 디스플레이)할 수 있다.

움직이는 물체를 독립적인 객체로 부호화한 후, 물체가 위치하는 곳의 배경 정보를 스프라이트 배경 객체로부터 읽어와 합성함으로써, 데이터양이 많은 배경 정보는 한 번만 전송하고, 전송량이 적은 객체만 필요할 때마다 부호화해서 전송하는 방식이다.

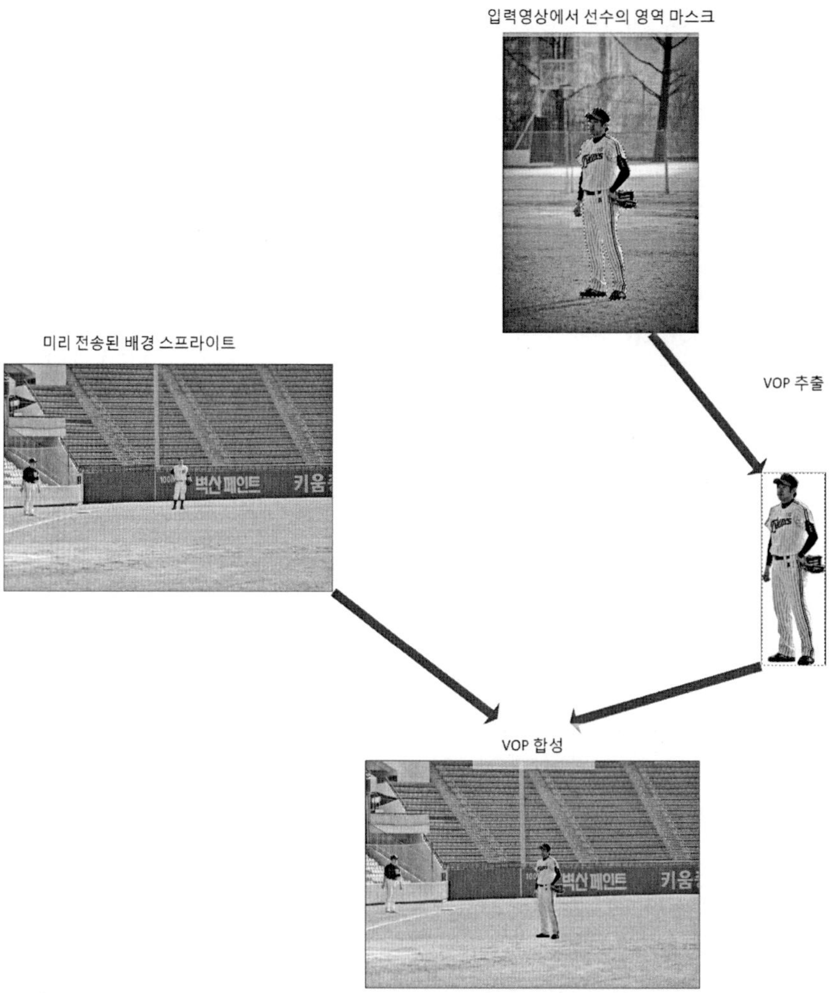

그림 8-23 스프라이트 부호화 방법

(다) 인코더 구조

그림 8-24는 MPEG-4 인코더의 구조를 나타내고 있다. 앞서 학습한 다른 비디오 코덱들(MPEG-1, MPEG-2, H.261 등)의 인코더 구조와 비교해보면 비슷한 점이 많다는 것을 알 수 있다. MPEG-4 인코더에서 특이한 점은 움직임 예측을 하는 부분에 Pred1, Pred2, Pred3 모듈들 가운데 하나를 선택하여 사용할 수 있다는 것이다. Pred1, Pred2, Pred3와 같이 움직임 예측 및 보상 과정에 여러 가지 모듈들을 사용하는 이유는 MPEG-4가 다양한 종류의 객체를 사용하여 움직임 예측을 사용하기 때문이다.

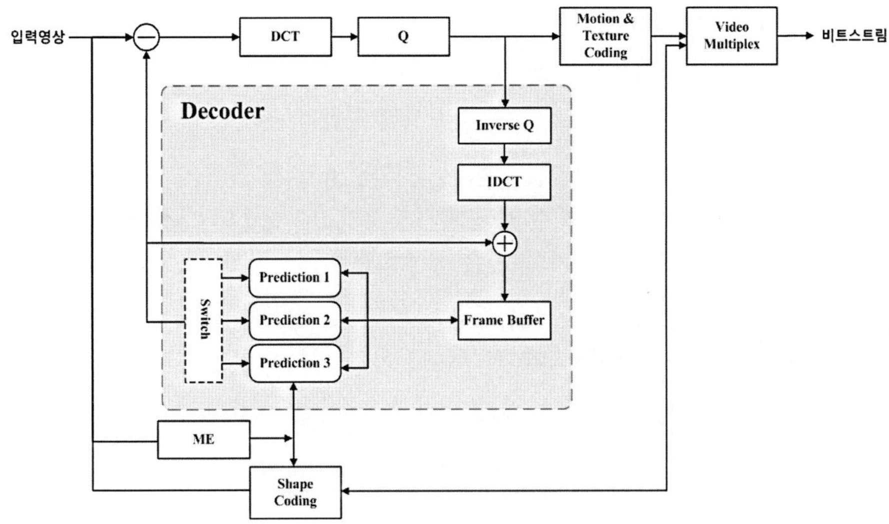

그림 8-24 MPEG-4 부호화기의 구조

(라) VOP 구조

MPEG-4에서 사용되는 VOP(Video Object Plane)에는 I-VOP, P-VOP, B-VOP가 있다. I-VOP는 Intra VOP로서 참조 영상을 찾지 않고, 객체 내부의 화소 간에 존재하는 redundancy를 감소시킴으로써 부호화되는 객체이다. P-VOP는 현재 P-VOP 내부의 매크로블록과 과거 참조 영상에 존재하는 참조 객체 내부의 블록 사이의 상관성을 이용하여 부호화되는 객체이다. B-VOP는 현재 매크로블록과 가장 닮은 블록을 과거 참조 영상 내의 객체와 미래 참조 영상 내부의 객체에서 찾음으로써 부호화된다. 이는 H.263 baseline profile에서 사용되는 I, P, B 픽처 부호화 방식과 유사하다.

(마) P-VOP, B-VOP Coding

MPEG-4에서 움직임 벡터를 추정하고 부호화하는 과정은 H.263의 방법과 동일하다. 즉, P-VOP에서 매크로블록당 1개의 움직임 벡터를 추정할 수도 있고, 매크로블록을 4등분한 후 8×8 블록마다 한 개의 움직임 벡터를 추정할 수도 있다. B-VOP의 경우 과거 및 미래의 참조 객체를 참조하기 때문에 매크로블록당 2개 또는 8개의 움직임 벡터가 발생된다.

움직임 벡터를 추정하는 화소 단위는 사용되는 프로파일에 따라서 다른데, 심플 프로파일에서는 반화소(1/2) 단위로 움직임 벡터를 추정하고, 고급 심플 프로파일에서는 1/4 화소 단위로 움직임 벡터를 추정한다.

(바) I-VOP Coding

화면 내 부호화의 부호화 효율을 높이기 위해서, I-VOP 내부의 블록을 DCT 변환한 후, DC 계수와 AC 계수를 예측 부호화한다.

DC 계수를 부호화할 때는, 현재 블록의 바로 윗 블록의 DC 계수와 현재 블록의 바로 왼쪽 블록의 DC 계수 중, 현재 블록의 DC 계수와 가장 닮은 DC 계수를 선택하여 DC 값들 사이의 차이 값을 부호화한다.

AC 계수의 경우 8×8 블록 내부의 모든 AC 계수를 예측 부호화하는 것이 아니라, 8×8 블록 내부의 가장 윗줄 한 row와 가장 왼쪽의 한 column에 존재하는 AC 계수만 예측 부호화한다. 바로 윗 블록의 AC 계수를 이용하여 현재 블록의 AC 계수를

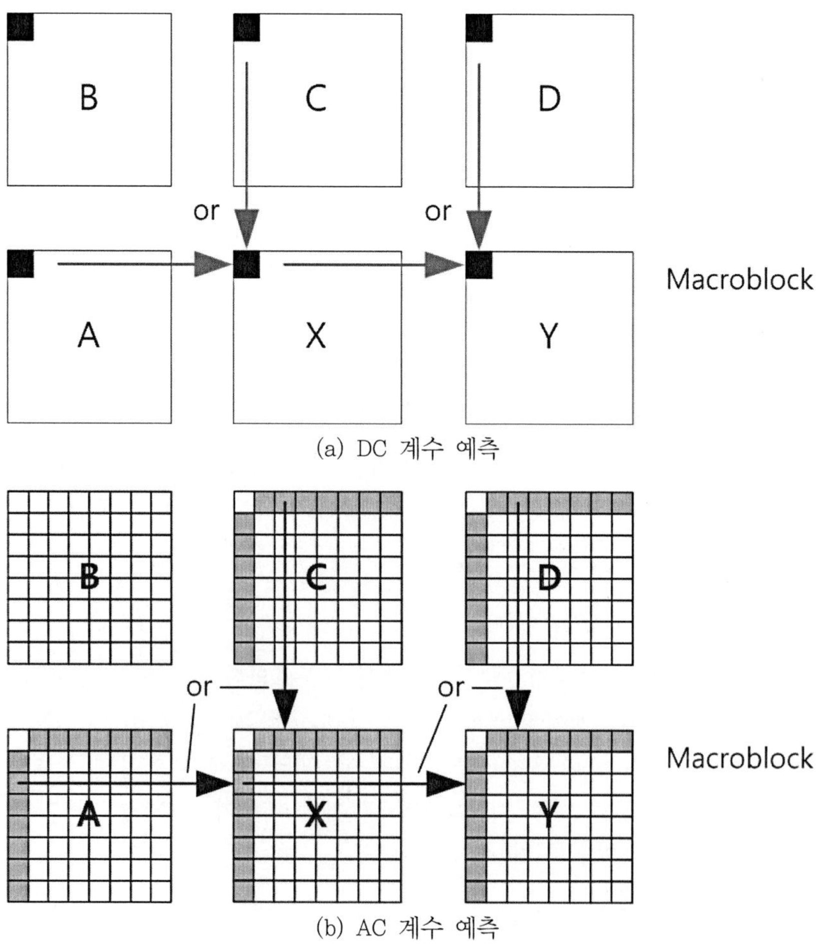

그림 8-25 DC 및 AC 계수 예측 부호화 방법

예측 부호화할 경우는, 현재 블록의 가장 윗 row만 예측 부호화한다. 또한, 바로 왼쪽 블록의 AC 계수를 이용하여 현재 블록의 AC 계수를 예측 부호화할 경우에는 현재 블록 내의 가장 왼쪽 column의 AC 계수만 예측 부호화한다.

(사) Transform

MPEG-4에서는 다른 코덱들과 마찬가지로 8×8 크기의 DCT 변환을 사용한다.

(아) 양자화

MPEG-4에서는 기본적으로 H.263의 양자화기와 같은 방식을 사용한다. 그렇지만, Intra 모드의 DC 신호를 부호화할 경우에는 MPEG-2에서의 Intra Mode 블록 내부의 DC 계수 양자화 방법을 사용한다.

(자) 엔트로피 코딩

MPEG-4에서는 다음과 같이 RLL Coding, Pre-Huffman Coding, RVLC 기술을 사용한다.

• RLL Coding

RLL encoding이란 zig-zag 스캔된 정보를 Run-Level-Last 형식으로 표현하는 방법을 의미한다. 스캔된 숫자 열을 표현할 때, '0'이 아닌 계수 앞에 오는 '0'의 개수인 'Run'과 '0'이 아닌 계수의 값 Level, 그리고 현재 계수가 마지막 '0'이 아닌 계수인지 표현하는 'Last'로 구성한다. 현재 표현하는 '0'이 아닌 값이 마지막 non-zero라면 Last는 '1'이 된다. 예를 들면 다음과 같다.

Given the input Symbls : 2, 0, 0, -1, 0, 0, 0, 0, 1, 0, 0··· (all zeros) The RLL encoded output : (0,2,0), (2,-1,0), (4,1,1)

그림 8-26 RLL coding의 예제

• Pre-Huffman coding

다른 비디오 코덱과 마찬가지로 MPEG-4는 엔트로피 부호화 방법으로 허프만 부호화 방법을 사용한다. 허프만 부호화의 기본적인 아이디어는 자주 발생하는 심볼에 대해 짧은 코드를 사용하고, 가끔 발생하는 심볼에 대해 긴 코드를 사용하는 것이다. 다른 비디오 코덱과 달리, MPEG-4에서는 사전에 미리 계산된 여러 개의 허프만 코드북들을 사용한다. 즉, 확률 연구를 바탕으로 화면 내 블록, 화면 간 블록, motion vector 등 여러 종류의 정보마다 각각의 허프만 코드북을 부호화기와 복호화기에 정의해 놓았다. 부호화하려는 심볼의 종류에 따라서 각기 다른 허프만 코드를 선택해서 사용한다.

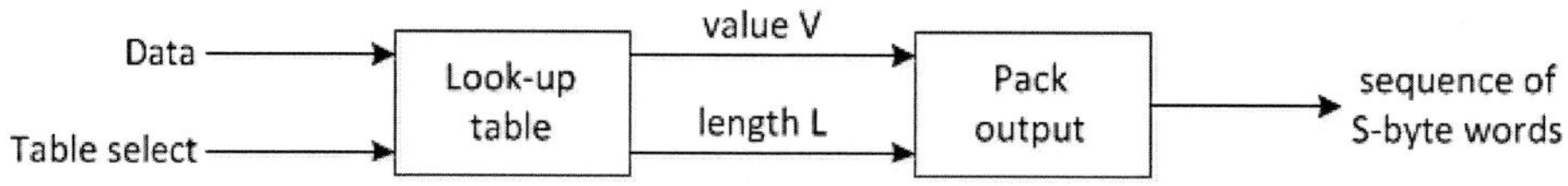

그림 8-27 MPEG-4에서 사용하는 VLC의 구조

그림 8-27은 MPEG-4에서 사용하는 VLC 부호화기의 구조를 나타낸다. 그림에서 Data는 부호화하려는 정보이고, Table select는 Data의 종류에 따라서 다른 허프만 코드북을 가리키는 인덱스이다. 비디오 정보의 Data와 어떤 정보의 VLC 테이블을 사용했는지 정해지면, 미리 정의된 테이블을 보고 value V가 발생되는데, 이 value V를 비트스트림에 삽입할 때 몇 비트의 길이로 삽입할 것인가에 대한 정보를 length L로 표시한다. 이러한 V와 L을 기반으로 1 byte씩 묶어서 비트스트림을 만들게 된다.

예를 들어 설명하면, 그림 8-26에 보이고 있는 예제 숫자열을 표 8-13에서 미리 정의된 VLC 테이블을 이용하여 Entropy coding하면 다음과 같다.

The RLL encoded input : (0,2,0), (2,-1,0), (4,1,1)
The variable length coded output : 1111s 1110s 001100s (s : sign bit)

그림 8-28 RLL을 VLC 부호화하는 예제

• RVLC (Reversible Variable Length Code)

VLC는 채널 에러/오류에 민감하다. 전송 또는 저장 과정 중에 하나의 비트에서 오류가 발생하면 동기화를 잃고 다음 동기 신호 위치까지 복호화가 불가능하다. 이것을 오류 전파(Error propagation)라고 한다. 이는 심볼을 서로 다른 길이의 코드로 부호화했기 때문에 오류가 발생하면, 동기화 위치를 알 수 없어 복호화 능력을 상실하게 되는 현상이다. 이런 문제를 극복하기 위해서, MPEG-4에서는 Reversible VLC를 사용한다. 이는 특정 비트에서 에러가 발생하면, 에러가 발생한 위치 이후에는 순차적으로 복호화가 불가능하기 때문에, 순차적으로 복호화하는 것을 포기하고, 패킷의 맨 마지막 위치에서 역방향으로 복호화를 할 수 있도록 설계된 VLC 코드북을 의미한다. 이 RVLC를 이용하면 정방향과 역방향 모두 복호가 가능하기 때문에 역방향 복호를 통해서 기존의 가변 길이부호에서 잃을 수밖에 없던 데이터의

표 8-13 MPEG-4 Visual Transform Coefficient VLCs(partial, all codes <9)

Last	Run	Level	Code
0	0	1	10s
0	1	1	110s
0	2	1	1110s
0	0	2	1111s
1	0	1	0111s
0	3	1	01101s
0	4	1	01100s
0	5	1	01011s
0	0	3	010101s
0	1	2	010100s
0	6	1	010011s
0	7	1	010010s
0	8	1	010001s
0	9	1	010000s
1	1	1	001111s
1	2	1	001110s
1	3	1	001101s
1	4	1	001100s
0	0	4	0010111s
0	10	1	0010110s
0	11	1	0010101s
0	12	1	0010100s
1	5	1	0010011s
1	6	1	0010010s
1	7	1	0010001s
1	8	1	0010000s
ESCAPE			0000011s
...	...	...	...

상당 부분을 복구할 수 있다. 그림 8-29는 RVLC를 이용한 복호화 과정을 예제로 보이고 있다. 패킷에 저장된 채로 전달되는 MPEG-4 정보의 중간에 error가 발생하면, 에러 발생 위치부터는 정방향으로 복호화가 불가능하다. 이때, 정방향 복호화를 포기하고, 뒷부분 sync 신호부터 역방향으로 VLC를 수행하는 방법이다.

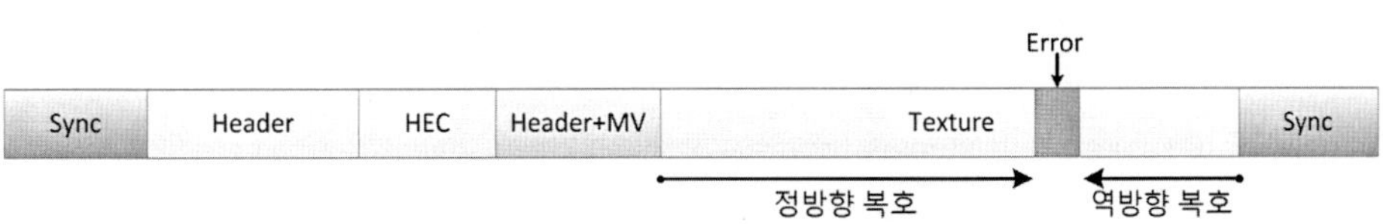

그림 8-29 Reversible VLC를 이용한 복호화 과정

(차) 프로파일 및 레벨

MPEG-4에는 15개 profile들이 존재하는데, 이들 중에서 자주 언급되는 대표적인 프로파일들에는 Simple profile, Core profile, 128 bit profile 등이 있다. 이들 중 Simple profile에서는 객체지향 부호화 기법이 사용되지 않고, 간단한 기술 위주로 사용된다. 즉, simple profile에서 사용되는 기술 중 대표적인 기술은 움직임 벡터를 16×16 단위와 8×8 블록 단위로 찾는 정도이다. 현재 소비자들이 많이 사용하는 디지털 카메라에서 사용되는 MPEG-4 코덱은 대부분 simple profile이 구현되어 있어서 빠른 속도로 압축이 가능하게 되어 있다. 또, VoD 서비스를 이용하여 동영상 다시 보기를 이용하는 경우에도, MPEG-4 코덱을 사용한다면 MPEG-4 simple profile이 사용되고 있는 것이다. MPEG-4의 대표적인 기술인 객체지향 부호화 기법은 Core profile에 포함된다. 그림 8-30은 MPEG-4의 profile들이 사용하는 핵심 기술들을 구분지어 표시하고 있다.

다음의 표 8-14와 8-15는 MPEG-4에서 정의된 Visual 객체마다 사용되는 Tool들을 정리한 것이다. 이 두 개의 표를 보면, MPEG-4에는 매우 많은 종류의 Visual 객체가 정의되어 있고, 그에 따른 다양한 Tool들이 지원되고 있음을 알 수 있다. 표 8-16과 8-17은 MPEG-4에서 정의된 Profile마다 사용되는 Visual 객체들을 표시하였다. MPEG-4에서 정의된 level들에 대한 설명은 표준화 문서[13]의 Annex N을 참고하기 바란다.

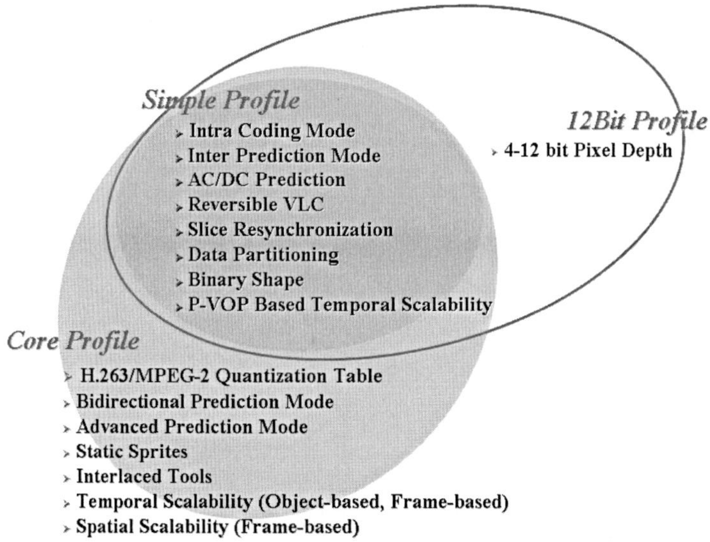

그림 8-30 MPEG-4의 Profile들

표 8-14 Tools for Version 1 Visual Object Types

Visual Tools	Visual Object Types								
	Simple	Core	Main	Simple Scalable	N-bit	Animated 2D Mesh	Basic Animated Texture	Still Scalable Texture	Simple Face
Basic • I-VOP • P-VOP • AC/DC Prediction • 4-MV, Unrestricted MV	X	X	X	X	X	X			
Error resilience • Slice Resynchronization • Data Partitioning • Reversible VLC	X	X	X	X	X	X			
Short Header	X	X	X		X	X			
B-VOP		X	X	X	X	X			
P-VOP with OBMC (Texture)									
Method 1/Method 2 Quantization		X	X		X	X			
P-VOP based temporal scalability • Rectangular • Arbitrary Shape		X	X		X	X			
Binary Shape		X	X		X	X	X		
Grey Shape			X						
Interlace			X						
Sprite			X						
Temporal Scalability (Rectangular)				X					
Spatial Scalability (Rectangular)				X					
N-Bit					X				
Scalable Still Texture						X	X	X	
2D Dynamic Mesh with uniform topology						X	X		
2D Dynamic Mesh with Delaunay topology						X			
Facial Animation Parameters									X

표 8-15 Tools For Version 2 Visual Object Types

Visual Tools	Visual Object Types				
	Advanced Real Time Simple	Advanced Coding Efficiency	Advanced Scalable Texture	Core Scalable	Simple FBA
Basic •I-VOP •P-VOP •AC/DC Prediction •4-MV, Unrestricted MV	X	X		X	
Error resilience •Slice Resynchronization •Data Partitioning •Reversible VLC	X	X		X	
Short Header	X	X		X	
B-VOP		X		X	
P-VOP with OBMC (Texture)					
Method 1/Method 2 Quantisation		X		X	
P-VOP based temporal scalability •Rectangular •Arbitrary Shape		X		X	
Binary Shape		X		X	
Grey Shape		X			
Interlace		X			
Sprite					
Temporal Scalability (Rectangular)				X	
Spatial Scalability (Rectangular)				X	
N-Bit					
Scalable Still Texture			X		
2D Dynamic Mesh with uniform topology					
2D Dynamic Mesh with Delaunay topology					
Facial Animation Parameters					X
Body_Animation_Parameters					X
Dynamic Resolution Conversion	X				
NEWPRED	X				
Global Motion Compenstation		X			

Quarter-pel Motion Compensation		X			
Sa-DCT		X			
Error Resilience for Visual Texture Coding			X		
Wavelet Tiling			X		
Scalable Shape Coding for Still Texture			X		
Object Based Spatial Scalability				X	

표 8-16 Version 1 Visual Profiles

Object Types / Profiles	Simple	Core	Main	Simple Scalable	N-Bit	Animated 2D Mesh	Basic Animated Texture	Scalable Texture	Simple Face
Simple	X								
Simple Scalable	X			X					
Core	X	X							
Main	X	X	X					X	
N-Bit	X	X			X				
Hybrid	X	X				X	X	X	X
Basic Animated Texture							X	X	X
Scalable Texture								X	
Simple FA									X

표 8-17 Version 2 Visual Profiles

Object Types / Profiles	Simple	Simple Scalable	Core	Core Scalable	Advanced Real Time Simple	Advanced Coding Efficiency	Advanced Scalable Texture	Simple FBA
Advanced Real Time Simple	X				X			
Core Scalable	X	X	X	X				
Advanced Coding Efficiency	X		X			X		
Advanced Core	X		X				X	
Advanced Scalable Texture							X	
Simple FBA								X

(카) 특징

MPEG-4의 가장 두드러진 특징은 시청각 자료를 객체 단위로 나누어 부호화한다는 것이다. 이 과정에서 물체의 모양, 위치 및 움직임, 무늬 및 색 등 객체(Object)에 대한 정보와 이러한 물체들 외에 배경에 대한 정보를 압축하여 전송할 수 있다. 이런 기술을 이용하여 내용기반 대화형 서비스를 구현할 수 있다.

MPEG-4에서는 기존의 영상, 오디오 신호의 압축 부호화 외에 추가적으로 정지영상, 컴퓨터 그래픽스 영상, 분석 및 합성계의 음성 부호화, MIDI(Musical Instrument Data Interface) 등에 의한 합성 오디오 부호화, 텍스트 부호화 등을 포함하는 종합 멀티미디어 부호화를 목적으로 하고 있다. 따라서 MPEG-4에서는 부호화 대상을 3차원 공간 내의 AV(Audio Visual)객체가 구성하는 장면으로 하며, 이 장면을 수신기측의 2차원 디스플레이에 표시하기 위한 정보의 부호화 포맷을 규정하고 있다. 장면을 구성하는 각 객체는 개별적으로 최적의 부호화 방식이 적용되므로, 높은 부호화 효율을 실현함과 동시에 수신기측에서 사용자가 객체 조작을 가능하게 하고 있다.

MPEG-4의 표준화를 시작하던 시기의 MPEG-4 코덱의 표준화 목적은 저 비트율의 전송 매체에서 고화질의 영상 전송이었다. 그렇지만 표준화를 진행하면서 '컴퓨터에 의한 인공영상 및 합성영상의 증가', '인터넷을 통한 멀티미디어 서비스 증가', '이동통신을 통한 영상 서비스의 필요성 증가' 등을 고려하게 되었다. 결국 표준화가 완성된 시기의 MPEG-4는 '다양한 멀티미디어에 응용 가능한 고성능 비디오 코덱'으로 완성되었다.

8.4 MPEG-X 계열과 H.26X 계열 간의 비교

지금까지 설명한 H.261과 H.262, H.263, H.264의 특징을 비교하여 차이점을 정리하면 다음과 같다.

표 8-18 H.26x 계열 코덱의 비교

	H.261	H.262	H.263	H.264
응용 분야	ISDN용 화상 전화	디지털 HDTV 방송, DVD	협대역 통신망 시스템	DMB, IPTV, 디지털 카메라, 스마트폰, 위성 방송
목표 비트율	P×64 kbps (p=1~30)	5~30 Mbps	64 kbps 이하	64 kbps~250 Mbps
Picture 구성	Frame	Frame/Field	Frame	Frame(Baseline Profile)/ Field(Main Profile)
GOP 구조	IPPPP	IBBBPBBPBBI (예시)	IBBBPBBPBBI (예시)	Hierarchical B Picture 구조
움직임 벡터 예측 구조	순방향 예측	양방향 예측	양방향 예측	양방향 예측
움직임 추정 및 보상에서의 움직임 벡터의 정밀도	정화소 단위	반화소 단위	반화소 단위	1/4화소 단위
ME에서 참조 영상의 개수	과거 방향 1장씩	과거 및 미래 방향 각각 1장씩	과거 및 미래 방향 각각 1장씩	과거 및 미래 방향 각각 여러 장
움직임 벡터 예측블록 크기	16×16	16×16(Frame) 16×8(Field)	16×16, 8×8	16×16, 16×8, 8×16, 8×8, 8×4, 4×8, 4×4
Intra Prediction	없음	없음	없음	4×4 또는 16×16 단위로 Intra 예측
Transform	8×8 블록 단위로 DCT	8×8 블록 단위로 DCT	8×8 블록 단위로 DCT	4×4 블록 단위로 Integer Transform
Entropy Coding	RLC, Huffman Code	RLC, Huffman Code	RLC, Huffman Code	CAVLC/CABAC
루프필터	있음	없음	없음	있음

ISO/IEC에서 표준화한 MPEG-1, MPEG-2, MPEG-4를 서로 비교하여 정리하면 표 8-19와 같다.

표 8-19 MPEG-x 계열의 비교

	MPEG-1	MPEG-2	MPEG-4
응용 분야	CD비디오, 비디오, 게임 비디오, CD가라오케	디지털 HDTV 방송, DVD	휴대 단말용, 화상통신, 비디오 데이터베이스
목표 비트율	1.5 Mbps급	5~30 Mbps	64 kbps 이하, 64~384 kbps, 384 kbps
Picture 구성	Frame	Frame/Field	Frame/Field (Main Profile)
GOP 구조	IBBBPBBPBBI (예시)	IBBBPBBPBBI (예시)	I-VOP, P-VOP, B-VOP
움직임 벡터 예측 구조	양방향 예측	양방향 예측	양방향 예측
움직임 추정 및 보상에서의 움직임 벡터의 정밀도	반화소 단위	반화소 단위	반화소 단위/ 1/4 화소단위
움직임 벡터 예측블록 크기	16×16	16×16(Frame) 16×8(Field)	16×16, 8×8
Intra Prediction	없음	없음	DCT 변환 영역에서 있음
Transform	8×8 블록 단위로 DCT	8×8 블록 단위로 DCT	8×8 블록 단위로 DCT
Entropy Coding	RLC, Huffman Code	RLC, Huffman Code	RLL, Pre-Huffman, Reversible VLC
루프필터	없음	없음	없음

• 참고문헌

[1] 김재균, 권재철, 문주희, 황강욱, 『영상통신개론』, 홍릉과학출판사, 2010.

[2] 하영호, 남재열, 최윤식, 원치선 공역(Ze-Nian Li and Mark S. Drew 저), 『멀티미디어 공학 (원제 : *Fundamentals of Multimedia*)』, Pearson Prentice Hall, 2004.

[3] K. R. Rao, J. J. Hwang, *Techniques & Standards for Image Video & Audio Coding*, Prentice Hall, 1996.

[4] Iain E. G. Richardson, *Video Codec Design*, John Wiley & Sons, 2002.

[5] John Watkinson, *The MPEG Handbook*, Elsevier, 2004.

[6] ITU-T, *Video Codec for Audiovisual Services at px64 Kbps*, Recommendation H.261

[7] 이호석, 김준기, 『알기쉬운 MPEG-2』, 홍릉과학출판사, 2001.

[8] ITU-T, *Video Coding for Low Bit Rate Communication*, Recommendation H.263

[9] ITU-T and ISO/IEC JTC 1, *Advanced Video Coding for Generic Audiovisual Services*, ITU-T Recommendation H.264 and ISO/IEC 14496-10(MPEG4-AVC), 5th ed., May 2009.

[10] Iain E. G. Richardson, *H.264 and MPEG-4 Video Compression*, John Wiley & Sons, 2003.

[11] ISO/IEC, *Coding of Moving Pictures and Associated Audio for Digital Storage Media at up to about 1.5 Mbps*, Committee Draft 11172-2(MPEG-1 part2 Video).

[12] Fernando Pereira, Touradj Ebrahimi, *The MPEG-4 Book*, Prentice Hall, 2003.

[13] ISO/IEC, *Information Technology-Coding of Audio Visual Objects, Part2 : Visual, Amendment 3 : New levels and tools for MPEG-4 visual*, ISO/IEC 14496-2 /Amd.3 : 2003(E).

생각해 볼 문제

Q1 H.261에서 사용되는 loop filter의 역할을 설명하시오.

Q2 H.263에서 움직임 벡터를 추정하는 블록 크기를 2가지로 사용한다. 이렇게 2가지 블록을 사용하는 이유와 각 크기 블록을 사용할 때의 장단점을 비교 설명하시오.

Q3 H.261에서 B 픽처를 사용하지 않는 이유는 무엇인가?

Q4 MPEG-4의 객체지향 부호화 기법에 대해서 설명하시오.

Q5 MPEG-2와 MPEG-4의 차이점을 설명하시오.

Chapter 9

H.264/AVC

이번 장에서는 한국의 DMB 방송 시스템 및 유럽의 위성 방송 등에서 동영상 신호를 압축하기 위해 사용하는 표준 기술인 H.264/AVC에 대해서 학습한다. 이를 위해서 제일 먼저 H.264/AVC가 비디오 압축 기술의 발전 흐름 가운데 어떤 위치에 있는지 설명한다. 그 다음에 H.264/AVC의 전반적인 내용을 간략하게 살펴보겠다. 이를 위해서 H.264/AVC의 여러 가지 특징들을 비디오 압축 측면에서 항목별로 하나씩 자세하게 설명한다. 그리고 마지막 부분에서는 H.264/AVC의 level 및 profile에 대한 내용을 설명한다.

9.1 H.264/AVC 표준기술 개요

국제 표준화 기구인 ISO/IEC JTC1/SC29/WG11('Moving Picture Experts Group : MPEG')과 ITU-T Q.16/SG16('Video Coding Experts Group : VCEG')은 각각 독립적으로 또는 때때로 공동 작업을 통해 비디오 압축, 오디오 압축, 그리고 시스템 관련해서 지금까지 여러 기술들을 표준화해 왔다. 이 두 기관이 공동으로 표준화를 진행하여 완성된 표준 기술들에는 JPEG, MPEG-2(=H.262), SVC 등이 있는데, H.264/AVC도 여기에 속하는 기술이다. 2001년 MPEG과 VCEG은 기존 비디오 코덱의 압축 성능보다 2배 이상의 효율을 얻을 수 있는 새로운 비디오 코덱 기술을 표준화하기 위해 공동 프로젝트팀인 JVT(Joint Video Team)를 결성하였다. 이 JVT에서 공동으로 작업하여 표준화를 완성한 코덱을 AVC(Advanced Video Codec)라고 명명하였다. 이 기술을 ISO/IEC MPEG 측에서는 MPEG-4 Part 10 AVC라고 명명하였고, ITU-T VCEG 측에서는 H.264라고 명명하였다. AVC는 1990년대 후반부터 표준화가 시작되어서 2004년에 완성되었다[2].

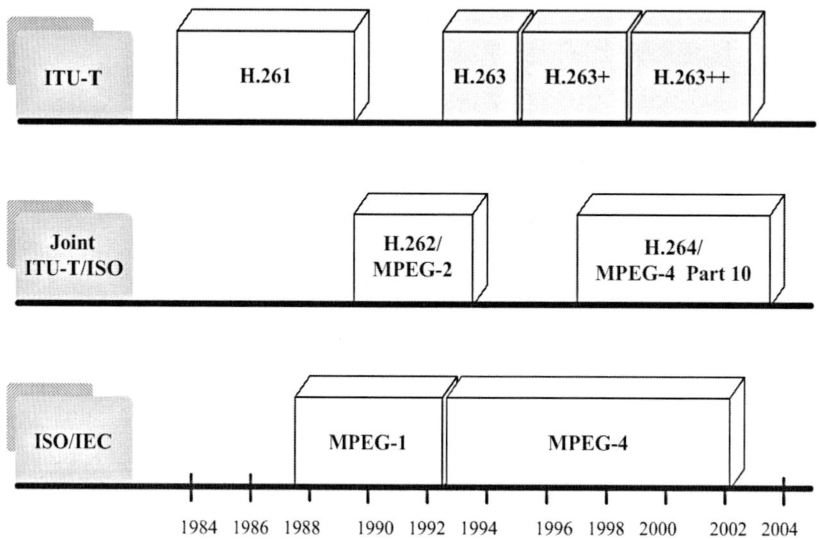

그림 9-1 멀티미디어 표준화 흐름

H.264 이전에 표준화된 대표적인 비디오 압축 방법들에는 MPEG-1, MPEG-2, MPEG-4 등이 있다. 이 표준들의 표준화가 완성된 시기를 그림 9-1에 나타냈다. 기존의 비디오 압축 방법들과 H.264의 차이점을 응용 분야를 기준으로 간략하게 설명하면, MPEG-1은 저장 매체에 비디오 신호를 저장하려고 할 때 사용하는 압축 방법이고, MPEG-2는 디지털 방송용 압축 방법이다. MPEG-4는 유무선 인터넷과 같이 협대역 네트워크 통신용 비디오 신호 압축 표준이다. H.264는 다양한 응용분야를 갖고 있는데, 특히 요즘 각광받고 있는 DMB 방송용 비디오 신호 압축에 사용되는 표준 방식이다.

1 H.264 인코더 개요

H.264 인코더의 구조를 그림 9-2에 나타냈다. 이 구조를 신호 흐름측면으로 살펴보면, 기존의 코덱들(예를 들면, MPEG-1이나 MPEG-2)의 구조와 유사하다는 것을 알 수 있다. 그렇지만, 구조 내부에서 사용되는 세부적인 모듈들의 기능을 살펴보면 기존 표준 기술들에 비해 상당히 다르다는 것을 알 수 있다[1]~[4].

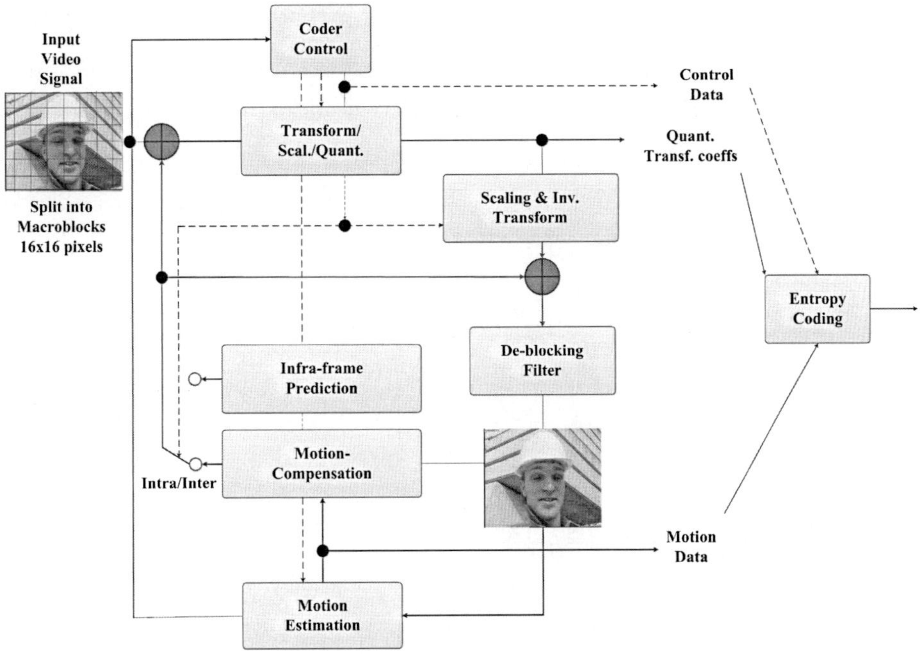

그림 9-2 H.264의 Encoder 구조

그림 9-2에서 표시한 H.264 인코더에서 입력 비디오 신호를 Intra Picture(I Picture)와 Inter Picture(P Picture, B Picture)로 구분해서 압축한다. 픽처 타입별 신호의 흐름을 요약해서 설명하면 다음과 같다.

(가) Intra Picture 압축 과정

픽처 신호는 매크로블록(Macro block)단위로 압축되는데, 그 크기가 16×16이다. 이 매크로블록을 16개의 4×4 블록들로 나눈 후 각 4×4 블록에 대해서 Intra Prediction을 수행하거나 또는 매크로블록을 나누지 않고 1개의 16×16 블록에 대해서 Intra Prediction을 수행한다. 이 Intra Prediction 기법은 H.264에서 새롭게 사용된 기술로서 기존 비디오 코덱인 MPEG-2와 MPEG-4 등에서는 사용되지 않은 기술이다. Intra Prediction을 수행한 결과 같은 블록 크기의 잔차 신호(residual signal) 블록이 만들어지는데, 이 잔차 신호 블록을 주파수 변환시킨다. 기존의 MPEG-2 등에서는 DCT 기술을 사용하여 주파수 변환하였으나, H.264에서는 Integer Transform을 사용한다. 이때, transform을 수행하면서 Scaling과 Quantization 과정들을 같이 한꺼번에 실행한다. Integer Transform 모듈을 통과한 신호는 Entropy 코딩 모듈에서 가변 비트율 코드로 부호화된 후 송신된다. 한편,

현재 부호화된 Picture 신호는 다른 Picture를 부호화할 때 참조 영상(reference picture)으로 사용되어야 하기 때문에, 인코더 내부에 존재하는 복호화 모듈들을 이용하여 복호화된 후 내부 프레임 메모리에 저장된다. 이를 위해서 앞서 양자화된 신호를 역양자화(Inverse Quantization) 모듈에 통과시킨 후, Scaling과 Inverse Transform을 수행한다. Inverse Transform을 통해 얻어진 신호는 양자화 왜곡이 가해진 잔차 신호이다. 이 복원된(즉, 양자화 왜곡이 가해진) 잔차 신호에 주변 블록들로부터 만들어진 Intra 예측 신호를 보상시켜 복원 영상을 만든다. 이렇게 복원된 영상 정보를 내부 메모리에 저장하기 직전에 de-blocking 필터를 통과시켜 blocking artifact를 제거 또는 감소시킨다. 이렇게 해서 만들어진 복원 영상을 프레임 메모리에 저장한다. 여기서 사용된 세부 모듈들의 동작 방법들은 다음 절에서 자세히 설명된다.

(나) Inter Picture 압축 과정

현재 입력 영상을 Inter Picture 타입으로 압축한다면, 프레임 메모리에 저장되어 있는 참조 영상에 대해 현재 픽처의 상대적인 움직임을 추정(ME : Motion Estimation)한다. 움직임을 추정하는 영상의 단위는 매크로블록 단위(16×16)보다 같거나 또는 작은 블록 단위이다. 총 7가지 크기의 블록들을 사용하는데, 자세한 내용은 다음 절에서 설명한다. 움직임 벡터 추정(ME) 과정을 거치면 현재 picture와 reference picture의 차이 신호(잔차 신호, residual signal)가 만들어진다. 이 잔차 신호를 Transform, Scaling, Quantization 모듈에 통과시킨다. 이 모듈을 통과한 신호는 Entropy 부호화된 후 송신된다. 현재 부호화된 Inter Picture는 다른 픽처를 부호화할 때 참조 영상으로 사용되어야 하기 때문에 복호화되어 내부 프레임 메모리에 저장된다. 이를 위해서는 Inverse Quantization, Scaling, Inverse Transform을 거쳐 복원된 잔차 신호를 만들고, 이 복원된 잔차 신호에 움직임 보상(MC, Motion Compensation)된 참조 영상을 합하여 복원 픽처를 만든다. 이 복원 영상을 내부 메모리에 저장하기 전에 de-blocking filter를 사용하여 blocking artifact를 감소시킨다. 여기서 언급된 세부 모듈들의 자세한 동작 특성은 다음 절에서 상세하게 설명한다.

2 H.264 인코더의 특징

H.264 인코더의 각 세부 블록들은 다른 표준 기술들과 달리 중요한 특징들이 많다. 이를 그림 9-3에 표시하였다. 그 특징들을 정리하면 다음과 같다[3][4].

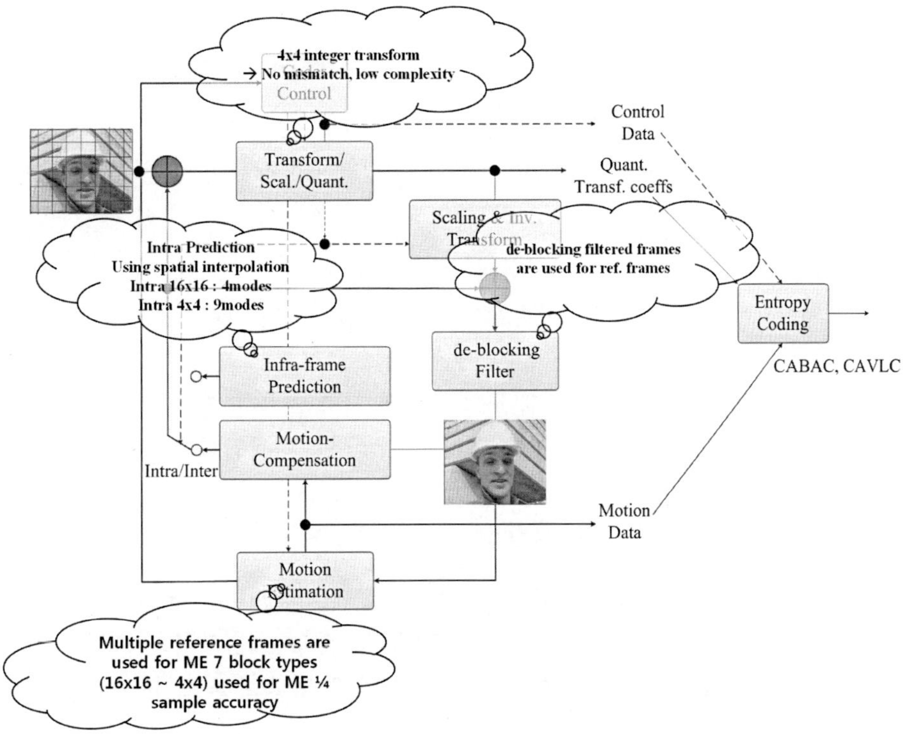

그림 9-3 H.264의 특징

첫 번째, Intra prediction을 사용한다. MPEG-2에서는 Intra mode로 부호화되는 매크로블록 내부의 화소 밝기 값 자체를 DCT 변환하고 그 변환 결과를 양자화시킨다. 이에 비해, H.264에서는 부호화되는 블록에 대해 Intra prediction 기술을 사용한다. 이는 공간적인 주변 화소들과 현재 블록의 화소 간의 차이 값을 계산한 후 그 차이 값을 transform하고 부호화하는 과정이다. 이로써 신호에 존재하는 중복성(군더더기, redundancy)을 더욱 감소시킬 수 있어 압축 효율이 높아진다.

두 번째, 움직임 벡터 추출 과정에서 다양한 크기의 블록을 사용한다. MPEG-2에서 16×16 크기의 블록을 사용하는 것에 비해, H.264에서는 16×16, 16×8, 8×16, 8×8, 8×4, 4×8, 4×4의 총 7종류 크기의 블록을 사용한다.

세 번째, 움직임 벡터를 추정하는 과정에서 1/4 화소 단위까지 세밀하게 찾는다. 또한, 사용하는 참조 영상의 개수에 있어서 복수개의 참조 영상을 사용한다(예를 들면, 과거 5장과 미래 5장의 참조 영상 사용).

네 번째, Transform 모듈을 보면 4×4 블록 단위로 transform을 수행한다. 이때, Integer transform을 수행한다. 기존 표준들인 MPEG-1, MPEG-2 등이 8×8

블록 단위로 floating value transform을 수행하던 것과 비교하면 크게 차이가 난다. 이렇게 하는 이유는 변환(transform)의 복잡도를 줄이고 복원 영상 화소 값의 mismatch 문제를 해결하기 위함이다.

다섯 번째, de-blocking 필터를 사용한다. 이 필터는 블록 단위 압축 방식에서 나타나는 blocking artifact을 줄여 압축 효율을 높이기 위해 사용된다.

여섯 번째, 엔트로피 코딩 부분이다. H.264에서는 CABAC(Context Adaptive Binary Arithmetic Code)과 CAVLC(Context Adaptive Variable Length Code)란 기법을 사용한다. 이 기술들은 이전에 엔트로피 부호화한 결과에서 계산된 확률 분포 값들을 이용하여 현재 부호화 과정의 압축 효율을 높이는 방법이다. 이 기법들은 기존의 Huffman 코드보다 압축 효율이 높은 장점이 있다.

3 H.264 인코더의 압축 효율

H.264의 압축 효율을 살펴보면 MPEG-2에 비해서 64%만큼 추가로 더 압축이 되고, H.263에 비해서 49% 만큼 추가로 더 압축된다. 그리고 MPEG-4에 대해서는 39% 만큼 압축 효율이 높다. 이러한 실험 결과 자료를 표 9-1에 나타냈다.

표 9-1 H.264의 부호화 효율

Codec	MPEG-4	H.263	MPEG-2
H.264	39%	49%	64%
MPEG-4		17%	43%
H.263			31%

H.264가 MPEG-2와 MPEG-4에 비해 압축 효율이 높은 이유는 고도화된 부호화 기술들(예를 들면, 다중 참조 영상 사용, 7가지 블록 크기 단위로 움직임 추정, 다양한 방향의 Intra 예측 부호화, De-blocking 필터 사용 등)을 이용하기 때문인데, 반면 이들 기술로 인해 H.264 인코더와 디코더의 부호화 복잡도가 상당히 높은 편이다.

9.2 INTRA 예측 부호화

MPEG-2, MPEG-4 등 이전의 코덱들에서는 Intra 픽처를 부호화할 때, 픽처 내 화소 정보를 그대로 transform한 후 양자화하였으나, H.264에서는 현재 블록과 닮은

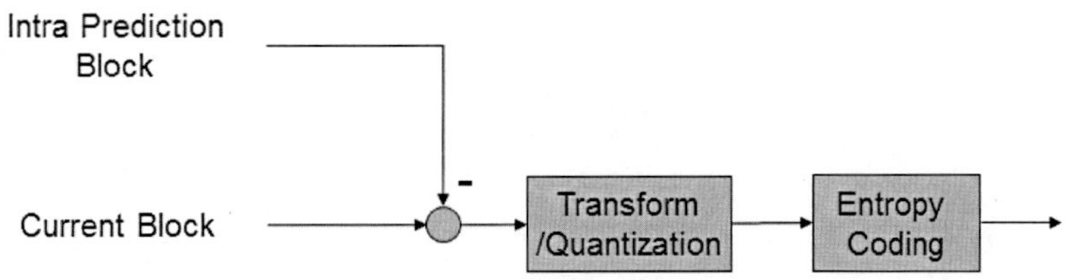

그림 9-4 Intra Picture 내의 현재 블록 부호화 과정

예측 블록을 만들고 이 예측 블록과 현재 블록 사이의 차이 신호를 만든 후, 이 차이 신호(잔차 신호, residual signal)를 transform 및 양자화하여 신호를 압축한다. 이때, 예측 블록 신호가 현재 블록과 닮으면 닮을수록 부호화 효율이 향상된다. 현재 블록과 닮은 예측 블록 신호를 만들기 위해서 현재 블록의 주변 화소들을 이용한다. 그림 9-4는 Intra Picture 내의 Intra Block을 부호화하는 과정을 설명하고 있다. 현재 블록과 예측 블록의 차이를 계산하여 차이 신호 블록을 만든 후, 이 차이 신호 블록을 Transform 및 Quantization한다. 그리고 양자화된 결과를 엔트로피 코딩한다.

그렇다면, 현재 블록과 닮은 예측 블록을 어떻게 만드는가? 그 방법을 그림 9-5와 9-6에서 나타내고 있다. 그림 9-5는 16×16 크기의 현재 블록에 대한 예측 블록(당연히 예측 블록의 크기도 16×16임)을 만드는 방법을 설명한다. 현재 블록의 주변 화소 값들 중에서 바로 윗줄에 존재하는 16개 화소와 바로 왼쪽에 존재하는 16개 화소들을 이용하여 현재 블록에 대한 예측 블록을 만든다. 이는 픽처 내 이웃하는 화소 값들 사이에 공간적인 상관성이 존재한다는 특성을 이용하여 예측 블록을 만드는 방법이다. 구체적으로 16×16 크기 블록의 예측 블록을 만드는 방법은 4가지가 존재하는데, 0번 방법은 현재 매크로블록의 윗줄에 있는 화소 값과 현재 매크로블록의 화소 값들이 수직 방향으로 유사하다고 가정하고 만드는 방법이다. 이 경우 16×16 크기의 현재 블록 내의 화소 값들을 현재 블록의 이웃하는 윗줄의 16개 화소 값으로 예측한다. 실제 영상에서 수직방향으로 줄무늬가 있는 경우 0번 방법으로 예측 블록을 만드는 것이 효율적이다. 1번 방법은 현 매크로블록의 왼쪽 이웃 화소들을 이용하여 현재 블록을 예측하는 방법이다. 이 경우는 가로 방향으로 같은 밝기 및 컬러 신호가 반복할 때(가로 방향 줄 무늬가 존재할 경우) 현재 블록과 매우 닮은 예측 블록을 만들 수 있다. 2번 방법은 현재 블록과 이웃하는 윗줄과 왼쪽 줄에 있는 화소 값들의 평균값을 현재 블록의 예측 블록으로 사용하는 것이다. 현재 블록이 속한 영역이 특별한 무늬나 에지 정보가 없고 밝기 값의 변화가 없는 저주파수 영역일 경우 2번 방법을 이용하면 효율적인 예측 블록을 만들 수 있다.

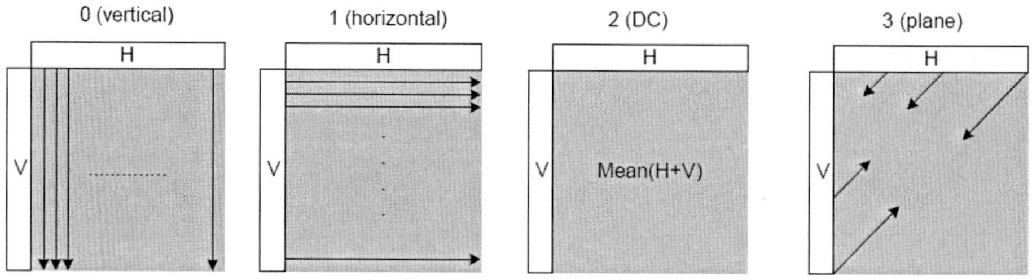

H.26L Intra 16x16 prediction modes (all predicted from pixels H and V)

그림 9-5 16×16 크기 블록에서 방향성 Intra 예측 부호화

3번 방법은 비스듬한 방향으로 줄무늬 또는 에지가 존재하는 경우에 예측 블록을 만드는 방법으로서, 윗줄과 왼쪽 줄의 화소 값을 비스듬한 45° 방향으로 선형 보간하여 예측 블록을 만드는 방법이다.

H.264에서는 16×16 Intra coding mode 외에도 4×4 Intra coding mode도 사용되는데, 상대적으로 단순한 화소 영역에서는 주로 16×16 Intra mode가 사용되고, 복잡한 화소 영역에서는 주로 4×4 Intra mode가 사용된다. 4×4 Intra mode가 사용되는 영역은 상대적으로 복잡한 화소 정보들로 이뤄져 있기 때문에 16×16 Intra mode가 사용되는 영역보다는 더 다양한 방향으로 예측 신호 블록을 만들어야 한다. 4×4 Intra mode로 부호화될 때 사용되는 예측 방향은 총 9가지가 존재하는데, 각 예측 방향을 그림 9-6에 나타내었다.

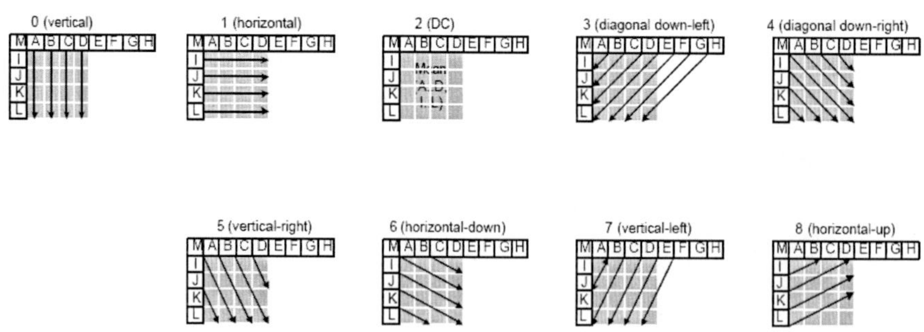

그림 9-6 4×4 크기 블록에서 방향성 Intra 예측 부호화

그림 9-7은 실제 영상에서 특정 4×4 블록의 주변 화소 값을 이용하여 예측 블록을 만드는 예제를 보여주고 있다. 현재 블록의 주변 화소들을 이용하여 총 9가지 예측 블록들을 만든 후, 현재 블록과 가장 유사한 예측 블록을 선택하여 사용하는 것이다.

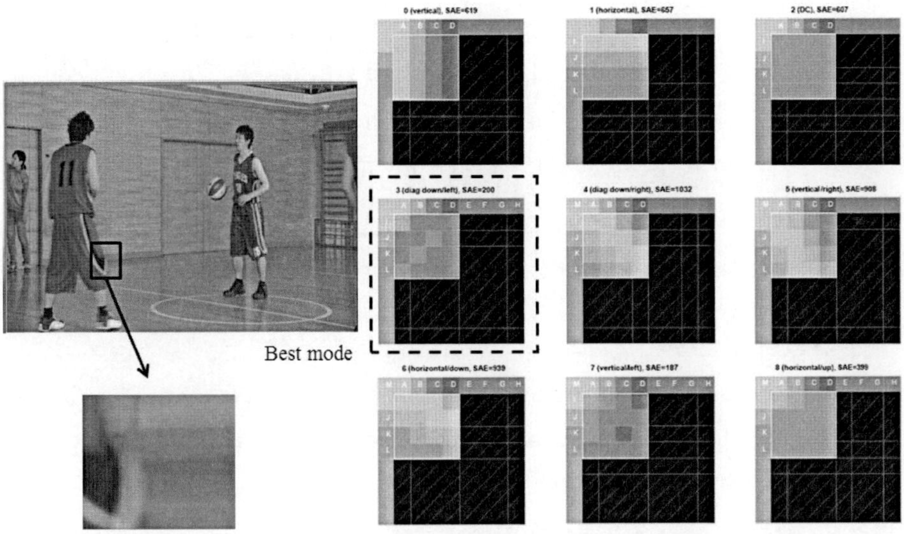

그림 9-7 4×4 크기 블록에서 방향성 예측 부호화의 실행 예제

여기서 유의해야 할 것은 현재 블록을 인트라 모드로 부호화할 때 예측 블록은 현재 블록에 앞서(양자화 과정을 포함해서) 부호화되고 다시 복호화된 주변 블록들을 기반으로 만들어진다는 것이다. 밝기 신호인 휘도(luminance) 성분을 인트라 부호화할 때는 4×4 크기 서브블록(9개의 모드) 또는 16×16 크기의 매크로블록(4개의 모드)으로 부호화되지만, 8×8 크기의 색차(chroma) 신호 블록을 Intra 부호화할 때는 4개의 인트라 모드를 사용한다.

다음은 H.264에서 Intra 부호화용 예측 신호 블록을 만들 때 사용되는 계산식(필터 계수)을 설명한다.

1 4×4 luma Intra 예측 모드의 필터

그림 9-8은 4×4 크기 블록에서 인트라 예측 부호화를 할 때 내부 화소들의 화소 밝기(신호) 값과 주변 화소들의 밝기 신호 값을 나타낸다. 그림에서 a~p는 4×4 크기 블록 내 화소들의 신호 값을 의미하고 A~Q는 주변 화소들의 신호 값을 표시한다. A~Q의 화소들은 현재 블록을 인트라 부호화하기 전에 이미 부호화 및 복호화 과정이 수행된 값들이다. 다음의 경우에는 A~Q의 화소들은 사용할 수 없다.

- 주변 화소들이 영상의 밖에 또는 현재의 슬라이스의 밖에서 있을 경우
- 주변 화소들이 래스터(raster) 스캔 순서에서 현재의 매크로블록 뒤에 부호화되는 매크로블록에 포함하는 경우

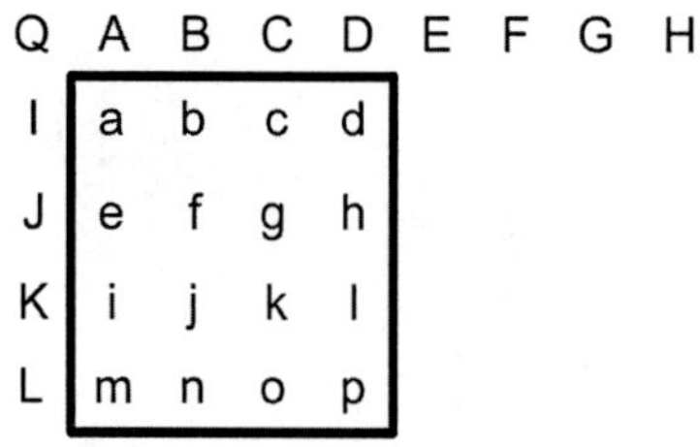

그림 9-8 4×4 블록의 인트라 공간 예측을 위해 사용한 예측 화소들의 라벨

- 주변 화소들이 현재의 4×4 블록보다 늦게 전송되는 경우
- constrained_intra_pred가 1일 경우에는 inter 매크로블록 내에 있는 주변 화소들을 이용하지 못함. constrained_intra_pred가 0일 경우에는 inter 매크로블록 내의 주변 화소들을 이용할 수 있음.

그림 9-8과 같이 정의된 현재 블록과 주변 화소 값들이 존재할 때, 현재 블록을 예측하기 위하여 0, 1, 2, 3, 4, 5, 6, 7, 8로 라벨이 붙여진 9개의 인트라 예측 모드가 사용된다. 모드 2는 'DC 예측'이다. 그림 9-9는 각 모드의 예측 방향을 표현한다. 이 예측 모드들의 예측 방법을 다음과 같이 정리할 수 있다.

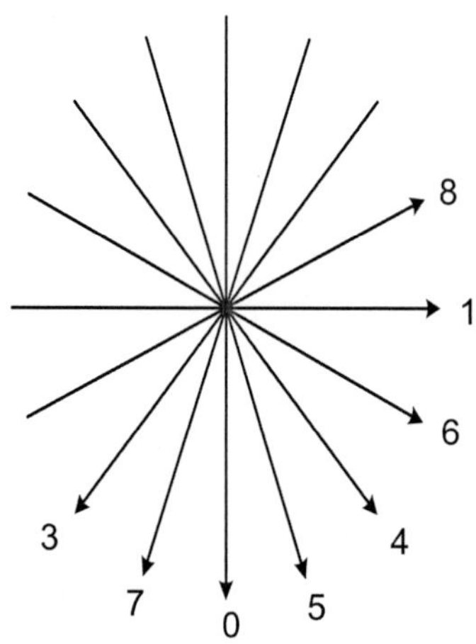

그림 9-9 9가지 인트라 예측 방향

○ Mode 0 : 수직(vertical) 예측

이 모드는 A, B, C, D를 이용할 수 있을 경우에 사용된다. 이 모드의 예측 방법은 다음과 같다.

- A의 화소 값으로 a, e, i, m의 화소 값을 예측
- B의 화소 값으로 b, f, j, n의 화소 값을 예측
- C의 화소 값으로 c, g, k, o의 화소 값을 예측
- D의 화소 값으로 d, h, l, p의 화소 값을 예측

O Mode 1 : 수평(horizontal) 예측

이 모드는 I, J, K, L을 이용할 수 있을 경우에 사용된다.

- I의 화소 값으로 a, b, c, d의 화소 값을 예측
- J의 화소 값으로 e, f, g, h의 화소 값을 예측
- K의 화소 값으로 i, j, k, l의 화소 값을 예측
- L의 화소 값으로 m, n, o, p의 화소 값을 예측

O Mode 2 : DC 예측

- 만일 모든 화소 A, B, C, D, I, J, K, L을 이용할 수 있을 경우, 현재 블록 내부의 모든 화소들은 (A+B+C+D+I+J+K+L+4)>>3으로써 예측된다.
- 만일 A, B, C, D를 이용할 수 없고, I, J, K, L을 이용할 수 있을 경우, 현재 블록 내부의 모든 화소들은 (I+J+K+L+2)>>2로써 예측된다.
- 만일 I, J, K, L을 이용할 수 없고, A, B, C, D를 이용할 수 있을 경우, 현재 블록 내부의 모든 화소들은 (A+B+C+D+2)>>2로써 예측된다.
- 만일 8개의 모든 화소들을 이용할 수 없을 경우, 4×4 블록에 모든 휘도 화소들을 위한 예측은 128이다.

O Mode 3 : 대각 아래/왼쪽(diagonal down/left) 예측

이 모드는 A, B, C, D, I, J, K, L, Q를 이용할 수 있을 경우에 사용된다. 이것은 '대각' 예측이다. 이 모드는 다음과 같다.

- (A + 2B + C + 2) >> 2로 a를 예측
- (B + 2C + D + 2) >> 2로 b, e를 예측
- (C + 2D + E + 2) >> 2로 c, f, i를 예측
- (D + 2E + F + 2) >> 2로 d, g, j, m을 예측
- (E + 2F + G + 2) >> 2로 h, k, n을 예측
- (F + 2G + H + 2) >> 2로 l, o를 예측
- (G + 3H + 2) >> 2로 p를 예측

○ Mode 4 : 대각 아래/오른쪽(diagonal down/right) 예측

이 모드는 A, B, C, D, I, J, K, L, Q를 이용할 수 있을 경우에 사용된다. 이것은 '대각' 예측이다. 이 모드는 다음과 같다.

- (J + 2K + L + 2) >> 2로써 m을 예측
- (I + 2J + K + 2) >> 2로써 i, n을 예측
- (Q + 2I + J + 2) >> 2로써 e, j, o를 예측
- (A + 2Q + I + 2) >> 2로써 a, f, k, p를 예측
- (Q + 2A + B + 2) >> 2로써 b, g, l을 예측
- (A + 2B + C + 2) >> 2로써 c, h를 예측
- (B + 2C + D + 2) >> 2로써 d를 예측

○ Mode 5 : 수직 왼쪽(vertical-left) 예측

이 모드는 슬라이스 내에 모든 A, B, C, D, I, J, K, L, Q가 있을 경우에 사용된다. 이것은 '대각' 예측이다.

- (A + B + 1) >> 1로써 a를 예측
- (B + C + 1) >> 1로써 b, i를 예측
- (C + D + 1) >> 1로써 c, j를 예측
- (D + E + 1) >> 1로써 d, k를 예측
- (E + F + 1) >> 1로써 l을 예측
- (A + 2B + C + 2) >> 2로써 e를 예측
- (B + 2C + D + 2) >> 2로써 f, m을 예측
- (C + 2D + E + 2) >> 2로써 g, n을 예측
- (D + 2E + F + 2) >> 2로써 h, o를 예측
- (E + 2F + G + 2) >> 2로써 p를 예측

○ Mode 6 : 수평 아래(horizontal-down) 예측

이 모드는 A, B, C, D, I, J, K, L, Q를 이용할 수 있을 경우에 사용된다. 이것은 '대각' 예측이다. 이 모드는 다음과 같다.

- (Q + I + 1) >> 1로써 a, j를 예측
- (I + 2Q + A+ 2) >> 2로써 b, h를 예측
- (Q + 2A + B+ 2) >> 2로써 c를 예측
- (A + 2B + C+ 2) >> 2로써 d를 예측
- (I + J + 1) >> 1로써 e, k를 예측

- (Q + 2I + J+ 2) >> 2로써 f, l을 예측
- (J + K + 1) >> 1로써 i, o를 예측
- (I + 2J + K+ 2) >> 2로써 j, p를 예측
- (K + L + 1) >> 1로써 m을 예측
- (J + 2K + L + 2) >> 2로써 n을 예측

O Mode 7 : 수직 오른쪽(vertical-right) 예측

이 모드는 A, B, C, D, I, J, K, L, Q를 이용할 수 있을 경우에 사용된다. 이것은 '대각' 예측이다. 이 모드는 다음과 같다.

- (Q + A + 1) >> 1로써 a, j를 예측
- (A + B + 1) >> 1로써 b, k를 예측
- (B + C + 1) >> 1로써 c, l을 예측
- (C + D + 1) >> 1로써 d를 예측
- (I + 2Q + A + 2) >> 1로써 e, n을 예측
- (Q + 2A + B + 2) >> 2로써 f, o를 예측
- (A + 2B + C + 2) >> 2로써 g, p를 예측
- (B + 2C + D + 2) >> 2로써 h를 예측
- (Q + 2I + J + 2) >> 2로써 i를 예측
- (I + 2J + K + 2) >> 2로써 m을 예측

O Mode 8 : 수평 위쪽(horizontal-up) 예측

이 모드는 A, B, C, D, I, J, K, L, Q를 이용할 수 있을 경우에 사용된다. 이것은 '대각' 예측이다. 이 모드는 다음과 같다.

- (I + J + 1) >> 1로써 a를 예측
- (I + 2J + K + 2) >> 2로써 b를 예측
- (J + K + 1) >> 1로써 c, e를 예측
- (J + 2K + L + 2) >> 2로써 d, f를 예측
- (K + L + 1) >> 1로써 g, i를 예측
- (K + 3L + 2) >> 2로써 h, j를 예측
- L로써 l, n, k, m, o, p를 예측

위와 같은 9가지의 예측과정에서 화소 E~H가 사용될 수 없을 경우는 화소 D의 값이 이를 대신한다.

2 16×16 luma Intra 예측 모드의 필터

앞에서 설명한 4×4 크기 블록의 예측 방법과 유사한 방법으로 16×16 크기 블록의 예측 블록을 만들 수 있다. 이 과정을 설명하기 위해서 몇 가지 기호를 사용한다. 우선 $P(-1,y)$, $y=-1,0,\cdots,15$ 은 16×16 크기의 현재 블록의 왼쪽에 존재하는 주변 화소 값들을 의미한다. 그리고 $P(x,-1)$, $x=0,\cdots,15$는 16×16 크기의 현재 블록의 위쪽에 존재하는 주변 화소 값들을 의미한다. $Pred(x,y)$, x, $y=0,\cdots,15$는 16×16 크기의 현재 블록에 대한 예측값으로 구성된 예측 블록을 의미한다. 16×16 크기의 밝기 신호(luminance) 블록의 인트라 예측 부호화에서는 다음과 같이 4개의 예측 모드가 사용된다.

○ Mode 0 : 수직 (vertical) 예측

이 모드는 주로 수직 방향으로 상관성이 높은 픽셀 정보들이 존재하는 영역에서 사용된다. 이 모드에서는 현재 블록의 위쪽 이웃 화소 값들인 $P(x,-1)$, $x=0,\cdots,15$를 이용하여, 현재 블록에 대한 예측 신호 $Pred(x,y)$, x, $y=0,\cdots,15$를 만든다. 그 구체적인 방법은 다음과 같다.

$$Pred(x,\ y)=P(x,\ -1),\ x,\ y=0,\cdots,15$$

○ Mode 1 : 수평 (horizontal) 예측

이 모드는 화소 값들이 수평 방향으로 상관성이 높은 영역에서 주로 사용된다. 이 모드에서는 현재 블록의 왼쪽 이웃 화소 값들인 $P(-1,y)$, $y=0,\cdots,15$를 이용하여, 현재 블록에 대한 예측 신호 $Pred(x,y)$, x, $y=0,\cdots,15$를 만든다. 그 구체적인 방법은 다음과 같다.

$$Pred(x,\ y)=P(-1,\ y),\ x,\ y=0,\cdots,15$$

○ Mode 2 : DC 예측

현재 블록이 속한 영역이 특별한 무늬나 에지 정보가 없고 밝기 값의 변화가 없는 저주파수 영역일 경우, 다음 식으로 표현되는 DC 모드를 이용하여 현재 블록에 대한 예측 블록을 만든다.

$$Pred(x,\ y)=\left[\sum_{x'=0}^{15}P(x',-1)+\sum_{y'=0}^{15}P(-1,y')+16\right]\gg 5,\ x,\ y=0,\cdots,15$$

만일 이웃된 화소 $P(x, -1)$를 이용할 수 없고, $P(-1, y)$는 이용할 수 있을 경우, 매크로블록 내의 화소 값들은 다음 식을 이용하여 예측한다.

$$Pred(x, y) = \left[\sum_{y'=0}^{15} P(-1, y') + 8\right] \gg 4, \quad x, y = 0, \cdots, 15$$

만일 이웃된 화소 $P(-1, y)$를 이용할 수 없고, $P(x, -1)$는 이용할 수 있을 경우, 매크로블록 내의 화소 값들은 다음 식을 이용하여 예측한다.

$$Pred(x, y) = \left[\sum_{x'=0}^{15} P(x', -1) + 8\right] \gg 4, \quad x, y = 0, \cdots, 15$$

만일 모든 주변 화소 값들을 이용할 수 없을 경우에는 현재 블록 내의 모든 샘플들을 128로 예측한다.

○ Mode 3 : 평면(plane) 예측

이 모드는 이용할 수 있는 모든 이웃 화소 $P(x, -1)$, $x=0, \cdots, 15$와 $P(-1, y)$, $y=0, \cdots, 15$를 이용하여 현재 블록을 예측한다. 예측 방법은 다음과 같다.

$$Pred(x, y) = \text{Clip1}((a + b \cdot (x-7) + c \cdot (y-7) + 16) >> 5), \quad x, y = 0, \cdots, 15$$

여기서, $a = 16 \cdot (P(-1,15) + P(15,-1))$,

$b = (5 \times H + 32) >> 6$,

$c = (5 \times V + 32) >> 6$,

$$H = \sum_{x=1}^{8} x \cdot (P(7+x, -1) - P(7-x, -1))$$

$$V = \sum_{y=1}^{8} y \cdot (P(-1, 7+y) - P(-1, 7-y))$$ 이다.

지금까지 설명한 16×16 luma Intra 예측 방법에서, 만일 주변 화소들 $P(x, -1)$, $x=0, \cdots, 15$ 또는 $P(-1, y)$, $y=-1, 0, \cdots, 15$의 위치가 현재 픽처의 외부에 있거나 현재의 슬라이스 밖에 있다면 이용할 수 없다. 또한 constrained_intra_pred가 1일 경우, 비-인트라(non-intra) 매크로블록에 있는 주변 화소들은 이용할 수 없다. 만약 이웃 화소들을 하나도 이용할 수 없을 경우에는 Mode 2(DC 예측)만 사용된다.

3 8×8 chroma Intra 예측 모드의 필터

8×8 크기의 chroma 신호에 대한 Intra 예측은 4개의 예측 모드들 중에 하나를 사용하는 16×16 크기의 luma 신호에 대한 Intra 예측과 유사한 방법으로 예측된다. $P(-1,\ y)$, $y=-1, 0, \cdots, 7$과 $P(x,\ -1)$, $x=0, \cdots, 7$는 8×8 크기의 현재 chroma 블록의 왼쪽과 위쪽의 이웃 화소들을 의미한다. 그리고 $Pred(x,\ y)$, $x,\ y=0, \cdots, 7$는 8×8 크기의 현재 chroma 블록에 대한 예측 신호를 의미한다. 만일 화소 $P(x,\ -1)$ 또는 $P(-1,\ y)$이 현재 픽처의 밖에 있거나 현재 슬라이스의 밖에 있다면 이용될 수 없다. 또한 constrained_intra_pred가 1일 경우에는 비-인트라(non-intra) 매크로블록에 속해있는 주변화소들을 이용할 수 없다. 만약 이웃 화소들을 하나도 이용할 수 없을 경우에는 다음 예측 모드들 중에 Mode 2(DC 예측)만 사용된다.

○ Mode 0 : 수직(vertical) 예측

이 모드는 현재 블록의 위쪽 이웃 화소 $P(x,\ -1)$, $x=0, \cdots, 7$을 이용하여 다음 식과 같이 예측 블록을 만든다.

$$Pred(x,\ y)=P(x,\ 11),\ \text{이때},\ x,\ y=0, \cdots, 7$$

○ Mode 1 : 수평(horizontal) 예측

이 모드는 현재 블록의 왼쪽 이웃 화소 $P(-1,\ y)$, $y=0, \cdots, 7$을 이용하여 다음 식과 같이 예측 블록을 만든다.

$$Pred(x,\ y)=P(-1,\ y),\ \text{이때},\ x,\ y=0, \cdots, 7$$

○ Mode 2 : DC 예측

만약 모든 이웃 화소들 $P(-1,\ n)$와 $P(n,\ -1)$, $n=0, \cdots, 7$을 이용할 수 있을 경우, DC 모드 예측은 다음의 식으로 이루어진다.

$$Pred(x,\ y)=\left(\left(\sum_{n=0}^{7}(P(-1,n)+P(n,-1))\right)+8\right)\gg 4,\ x,\ y=0, \cdots, 7$$

만일 8개의 화소 $P(-1,\ n)$를 이용할 수 없고, 8개의 화소 $P(n,\ -1)$는 이용할 수 있을 경우, DC 모드 예측은 다음의 식으로 이루어진다.

$$Pred(x,\ y)=\left[\left(\sum_{n=0}^{7}P(n,-1)\right)+4\right]\gg 3,\ x,\ y=0, \cdots, 7$$

만일 8개의 화소 $P(n, -1)$를 이용할 수 없고, 8개의 화소 $P(-1, n)$는 이용할 수 있을 경우, DC 모드 예측은 다음의 식으로 이루어진다.

$$Pred(x, y) = \left[\left(\sum_{n=0}^{7} P(-1,n)\right) + 4\right] \gg 3, \quad x, y = 0, \cdots, 7$$

만일 이웃된 화소 $P(x, -1)$와 $P(-1, y)$를 모두 이용할 수 없을 경우에는 블록 내의 모든 화소들은 128로 예측한다.

○ Mode 3 : 평면(plane) 예측

이 모드의 예측은 다음의 식으로 이루어진다.

$$Pred(x, y) = \text{Clip1}((a + b \cdot (x-3) + c \cdot (y-3) + 16) >> 5), \quad x, y = 0, \cdots, 7$$

여기서, $a = 16 \cdot (P(-1,7) + P(7,-1))$

$b = (17 \times H + 16) >> 5$

$c = (17 \times V + 16) >> 5$

$$H = \sum_{x=1}^{4} x \cdot [P(3+x,-1) - P(3-y,-1)]$$

$$V = \sum_{y=1}^{4} y \cdot [P(-1,3+y) - P(-1,3-y)]$$

9.3 가변 크기 블록 단위 움직임 추정

H.264에서는 16×16 크기에서 4×4 크기까지 다양한 크기 블록에 대한 움직임 보상 기술이 지원된다. 16×16 크기의 luma(흑백 밝기) 매크로블록은 그림 9-10에 표시된 것처럼 4개 크기 종류의 블록(16×16, 16×8, 8×16, 8×8)으로 구분되어 움직임 벡터 추정 과정에서 사용될 수 있다. 이 4가지 종류 블록들 각각에 대해서 움직임 벡터를 찾은 후 RD(Rate-Distortion) 관점에서 가장 최적화된 블록 크기를 결정한다. 만일 P8×8 모드가 최적의 크기 모드로 선택되었다면, 8×8 크기 블록들은 더 세분화된 4개의 블록(8×8, 8×4, 4×8, 4×4)들로 분리되어 고려된다. 이러한 다양한 크기의 블록 분할은 매크로블록 안에서 다양한 조합을 이룬다. 이와 같이

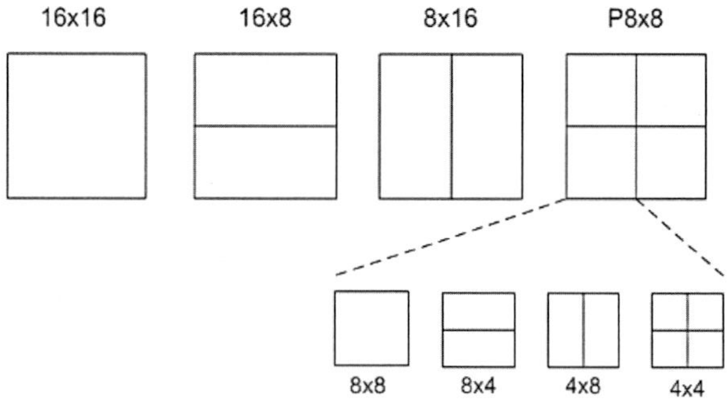

그림 9-10 매크로블록 서브분할

매크로블록을 다양한 크기의 움직임 보상 서브블록으로 분할하는 방법을 나무구조(tree-structured) 움직임 보상(MC : motion compensation)이라고 말한다[6].

움직임 벡터 추정(ME : Motion Estimation) 과정에서 크게 분리된 블록(16×16, 16×8, 8×16) 모드가 선택되는 경우에는 16×16 크기의 매크로블록 당 부호화해야 하는 움직임 벡터의 개수가 적기 때문에 움직임 벡터를 부호화하기 위해 필요한 비트수가 적다. 하지만 복잡한 밝기 값 변화가 있는 매크로블록에서 큰 블록 모드가 사용된다면 현재 블록과 참조 블록 간의 차이 신호인 잔여값(residual) 블록이 많은 양의 에너지를 포함하기 때문에 잔여 신호를 부호화 과정에서 발생하는 비트수가 증가하게 된다. 다른 한편, 작게 분리된 블록(8×4, 4×8, 4×4) 모드를 사용하여 움직임 벡터를 추정한다면, 한 개의 매크로블록을 부호화하기 위해 부호화해야하는 움직임 벡터의 개수가 많아져서 움직임 벡터를 부호화하기 위해서 많은 비트수가 필요하지만, 움직임 보상 후에 부호화할 잔여 신호는 낮은 에너지 성분으로 구성되기 때문에 발생 비트수가 적어진다. 정리하면, 큰 블록 모드들은 밝기 값 변화가 적은 신호 영역에 적합하고 작은 블록은 edge 성분을 포함하는 복잡한 영역에서 사용될 때 부호화 효율을 높일 수 있다.

그림 9-11은 7가지 종류의 블록 크기 모드를 사용하여 움직임 벡터를 찾았을 때, 최적으로 움직임 벡터가 찾아진 상태에서 블록 크기를 표시했다. 그림에서 알 수 있듯이 공간적으로 화소 값의 변화가 큰 부분은 작은 블록에서 최적의 움직임이 찾아졌다. 공간적인 변화가 거의 없어 평평한 저주파 신호로 구성된 영역에서는 큰 블록으로 최적의 움직임이 찾아졌다.

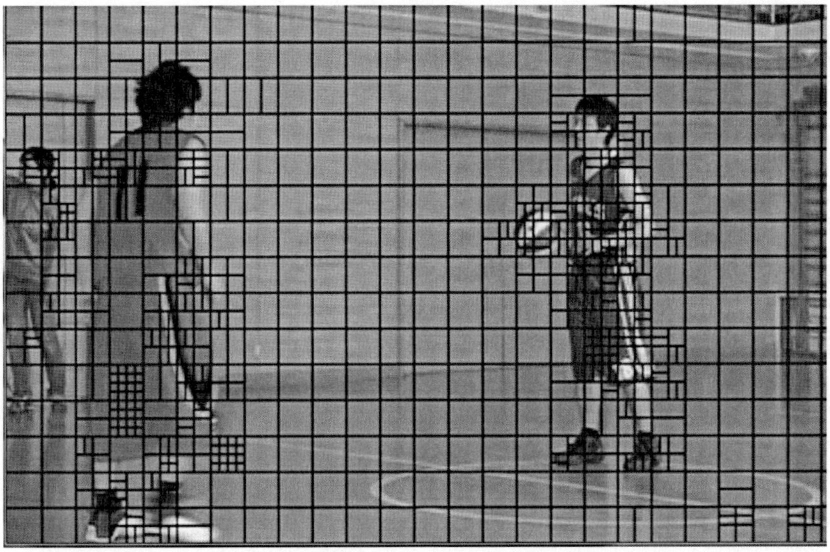

그림 9-11 가변 크기 블록 사용 예

그림 9-12에서는 움직임 벡터 추정 과정에서 1가지 종류의 블록 사이즈(16×16)만 사용했을 경우와 다양한 종류의 블록 사이즈를 사용했을 경우의 압축 성능을 RD curve 관점에서 비교했다. 그림 9-12의 결과를 살펴보면 다양한 크기의 블록을 사용했을 경우 성능이 향상되는 것을 알 수 있다.

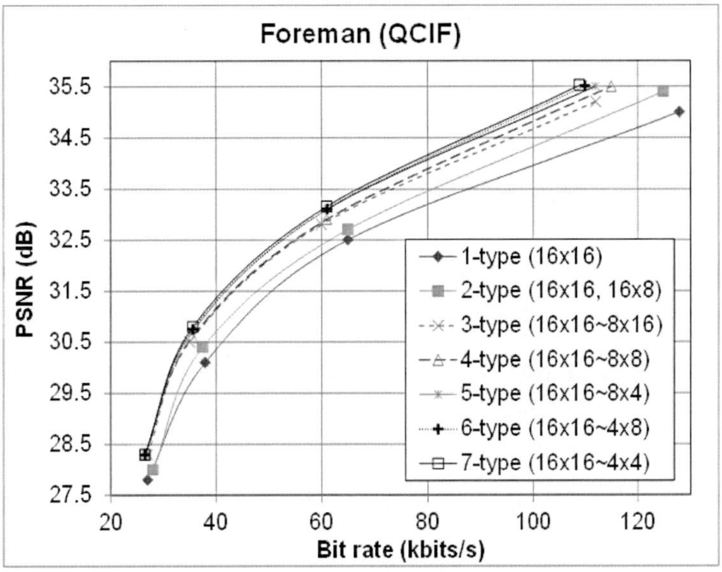

그림 9-12 가변 크기 블록 사용의 성능

앞의 설명과 같이 밝기 신호(Luminance)에 대해 움직임 벡터를 추정한 후, 이 찾아진 움직임 벡터를 색차 신호에도 적용시켜 색차 신호의 움직임 보상 잔여 신호를 만든다. 이때, 밝기 신호와 컬러 신호의 해상도 비율에 따라 밝기 신호의 움직임 벡터를 일정한 비율로 크기 변환을 시켜 사용한다. 컬러 신호와 밝기 신호는 해상도의 차이에 따라 4 : 4 : 4, 4 : 2 : 2, 4 : 2 : 0으로 구분할 수 있는데, 각각의 경우에 따라 움직임 벡터의 크기 변환 비율에 차이가 있다. 예를 들어 4 : 2 : 0의 경우, 색차(chroma) 구성 요소(Cr 또는 Cb)의 해상도는 휘도(luma) 구성 요소의 1/4(가로 방향 1/2, 세로 방향 1/2)이다. 이때, luma의 8×16 분할은 chroma에서 4×8 분할에 대응된다. luma의 8×4 분할은 chroma에서 4×2에 대응된다. 따라서 4 : 2 : 0 포맷의 경우, 밝기 신호에 대해 얻어진 각 블록의 움직임 벡터는 수평과 수직 구성요소들을 각각 반으로 나눈 후 chroma 블록에 대해서 사용된다.

9.4 움직임 추정 및 모드 결정 알고리즘

현재 블록을 Inter mode로 코딩하는 방식의 종류는 6가지 모드(SKIP, 16×16, 16×8, 8×16, P8×8, Direct)가 존재한다. 현재 블록이 P8×8 모드로 부호화되면, 추가로 더 작은 크기 블록 단위로도 움직임을 추정한다. 이 각 모드별로 최적의 움직임 벡터를 찾아야 하는데, 그 방법은 다음과 같다. 먼저 현재 매크로블록을 16×16 크기로 최적의 움직임 벡터를 찾고, 또 현재 매크로블록을 2개의 16×8 크기 블록으로 나눈 후 이 두 서브블록들의 움직임 벡터를 찾고, 또 현재 매크로블록을 2개의 8×16 크기 블록으로 나눈 후 이 두 서브블록들의 움직임 벡터를 찾고, 또 현재 매크로블록을 4개의 8×8 크기 블록으로 나눈 후 이 4개의 서브블록들의 움직임 벡터를 찾는 것이다. 이 최적의 움직임 벡터를 찾는 과정은 현재 부호화하려는 블록과 가장 닮은 블록을 참조 영상에서 찾는 동작이다. 이때, 참조 영상 내 수많은 블록들 가운데 어떤 블록이 현재 블록과 가장 닮았는지 판별하는 방법은 무엇일까? 현재 블록과 각 참조 블록 간의 M_Cost를 계산한 후, 이 M_Cost가 가장 작은 참조 블록을 선택하면 된다. 이때 사용하는 비용함수인 M_Cost는 다음 식 (9.1)과 같다[8].

$$M\_Cost = D' + \lambda R' \tag{9.1}$$

$$r = Ori - Ref \tag{9.2}$$

$$D' = \sum_{i=0}^{W-1}\sum_{j=0}^{H-1} |r_{ij}^{T}| \quad (9.3)$$

$$R' = R(MVD) + R(ref\_idx) + R(etc) \quad (9.4)$$

$$\lambda = 0.92 \times 2^{(QP-12)/6} \quad (9.5)$$

식 (9.1)의 M_Cost 수식을 살펴보면 D'은 현재 블록과 참조 블록 간의 다른 정도이다. D'를 계산하기 위해 사용하는 r은 현재 블록 Ori와 참조 블록 Ref의 차이 블록이다. D'은 차이 블록 r을 Hadamard 변환한 계수의 절대값을 이용하여 식 (9.3)과 같이 계산한다. W와 H는 각각 현재 블록의 가로 방향 크기와 세로 방향 크기를 의미한다. D' 값이 작을수록 현재 블록과 참조 블록은 닮았다고 판단할 수 있다. R'은 현재 블록과 참조 블록 사이를 연결시키는 움직임 벡터를 부호화할 때 발생하는 비트양 등을 계산한 값이다. 닮지 않은 정도를 표현하는 D'만 사용하는 것이 아니라 발생 비트양 R'까지 고려하는 이유는 무엇일까? 현재 블록을 코딩할 때 영상의 화질만을 고려한다면 많은 비트가 발생될 수 있고, 반대로 발생 비트양만을 고려한다면 영상의 화질이 심하게 손상 될 수도 있다. 즉, 현재 블록을 코딩할 때, 복원 블록의 화질은 높이면서 발생 비트양이 적어지는 모드를 선택해서 사용해야하기 때문이다. 발생 비트양 R'과 왜곡 D'는 서로 다른 성질의 물리량이기 때문에 두 물리량 간의 연관 비율을 맞춰주기 위해 상수 λ를 이용한다.

정리하면, 특정 크기 블록(예를 들면, 8×16 크기 블록)의 움직임 벡터를 찾는 과정은 8×16 크기의 현재 블록과 가장 닮은 8×16 크기 블록을 참조 영상에서 찾는 것인데, 이때 참조 영상 내의 수많은 8×16 크기 블록들 중에서 현재 블록과 참조 블록 사이의 M_Cost가 가장 작은 블록을 가장 닮은 블록으로 선택한다. 이러한 동작을, 현재 매크로블록(MB)을 다양한 크기 (16×16, 16×8, 8×16, 8×8)로 나눈 후, 각 크기 별로 반복적으로 수행한다. 이렇게 함으로써 한 MB이 한 개의 16×16로 inter coding될 때의 움직임 벡터가 얻어지고, 또한 그 MB이 2개의 16×8 크기 블록들로 나눠진 후 inter coding될 때의 움직임 벡터들이 얻어지고, 또 그 MB이 2개의 8×16 크기 블록들로 나눠질 때 해당되는 움직임 벡터들을 얻을 수 있고, 또 그 MB을 4개의 8×8 크기 블록으로 나눌 때 해당 움직임 벡터들을 얻을 수 있게 된다.

이렇게 현재 한 MB을 여러 종류의 크기로 나눈 경우들에 대해서 최적의 움직임 벡터들을 찾은 후, 현재 MB은 최종적으로 6가지 모드들(SKIP, 16×16, 16×8, 8×16, P8×8, Direct) 중에 어떤 모드로 부호화해야 하는 것일까? 이를 결정하기 위해서는 발생 비트양 측면과 복원 영상의 화질 측면을 동시에 고려해야 한다. 현재 블록을 코딩할 때 영상의 화질만을 고려한다면 많은 비트가 발생될 수 있고, 반대로 발생 비트양만을 고려한다면 영상의 화질이 심하게 손상될 수도 있다. 즉, 현재 블록을 코딩할 때, 복원 블록의 화질은 높이면서 발생 비트양이 적어지는 모드를 선택해서 사용한다. H.264/AVC에서는 이렇게 두 가지 측면을 모두 고려하기 위해서 Rate distortion optimization(RDO) 기술을 사용한다. RDO는 발생 비트양과 복원 영상의 화질을 모두 고려하여 최적의 부호화 모드를 결정하는 기술을 말한다. 이때 사용되는 비용함수 RD_Cost는 다음 식 (9.6)과 같다.

$$RD\_Cost = D + \lambda R \tag{9.6}$$

$$D = \sum_{i=0}^{N-1} \sum_{j=0}^{N-1} (Ori_{ij} - Rec_{ij})^2 \tag{9.7}$$

$$\lambda = 0.85 \times 2^{(QP-12)/3} \tag{9.8}$$

이 식에서 D는 현재 블록의 부호화 이전 값(원본 값)과 부호화후 복원된 블록값 간의 차이를 의미한다. D는 SSD(Sum of sqare difference)를 이용하여 식 (9.7) 처럼 계산한다. 식 (9.7)에서 Ori는 현재 블록 내의 원본 화소 값이고, Rec은 복원 블록 내의 화소 값을 의미한다. 한편, 현재 블록을 특정 부호화 모드로 부호화할 때 발생되는 비트양은 R로 표시한다. 현재 블록을 6가지 모드(SKIP, 16×16, 16×8, 8×16, P8×8, Direct)로 부호화한 후 식 (9.6)의 RD_Cost가 가장 작은 모드를 선택하게 된다.

그림 9-13은 지금까지 설명한 움직임 추정 및 모드 결정 과정을 flow chart로 보이고 있다. 먼저 현재 MB을 16×16, 8×16, 16×8, 8×8, 4×8, 8×4, 4×4 크기 블록들로 나눈 후, 각 서브블록들에 대해서 ME를 수행하여 각각의 최적의 움직임 벡터들을 저장한다. ME 과정에서는 M_Cost를 비용함수로 사용한다. 이렇게 현재 MB을 각각 다른 크기 블록들로 분할하여 최적의(M_Cost가 최소값을 갖는) 움직임 벡터를 추정한 후, 이렇게 많은 경우들 중에 어느 블록 크기 mode가 가장 좋은 성능을 발생시키는지 결정하게 된다. 이 과정에서는 최소의 RD_Cost값을 갖는 분할 모드를 최종적으로 선택한다. 이 마지막 단계에서는 Skip mode, DIRECT mode, Intra mode 등의 RD_Cost도 같이 비교한다.

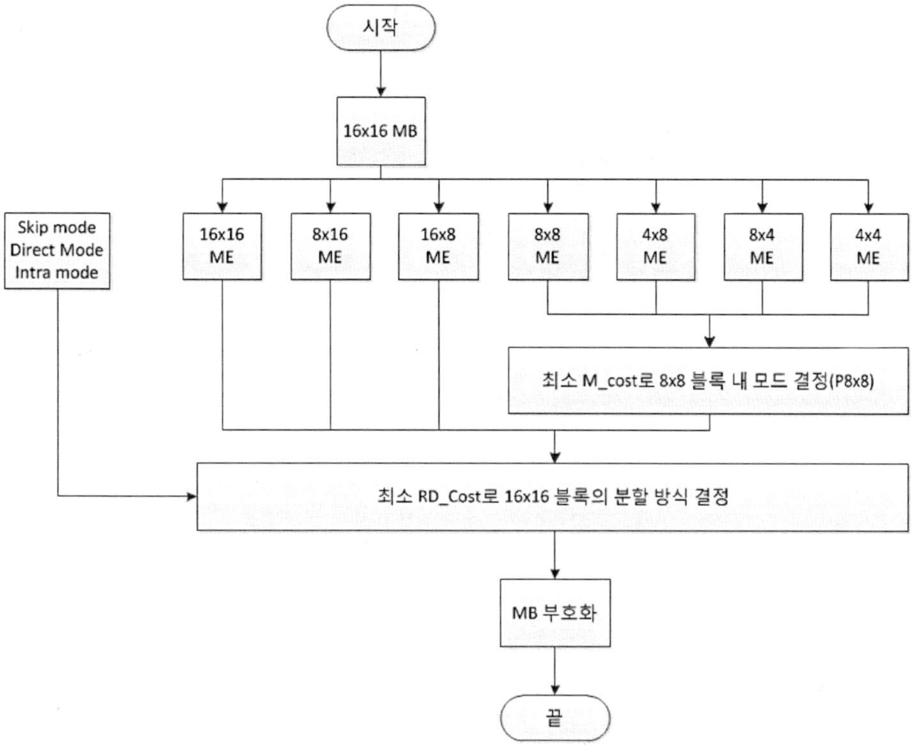

그림 9-13 움직임 추정 및 모드 결정 알고리즘

9.5 정수 화소 단위 이하 움직임 추정

H.261에서처럼 움직임 벡터를 찾을 때 화소 단위까지 움직임 벡터를 찾는 경우도 있지만, 압축 효율을 향상시키기 위해서는 MPEG-2에서처럼 반화소(1/2 pixel) 단위까지 움직임 벡터를 찾는 경우도 있다. 반화소 단위로 움직임 벡터를 찾는 개념을 그림 9-14에 나타냈다. 이러한 과정을 수행하기 위해서는 참조(reference) 프레임에서 존재하지 않는 반화소(1/2) 위치의 신호를 만들어야 한다. 이를 위해서 주변 정수 화소 위치의 신호 값들을 이용한 선형 보간 기법 등이 사용된다.

H.264에서는 더욱 세밀하게 움직임 벡터를 찾기 때문에 1/4 화소 단위까지 움직임 벡터를 찾는다. 그림 9-15는 H.264에서 움직임 벡터를 1/4 화소 단위까지 찾기 위해서 참조 영상을 보간(interpolation)하는 과정을 설명하고 있다. 이 그림에서 어두운 색깔의 사각형들은 정수형 화소를 나타낸다. 그리고 밝은 블록으로 표시된

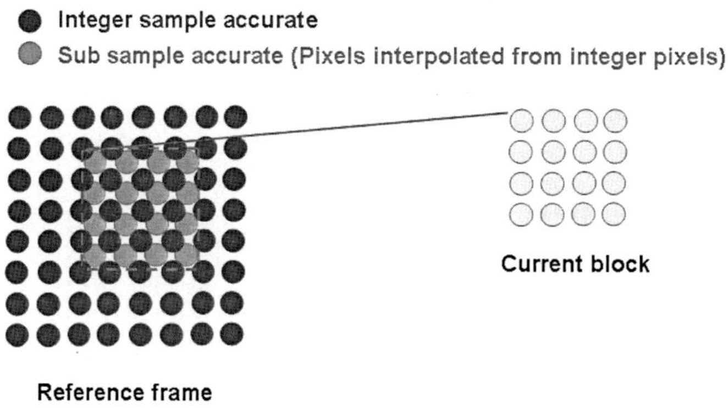

그림 9-14 1/2 화소 단위 움직임 추정

도형들은 반화소(1/2) 및 1/4 화소 위치를 나타낸다. 참조 영상에 존재하는 정수 화소 위치의 밝기 값들을 이용하여, 반화소 위치와 1/4 화소 위치의 밝기 값을 계산한 후, 이 계산된 밝기 값들에 대해서 움직임을 추정하는 것이다. 움직임 벡터 추정을 정확하게 하기 위해서는 효율적인 화소 보간 방법을 사용해야 한다. 이렇게 세부 화소 단위까지 움직임을 찾으면 정확한 움직임 보상이 가능하기 때문에 잔차 신호 블록의 에너지가 작아지고, 결국 압축률 향상을 얻을 수 있다. 그렇지만 1/2 화소 및 1/4 화소 위치의 밝기 값을 보간하는 과정에서 복잡도 증가가 발생하는 단점이 있다.

그림 9-15에서 반화소(1/2 화소) 위치에서의 화소 밝기 예측 값들은 6탭 필터를 적용하여 얻어지는데, 이때 사용되는 필터 계수 값들은 (1, −5, 20, 20, −5, 1)이다. 1/4화소 위치에서의 예측 값들은 정수 화소 위치 값과 반화소 위치에서의 화소 값들을 평균함(bilinear filter 사용함)으로써 얻어진다. 구체적인 수행 과정은 다음과 같다.

- 라벨 b의 반화소 위치에서의 샘플 값은 수평위치에 가장 근접한 정수형 화소들에 6탭 필터를 적용해서 값이 얻어진다. 라벨 h의 반화소 위치에서의 샘플 값은 수직위치에 가장 근접한 정수형 화소들에 6탭 필터를 적용해서 값이 얻어진다.

$$b' = (E-5F+20G+20H-5I+J) \tag{9.9}$$

$$h' = (A-5C+20G+20M-5R+T) \tag{9.10}$$

식 (9.9)와 식 (9.10)에서 표현한 b'와 h'는 정규화(normalization)를 수행하기 이전의 계산 값으로써 식 (9.11)과 식 (9.12)에서와 같이 정규화 과정을 수행한다. 식 (9.9)과 식 (9.10)에서 계산한 정규화하기 이전 값들은 라벨 j의 반화소 위치를 구할 때 다시 한 번 사용된다.

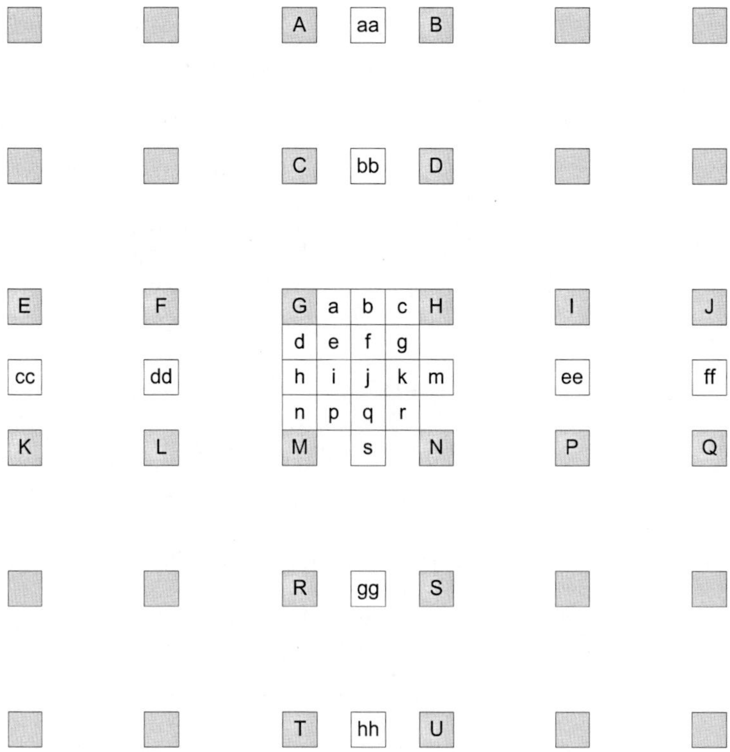

그림 9-15 1/4화소 단위로 밝기 신호를 보간하기 위한 정수 단위 화소 위치(어두운 블록)와 비정수 단위 화소 위치(밝은 블록)

$$b-\mathrm{Clip}((b'+16)>>5) \tag{9.11}$$

$$h=\mathrm{Clip}((h'+16)>>5) \tag{9.12}$$

• 라벨 j의 반화소 위치에서 샘플 값은 앞에서 설명했듯이 수평 또는 수직 위치에 식 (9.9)와 식 (9.10)와 같은 방법으로 구한다. 식 (9.12)와 (9.13)과 같이, j와 가장 근접한 위치에 있는 반화소 위치의 값들에 6탭 필터를 적용해서 j 위치의 값을 계산한다.

$$j'=cc'-5dd'+20h'+20m'-5ee'+ff' \tag{9.13}$$

$$j'=aa'-5bb'+20b'+20s'-5gg'+hh' \tag{9.14}$$

여기서, aa′, bb′, gg′, s′와 hh′는 b′와 같은 방법인 수평으로 6탭 필터를 적용해서 얻어지고, cc′, dd′, ee′, m′와 ff′는 h′와 같은 방법인 수직으로 6탭 필터를 적용해서 얻어진다. 식 (9.13)와 (9.14)에서 필터링 과정을 적용하는 샘플 값들은 정규화가 되지 않은 심볼 값들 cc′, dd′, h′, m′, ee′, ff′, aa′, bb′, b′, s′, gg′, hh′ 등이다. 식 (9.13) 또는 식 (9.14)을 이용한 보간 신호 역시 신호 값의 정규화(normalization)이 필요하기 때문에 아래와 같이 반올림시킴으로써 j위치의 최종 예측 값을 얻을 수 있다.

$$j=\text{Clip}((j'+512)>>10) \tag{9.15}$$

- 라벨 a, c, d와 n인 1/4화소 위치의 샘플은 가장 근접한 2개의 샘플들인 정수 화소와 반화소를 bilinear interpolation함으로써 얻어진다. 그 구체적인 과정은 다음과 같다.

$$a=(G+b+1)>>1,\quad c=(H+b+1)>>1,\quad d=(G+h+1)>>1,\quad n=(M+h+1)>>1 \tag{9.16}$$

- 라벨 f, i, k와 q인 1/4화소 위치의 샘플은 가장 근접한 2개의 반화소 샘플을 bilinear interpolation함으로써 얻어진다. 그 구체적인 과정은 다음과 같다.

$$f=(b+j+1)>>1,\quad i=(h+j+1)>>1,\quad k=(j+m+1)>>1,\quad q=(j+s+1)>>1 \tag{9.17}$$

- 라벨 e, g, p와 r인 1/4화소 위치의 샘플은 대각 방향으로 반화소 위치의 가장 근접한 샘플들을 bilinear interpolation함으로써 얻어진다. 그 구체적인 과정은 다음과 같다.

$$e=(b+h+1)>>1,\quad g=(b+m+1)>>1,\quad p=(h+s+1)>>1,\quad r=(m+s+1)>>1 \tag{9.18}$$

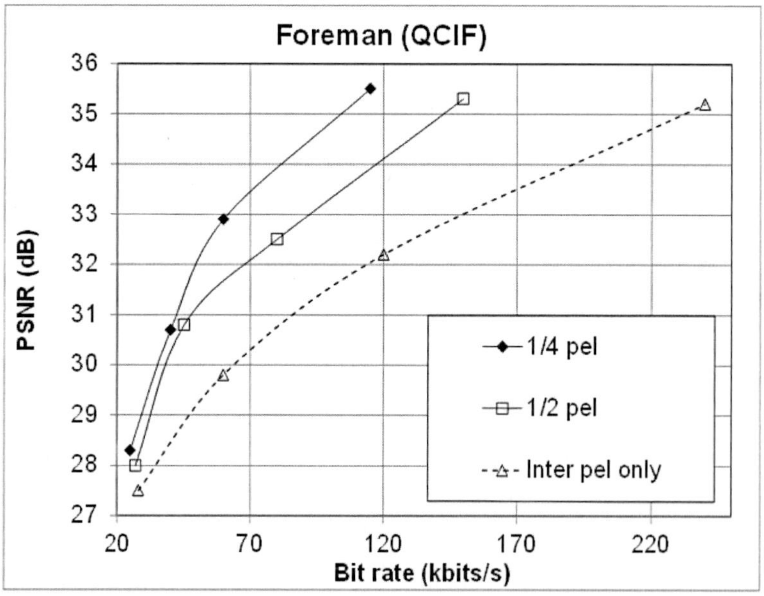

그림 9-16 1/4 화소 단위 움직임 추정으로 인한 성능 향상

그림 9-16은 1/4 화소단위로 움직임 벡터를 추정했을 경우, MV의 해상도 향상으로 인한 성능 향상효과를 그래프로 나타내고 있다. 움직임 벡터를 화소단위(Integer pel)로 찾을 경우와 반화소 (1/2 pel) 단위로 찾을 경우, 1/4 화소 단위로 찾을 경우의 성능을 비교하였다. 그림에서 알 수 있듯이, 1/4 화소 단위로 움직임 벡터를 찾을 때 가장 우수한 성능을 나타내는 것을 알 수 있다.

9.6 움직임 벡터 예측

H.264에서는 움직임 벡터를 그대로 부호화하지 않고, 이미 부호화된 주변 블록들의 움직임 벡터들로부터 예측 움직임 벡터(Predictive Motion Vector : PMV)를 계산한 후, 실제 MV와 예측 움직임 벡터 PMV의 차이 벡터를 부호화한다. 주변 블록들은 서로 신호 특성이 비슷하기 때문에 찾아진 움직임 벡터들 사이에 높은 상관성이 존재한다. 따라서 움직임 벡터를 직접 부호화하는 것보다 예측 움직임 벡터(PMV)와의 차이 성분만 부호화함으로써 압축 효율을 높일 수 있다.

PMV는 16×8과 8×16 블록의 형태일 경우를 제외하고 주위 블록 움직임 벡터들의 '중간값 예측(median prediction)'이 사용된다. 중간값 예측 방식은 평균값 예측 방법에 비해 특정 MV의 영향을 덜 받으면서 주변 블록들의 주된(major) 움직임을 대표하는 벡터를 추출할 수 있다. 여기서 사용되는 주변 블록이란 같은 슬라이스에 속하는 블록들을 의미한다. 다른 슬라이스에 속한 블록들은 그 공간적 인접성이 가까워도 사용되지 않는다.

중간값 예측의 구체적인 방법을 설명하기에 앞서 현재 블록의 주변 블록들의 배치를 고려해 보면 그림 9-17과 같다. 그림 9-17에서 현재 블록 E를 위한 PMV는 이웃한 블록 A, B, C와 D의 파라미터들을 기반으로 만들어진다.

- A : E의 왼쪽 샘플을 포함하는 블록
- B : E의 위에 샘플을 포함하는 블록
- C : E의 오른쪽 위에 샘플을 포함하는 블록
- D : E의 왼쪽 위에 샘플을 포함하는 블록

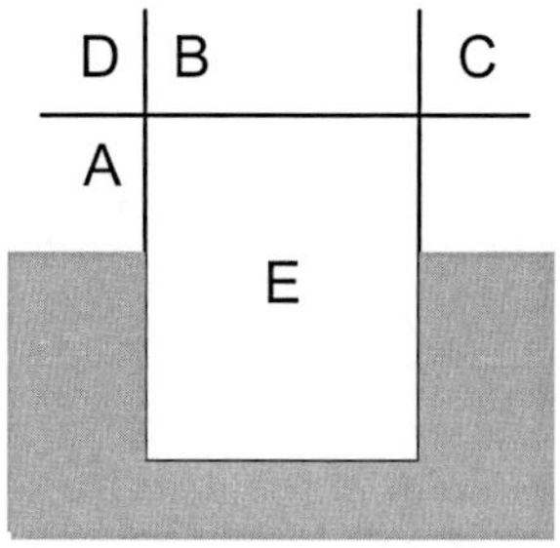

그림 9-17 현재 블록 E의 주변 블록들 배치

1 16×16, 8×8, 4×4 블록의 PMV 계산

다음의 규칙들은 블록 E를 위해 PMV를 생성하는 과정에서 발생할 수 있는 여러 가지 경우들을 설명하고 있다. 아래 규정들을 고려하면서 그림 9-17의 주변 블록들이 가지고 있는 MV들의 중간값을 계산하여 현재 블록 E를 위한 PMV로 사용한다.

- 만일 블록 C가 존재하지 않거나 이용할 수 없을 경우, 블록 C에 대한 정보 대신에 블록 D에 대한 정보를 예측 움직임 벡터를 만들 때 사용한다.
- 만일 블록 B, C와 D 모두가 존재하지 않거나 이용할 수 없을 경우, 블록 A에 대한 정보를 이용하여 예측 움직임 벡터를 만든다.
- 만일 위의 두 경우로 지정되지 않을 경우, A, B와 C 블록이 인트라로 부호화되었거나 존재하지 않을 경우, 해당된 블록의 예측 움직임 벡터값은 0으로 고려된다.
- 만일 3개의 주변블록 A, B와 C 중에 1개의 블록만이 현재 블록 E와 같은 참조 picture를 사용한다면, 같은 참조 picture를 사용하는 블록의 움직임 벡터를 예측 움직임 벡터로 사용한다.

2 16×8, 8×16 블록의 PMV 계산

만일 예측되는 블록이 그림 9-18과 같이 16×8 또는 8×16 모드로 부호화된다면, PMV 예측은 다음과 같이 이루어진다.

- 8×16 크기 블록의 왼쪽 블록 : 그림 9-18과 같이 현재 블록이 존재한다면, A 블록이 예측을 위해 사용된다. 만약 A 블록이 존재하지 않는다면, '중간값 예측'이 사용된다.

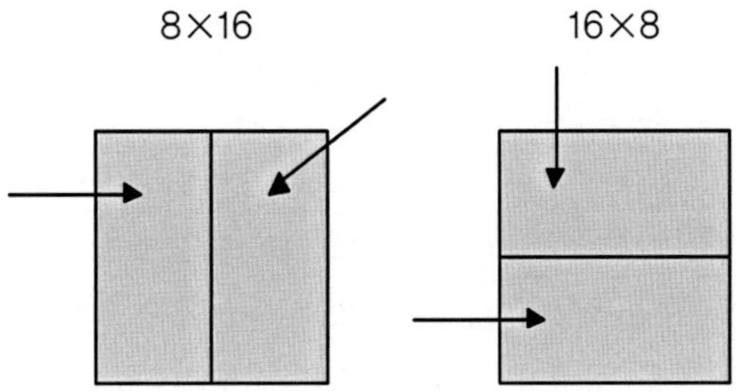

그림 9-18 방향 분할 예측

- 8×16 크기 블록의 오른쪽 블록 : 그림 9-18과 같이 현재 블록이 존재한다면, C 블록이 예측을 위해 사용된다. 만약 C 블록이 존재하지 않는다면, '중간값 예측'이 사용된다.
- 16×8 크기 블록의 위쪽 블록 : 그림 9-18과 같이 현재 블록이 존재한다면, B 블록이 예측을 위해 사용된다. 만약 B 블록이 존재하지 않는다면, '중간값 예측'이 사용된다.
- 16×8 크기 블록의 아래쪽 블록 : 그림 9-18과 같이 현재 블록이 존재한다면, A 블록이 예측을 위해 사용된다. 만약 A 블록이 존재하지 않는다면, '중간값 예측'이 사용된다.

만일 예측에 사용되는 참조 블록의 움직임 벡터가 픽처 밖을 가리킨다면, 예측 움직임 벡터(PMV)의 값은 0으로 만들어지게 된다.

3 SKIP 타입 블록의 PMV 계산

현재 매크로블록을 Skip 모드로 부호화할 때는 16×16 코딩 모드의 PMV를 PMV로 사용한다. 하지만, 만일 아래와 같은 조건일 경우에는 MV를 (0,0)로 사용한다.

- 그림 9-17과 같이 현재 블록이 존재할 때, 위쪽(B) 또는 왼쪽 매크로블록(A)을 이용할 수 없을 경우(즉, 픽처 밖에 있거나 다른 슬라이스에 속할 경우)
- 그림 9-17과 같이 현재 블록이 존재할 때, 예측에 사용되는 A, B 블록 중 하나의 참조영상이 현재 영상과 시간적으로 가장 가까운 픽처이고, 그 움직임 벡터의 크기가 0일 경우

9.7 다중 참조 영상을 이용한 움직임 추정

여기서 H.264의 중요한 특징인 다중 참조 영상(multiple reference pictures) 기법에 대해서 알아보자. Digital TV 등에서 방송용으로 사용되는 MPEG-2에서는 P 픽처 부호화 시 단 1장의 과거 영상만 사용하는 것에 반해, H.264는 여러 장의 과거 영상들을 참조 영상으로 사용한다. 이렇게 여러 장의 참조 영상을 사용하는 이유는 현재 블록과 가장 닮은 블록을 바로 직전의 참조 영상에서 찾을 수 없을 경우, 그 이전의 영상들에서 찾음으로 해서 부호화 효율을 향상시키기 위함이다[10]~[13].

다중 참조 영상을 사용해서 비디오 신호를 압축하는 경우의 장점에 대해 예제 그림들을 이용하여 설명하면 그림 9-19와 같다. 이 그림에서 현재 프레임(current frame)의 중간 부근의 블록과 닮은 블록은 바로 직전의 첫 번째 참조 영상(1st reference)에서 찾을 수 없고 세 번째 참조 영상(3rd reference)에서 찾을 수 있다. 그 이유는 다른 인물에 의해서 첫 번째 및 두 번째 참조 영상에서 해당되는 배경 정보가 가려지기 때문이다. 이런 경우 여러 장의 참조 영상을 사용함으로써 보다 정확한 움직임 예측을 가능하게 한다.

그렇지만, 이런 방법에도 단점이 있다. 여러 장의 참조 영상을 사용하다 보니, 움직임 추정하는 과정이 더욱 복잡해져서 실행 시간이 길어지게 된다. 그림 9-20에서 볼 수 있듯이, 현재 프레임의 각 블록의 움직임 벡터를 추정할 때, 모든 참조 프레임들에서 반복적으로 닮은 블록을 찾아야 하기 때문에 그만큼 실행 복잡도가 증가하게 된다.

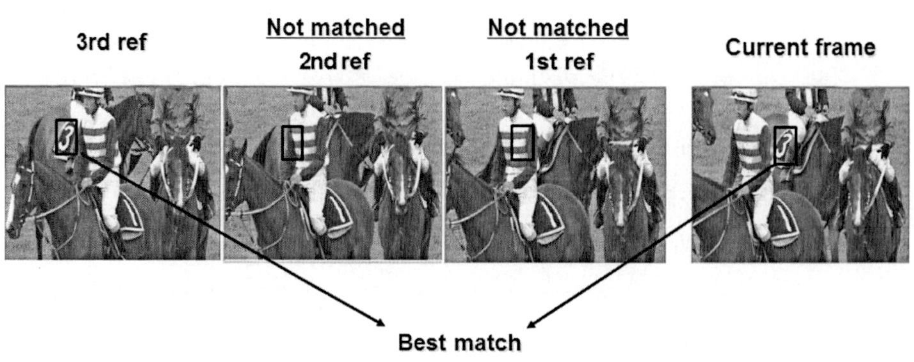

그림 9-19 움직임 추정 과정에서 다중 참조 영상을 이용하는 예

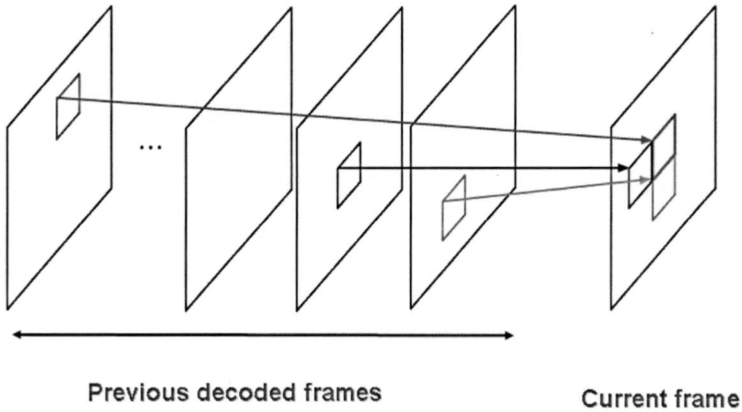

그림 9-20 다중 참조 영상을 이용하는 움직임 추정 과정

다중 참조 영상 기법을 사용할 경우 코덱 성능에 미치는 효과를 살펴보면 그림 9-21과 같다. 이 그림은 참조 영상을 1장만 사용할 경우에서 5장까지 사용할 수 있는 경우까지 고려하여, 각 경우의 압축 성능을 그래프로 나타내었다. 이 그림에서 알 수 있듯이, 참조 영상의 개수가 증가할수록 부호화 효율이 향상된다.

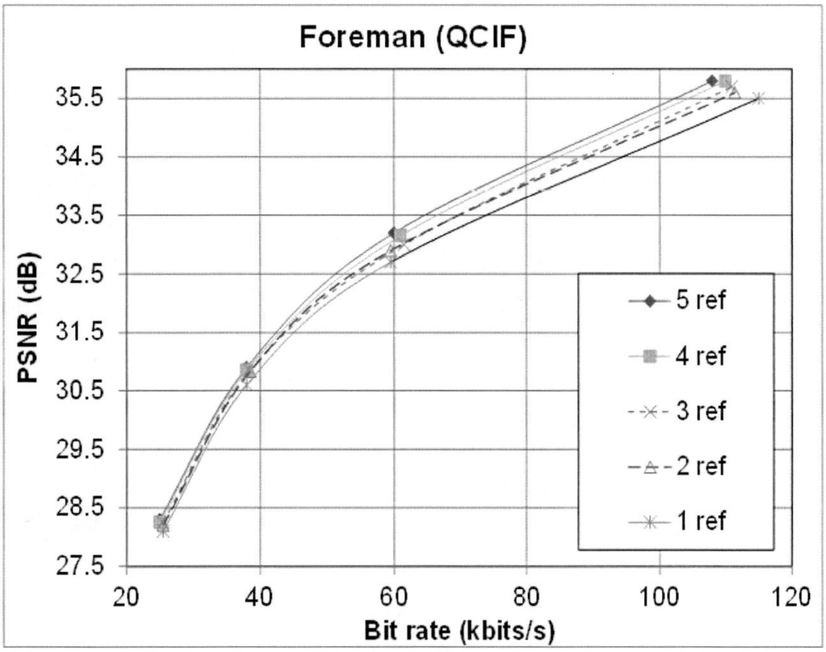

그림 9-21 다중 참조 영상 사용에 의한 성능 향상

9.8 밝기 보상(Illumination Compensation) 기법을 이용한 움직임 예측

비디오 인코더에서 연속된 픽처 간의 중복된 정보(군더더기 redundancy, 상관성 correlation)는 움직임 추정 과정을 통해서 제거된다. 이 과정에서 연속된 픽처 사이에 중복되는 정보를 효율적으로 제거함으로써 비디오 코덱의 압축 효율을 높일 수 있다. 그런데 그림 9-22에서처럼 촬영된 영상의 내용에는 매우 높은 상관성이 존재하지만(즉, 배경 및 등장 인물 등은 유사하여 반복적인 정보로 이뤄져 있지만), 외부 요인(여기서는 카메라 플래시(flash))에 의해 밝기가 급격하게 변하는 경우 기존의 움직임 벡터 추정 방법을 사용하면 압축 효율이 크게 감소하게 된다. 왜냐하면, 움직임 벡터 추정 방법으로 현재 블록과 가장 닮은 블록을 참조 영상에서 찾는다고 해도 두 블록 간의 잔차 신호의 에너지가 크고 이를 부호화하면 발생 비트가 매우 높아 압축 효율이 낮아지기 때문이다. 이럴 경우 참조 영상에 W 만큼 밝기 조절을 한 후 움직임 추정을 수행하면 현재 블록과 참조 블록이 더욱 닮게 만들 수 있기 때문에 잔차 신호의 에너지를 감소시킬 수 있어, 결국 발생 비트양을 줄이고 압축 효율을 향상시킬 수 있게 된다. 이는 참조 영상의 전반적인(global) 밝기를 보상하는 개념이다.

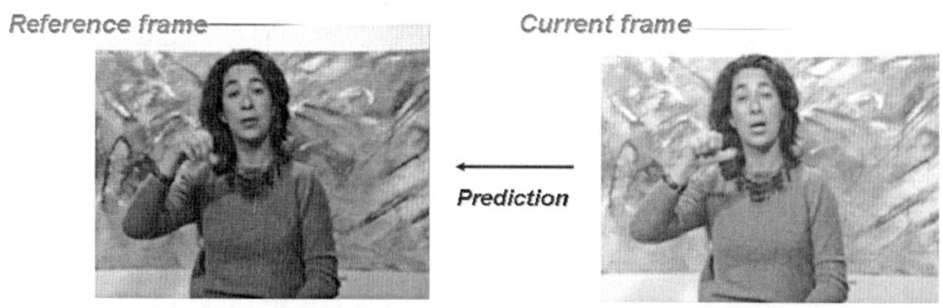

그림 9-22 현재 프레임의 전체 밝기가 급격하게 변한 경우

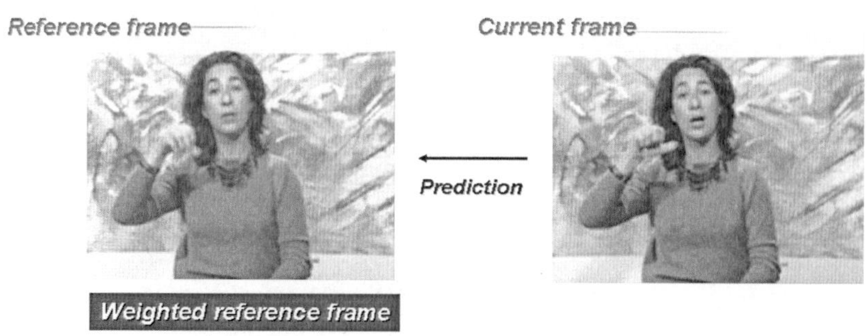

그림 9-23 참조 영상의 전체 밝기를 조정한 후 움직임 추정을 수행하는 예

그림 9-23은 그림 9-22의 참조 영상에 W 만큼 밝기 조절을 수행해서(참조 영상 내 모든 화소의 밝기 값에 W를 곱하는 과정을 수행해서) 참조 영상의 평균 밝기가 현재 영상의 평균 밝기와 거의 같아진 경우를 보여주고 있다. 이런 방법으로 참조 영상의 평균 밝기를 변경하면 움직임 벡터를 추정하는 과정에서 압축 성능을 높일 수 있다. 이 기술은 H.264의 Main Profile과 Extended Profile에서 지원되며, 사용된 가중치 값 W는 Slice Header에 저장된다.

9.9 Integer Transform 및 양자화 과정

1 Integer Transform의 matrix

MPEG-2, MPEG-4, H.263 등 기존의 비디오 압축 표준에서 사용되는 DCT 변환은 소수점(float) 연산을 기반으로 하고 있다. 소수점 연산을 이용한 DCT 변환의 사용은 계산 과정 중의 반올림으로 인해 원 신호와 역변환된 신호 간의 불일치 문제가 발생한다는 단점이 있다. 이 문제를 해결하기 위해서 H.264에서는 4×4 블록 단위로 Integer Transform을 사용한다[7].

H.264에서 Transform과 양자화는 인트라(Intra) 또는 인터(Inter) 예측된 에러(잔차 신호) 신호에 대해 수행된다. H.264의 Transform 변환 과정에 대해 알아보기 전에, 먼저 기존 코덱인 MPEG-2 등에서 사용되는 소수점(float) 연산방식을 이용한 4×4 DCT 변환 행렬을 다음과 같이 살펴보자.

$$H = \begin{bmatrix} H(0,0) & H(0,1) & H(0,2) & H(0,3) \\ H(1,0) & H(1,1) & H(1,2) & H(1,3) \\ H(2,0) & H(2,1) & H(2,2) & H(2,3) \\ H(3,0) & H(3,1) & H(3,2) & H(3,3) \end{bmatrix} \tag{9.19}$$

$$H(k,n) = C_k \sqrt{\frac{2}{N}}\, cos\,[(n+\frac{1}{2})\frac{k\pi}{N}] \tag{9.20}$$

4×4 DCT 변환 시 사용되는 식 (9.19)과 (9.20)에서 $k=0$이면 $C_0 = 1/\sqrt{2}$이고, $k>0$이면 $C_k = 1$이다. 이 식에서 4×4 Transform이기 때문에 $N=4$이다. 위의 식 (9.19)의 각 요소들의 값을 계산해 보면 다음과 같은 4×4 DCT 행렬이 만들어진다.

$$H = \begin{bmatrix} 0.5 & 0.5 & 0.5 & 0.5 \\ 0.6533 & 0.2706 & -0.2706 & -0.6533 \\ 0.5 & -0.5 & -0.5 & 0.5 \\ 0.2706 & -0.6533 & 0.6533 & -0.2706 \end{bmatrix} \tag{9.21}$$

식 (9.21)의 matrix를 구성하는 row와 column들은 서로 orthogonal한 특성을 가지고 있음을 알 수 있다. 임의의 matrix A가 orthogonal하다면 $A^T = A^{-1}$ 특징을 가진다. 부호화할 residual 신호에 대해 식 (9.21)의 행렬을 이용하여 변환한 후 다시 역변환을 적용한다면 소수점 연산을 수행하기 때문에 rounding 과정이 필요하게 된다. Rounding 과정 때문에 임의의 신호를 transform한 후 inverse transform시키면 원래 신호로 복구되지 않는 mismatch 문제가 발생한다. H.264에서는 transform 과정 중에 처리해야 하는 rounding 과정을 없애기 위해 다음과 같이 transform matrix를 새로 만들었다. 아래 식 (9.22)에서 실시하는 Rounding 계산은 새로운 matrix를 설계하는 과정에서 사용하는 것으로서 최종적으로 만들어진 matrix를 사용할 때는 Round 계산을 하지 않는다.

$$T = Round(\alpha \times H) \tag{9.22}$$

H.264 표준화의 초기 단계에서는 식 (9.22)의 α를 $\alpha = 26$으로 선정했었다. 이 값을 적용할 경우 아래와 같은 결과로 행렬이 만들어진다.

$$T = Round(26 \times H) = \begin{pmatrix} 13 & 13 & 13 & 13 \\ 17 & 7 & 7 & -17 \\ 13 & -13 & -13 & 13 \\ 7 & -17 & 17 & -7 \end{pmatrix} \tag{9.23}$$

이 matrix를 이용하여 Transform을 할 경우 변환된 신호 값들의 dynamic range가 커져 연산과정의 중간 값 및 변환 값을 표현 또는 저장하기 위해 많은 bit 수가 필요하게 된다. 예를 들어 임의의 입력 신호의 최대값이 B라고 가정할 때, 이 입력 신호를 식 (9.23)의 matrix를 이용하여 Transform하면 그 결과 값은 최대 $2407 \times B$의 값을 가지게 된다. log2(2407)=11.4인 것을 고려하면 $2407 \times B$의 값을 저장하거나 표현하기 위해서는 많은 비트 수가 필요하게 된다. 이러한 문제를 해결하기 위해 $\alpha = 2.5$로 설정하게 되었다.

$$T = Round(2.5 \times H) = \begin{pmatrix} 1 & 1 & 1 & 1 \\ 2 & 1 & -1 & -2 \\ 1 & -1 & -1 & 1 \\ 1 & -2 & 2 & 1 \end{pmatrix} \tag{9.24}$$

새롭게 만들어진 식 (9.24)의 matrix를 이용하여 Transform을 수행한 경우 $36 \times B$ 크기의 dynamic rage를 가지며, log2(36)=5.17 임을 고려할 때 적은 비트 수로 연산이 가능하게 되었다는 것을 알 수 있다. 또한, 식 (9.24)의 2를 곱하는 곱셈 연산은 bit shift 연산으로 가능하게 되어 결과적으로 필요한 연산기능은 Shift와 Addition 뿐이다. 즉, 식 (9.24)의 새로 만들어진 matrix를 이용함으로써 간단한 계산으로 신호의 transform이 가능해졌다.

하지만 식 (9.24)의 Transform은 기존의 방식과 Norm 값이 틀려 이로 인한 차이를 보상하기 위한 Scaling factor가 필요하다. Scaling factor를 설명하기 위해 다음 (9.25)의 prediction error(잔차 신호, residual) data를 예로 들어 설명한다.

$$x = \begin{pmatrix} 5 & 10 & 8 & 10 \\ 9 & 8 & 4 & 12 \\ 1 & 10 & 11 & 4 \\ 19 & 6 & 15 & 7 \end{pmatrix} \tag{9.25}$$

식 (9.25)에 주어진 데이터에 기존의 float 연산방식 matrix인 식 (9.21)을 사용하여 transform한 결과는 다음과 같다.

$$X_f = Hx\,H^T = \begin{pmatrix} 35 & -0.079 & -1.5 & 1.115 \\ -3.299 & -4.786 & 0.443 & -0.9010 \\ 5.5 & 3.029 & 2 & 4.699 \\ -4.269 & -3.010 & -9.384 & -2.1 \end{pmatrix} \tag{9.26}$$

이에 비해 식 (9.24)의 새로 만들어진 matrix를 이용하여 변환한 결과는 아래와 같다.

$$X_i = Tx\,T^T = \begin{pmatrix} 140 & -1 & -6 & 73 \\ -19 & -39 & 7 & -64 \\ 22 & 17 & 8 & 33 \\ 67 & -2 & -49 & 41 \end{pmatrix} \tag{9.27}$$

식 (9.26)과 (9.27)의 차이는 T에 Scaling factor를 적용하여 감소시킬 수 있다. 이때 사용되는 scaling factor는 matrix 형태로 식 (9.28)과 같으며, 적용 방법은 식 (9.29)와 같다.

$$PF = \begin{pmatrix} a^2 & ab/2 & a^2 & ab/2 \\ ab/2 & b^2/2 & ab/2 & b^2/2 \\ a^2 & ab/2 & a^2 & ab/2 \\ ab/2 & b^2/2 & ab/2 & b^2/2 \end{pmatrix} \tag{9.28}$$

$$scaling\,[Tx\,T^T] = \begin{pmatrix} 140\times a^2 & -1\times ab/2 & -6\times a^2 & 73\times ab/2 \\ -19\times ab/2 & -39\times b^2/4 & 7\times ab/2 & -64\times b^2/4 \\ 22\times a^2 & 17\times ab/2 & 8\times a^2 & 33\times ab/2 \\ 67\times ab/2 & -2\times b^2/4 & -49\times ab/2 & 41\times b^2/4 \end{pmatrix} \tag{9.29}$$

여기서 $a=1/2, b=\sqrt{\frac{2}{5}}$ 이다. 식 (9.29)의 scaling 방법을 사용하면 (9.27)의 결과는 다음과 같이 변경된다.

$$scaling\,[Tx\,T^T] = \begin{pmatrix} 35 & -0.158 & -1.5 & 1.107 \\ -3.004 & -3.9 & 1.107 & -0.92 \\ 5.5 & 2.688 & 2 & 4.9 \\ -4.269 & -3.2 & -9.329 & -2.1 \end{pmatrix} \tag{9.30}$$

식 (9.30)의 결과와 식 (9.26)의 결과를 비교해보면, 기존의 소수 연산을 이용한 transform 결과와 정수(integer) 연산을 이용한 transform 결과가 거의 같음을 알 수 있다. 여기서 주의해야 할 점은, 식 (9.29)의 scaling 과정은 계산을 간단하게 하기 위해 양자화(Quantization) 모듈에서 실행된다는 점이다. 그렇기 때문에 integer transform에서는 단순 shift 동작만을 사용하는 식 (9.24)의 matrix만 이용해서 신호 변환을 수행한다. 따라서 Transform 모듈과 Quantization 모듈은 독립적으로 작동하지 않고 서로 유기적으로 결합하여 동작이 수행된다.

식 (9.26)의 결과와 식 (9.30)의 결과에서 아직도 약간의 오차가 존재하기는 하지만 그 크기가 매우 작고, 대신 곱셈 연산 단계를 사용하지 않고 단순 shift 연산만을 사용하게 된 장점이 매우 중요하다고 할 수 있다.

2 Intra 16×16 모드의 Hadamard Transform

H.264 인코더에서 잔차 신호를 transform하는 방법을 앞 절에서 설명하였다. 여기서는 H.264에서 추가로 사용되는 Hadamard transform을 설명하고자 한다. 이 transform 과정은 매크로블록이 Intra 16×16 모드로 코딩되는 경우에 추가적으로 사용되는 방법이다.

하나의 매크로블록이 Intra 16×16 모드로 코딩되는 경우, 그림 9-24와 같이 16×16 크기의 residual 블록을 16개의 4×4 크기 residual 블록으로 분할한 후, 각 4×4 블록을 식 (9.23)의 matrix를 이용하여 Transform을 수행한다. 이런 transform을 수행하고 나면, 각 4×4 블록마다 1개의 DC 계수들이 존재하게 되는데, 이 16개의

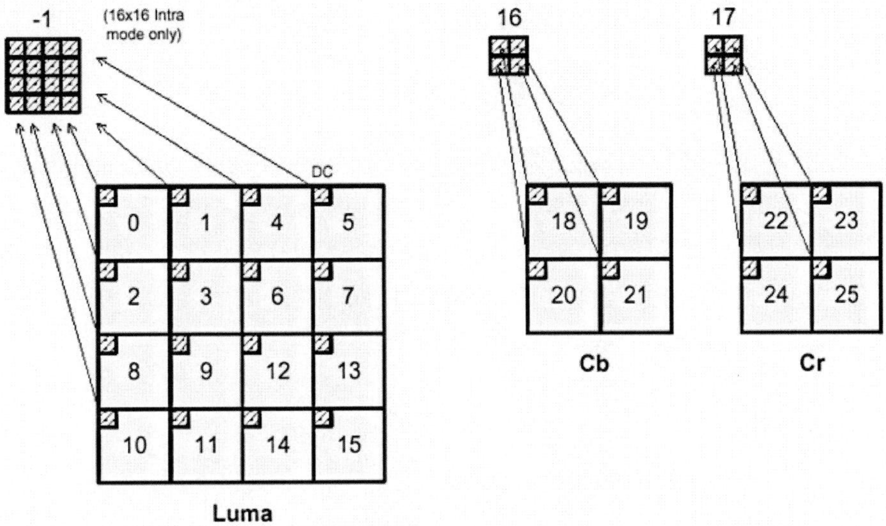

그림 9-24 Intra 16×16 모드 블록에서 각 4×4 잔차 신호 블록의 부호화 순서

DC 계수들을 모아 새로운 4×4 block을 만들고, 이것을 다시 Hadamard Transform 한다. 이러한 방식을 사용하는 이유는 만약 어느 한 매크로블록이 Intra 16×16 모드로 부호화하기로 결정되었을 경우 그 영역은 저주파 영역이기 때문에 Transform 된 영역의 DC 성분에 많은 신호가 몰리고, 또한 16개의 DC 값들끼리 매우 유사한 값을 갖기 때문이다. Hadamard Transform의 변환 matrix 식은 아래와 같다. Hadamard Transform은 Addition 연산만으로 간단한 구현이 가능하다는 장점을 가지고 있다.

$$H_h = \begin{pmatrix} 1 & 1 & 1 & 1 \\ 1 & 1 & -1 & -1 \\ 1 & -1 & -1 & 1 \\ 1 & -1 & 1 & 1 \end{pmatrix} \tag{9.31}$$

3 양자화 과정

지금부터는 H.264에서 사용되는 양자화(quantization) 단계에서 수행되는 scaling 과정을 살펴보자. 이를 설명하기 전에 기존의 비디오 압축 표준인 MPEG-2에서 사용되는 quantization 과정과 역양자화 과정을 식으로 나타내면 다음과 같다.

$$X_q(i,j) = sign[X(i,j)]\frac{|X(i,j)+f(Q_p)|}{Q_s} \tag{9.32}$$

$$X(i,j) = Q_s \times X_q(i,j) \tag{9.33}$$

식 (9.32)는 Quantization 과정을 나타내고 식 (9.33)은 역Quantization 과정을 나타낸다. 위와 같은 기존 방법들과 달리, H.264의 Quantization 과정에서는 계산 복잡도를 감소시키기 위해 나누기(division) 연산을 없애고 shift 연산만을 사용하는 방식이 사용되었다. 이를 위하여, H.264에서는 양자화 과정에서 사용할 새로운 scaling factor의 matrix를 다음과 같이 정의한다.

$$MF(Q_M, r) = \begin{pmatrix} 13107 & 5243 & 8066 \\ 11916 & 4660 & 7490 \\ 10082 & 4194 & 6554 \\ 9362 & 3647 & 5825 \\ 8192 & 3355 & 5243 \\ 7282 & 2893 & 4559 \end{pmatrix} \tag{9.34}$$

식 (9.34)의 matrix에서 세로 방향 row 번호를 나타내는 Q_M은(Q_P mod 6)으로 계산되며, 가로 방향 column 번호를 의미하는 파라미터 r은 4×4 크기의 잔차 신호 블록 내에서 특정 잔차 신호 $x(i,\ j)$의 위치 정보로 계산된다. $r=0$에 해당하는 위치는 $(i,\ j)$가 (0,0), (0,2), (2,0), (2,2)일 경우를 가리키고, 이는 식 (9.27)에서 a^2의 위치를 의미한다. $r=1$은 $(i,\ j)$가 (1,1), (1,3), (3,1), (3,3)일 경우를 가리키고, 이는 식 (9.28)에서 $b^2/4$의 위치를 나타낸다. $r=2$는 그 외 위치들을 가리키며, 이는 식 (9.28)에서는 $ab/2$에 해당하는 위치를 가리킨다. 식 (9.34)에 표시된 MF의 scaling factor 값들은 식 (9.28)의 PF와 Q_{step}(Quantization Step)을 고려하여 다음과 같은 등식이 성립하도록 계산된 값들이다.

$$\frac{MF}{2^{qbits}} = \frac{PF}{Q_s} \tag{9.35}$$

위의 수식에서 Q_s는 Q_{step}을 의미하고, $qbits$는 15+$floor(QP/6)$로 사용한다. 이와 같이 정의된 식 (9.34)의 MF를 이용하여 H.264 인코더의 양자화 과정이 진행되며, 이 과정은 식 (9.36)으로 나타낼 수 있다.

$$X_q(i,j) = sign[X_i(i,j)][X_i(i,j)MF(Q_M, r)+f] \gg qbits \tag{9.36}$$

f는 반올림을 조절하는 요소로서, 부호 모드에 따라 다른 값을 사용한다. inter coding mode에서는 $f=2^{qbits}/6$로 사용하고, intra coding mode에서는 $f=2^{qbits}/3$

으로 사용한다.

위와 같이 transform과 양자화를 결합시켜 압축된 신호를 역과정을 통해 복원하는 과정을 설명하면 다음과 같다. 우선 Inverse Quantization 과정은 아래의 식과 같다.

$$X_r(i,j) = \left[X_q(i,j)\,V(Q_M,r)\right] \ll Q_E \tag{9.37}$$

이 식에서 $Q_E = floor(Q_P/6)$이다. $V(Q_{M,}\ r)$는 복원을 위한 scaling 값으로 아래의 식을 이용해서 계산한다.

$$V(Q_M,r) = \begin{pmatrix} 10 & 16 & 13 \\ 11 & 18 & 14 \\ 13 & 20 & 16 \\ 14 & 23 & 18 \\ 16 & 25 & 20 \\ 18 & 29 & 23 \end{pmatrix} \tag{9.38}$$

식 (9.38)에서 Q_M과 r이 의미하는 것은 식 (9.34)에서와 같다. 식 (9.37)을 이용하여 역양자화된 신호에 다음 식 (9.39)를 적용하여 Inverse Transform을 수행한다.

$$x_r = \left[H_{inv}X_r + 2^5\right] \gg 6 \tag{9.39}$$

H_{inv}는 Inverse Transform matrix이고 아래의 식과 같다.

$$H_{inv} = \begin{pmatrix} 1 & 1 & 1 & 1/2 \\ 1 & 1/2 & -1 & -1 \\ 1 & -1/2 & -1 & 1 \\ 1 & -1 & 1 & -1/2 \end{pmatrix} \tag{9.40}$$

H_{inv}을 사용한 inverse transform 연산에서 1/2에 관한 나눗셈 연산 역시 간단한 bit shift 연산으로 가능하다. 위의 식들에서 Inverse Quantization과 Inverse Transform에 관한 연산 역시 대부분 Bit shift와 Addition 연산으로 수행되고 있음을 알 수 있다.

H.264의 Integer Transform과 양자화 과정의 주요 특징을 정리해보자. H.264의 변환과 양자화 과정에서는 연산을 위한 메모리 접근 및 곱셈을 32 bit 크기가 아닌 16 bit 크기로 구현할 있도록 되었다는 것, 또 그로인해 16 비트 ALU(Arithmetic Logic Unit)의 사용이 가능하게 되었다는 것이다. 또한, 모든 연산을 나눗셈 없이 단지 비트 이동 연산만으로 구현이 가능하다는 장점을 가지고 있어 하드웨어로 상

당히 간단하게 구현할 수 있다. 뿐만 아니라 QP가 +1 만큼 증가할 때마다 Q_{step}이 약 12% 만큼 증가하는데, 이는 QP가 +6 만큼 증가할 때마다 Q_{step}이 2배로 증가한다는 의미이다. 이러한 관계로 인해 QP와 화질의 선형적인 관계가 성립되었다. 표 9-2는 이런 관계를 보여준다.

표 9-2 H.264에서 QP와 Q_{step} 간의 관계

QP	0	1	2	3	….	8	9	10	11	12	…
Q_{step}	0.0625	0.6875	0.8125	0.875	…	1.625	1.75	2	2.25	2.5	…
QP	…	18	…	24	…	…	42	…	48	…	51
Q_{step}	…	5	…	10	…	…	80	…	160	…	224

9.10 De-blocking 필터 사용

1 De-blocking filter 사용 목적

지금까지 설명한 것처럼 H.264에서 Inter 또는 Intra mode로 영상 정보를 부호화할 때 블록 단위로 신호를 압축한다. 그 과정 중에는 주파수 공간으로 변환된 신호를 양자화하는 과정이 포함되고, 이 양자화 과정이 복원 영상의 화질을 저하시키는 주요 원인이 된다. 이 양자화 과정에서는 주파수 변환된 계수 값들을 미리 정해진 양자화 스텝 크기로 나누는 동작을 수행하는데, 픽처 내의 서로 이웃하는 블록 간에 다른 크기의 양자화 스텝 값들을 사용하여 신호를 양자화하게 되면 복원 영상에서 코딩 블록 경계를 따라 경계선이 보이는 왜곡 현상이 발생한다. 이를 블록 왜곡(blocking artifact)이라고 한다. 이 블록 왜곡 현상이 발생한 영상은 사람의 눈에 매우 거슬려 보인다. 또한, 움직임 벡터를 추정하는 inter mode 부호화 과정에서 blocking artifact가 발생한 참조 영상을 사용하면 정확하지 않은 움직임 벡터를 찾는 것은 물론 움직임 벡터를 찾고 나서 만들어지는 잔차 신호의 에너지가 증가하게 된다. 이 결과 발생 비트양이 증가하여 코덱의 압축 효율이 낮아지게 된다. 이 블록 왜곡 현상을 줄이기 위해서 de-blocking filter를 사용하는데, 이 필터가 인코더의 loop 내부에 존재하기 때문에 loop filter라고 부르기도 한다. De-blocking filter의 역할은 이웃하는 블록들 간의 평균 밝기 값의 차이 때문에 블록 경계선이 두드러져 보이는 현상을 감소시키는 것으로서, 경계에 존재하는 밝기 값의 급격한

변화를 완화시키는 것이다. 이 과정은 복원 영상에서 블록 경계에 위치한 화소 값들 간의 차이를 줄임으로써 이뤄지며, 이는 Low Pass Filter(LPF, 저대역 통과 필터)의 역할과 유사하다[9].

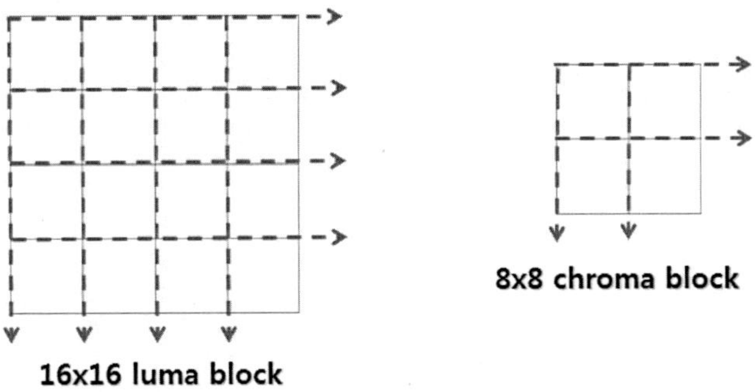

그림 9-25 De-blocking 필터가 적용되는 4×4 블록들의 경계

De-blocking filter는 매크로블록 내부의 4×4 블록들의 경계 영역에 적용된다. 그림 9-25는 컬러 포맷이 4 : 2 : 0인 경우 밝기(Luma) 신호와 색차(Chroma) 신호 블록에 de-blocking filter가 적용되는 위치를 표시하였다. 그림에서 점선으로 표시한 선이 4×4 블록들 간의 경계선이 된다. 이 경계선을 중심으로 양쪽 블록들 내부의 화소 값들의 예를 그림 9-26에 나타냈다. 그림에서 p_3, p_2, p_1, p_0로 구성된 왼쪽 블록과 q_0, q_1, q_2, q_3로 구성된 오른쪽 블록의 평균 밝기 값의 차이가 크다는 것을 알 수 있다. 이렇게 큰 평균 밝기 값 차이가 이웃하는 블록 간에 존재하는 것을 블록 왜곡이라고 하는데, 이 왜곡을 감소시키기 위해서는 p_3, p_2, p_1, p_0 값과 q_0, q_1, q_2, q_3 값을 새로운 값으로 변경시켜야 한다. 이런 필터링 과정은 주변 화소 값들의 특성에 따라 강하게 적용할 수도 있고 약하게 적용할 수도 있다. H.264에서는 블록 경계마다 총 5개의 필터링 강도 중에서 한 가지 강도를 선택하여 사용할 수 있다. 이렇게 5개나 되는 필터링 강도를 정해놓고 그 중 하나를 선택하여 사용하는 이유는 블록의 경계가 두드러지는 정도가 강할 경우도 있고 약할 경우도 있기 때문이다. 또한, 블록들 간 경계에 에지가 위치하여 blocking artifact로 오인될 수도 있다. 그렇기 때문에 에지 정보인지 아닌지를 판별하고, 블록 왜곡의 심한 정도를 구분하여 사용될 필터의 강도를 정하게 된다.

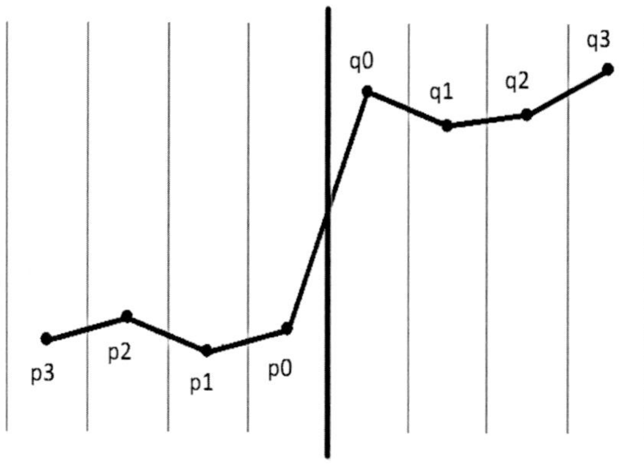

그림 9-26 블록 간 경계에서 화소 값들의 예제

2 De-blocking filter 강도 결정

De-blocking filter의 필터링 강도(Bs)를 결정하는 알고리즘을 그림 9-27에 나타내었다. 이 그림의 알고리즘에 따르면, 먼저 왼쪽 블록 p 또는 오른쪽 블록 q가 Intra mode로 부호화되었는지를 조사한다. 만약 두 블록 중에 한 블록이라도 Intra mode로 부호화되었다면, 이 두 블록(p와 q)의 경계선이 매크로블록의 경계선인지를 조사한다. 만약 블록 p와 q가 모두 한 매크로블록 내부의 4×4 크기 블록이라면, 이 두 블록 간의 경계선은 매크로블록의 경계선과 일치하지 않기 때문에 이를 구분하는 것이다. p 블록과 q 블록 간의 경계선이 매크로블록 간의 경계선과 일치한다면, de-blocking filter의 강도(Bs)를 4로 설정하여 매우 강한 필터링을 수행한다. 블록 p와 블록 q가 모두 Inter mode로 부호화되었다면, 블록 p 또는 블록 q에 부호화할 데이터가 존재하는지를 조사한다. 만약 블록 p와 블록 q가 모두 skip mode로 부호화되었다면, p와 q 모두 부호화할 데이터(계수)를 포함하지 않게 된다. 두 블록들 중에 하나라도 skip mode가 아닌 모드로 부호화되었다면 Bs를 2로 설정한다. 그렇지 않고 p와 q 블록 모두 skip mode로 부호화했다면, p와 q 블록을 inter mode coding할 때 참조했던 참조 영상이 같은지를 조사하고, p와 q 블록의 움직임 벡터가 비슷한지 크게 다른지를 조사하여 Bs를 결정한다. p 블록과 q 블록의 참조 영상이 다르거나 또는 두 블록의 움직임 벡터가 크게 차이가 난다면, Bs를 1로 선택해서 약한 강도의 filtering을 수행한다. 그렇지 않고 두 이웃 블록 간의 참조 영상이 같고, 두 이웃 블록들의 움직임 벡터들이 유사하다면, blocking artifact가 양자화 step 크기의 차이로 인해서 발생한 것이 아니라, 블록 p와 q의 경계에 에지가 존재해서 블록 왜곡처럼 보일 수도 있고, p와 q가 서로 닮지 않아서 경계가

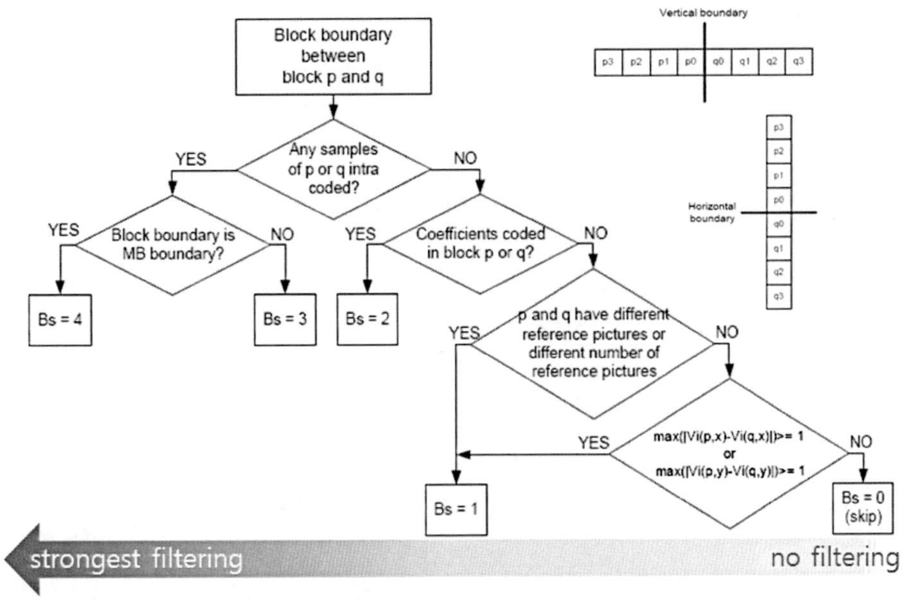

그림 9-27 루프 필터의 강도 파라미터 결정 알고리즘

두드러지게 나타나 보일 수도 있기 때문에 Bs를 0으로 설정하여 필터링을 수행하지 않는다. 그림 9-27에서 Bs=0(Skip)라고 표기한 것은 de-blocking filter의 사용을 skip한다는 의미로서, 매크로블록의 inter mode coding에서 사용되는 skip mode 와는 다른 의미이다.

3 De-blocking Filter 적용 방법

그림 9-27의 과정을 통해 블록 p와 블록 q의 경계에 적용할 필터 강도를 결정하고 나면 다음의 과정을 따라 블록 경계값 p_3, p_2, p_1, p_0와 q_0, q_1, q_2, q_3를 변경시킨다.

(가) Bs가 1~3일 경우

- {Step 1}

이 경우 de-blocking filter를 적용하기 위해서 첫 번째 조건이 참(True)인가를 검사한다.

조건 1	$\lvert q_0 - p_0 \rvert < \alpha\ (\mathrm{Index}A)$

만약, [조건 1]이 만족되지 않는다면, Bs={1, 2, 3}의 경우에 대해서 de-blocking filter를 사용하지 않는다. 즉, {Step 4}로 jump한다.

• {Step 2}

[조건 1]을 만족한다면 다음의 조건 2개(조건 2, 조건 3)를 추가로 검사하여 p_0와 q_0에 대한 변환을 수행할지 안할지를 결정한다.

조건 2	$\lvert p_1 - p_0 \rvert < \beta(\text{Index}_B)$
조건 3	$\lvert q_1 - q_0 \rvert < \beta(\text{Index}_B)$

이 조건식들에서 $\alpha(index_A)$와 $\beta(index_B)$는 일종의 문턱(threshold)값이며 이는 H.264에서 정의된 table을 이용하여 계산된다. 만약 [조건 2]와 [조건 3] 중에 하나라도 만족하지 않는다면 p_0와 q_0에 대한 변환을 포기하고 {Step 3}으로 jump 한다. 그렇지 않고, [조건 2]와 [조건 3]이 모두 참(True)일 때는 다음과 같이 de-blocking filtering을 수행된다.

$$p_0' = p_0 + \Delta_0 \tag{9.41}$$

$$q_0' = q_0 - \Delta_0 \tag{9.42}$$

여기서, $\Delta_0 = Min(Max(-c_0, \Delta_{0i}), c_0)$이고, $\Delta_{0i} = (4(q_0 - p_0) + (p_1 - q_1) + 4) \gg 3$이다.

c_0는 H.264에 정의되어 있는 CLIP_TAB 테이블을 이용하여 계산되는 상수이다.

• {Step 3}

여기서는 $p_{1,} q_1$ 값을 변경시킬 조건문들을 검사한다.

조건 4	$\lvert p_0 - p_3 \rvert < \beta(\text{Index}_B)$
조건 5	$\lvert q_0 - q_3 \rvert < \beta(\text{Index}_B)$

[조건 4]가 참이면 다음의 과정을 수행한다.

$$p_1' = p_1 + \Delta_{p1} \tag{9.43}$$

$$\Delta_{p1i} = (p_2 + ((p_0 + q_0 + 1) \gg 1) - 2p_1) \gg 1 \tag{9.44}$$

$$\Delta_{p1} = Min(Max(-c_1, \Delta_{p1i}), c_1) \tag{9.45}$$

c_1은 H.264에 정의되어 있는 CLIP_TAB 테이블을 이용하여 계산되는 상수이다.

[조건 5]가 참이면 다음의 과정을 수행한다.

$$q_1' = q_1 + \Delta_{q1} \quad (9.46)$$

$$\Delta_{q1i} = (q_2 + ((p_0 + q_0 + 1) \gg 1) - 2q_1) \gg 1 \quad (9.47)$$

$$\Delta_{q1} = Min(Max(-c_1, \Delta_{q1i}), c_1) \quad (9.48)$$

• {Step 4}

Bs={1, 2, 3}의 경우에 대한 de-blocking filtering을 끝마친다.

(나) Bs가 4일 경우

이 경우 [조건 1], [조건 2], [조건 3]을 검사하여 de-blocking filter를 적용하는지를 판단한다.

조건 1	$\lvert p_1 - q_0 \rvert < \alpha$ (Index$_A$)
조건 2	$\lvert p_1 - p_0 \rvert < \beta$ (Index$_B$)
조건 3	$\lvert q_1 - q_0 \rvert < \beta$ (Index$_B$)

[조건 1], [조건 2], [조건 3]이 모두 참이면 다음 수식으로 de-blocking filter를 수행한다.

$$p_0' = (p_2 + 2p_1 + 2p_0 + 2q_0 + q_1 + 4) \gg 3 \quad (9.49)$$

$$p_1' = (p_2 + p_1 + p_0 + q_0 + 2) \gg 2 \quad (9.50)$$

$$p_2' = (2p_3 + 3p_2 + p_1 + p_0 + q_0 + 4) \gg 3 \quad (9.51)$$

$$q_0' = (q_2 + 2q_1 + 2q_0 + 2p_0 + p_1 + 4) \gg 3 \quad (9.52)$$

$$q_1' = (q_2 + q_1 + q_0 + p_0 + 2) \gg 2 \quad (9.53)$$

$$q_2' = (2q_3 + 3q_2 + q_1 + q_0 + p_0 + 4) \gg 3 \quad (9.54)$$

4 De-blocking filter의 효과

지금까지 설명한 de-blocking filter의 실행 과정을 살펴보면, 곱하기나 나누기 계산을 사용하지 않고 단순한 덧셈과 shift 동작으로만 필터링을 수행하고 있다.

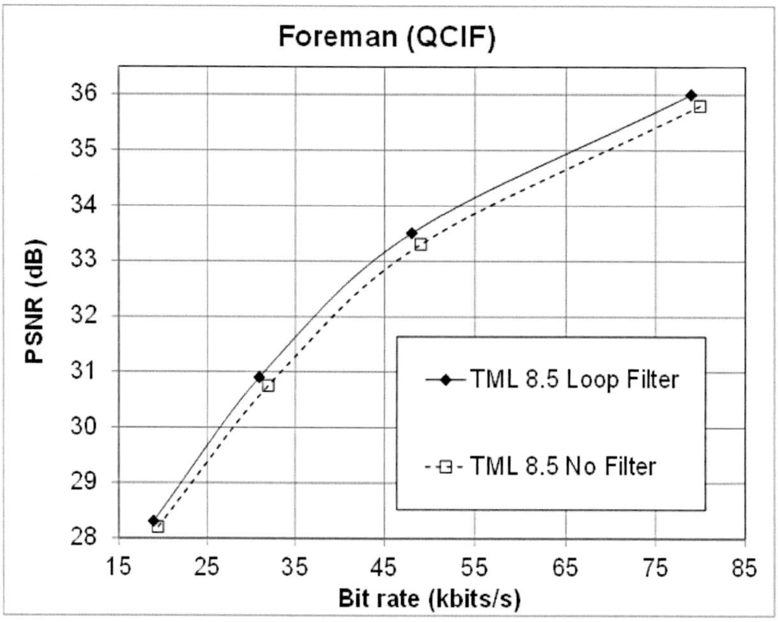

그림 9-28 De-blocking filter 사용 시 압축 효율 향상

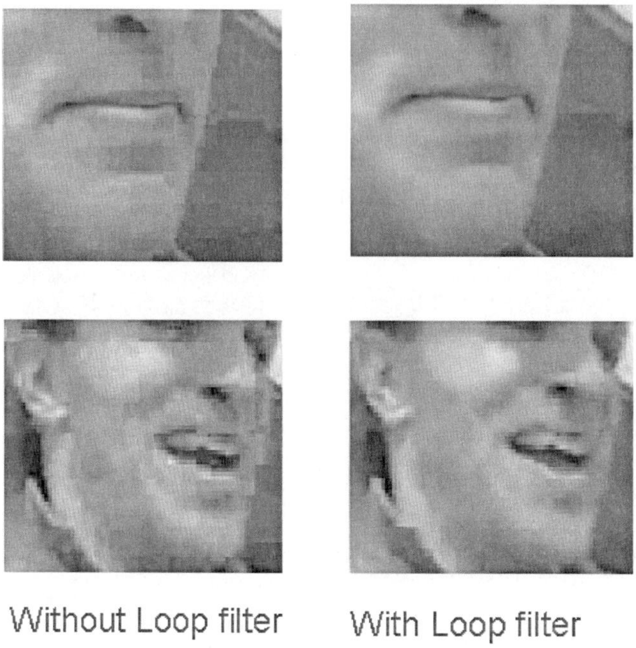

그림 9-29 De-blocking filter 사용 시 시각적인 화질 향상

한편, de-blocking filter를 사용함으로써 동영상 압축 시 발생 비트양을 줄이고 압축 효율을 높일 수 있는데 그 효과를 그림 9-28에 표시하였다. 이 그림에서는 de-blocking filter를 사용함으로써 얻을 수 있는 효과를 Rate-Distortion 관점에서 설명하고 있다. De-blocking filter를 사용함으로써 R-D curve가 상승하여 코덱 성능이 향상되는 것을 알 수 있다.

De-blocking 필터를 사용하여 동영상을 부호화했을 경우 수신단에서 복원한 영상의 시각적인 효과를 살펴보면 그림 9-29와 같다. 왼쪽의 두 개 영상은 filter를 사용하지 않았을 경우의 결과 영상이고 오른쪽 두 개의 영상은 filter를 사용했을 경우의 결과 영상이다. 그림에서 알 수 있듯이 de-blocking filter를 사용했을 경우 블록 왜곡이 상당히 감소하여 화질이 개선됨을 알 수 있다.

9.11 H.264 비트스트림 구조

지금까지 설명한 H.264에서 사용되는 핵심 기술들을 그림 9-30에서 확인해보자. Inter mode coding을 위해서는 ME(Motion Estimation), MC(Motion Compensation), Transform, Scaling, Quantization, Inverse Scaling, Inverse Transform, De-blocking Filter 등의 모듈들이 사용되었다. Intra mode coding을 위해서는 Intra Prediction, Transform, Scaling, Quantization, Inverse Scaling, Inverse Transform, De-blocking Filter 등이 사용되었다. 이런 과정을 거치고 나면 각 매크로블록(MB)마다 전송해야 할 정보들이 발생하는데, 이들을 정리하면 표 9-3과 같다.

표 9-3 매크로블록마다 부호화할 정보

전송 정보	포함하는 정보 내용
MB_type	매크로블록 타입
Reference Frame Index	어느 참조 영상을 사용해서 움직임 벡터를 추정했는지 참조 영상 정보
mvd_l0	과거 참조 영상들로부터 추정한 움직임 벡터 정보
mvd_l1	미래 참조 영상들로부터 추정한 움직임 벡터 정보
CBP	Coded Block Pattern, 매크로블록 내에 코딩할 정보가 있는 서브블록과 코딩할 정보가 없는 서브블록을 구분하여 표시하는 표시자
delta_QP	현재 매크로블록에서 사용된 양자화 파라미터에 대한 정보
Residual data	Inter 또는 Intra mode로 부호화한 후 잔차 신호를 Transform & Quantization 한 후 얻어지는 신호

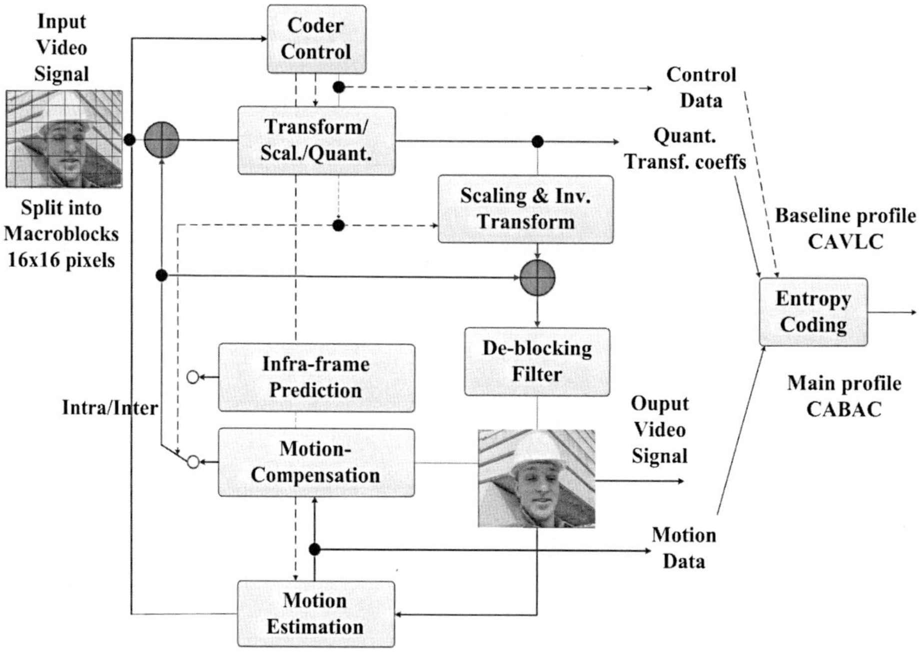

그림 9-30 H.264 인코더에서 Entropy Coding의 역할과 위치

이 정보들은 엔트로피 코딩된 후 약속된 구조의 패킷에 담겨져서 전송되는데, 그 개념적인 구조를 그림 9-31에 나타냈다. 엔트로피 코딩이란 데이터의 발생확률에 따라 심볼마다 서로 다른 길이의 코드워드를 할당하여 부호화하는 방법으로서 잘 알려진 Huffman Code가 Entropy Code의 한 종류이다.

그림 9-31에서 보여주고 있는 H.264 비트스트림의 구조에서 SPS(Sequence Parameter Set)는 시퀀스에 공통적으로 사용되는 정보를 전송하는 부분이고, PPS (Picture Parameter Set)는 현재 픽처를 부호화할 때 사용되는 기본적인 파라미터를 전송하는 부분이다. 이 SPS와 PPS는 고정된 길이의 코드워드를 사용하여 표현된다. SPS와 PPS와 달리, MB_type, Reference Frame Index, mvd_l0, mvd_l1, CBP, delta_QP, Residual data 등으로 구성된 MB data는 가변 길이 부호화 코드를 사용하여 부호화된다. H.264에서 사용되는 가변 길이 부호화 코드로는 CAVLC와 CABAC 이렇게 2가지 종류가 있다. H.264의 baseline profile에서는 entropy_coding_mode_flag가 0으로 세팅되고 CAVLC가 사용되며, main profile에서는 entropy_coding_mode_flag가 1로 세팅되고 CABAC이 사용된다[5].

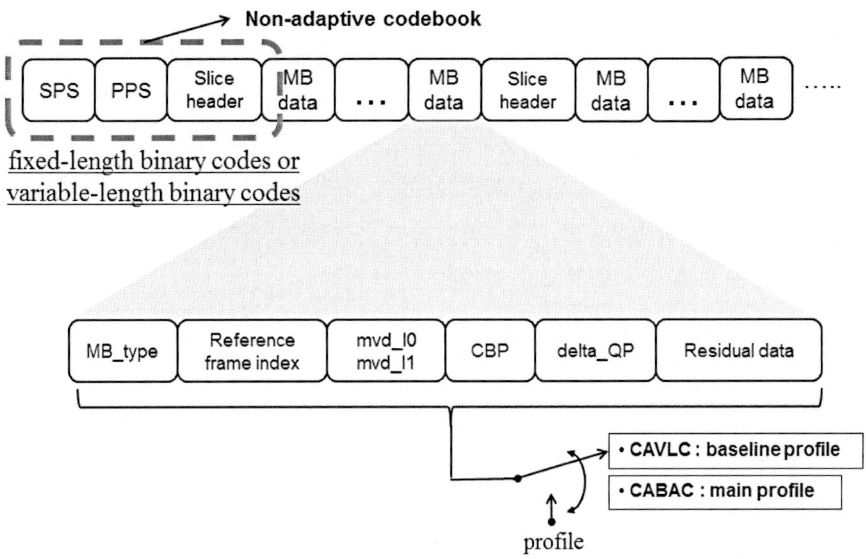

그림 9-31 H.264에서 전송되는 비트스트림 구조

9.12 CAVLC

이 절에서는 CAVLC에 대해서 자세히 알아보도록 하자. CAVLC는 Context-based Adaptive Variable Length Coding의 약자이다. VLC는 가변 길이 코드워드를 사용하여 부호화하는 방법이란 의미이다. 같은 종류의 심볼(예를 들어, 주파수 변환된 residual 신호들)이라고 해도 심볼 값마다 발생확률이 다르기 마련인데, 이때 발생확률이 높은 심볼은 자주 발생하기 때문에 짧은 길이의 코드워드를 사용해서 표현하고, 발생확률이 낮은 심볼은 가끔씩만 발생하기 때문에 긴 길이의 코드워드를 사용해서 표현하는 방법이다. 그렇다면, CA(Context-based Adaptive)란 어떤 의미일까? 한글로 직역하자면 '문맥기반 적응적'이란 의미이다. VLC를 사용할 때, 한 심볼의 발생확률에 따라서 다른 길이의 코드워드를 할당한다고 했는데, 이 발생확률이란 것이 신호의 발생 위치나 상황에 따라서 변할 수 있기 때문에 그때마다 발생확률을 다시 계산한 후 거기에 맞는 길이로 코드북(코드워드들의 집합)을 다시 제작해야 한다. 이렇게 신호를 압축하면서 코드북을 계속 다시 만들면 너무 복잡하기 때문에 미리 여러 개의 VLC 코드북들을 준비해 둔 후 심볼의 발생확률 값이 변경되면, 변경된 심볼 발생확률에 제일 적합한 VLC 테이블을 선택하여 부호화에 사용하는 기술이다. 이렇게 상황에 따라서 (상황에 맞게, 문맥별로, Context에 따라서, Context-based) 적응적으로(Adaptive) VLC 테이블을 선택하여 사용하는 것을 CAVLC라고 한다. 그렇다면, '상황'이 변하는 것을 어떻게 감지하고 판별하는가? 이는 현재 코딩하려는 MB의 위쪽과 왼쪽 등 이웃하는 데이터에서 해당 심볼의 발생확률이 어떠했는지 검사해 본 후, 그 이웃 블록의 심볼 발생확률이 현재 블록 내의 심볼 발생확률과 같을 것이라고 생각하고, 주위 블록의 발생확률에 따르는 VLC 코드북을 선택하여 현재 MB을 부호화하는 것이다.

좀 더 구체적으로 설명하면 H.264의 baseline profile에서는 MB의 데이터 중에서 Residual data만 CAVLC로 부호화되고, 나머지 MB_type, Reference Frame Index, mvd_l0, mvd_l1, CBP, delta_QP 등은 Exponential Golomb Code를 사용하여 부호화된다. 이를 그림 9-32에서 표현하였다. Exponential Golomb Code는 이 책의 제4장에서 서술하고 있기 때문에 여기서는 자세한 설명을 생략한다.

그림 9-32에서 Residual data라고 함은 Inter mode 또는 Intra mode로 부호화한 후 발생하는 잔차 신호에 transform과 양자화 과정을 거친 것으로서 구체적인 예를 그림 9-33에서 보이고 있다. 그림 9-33의 맨 왼쪽 상단의 4×4는 양자화까지 거친 residual data인데, 이를 부호화하기 위해서는 zig-zag 스캐닝을 하고, parameter를 추출한 후, CAVLC를 사용하여 압축한다.

그림 9-33의 파라미터 추출과정을 그림 9-34에서 예제를 사용하여 설명하고 있다. 즉, 파라미터를 추출하는 과정이란 residual data가 zig-zag scan 순서에서 연속된 1은 몇 개가 있는지, 0이 총 몇 개가 있는지, 0이 아닌 값은 몇 개가 있는 지 등을 조사한 값들이라고 할 수 있다.

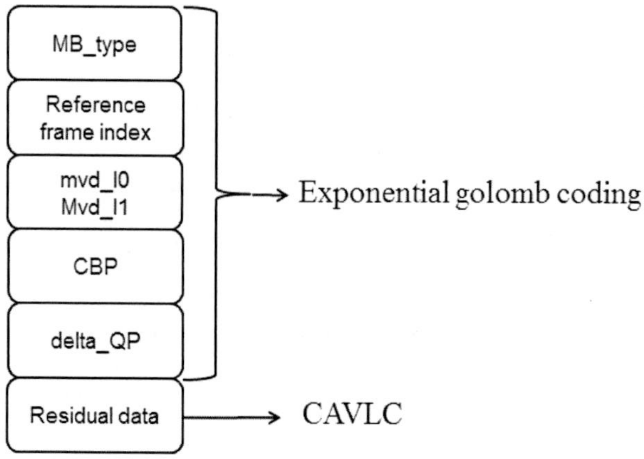

그림 9-32 Baseline profile에서 MB data들의 부호화 방법

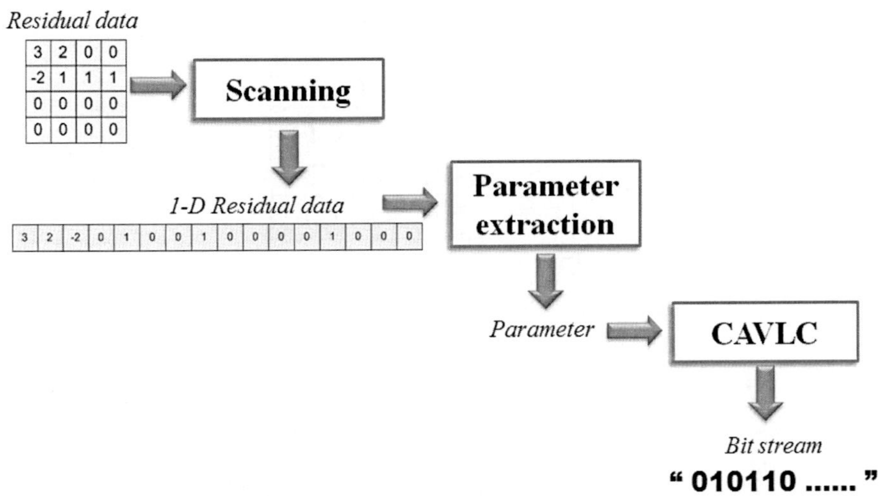

그림 9-33 Residual data 부호화 과정

그림 9-34에서 추출된 파라미터들은 복수개의 VLC 코드북들을 사용하여 부호화된다. 앞서 설명한 것처럼 복수개의 VLC들 중에서 어느 것을 선택하느냐는 현재 코딩하려는 data보다 이전에 코딩된 이웃 정보들로부터 결정된다.

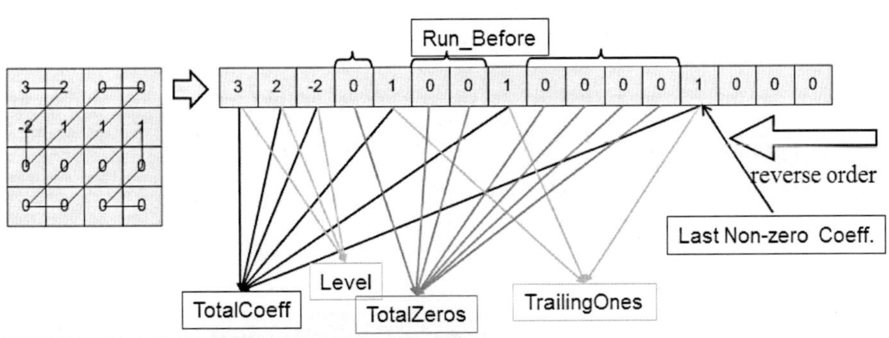

	Value		Value
TotalCoeff	6	Level	2
TrailingOnes	3	Level	3
Trailingones_sign	+	TotalZeros	7
Trailingones_sign	+	Run_before	4
Trailingones_sign	+	Run_before	2
Level	-2	Run_before	1

그림 9-34 Parameter Extraction 과정

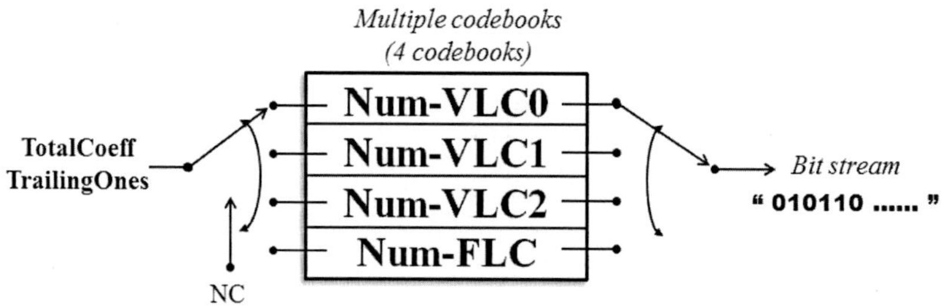

그림 9-35 Parameter 중 TotalCoeff와 TrailingOnes의 CAVLC 부호화 과정

그림 9-35는 추출된 파라미터들 중에서 TotalCoeff와 TrailingOnes를 CAVLC 부호화하는 과정을 설명하고 있다. TotalCoeff와 TrailingOnes 정보를 부호화할 때 4개의 VLC 테이블을 이용한다. 이때 사용되는 VLC 테이블은 현재 블록의 윗 이웃 블록과 왼쪽 이웃 블록의 NC(Non-zero Coefficeints들의 개수)로 결정된다. 이와 같이 이웃 블록의 정보(즉, 문맥, Context)에 적응적으로 VLC 코드북을 선택하여 사용하기 때문에 CAVLC라고 부르는 것이다.

그림 9-36은 그림 9-34에서 추출한 데이터 중에서 Level 정보를 CAVLC를 이용하여 부호화하는 과정을 설명하고 있다. Level은 7개의 VLC 테이블 중에 하나로 부호화된다. 어느 VLC 테이블을 이용할 것인가는 바로 직전에 부호화된 블록의 level 값 크기로 결정된다.

그림 9-34에서 추출한 데이터들 중에서 TotalZeros에 대해서 CAVLC를 수행하는 방법을 그림 9-37에 표시하였다. 이 그림에서 TotalZeros는 15개의 코드북 중에 하나를 선택하여 그 코드북으로 부호화된다. 어느 코드북을 사용할지는 그림 9-34의 TotalCoeff 값으로 결정된다.

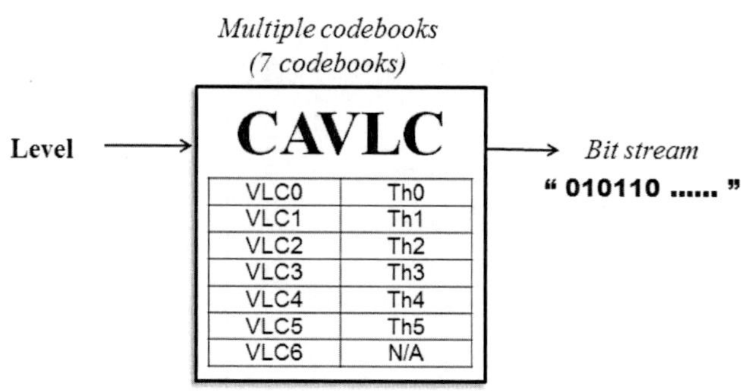

그림 9-36 Parameter 중 Level의 CAVLC 부호화 과정

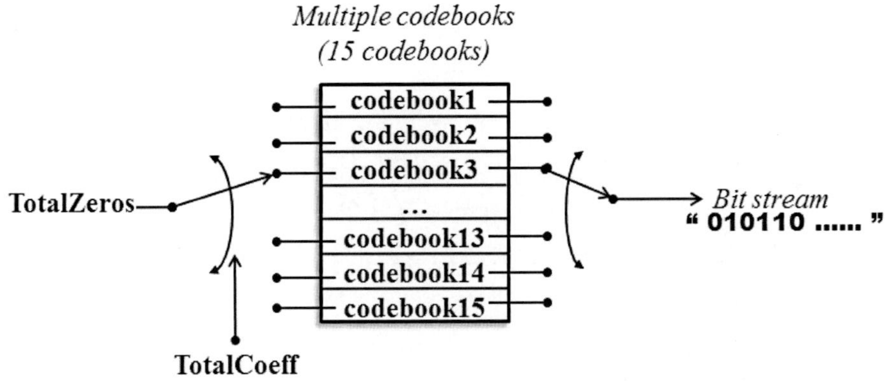

그림 9-37 Parameter 중 TotalZeros의 CAVLC 부호화 과정

그림 9-38은 그림 9-34에서 추출한 run_before를 부호화하는 방법에 대해서 설명하고 있다. 이 그림에서 run_before를 부호화하기 위해 7개의 코드북 중 하나를 선택한다. 이때 사용되는 코드북은 zeroLeft로 결정된다. zeroLeft란 현재 블록에서 아직 부호화되지 않은 zero 계수의 개수를 의미한다.

지금까지 설명한 것처럼 H.264 baseline profile에서는 주변 블록들의 코딩 상황에 따라 적응적으로 VLC 코드북을 선택해서 사용하는 CAVLC 방법을 사용한다. 심볼들의 발생확률이 계속 변하는 상황에서는 고정된 VLC 코드북을 사용하는 것보다 상황에 맞게 적응적으로 선택할 수 있는 복수개의 VLC 코드북들을 사용함으로써 부호화 효율을 향상시킬 수 있다.

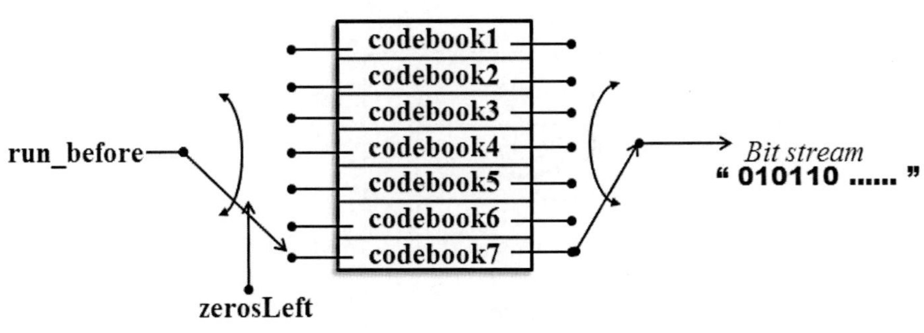

그림 9-38 Parameter 중 run_before의 CAVLC 부호화 과정

9.13 CABAC

CABAC는 Context-based Adaptive Binary Arithmetic Coding의 약자로서, entropy_coding_mode_flag가 1로 세팅되는 main profile에서 사용되는 엔트로피 코딩 기술이다. Main profile에서는 그림 9-32에 표시된 baseline profile의 경우와 다르게 MB data 전체를 CABAC로 엔트로피 부호화하는데, 이를 다음의 그림 9-39에 표시하였다.

CABAC에서 CA의 의미는 앞서 설명한 것과 마찬가지로 현재 부호화하는 블록보다 먼저 부호화된 데이터들(문맥, Context)의 발생확률 값에 따라 변경된 코드북을 사용하여 엔트로피 코딩을 실시한다는 것이다. 그리고 AC는 Arithmetic Code를 의미하는데, 우리말로 산술 부호화라고 해석될 수 있다. 산술 부호화 방법의 자세한 내용은 이 책의 제4장을 참고하도록 하자. 이 책의 제4장에서는 산술 부호화 방법의 원리 및 예제를 자세히 설명하고 있다. 그리고 CABAC의 명칭에서 B는 Binary를 의미한다. 즉, BAC란 이진수를 이용하는 산술 부호화 방법이란 의미이다. 이진수 산술 부호화를 사용하는 이유는 이진수를 사용함으로써 0 또는 1의 2가지 심볼만 다루면 되고 이로 인해 구현이 간단하기 때문이다. 그렇지만, CABAC에서는 이진수를 부호화하기 때문에, 이진수가 아닌 심볼 정보들은 Binarization(이진화) 과정을 통해 이진수로 변경되어야 한다.

CABAC는 CAVLC보다 복잡하다고 알려져 있는데, 압축 효율 측면에서는 CABAC의 성능이 CAVLC 보다 우수하다고 알려져 있다. 한편, CABAC에서는 산술 부호화의

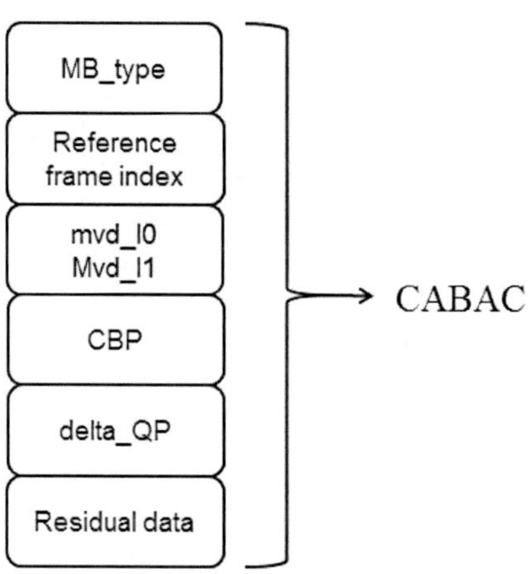

그림 9-39 Main profile에서 MB data들의 부호화 방법

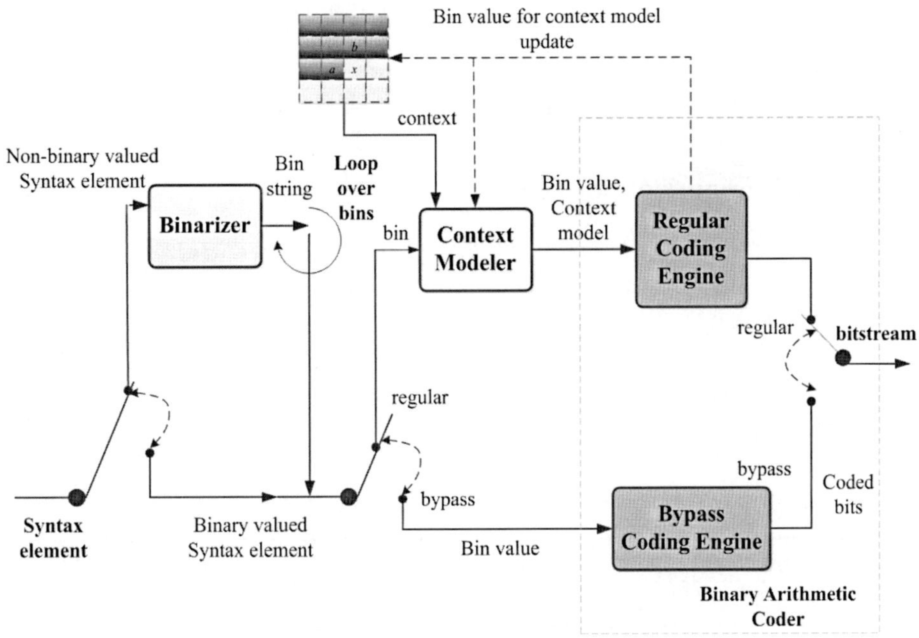

그림 9-40 CABAC의 블록 다이어그램

특성으로 인해 VLC 테이블을 사용하지 않아도 되기 때문에 VLC 코드북 테이블을 구성하지 않아도 되는 장점이 있다. 참고로 산술 부호화(Arithmetic Code)는 Huffman Code보다 높은 압축 성능을 제공한다고 알려져 있다.

그림 9-40은 CABAC의 블록 다이어그램을 표시하고 있다. CABAC은 3단계의 중요한 과정을 거치게 되는데, 첫째 단계는 이진화(Binarization) 과정이고, 둘째는 Context Modeler 단계, 마지막으로 세 번째는 이진수 산술 부호화(BAC) 단계이다. 이 그림에서 Binarizer로 표시된 블록은 이진수가 아닌 syntax 정보를 이진수 형태로 변형시키는 역할을 수행한다. 원래부터 2진수 형식으로 표현된 syntax는 binarizer를 거치지 않고 직접 Context Modeler로 전달된다. CABAC의 2번째 처리과정인 Context Modeling 단계에서는 이진수 형태로 표현된 bin 정보로부터 심볼 '0'의 발생확률과 심볼 '1'의 발생확률을 계산한다. 이는 주변 블록의 bin 정보로부터 계산되는 확률값으로서, 주변 블록들의 코딩 상황을 고려하여 현재 부호화하려는 심볼들의 발생확률을 계산한다는 의미로 CA(Context Adaptive)란 용어를 사용한다. 부호화하려는 bin의 종류에 따라서는 주변 블록들의 코딩 정보를 참조하지 않고 단순한 BAC(이진 산술 부호화)만을 수행하는 경우도 있는데, 이런 경우에는 Context Modeler를 거치지 않고(Bypass해서) Bypass Coding Engine으로 부호화한다. CABAC의 마지

막 단계인 BAC 모듈에서는 이진 산술 부호화를 수행하는데, context modeler를 거친 신호는 Regular Coding Engine으로 부호화를 수행하고, modeler를 bypass한 데이터는 Bypass Coding Engine을 사용해서 부호화한다.

1 이진화(Binarization) 과정

이진화 과정에서는 이진수가 아닌 일반적인 데이터 형태(Non-binary)로 표현된 syntax를 이진수의 비트열(bin string)로 만드는 과정이다. Binarization 과정의 종류에는 Unary 이진화, Truncated unary(TU) 이진화, Fixed-length(FL) 이진화, Concatenated unary/Kth-order Exp-Golomb(EGk) 이진화 등이 있다. 부호화해야할 각 syntax별로 사용되는 이진화 방법이 다른데, 이를 표 9-4에 정리하였다.

표 9-4 Syntax별 사용되는 이진화 방법

Syntax element	Type of binarization
mb_type(I slices only)	Unstructured binarization
mb_skip_flag(P, SP slices only)	FL, cMax=1
mb_skip_flag(B slices only)	FL, cMax=1
mvd_l0[ ][ ][0], mvd_l1[ ][ ][0]	Concatenated unary/Kth - order Exp-Golomb(EGk) binarization
mvd_l0[ ][ ][1], mvd_l1[ ][ ][1]	
…	…
intra_chroma_pred_mode	TU, cMax=3
prev_intra4x4_pred_mode_flag	FL, cMax=1
rem_intra4x4_pred_mode	FL, cMax=7
last_significant_coeff_flag(field coded blocks only)	FL, cMax=1

2 Context Modeler

그림 9-41에서 나타낸 context modeler는 context(문맥) 모델을 결정하는 기능을 수행한다. Conext model을 결정한다는 것은 이진 산술 부호화(BAC)에서 사용될 심볼 0과 1의 발생확률을 결정한다는 의미이다. 여기서 결정되는 0과 1의 발생확률이 변경되면 그 다음 단계인 BAC가 동작할 때 부호화 과정에서 발생시키는 비트열 및 비트양(비트 길이)이 달라지게 된다. 즉, 현재 부호화하려는 MB의 주변 블록들에서 0의 발생확률이 얼마나 되는지, 1의 발생확률이 얼마나 되는지 조사한 후,

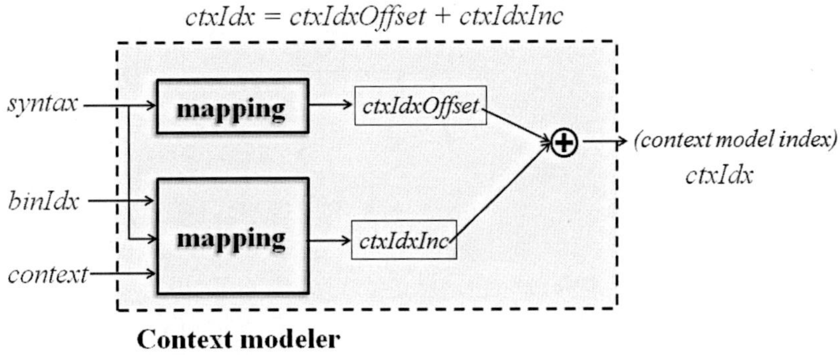

그림 9-41 Context Modeler의 블록 다이어그램

그 발생확률 값을 현재 MB data를 BAC할 때 사용하는 것이다. 주변 블록들에 의해서 심볼 0과 1의 발생확률이 어떻게 변경되느냐에 따라 현재 MB data를 부호화한 결과 비트스트림이 달라진다. 왜냐하면 0과 1의 발생확률에 따라서 BAC 인코더는 다른 코드워드를 발생시키기 때문이다. 그림 9-41에서 ctxIdxOffset는 context index offset이고, ctxIdxInc는 context index increase를 의미한다. 변수 ctxIdxOffset는 syntax의 종류(지금 부호화하려는 정보가 움직임 벡터인지 양자화된 residual 계수인지 등)로 결정지어지고, ctxIdxInc는 현재 블록의 이웃 블록들의 해당 syntax의 값들에 의해서 결정된다. 표 9-5에서는 Syntax별 ctxInxOffset을 정리하였다.

표 9-5 Syntax별 ctxInxOffset

Syntax element	ctxIdxOffset
mb_type(I slices only)	3
mb_skip_flag(P, SP slices only)	11
mb_skip_flag(B slices only)	24
mvd_l0[ ][ ][0], mvd_l1[ ][ ][0]	level : 40 sign : na(uses DecodeBypass)
mvd_l0[ ][ ][1], mvd_l1[ ][ ][1]	level : 47 sign : na(uses DecodeBypass)
…	…
intra_chroma_pred_mode	64
prev_intra4x4_pred_mode_flag	68
rem_intra4x4_pred_mode	69
last_significant_coeff_flag (field coded blocks only)	338

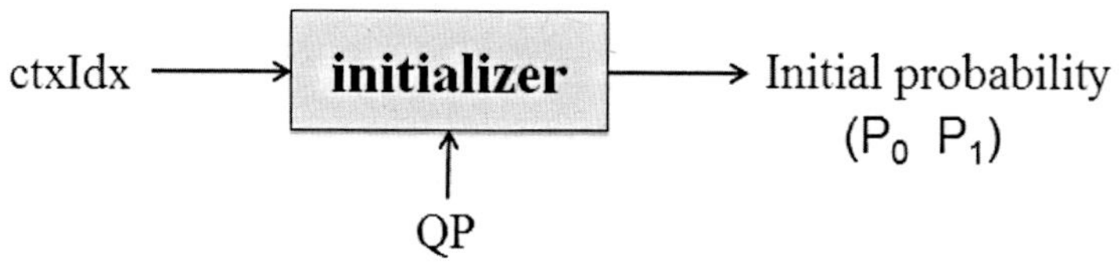

그림 9-42 심볼 0과 1의 발생확률 결정

이렇게 ctxIdxOffset와 ctxIdxInc를 더해서 만들어지는 ctxIdx는 그림 9-42에서처럼 initializer에 입력으로 가해져서 Qp의 값과 관계 지어진 후, 심볼 0과 1의 발생확률을 만들어낸다. 이 발생확률 값들은 BAC에서 사용된다.

3 BAC (Binary Arithmetic Coding)

산술 부호화에 대한 내용은 이 책의 4장에서 설명했으므로 여기서 자세한 설명은 생략한다.

9.14 Data Partitioning

비디오 신호를 압축하는 과정에서 각 매크로블록의 정보는 slice 단위로 묶여 저장 및 전송된다. 이때, 매크로블록을 표현하는 정보들은 각각의 중요성에 따라서 다음과 같이 3가지 그룹으로 구분되어 독립적으로 전송된다.

- Partition A : 매크로블록 타입, 양자화 파라미터(QP), 움직임 벡터(MV), Intra 예측 모드 등 중요도가 가장 높은 데이터들
- Partition B : Intra 슬라이스의 잔차 신호 정보에 해당하는 데이터들
- Partition C : Inter 슬라이스의 잔차 신호 정보에 해당하는 데이터들

위와 같이 정보의 중요도에 따라 3가지 partition으로 구분하여 정보를 전송하는 기술을 이용하면 어떤 장점이 있을까? 이에 대한 장점 중의 하나를 예제를 사용하여 설명하려고 한다. 그림 9-43은 영상 정보를 채널 잡음(노이즈)이 존재하는 채널을 통해 전송할 때, 채널에러의 영향으로 Partition B의 정보와 Partition C의 정보를 잃어버렸을 경우, 수신단의 복호기에서 Partition A의 정보(움직임 벡터,

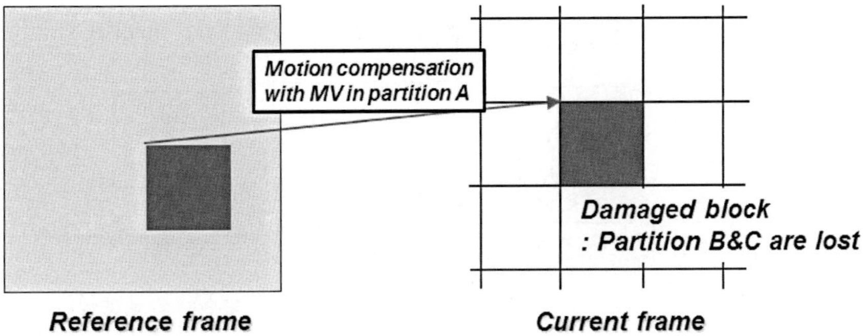

그림 9-43 Partition A정보를 이용한 에러복원 예

매크로블록 타입)만을 이용해서 잃어버린 정보를 대신할 새로운 정보를 만드는 예제를 보이고 있다. 현재(current) 프레임에서 특정 블록(진하게 색칠된 블록)의 partition B와 C 정보가 손실되었을 경우, 그 블록의 partition A 정보는 여전히 사용가능하기 때문에, partition A가 포함하고 있는 움직임 벡터(MV)를 이용하여 참조 프레임에서 MV가 가리키는 블록을 복사해 현재 블록을 대체할 수 있다. 이 경우 현재 블록을 완전하게 고화질로 복구할 수는 없지만, 복구가 불가능할 수도 있는 블록을 차선의 방법으로 복구할 수 있다. 이와 같은 기술을 에러 감춤(Error Concealment) 기술이라고 한다.

위의 설명과 같이 전송하려는 정보의 중요도에 따라 Partition을 나누어 놓았기 때문에 에러의 영향으로부터 보호되는(전송 에러의 확률이 매우 낮아 채널 에러가 발생하지 않는다고 가정할 수 있는) 보호된 채널(Protected channel)을 통해서는 가장 중요한 Partition A의 데이터를 전송한다. 이에 반해 상대적으로 채널 에러에 취약한(에러가 많이 발생하는, 채널 잡음이 큰) 채널을 통해서는 중요도가 상대적으로 낮은 Partition B와 Partition C의 정보를 전송한다. 만약 채널 에러 발생확률이 낮은 채널과 발생확률이 높은 채널로 채널을 구분할 수 없고, 한 가지 종류의 채널만 존재한다면, 중요도가 높은 Partition A의 데이터는 Robust Channel Encoder(많은 parity bit를 사용함으로써 전송과정에 발생한 채널 에러를 복구할 수 있는 채널 부호화기)를 사용하여 부호화한 후 채널로 전송한다. 상대적으로 중요도가 낮은 partition B와 C의 데이터는 Coarser Channel Encoder(적은 parity bit를 사용하여 채널 에러를 수정하는 능력이 낮은 채널 부호화기)를 사용하여 부호화한 후 전송한다. 이러한 개념을 그림 9-44에 나타내었다.

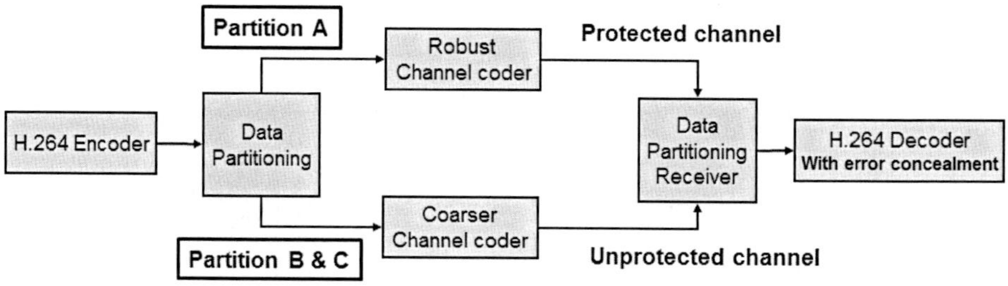

그림 9-44 Data Partition을 이용한 영상정보 송수신

9.15 FMO

일반적인 경우에는 부호화된 매크로블록의 정보를 Slice 단위로 묶어서 전송하는데, Slice 단위로 묶을 때 매크로블록의 위치에 따라 순차적으로 묶는 것이 보통의 일반적인 방법이다. 이렇게 순차적으로 매크로블록을 묶어서 Slice들을 구성하는 방법을 Raster Scan 방법이라고 하며 그림 9-45에 나타내었다.

H.264에서는 채널 에러에 감염된 영상 정보를 눈에 거슬리지 않게 복원하기 위하여 한 Slice에 MB 정보를 담을 때, Raster scan 순서로 저장하는 것이 아니라, 다른 다양한 방법으로 저장할 수 있다. 이를 FMO(Flexible Macro block Ordering)이라고 한다. FMO에서 사용하는 Slice 구성 방법의 다양한 mode들을 그림 9-46에 나타내었다. 이 그림에서 Mode 0의 방법은 매크로블록을 한 줄 건너 한 줄씩 묶어 Slice 0와 Slice 1을 만든다. Mode 1에서는 바둑판 모양처럼 매크로블록 정보를

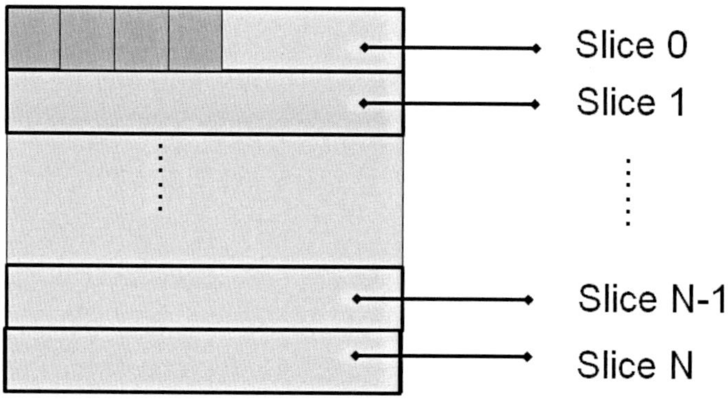

그림 9-45 Raster scan 순서에 따른 MB 부호화

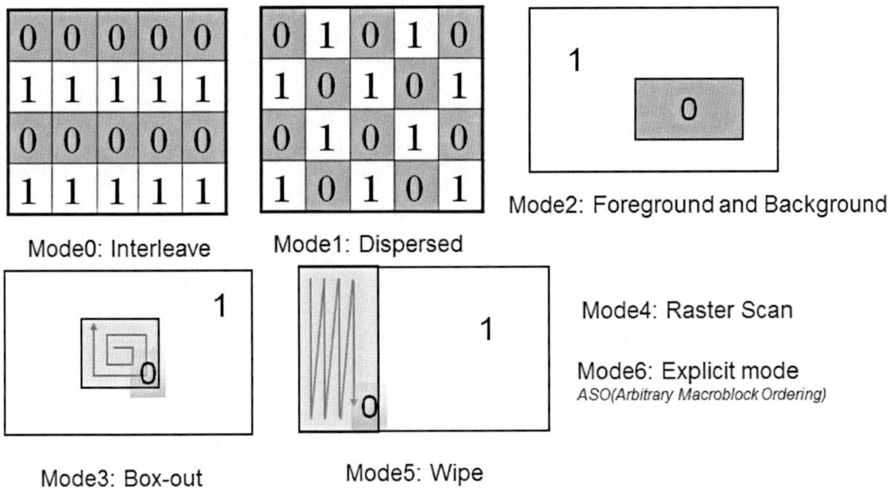

그림 9-46 다양한 FMO 모드를 이용한 부호화 방법

모아서 Slice 0와 Slice 1을 만든다. Mode 2에서는 앞의 물체부분에 해당되는 매크로블록들을 모아서 Slice 0를 만들고, 배경 정보에 해당하는 매크로블록을 모아서 Slice 1을 만든다. 그 외에도 Mode 3~Mode 6이 존재한다.

FMO를 사용한 경우 특정 slice가 전송 과정에서 오염되거나 손실된다면, 완전하게 복구된 다른 slice 정보를 이용하여 손실된 블록들을 복구할 수 있다. 그림 9-47에서는 FMO의 mode 1을 이용하여 slice 0와 slice 1을 구성한 경우, 채널 잡음에 의해 slice 0가 손실되었다면 어떻게 slice 1 정보를 이용하여 slice 0 정보를 복원하는지에 대해 설명하고 있다. 채널 에러 때문에 Slice 0의 정보가 오염되어 손실된

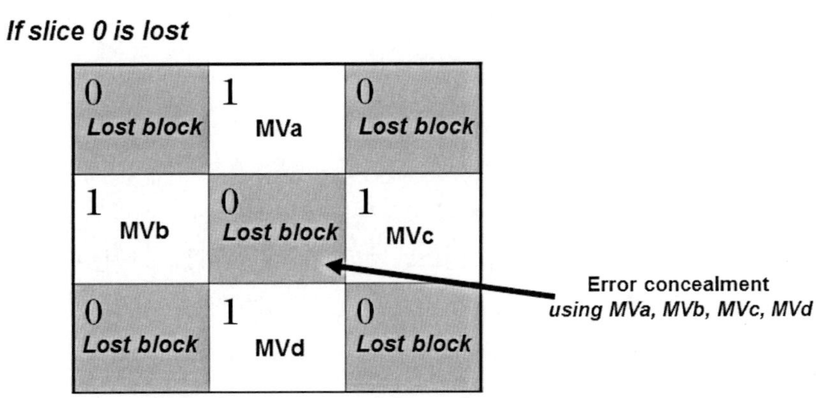

그림 9-47 Scattered mode(Mode 1)를 이용한 에러 감춤 방법

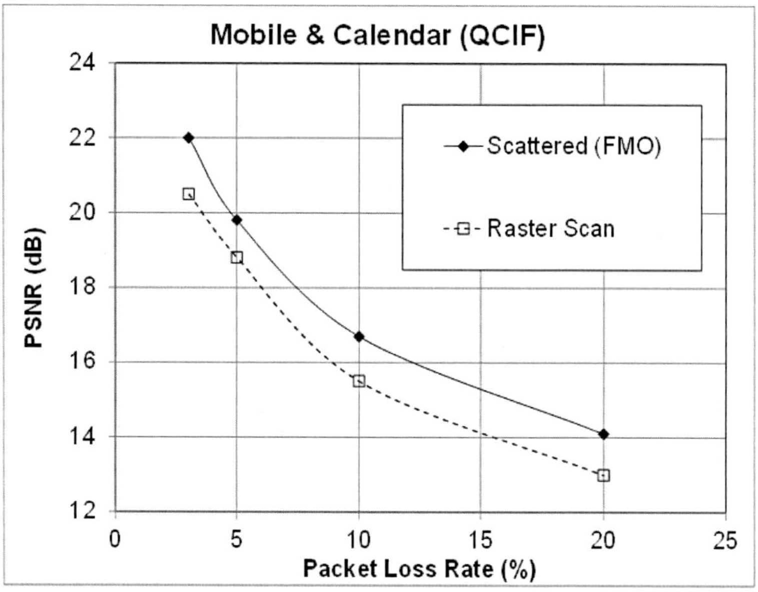

그림 9-48 Scattered mode 이용의 성능개선 효과

다면, 잃어버리지 않은 Slice 1에 해당되는 매크로블록들의 정보(움직임 벡터 등)로부터 주위의 잃어버린 블록의 움직임 벡터를 계산할 수 있고, 그 계산된 움직임 벡터가 가리키는 블록을 참조 프레임에서 복사한 후, Slice 0의 잃어버린 매크로블록을 대체함으로써 정보를 보완할 수 있다.

FMO 기술의 효과를 복원 신호의 객관적인 화질 측면으로 확인한 결과를 그림 9-48에 표시하였다. H.264 인코더에서 Slice를 구성할 때, 기존의 방법인 Raster scan을 이용하는 방법과 새로운 방법인 Scattered scan을 사용하였을 때, 패킷의 전송 에러율에 따른 수신 화질을 측정해 표시하였다. 그림에서 볼 수 있듯이, Scattered scan 방법을 이용했을 때, Raster scan 보다 훨씬 더 좋은 복원 화질을 얻을 수 있었다.

FMO 기술의 효과를 시각적인 측면에서 살펴보면 그림 9-49와 같다. 이 그림에서는 3개의 복원 화면들을 보여주고 있다. No packet loss라고 표시된 영상은 채널 에러가 존재하지 않는 통신 시스템에서 전송이 이뤄졌기 때문에 복원 영상에 손실이 전혀 발생하지 않은 영상을 의미한다. 이 영상이 가장 깨끗한 영상이다. Raster scan이라고 표시한 영상은 기존의 Raster scan 방법을 이용하여 Slice를 만들었을 경우, 채널 에러에 영향을 받은 결과 영상이다. Scattered mode(Mode 1)라고 표시된 영상은 Scattered scan 방법으로 Slice를 만들었을 경우, 채널 에러에 영향을

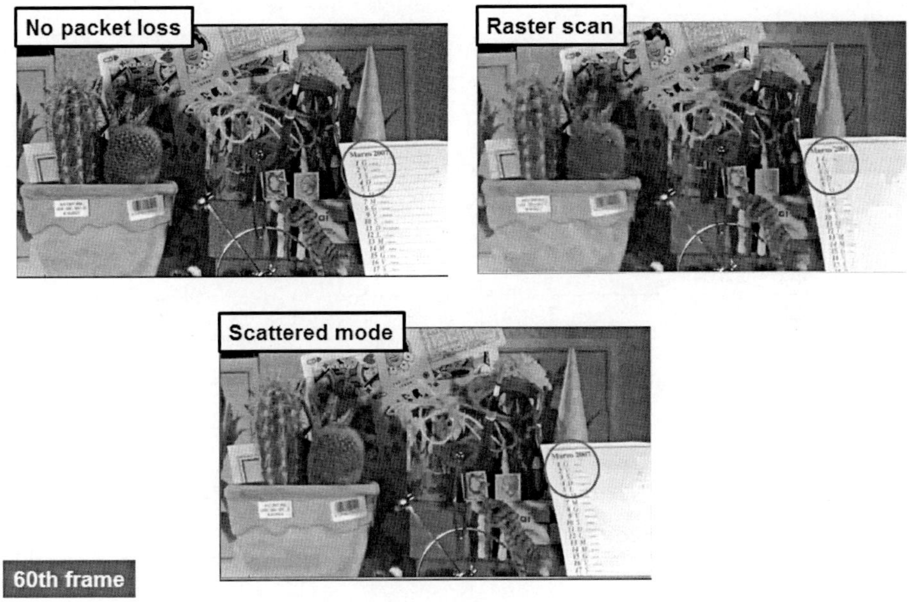

그림 9-49 FMO의 성능개선 효과

받은 결과 영상이다. 복원된 화면의 화질을 관찰한 결과, Scattered mode로 slice를 구성했을 경우의 결과 영상이 Raster scan을 이용한 경우보다 더 선명함을 확인할 수 있습니다.

9.16 H.264의 특성 정리

H.264 코덱에서 사용하는 기술들의 조합에 따라서 총 12개의 profile로 구분할 수 있다. 그 중에 가장 보편적으로 사용되는 profile로는 Baseline profile과 Extended profile, Main profile, High profile이 있다. Baseline profile은 주로 화상회의를 비롯한 모바일 환경에 적합하도록 비교적 복잡도가 낮은 기술의 조합이 이루어져 있다. Main profile은 디지털 TV 방송을 효과적으로 전송하기 위하여 압축률이 높은 기술들의 조합들이 주를 이루고 있다. Extended profile에서는 통신망을 이용한 video streaming 서비스를 위하여 데이터 통신에 유리한 기술들이 다수 포함되어 있다. High profile은 방송과 저장매체에 고화질 영상을 제공하기 위하여, 복잡도보다는 화질을 높일 수 있는 기술들의 조합이 사용된다.

표 9-6 H.264의 profile에 따라 사용되는 알고리즘들

Tool	Baseline	Main	Extended	High
Color format	4 : 2 : 0	4 : 2 : 0	4 : 2 : 0	4 : 2 : 0
Bit per sample	8	8	8	8
Flexible MB Ordering(FMO)	○	×	○	×
Arbitrary Slice Ordering(ASO)	○	×	○	×
Redundant Slices	○	×	○	×
Data Partitioning	×	×	○	×
SI and SP slices	×	×	○	×
B slices	×	○	○	○
Interlaced Coding	×	○	○	○
CABAC	×	○	×	○
8×8 Transform	×	×	×	○

표 9-7 H.264의 Level에 따른 제한 조건

Level Number	Typical Picture Size	Typical Frame Rate	Maximum Bit Rate	Vertical MV Range
1	QCIF	15	64 kbps	[-64, +63.75]
1b	QCIF	15	128 kbps	[-64, +63.75]
1.1	CIF / QCIF	7.5 / 30	192 kbps	[-128, +127.75]
1.2	CIF	15	384 kbps	[-128, +127.75]
1.3	CIF	30	768 kbps	[-128, +127.75]
2	CIF	30	2 Mbps	[-128, +127.75]
2.1	480i / 576i	30 / 25	4 Mbps	[-256, +255.75]
2.2	SD	15	4 Mbps	[-256, +255.75]
3	SD	30	10 Mbps	[-256, +255.75]
3.1	720p	30	14 Mbps	[-512, +511.75]
3.2	720p	60	20 Mbps	[-512, +511.75]
4	720p / 1080i	60 / 30	20 Mbps	[-512, +511.75]
4.1	720p / 1080i	60 / 30	50 Mbps	[-512, +511.75]
4.2	1080p	60	50 Mbps	[-512, +511.75]
5	2K×1K	70	135 Mbps	[-512, +511.75]
5.1	4K×2K	30	240 Mbps	[-512, +511.75]

그 밖의 profile들은 각각이 특수한 목적에 적합하도록 기술의 조합이 이루어져 있다. 표 9-6에서는 각 profile에 따라 사용되는 기술들을 정리하였다.

H.264 코덱에서 사용되는 영상의 화면 해상도, 발생 비트율 범위, 프레임 주파수 등 사용되는 변수(파라미터)들의 범위에 따라서 여러 가지 Level로 구분 지을 수 있다. Level은 encoder가 decoder의 복호화 능력을 고려하여 적절한 범위 안에서 영상을 부호화함으로써, 복호화 시 지연이나 버퍼 넘침 현상으로 인하여 발생하는 문제를 최소화하기 위한 제한 조건이다. 표 9-7은 각 Level 별 제한 조건을 표시한다.

• 참고문헌

[1] ITU-T and ISO/IEC JTC 1, "Advanced Video Coding for Generic Audiovisual Services", *ITU-T Recommendation H.264 and ISO/IEC 14496-10(MPEG4-AVC)*, 5th ed., May 2009.

[2] Iain E. G. Richardson, *H.264 and MPEG-4 Video Compression*, John Wiley & Sons, 2003.

[3] A. Luthra, G. J. Sullivan, and T. Wiegand, "Introduction to the special issue on the H.264/AVC video coding standard", *IEEE Trans. Circuits and Systems for Video Technology*, vol. 13, no. 7, pp. 557-559, July 2003.

[4] T. Wiegand, G. J. Sullivan, G. Bjntegaard, and A. Luthra, "Overview of the H.264/AVC video coding standard", *IEEE Trans. Circuits and Systems for Video Technology*, vol. 13, no. 7, pp. 560-576, Jul. 2003.

[5] D. Marpe, H. Schwarz, and T. Wiegand, "Context-based adaptive binary arithmetic coding in the H.264/AVC video compression standard", *IEEE Trans. Circuits and Systems for Video Technology*, vol. 13, no. 7, pp. 620-636, Jul. 2003.

[6] M. Wien, "Variable block-size transforms for H.264/AVC", *IEEE Trans. Circuits and Systems for Video Technology*, vol. 13, no. 7, pp. 604-613, Jul. 2003.

[7] H. S. Malvar, A. Hallapuro, M. Karczewicz, and L. Kerofsky, "Low complexity transform and quantization in H.264/AVC", *IEEE Trans. Circuits and Systems for Video Technology*, vol. 13, no. 7, pp. 598-603, Jul. 2003.

[8] T. Wiegand, H. Schwarz, A. Joch, F. Kossentini, and G. J. Sullivan, "Rate-constrained coder control and comparison of video coding standards", *IEEE Trans. Circuits and Systems for Video Technology*, vol. 13, no. 7, pp. 688-703, Jul. 2003.

[9] P. List, A. Joch, J. Lainema, G. Bjntegaard, and M. Karczewicz, "Adaptive de-blocking filter", *IEEE Trans. Circuits and Systems for Video Technology*, vol. 13, no. 7, pp. 614-619, Jul. 2003.

[10] T.Wiegand, X. Zang, and B. Girod, "Long-term memory motion-compensated prediction", *IEEE Trans. Circuits and Systems for Video Technology*, vol. 9, no. 1, pp. 70-84, Feb. 1999.

[11] A. Chang, O. C. An, and Y. M. Yeung, "A novel approach to fast multi-frame selection for H.264 video coding", *in Proc. IEEE Int. Conf. Acoustics, Speech, Signal Processing (ICASSP'03)*, Apr. 2003, vol. 3, pp. III-413-III-416.

[12] M. E. Al-Mualla, N. Canagarajah, and D. R. Bull, "Simplex minimization for multiple-reference motion estimation", *in Proc. IEEE Int. Symp. ISCAS'00*, Geneva, Switzerland, May 2000, vol. 4, pp. 733-736.

[13] C. W. Ting, L. M. Po, and C. H. Cheung, "Center-biased frame selection algorithms for fast multi-frame motion estimation in H.264", *in Proc. 2003 Int. Conf. Neural Networks, Signal Processing*, Dec. 2003, vol. 2, pp. 1258-1261.

생각해 볼 문제

Q1 H.264에서 Integer Transform을 사용하는 이유를 설명하시오.

Q2 H.264에서 Transform과 양자화 과정이 결합된 형태로 구현된 이유를 설명하시오.

Q3 H.264에서 사용되는 Intra Prediction 기술에서는 작은 블록에 대해서는 9가지 방향을 사용하고, 큰 블록에는 4가지 방향을 사용한다. 이렇게 블록 크기에 따라서 다른 개수의 방향을 고려하는 이유는 무엇인가?

Q4 H.264의 De-blocking filter에서 필터링 강도 Bs를 계산하는 이유/목적은 무엇일까?

Q5 CAVLC와 CABAC에서 CA의 의미를 설명하고, CA에 의한 코덱 성능 향상의 원리를 설명하시오.

Chapter 9 [부록] H.264/AVC 실습

이번 장에서는 H.264/AVC Codec을 이용한 몇 가지 실습에 대해서 설명한다. Codec이란 Encoder와 Decoder를 의미한다. 본 장에서 설명하는 대로 따라 실행하면 다음과 같은 과정을 거쳐서 H.264/AVC 코덱 관련 실습을 수행할 수 있다. (a) 표준 공개 Encoder와 Decoder software는 인터넷 홈페이지에서 얻을 수 있다. (b) 인터넷을 통해 확보한 표준 소프트웨어를 Visual C++ 프로그램을 이용하여 Compile하고 실행한다. (c) Encoding 과정에서 parameter file을 세팅하는 방법을 학습한다. (d) Decoding 과정에서 인자(argument)를 세팅하는 방법을 학습한다. (e) Encoding 과정에서 발생한 정보를 그래프를 이용하여 표시하는 방법을 학습한다.

1 H.264/AVC Codec 소프트웨어 얻기

H.264/AVC Codec 실습을 하기 위해서 우선 그림 9[부록]-1과 같이 [H.264/AVC Codec Software]를 다운 받아야 한다. 방법은 다음과 같다.

(a) 첫 단계로, Internet Explorer의 주소창에
http : //iphome.hhi.de/suehring/tml/download/라고 기입하여 해당 홈페이지에 접속한다.

(b) 해당 홈페이지에서 JMxx.x .zip(예 JM18.0.Zip)파일을 클릭한다.

(c) 파일 다운로드 창이 보이면, 저장을 클릭한다.

(d) 저장된 압축파일 JMxx.x .zip을 원하는 폴더에 압축을 풀어 저장한다.
그림 9[부록]-2의 예제에서는 E : ₩H.264에 저장하였다.
압축을 풀고나면, jm18.0₩jm 디렉토리에는 여러 가지 파일과 서브 디렉토리가 만들어진다.
E : ₩H.264₩jm18.0₩JM₩lencod 내부에는 encoder에 관련된 Source와 Header 파일이 존재한다.
E : ₩H.264₩jm18.0₩JM₩ldecod 내부에는 decoder에 관련된 Source와 Header 파일이 존재한다.

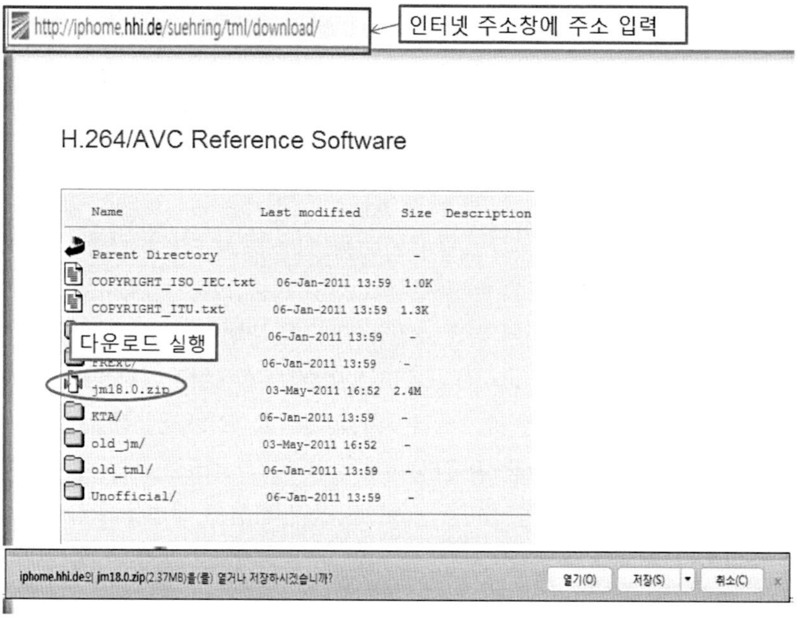

그림 9[부록]-1 H.264/AVC codec software 다운로드

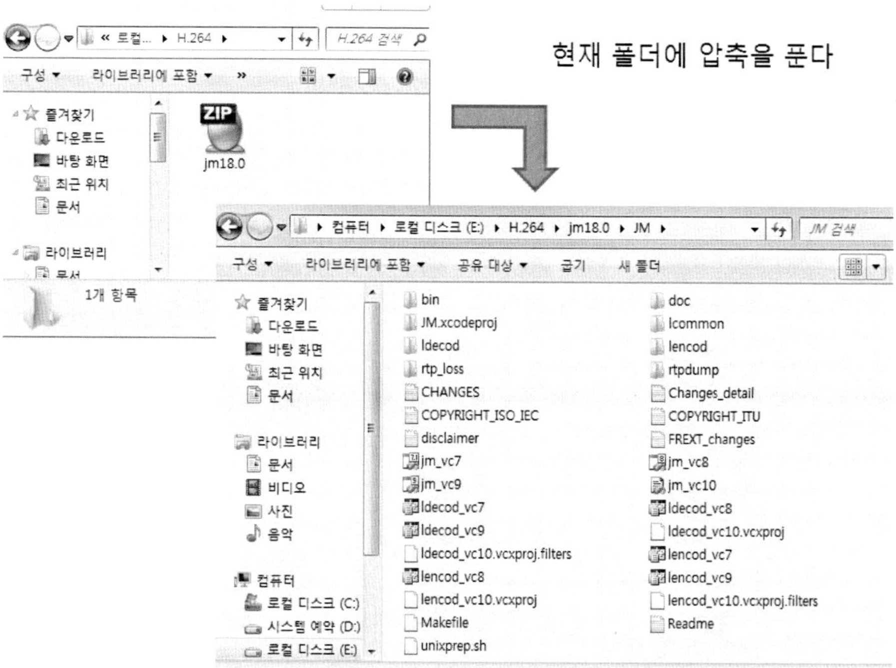

그림 9[부록]-2 H.264/AVC codec software 압축풀기

2 H.264/AVC Encoder 실행하기

H.264/AVC Encoder 프로그램을 실행해보자. 이 실습을 하기 위해서는 컴퓨터에 Microsoft 사의 Visual studio 2003 이후의 버전이 설치되어 있어야 한다. 아직 Visual studio 2003을 설치하지 못한 사람은 프로그램을 설치한 후 학습을 진행하자.

[1단계] 압축을 푼 폴더에 보면 〈표 9[부록]-1〉과 같이 Visual studio workspace 파일인 jm_vc7.sin, jm_vc8.sin, jm_vc9.sin, jm_vc10.sin을 확인할 수 있다. 자신이 사용하는 Visual studio의 버전을 확인하고 아래의 테이블과 같이 해당되는 코덱 버전을 선택하여 사용하면 된다. workspace파일을 더블 클릭하면 그림 9[부록]-3처럼 Visual studio가 실행된다.

표 9[부록]-1 workspace 파일에 따른 Visual studio 사용 버전

Visual studio workspace	Visual studio 버전
jm_vc7.sin	Visual studio 2003
jm_vc8.sin	Visual studio 2005
jm_vc9.sin	Visual studio 2008
jm_vc10.sin	Visual studio 2010

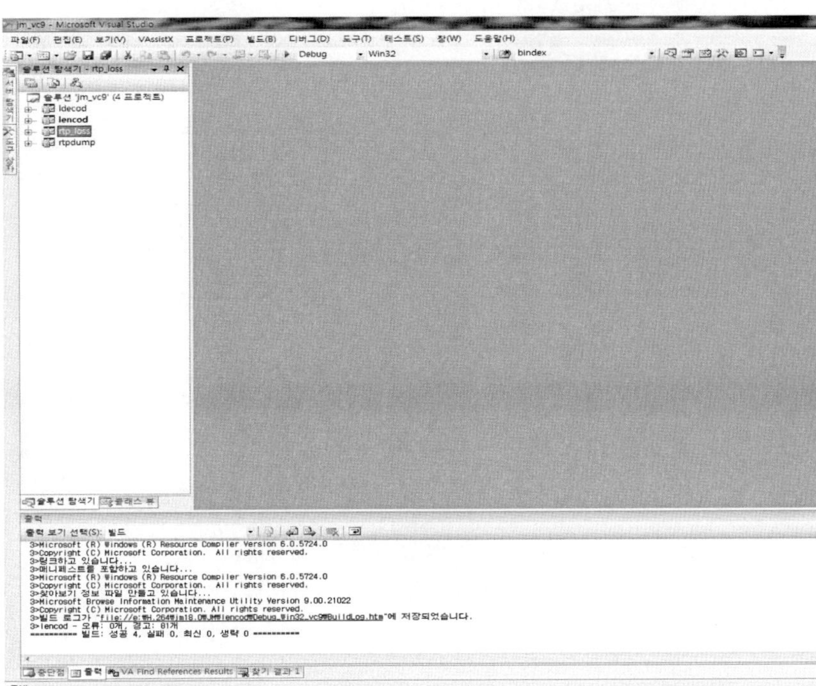

그림 9[부록]-3 H.264/AVC 실험을 위한 Visual Studio 화면

[2단계] 솔루션 탐색기에서 필요한 프로젝트를 제외한 나머지 프로젝트를 언로드 시킨다.

언로드시키는 방법은 솔루션 탐색기에 있는 프로젝트이름에서 마우스 우클릭 후 '프로젝트 언로드'를 클릭하면 된다. encoder를 실행하기 위해 ldcod, rtp_loss, rtpdump를 프로젝트 언로드 시킨다.

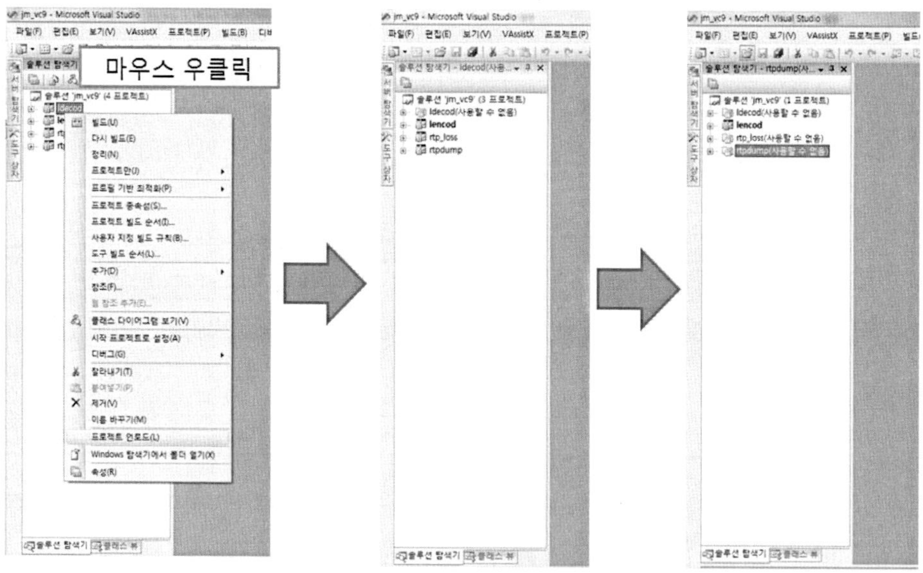

그림 9[부록]-4 H.264/AVC 프로젝트 언로드

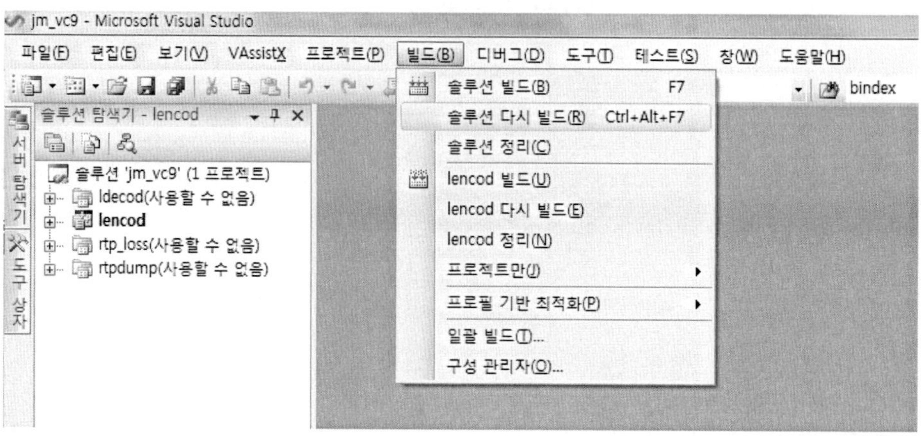

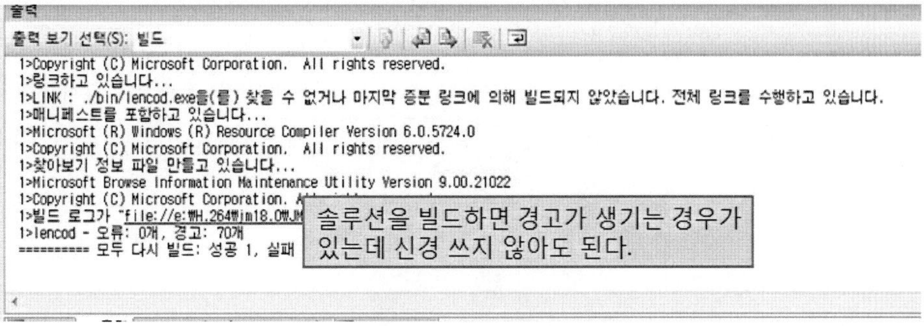

그림 9[부록]-5 솔루션 다시 빌드

[3단계] 처음 Source를 실행하기 때문에 그림 9[부록]-5처럼 솔루션 다시 빌드를 선택한다. Visual studio 그러면 아래의 출력창에 경고가 발생하지만 무시해도 된다.

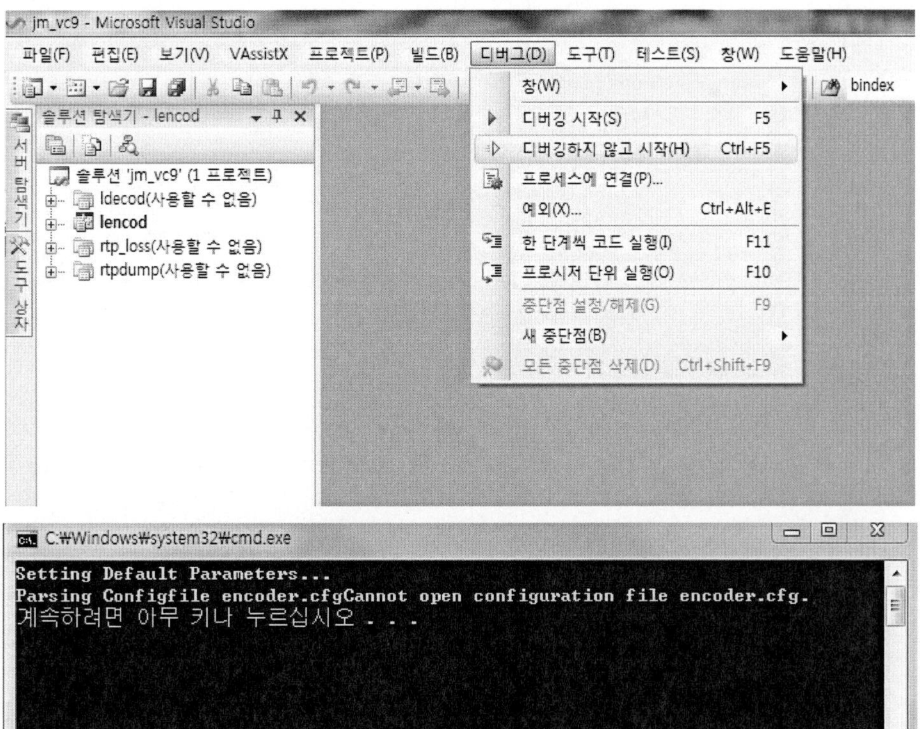

그림 9[부록]-6 Source file compile 실행

[4단계] Source를 실행한다. 실행하기 위해서는 '디버그 → 디버깅하지 않고 시작'을 누르거나 Ctrl+F5를 누르면 된다. 실행시키면 그림 9[부록]-6처럼 명령 인수가 잘못되었고 encoder.cfg 파일을 찾을 수 없다고 나온다. 이러한 설정을 잡아 주기 위하여 그림 9[부록]-7처럼 설정을 해준다.

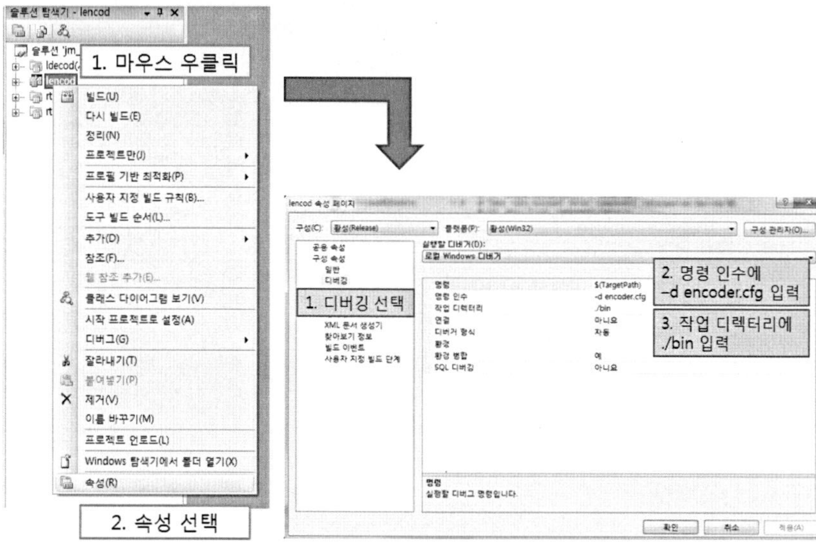

그림 9[부록]-7 encoder 인수 설정

※ encoder.cfg 파일은 encoding 시에 필요한 parameter들이 저장된 파일로 encoding 시에 반드시 필요한 파일이다. encoder.cfg에 대해서는 뒤에 좀 더 자세하게 설명하도록 하겠다.

※ 명령인수에 사용하는 -d는 default file을 설정하는 것을 의미한다. 이외에도 -h, -f, -p 등이 존재하며 각각의 자세한 내용은 아래의 표와 같다.

옵션	설명
-h	parameter 설정방법에 대해서 설명해준다.
-d	〈xxx.cfg〉처럼 파일로 사용하며 초기에 설정한 parameter들을 defalut로 사용할 경우 사용한다.
-f	〈xxx.cfg〉처럼 파일로 사용하며 defalut로 설정한 parameter들을 바꿀 때 사용한다.
-p	파일을 사용하지 않고 필요한 parameter를 직접 바꿀 때 사용한다.

[5단계] Source를 실행하면 그림 9[부록]-8처럼 encoder가 실행된다.

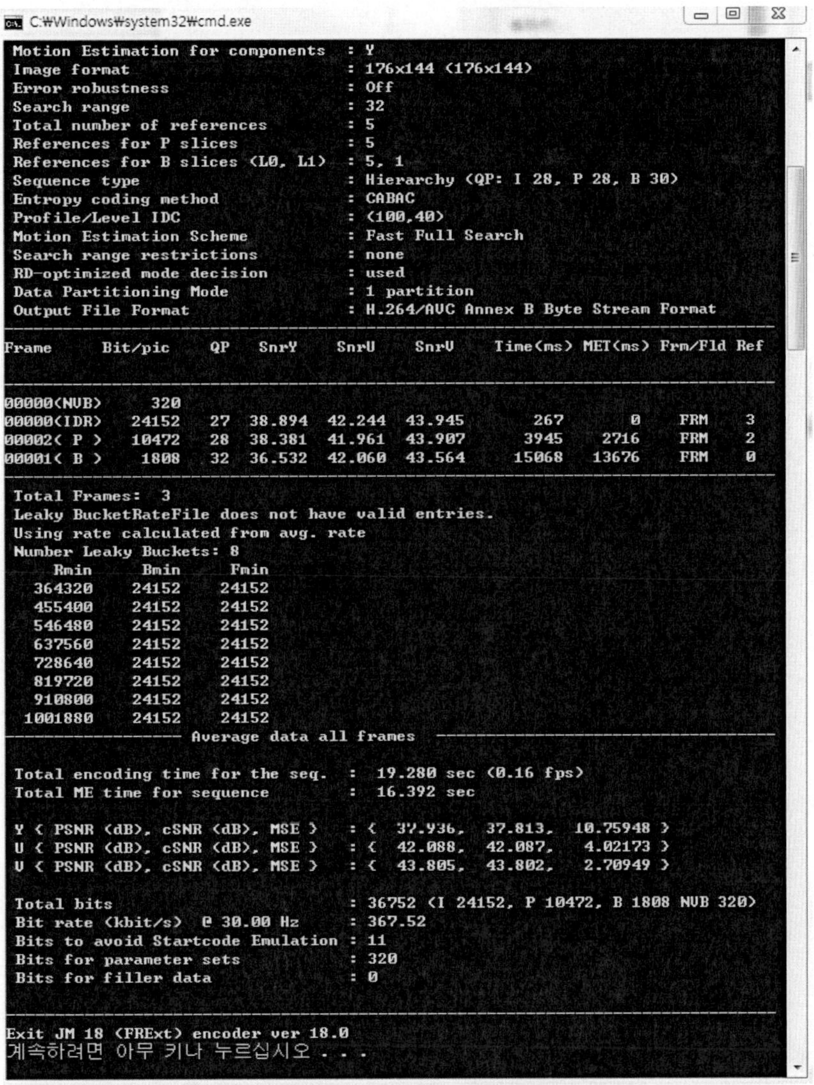

```
C:\Windows\system32\cmd.exe
Motion Estimation for components   : Y
Image format                       : 176x144 (176x144)
Error robustness                   : Off
Search range                       : 32
Total number of references         : 5
References for P slices            : 5
References for B slices (L0, L1)   : 5, 1
Sequence type                      : Hierarchy (QP: I 28, P 28, B 30)
Entropy coding method              : CABAC
Profile/Level IDC                  : (100,40)
Motion Estimation Scheme           : Fast Full Search
Search range restrictions          : none
RD-optimized mode decision         : used
Data Partitioning Mode             : 1 partition
Output File Format                 : H.264/AVC Annex B Byte Stream Format
-------------------------------------------------------------------------------
Frame     Bit/pic    QP   SnrY    SnrU    SnrV    Time(ms) MET(ms) Frm/Fld Ref
-------------------------------------------------------------------------------
00000(NVB)     320
00000(IDR)   24152   27  38.894  42.244  43.945       267       0    FRM    3
00002( P )   10472   28  38.381  41.961  43.907      3945    2716    FRM    2
00001( B )    1808   32  36.532  42.060  43.564     15068   13676    FRM    0
-------------------------------------------------------------------------------
 Total Frames:  3
 Leaky BucketRateFile does not have valid entries.
 Using rate calculated from avg. rate
 Number Leaky Buckets: 8
     Rmin     Bmin     Fmin
   364320    24152    24152
   455400    24152    24152
   546480    24152    24152
   637560    24152    24152
   728640    24152    24152
   819720    24152    24152
   910800    24152    24152
  1001880    24152    24152
------------------ Average data all frames -----------------------------------

 Total encoding time for the seq.  :  19.280 sec (0.16 fps)
 Total ME time for sequence        :  16.392 sec

 Y { PSNR (dB), cSNR (dB), MSE }   : {  37.936,  37.813,  10.75948 }
 U { PSNR (dB), cSNR (dB), MSE }   : {  42.088,  42.087,   4.02173 }
 V { PSNR (dB), cSNR (dB), MSE }   : {  43.805,  43.802,   2.70949 }

 Total bits                        : 36752 (I 24152, P 10472, B 1808 NVB 320)
 Bit rate (kbit/s)  @ 30.00 Hz     : 367.52
 Bits to avoid Startcode Emulation : 11
 Bits for parameter sets           : 320
 Bits for filler data              : 0

-------------------------------------------------------------------------------
Exit JM 18 (FRExt) encoder ver 18.0
계속하려면 아무 키나 누르십시오 . . .
```

그림 9[부록]-8 encoder program 실행화면

[6단계] 그림 9[부록]-8처럼 화면이 영상이 모두 부호화 되고 나면 ../H.264/JM18.0/JM/bin 폴더에 'stats.dat', 'test_264', 'test_rec.yuv' 3개의 파일이 만들어진다. 'stats.dat'는 encoding 정보를 가지고 있으며 'test_264'는 encoding된 bit stream이고, 'test_rec.yuv' decoding된 영상을 의미한다.

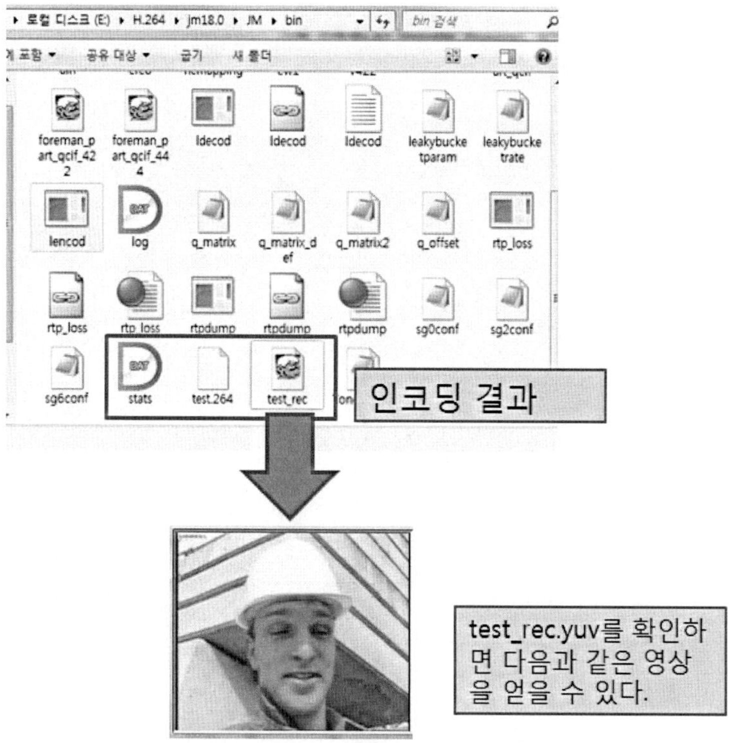

그림 9[부록]-9 encoding 결과

3 H.264/AVC Encoder Parameter File

Encoder.cfg 파일을 열어보면 많은 parameter들이 존재한다. Encoder.cfg 파일은 메모장으로 열거나 Visual studio에서 열면 보인다. 여기에서는 각각의 parameter들이 어떤 의미를 가지고 있는지 알아보도록 하겠다.

주요 파라미터 설정	
파라미터	의미
InputFile	Source file의 경로와 이름을 입력
InputHeaderLength	Source file의 크기를 입력(default 0) ※ default 선택시 Source file의 처음부터 끝까지 부호화 한다.
StartFrame	Source file의 인코딩 시작점을 선택한다.(default 0)
FramesToBeEncoded	부호화할 frame 수를 입력
FrameRate	Source file의 초당 프레임 수
SourceWidth	Source file의 가로 방향 크기 입력
SourceHeigh	Source file의 세로 방향 크기 입력
SourceResize	만약 1을 세팅하면 OutputWidth와, OutputHeight에서 설정한 값으로 영상이 부호화 됨
OutputWidth	복호될 영상의 가로 방향 크기를 결정
OutputHeigh	복호될 영상의 세로 방향 크기를 결정
RGBInput	0 → GRB or YUV Input(default) 1 → RGB Input
YUVFormat	0 → 4 : 0 : 0 1 → 4 : 2 : 0(defalut) 2 → 4 : 2 : 2 3 → 4 : 4 : 4
StandardRange	RGB가 Input일 때 사용 0 → Standard range 1 → full range
VideoCode	RGB → YUV 변환
SourceBitDepthLuma	Source file의 Luma에 대한 Bit를 세팅한다. 8 bit~14 bit까지 설정할 수 있다.
SourceBitDepthChroma	Source file의 Chroma에 대한 Bit를 세팅한다. 8 bit~14 bit까지 설정할 수 있다.
SourceBitDepthRescale	Soucre file의 bit depth를 재설정하려면 1을 세팅하고 아니면 0(default)을 세팅한다.
OutputBitDepthLuma	Output 영상에서 Luma에대한 Bit depth를 세팅한다.
OutputBitDepthChroma	Output 영상에서 Chroma에대한 Bit depth를 세팅한다.
OutputFile	Output bitstream의 이름을 세팅한다.
ReconFile	Recon될 파일의 이름을 세팅한다.
TraceFile	Trace file(부호화 과정 정보)의 이름을 세팅한다.
StatsFile	Stats file(부호화 결과 정보)의 이름을 세팅한다.
ReportFrameStats	Stats file보다 좀 더 많은 부호화 결과를 저장한다. 1의 경우 사용하며 0(defalut)의 경우 사용하지 않는다
DisplayEncParams	1을 세팅하면 Screen에 부호화 파라미터 정보를 모두 보여준다.

주요 파라미터 설정	
파라미터	의미
ProfileIDC	H.264/AVC에서 설정한 Profile을 결정한다. 각각의 프로파일에 대한 Index는 Encoder.cfg파일에 자세히 나와 있다.
IntraProfile	Intra로만 코딩한다는 것을 명시한다.
LevelIDC	H.264/AVC에서 설정한 Level을 결정한다.
IntraPeriod	Intra frame의 주기를 결정한다. 0이면 첫 장만 Intra
IDRPeriod	IDR frame의 주기를 결정한다. 0이면 첫 장만 IDR
EnableIDRGop	GOP에서 Intra는 모두 IDR로 부호화 한다.
Intra Delay	IDR frame을 delay시킨다. ex) IntraDelay=2 $IDR_2 \rightarrow P_1 \rightarrow P_0 \rightarrow P_3 \rightarrow P_4 \rightarrow P_5 \rightarrow P_6 \rightarrow IDR_9 \rightarrow P_8 \rightarrow P_7 \rightarrow P_{10} \rightarrow P_{11} \rightarrow P_{12}$
EnableOpenGOP	I frame이 부호화 되기 전에 버퍼를 비우면 Closed GOP, I frame이 부호화 되기 전에 버퍼를 비우지 않으면 Open GOP로, 1이면 Open GOP를 사용하고, 0(default)이면 Closed GOP를 사용한다.
NumberBFrames	B slice를 몇 장 코딩할지 결정한다.
QPISlice	I Slice에 대한 QP(양자화 파라미터)를 결정
QPPSlice	P Slice에 대한 QP(양자화 파라미터)를 결정
QPBSlice	B Slice에 대한 QP(양자화 파라미터)를 결정
ChangeQPFrame	부호화 시 설정된 frame위치부터 QP를 바꿈
ChangeQPI	ChangeQPFrame이후에 I Slice에 대한 QP를 지정
ChangeQPP	ChangeQPFrame이후에 P Slice에 대한 QP를 지정
ChangeQPB	ChangeQPFrame이후에 B Slice에 대한 QP를 지정
ChangeQPSP	ChangeQPFrame이후에 SP Slice에 대한 QP를 지정
ChangeQPSI	ChangeQPFrame이후에 SI Slice에 대한 QP를 지정
ChromaQPOffset	Chroma에 대한 QP를 조절한다.(default 0)
CbQPOffset	Cb에 대한 QP를 조절한다.(defalut 0)
CrQPOffset	Cr에 대한 QP를 조절한다.(defalut 0)
FrameSkip	부호화후 Skip할 프레임 수를 결정. B frame을 부호화 할 때 GOP에서 B frame의 수와 같아야 한다.
MEDistortionFPel	정수 화소에 대하여 ME를 수행할 때 어떤 Error Metric을 사용할지 결정한다.
MEDistortionHpel	반화소에 대하여 ME를 수행할 때 어떤 Error Metric을 사용할지 결정한다.
MEDistortionQPel	1/4화소 대하여 ME를 수행할 때 어떤 Error Metric을 사용할지 결정한다.
MDDistortion	모드결정 알고리즘에서 어떤 Error Metric을 사용할지 결정한다.
ChromaMCBuffer	색차 신호에 대해서 서브 픽셀 값을 저장하고 발생시킨다.
ChromaMEEnable	색차 신호 정보를 ME할 때 사용하게 한다.
ChromaMEWeight	ME할 때 색차 신호 정보에 대한 에러 값에 가중치를 곱한다.
DisableSubpelME	Subpixl에 대해서 ME를 수행하지 않는다.

주요 파라미터 설정	
파라미터	의미
Searchrange	ME가 수행되는 범위를 지정해준다.
UseMVLimits	MV의 크기를 제약할건지 결정한다. 제약하면 1, 제약하지 않으면 0
SetMVXLimit	움직임 벡터의 가로 방향 크기를 제한한다.
SetMVYLimit	움직임 벡터의 세로 방향 크기를 제한한다.
NumberReferenceFrames	참조 영상을 몇 장 사용할지 결정한다.
PList0References	참조 영상을 구성할 때 과거 참조 영상을 몇 장 사용할지 결정한다. 만약 0 이면 NumverReferenceFrames으로 사용한다.
DisposableP	Hierarchy P(참조 프레임으로 구성하지 않는 P frame)를 사용할 경우 1, 사용하지 않을 경우 0(default)
DispPQPOffset	참조 프레임으로 구성하지 않는 P frame의 QP를 결정한다.
PreferDispOrder	참조 프레임을 구성할 때 참조 프레임을 코딩 순서로 구성하지 않고 시간적 순서에 따라 참조 프레임을 구성한다.
PreferPowerOfTwo	
FrmStructBufferLength	Frame structure의 unit buffer 길이
BList0Reference	과거 영상을 참조 영상으로 구성할 때 몇 장을 참조 영상으로 구성할지 결정
BList1Reference	미래 영상을 참조 영상으로 구성할 때 몇 장을 참조 영상으로 구성할지 결정
BReferencePictures	B 영상을 부호화 할 때 참조 영상을 몇 장 구성할지 결정
Lowdelay	Hierarchical coding을 할 때 사용한다.
GenerateMultiplePPS	이걸 사용하면 3가지의 다른 Picture parameter sets(PPS)가 부호화 돼서 복호기에 전송된다.
RcsendSPS	SPS징보와 PPS정보를 다시 재 전송한다.
ResendPPS	PPS정보를 frame coding할 때마다 전송한다.
UseConstrainedIntraPred	Inter frame에서 Intra 부호화 할 때 Inter block 값을 사용하지 않고 주변에 Intra 값만 가지고 예측한다.
PSliceSkip	P Slice에서 Skip mode를 사용한다.
PSliceSearch16x16	P Slice에서 16x16 ME/MC를 수행한다.
PSliceSearch16x8	P Slice에서 16x8 ME/MC를 수행한다.
PSliceSearch8x16	P Slice에서 8x16 ME/MC를 수행한다.
PSliceSearch8x8	P Slice에서 8x8 ME/MC를 수행한다.
PSliceSearch8x4	P Slice에서 8x4 ME/MC를 수행한다.
PSliceSearch4x8	P Slice에서 4x8 ME/MC를 수행한다.
PSliceSearch4x4	P Slice에서 4x4 ME/MC를 수행한다.
BSliceDirect	B Slice에서 Direct Mode를 사용한다.
BSliceSearch16x16	B Slice에서 16x16 ME/MC를 수행한다.
BSliceSearch16x8	B Slice에서 16x8 ME/MC를 수행한다.

BSliceSearch8x16	B Slice에서 8x16 ME/MC를 수행한다.
BSliceSearch8x8	B Slice에서 8x8 ME/MC를 수행한다.
BSliceSearch8x4	B Slice에서 8x4 ME/MC를 수행한다.
BSliceSearch4x8	B Slice에서 4x8 ME/MC를 수행한다.
BSliceSearch4x4	B Slice에서 4x4 ME/MC를 수행한다.

주요 파라미터 설정	
파라미터	의미
BiPredMotionEstimation	B Slice에서 양방향 예측 모드를 사용한다.
BiPredMERefinements	양방향 ME시에 refinement를 할지 결정한다.
BiPredMESearchRange	양방향 예측할 때 Search Range를 설정한다.
BiPredMeSubPel	양방향 ME시에 보간화소의 사용 여부를 설정한다.
BiSliceSearch16x16	양방향 예측에서 16x16 ME/MC를 수행한다.
BiSliceSearch16x8	양방향 예측에서 16x8 ME/MC를 수행한다.
BiSliceSearch8x16	양방향 예측에서 8x16 ME/MC를 수행한다.
BiSliceSearch8x8	양방향 예측에서 8x8 ME/MC를 수행한다.
DisableIntraInInter	Inter slice에서 Intra 예측을 하지 않는다.(다만 인트라 Prediction mode는 사용할 수 있다.)
IntraDisableInterOnly	Inter Slice에서 Intra 예측을 수행하지 않는다.
DisableIntra4x4	Intra 4x4 예측을 사용하지 않는다.
DisableIntra16x16	Intra 16x16 예측을 사용하지 않는다.
Intra4x4ParDisable	Intra 4x4에서 가로 방향 예측과 세로 방향 예측을 사용하지 않는다.
Intra4x4DiagDisable	Intra 4x4에서 Diagonal Down-Left 예측과 Diagonal Down-Right 예측을 사용하지 않는다.
Intra4x4DirDisable	Intra 4x4에서 Vertical Right, Vertical Left, Horizontal Down, Horizontal Up 예측을 사용하지 않는다.
Intra16x16ParDisable	Intra 16x16에서 가로 방향 예측과 세로 방향 예측을 사용하지 않는다.
Intra16x16PlaneDisable	Intra 16x16에서 Plane 모드를 사용하지 않는다.
ChromaIntraDisable	Chroma 인트라 예측 시 DC 모드를 제외하고 모두 사용하지 않는다.

4 H.264/AVC에서 Stats

여기서는 H.264/AVC Encoding을 수행한 후, 압축 과정에서 사용된 비트양, 영상의 화질 등 실험 결과에 대한 다양한 정보를 확인하는 방법을 설명한다.

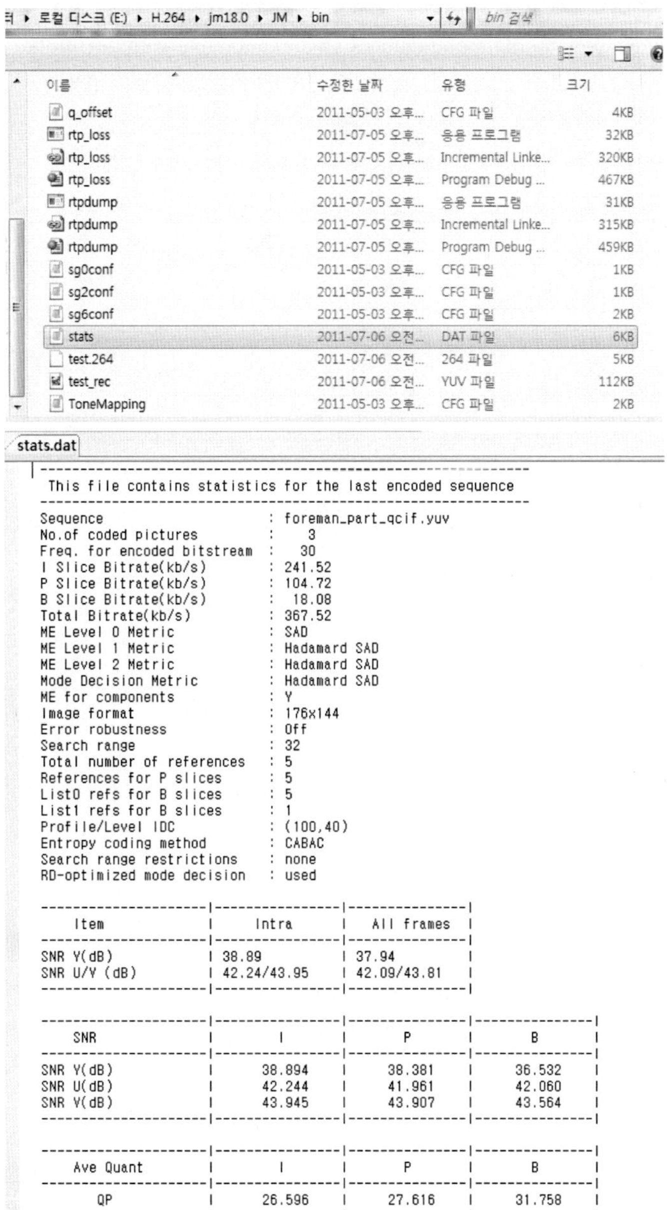


```
 -------------------------------------------------------------
  This file contains statistics for the last encoded sequence
 -------------------------------------------------------------
 Sequence                     : foreman_part_qcif.yuv
 No.of coded pictures         :    3
 Freq. for encoded bitstream  :   30
 I Slice Bitrate(kb/s)        : 241.52
 P Slice Bitrate(kb/s)        : 104.72
 B Slice Bitrate(kb/s)        :  18.08
 Total Bitrate(kb/s)          : 367.52
 ME Level 0 Metric            : SAD
 ME Level 1 Metric            : Hadamard SAD
 ME Level 2 Metric            : Hadamard SAD
 Mode Decision Metric         : Hadamard SAD
 ME for components            : Y
 Image format                 : 176x144
 Error robustness             : Off
 Search range                 : 32
 Total number of references   : 5
 References for P slices      : 5
 List0 refs for B slices      : 5
 List1 refs for B slices      : 1
 Profile/Level IDC            : (100,40)
 Entropy coding method        : CABAC
 Search range restrictions    : none
 RD-optimized mode decision   : used

 ---------------------|----------------|---------------|
     Item             |     Intra      |   All frames  |
 ---------------------|----------------|---------------|
 SNR Y(dB)            | 38.89          | 37.94         |
 SNR U/V (dB)         | 42.24/43.95    | 42.09/43.81   |
 ---------------------|----------------|---------------|

 ---------------------|----------------|---------------|---------------|
     SNR              |        I       |       P       |       B       |
 ---------------------|----------------|---------------|---------------|
 SNR Y(dB)            |      38.894    |     38.381    |     36.532    |
 SNR U(dB)            |      42.244    |     41.961    |     42.060    |
 SNR V(dB)            |      43.945    |     43.907    |     43.564    |
 ---------------------|----------------|---------------|---------------|

 ---------------------|----------------|---------------|---------------|
     Ave Quant        |        I       |       P       |       B       |
 ---------------------|----------------|---------------|---------------|
        QP            |      26.596    |     27.616    |     31.758    |
 ---------------------|----------------|---------------|---------------|
```

그림 9[부록]-10 stats file 확인하기

Stats file	
파라미터	의미
Sequence	어떤 파일을 부호화 하였는지 알려준다.
No.of coded pictures	몇 장을 부호화 하였는지 알려준다.
Freq. for encoded bitstream	부호화한 영상이 초당 몇 장을 보여주는 알려준다.
I Slice Bitrate(kb/s)	I Slice를 부호화 했을 경우의 Bit rate를 알려준다.
P Slice Bitrate(kb/s)	P Slice를 부호화 했을 경우의 Bit rate를 알려준다.
B Slice Bitrate(kb/s)	B Slice를 부호화 했을 경우의 Bit rate를 알려준다.
Total Bitrate(kb/s)	부호화 했을 경우의 Total bit rate를 알려준다.
ME Level 0 Metric	ME에서 정수 화소 Distortion을 어떤 방식으로 구했는지 알려준다.
ME Level 1 Metric	ME에서 반화소 Distortion을 어떤 방식으로 구했는지 알려준다.
ME Level 2 Metric	ME에서 1/4화소 Distortion을 어떤 방식으로 구했는지 알려준다.
Mode Decision Metric	모드 결정에서 사용한 Distortion 방식을 알려준다.
ME for components	ME에 사용된 component에 대한 정보를 알려준다.
Image format	영상의 크기정보를 알려준다
Error robustness	에러 강화 방식을 사용했는지 알려준다.
Search range	Search range의 크기를 알려준다.
Total number of references	총 몇 장의 참조 프레임을 구성했는지 알려준다.
References for P slices	P slice를 부호화 할 경우 몇 장의 참조 프레임을 구성했는지 알려준다.
List0 refs for B slices	B Slice를 부호할 경우 과거 참조 프레임을 몇 장 구성했는지 알려준다.
List1 refs for B slices	B Slice를 부호할 경우 미래 참조 프레임을 몇 장 구성했는지 알려준다.
Profile/Level IDC	Profile과 레벨에 대한 정보를 알려준다.
Entropy coding method	어떤 Entropy coding 방식을 사용했는지 알려준다.
Search range restrictions	Search range를 제한한 방식을 사용했는지 알려준다.
RD-optimized mode decision	Rate distortion optimization을 이용하여 모드를 결정했는지 알려준다.
Item	전체적으로 부호화된 영상의 PSNR을 알려준다.
SNR	각 Slice별로 PSNR을 알려준다.
Ave Quant	평균적으로 사용된 QP를 알려준다.
Mode used	각 Slice를 부호화 할 때 각각의 모드들이 얼마나 선택되었는지 알려준다.
Bit usage	부호화 할 때 사용된 Bit들이 어떻게 사용되었는지 알려준다.

5 H.264/AVC Decoder 실행 방법

[1단계] 솔루션 탐색기에서 ldecod를 프로젝트 다시 로드시키며 lencod는 프로젝트 언로드시킨다.

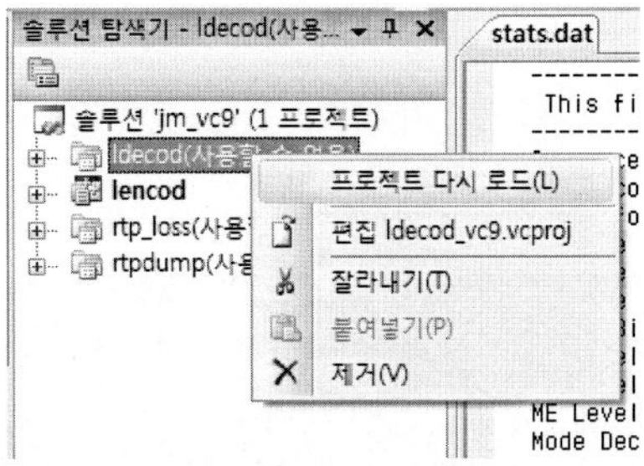

그림 9[부록]-11 H.264/AVC 프로젝트 다시 로드

[2단계] Encoder와 마찬가지로 Decoder도 Configure 파일 설정을 해준다.

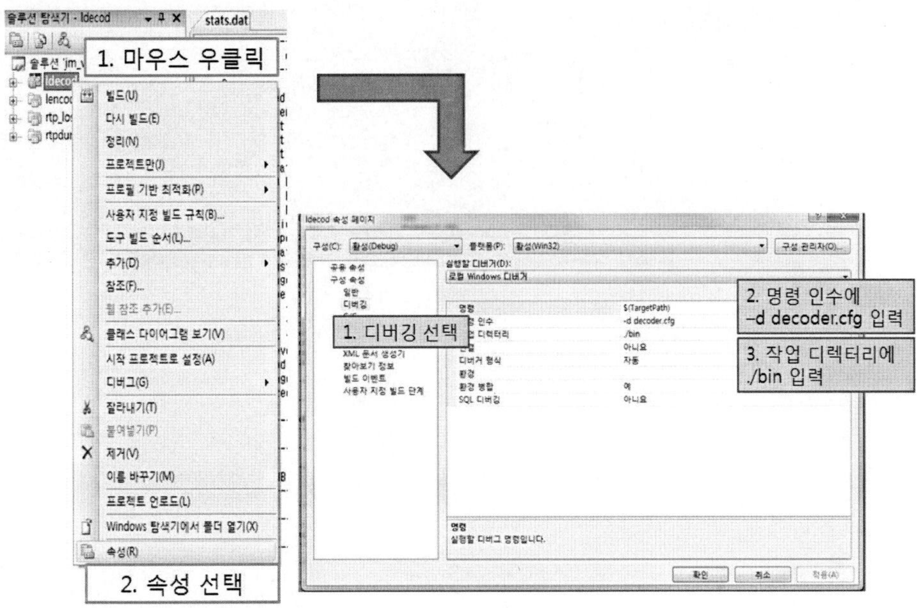

그림 9[부록]-12 decoder 설정

[3단계] decoder.cfg에 있는 parameter를 설정한다.

Decoder parameter	
파라미터	의미
InputFile	H.264/AVC 비트스트림 이름을 넣어준다.
OutputFile	Decoding될 YUV 파일의 이름을 결정한다.
RefFile	Encoding된 YUV 파일의 이름을 넣어준다.

[4단계] Compile 실행하면 아래의 그림처럼 결과가 나오게 된다.

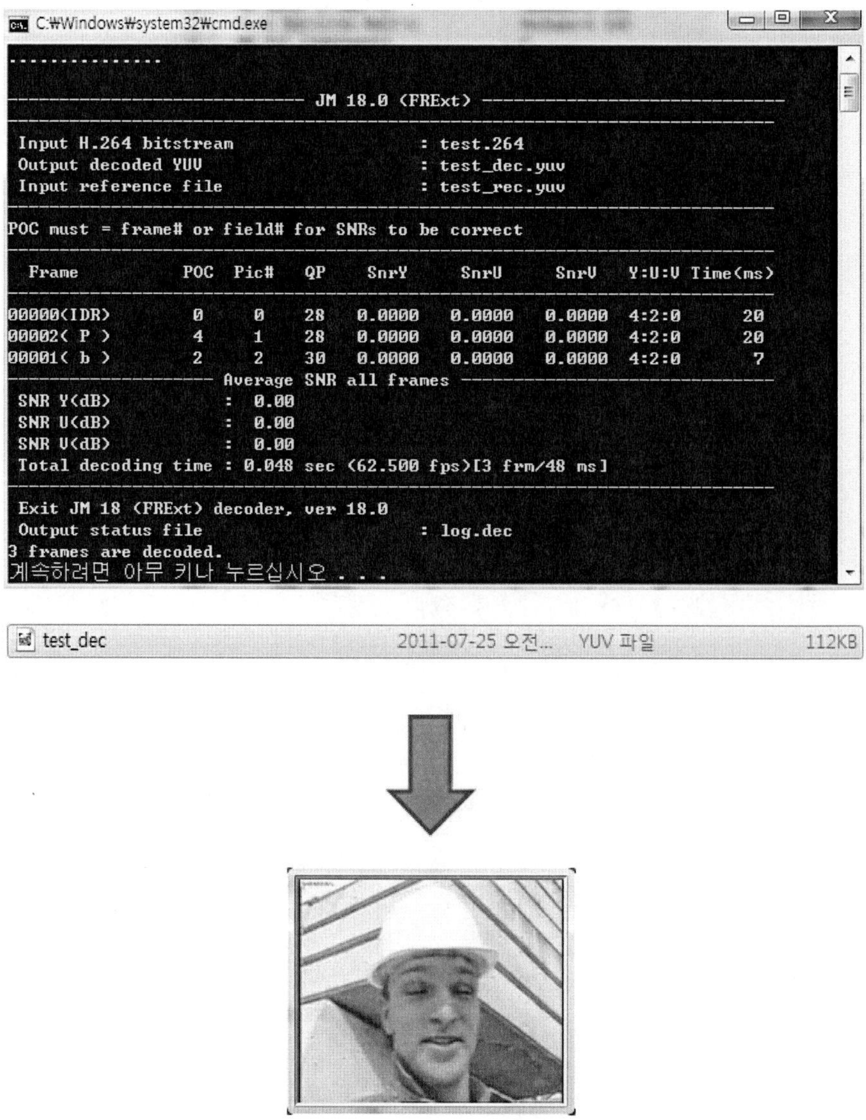

그림 9[부록]-13 H.264/AVC decoding 결과

Chapter 10

오디오 부호화

본 장에서는 방송 시스템에서 비디오 신호와 함께 전송되는 오디오 신호를 압축하고 복원하는 오디오 부호화 기술에 대해서 살펴본다.

10.1 오디오 부호화의 원리

1 오디오 신호의 정의

물체의 이동 또는 진동을 통하여 생성되는 공기 또는 매질의 진동(wave)이 인간의 청각기관을 통해 인지되는, 즉 들리는 신호를 음향신호(acoustic signal) 또는 사운드(sound)라고 정의한다. 음향신호를 전기적인 아날로그 신호로 표현한 것을 오디오 신호(audio signal)라 부르며, 오디오 신호 중 사람의 발성기관을 통해 생성된 신호를 음성신호(speech signal)라 한다. 앞서 음향신호가 인간의 청각기관을 통해 인지되는 신호로 한정하였으므로 오디오 신호의 특성은 인간의 청취능력을 통계적으로 분석한 결과에 따라 결정될 수 있으며 그림 10-1에 표현한 바와 같이 20 Hz에서 20 kHz의 대역폭을 가지는 것으로 정의하며, 음성신호의 경우에는 대부분의 에너지가 4 kHz 미만에 존재하고 있으므로 20 Hz에서 4 kHz의 대역폭을 가지는 것으로 정의한다. 또한, 음향신호의 크기(sound pressure)가 너무 크거나(위쪽 점선 이상) 너무 작을(아래쪽 굵은 실선 이하) 경우에는 사람이 들을 수 없으므로 두 선 사이로 정의되는 영역이 음향신호의 영역이라 할 수 있다.

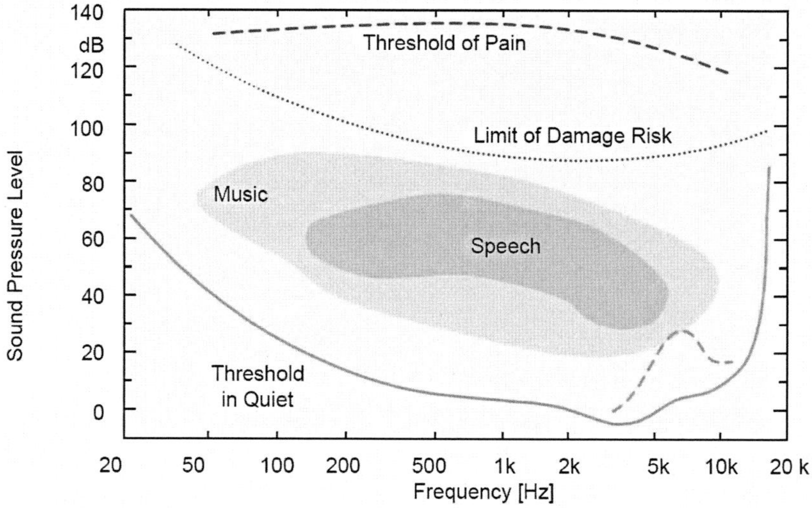

그림 10-1 사람의 청취영역을 기준으로 한 음향신호의 대역폭과 음압 분포

2 오디오 부호화 기술의 분류

오디오 부호화 기술은 디지털로 변환된 오디오 신호를 압축하여 표현(부호화, encoding)하고 복원(복호화, decoding)하는 과정을 의미한다. 오디오 신호는 시간축과 크기(또는 에너지)축으로 구성되는 2차원 평면상에서 표현될 수 있다. 이렇게 표현되는 오디오 신호는 이를 생성하는 음원(sound source)의 특성에 따라 통계학적으로 일정한 성질(주기, 하모닉스 등)을 가질 수도 있으며, 백색잡음(white noise)과 유사하게 전 주파수 대역에 걸쳐서 랜덤하게 존재하는 신호로 표현될 수도 있다. 그러나 통상적인 오디오 신호는 다수의 음원들이 혼합되어 구성되므로 전술한 통계적 특성과 잡음특성을 모두 가지고 있다고 가정하는 것이 적절하다.

음성신호는 음성신호를 발생시키는 음원을 사람의 발성기관으로 한정하고 있기 때문에 이를 적절히 표현할 수 있는 소수의 파라미터만으로도 부호화가 가능하지만, 오디오 신호의 경우에는 적용하기가 어렵다. 최근 음원분석기법(sound source analysis) 등을 통하여 오디오 신호에 대한 파라미터 부호화가 시도되고 있기는 하지만 음질이 손상되는 것을 근본적으로 막기 어려우므로 방송환경과 같이 음질이 가장 중요한 성능척도가 되는 응용분야에는 적용하기 곤란하다.

본 장에서는 방송 시스템에서 사용되고 있는 오디오 부호화 기술들에 한정하여 소개하고자 하며, 이는 무손실 오디오 부호화(lossless audio coding) 기술과 손실 오디오 부호화(lossy audio coding) 기술로 분류할 수 있다. 먼저 무손실 오디오 부호화 기술은 부호화하기 전의 원음신호(original signal)와 부호화와 복호화 과정을 거친 복원신호(reconstruction signal)가 파형(wave shape)상 완전히 동일한 결과를 나타내는 기술을 의미하며, 손실 오디오 부호화 기술은 원음신호와 복원신호의 신호파형 자체가 달라지면서 압축하는 기술을 의미한다. 손실 오디오 부호화 기술 중 원음신호와 복원신호의 파형이 변하지만 지각적(perceptually)으로는 구별하기 어렵게 압축하는 기법을 지각 오디오 부호화(PAC, perceptual audio coding) 기술이라 부른다. 무손실 오디오 부호화 기술이 원음의 음질을 완벽히 유지할 수 있다는 장점이 있으나 압축 효율이 높지 않으며(2배~3배), 지각 오디오 부호화 기술은 압축 효율이 높으면서도(10배~20배) 음질을 지각적인 손실 없이 유지할 수 있다는 장점이 있다. 따라서 방송 시스템은 제한된 자원(주파수, 전력 등)을 효율적으로 이용하여 고품질의 오디오 서비스를 제공하여야 하므로 압축 효율이 높으면서도 서비스에 적절한 음질을 제공할 수 있는 지각 오디오 부호화 기술을 주로 이용하고 있다.

3 심리 음향 모델

오디오 신호는 다양한 음원(sound source)들을 갖고 있을 뿐만 아니라 고음질을 필요로 하므로 음성 부호화와 같은 음원 발생 모델(generation model)을 적용할 수 없다. 따라서 사람의 청각기관인 귀의 특성을 이용하여 중복성(redundancy)을 제거하여야 하는데, 여기에 주로 이용되는 특성은 마스킹(masking) 현상이다[1].

마스킹 현상은 사람의 귀내부 달팽이관에 있는 기저막(basement membrane)에서 청신경(auditory nerve)의 자극 정도에 의해 일어나며 시간 영역에서의 마스킹과 주파수 영역에서의 마스킹으로 구분할 수 있다. 시간의 차이를 두고 일어나는 두 신호 사이의 시간 영역 마스킹을 순시 마스킹(temporal masking)이라 하고, 동시간에 일어나는 두 신호 사이의 주파수 영역 마스킹을 동시 마스킹(simultaneous masking)이라고 한다. 순시 마스킹은 그림 10-2와 같이 상대적으로 음압이 큰 소리(masker)가 발생할 때 그 소리의 앞(pre-masking)과 뒤(post-masking)에 존재하는 작은 음압의 소리가 들리지 않는 현상을 의미하며, 서브밴드(subband) 부호화나 변환 부호화 시에 블록처리 과정에서 발생하는 프리에코(pre-echo)를 제거하는데 사용될 수 있다. 동시 마스킹이란 어떤 주파수 대역에 순음이 존재하거나 잡음이 존재할 때 주위 대역의 작은 음압 레벨(SPL, sound pressure level)을 갖는 신호들이 들리지 않게 되는 현상을 말한다. 즉, 주파수 영역에서 일어나는 마스킹을 동시 마스킹이라 하며, 일반적인 마스킹은 동시 마스킹을 가리킨다. 그림 10-3은

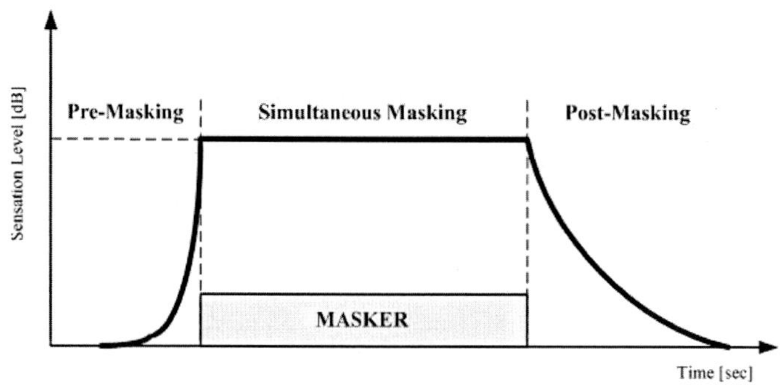

그림 10-2 순시 마스킹 현상 개념도

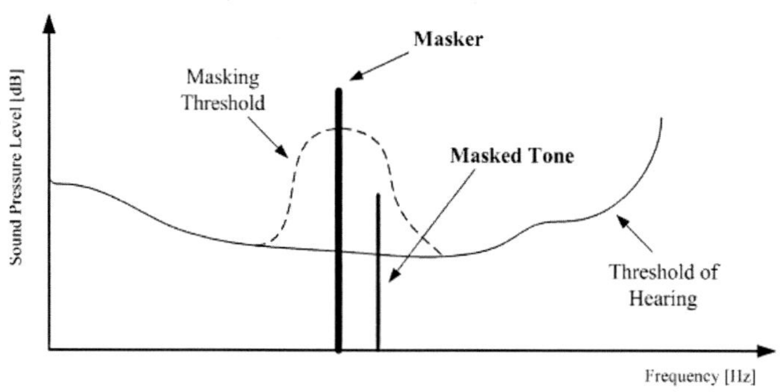

그림 10-3 동시 마스킹 현상 개념도

굵은 실선으로 표현되는 큰 음압을 갖는 순음(masker)이 주파수 영역에 존재할 때 순음의 크기에 따른 마스킹 곡선(점선)과 이로 인해 들리지 않게 되는 작은 음압을 갖는 순음(masked tone)을 나타낸다. 그림에서 가는 실선으로 나타난 곡선은 절대 가청 한계(threshold of hearing)를 나타내는 것으로 그 이하의 음압을 내는 신호는 조용한 환경에서도 사람의 귀에 들리지 않음을 의미한다.

마스킹 현상 중 주파수 영역에서의 동시 마스킹이 오디오신호를 압축하는 데 보다 효과적으로 적용될 수 있다. 그림 10-4와 같이 동시 마스킹을 이용하기 위하여 고음질 오디오 부호화 기술은 필터뱅크를 사용하는 서브밴드 부호화나 DFT(discrete fourier transform), DCT(discrete cosine transform) 등을 사용하는 변환 부호화 방식을 이용하여 시간 영역의 오디오 신호를 주파수 영역으로 변환한 후 심리 음향 모델(psychoacoustic model)로부터 얻어낸 마스킹 임계치에 근거하여 각 서브밴드 별로 재양자화 함으로써 높은 압축율을 얻을 수 있게 되며 이러한 과정을 지각 오디오 부호화라 부른다.

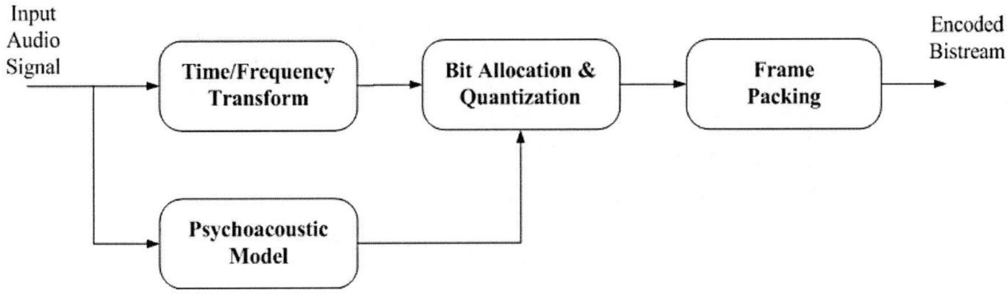

그림 10-4 지각 오디오 부호화 개념도

10.2 Dolby AC-3 오디오 부호화

AC-3(audio coding 3 또는 Dolby Digital) 오디오 부호화 기술은 북미지역의 HDTV를 위한 오디오 압축 기술의 표준안으로 Dolby 연구소가 1991년에 제안한 방식이다[2]. ITU-R 권고안인 5.1 멀티채널[3]을 수용하고, 32~640 kbit/s의 비트율을 갖는다. 압축률을 높이기 위해서 채널 간 혹은 채널 내의 마스킹 특성을 이용하며, 고주파 대역의 채널 커플링을 이용하여 보다 낮은 비트율을 제공한다. 기본적인 부호화 방법은 시간축 에일리어징(aliasing) 제거 방법에 기초한 MDCT(modified discrete cosine transform) 변환을 이용하는 지각 오디오 부호화 방식을 사용하였다. 그림 10-5에 AC-3 부호화기 및 복호화기의 블록 다이어그램이 나타나 있다. 본 10.2절에서는 AC-3 부호화 과정을 블록별로 설명한다.

1 전처리 과정

전처리 과정은 블록(또는 프레임) 단위로 오디오 신호를 주파수축에서 압축하는 변환 오디오 부호화(transform audio coding) 방식의 단점인 프리에코(pre-echo)를 줄이기 위한 것이다. AC-3는 입력 오디오 신호를 512샘플 블록 단위로 압축 부호화를 수행하는데 먼저 입력 신호를 고역 필터에 통과시켜 DC성분을 제거한 후 천이 구간(transition region)을 검출한다. 천이가 검출된 블록은 512샘플 블록(장블록)을 256샘플의 단블록으로 전환시킨다. 복호화기에서는 이에 대한 정보를 받아서 각 블록의 길이에 맞게 역변환하게 된다. 그림 10-6에 천이(transient) 구간을 포함하는 신호와 프리에코가 발생한 신호(장블록), 프리에코를 제거한 신호(단블록)의 예가 나타나 있다.

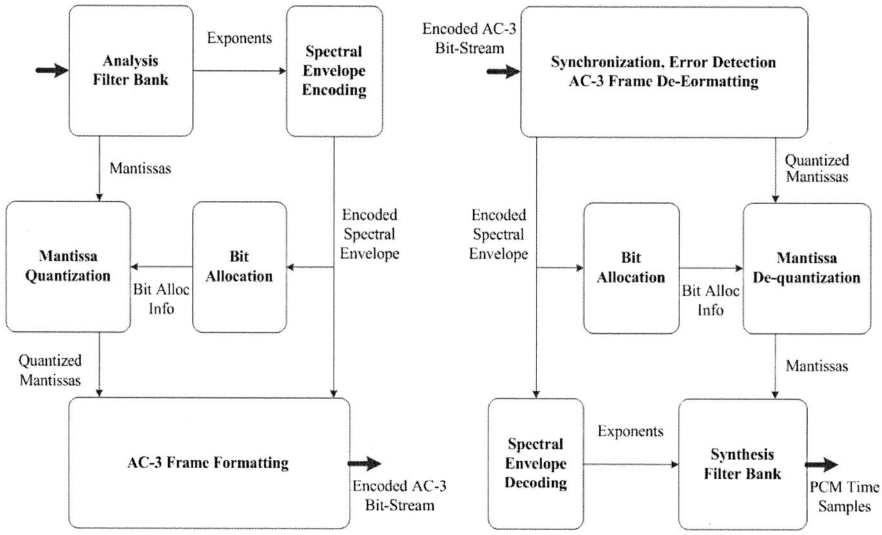

그림 10-5 AC-3 부호화기(좌) 및 복호화기(우) 블록도

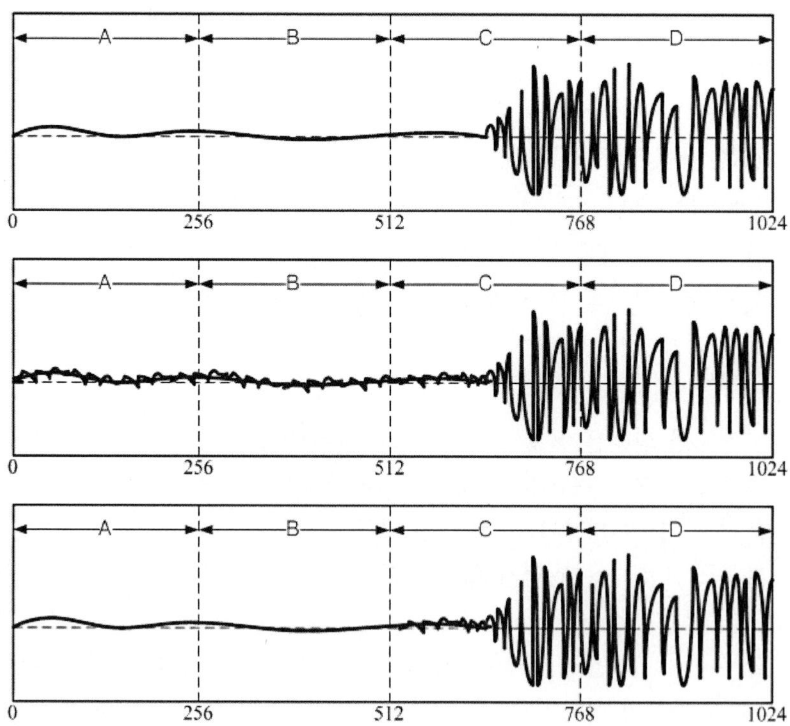

그림 10-6 256 블록을 이용한 프리에코 제어의 예(위에서부터 원래의 신호, 512 블록을 이용하여 프리에코가 발생한 신호, 256 블록을 이용하여 프리에코가 제거된 신호)

2 시간축 에일리어징(aliasing) 제거 방법에 기초한 MDCT 변환

그림 10-5에 해석 필터 뱅크(analysis filter bank)와 합성 필터 뱅크(synthesis filter bank)로 표현된 블록은 시간축 오디오 신호를 주파수축으로 변환하고, 이를 다시 시간축으로 복원하는 부분이며, AC-3는 시간축 에일리어징 제거 방법에 기초한 MDCT 변환을 이용한다. 일반적인 신호 분석 기법인 프레임 윈도를 이용한 중첩과 가산을 행하는 기법에서는 인접한 시간축 윈도 간의 중첩에 의해서 에일리어징이 일어나게 되는데, 시간축 에일리어징 제거 방법(TDAC, time domain aliasing cancellation) 방법을 사용하면 분석단에서 발생하는 에일리어징을 효과적으로 제거하면서 중첩과정에서 발생하는 처리하여야 할 데이터양의 증가를 처리블록 크기의 절반까지 줄일 수 있다[3]. 즉, TDAC 기법을 이용하면 블록의 크기는 N샘플로 하고 50%까지 중첩하면서도 처리하는 데이터양은 $N/2$로 줄일 수 있다.

그림 10-7에 TDAC 변환을 이용한 변환/역변환 과정이 나타나 있다. 분석단은 입력 신호에 윈도 함수(그림에서 점선으로 표현된 부분)를 곱하면서 중첩하는 과정과 그 신호를 주파수 영역으로 변환시키는 과정으로 구성된다. 이때 사용되는 시간/주파수 변환은 변환된 주파수축 신호가 의미를 가지는 것, 즉 주파수 축상의 응답 신호를 출력하는 것이어야 한다. 예를 들면 DFT(discrete Furier transform), DCT(discrete cosine transform), DST(discrete sine transform) 등이 사용될 수 있다. 합성 시에는 역방향 변환을 행하고, 합성 윈도와 곱한 후 미리 합성되어 있는 이전 구간 신호와 중첩함으로써 시간 영역에서 발생한 에일리어징을 제거하면서 원 신호를 복원한다. 원 신호를 복원할 수 있는 조건은 분석 및 합성 윈도가 시간 영역에서 중첩되고 가산된 결과가 평탄해야 한다는 것이다. 서브밴드의 배열에는 짝수 배열(evenly-stacked)과 홀수 배열(oddly-stacked)이 있는데, 어느 쪽이나 에일리어징을 제거할 수 있으므로 무방하다. 그러나 짝수 배열일 경우에는 DCT와 DST를 모두 필요로 하여 구조가 복잡해진다는 단점이 있다. 홀수 배열일 경우에는 수식을 변형하여 DCT만으로 변환을 행할 수 있으므로 AC-3에서 이를 채택하고 있다.

MDCT 방식을 사용했을 경우 가장 큰 장점은 윈도의 50% 중첩(overlap)을 허용하면서도 추가되는 비트 요구량이 없어진다는 것이다. 즉, 임계 샘플링(critical sampling)을 보장하는 것으로, 프레임 크기가 N인 윈도를 50% 중첩하여 변환하여도 $N/2$개 샘플로부터 완전 복원된 신호를 얻을 수 있다는 것이다.

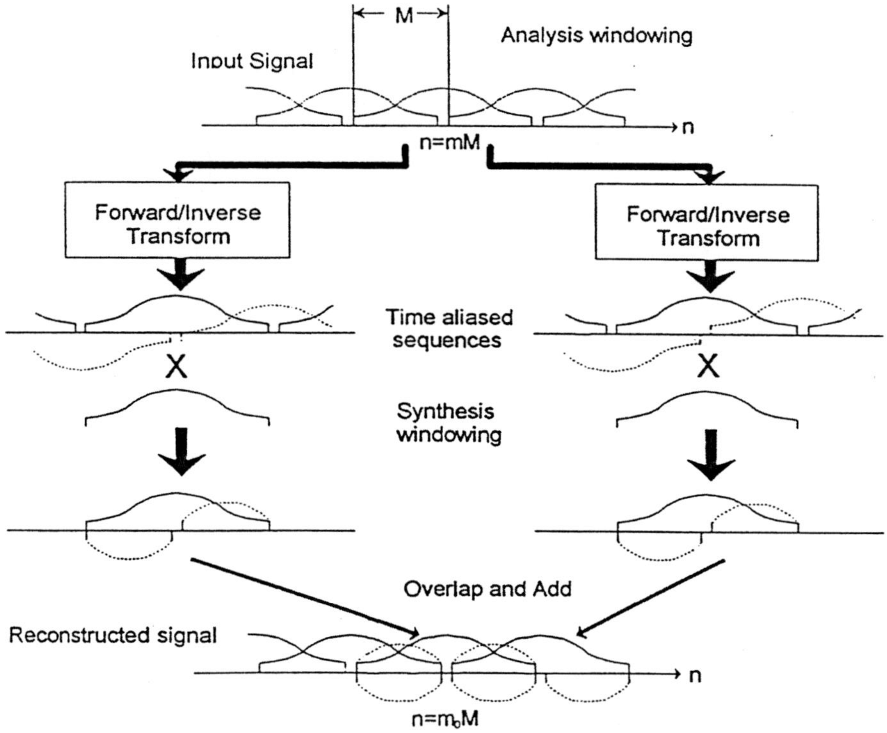

그림 10-7 TDAC 변환 과정

2 지수부 부호화

부호화 과정에서 심리 음향 모델을 적용하기 위해서는 입력 신호의 스펙트럼을 획득하여야 하는데, 이는 FFT를 이용한 주파수 영역 분석을 행하는 것이 가장 일반적이지만 AC-3에서는 MDCT 변환 계수들로부터 스펙트럼 정보를 얻어낸다. 변환 계수는 지수부(exponent)와 가수부(mantissa)로 나누어져 부호화되며, 지수부는 주로 음압의 크기, 즉 동적 영역(dynamic range)을 나타내는 파라미터이고, 가수부는 양자화 잡음에 영향을 미치는 파라미터라고 볼 수 있다. 심리 음향 모델에서 사용하는 스펙트럼 정보는 바로 이러한 변환 계수의 지수부로부터 얻어진다.

AC-3에 사용된 TDAC 필터 뱅크는 512샘플 중첩 윈도(장블록의 경우)를 이용하여 블록 단위로 처리하므로 256샘플의 주파수 스펙트럼 계수를 가지게 된다. 따라서 주파수 해상도는 48 kHz 샘플링 주파수를 이용할 경우 93.75 Hz이다. 인접 스펙트럼 간의 차이가 12 dB 이상 나지 않는다는 특징을 이용하여 지수값의 변화를

±2로(1은 6 dB 변화를 나타냄) 한정한다. 또한 인접 샘플 간의 차를 구하여 부호화하면 -2, -1, 0, +1, +2를 나타내는 3 bit로서 지수값을 나타낼 수 있게 되고, 3개의 계수를 묶어서 그룹화하게 되면 3개의 샘플당 7 bit로서 부호화할 수 있게 된다. DC 값을 나타내는 처음 샘플만 5 bit를 사용하여 절대값으로 부호화하고, 나머지 샘플들은 이와 같은 방법으로 차를 구하여 부호화(differential coding)하면 지수값 하나를 부호화하는 데 소요되는 비트수는 2.33 bit가 된다. 이렇게 부호화하는 방법을 D15 부호화라 하며 그림 10-8(a)에서 볼 수 있는 바와 같이 매우 정밀한 주파수 해상도를 갖는다.

그러나 모든 블록에 대하여 2.33 bit를 사용한다는 것은 비효율적이다. 이렇게 정밀한 주파수 해상도를 가지게 되는 경우는 대체로 안정된 구간의 음일 경우가 많고, 일반적인 경우 한번 전송되면 이후 5개 오디오 블록(32ms)은 이 값을 복사하여 사용한다. 이때의 정보량은 0.39 bits/exponent가 된다.

비안정 구간 신호의 스펙트럼은 넓은 주파수 대역에 대해 분포하는 특징이 있고, 주파수 영역 해상도보다는 시간 영역의 해상도가 중요하게 된다. 이 경우 사용하는 것이 D25 또는 D45 부호화 방법인데, D25의 경우는 D15 방법의 절반, 즉 지수값을 하나 걸러 하나씩만 전송함으로써 비트율을 낮춘다. D25 방법은 안정된 블록이 2~3개 정도 나타난 후 다시 급격하게 변화하는 블록이 2~3개 정도 이어져 나타날 경우에 사용하며 그림 10-8(b)와 같은 특성을 갖는다. D45 방법은 4개 걸러 하나씩 지수를 전송하는 방법으로 그림 10-8(c)에 나타나 있고, 이때의 정보량은 D15에 비하여 1/4인 0.58 bit/exponent가 되며, 천이 구간의 짧은 블록을 부호화하는 데 사용된다.

AC-3에서는 이와 같이 스펙트럼의 형태에 따라 적응하는 방법들을 사용하여 효과적인 부호화를 수행한다. 어떤 방법을 사용할 것인가는 부호화기에서 결정하며, 이 정보는 지수 부호화 전략(exponent coding strategy)이라 불리우는 2 bit의 정보(D15, D25, D45, REUSE)로서 복호화기에게 전달된다. 일반적으로 D15 방법인 경우는 프레임의 첫 블록에만 사용되며, 이후 5개의 블록은 그것을 재사용한다. 복호화단에서는 지수 부호화 전략에 대한 정보를 복호화하여 이를 토대로 그룹화와 매핑(mapping)을 역으로 풀어나간다. 즉, 모든 그룹화된 지수를 역그룹화(ungrouping)하고나서 역매핑(unmapping)을 행한 후, 전략에 따라서 1, 2 또는 4개씩을 복사해서 다음의 지수로 이용한다.

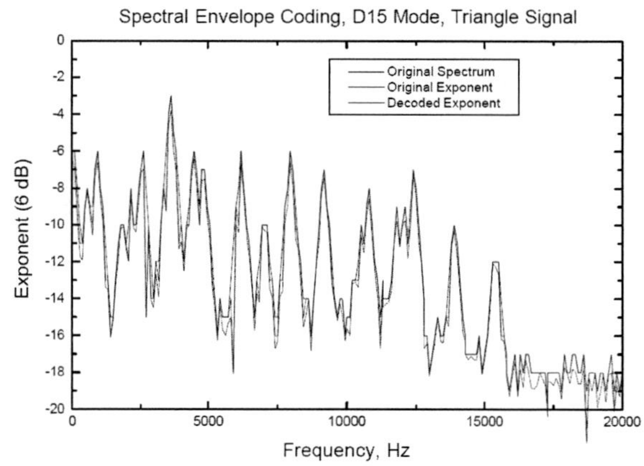

(a) D15

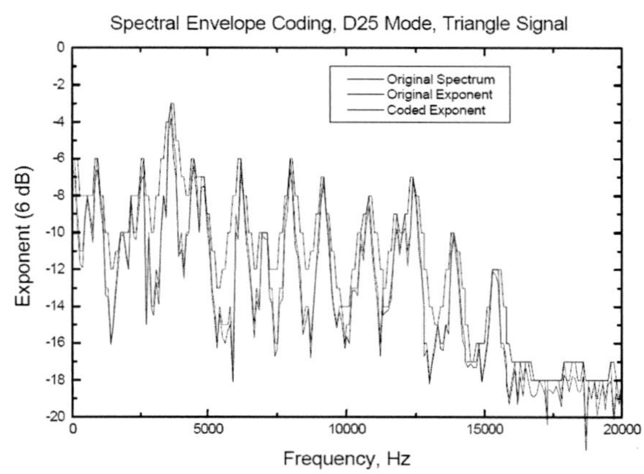

(b) D25

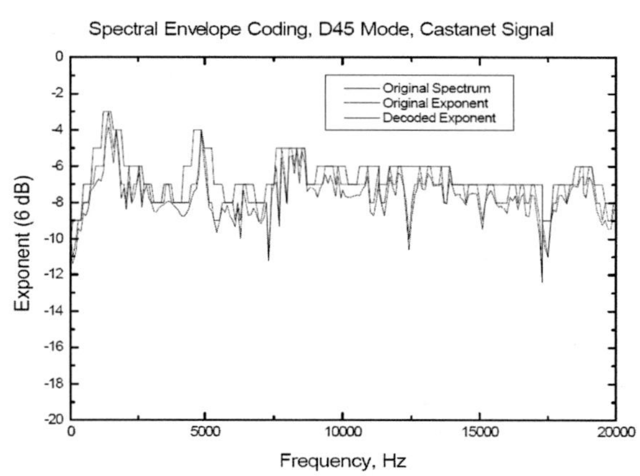

(c) D45

그림 10-8 D15, D25, D45 방법을 사용하였을 때의 스펙트럼

(가) 심리 음향 모델을 이용한 비트 할당

변환 계수를 부호화할 때는 비트율을 일정하게 유지하기 위하여 분석 블록 단위로 비트를 할당하게 된다. 비트 할당 전략은 최소의 비트수로 최대의 신호 대 잡음비(SNR, signal to noise ratio)를 얻는 것을 목표로 하며, 전송률 대 왜곡 이론(rate-distortion theory)에 근거하여 신호 스펙트럼의 에너지에 따라 비트를 할당한다[4]. 그러나 사람의 청각 특성에 따라 지각적으로 느끼는 음질은 수치적인 SNR과는 다른 양상을 보이므로 이 특성을 이용하면 수치적으로 필요한 비트수보다 더 적은 비트를 사용하여도 주관적인 음질을 보장할 수 있게 된다[5].

그림 10-9는 심리 음향적인 측면을 고려한 비트 할당과 그에 따른 잡음 스펙트럼을 나타낸다[6]. 사람의 귀는 임계 대역(critical band)이라 불리는, 몇 개의 대역별로 음을 분석하고 인식한다. 이때 한 임계 대역의 에너지가 주위 대역의 에너지보다 훨씬 크게 되면, 주위 대역의 작은 음은 들리지 않게 된다. 이러한 마스킹 현상을 이용하여 임계 대역 내에서 마스크 대 잡음비가 0 dB 이상이 되도록(잡음이 마스킹 곡선의 아래쪽에 들어가도록) 비트를 할당하여 부호화하면, 지각적으로 원음과 동일한 재생음을 얻을 수 있게 된다. 일반적으로 샘플당 16비트의 데이터를 1.5~3비트로 부호화하여도 지각적으로 차이가 없는 복원음을 얻을 수 있다.

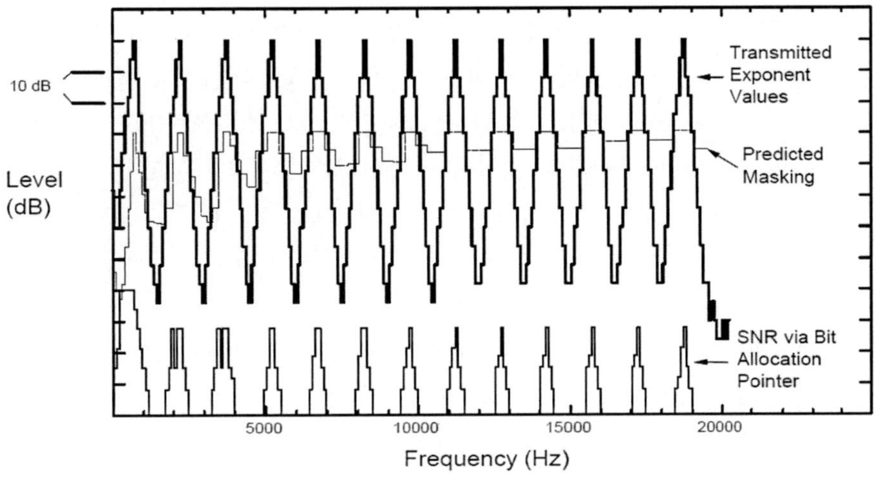

그림 10-9 심리 음향 모델을 이용한 비트 할당의 예

(나) 혼성 비트 할당(hybrid bit allocation)

일반적으로 사용되어지는 비트 할당 방법은 크게 두 가지 부류로 나눌 수 있는데, 하나는 전방 적응 할당(forward adaptive bit allocation) 방법이고, 다른 하나는 후방 적응 할당(backward adaptive bit allocation) 방법이다. 전방 적응 할당 방법은 양자화 비트 할당이 모두 부호화기에서 이루어지고 복호화기에서는 비트 할당 정보를 이용하여 단순한 복호화만을 수행하는 것이며, 후방 적응 할당 방법은 부호화된 오디오 데이터 자체로부터 양자화 정보를 추출하여 처리하는 것이다. MP3와 같은 일반적인 지각 오디오 부호화 기법에는 전방 적응 할당을 이용하는데, 이러한 이유는 복호화기의 복잡도를 낮추면서 최대의 압축 효율을 얻기 위함이다. AC-3에서는 그림 10-10과 같은 이 두 방법을 결합한 혼성(hybrid) 방법을 사용하는데, 부호화기와 복호화기는 비교적 간단한 심리 음향 모델(그림 10-11 참조)을 이용하는 핵심 비트 할당(core bit allocator) 모듈을 가지며 이 모듈에 대한 입력은 신호의 스펙트럼 포락선(spectrum envelope)이다(후방 적응 할당 특성). 반면에 스펙트럼 가수부를 비롯한 다른 정보들은 부호화기에서 비트 할당 정보와 함께 복호화기로 전달된다(전방 적응 할당 특성).

AC-3는 스펙트럼 계수의 각 지수와 가수에 할당되는 비트수는 미리 정해진 값을 사용하지 않고 신호 스펙트럼의 특성에 따라 최적의 비트수를 계산해서 결정한다. 여기서 최종 마스킹 레벨을 계산하기 위하여 심리 음향 모델이 적용되며 이에 필요한 파라미터들은 신호에 따라 부호화기에서 결정한다. 각 지수와 가수에 대한 비트 할당은 최종 마스킹 레벨과 입력 신호의 전력 밀도 스펙트럼(PSD : power spectrum density)과의 비교를 통해 결정된다. 계산량을 줄이고 로그함수적인 인간의 청각특성(critical band)을 반영하기 위하여 각 PSD 값들은 64개의 대역별로 그룹화하여 처리한다. 여기서 각 그룹에 포함되는 PSD 값의 개수는 저주파수 대역에서 고주파수 대역으로 갈수록 증가하게 된다.

16비트 PCM 샘플의 동적 영역이 96 dB이므로 샘플당 최대 16 bit까지 할당될 수 있다. 비트 할당 결과 사용할 수 있는 비트가 남으면 SNR 오프셋(offset)을 증가시키고, 모자라면 SNR 오프셋을 줄이는 방법으로 사용 가능한 비트를 모두 할당한다. 그러나 비트를 모두 다 사용하여도 비트가 부족한 경우에는 커플링(coupling)이라 불리우는 블록 간 정보 공유를 통하여 비트율을 낮춘다.

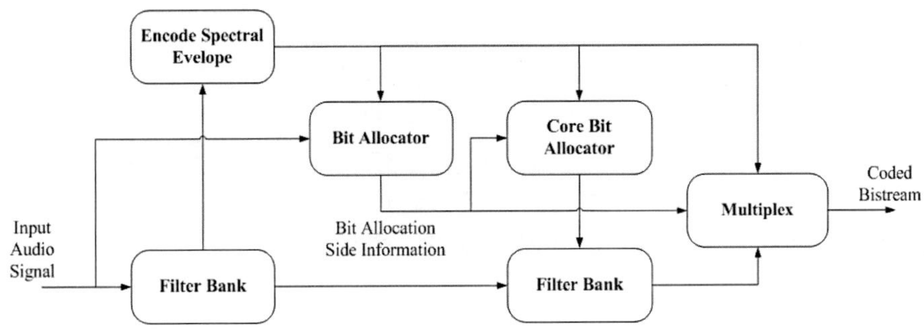

(a) 부호화기

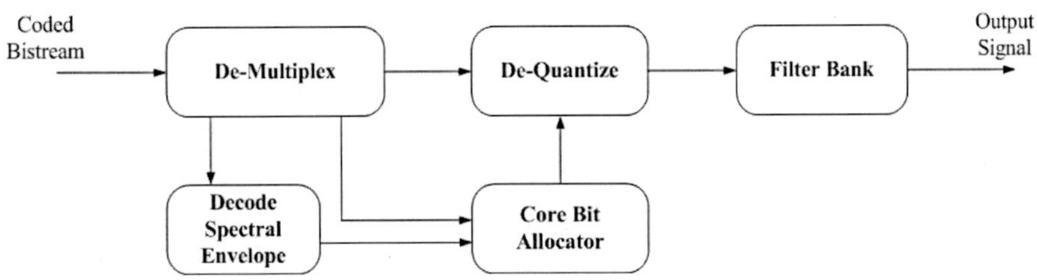

(b) 복호화기

그림 10-10 혼성 비트 할당 방법의 블록 다이어그램

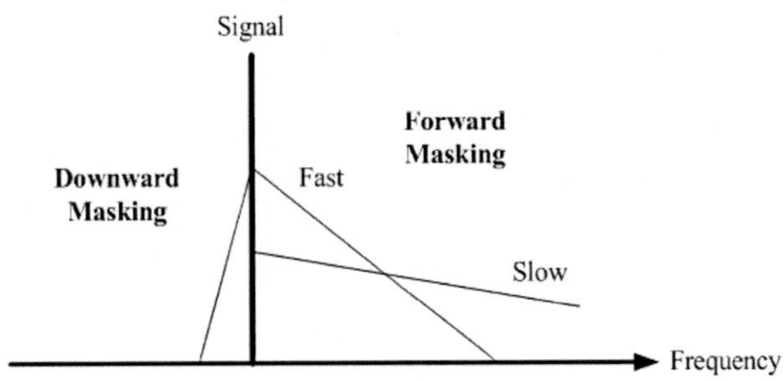

그림 10-11 AC-3에서 사용되는 prototype 마스킹 곡선

3 가수부 부호화

지수부 부호화 과정에서 얻어진 비트 할당 정보를 이용해 가수부를 양자화하게 되는데, 1~5 bit까지 할당된 경우에는 대칭형 양자화(symmetric type quantization)를 사용하고, 6~15 bit의 경우에는 비대칭형 양자화(asymmetric type quantization)를 사용한다. 비대칭형 양자화는 실수값을 갖는 가수값을 할당된 비트만큼 사용하

여 양자화하는 방법이다. 부동 소수점 형식으로 표기된 실수값은 할당된 비트수만큼을 추출하여 전송한다. 대칭형 양자화는 할당된 비트에 따라 사전에 정의된 표를 사용하여 양자화하는 방법이다. 지수부 부호화에서와 마찬가지로 가수부를 부호화할 때에도 몇 개의 샘플들을 묶어서 그룹화함으로써 비트를 줄이는 방법을 사용한다. 즉, 3, 5, 11 레벨을 갖는 부호들은 2개 또는 3개씩 묶여 각각 5비트, 7비트, 11비트 코드워드로 부호화된다. 이때 그룹화된 가수값은 그 그룹 내에서 맨 처음 위치에 놓인다.

복호화기에서는 복호한 지수를 입력으로 다시 부호화기에서와 동일한 비트 할당 알고리즘을 통과시켜서 가수에 할당된 비트수를 알아내고 이를 기준으로 대칭형 양자화, 혹은 비대칭형 양자화에 따라 가수를 복원하며 그룹화된 경우 역그룹화를 수행한다.

4 채널 간 부호화

멀티채널 부호화기에서 채널 간의 신호 중복성을 제거하기 위해 AC-3는 채널 커플링(channel coupling) 방법을 사용하고, 경우에 따라 합과 차 신호를 부호화 대상으로 하는 결합 스테레오 부호화(joint stereo coding) 방법을 사용하기도 한다.

(가) 채널 커플링

AC-3에서 사용하는 방법은 채널 간의 상관관계(correlation)를 이용한 채널 커플링으로서, 이 방법 역시 심리 음향 모델을 이론적인 배경으로 갖는다. 인간이 소리의 발생 위치를 추정하는 데 있어서 저주파 대역에서는 시간 지연에 따른 위상차 정보를 이용하지만, 약 2 kHz 이상되는 고주파 대역에 대해서는 신호의 크기 정보를 주로 이용한다고 알려져 있다[5]. 이러한 특성을 이용하여 저주파 대역 신호는 기본 부호화 방법을 사용하여 전송하고, 특정 주파수 이상의 신호에 대해서는 두 개 이상 채널에 대한 정보를 공유하여 전송하는 방법(신호 파형의 포락선 정보만을 전송하는 방법)을 사용하면 주관적인 음질을 손상시키지 않으면서 압축률을 높일 수 있으며 이를 채널 커플링이라 한다. 채널 커플링이 시작되는 주파수를 커플링 주파수라 하는데, 이보다 높은 주파수에서부터 채널들은 커플링 채널로 묶이게 된다. 부호화기는 채널 커플링된 각 채널들의 변환 계수들의 평균값과 함께, 원래 신호의 에너지와 커플링된 신호의 에너지의 비에 대한 정보(이를 coupling coordinate라고 함)를 전송한다. 복호화기는 각 채널과 밴드에 대하여 변환 계수에 coupling coordinate를 곱함으로써 커플링된 채널로부터 원래의 채널들을 복원해낸다.

(나) 스테레오 리매트릭싱(rematrixing)

스테레오 리매트릭싱은 2/0 모드(스테레오)일 때만 사용되는 방법으로서 원래의 신호(L, R)와, 다음과 같이 정의된 그들의 합과 차 신호(L', R')에 대한 에너지를 조사하여 그 중 큰 에너지를 갖는 쌍을 부호화하는 방법이다.

$$L' = 0.5 \times (L + R)$$
$$R' = 0.5 \times (L - R)$$

스테레오 신호 사이의 상관 관계가 높은 신호일 경우, L' 신호는 원래의 L 및 R 신호와 동일한 형태를 갖게 되고, R' 신호는 이론적으로 0이 되므로, R'에는 적은 비트를 그리고 L' 신호에 대해서는 보다 많은 비트를 할당할 수 있으므로 좋은 음질을 보장할 수 있게 된다.

이 방법이 중요한 의미를 갖는 것은 기존 돌비 서라운드 복호화기와의 호환성을 유지할 수 있기 때문이다. 돌비 프로로직(pro-logic) 복호화기에서는 in-phase 성분은 센터 채널로 보내고, out-of-phase 성분은 서라운드 채널로 보내는 방법을 사용한다. 이때 결합 스테레오 부호화 방법이 사용되지 않았을 경우에 서라운드 채널에는 양자화 잡음이 원 신호의 성분보다 커져서 신호를 가리게 된다. 그러나 리매트릭싱이 사용된 경우에는 처음부터 합과 차가 양자화되기 때문에 차에 해당하는 서라운드 채널의 경우에도 신호 성분에 비해 양자화 잡음이 작아져서 원 신호를 가리는 일은 발생하지 않게 된다.

(다) 다운믹싱

일반적으로 수신자 측에서 5.1 채널을 재생할 수 있는 복호화기와 오디오 재생장치를 보유하고 있지 못한 경우가 많을 것이며, 이러한 경우 채널 간 매트릭싱 과정을 통해 재생 채널 수를 조정할 필요가 있다. AC-3에서는 아날로그 믹서를 포함한 기존 멀티채널 부호화기들이 사용하였던 intermediate matrix(5.1채널 신호를 스테레오 다운믹스 채널 신호와 5.1채널로 복원하기 위한 부가채널로 변하는 매트릭스)를 사용하지 않고, 각 채널들을 개별적으로 부호화하여 복호화기에서 상황에 맞도록 복호화하는 방법을 택하였다. 이로써 2채널뿐 아니라 모노, 스테레오, 매트릭스 서라운드 등과도 호환성을 가지게 하였다. 즉, 복호화기에서는 5.1채널 신호를 주파수 영역에서 복원한 후 출력채널 수에 맞게 주파수 영역에서 다운믹스를 수행하고 역 필터뱅크를 수행하는 방법을 이용한다. 따라서 다운믹스된 채널만큼의 역 필터뱅크만을 필요로 하므로 복호화기의 복잡성을 줄이면서도 다양한 재생환경에 이용할 수 있게 하였다.

10.3 MPEG-1/2 오디오 부호화

1 MPEG-1/2 오디오 부호화 표준의 구성 및 배경

ISO(International Organization for Standard)에서는 디지털 비디오 및 오디오 기술의 표준화를 위해 1988년에 ISO와 IEC(International Electrotechnical Commission) 두 국제 표준화 기구 산하에 동영상 전문가 그룹(MPEG : Moving Picture Experts Group)을 창설하였다. MPEG에서는 동영상 외에도 오디오 압축 기법의 표준화 작업에 착수하여 동화상과 CD 수준의 디지털 오디오를 1.5 Mbit/s 급의 디지털 저장 매체에 압축, 저장할 수 있는 MPEG-1 표준안을 1991년 확정하였다[7]. 이미 유럽에서는 기존의 아날로그 FM(frequency modulation) 방송을 대체할 디지털 오디오 방송 계획(EUREKA-147)의 표준 오디오 압축 알고리즘으로 Philips, CCETT, IRT 등에서 제안한 MUSICAM(Masking-pattern adapted Universal Subband Integrated Coding And Multiplexing) 방식을 채택했는데, 이 방식이 MPEG-1의 기본 알고리즘으로 선정되었다[8]. 그러나 MPEG-1은 HDTV와 같은 방송 매체에 적용할 경우 화질이 떨어질 뿐 아니라 오디오에 있어서도 2채널(스테레오) 이상을 지원하지 않아 멀티채널, 음성 다중 등과 같은 다양한 부가 서비스를 제공하기에 미흡하였으므로 디지털 방송 등의 응용 목적에 적합한 MPEG-2 표준안을 1994년 11월 확정하였다[9]. MPEG-1/2 오디오 표준안은 구현의 복잡성 및 비트율에 따라 계층 I, 계층 II, 계층 III으로 나누어진다. 일반적으로 통용되는 MP3는 MPEG-1 계층 III를 지칭하며, MPEG-2 BC(backwards compatible)는 MPEG-2 계층 II를 일컫는다. MPEG-2 BC는 MPEG-1의 계층-II 오디오 부호화 방식과 기본적인 알고리즘은 동일하나 MPEG-1 오디오 부호화 방식의 경우 최대 2채널(좌, 우)의 스테레오 신호만을 부호화하므로 이를 멀티채널 및 낮은 샘플링 주파수, 음성 다중 지원 등이 가능하도록 확장한 것이다. MPEG-2의 각 채널별 부호화 방식은 MPEG-1과 동일하고, 채널 간 매트릭싱을 사용하여 멀티채널 처리를 수행하며, 비트열 포맷은 MPEG-1의 형식을 사용한다. 확장된 멀티채널 데이터는 MPEG-1 비트열 포맷의 부가정보 부분에 들어가도록 설계하였기 때문에 역방향 호환(backwards compatible)이 가능하다. 즉, MPEG-1 복호화기로 MPEG-2 비트열을 복호화할 수 있다.

또한, MPEG-2에서는 MPEG-1에서 규정한 세 가지 샘플링 주파수(48 kHz, 44.1 kHz, 32 kHz) 이외에도 24 kHz, 22.05 kHz, 16 kHz의 샘플링 주파수를 추가하여 64 kbit/s 이하의 낮은 비트율에서도 좋은 음질을 얻을 수 있도록 하였다. 특히, 서라운드 채널이나 센터 채널, 음성 다중 채널의 신호는 두 개의 기본 스테레오 채널 신호에 비해서 통계적으로 대역폭이 작을 뿐 아니라 실제 음질에 미치는 영향도 비교적 작다. 따라서 이들 채널 신호에 대해서는 MPEG-1에서 지정한 샘플링 주파수보다 더 낮은 샘플링 주파수로 샘플링을 하더라도 지각적인 음질에 있어서 원음과 거의 차이가 나지 않는다. 확장된 샘플링 주파수를 위해서는 별도의 비트 할당표를 사용하고, 심리 음향 모델에도 다른 표를 적용해야 한다. 이렇게 다양한 샘플링 주파수를 제외하는 MPEG-2 BC 오디오 비트스트림은 MPEG-1 헤더의 ID 비트를 0으로 함으로써 적용되는데, 별도의 비트율 인덱스와 샘플링 주파수 인덱스를 가지고 있어서 MPEG-1 복호화기와는 호환되지 않는다.

2 MPEG-1 오디오

MPEG-1 오디오 표준은 AC-3와 유사하게 지각 오디오 부호화 알고리즘을 이용하며 두 가지 기술에 기반하여 표준화되었다. 하나는 MUSICAM으로 CCETT(프랑스), IRT(독일), Philips(네델란드)에 의해 개발되었으며 MPEG-1 계층 I과 계층 II의 기초가 되었다. 반면 ASPEC(Advanced Spectre Entropy Coding)은 AT&T(미국), 프라운호퍼(독일), Telefunken(독일)에 의해 개발되었으며 계층 III의 기반이 되었다.

MPEG-1은 32, 44.1, 48 kHz의 샘플링 주파수와 모노, 듀얼모노(2개의 모노채널), 스테레오 채널 설정을 지원한다. 또한, 스테레오 채널 간의 상관성과 무상관성을 이용한 결합 스테레오 모드(joint stereo mode)를 지원하여 스테레오 채널 신호에 대go 보다 높은 압축률을 제공한다. 전술한 바와 같이 MPEG-1 오디오는 세 개의 계층을 규정하고 있으며, 계층이 높아질수록 시스템의 복잡도가 증가하지만 높은 음질을 제공할 수 있다. 계층 I과 계층 II가 MUSICAM의 인코딩 구조를 기본으로 하고 있는 반면에, 계층 III은 ASPEC와 MUSICAM의 필터뱅크가 결합된 형태를 가지고 있기 때문에 계층 III 복호화기는 계층 I과 계층 II의 비트스트림을 복호화할 수 있다.

그림 10-12는 MPEG-1 계층 I과 계층 II 오디오 부호화기와 복호화기의 기본 블록도이다. MPEG-1 오디오 부호화기는 기본적으로 시간-주파수 변환을 수행하는 해석 필터뱅크와 비트/잡음 할당 블록(Bit Allocation & Quantization)으로 구성된다. 이와 동시에 입력 오디오 신호가 심리 음향 모델에 입력되어 각 서브밴드별 양자화 비트를 결정한다. 비트/잡음 할당 블록은 각 서브밴드별 양자화 비트를 결정

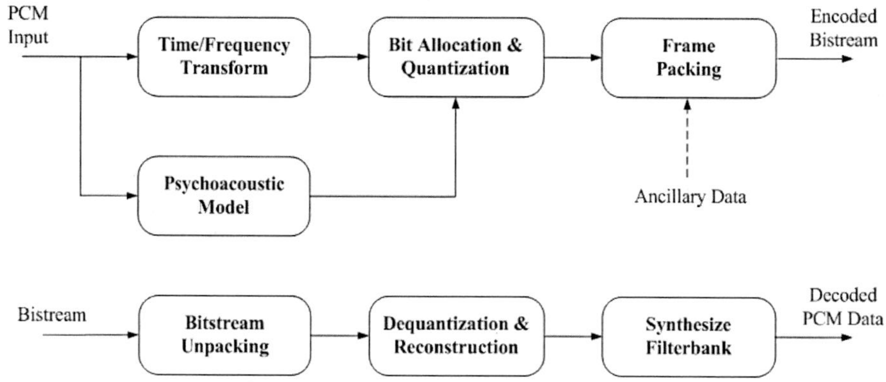

그림 10-12 MPEG-1 오디오 부호화기 및 복호화기 기본 블록도

하여 스펙트럼 계수들을 양자화한다. 비트스트림 포맷팅 블록은 양자화된 데이터를 인터리빙 방식으로 프레임을 구성하며, 부가정보(side information)와 선택적인 보조데이터(ancillary data)를 추가하여 최종 프레임을 구성한다. 복호화기는 입력된 비트스트림을 해석하여 양자화된 신호 스펙트럼을 복원하고 합성 필터뱅크를 이용하여 오디오 신호의 시간영역 데이터를 복원한다.

(가) MPEG-1 오디오 계층 I과 II

계층 I과 II는 32대역 PQMF(polyphase quadrature mirror filter) 필터뱅크를 이용하여 시간 영역 오디오 데이터를 주파수 영역으로 변환한다. PQMF 필터뱅크의 기본 개념은 좁은 대역폭의 저역통과 필터를 선택한 후 이 필터를 변조(modulation)한 몇 개의 필터를 더 만들어 전체 주파수 대역으로 확장하는 것이다. 이때 이웃한 필터들과 거의 무시할 수 있을 정도의 중복을 갖도록 빠르게 감쇄하는 특성을 부여해서 이웃한 필터 간의 에일리어징을 소거하고 CQF(conjugate quadrature filter) 형태의 완전복원 조건을 만족할 수 있도록 정의된다. PQMF 필터뱅크는 입력 신호를 매우 높은 정확도로 복원할 수 있다는 장점이 있으나 원하는 대역 수가 증가할 경우 연산량도 같이 증가한다는 단점이 있다.

계층 I과 II는 PQMF 필터뱅크를 통해 주파수 영역으로 변환된 데이터를 스케일링한 다음 대역별로 심리 음향 모델에 의해 결정된 대역당 양자화 비트를 이용하여 양자화한다. 일반적으로 연산량이 적은 심리 음향 모델 I을 이용하며, 심리 음향 모델 분석은 512샘플 FFT(계층 I)와 1024샘플 FFT(계층 II)로 수행한다. 추가로 계층 II는 압축률을 높이기 위하여 일정 레벨 이상의 연속적인 양자화 샘플에 그룹 부호화를 적용한다.

(나) MPEG-1 오디오 계층 III

그림 10-13과 같이 계층 III에서는 PQMF의 출력 신호가 MDCT 단으로 입력된다 [7]. 32대역 PQMF 필터뱅크 이후 대역별 36개 서브밴드 샘플로 구성된 샘플블록이 50% 중복되어 사인윈도로 곱해지고 36샘플 MDCT 변환이 수행된다. 이러한 처리과정에서 에일리어징 제거 모듈은 PQMF 필터뱅크로 인해 발생할 수 있는 잠재적인 주파수 에일리어징과 MDCT 변환 때문에 중첩/가산 단계에서 이웃한 블록 간에 제거되어야 할 시간 에일리어징이 발생할 수 있다. 계층 III 필터뱅크는 길이가 긴 블록의 경우 PQMF 중복 대역에서 발생할 수 있는 잠재적인 잡음을 줄이기 위해 MDCT 출력에 특정 계수 값을 곱해 에일리어징을 감소시킨다.

계층 III 필터뱅크에서 처리되는 전체 블록(프레임)의 크기는 1,152샘플(32*36)이다. 계층 III의 개선된 주파수 해상도(48 kHz 샘플링 비율에서 41.66 Hz)는 심리음향 모델에 기반하여 비트를 할당하기에 적절한 주파수 해상도이지만, 양자화 에러가 프레임 전체로 퍼질 수 있으므로 캐스터네츠와 같은 과도신호(transient signal)를 포함하고 있는 경우 프리에코가 발생하는 단점이 있다. 이러한 프리에코를 방지하기 위해 높은 시간 해상도(time resolution)를 갖는 짧은 길이의 윈도로 변경할 수 있다. 즉, 계층 III는 과도신호 구간이 발견되면 짧은 블록크기인 384 샘플(32*12)로 처리되며, 길 블록과 짧은 블록 간의 매끄러운 변환을 위하여 2개의 전이블록(long-to-short, short-to-long)을 이용한다.

계층 III는 압축률을 높이기 위하여 양자화된 스펙트럼 값들을 정적 허프만 부호화(static Huffman coding) 기법을 이용하는 무손실 압축을 수행한다. 계층 III 부호화기는 양자화된 스펙트럼 값들을 3가지 영역으로 분할하고, 각 영역은 해당

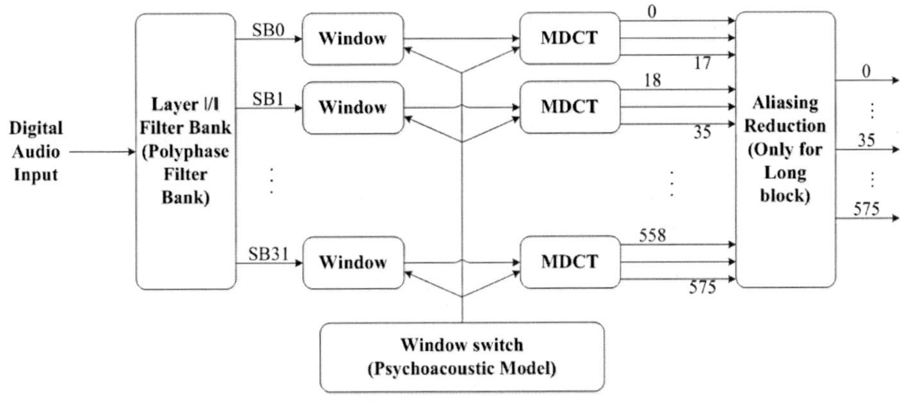

그림 10-13 MPEG-1 오디오 계층 III 해석 필터뱅크 구조

영역의 통계특성에 맞도록 설계된 허프만 코드북(codebook)을 이용해 부호화된다. 부호화기는 먼저 고주파에서 '전부 0값(all zero)' 영역을 검출하며, 이 영역은 부호화하지 않는다. 다음에 검출되는 '카운트 1(count 1)' 영역은 -1, 0, +1로 구성된 연속 값들을 포함하고 있는 영역이다. 이 영역에서는 연속된 4개 값을 동시에 허프만으로 부호화하기 때문에, 이 영역의 크기는 4의 배수가 된다. 마지막 영역은 '큰값(big value)' 영역으로 불리며 스펙트럼 값들이 두 개씩 쌍으로 부호화된다. 이 영역은 다시 3개 부분으로 나누어지는데, 각 부분은 서로 다른 허프만 코드북을 이용해 부호화된다. 전체적으로 16개의 허프만 코드북이 사용되며 부호화 과정 중에 각 분할영역의 신호 통계특성에 가장 잘 부합하는 허프만 코드북을 선택하여 이용한다.

(다) MPEG-1/2 오디오 스테레오 부호화

MPEG-1 오디오 부호화에서는 M/S 스테레오 부호화(mid/side stereo coding)와 세기 스테레오 부호화(intensity stereo coding)를 이용한다. M/S 스테레오 부호화는 계층 III에만 적용되고, 세기 스테레오 부호화는 모든 계층에서 이용할 수 있다.

M/S 스테레오 부호화는 AC-3의 리매트릭싱과 동일한 방법이며, 왼쪽과 오른쪽 채널 신호를 따로 전송하지 않고 정규화된 합(sum, mid)과 차(difference, side) 신호를 전송한다. 왼쪽과 오른쪽 채널 신호가 완전히 같을 때는 최대 부호화 이득을 가지며 신호 유형에 따라 부호화 이득이 달라지는 단점이 있지만, 무손실 절차이므로 전체 신호 스펙트럼에 적용이 가능하고 신호의 공간 속성을 유지할 수 있다는 장점이 있다.

세기 스테레오 부호화는 AC-3의 채널 커플링과 유사하게 신호의 무관성(irrelevancy)을 제거하는 데 목적이 있으며, 신호의 고주파 성분을 축소된 공간 해상도로 부호화하는 것이다. 즉, 사람의 청각 시스템이 고주파 대역에서 위상정보보다는 양쪽 귀에 도달하는 상대적인 음의 세기에 기초해 방향성을 판단하는 사실에 기초하여, 왼쪽과 오른쪽 채널을 결합한 채널만을 전송하고 방향성 정보는 크기 정보인 왼쪽과 오른쪽 채널 각각의 독립된 스케일팩터로 전달하는 방법이다. 세기 스테레오 부호화는 스테레오 신호의 에너지는 보전할 수 있지만 전송되지 않는 신호성분들로 인하여 공간 정보 또한 잠재적으로 잃어버릴 수 있는 단점이 있기 때문에 주로 저비트율에서만 이용된다.

3 MPEG-2 오디오 BC

MPEG-2 오디오 BC는 MPEG-1 오디오와 호환성을 유지하면서 멀티채널을 지원하고 다양한 샘플링 주파수를 지원하는 것을 제외하고는 기본적인 부복호화 과정은 동일하다. 다만 MPEG-2 BC에서는 채널 간 중복성을 제거하기 위한 기법들을 지원하므로 멀티채널 오디오 신호의 특성상 각 채널을 독립적으로 부호화할 때보다 보다 높은 부호화 이득을 얻었다[3].

(가) 동적 전송 채널 전환(dynamic transmission channel switching)

멀티채널 부호화 시스템에서는 두 개의 채널만을 복호화할 수 있는 기존의 MPEG-1 복호화기를 지원하기 위하여 채널 매트릭싱(channel matrixing)에 의하여 만들어진 MPEG-1 호환 채널과 3개의 확장 채널을 전송한다. 복호화단에서는 채널 매트릭싱의 역변환식에 의하여 매트릭싱 되기 전의 다섯 채널을 복원하게 되는데, 이 과정에서 양자화 잡음들이 서로 합쳐져 귀에 들릴 수 있다. 복호화 후의 이러한 잡음을 줄이는 한 방법으로서 MPEG-2에서는 복호화된 채널의 잡음이 주로 연관성이 많은 채널의 신호 크기에 좌우된다는 사실에 근거하여 확장 채널을 유동적으로 선택하는 동적 전송 채널 전환 방법을 도입하였다[10]. 역변환시키는 과정은 MPEG-1 호환 채널(L0, R0)에서 확장 채널을 빼는 것과 같으며, 이러한 과정이 가청 잡음을 덜 만들어 내기 위해서는 확장 채널이 MPEG-1 호환 채널과 비교하여 직교성이 높아야 한다. 이러한 조건을 만족시키기 위해서 신호의 크기가 가장 작은 채널을 확장 채널로 선택한다. 그림 10-14와 같이 좌, 우, 중앙, 좌후방, 우후방 채널 중 임의의 3개 채널을 확장 채널(T2, T3, T4)로 전송할 수 있도록 규정하고 있으며 멀티채널 헤더에서 선택한다.

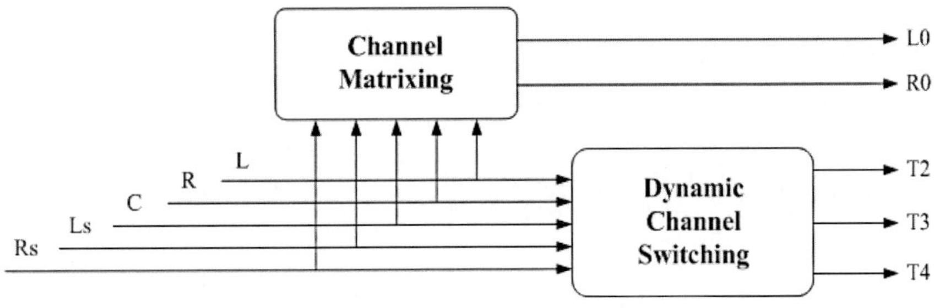

그림 10-14 동적 전송 채널 전환 부호화 과정 블록도

(나) 다이내믹 크로스토크(dynamic crosstalk)

동적 채널 전환에 의해서 할당된 멀티채널 신호 중 공간 지각과 관계없는 부분은 마스킹 임계값에 의해 차폐되지 않아도 인간의 공간음향 인지 시스템(spatial audio perception system)에 의한 음원의 위치 판별에 영향을 끼치지 않는다. 따라서 이러한 공간음향에 무관한 성분은 5개의 채널 중 어느 곳에서 재생되어도 공간감에는 손상을 끼치지 않는다. 특히, 고주파 대역에서의 방향감은 시간 영역의 세부 파형에 영향을 미치는 위상 성분에 의해서가 아니라 스펙트럼 포락선에 따라 결정되는 크기 성분에 의하여 주로 형성되므로, 포락선이 유사한 두 신호는 어느 한 쪽만을 온전히 전송하고 다른 쪽은 포락선 정보만 전송하여 압축률을 높일 수 있다.

다이내믹 크로스토크는 이러한 청각의 공간 지각 특성을 이용하여 주어진 비트율에서 오디오 음질을 향상시키거나 일정한 스테레오 음질을 유지하면서 멀티채널 부호화에 필요한 비트율을 낮추는 방식이다. 그림 10-15에 나타난 것처럼 부호화단의 신호 분석기에 의해 방향감에 영향을 주지 않는 채널을 찾아 이러한 채널(T2)에 대해서는 포락선이라고 할 수 있는 스케일팩터와 스케일팩터 선택 정보만을 전송하며, 복호화단에서는 다른 채널(T1)의 비트 할당 정보와 서브밴드 샘플을 대치하여 음을 복원한다.

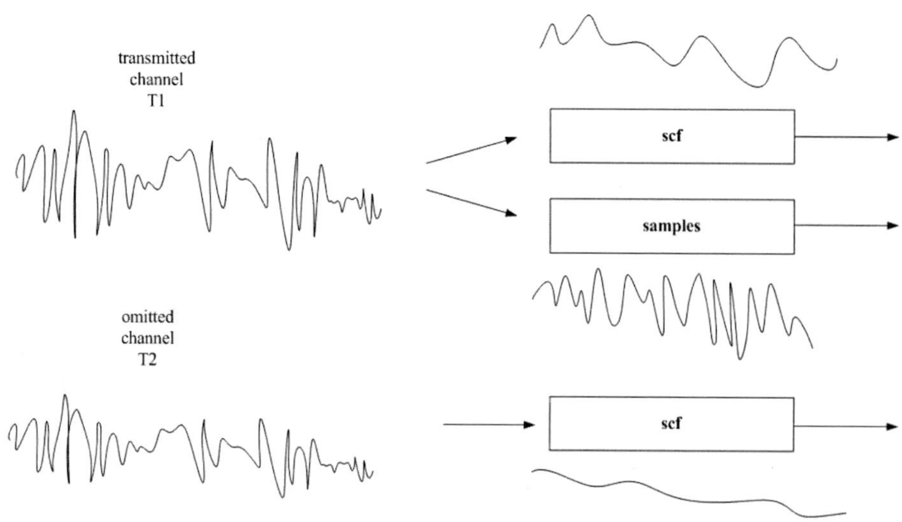

그림 10-15 다이내믹 크로스토크 부호화 개념도

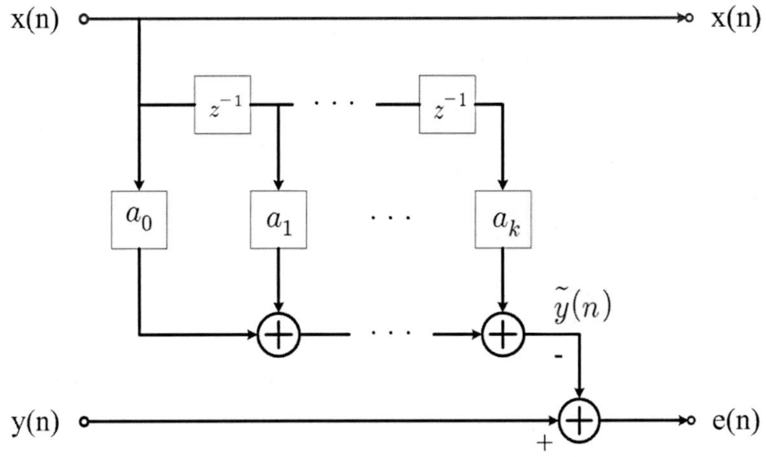

그림 10-16 적응 멀티채널 예측 블록도

(다) 적응 멀티채널 예측(adaptive multichannel prediction)

멀티채널 신호에는 서로 간의 상관관계로 인하여 중복되는 부분이 존재한다. 적응 멀티채널 예측은 채널 상호 간의 중복성을 없애기 위해서 사용되는 부호화 방법이다. 그림 10-16은 멀티채널(y(n))에서 MPEG-1 호환 채널(x(n))의 상관도를 제거하는 예측 필터를 나타낸다. 적응 멀티채널 예측이 적용되면 멀티채널 확장 부분에는 실제 서브밴드 신호 대신 예측 오차 신호와 예측 계수, 그리고 시간 지연 보상값이 전송된다.

(라) 중앙채널 가상 부호화(center channel phantom coding)

기존의 스테레오 시스템에 의해서 제공되는 오디오 신호가 영상과 동기되어 재생될 때 주로 중앙에 렌더링되는 음성에 대한 방향적 안정감이 떨어진다. 5.1채널 시스템에서는 이러한 스테레오 신호의 단점을 보완하기 위하여 중앙채널을 전송한다. 중앙채널의 신호는 주로 음성신호이므로 이에 의해서 방향감이 향상되는 주파수 영역은 100 Hz에서 8 kHz까지의 저주파 대역이고, 그 이상의 대역은 방향감에 큰 영향을 끼치지 못한다. 중앙채널의 가상 부호화는 그림 10-17에서처럼 중앙채널 신호의 고주파 영역을 좌, 우 채널에 나누어 보내고, 전송되는 중앙채널 신호에는 저주파 영역만을 사용하여 비트율을 줄이는 방식이다.

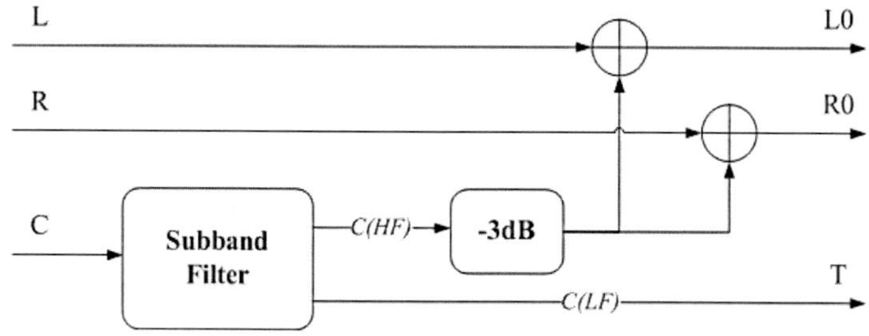

그림 10-17 중앙채널 가상부호화

(마) 비트스트림 포맷

MPEG-2 BC는 MPEG-1 포맷의 보조데이터(ancillary data) 필드를 이용하여 부가적인 멀티채널 정보를 저장한다. 그림 10-18은 MPEG-2 오디오 프레임의 구조를 나타낸다. 프레임의 첫 번째 섹션은 MPEG-1 오디오 프레임과 동일하다. 두 번째 섹션은 MPEG-1 보조데이터 필드로 보조데이터와 함께 멀티채널 필드를 저장한다.

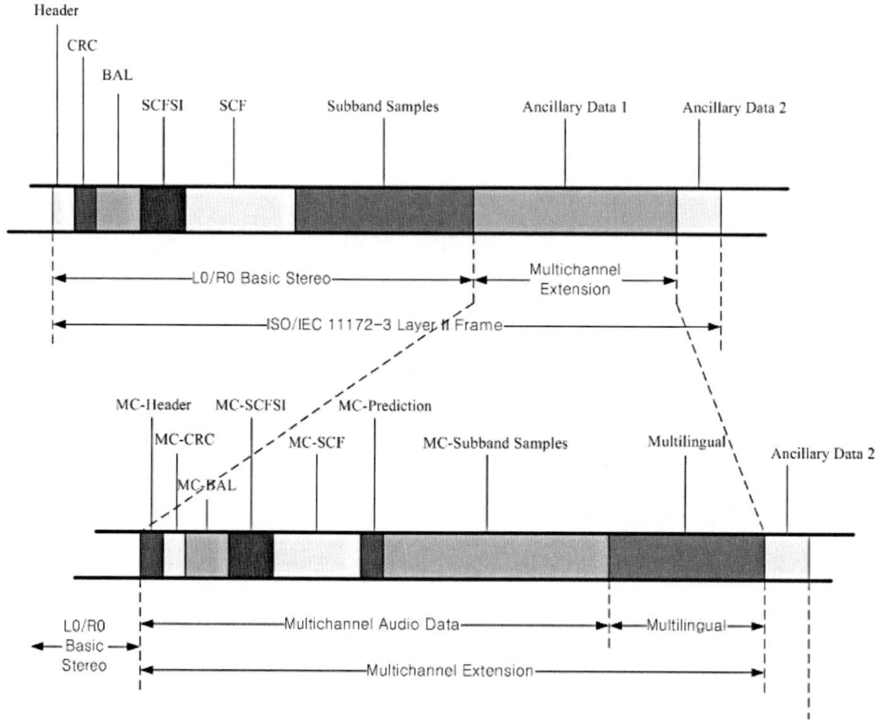

그림 10-18 MPEG-1 계층 II와 후방 호환성을 제공하는 MPEG-2 멀티채널 비트스트림

10.4 MPEG-2/4 AAC

MPEG에서는 1994년부터 MPEG-1 오디오 포맷과의 호환이 필요 없는 응용 분야로의 활용과 MPEG-2 BC 오디오 부호화의 성능을 획기적으로 개선하기 위한 새로운 표준화 작업을 시작하였으며, 표준화 과정에서 붙여진 이름은 MPEG-2 NBC (Non-Backwards Compatible)였다[11]. MPEG-2 NBC의 목적은 384 kbit/s이하의 비트율로 5채널 전대역폭 오디오 신호가 ITU-R에서 정의한 '청각적으로 구분 없는(indistinguishable)' 오디오 음질[12]에 도달하는 것이다. 1996년 가을 영국 BBC와 일본 NHK에서 실시한 테스트에서 MPEG-2 NBC는 5채널 전대역폭에 대해 320 kbit/s로 ITU-R이 요구한 음질을 만족했다. 1997년 4월에는 새로운 멀티채널 오디오 부호화 방식의 국제 표준으로 발표되었는데, 발표될 때의 이름은 MPEG-2 AAC(advanced audio coding)로 개명되었다[13]. 이후 몇 가지 수정 및 보완을 거쳐 MPEG-4 GA(general audio)의 한 부분으로 흡수되었다[14]. AAC 표준은 전 세계의 진보된 오디오 부호화 기술을 가진 기업들이 협력한 결과이다. AAC는 매우 낮은 비트율에서 방송 음질 수준의 오디오를 제공하기 위해서, 고해상도 필터뱅크, 예측 기법(prediction), 허프만 부호화(Huffman coding) 등을 결합하여 사용한다.

음질, 메모리, 복잡도, 전력 요구량 사이의 손익(trade-off)을 고려해서 MPEG-2 AAC는 세 가지 프로파일(main profile, low-complexity(LC) profile, scalable sampling rate(SSR) profile)을 지원한다.

- Main profile : 주어진 비트율에서 최상의 음질을 제공하는 최상위 프로파일이다. 이득 제어 툴(gain control tool)을 제외한 AAC의 모든 툴을 사용할 수 있으므로 요구되는 메모리의 크기 전력은 LC profile 보다 크다. main profile AAC 복호화기는 LC-profile로 부호화된 비트열을 복호화할 수 있어야 한다.
- LC(low-complexity) profile : 예측 기법과 전처리 툴은 사용되지 않고 TNS (temporal noise shaping)의 차수도 제한되어 메모리와 요구 전력이 main profile에 비해 상당히 감소된다. 그러나 음질 성능은 이전의 다른 부호화기들에 비교해 우수한 편이다.
- Scalable sampling rate(SSR) profile : 이득 제어 툴(gain control tool)이 필요하고, 전처리 과정에 PQF(polyphase quadrature filter), gain detectors, gain modifiers가 사용된다. 예측 모듈은 사용하지 않고, TNS 차수와 대역폭은 제한되어 있다. SSR profile은 main profile과 LC profile보다 복잡도가 낮지만 주파수 대역으로 가변한(scalable) 신호를 제공할 수 있다.

1 MPEG-2 AAC 부호화기 및 복호화기 개요

그림 10-19와 그림 10-20은 MPEG-2 AAC의 부호화 및 복호화 과정에 대한 블록도를 나타낸다. MPEG-2 AAC 부호화 과정은 다음과 같다. 첫째, 필터뱅크는 MDCT를 이용하여 입력 신호를 시간-주파수 영역에서 분할 샘플된 스펙트럼 성분으로 분해하는 데 사용된다. 2048샘플 크기의 윈도와 50% 중첩 윈도를 사용하므로 1024샘플 크기의 처리블록을 가진다. 따라서 샘플링 주파수가 48 kHz일 때 23 Hz의 주파수 분해능과 2.6ms의 시간 해상도를 갖는다. 입력 신호에 기반한 마스킹 임계치는 MPEG-1의 심리 음향 모델 II와 유사한 모델을 적용하여 계산한다. 심리 음향 모델의 출력인 신호 대 마스크 비(SMR, signal to mask ratio)는 마스킹 임계치로부터 유도되며, 주어진 비트율에서 양자화된 신호의 가청 왜곡을 최소화하기 위해서 기존 부호화기들과 마찬가지로 양자화 단계에서 SMR을 이용한다.

분석 필터뱅크 다음의 TNS는 스펙트럼 값에 적절한 필터링 작용을 수행한다. 즉, 예측 오차로 스펙트럼 계수들(TNS가 적용된 스펙트럼 계수들의 집합)을 대치한다. TNS 기법은 필터뱅크 윈도 내에서 시간 영역의 양자화 잡음을 잘 배치시켜 청각적으로 들리지 않도록 하는 역할을 하게 된다.

멀티채널 신호에 대해서는 이전의 부호화기들과 마찬가지로 음압 스테레오 부호화를 적용하여 신호의 에너지 포락선(energy envelope)만을 전송하여 공간 정보의 전송량을 감소시킨다. 또한, MPEG-1 계층 III에서 사용되던 M/S 스테레오 부호화 방식을 개선시킨 Enhanced M/S 스테레오 부호화 기법도 사용되는데, 왼쪽과 오른쪽 신호를 전송하는 대신 신호의 정규화된 합(M, middle)과 차(S, side)를 전송한다.

시간 영역 예측 툴은 프레임 사이의 스펙트럼 성분들의 연관성을 이용하여 정적인(stationary) 신호의 중복성을 제거한다. 각각의 툴들을 모두 거친 주파수 영역의 신호는 MPEG-1 계층 III에서 사용된 것과 같은 합성에 의한 분석(analysis-by-synthesis) 구조의 양자화기를 통해 최종 양자화되어 비트열로 생성된다. 즉, 양자화 잡음이 마스킹 임계치 이하가 되도록, 합성에 의한 분석 단계와 무손실 압축 툴을 사용하여 스펙트럼 성분을 양자화하고 부호화한다. 또한, 비트 저장기(bit reservoir)라는 기능을 통해 오디오 프레임 단위로 약간의 가변 비트율 부호화 기능을 제공한다. 마지막으로 비트스트림 포매터(bitstream formatter)는 양자화되고 부호화된 스펙트럼 계수와 제어 파라미터를 비트스트림으로 조합해낸다.

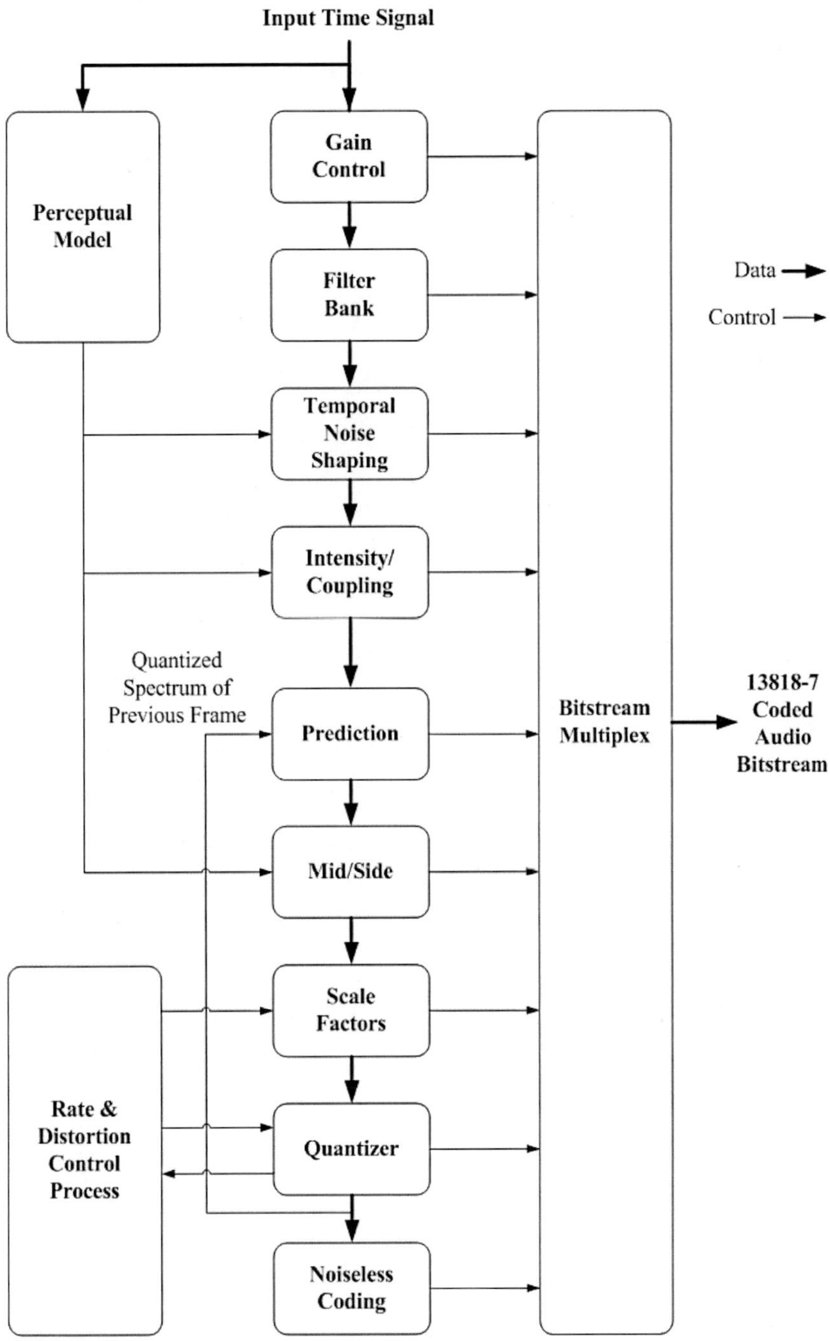

그림 10-19 MPEG-2 AAC 부호화기 블록도

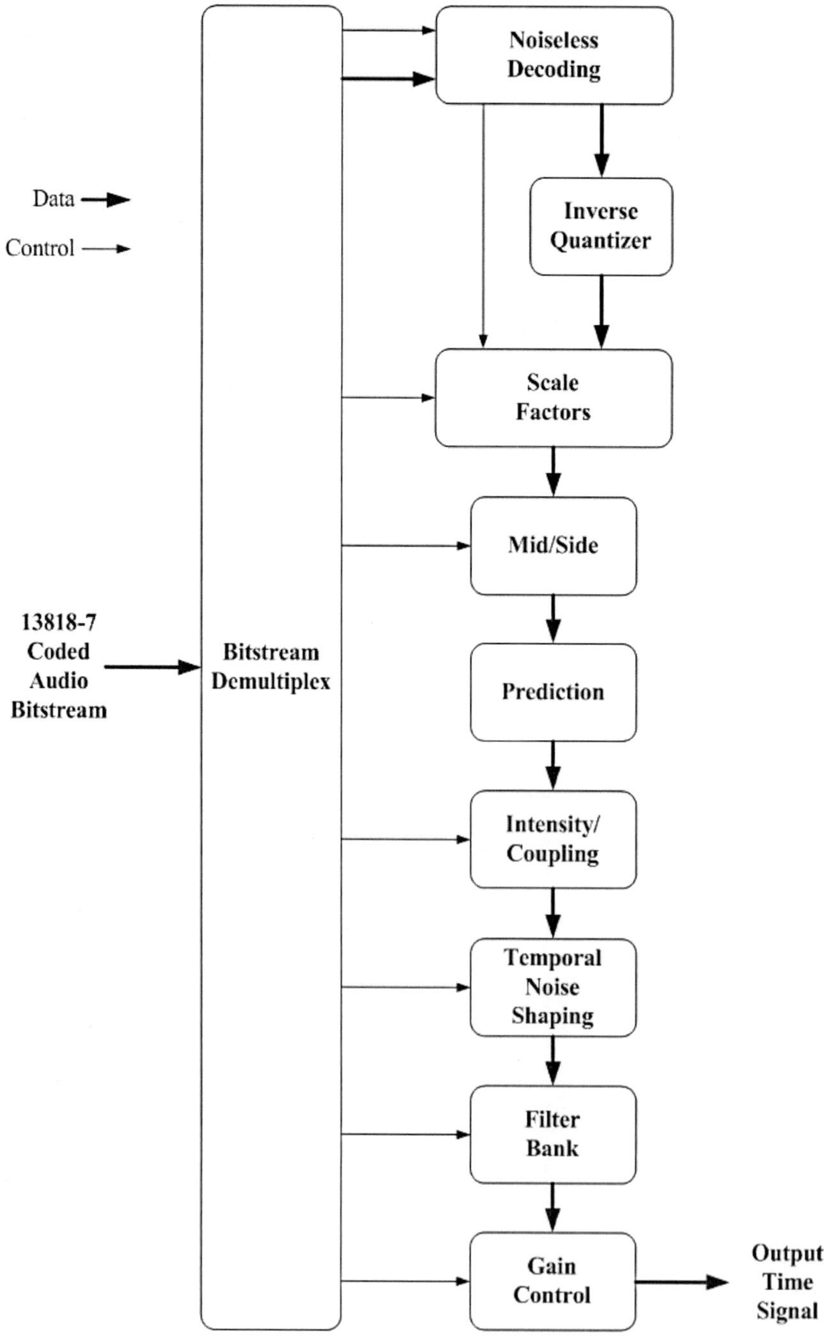

그림 10-20 MPEG-2 AAC 복호화기 블록도

MPEG-2 AAC는 오디오 채널을 최대 48 채널까지 지원하며, 모노, 스테레오, 5.1 채널이 기본적인 배치 방법이다. 부호화기에서는 이들 기본 배치를 제외한 16가지의 다른 배치 조합들과 다운믹스(downmix) 기능을 지원한다. 또한, 8 kHz에서 96 kHz까지 샘플링 주파수를 변화시킬 수 있는데, 샘플링 주파수에 따라 채널당 최대 전송률이 각기 다르게 규정되어 있다. MPEG-2 AAC는 위와 같은 툴들을 이용하여 부호화 효율을 극대화하였는데, 다음 절부터 이들 중 주요한 툴들에 대해서 설명한다.

2 필터뱅크

고음질 지각 오디오 부호화 시스템의 가장 기본적인 요소는 부호화기에서 시간 영역의 신호를 내부적인 시간-주파수 영역으로 변환하는 것과 복호화기에서 이의 역 변환을 수행하는 것이다. AAC에서는 이 변환 과정을 MDCT와 IMDCT에 의해 수행하지만, 명칭은 MPEG-2 BC에서와 같이 '필터뱅크'라 부른다. MDCT와 IMDCT는 AC-3에서와 마찬가지로 시간 영역에서의 에일리어징 제거(TDAC, time-domain aliasing cancellation)라 불리는 기법이 적용된다. MDCT를 나타내는 수식은 다음과 같다.

$$X_{i,k} = 2 \cdot \sum_{n=0}^{N-1} z_{i,k} \cos\left(\frac{2\pi}{N}(n+n_0)\left(k+\frac{1}{2}\right)\right),\quad 0 \le k < N/2$$

열이 홀대칭(odd symmetric)이므로, 0에서 $N/2-1$까지의 계수들만으로 변환이 유일하게 정해지게 된다. 복호화단에서 수행되는 IMDCT는 다음과 같다.

$$x_{i,k} = \frac{2}{N} \cdot T\sum_{n=0}^{\frac{N}{2}-1} X_{i,k} \cos\left(\frac{2\pi}{N}(n+n_0)\left(k+\frac{1}{2}\right)\right),\quad 0 \le k < N$$

이다.

부호화기에서 MDCT 변환 과정의 실제 구현을 위해서는 시간축의 샘플들에 대해 적절한 블록을 취하고, 적절한 윈도 함수에 의하여 그것들을 변조시킨 후 MDCT를 수행한다. 입력 샘플들의 각 블록은 이전 블록과 이후 블록이 50%씩 겹치게 되어 있다. 변환 블록 길이 N은 2048 샘플이나 256 샘플을 이용한다.

윈도 함수는 필터뱅크 주파수 응답에 중요한 영향을 미치므로, AAC 필터뱅크에서는 입력 신호에 잘 적응하기 위해 윈도의 모양을 변형시킬 수 있도록 설계되어 있다. 윈도의 모양은 다양한 입력 신호에 대해 필터뱅크가 입력 스펙트럼 성분을 효과적으로 분리할 수 있도록 부호화기와 복호화기에서 동시에 변화한다.

2048개의 시간축 샘플을 사용한 변환은 높은 주파수 해상도를 가지므로 복잡한 스펙트럼 성분을 가진 신호에 대하여 부호화 효율을 높여줄 수 있지만, 캐스터네츠와 같은 과도 신호에 대해서는 프리에코와 같은 문제를 발생시킬 수 있다. 변환블록 구간 시간축 전체로 확장되는 프리에코에 의한 양자화 오차는 효율적으로 마스킹되지 않기 때문에 음질의 열화를 초래하므로, 변환 블록의 크기가 큰 장변환(long transform)은 과도 신호들에 대한 부호화에서는 비효율적이다. 따라서 이러한 특성을 가지는 구간은 시각축 해상도가 높은 단변환(short transform)으로 부호화해야 한다[15].

AAC는 신호의 상태에 대한 함수로서 변환 블록의 길이를 변화시켜서 이 문제를 극복한다. 정적인 신호(stationary signal)는 장변환이 적절하고, 과도 신호 및 천이 구간 신호는 일반적으로 단변환에 의해서 보다 정확하게 표현될 수 있다. 장변환과 단변환 사이의 천이는 이음새 없이 에일리어징을 상쇄시킬 수 있도록 적절히 변환한 윈도를 사용한다.

(가) 필터뱅크의 주파수 선택도와 윈도 설계

MDCT 필터뱅크의 주파수 선택도(frequency selectivity)는 윈도 함수(window function)에 의존한다. 오디오 부호화에 가장 널리 사용되는 윈도는 사인(sine) 윈도이다. 그림 10-21에서와 같이 사인 윈도는 인접한 스펙트럼 성분들을 적절하게 분리하는 필터뱅크 특성을 제공하기 때문에 고조파(harmonic)가 밀집된 신호에 대해서 부호화 효율이 좋다. 그러나 스펙트럼 누출(leakage)이 심하기 때문에 원하지 않는 고주파수 성분들이 포함될 수 있으므로 고조파 특성이 두드러지 않는 오디오 신호에 대해서는 스펙트럼 누출을 효과적으로 제거할 수 있는 윈도가 효과적이다.

필터뱅크의 가장 바람직한 특성은 완전한 복원(perfect reconstruction)이다. 완전한 복원은 분석과 합성에 사용된 윈도들의 중첩 가산된 값이 일정한 상수로 나올 때 가능하다. 사인 윈도는 이 조건을 만족하므로 당연한 선택이다. 그러나 고주파수 대역을 보다 잘 제거하여 사인 윈도보다 높은 주파수 선택도를 갖는 윈도도 설계할 수 있다. AAC에서는 천이 대역에 대한 최적화와 완전한 복원 조건을 보장하는 윈도를 수학적 분석을 통해 개발하여 사용하는데, 이것이 KBD (Kaiser-Bessel derived) 윈도이다.

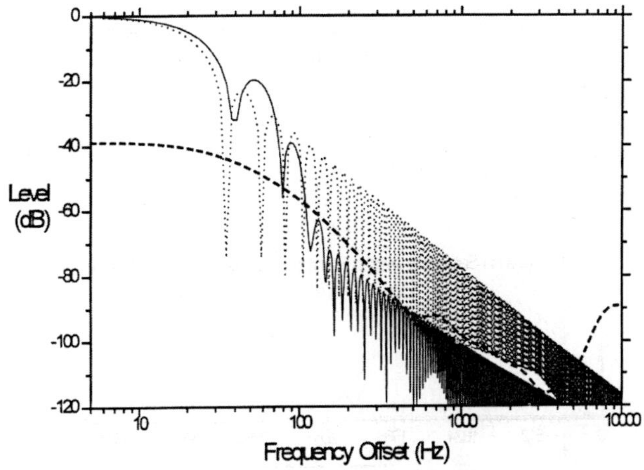

그림 10-21 사인 윈도(점선)와 KBD 윈도(실선)의 주파수 선택도 비교
(파선은 최소 마스킹 템플릿을 나타냄)

그림 10-21은 48 kHz의 샘플링 주파수에서 사인 윈도와 KBD 윈도의 하나의 MDCT 대역에 대한 크기 응답과 스펙트럼 누출을 보여준다. 그림에서 KBD 윈도의 스펙트럼 누출은 110 Hz 이상에서 최소 마스킹 템플릿보다 아래에 위치한다. 반면에 사인 윈도의 스펙트럼 누출은 마스킹 템플릿보다 약 20 dB 위쪽에 위치한다. 이것은 스펙트럼 성분이 220 Hz 이상 떨어져 있을 때는 KBD 윈도가 지각적으로 스펙트럼 성분을 고립시키는 데 보다 효과적임을 나타낸다. 그러나 KBD 윈도는 사인 윈도와 비교했을 때 70 Hz 이하의 주파수 옵셋에 대하여 좋지 못한 억제 특성을 나타내므로 지각적으로 중요한 주파수 성분이 140 Hz 이내에서 주파수 간격을 가질 때는 사인 윈도를 사용한 필터뱅크가 더 효율적일 수 있다.

따라서 하나의 윈도 모양만을 사용하는 것은 어떤 신호에 대해서 필터뱅크의 효율을 타협해야 하는 결과를 낳게 된다. 이러한 결과는 윈도의 모양이 시간의 함수로서 동적으로 변화할 수 있을 때, 보다 효율적인 부호화기가 될 수 있음을 설명한다. AAC에서는 이를 지원하며, KBD와 사인 윈도가 번갈아가며 사용되어도 이음새 없이 전환할 수 있도록 전환 윈도를 정의하였다. 윈도 모양의 전환 정보를 전송하기 위해 프레임당 한 비트씩를 이용하며 윈도 모양의 전환은 처리 블록 전환과는 다를 수 있다는 것에 주의해야 한다.

부호화기에 의해 행해진 윈도 모양의 결정은 현재 프레임 윈도 함수의 후반부에 대해서 적용되며, 전반부는 이전 프레임에서 사용되던 윈도 모양을 사용해야 한다 (윈도들이 중첩되는 부분에서 그 합들이 일정한 상수를 가져야 완전한 재복원이

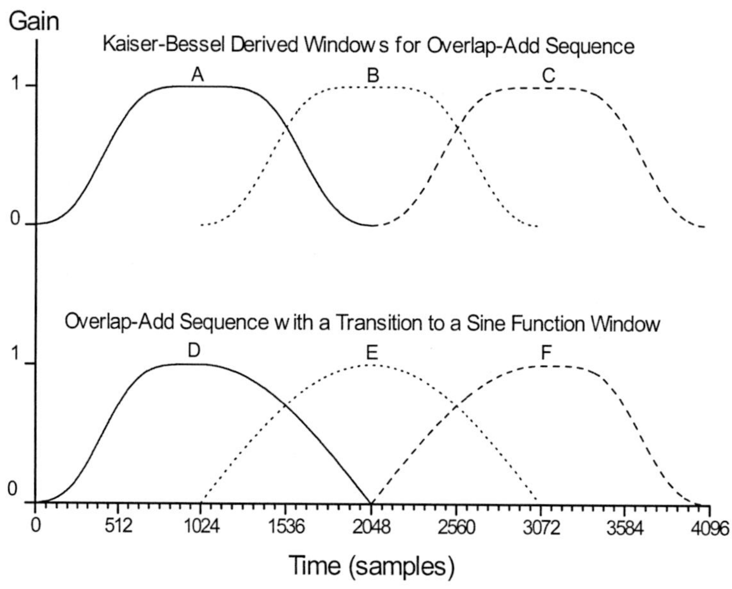

그림 10-22 윈도 모양 변환 과정의 예

가능하므로). 그림 10-22는 두 경우에 대해 블록들의 중첩 가산되는 예를 보여준다. A-B-C라 표시된 윈도들은 KBD 윈도를 사용하는 경우이며, D-E-F열은 프레임 E가 사인 윈도로 천이 되었다가 다시 KBD 윈도로 넘어가는 과정을 나타낸다.

(나) 필터뱅크 변환 블록의 전환(transform block switching)

입력 신호 특성에 대한 필터뱅크의 시간-주파수 해상도의 적응은 변환 블록(2048 샘플 장블록과 256 샘플 단블록) 사이의 전환에 의해 이뤄진다. 천이구간 신호 부호화를 위한 256 샘플 단블록(short block)은 채널당 약 64 kbit/s의 데이터율에서 프리에코 방지와 주파수 해상도 사이에서 절충된 크기이다. 변환 블록 전환은 필터뱅크의 해상도를 적응시키는 효과적인 툴이지만 두 변환 블록이 가지는 시간지연(time delay) 값이 다르므로 다른 채널 사이에서 블록 동기(synchrony) 문제를 일으킬 수 있다. 한 채널이 8개의 256 샘플 단블록 변환을 사용하는 동안 다른 채널이 2048 샘플 장블록 변환을 사용한다면, 단블록에서 장블록으로 블록 전환이 이뤄진 구간 다음에 나오는 장블록은 시간축 상에서 장블록을 계속 사용한 다른 채널과의 동기가 일치하지 않게 된다. 채널 간의 시간 불일치는 부호화와 비트열 포맷팅

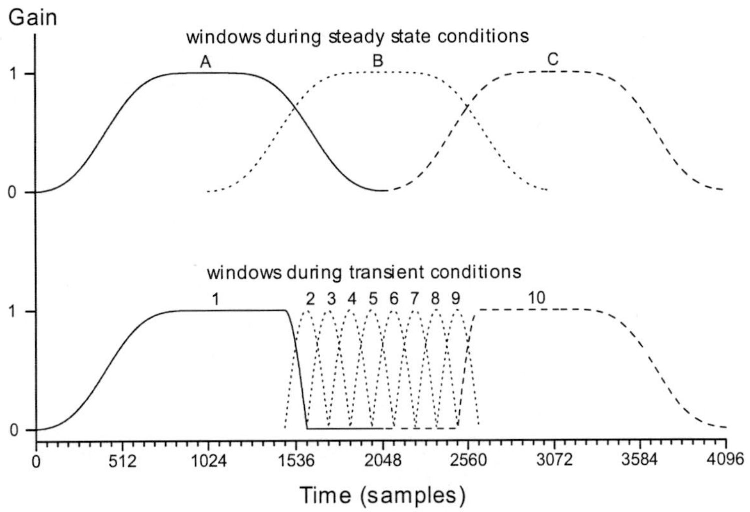

그림 10-23 변환 블록의 전환 과정 예. short 블록(2에서 9까지)으로 변환 블록을 전환하기 전 후로 start 블록(1)과 stop 블록(10)을 배치하여 변환 블록 전환 과정에서 발생할 수 있는 채널 간 시간 불일치 문제를 해결한다.

그리고 역포맷팅 과정동안 채널들을 결합할 때 문제를 일으키므로 좋지 않다. 이 문제의 해결을 위해 AAC에서는 장변환과 단변환 사이의 천이 동안 시작 연결 윈도와 정지 연결 윈도를 사용하게 된다. 이들 연결 윈도는 MDCT와 IMDCT의 시간축 에일리어징 제거 특성을 유지하며, 블록 사이의 시간축 정렬을 유지하는 역할도 하게 된다. 이 연결 윈도는 각각 'start'와 'stop'열로 명명된다. 2048 샘플을 가진 보통의 장블록 변환은 'long'열이라 부르고 64 샘플을 가지는 단블록 변환은 'short'열이라 불리는 그룹안에서 나타난다. short열은 각각 50% 중첩되어 배열된 8개의 단블록 변환으로 구성되고, 8개 열의 경계 부분에서는 시작과 정지 윈도와 중첩되도록 맞추어진다. 각 변환 블록 간의 전환 과정에 대한 예가 그림 10-23에 나타나있다.

3 예측 (prediction)

예측은 추가적인 오디오 신호의 통계적 중복성 제거를 위해서 사용되는 툴로 이전의 오디오 부호화기에서는 사용되지 않았고 AAC에서 새롭게 도입된 기술이다[16]. 예측은 채널 내 프레임 사이의 상관도를 제거하여 부호화 효율을 높이는 것으로 정적(stationary)인 특성이 강한 신호의 경우에 특히 효과적이다. 현재 블록의 필터뱅크가 짧은 윈도를 사용한다면 이 구간은 비정적(non-stationary) 신호 특성을 나타내고 있음을 의미하므로 예측은 긴 윈도가 선택된 경우에서만 사용된다.

예측은 각 채널의 주파수 스펙트럼 성분들에 대해 과거 블록과의 상관성을 제거하는 방법으로 적용된다. 즉, 표본화 주파수가 48 kHz일 때, 16 kHz 대역까지의 각 스펙트럼 성분들에 대하여 하나씩의 예측기를 가지고 있어서 연속되는 과거 프레임들에서의 해당되는 스펙트럼으로부터 상관 관계를 제거시킨다.

AAC는 높은 스펙트럼 해상도를 가진 필터뱅크를 사용하기 때문에 각 스펙트럼에 상응하는 예측기들을 위해 부가정보(예측 계수)를 보내게 되면, 추가되는 비트수가 많아져서 비효율적일 수 있으므로 부가정보의 전송 없이 이전 블록에서 양자화된 값들로부터 예측 계수를 구할 수 있는 후방 적응 예측기(backward-adaptive predictor)를 사용한다[16]. 그림 10-24에서와 같이 각 예측기는 2차의 후방 예측 격자 구조를 사용하게 되며, 따라서 과거 2개 프레임의 스펙트럼 성분 값들에 의해 작용한다.

격자 구조의 특성으로 인해 예측기는 직렬 연결된 두 개의 기본원소 $x_{est,1}(n)$과 $x_{est,2}(n)$로 구성되며 이는 다음 식으로부터 계산된다.

$$x_{est,m}(n) = b \cdot k_m(n) \cdot a \cdot r_{q,m-1}(n-1),$$

여기서

$$r_{q,m}(n) = r_{q,m-1}(n-1) - b \cdot k_m(n) \cdot e_{q,m-1}(n)$$

이고,

$$e_{q,m}(n) = e_{q,m-1}(n) - x_{est,m}(n)$$

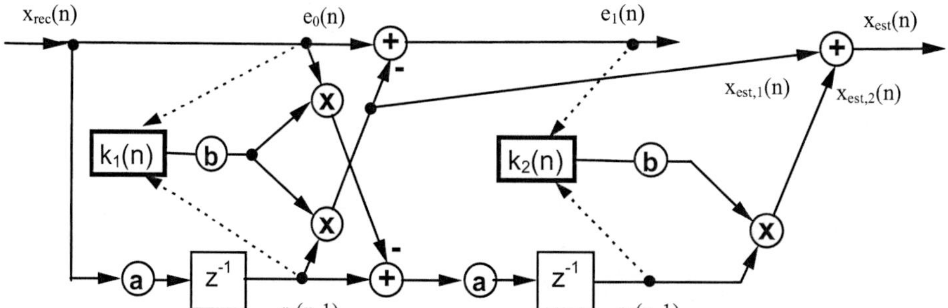

그림 10-24 2차격자 구조의 스펙트럼 성분값 예측기 블록 다이어그램

이며, 근사화된 결과는 다음과 같다.

$$x_{est}(n) = x_{est,1}(n) + x_{est,2}(n)$$

예측기 파라미터는 LMS(least mean square)에 근거한 적응 알고리즘을 사용하여 프레임 단위로 신호의 통계적 특성에 맞추어 갱신된다. 예측이 사용되는 프레임에 대해서는 원래의 스펙트럼 성분 대신에 예측 오차를 양자화하며, 그 결과 부호화 효율이 증가된다.

3 양자화와 부호화

AAC는 비트 저장기(bit reservoir)라는 기능을 통해 오디오 프레임 단위로 약간의 가변 비트율 부호화 기능을 제공한다. 그러나 심리 음향 모델이 요구하는 비트양이 현재의 프레임에서 사용 가능한 비트수를 초과하는 경우가 발생할 수 있으며, 반대로 완전한 양자화가 수행된 이후에도 비트 저장기에 저장 가능한 비트수 이상의 비트가 남는 경우도 발생할 수 있다. 이러한 경우에는 어떻게 양자화를 수행할 것인가 하는 것이 고음질 오디오 부호화기의 양자화 과정에서 가장 큰 문제가 되며 아직까지는 최적 양자화를 위한 표준화된 전략은 존재하지 않는다. 따라서 AAC 표준에서는 양자화 과정에 대한 요구 조건만을 명시할 뿐 그 방법에 대해서는 표준화하지 않는다. AAC 양자화 과정의 주요한 특징은 다음과 같다.

- 비선형 양자화
- 스펙트럼 데이터의 허프만 부호화
- 스케일팩터 대역(scalefactor band)이라 불리우는 스펙트럼 데이터 그룹의 증폭을 통한 잡음 변형(noise shaping)
- 스케일팩터의 차등 부호화를 통한 허프만 부호화

(가) 비선형 양자화

AAC에서 사용되는 비선형 양자화기는 아래와 같다.

$$ix(i) = sign[xr(i)] \cdot nint\left\{\left[\frac{|xr(i)|}{\sqrt[4]{2^{QuantizerStepSize}}}\right]^{0.75} - 0.0946\right\}$$

여기에서 $nint$는 가장 가까운 정수를 취하는 함수이다.

비선형 양자화기 사용의 최대 이점은 양자화기 자체로 계수 크기에 따른 잡음 변형이 이뤄진다는 것이다. 즉, 신호의 에너지가 증가함에 따라 향상되는 신호 대 잡음비(SNR)가 선형 양자화기의 경우보다 훨씬 낮음으로써 잡음 변형이 이루어지게 된다. 양자화기에 입력되는 신호의 크기는 ±8191 내로 제한되며, 수식에서 'QuantizerStepSize'는 양자화기의 전체 잡음 크기를 결정하는 인자로 1.5 dB 단위로 조절되는 값이다.

(나) 양자화된 스펙트럼의 부호화

비선형 양자화기에 의해 양자화된 스펙트럼 계수들은 허프만 부호기에 의해 부호화된다. 각각의 스펙트럼의 크기에 따라 결정되는 허프만 코드북은 여러 개의 후보가 있어 그 중에 가장 적합한 것을 찾아 사용하도록 설계되어 있다. 허프만 코드북은 2차원 또는 4차원의 코드북을 선택하여 사용할 수 있으며 한 프레임을 부호화하는 데 사용되는 비트양을 계산하기 위해서 부호화 과정동안 스펙트럼 및 부가정보의 부호화에 필요한 비트 수를 누적 계산하는 작업이 필요하다.

(다) 잡음 변형

비선형 양자화기가 제공하는 잡음 변형만으로는 심리 음향 모델이 요구하는 수준을 만족시키지 못할 수 있기 때문에 양자화 잡음을 신호의 특성에 맞게 변형하는 과정이 필요하다. AAC에서는 스케일팩터 대역이라 불리는 스펙트럼 계수의 집합 단위별로 차등 증폭을 통한 잡음 변형을 수행한다. 잡음 변형이 심리 음향 모델의 결과와 잘 부합되기 위해서는 스케일팩터 대역이 인간의 청각 구조에 근거해서 만들어진 이른바 임계 대역(critical band)과 유사해야 한다. AAC는 다른 오디오 부호화 방식에 비해 상대적으로 높은 주파수 해상도를 가지고 있기 때문에 임계 대역에 부합되는 스펙트럼의 대역 분할이 이뤄질 수 있다.

AAC에서는 49개로 나뉘어진 스케일팩터 대역별로 스펙트럼 증폭을 통한 독립적인 잡음 변형을 수행하게 된다. 스펙트럼 증폭을 통한 신호 대 잡음비(SNR)의 향상은 1.5 dB 단위로 이뤄질 수 있으며, 스펙트럼을 증폭시키게 되면 해당하는 스케일팩터 대역 내의 스펙트럼의 크기가 커지게 되며, 큰 스펙트럼은 상대적으로 많은 비트를 사용하여 부호화가 된다. 따라서 증폭되는 스펙트럼 양에 비례하여 해당하는 스케일팩터 대역의 신호 대 잡음비가 향상되므로 잡음변형 효과를 가져온다.

(라) 스케일팩터의 부호화

스케일팩터의 첫 번째 자리에 부호화되는 값은 양자화기의 전체 양자화 스텝 크기를 나타내며 'global_gain'이라고 부른다. 두 번째부터의 스케일팩터는 전용 허프만 코드북을 사용하여 낮은 대역 스케일팩터로부터 차등 부호화(differential coding)된다.

(마) 양자화/부호화를 위한 반복과정

주어진 비트율에서 최적의 음질을 제공하기 위해 어떤 스케일팩터 대역을 증폭해야 하는지를 결정하는 방법 중의 하나가 두 개의 엮인 반복 과정이다. 심리 음향 모델의 결과로 얻어지는 마스킹 임계치(masking threshold)가 가장 중요한 결정척도가 되겠지만, 이것만이 최적의 정답이 아닐 수 있다. 잡음 변형을 위한 다른 여러 방법이 고안될 수 있겠지만, 현재까지 개발된 방법 중에서는 가장 우수한 음질을 제공하는 것이 두 개의 엮인 루프(내부 반복 루프와 외부 반복 루프)를 사용한 방법이다.

내부 반복 루프에서는 현재의 프레임에서 사용 가능한 비트수를 최대한 이용하여 부호화하도록 양자화 스텝 크기를 결정하고 허프만 부호화를 수행한다. 이를 위해서 양자화 스텝 크기의 초기치를 선택하고 스펙트럼 데이터가 실제로 양자화되고, 이때 필요한 비트수를 계산한다. 만약 이때 필요한 비트수가 사용가능한 비트수를 초과하면 양자화 스텝 크기를 한 단계 증가시켜서 위의 과정을 반복한다.

외부 반복 루프에서는 심리 음향 모델이 요구하는 잡음 변형 모양에 최대한 충족되도록 스케일팩터 대역을 증폭시키는 일을 수행한다. 새로 증폭된 스케일팩터를 사용하여 내부 반복 루프에서 부호화를 하게 되면 다시 필요한 비트가 증가하게 되며, 이에 맞도록 양자화 스텝 크기가 바뀌면서 새로운 형태로 양자화가 이루어진다. 이러한 원리로 양자화 잡음이 각 스케일팩터 대역별로 적절히 이동하게 되고 결과적으로 잡음 변형이 이루어지게 된다.

4 무손실 부호화(Lossless Coding)

(가) 섹션분할(scetioning)

무손실 부호화 과정에서는 1,024개의 스펙트럼 계수들을 몇 개의 섹션으로 분할하여 각각의 섹션에 대해 하나씩의 허프만 코드북을 정해 사용한다. 부호화 효율을 높이기 위해 섹션의 경계는 스케일팩터 대역의 경계 중에서 정해지며, 따라서 각각의 섹션에 대해 경계가 되는 위치와 해당되는 섹션에서 어떤 허프만 코드북을 사용하였는지의 정보를 복호화기에 전송해야 한다.

섹션분할은 매 블록별로 동적으로 결정되기 때문에 양자화된 스펙트럼을 부호화하는 데 사용되는 비트수를 최소화할 수 있다. 각 블록의 신호 특성에 맞게 최소의 비트로 부호화하기 위한 알고리즘으로 가능한 최대 개수의 섹션과 사용가능한 최소 크기의 코드북으로부터 출발하여 최적화시켜 나가는 방법을 사용한다. 최대 개수를 가지고 분할된 섹션들은 최소의 비트를 사용하여 부호화 가능한 방향으로 병합되어 그 개수를 줄이게 된다. 이때, 병합되는 섹션들에서 사용하는 허프만 코드북이 다르면, 그 중에 크기가 제일 큰 허프만 코드북으로 통일하여 사용한다.

분할되어진 섹션 중에는 계수가 모두 '0' 값만을 가지는 경우가 발생할 수 있다. 오디오 신호는 대체로 20 kHz 미만에서 대역이 제한되어 있기 때문에 높은 주파수 성분에 해당하는 계수들일수록 0인 경우가 많다. 이런 섹션에 대해서는 코드북의 코드워드를 전송할 필요가 없기 때문에 사용되는 비트수를 절약할 수 있다.

(나) 그룹화와 인터리빙

현재의 블록에서 사용되는 윈도가 8개의 단구간 윈도일 경우, 1,024개의 스펙트럼 계수는 실제로 8×128 형태(128개의 주파수축 해상도와 8개의 시간축으로 한 블록의 신호가 해석됨)로 구성된 2차원 행렬로서 의미를 가지고 있다. 부호화 효율을 최대화하기 위해서 8개 윈도간의 그룹화와 인터리빙을 수행한다. 그룹화된 윈도안에서는 스케일팩터를 공유하게 되며 스케일팩터 대역의 순서와 윈도 순서를 바꿈(interleaving)으로써 사용되는 비트를 절약하게 된다.

(다) 스케일팩터

한 스케일팩터 대역 내의 스펙트럼들은 한 개의 양자화기를 사용하여 부호화되는데, 이 양자화기들의 스텝 크기는 각 대역 내의 스케일팩터들과 이 스케일팩터들을 정규화하는 전체 이득(global gain)에 의해 결정된다. 부호화 효율을 높이기 위해 계수들이 모두 0인 대역의 스케일팩터는 전송하지 않으며, 전체 이득과 스케일팩터는 1.5 dB 단위로 결정되어 부호화된다. 전체 이득은 8비트의 부호 없는 정수형(unsigned integer)으로 전송되고, 스케일팩터들은 이전 스케일팩터와의 차 정보만을 전송하는 차등 부호화(differential coding) 방식을 취하며 역시 허프만 부호화 된다. 전체 이득이 취할 수 있는 동적 영역(dynamic range)은 24비트 PCM 오디오 신호까지를 충분히 표현할 수 있을 만큼 넓게 설계되어 있다.

표 10-1 AAC 허프만 코드북 정리

코드북 번호	부호 포함	코드북 차원	최대 절대값
0	-	-	-
1	YES	4	1
2	YES	4	1
3	NO	4	2
4	NO	4	2
5	YES	2	4
6	YES	2	4
7	NO	2	7
8	NO	2	7
9	NO	2	12
10	NO	2	12
11	NO	2	(16) ESC

(라) 허프만 부호화

허프만 부호화는 n개의 양자화된 스펙트럼 계수들을 묶어(n-tuples) 12개의 코드북 중에서 선택된 허프만 코드로 부호화를 수행하는 방식이다. n-tuples에 속한 계수들은 낮은 주파수에서 높은 주파수로 정렬되며, 이때 n은 2 또는 4 중에서 결정된다. 12개의 각 코드북이 표현할 수 있는 최대 절대값과 묶을 수 있는 n-tuples의 크기 등을 정리하면 표 10-1과 같다. 표 10-1에서와 같이 같은 최대 절대값을 갖는 코드북이 2개씩이며, 각각은 서로 구별되는 확률분포를 가지고 만들어진 코드북이기 때문에 신호의 특성에 맞게 최적의 것을 선택하여 사용할 수 있다. 코드북을 저장하는 데 필요한 메모리를 절약하기 위해 대부분의 코드북은 부호가 없는 절대값만을 가지고 있으며, 부호 비트는 코드워드 다음에 첨가하여 전송한다.

5 시간축 잡음 변형(TNS : temporal noise shaping)

AAC가 표준화되기 전까지의 지각 오디오 부호화 기술들이 여러 가지 면에서 최적화되었음에도 불구하고 천이(transient) 구간이 있는 입력 신호나 피치가 많은 신호에 대해서는 제대로 대처하지 못하고 있었다. 이것은 모든 오디오 신호를 동일한 조건하에서 마스킹 효과를 적용하기 때문에 프리에코와 같이 마스킹 임계값과 양자화 잡음 사이의 시간적 불일치 때문에 일어나는 역효과는 막을 수 없었기 때문이다. 물론 변환 블록 전환 기법을 이용하여 프리에코를 막을 수 있으나 단블록

(short block)을 이용하게 되면 주파수 해상도가 떨어져 장블록(long block)에 비해 압축률이 저하되는 단점이 있으므로 궁극적으로는 부호화 성능이 떨어지게 된다.

TNS 기법은 이러한 문제를 해결하기 위해 양자화 잡음을 필터뱅크 윈도 내에서 시간상으로 좋은 구조를 갖도록 제어하는 역할을 수행한다. TNS에 대한 개념은 아래와 같이 요약될 수 있다

- **시간-주파수 쌍대(time frequency duality)의 고려** : TNS는 예측 부호화(prediction coding) 기법을 시간-주파수 영역의 쌍대를 고려하여 확장한 개념이다. 스펙트럼 상에서 평탄하지 않은 신호는 직접 스펙트럼의 값을 부호화(변환 부호화)하거나 시간축 신호에 예측 부호화 방법을 적용함으로써 효율적으로 부호화할 수 있다고 알려져 있다[4]. 반대로, 시간-주파수 쌍대의 원리에 의해 시간축에서 평탄하지 않은 신호(즉, 천이 구간)는 시간축에서 부호화를 하거나 주파수축 스펙트럼 계수에 대해 예측 부호화를 적용하면 효율적으로 부호화할 수 있다. 다시 말해, 시간축에서의 예측은 부호화기의 스펙트럼 해상도를 증가시키는 반면, 주파수축에서의 예측은 부호화기의 시간 분해능을 향상시킨다.
- **예측 부호화에 의한 잡음 변형** : 전방향 예측 부호화 기법이 시간축 신호에 적용되면, 최종 복호화된 신호에서의 양자화 오차는 그것의 전력 스펙트럼 밀도(PSD : power spectral density)를 입력 신호의 전력 스펙트럼 밀도에 적응시키는 결과를 갖는 것으로 알려져 있다[4]. 이것과 유사하게 예측 부호화가 주파수축 상에서의 스펙트럼 데이터에 적용된다면, 양자화 오차 신호의 시간축에서의 모양은 복호화기의 출력에서 입력 신호의 시간 영역 모양에 적응될 것이다. 이것은 양자화 잡음을 효율적으로 실제 신호의 아래에 두게 되고, 이러한 방법으로 천이 구간 신호나 피치가 많은 신호에 대하여 시간상의 마스킹 문제를 해결할 수 있게 된다. 이러한 이유로 스펙트럼 데이터에 대한 예측 부호화를 시간축 잡음 변형(temporal noise shaping)이라고 부른다.

TNS 처리 과정은 전체 스펙트럼이나 스펙트럼의 일부분에 적용될 수 있으며 시간 영역에서의 잡음 제어는 주파수에 따라 다르게 사용되는 형태를 띠게 된다. 주파수축에서의 예측기를 사용하여 구현되는 TNS의 부호화와 복호화 과정은 일반적인 지각 부호화기의 표준 구조에 하나의 블록을 추가하여 처리될 수 있으며, 그림 10-25와 그림 10-26은 AAC 부호화기에 사용된 TNS 툴을 나타내고 있다. TNS의 구현을 위해 스펙트럼 계수들에 적절한 필터링을 수행하며, 양자화기에는 원래의 스펙트럼 계수들 대신 예측 필터가 수행된 나머지 성분(residual signal)을 보내게 된다.

그림 10-25 AAC 부호화기에서의 TNS 과정

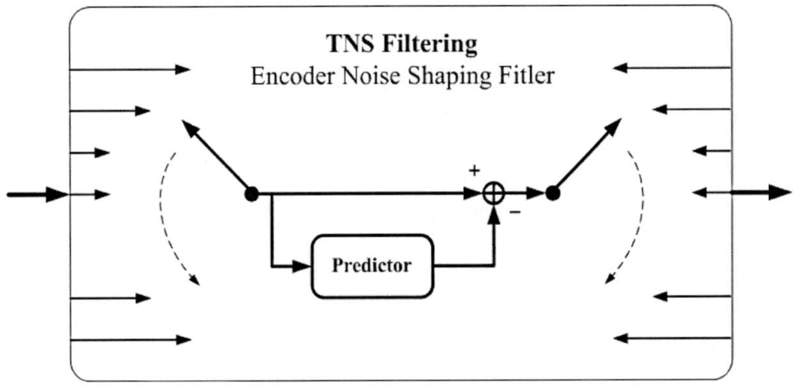

그림 10-26 AAC 부호화기에서의 TNS 다이어그램

이 과정은 그림 10-26에 나타나 있는 '회전 스위치(rotating switch)' 회로로 표현될 수 있다. 스위치는 주파수가 증가하는 순서나 감소하는 순서로의 회전이 가능하다.

부호화기와 비슷하게 TNS 복호화 과정은 그림 10-27과 같이 추가적인 블록인 'inverse TNS filtering'을 삽입하여 수행될 수 있으며 합성 필터뱅크의 바로 앞에 위치한다. 적절한 복호화 과정은 전송된 예측 오차 값에 역 예측필터를 통과시켜 원래의 스펙트럼 계수를 얻어 내는 것이다.

TNS 복호화에 필요한 정보는 TNS 필터의 사용 유무를 알려주는 TNS on-off 플래그를 비롯해 TNS 필터 개수(최대 3), 적용된 주파수 범위, 필터의 차수(프로파일에 따라 최대 12 또는 20) 그리고 필터 계수 자체 등이며, 모두 비트열에 포함되어 전송된다.

그림 10-27 AAC 복호화기에서의 TNS 과정

6 채널 간 부호화

AAC는 추가적인 비트율 감소와 음질성능 향상을 위해 세 종류의 스테레오 및 멀티 채널 부호화 기법을 사용한다. 그 중 하나는 합-차(sum-difference) 부호화라고도 부르는 M/S 스테레오 부호화이고, 나머지는 세기 스테레오 부호화(intensity stereo coding)를 멀티채널로 확장하여 적용한 것이다. M/S 스테레오 부호화와 세기 스테레오 부호화는 MPEG-1의 계층 III에서부터 사용되던 부호화 방식으로 서로 다른 주파수 영역에서 선택적으로 적용함으로써 결합될 수 있다. M/S 스테레오 부호화, 세기 스테레오 부호화 그리고 독립적인 L/R 부호화를 적절하게 사용하여, 양이 효과(binaural effect)에 따른 마스킹 레벨 저하라는 문제로 발생하는 과부호화를 피할 수 있고 공간적인 잡음 문제도 해결할 수 있으며, 많은 경우 비트율도 현저하게 낮출 수 있다.

AAC는 멀티채널 신호에 대한 성능향상을 위하여 커플링 채널(coupling channel) 기법을 이용한다. 이 개념은 MPEG-2 BC에서의 다이내믹 크로스토크, AC-3에서의 채널 커플링 방식과 유사하다. 세기 스테레오 부호화를 멀티채널로 확장한 개념으로 다소 복잡한 기법이 사용되며 몇 가지 부가적인 파라미터를 이용하여 보다 효율적으로 채널 간 중복성을 제어할 수 있다.

커플링 채널의 한 가지 기능은 세기 스테레오 부호화 기법에서와 같이 두 채널 이상의 신호들에 대해 하나의 공통된 스펙트럼 정보만을 전송하여 비트를 절약하는 것이고, 다른 기능은 부가적인 다른 채널들을 다운 믹스하여 스테레오 음상으로 실행할 수 있게 하는 것이다. 예를 들어, 해설 채널을 기존의 멀티채널 프로그램에 첨가하여 함께 재생할 수 있는 기능을 제공한다. 프로파일에 따라 커플링되는 채널과 대상 채널 사이의 일관성을 위해 윈도 열과 윈도 모양 파라미터 등과 같은 부분에 약간의 제한이 필요하다.

7 MPEG-4 AAC

MPEG-4 AAC는 MPEG-4 오디오 표준에서 일반 오디오(GA, general audio) 부호화 툴에 속하며 채널당 6 kbit/s에서 수백 kbit/s까지의 데이터율을 지원한다[14]. 그림 10-28은 MPEG-4 GA 부호화기 블록도를 나타내며, MPEG-4 GA는 MPEG-2 AAC를 핵심 부호화 툴로 사용하고 이의 성능을 PNS(perceptual noise shaping)와 LTP(long term prediction)툴을 통해 개선한 것이며, 무손실 부호화 도구로 허프만 부호화(MPEG-4 AAC)뿐만 아니라 BSAC(bit sliced arithmetic coding)이라 불리는 산술 부호화 방식과 Twin VQ(vector quantizer)라 불리는 벡터 양자화 방식을 추가한 것이다.

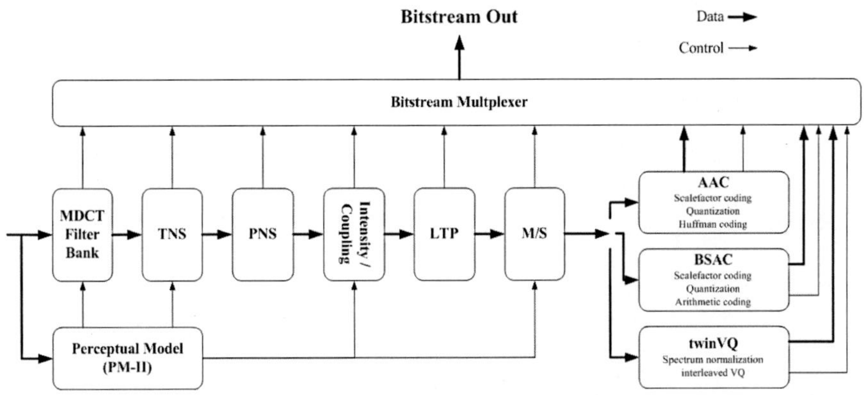

그림 10-28 MPEG-4 GA 부호화기 블록도

양자화 과정에서 비트가 부족하여 특정 밴드(주로 고주파수)의 신호를 전송하지 못할 경우가 되면 해당 밴드가 0으로 표현되는 spectral hole이 발생하게 되며 이는 복호화 시 매우 거슬리는 왜곡을 초래할 수 있다. 이런 경우는 해당 밴드를 0으로 두는 것 보다 임의의 잡음을 삽입하는 것이 재생 음질 면에서 유리할 수 있다. 이와 같은 개념에 근거하여 PNS가 도입되었다. 그림 10-29에서와 같이 PNS는 특정 밴드가 실제로는 값이 있음에도 0으로 코딩될 경우에 해당 밴드의 에너지 값을

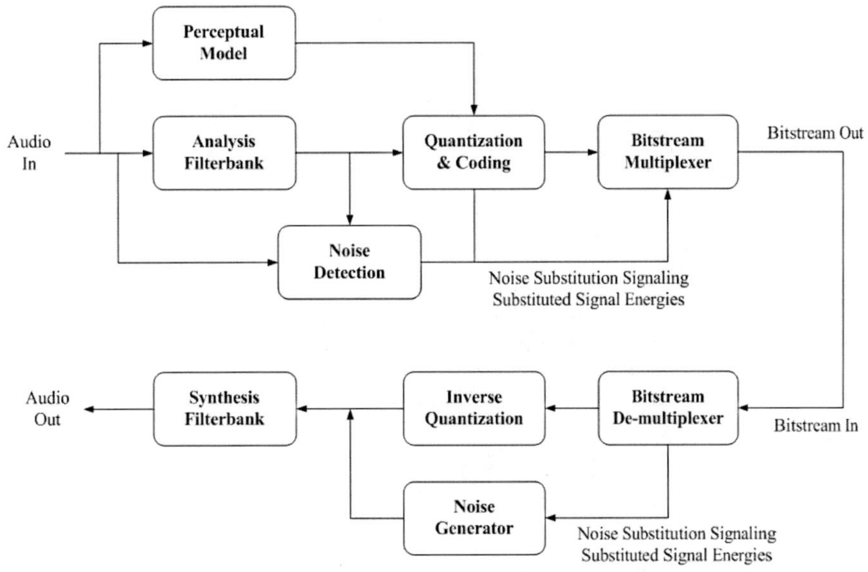

그림 10-29 MPEG-4 GA 부호화기 및 복호화기에서의 PNS 처리과정도

부호화하여 전송하고, 복호화단에서 해당 에너지에 맞게 랜덤 잡음을 발생시켜 MDCT 스펙트럼을 대체하는 기법이다. PNS는 스테레오 신호에 대해 48 kbps 이하의 낮은 비트율로 부호화될 때 효과를 발휘한다.

LTP는 MPEG-2 AAC main 프로파일에 정의된 예측(prediction) 툴을 낮은 복잡도의 툴로 대치한 것이다. 일반적으로 LTP 툴은 기존 MPEG-2 AAC main 프로파일의 메모리 용량과 연산량을 약 50% 절약할 수 있다.

10.5 MPEG-4 HE-AAC 프로파일

MPEG-4 AAC 표준이 공개되고 난 후 지각 오디오 부호화 구조의 오디오 부호화 알고리즘에서의 성능개선은 이론적 한계치에 도달하였다고 볼 수 있다. 그러나 핸드폰과 같은 모바일 기기에서는 보다 높은 압축률을 요구하였기 때문에 추가적인 압축률 향상을 얻기 위한 여러 가지 시도가 있었으며 MPEG-4에서는 이러한 목적으로 SBR(spectral bandwidth replication)과 PS(parametric stereo)가 표준화되었고 그림 10-30과 같이 이를 MPEG-4 AAC와 결합한 두 개의 프로파일(HE-AAC, HE-AAC v2)을 정의하였다[14]. 본 절에서는 MPEG-4 HE-AAC 프로파일과 HE-AAC v2 프로파일을 구성하는 데 필요한 SBR과 PS에 대해서 알아본다.

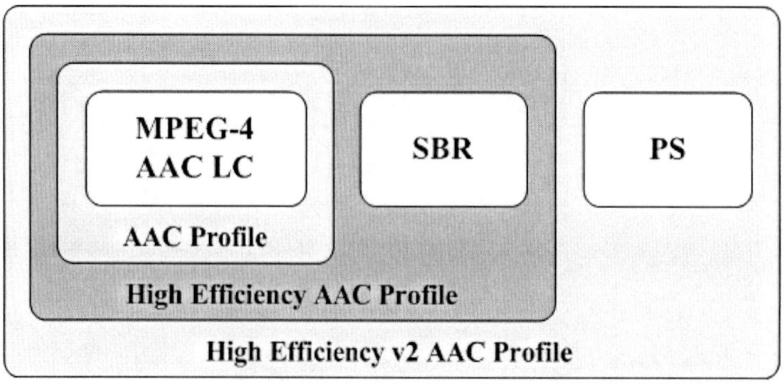

그림 10-30 MPEG-4 GA 프로파일의 구성. AAC Profile, HE-AAC Profile(AAC LC + SBR), HE-AAC v2 Profile(AAC LC + SBR + PS)

1 SBR (Spectral Bandwidth Replication)

그림 10-31(a)는 지각 오디오 부호화 과정을 적절히 수행하면 양자화 잡음이 Masking threshold 이하로 배치된다는 개념을 나타낸다[17]. 즉, 회색으로 표시된 부분은 양자화 잡음이 분포하는 영역을 개념적으로 나타내는데, Masking threshold (검정 실선) 이하에 양자화 잡음이 분포함으로써 모두 마스킹되어 지각상 왜곡이 발생하지 않는 경우이다. 이와 같은 상황에서 비트율이 더 낮아지는 경우 그림 10-31(b)에 나타낸 것처럼 양자화 잡음이 마스킹 임계치 이상까지 증가하는 문제가 발생한다. 이것은 양자화 잡음이 사람 귀에 들리게 된다는 의미이며 대부분 매우 심각한 음질 왜곡을 초래하게 된다. 이와 같은 문제를 극복하기 위해 기존의 부호화기에서는 그림 10-31(c)와 같이 부호화할 입력 신호의 대역폭(bandwidth)을 줄이는 방법을 취한다. 대역폭을 줄이면 (이를테면 절반으로) 부호화해야 할 대상이 줄어들게 되어 양자화 잡음이 마스킹 임계치보다 커져서 발생하는 왜곡을 막을 수 있다. 대신 대역이 좁아짐으로 인해 그만큼 원음 대비 음질의 손실을 초래한다.

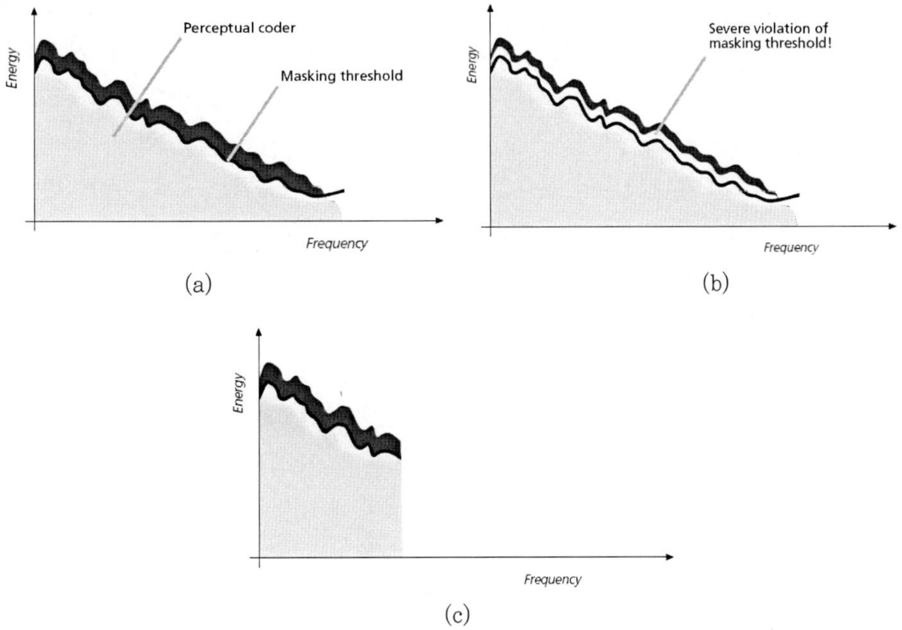

그림 10-31 지각 오디오 부호화 과정에서 비트율 감소에 따른 양자화 에러 개념도

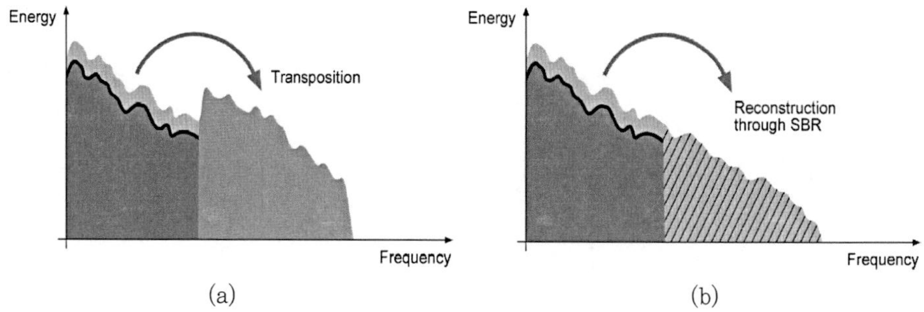

그림 10-32 SBR 부호화를 위한 복제(a)와 스펙트럼 포락선 복원과정(b) 개념도

SBR은 이처럼 저비트율 부호화 시 좁아진 오디오 신호 대역폭을 원 신호만큼의 대역폭으로 확장하기 위한 툴이다. 이때 고주파수 대역은 부호화하여 전송되는 저주파수 대역의 정보를 활용하여 생성한다. 그림 10-32는 저주파 대역 정보를 이용하여 고주파 대역을 생성하는 과정을 개념적으로 나타낸 것이다. 마스킹 임계치 이하로 양자화 잡음을 shaping하여 왜곡이 없다고 가정한 저주파 대역 신호를 Transposition이라고 표현된 과정을 통해 고주파 대역으로 복제해낸다(그림 10-32(a)). 이와 같이 대역을 확장시키고 나면, 원래의 스펙트럼 포락선(spectral envelop)을 복원시켜주는 과정이 필요하다. 저주파 대역을 이용하여 고주파 대역을 생성할 경우, 제거된 스펙트럼 정보는 생성되지만 스펙트럼 포락선까지 저주파 대역으로부터 추정할 수는 없다. 따라서 고주파 대역이 가져야 할 스펙트럼 포락선 정보는 별도의 부가정보로서 부호화되어 전송된다. SBR을 위해 전송되는 주요 파라미터는 복제하는 영역을 알려주는 정보와 스펙트럼 포락선 복원 정보 등이다. 그림 10-32(b)는 고주파 대역 확장 후 스펙트럼 포락선을 복원하여 최종적인 대역폭 확장을 완성한 모습을 예시한다.

오디오 신호에서 SBR과 같은 대역확장이 가능한 이유는 일반적으로 오디오 신호가 고차의 하모닉(harmonic)으로 구성되는 특성 때문이다. 즉, 바이올린, 플루트, 기타 등 음악을 구성하는 대부분의 악기들은 음의 높낮이에 따라 달라지는 기본 주파수(Fundamental Frequency)와 그 배수에 해당하는 주파수들(harmonics)에 신호를 갖고 있다. 따라서 저주파수 정보를 이용하면 사라진 고주파수 대역 신호를 복원할 수 있다. 그림 10-33은 바이올린 악기의 하모닉 구조를 나타내는 주파수 스펙트럼의 예이다.

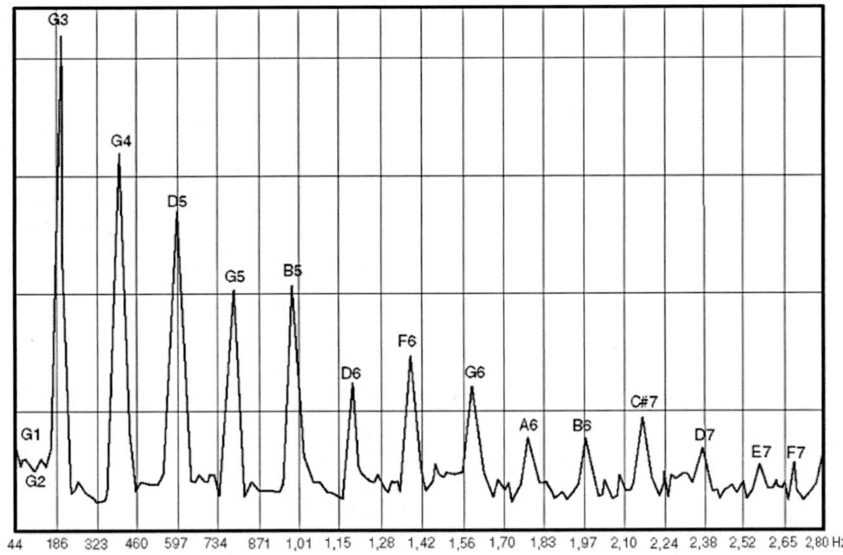

그림 10-33 바이올린 악기 신호의 하모닉 구조 예

MPEG-4 SBR 툴은 그림 10-34와 같은 부호화기(a)와 복호화기(b) 구조를 갖는다. 복호화기를 기준으로 대역폭을 2배 확장하는 것(신호의 표본화 주파수를 2배 높이는 것)이 SBR의 기본 목적임을 가정하면, 부호화기에서는 역으로 입력 표본화 주파수의 절반이 되는 신호를 출력하면서, 제거되는 고주파수 대역에 대한 파라미터를 생성하는 과정으로 생각할 수 있다. 입력 신호는 SBR 부호화기를 통해 2 : 1 다운샘플링 되는데, 이 신호는 저주파수 대역에 대한 부호화를 위한 주 부호화기(예 MPEG-4 AAC)로 입력된다. 그림에서 이 과정을 2 fs(샘플링 주파수)의 입력 신호가 들어와서 1 fs의 신호가 출력되는 것으로 표현하고 있다. 2 fs의 입력 오디오 신호는 64 밴드를 갖는 QMF(Quadrature Mirror Filter) 해석 필터뱅크에 입력된다. 64 밴드의 QMF 서브밴드 신호에 대해 앞서 언급한 것과 같은 SBR 파라미터를 생성하여 주 부호화기에 의해 부호화된 저주파수 신호와 함께 비트스트림을 구성하여 복호화기로 전송된다.

복호화기는 부호화의 역과정으로 주 복호화기를 통해 저주파수 대역(fs) 신호를 복원하여 이를 SBR 복호화기의 입력 신호로 사용한다. SBR 복호화기로 입력되는 오디오 신호(fs 샘플링 주파수를 갖는)는 32 밴드 QMF 서브밴드 필터뱅크에 입력된다. 저대역 32 밴드 신호로부터 고주파수를 생성하는 고주파수 생성 툴(HF generator tool)을 거치면 상위 32 밴드에 해당하는 신호를 생성하여 64 밴드의 전 대역에 해당하는 신호를 갖게 된다. 이어서 포락선 조정 툴(envelop adjuster tool)

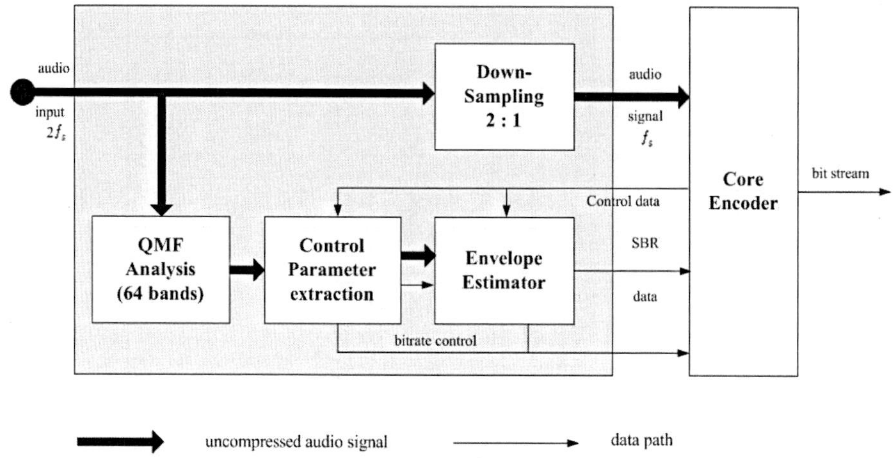

(a) SBR 부호화기

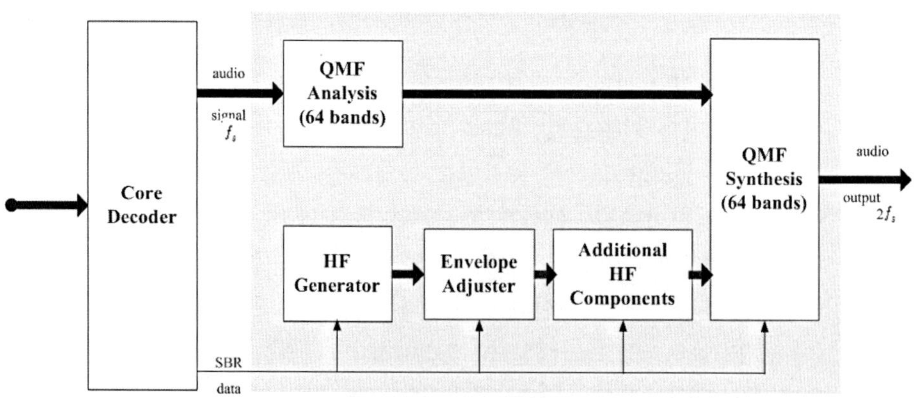

(b) SBR 복호화기

그림 10-34 MPEG-4 SBR의 부호화기와 복호화기 구조

에서는 새로 생성된 고주파수 32 밴드에 대해 전송된 포락선 정보를 이용하여 스펙트럼 포락선을 복원하는 역할을 수행한다. 그리고 부가 고주파 성분 합성 툴(additional HF components tool)에서는 선택적으로 전송된 파라미터를 이용하여 저주파수로부터 복원되지 않은 순음성분(tonal component)이나 잡음성분(noise component)을 추가로 생성하여 추가하는 역할을 수행한다. 이렇게 생성된 64 밴드 신호는 64 밴드 QMF 합성 필터뱅크(synthesis filterbank)를 통해 최종 오디오 신호로 복원되며, 이때 출력되는 오디오 신호는 SBR 복호화기의 입력 신호에 비해 2배 샘플링 주파수가 증가한 2 fs 신호가 된다.

2 PS (Parametric Stereo)

그림 10-35는 PS 부호화기의 원리를 개념적으로 설명한다. 그림의 예처럼 서로 다른 스테레오 신호가 존재할 때, PS 부호화기는 두 신호를 합한 모노 신호를 다운믹스(downmix) 신호로서 생성하고, 동시에 PS 부가정보에 해당하는 약 2 kbps 정도의 부가정보(side information) 비트스트림을 생성한다. PS 복호화기에서는 전송된 다운믹스 신호로부터 PS 부가정보를 참조하여 스테레오 신호를 분리해낸다. 이때 부가정보는 결국 모노 신호 안에 있는 사운드 소스들에 대한 공간상의 음상 정보에 해당하며 아래와 같다.

- IID(Inter-channel Intensity Difference) : 채널 신호 간의 세기 차이
- ICC(Inter-channel Cross-Correlation) : 채널 신호 간의 상관도(cross-correlation 또는 coherence)
- IPD(Inter-channel Phase Difference) : 채널 신호 간의 위상 차이
- OPD(Overall Phase Difference) : IPD의 분포 상태

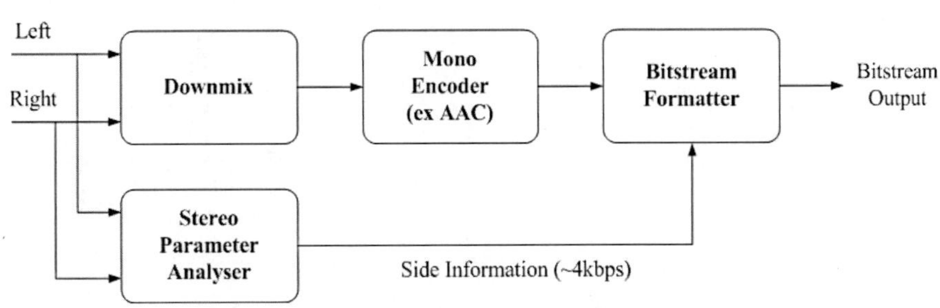

그림 10-35 Parametric Stereo(PS) 부호화 및 복호화 과정 개념도

3 HE-AAC v2 프로파일 부호화 및 복호화기 구조

그림 10-36(a)는 HE-AAC v2 프로파일 부호화기의 블록도를 나타낸다[17]. 그림에서와 같이 AAC는 저주파수 대역을 위한 부호화기로, SBR은 고주파수 대역을 위한 툴로, PS는 파라미터를 이용한 스테레오 신호를 위한 툴로 이용된다. 주 부호화기인 AAC 부호화기로의 입력은 PS가 사용되지 않을 때는 입력 오디오 신호를 2 : 1로 다운 샘플링된 신호를 이용하고, PS가 사용될 때에는 PS 부호화 과정을 위해 QMF 해석 및 합성 필터뱅크 과정을 거친(저주파수 대역 32밴드만 선택) 신호를

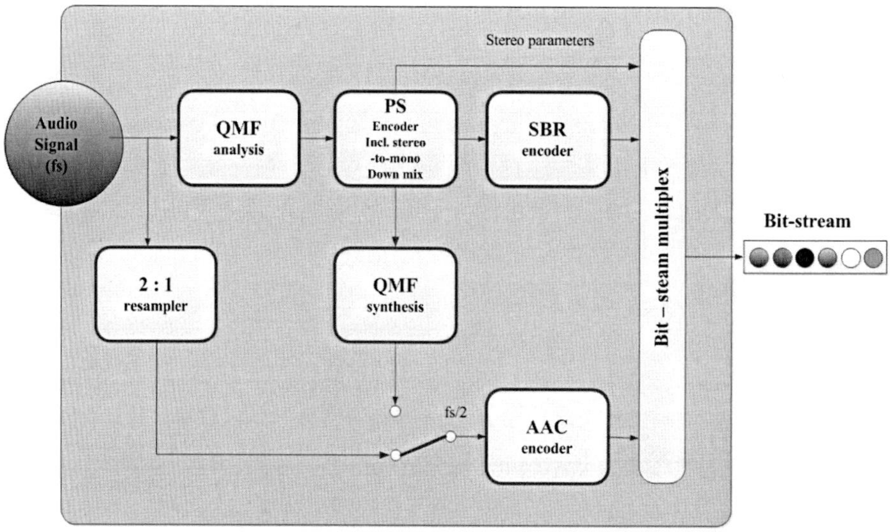

(a) 부호화기

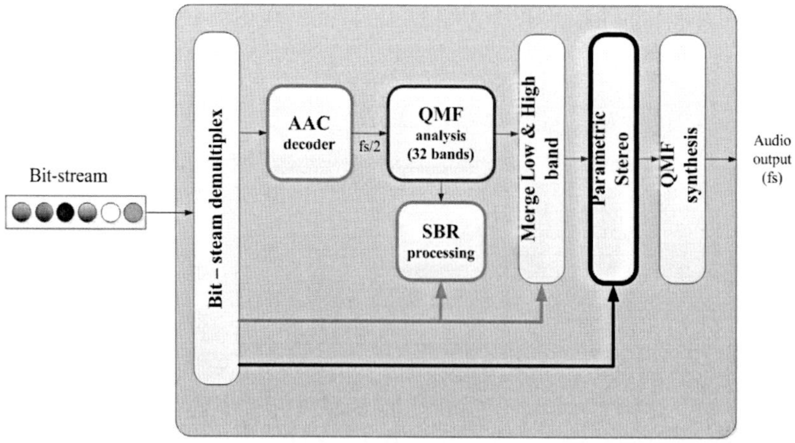

(b) 복호화기

그림 10-36 HE-AAC v2 프로파일 부호화기 및 복호화기 블록도

사용한다. PS 부호화기는 QMF 대역에서 스테레오 신호를 다운믹스(downmix)한 모노신호와 공간 파라미터를 추출하고, SBR 부호화기는 스펙트럼 복제영역 및 포락선 정보와 부가정보를 추출한다. 이렇게 각각의 툴들로부터 계산된 스펙트럼 계수들과 파라미터들은 하나의 비트스트림으로 다중화(multiplexing)된다.

그림 10-36(b)는 HE-AAC v2 프로파일 복호화기의 블록도를 나타낸다. 먼저 입력된 비트스트림을 AAC, SBR, PS 데이터 영역으로 분리하여 각각의 툴들로 전달한다. AAC 복호화기는 fs/2 샘플링 주파수를 갖는 저주파수 대역 신호를 복원한다. AAC 복호화기의 출력 신호(시간축 신호)는 32밴드 QMF 해석 필터뱅크를 거쳐 저주파수 대역 QMF 스팩트럼 신호로 변환되고, SBR 복호화기를 통해 생성된 고주파수 대역 QMF 스펙트럼 신호와 병합되어 모노 신호에 대한 스펙트럼 신호를 복원한다. PS 복호화기를 거쳐 스테레오 신호로 확장되고, QMF 합성 필터뱅크를 이용하여 시간축으로 변환된 최종 스테레오 신호를 출력한다.

10.6 MPEG-D 오디오 부호화

MPEG-D는 2003년 MPEG Surround 표준화를 시작하면서 새로운 오디오 표준그룹으로 제정되었다. MPEG-D 표준화 초창기에는 공간 오디오 부호화 기술에 기반을 둔 멀티채널 및 다객체 오디오 부호화 기술에 대한 표준화가 주된 목적이었기 때문에, 독립적으로 동작하는 오디오 부호화 기술이 아닌 멀티채널로 확장하거나 다객체로 확장하기 위한 부가적인 툴로서 표준화되었다. 그러나 음성/오디오 통합 부호화 기술인 USAC(unified speech and audio coding)이 MPEG-D의 새로운 파트로 선정되면서, MPEG-D는 이전의 제한에서 벗어나 새롭게 표준화되는 모든 오디오 기술들을 위한 표준 그룹으로 인식되고 있다. 본 절에서는 공간 오디오 부호화 기술에 기반을 두는 멀티채널(MPEG Surround) 및 다객체(SAOC, spatial audio object coding) 오디오 부호화 표준에 대해 살펴보고, 2011년 현재 표준화 막바지에 이른 USAC에 대해서 알아본다.

1 공간 오디오 부호화 기술의 원리

공간 오디오 부호화(SAC : spatial audio coding)는 멀티채널 또는 다객체 오디오 신호를 최소한의 채널(모노 또는 스테레오)로 다운믹스(downmix)된 오디오 신호와 공간단서(spatial cue)들로 이루어지는 부가정보로 분할하여 압축하는 오디오 부호화 방식이다. 그림 10-37은 Faller가 제안한 최초의 공간 오디오 부호화 기술인 BCC(binaural cue coding)의 부호화와 복호화 과정을 개념적으로 나타낸 것이다 [18][19]. 자유공간(free field)상에서 단일 음원에서 발생된 음파는 그림 10-38과

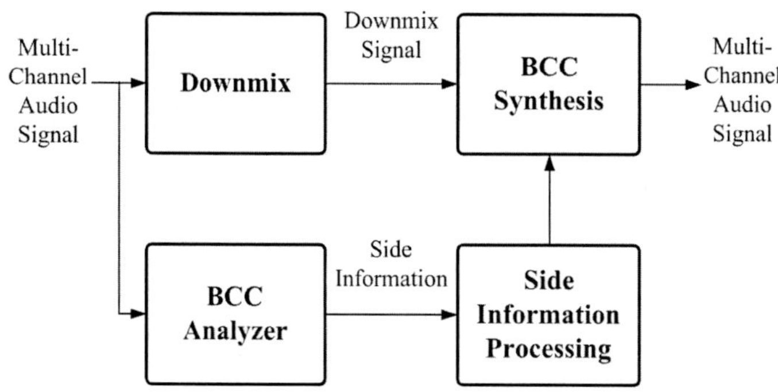

그림 10-37 BCC의 부호화 및 복호화 과정 개념도

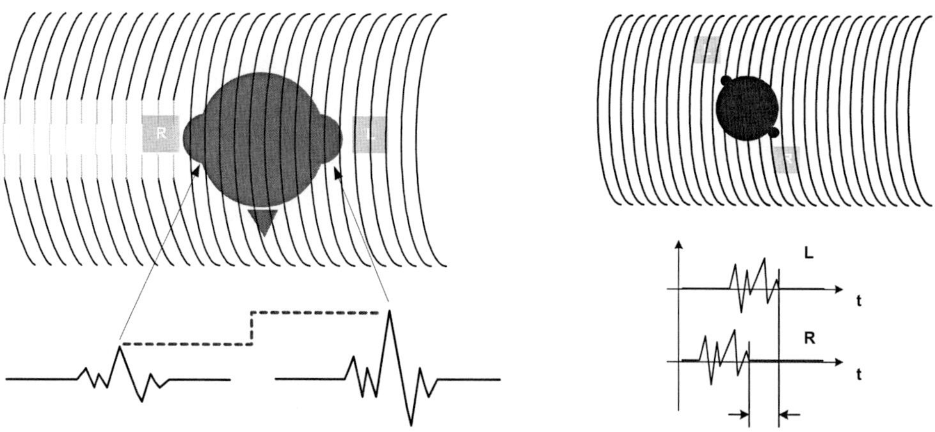

그림 10-38 두 귀 사이의 신호 크기차(ILD)와 도달 시간차(ITD)

같이 두 귀에 크기 차이와 시간 차이를 가지며 도착하게 된다. 청취자는 이러한 정보를 통하여 음원의 위치를 파악하므로 이를 양이 효과에 의한 공간 음향 지각특성이라 부른다. 이때 두 귀 사이의 음향 신호의 크기 차이를 ILD(interaural level difference)라 부르고, 도달 시간 차이를 ITD(interaural time difference)라 부르며, 두 귀에 도착한 신호 간의 상관도를 IC(interaural correlation)라 부르며 이들을 공간 단서 파라미터(spatial cue parameter)라 통칭한다.

공간 오디오 부호화 기법이 멀티채널 신호를 압축하는 데 이용될 때 스피커에서 발생한 사운드가 두 귀까지 도달하는 과정을 대표하는 음향학적 전달함수(ATF, acoustical transfer function)가 일반적인 환경에서는 알려져 있지 않기 때문에, 공간 단서들은 재생환경에 따라서 제한적으로 사용되어야 한다. 그러나 원음의 재생환경과 합성음의 재생환경이 유사하다고 가정하면 음향학적 전달함수에 의한 영향을 무시할 수 있으므로, 스피커로부터 재생되는 멀티채널 신호들에 대한 채널 간의 신호 크기 차이(ICLD : inter-channel level difference), 채널 간의 시간 차이(ICTD : inter-channel time difference), 채널 간의 상관도(ICC : inter-channel coherence)는 ILD, ITD, IC와 동일하다고 가정할 수 있으며, 멀티채널 공간 오디오 부호화에서는 이들을 주요한 공간 단서 파라미터로 이용한다. 즉, ICLD와 ICTD는 멀티채널 스피커 환경에서 음원의 재현 위치를 결정하며, ICC는 음원의 재현폭을 결정한다.

음향 신호를 그림 10-39와 같이 시간-주파수 변환을 통해 얻어진 시간-주파수 평면상에 표현한다면 특정 위치에서 고정된 음원에서 발생하는 모든 음향 신호 성분들은 청취자의 귀에서 일정한 ILD와 ITD 값을 가지므로, 각 음향 신호 성분들은 시간-주파수 평면상에서 자신만의 영역을 차지하게 된다. 물론 특정 시간-주파수 격자에 두 개 이상의 음원들이 존재하거나 여러 음원들이 겹쳐지는 경우도 발생한다. 그러나 사람의 귀는 특정 시간-주파수 격자에서 두 개 이상의 음향 성분이 존재할 때 상대적으로 에너지가 큰 음원으로 인지하는 특성이 있으므로 겹치는 영역에 대해서는 에너지가 큰 신호의 영역으로 가정할 수 있다.

Faller는 응용 분야에 따라 두 가지 방식의 BCC 시스템을 제안하였다. 원격회의와 같이 오디오 객체 간의 상관도가 적은 다객체 오디오 신호들을 시간-주파수 격자에 대한 인덱스를 공간 단서 파라미터로 표현하고 복호화기에서 자유로이 합성하는 Flexible Rendering 방식과, 채널 간 상관도가 높은 멀티채널 오디오 신호에 대한 공간 단서 파라미터들을 이용하여 멀티채널 신호를 압축하는 Natural Rendering 방식이 그것이다. 후에 MPEG에서는 Natural Rendering 방식의 BCC

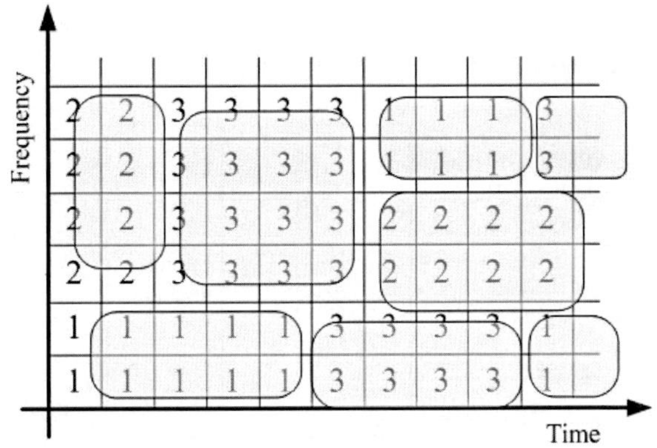

그림 10-39 시간-주파수 평면에서 겹치지 않는 영역을 가지는 세 가지 음향 신호와 이들이 차지하는 영역들

개념을 MPEG Surround란 이름으로 멀티채널 오디오 신호를 압축하기 위한 기술로 표준화되었으며, Flexible Rendering 방식은 SAOC란 이름으로 다객체 오디오 신호를 압축하기 위한 기술로 표준화되었다.

2 MPEG Surround

MPEG Surround는 최소의 채널(모노 혹은 스테레오)로 합쳐진 다운믹스 신호와 멀티채널 오디오 신호에 대한 인간의 공간 지각(spatial perception) 특성을 나타내는 공간 단서 파라미터(spatial cue parameter)들로 구성된 부가정보(side information)를 이용하여 멀티채널 오디오 신호를 부호화하는 기술이다[20].

(가) MPEG Surround 부호화기

그림 10-40은 MPEG Surround의 기본 개념도이다. 그림에서 보는 바와 같이, MPEG Surround 부호화기는 *N*개의 멀티채널 오디오 신호를 입력받아 부가정보로써 채널신호 사이의 크기 및 시간 차이와 채널 사이의 상관도 등으로 표현되는 공간 파라미터를 추출한다. 추출된 공간 파라미터는 매우 작은 정보량(채널당 4 kbps 이내)이므로 모노 또는 스테레오 오디오 서비스만 제공할 수 있는 대역폭에서도 고품질의 멀티채널 오디오 서비스를 가능하게 한다. 또한, 입력받은 멀티채널 입력 신호로부터 다운믹스 신호를 생성하지만, 멀티채널 오디오 신호를 제작할 때 음향 엔지니어들이 제작한 스테레오 다운믹스(artistic/hand-mixed downmix) 신호로 대체할 수 있다. 생성된 다운믹스 신호는 기존의 고성능 오디오 압축 기술인 MPEG-4 AAC, MPEG-4 HE-AAC 및 MPEG-4 BSAC 등으로 부호화되어 공간 파라미터와 함께 전송된다.

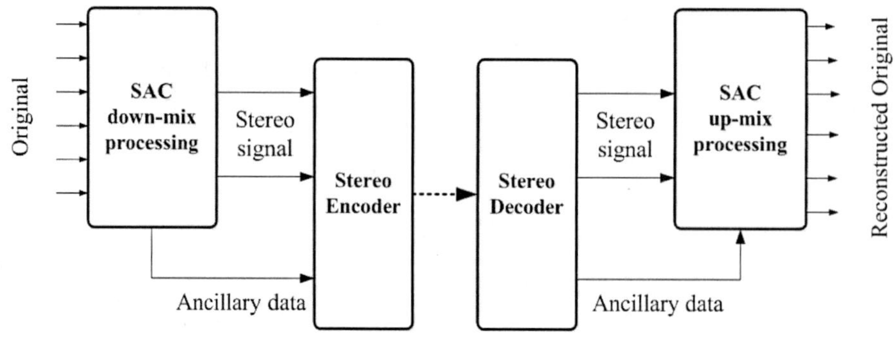

그림 10-40 MPEG Surround 부호화 및 복호화 개념도

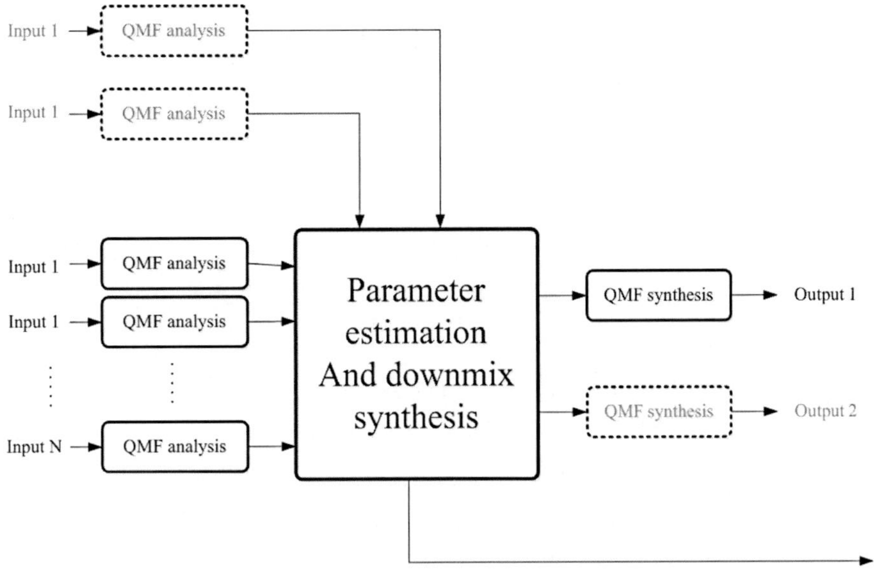

그림 10-41 MPEG Surround 부호화기

그림 10-41은 MPEG Surround 부호화기의 블록도이다. 부호화기에 입력된 N 개의 멀티채널 신호는 해석 필터뱅크(analysis filter bank)에 의해 주파수 밴드로 분해된다. 주파수 영역의 서브밴드로 분할하는 대표적인 방법은 DFT(Discrete Fourier Transform)를 이용하거나 QMF(complex-exponential modulated(pseudo) Quadrature Mirror Filter)를 이용하는 것인데, MPEG Surround에서는 보다 낮은 복잡도로 이를 수행하기 위하여 QMF 필터를 사용한다. QMF는 SBR과 같은 툴과의 호환성도 제공함으로써 보다 효율적인 부호화를 유도할 수 있다. QMF를 거친 각 서브밴드는 균등 분할구조인 서브밴드로 나뉘며 이를 사람의 청각 시스템의 주파수 분해능과 유사하게 분할하기 위하여 후처리 변환과정으로서 Hybrid QMF가 사용된다. 낮은 연산량과 시간축 필터링을 이용할 수 있다는 장점을 지닌 QMF는 입력되는 시간축 신호를 고속 연산을 위해서 $2N$ 밴드로 균등하게 분배한다. MPS와 SAOC에서는 64밴드의 QMF 필터를 이용하게 되는데, 고주파수 대역에서는 각 밴드의 분해능이 사람이 주파수를 분해하는 능력인 임계대역(critical band)보다 우수하기 때문에 문제가 되지 않으나, 저주파수 대역에서는 하나의 QMF 밴드가 여러 개의 임계대역에 매핑되므로 적절한 공간 파라미터 해석이 불가능하다. 이러한 QMF 변환의 단점을 보완하기 위하여 저주파수 밴드에 다시 QMF 변환을 적용함으로써 critical band와 유사한 주파수 분해능을 가지도록 한 것이 Hybrid QMF 변환이다.

그 후 서브밴드 신호들로부터 공간 지각과 관련 있는 특성들을 해석하며, 4가지의 공간 파라미터들, 즉 채널 간 크기 차이(CLD; Channel Level Difference), 채널 간 유사도(ICC; InterChannel Correlation), 채널 예측 계수(CPC; Channel Prediction Coefficient) 및 예측 오차(prediction error or residual signal) 신호를 추출한다.

또한, 입력 멀티채널 신호는 다운믹싱 후 QMF 합성 뱅크를 통과하여 시간 영역의 다운믹스 신호로 다시 변환된다. 다운믹스 신호는 부호화기에서 자동적으로 생성되며, 이는 모노/스테레오 재생 혹은 매트릭스 서라운드 복호화기(Dolby Prologic 등)에 따른 재생을 위해 최적화된 형태를 띠게 된다. 또한, 무선 전송을 위한 후처리 결과로 혹은 스튜디오 엔지니어에 의해서 수정된 다운믹스 신호가 MPEG Surround 부호화기의 다운믹스 신호로 제공되는 경우, 부호화기에서는 제공된 다운믹스 신호에 기반하여 공간 파라미터를 조정한 후 전송함으로써 복호화기에서의 멀티채널 복원을 최적화한다.

(나) MPEG Surround 복호화기

MPEG Surround 복호화기는 전송된 다운믹스 오디오 비트스트림과 공간 파라미터를 이용하여 멀티채널 오디오 신호를 복원한다. 멀티채널 오디오 신호의 복호화가 불가능한 경우에는 기존의 모노 또는 스테레오 오디오 복호화기를 이용하여 다운믹스 신호만을 복호화 할 수 있으므로 기존의 모노 또는 스테레오 오디오 부호화 시스템과 호환성을 제공할 수 있다. 개념상으로 MPEG Surround는 BCC를 기반으로 하고 있으며, 멀티채널 신호를 위해 기존 기술인 joint stereo coding 및 parametric stereo coding 등이 확장된 형태라고 할 수 있다. 또한, 멀티채널 신호 복원에 있어서 부가정보를 이용함으로써 기존의 행렬화된 서라운드 기법(matrixed surround scheme)인 Dolby Surround/Prologic, Logic 7 및 Circle Surround 등의 기술들보다 고품질의 멀티채널 오디오 서비스를 가능하게 한다.

그림 10-42는 MPEG Surround 복호화기의 처리 순서를 나타내는 블록도이다. 시간 영역의 다운믹스 신호는 QMF 해석 필터뱅크에 통과되어 주파수 영역으로 변환된다. 그 후, 공간 합성 모듈에서 전송된 공간 파라미터와 결합되어 멀티채널 신호를 생성하며('Upmix 2 to 6' 블록), QMF 합성 뱅크를 통과하여 시간 영역의 멀티채널 신호로 변환된다. 공간 합성 단계(Upmix 2 to 6)는 입력된 다운믹스 신호와 전송된 공간 파라미터를 결합하여 2개 채널 신호를 6개 채널 신호로 업믹스 함으로써 멀티채널 신호를 생성하는 역할을 하며 행렬화(matrixing)와 디코릴레이션(decorrelation)으로 구성된다. 그림 10-43은 스테레오 다운믹스 신호에서 5.1 채널

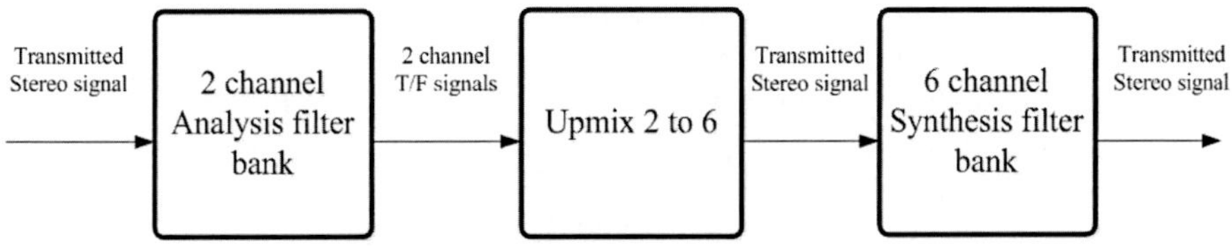

그림 10-42 MPEG Surround 복호화 순서도

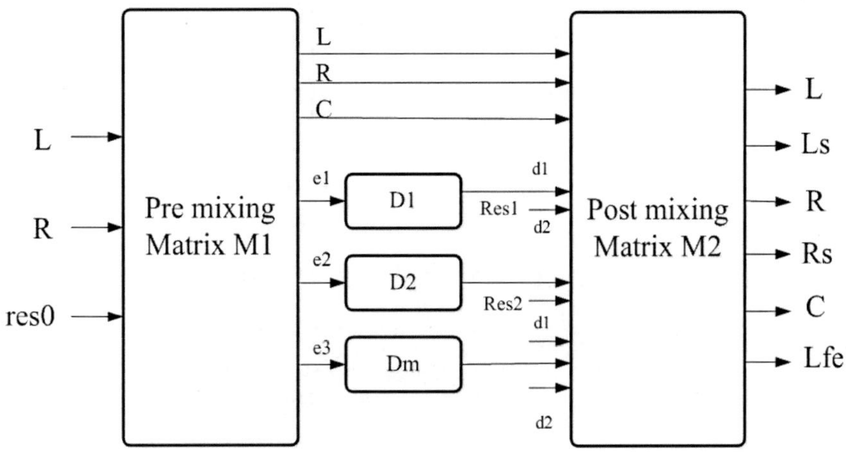

그림 10-43 MPEG Surround 복호화기에서의 5.1 채널 신호 합성의 순서도

신호 생성을 위한 공간 합성 모듈의 구조도이다. 시간-주파수 영역의 입력 신호들은 전믹싱 행렬(pre-mixing matrix) M1에 의해 처리된 후, 바로 후믹싱 행렬(post-mixing matrix) M2에 바로 입력되거나 디코릴레이션 회로 D1~D3를 통과한 후 입력되어 5.1 채널 형태의 출력 신호로 변환된다. 참고로, 잔차 신호 res는 선택적으로 제공되며, MPEG Surround는 잔차 신호를 이용하여 음질에 대한 스케일러빌러티(scalability)를 지원할 수 있다.

(다) MPEG Surround를 구성하는 도구별 특징

MPEG Surround는 OTT(One-to-Two) 모듈과 TTT(Two-to-Three) 모듈을 조합한 임의의 매핑을 이용하여 다운믹스 신호 및 멀티채널 신호를 해석 및 합성한다. 한 예로, 그림 10-44는 TTT 모듈 1개와 OTT 모듈 3개를 조합하여 5.1 채널 신호로부터 스테레오 다운믹스 신호와 공간 파라미터를 얻는 MPEG Surround 부호화기이다.

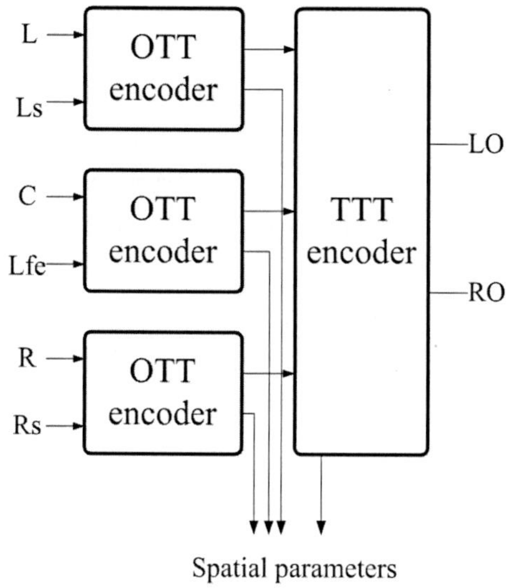

그림 10-44 MPEG Surround 공간 파라미터 해석부 구조도

PS와 BCC에서 발전된 개념인 OTT 모듈은, 그림 10-44와 같이 스테레오 입력신호로부터 모노 다운믹스 신호를 생성하며, 또한 아래와 같은 공간 파라미터들을 추출한다.

- **채널 간 크기 차이**(CLD; Channel Level Difference) : CLD 파라미터는 시간-주파수 각 격자에 대한 두 입력 채널신호 사이의 크기 차이를 나타내며, 로그 스케일로 비선형 양자화 한다.
- **채널 간 유사도**(ICC; InterChannel Coherence/Cross-correlation) : ICC 파라미터는 시간-주파수 각 격자에 대한 두 입력 채널신호 사이의 유사도이며, 비선형 스케일로 양자화 한다.
- **잔차 신호** : 원 신호와 공간 파라미터들을 이용하여 형성된 파형 사이의 오차 신호로서, MPEG Surround 복호화기에서는 이에 대한 정보를 이용하여 원 신호를 완벽하게 복원할 수 있다.

TTT 모듈은 부호화 단계에서, 그림 10-44에서 보는 바와 같이 입력 신호로부터 스테레오 다운믹스 신호를 생성하고 아래와 같은 공간 파라미터들을 추출한다.

- **채널 예측 계수**(CPC; Channel Prediction Coefficients) : CPC 파라미터는 시간-주파수 각 격자에 대해서 세 개의 입력 채널신호들로부터 두 개의 출력 채널신호를 예측하는 데 필요한 계수들을 나타낸다.

- **채널 간 유사도**(ICC; InterChannel Coherence/cross-correlation) : ICC 파라미터는 시간-주파수 각 격자에 대한 두 입력 채널 사이들의 유사도이며, OTT 모듈의 ICC 파라미터와 유사하다.
- **예측 오차**(prediction error) : 원 신호와 채널 예측 계수를 이용하여 모델링된 파형간의 오차 신호로서, MPEG Surround 복호화기에서는 이에 대한 정보를 이용하여 원 신호를 완벽하게 복원할 수 있다.

복호화 단계에서 TTT 모듈은 스테레오 다운믹스 신호로부터 세 번째 채널 즉 중앙(center) 채널을 모델링하여 생성한다. 이는 다운믹스 신호 L_0, R_0는 원 신호 L, R, C의 선형 조합으로 표현된다는 가정을 바탕으로 하며, 아래와 같이 선형 식으로 모델링할 수 있다.

$$\begin{bmatrix} L_0 \\ R_0 \end{bmatrix} = H_{TTT} \begin{bmatrix} L \\ C \\ R \end{bmatrix}$$

따라서 부호화 단계에서의 다운믹스 행렬 H_{TTT}가 공간 파라미터(CPC)로서 전송되며, 복호화기에서는 이를 이용하여 두 개의 입력채널 신호로부터 세 개의 출력채널신호를 생성할 수 있다.

그림 10-43에서 보듯이, 공간 합성 단계는 행렬화와 디코릴레이션으로 구성된다. 디코릴레이션 모듈은 아래와 같은 입출력 신호의 관계에 대한 요구사항을 만족시키면서, 전송된 ICC 파라미터에 따르는 유사도를 갖는 출력 신호를 합성하는 기능을 담당한다.

- 입출력 신호의 유사도는 0에 가까워야 한다.
- 입출력 신호의 주파수 영역 및 시간 영역에서의 포락선은 거의 유사해야 한다.
- 디코릴레이터 출력 신호들은 위 입출력 신호에 대한 제한조건을 만족하면서 출력 신호들끼리 서로 유사하지 않아야 한다.

격자 올패스 필터(lattice allpass filter)와 그 밖의 도구들을 사용하여 위의 요구사항을 만족하는 디코릴레이터를 QMF 영역에서 처리하도록 설계하였으며, 개념도는 그림 10-45와 같다. 입력 신호가 동적으로 변하는 경우에는 올패스 필터만으로 위의 두 번째 요구사항을 만족시킬 수 없기 때문에, 주파수 영역에서의 포락선은 에너지 비교(energy comparison) 단계에 의해, 시간 영역에서의 포락선은 TES (Temporal Envelope Shaping) 혹은 TP(Temporal Processing)에 의해 변형된다.

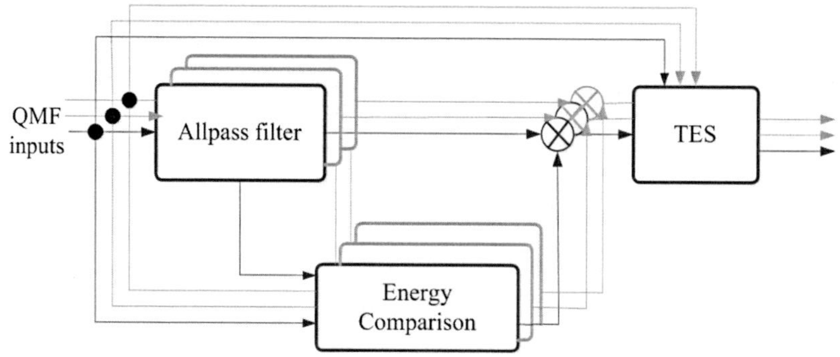

그림 10-45 QMF 영역에서의 디코릴레이터 구조도

3 Spatial Audio Object Coding (SAOC)

2006년말 MPEG Surround의 표준화가 완료되어갈 무렵에 BCC의 Flexible Rendering 방식을 이용한 다객체 오디오 부호화 기술에 대한 표준화가 독일의 프라운호퍼 연구소에 의해 제안되었으며 ETRI, LG 전자 등과 같은 여러 기관들과의 공동작업을 통해 2010년말 표준이 완료되었다[21].

(가) SAOC 부호화기

그림 10-46은 SAOC 부호화기의 구조를 나타낸 블록도이다. SAOC 부호화기는 입력 신호로서 모노, 스테레오 또는 멀티채널 오디오 객체를 입력받을 수 있다. 그러나 오디오 객체 파라미터를 추출하는 과정을 간략화하기 위하여 스테레오 오디오 객체는 모노 오디오 객체가 두 개 존재하는 것으로 정의하였으며, 멀티채널 오디오 객체(MBO, multichannel background object)의 경우에는 MPEG Surround 부호화기를 통과한 스테레오 다운믹스 신호를 입력 오디오 객체로 처리하고 MPEG Surround 비트스트림을 객체 파리미터와 다중화(multiplexing)하여 SAOC 비트스트림을 구성한다. 이러한 이유는 멀티채널 오디오 객체는 SAOC 트랜스코더나 복호화기에 의해서 생성되는 음향장면에서 멀티채널 배경음을 구성할 뿐 청취자에 의하여 제어되지 않는 것을 가정하고 있기 때문이다.

SAOC 부호화기 과정 중 해석되는 객체 파라미터는 아래와 같다.

- NRG (absolute object eNeRGy) : 가장 큰 에너지를 가진 객체의 에너지 값
- OLD (Object Level Difference) : 해당하는 객체와 가장 큰 에너지를 가진 객체와의 에너지비

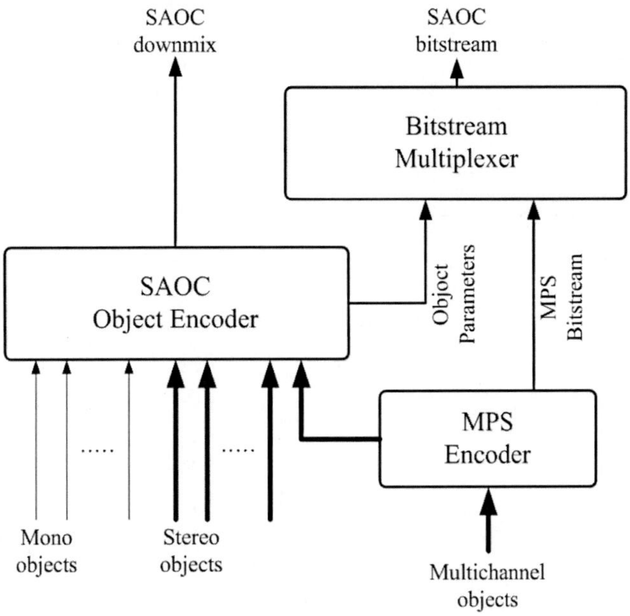

그림 10-46 SAOC 부호화기 블록도

- IOC (Inter-Object Correlation) : 객체들 간의 유사도
- DMG (DownMix Gain) : 객체들을 다운믹스할 때 취해지는 에너지 스케일 값
- DCLD (Downmix Channel Level Difference) : 스테레오 다운믹스 신호의 각 채널에 대한 객체들의 레벨 차이 값
- PDG (Post Downmix Gain) : SAOC 부호화기에서 생성된 다운믹스 신호와 외부에서 입력된 다운믹스 신호 사이의 레벨 차이 값

(나) SAOC 복호화기

SAOC 비트스트림을 해석하여 출력 신호를 생성할 때 출력되는 오디오 신호의 채널 수에 따라서 SAOC는 복호화기 형태를 표 10-2와 같이 구분하여 정의한다. SAOC 디코더는 일반적인 오디오 복호화기와 같이 다운믹스 신호와 SAOC 비트스트림을 입력받아 디코딩된 오디오 신호를 출력하지만, SAOC 트랜스코더(transcoder)는 SAOC 비트스트림을 MPEG Surround 비트스트림으로 변환(transcoding)하여 다운믹스 신호와 함께 MPEG Surround 복호화기로 전달하고, 멀티채널 오디오 출력 신호는 MPEG Surround 복호화기가 생성하게 한다. 이와 같이 처리한 이유는 SAOC의 멀티채널 오디오 출력을 가정하지 않았으며 멀티채널 복원은 MPS 복호화기에 의해 처리되도록 결정하였기 때문이다.

표 10-2 SAOC 복호화기의 동작 모드

	SAOC 디코더 (Decoder)	SAOC 트랜스코더 (Transcoder)
출력 신호 형태	mono/stereo/ binaural	multichannel
채널수	1 or 2	> 2
SAOC 모듈의 출력 신호	PCM output	MPS bitstream, downmix signal
MPS 복호화기	NO	YES

그림 10-47에서와 같이 SAOC 트랜스코더는 다운믹스 신호를 조정하는 다운믹스 처리부(downmix processor)와 SAOC 파라미터 처리부(SAOC parameter processor)로 구성된다. 다운믹스 처리부에서는 입력된 다운믹스 신호에서 특정 객체를 삭제하거나 MPEG Surround 복호화기에서 불가능한 위치로 객체를 이동시키기 위하여 좌우 채널신호를 변경하는 등의 전처리 과정을 수행한다. SAOC 파라미터 처리부에서는 입력된 SAOC 비트스트림을 MPEG Surround 비트스트림으로 변환하는 과정을 수행하며, 이를 위하여 외부나 SAOC 비트스트림으로부터 전달받은 렌더링 매트릭스를 이용한다. 멀티채널 배경음 객체(MBO)가 MPEG Surround 부호화기로 부호화되어 SAOC 비트스트림으로 입력되었을 경우에는 MBO가 부호화된 MPS 비트스트림이 MPS 복호화기로 직접 입력되게 되며, 객체 파라미터들로부터 변환된 MPS 비트스트림도 함께 MPS 복호화기 입력되어 멀티채널 출력신호를 생성한다. 또한, MBO 객체의 재생 유무와 객체신호의 재생 유무에 따라서 MBO 비트스트림만이 전송되거나 제거되기도 한다.

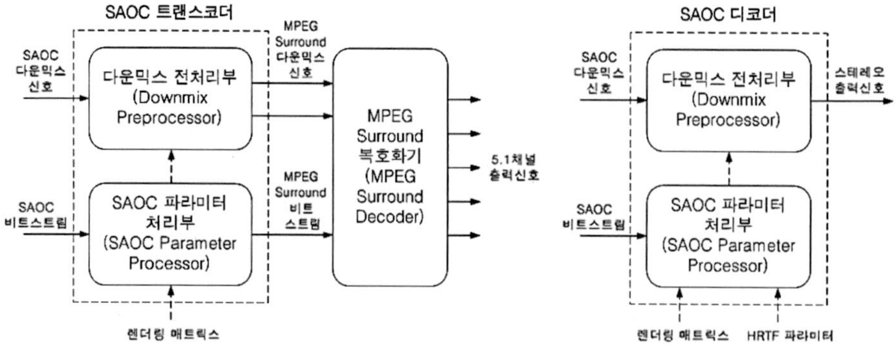

그림 10-47 SAOC 트랜스코더(왼쪽)와 디코더(오른쪽) 모드의 동작 개념도

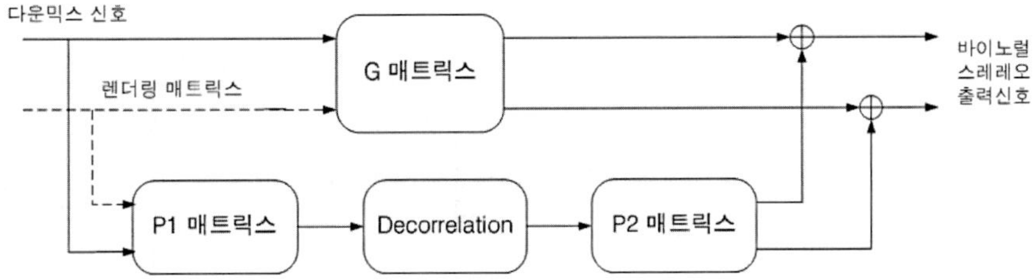

그림 10-48 스테레오 다운믹스에 대한 바이노럴 복호화기 처리 구조

SAOC 디코더는 모노 또는 스테레오 다운믹스 신호를 입력받아 모노, 스테레오, 바이노럴 스테레오 신호를 출력한다. 바이노럴 스테레오 신호는 다운믹스 처리부와 MPEG Surround 바이노럴 복호화기가 결합된 형태를 의미한다. 그림 10-48은 스테레오 다운믹스 신호가 입력되고 바이노럴 스테레오 신호를 출력하는 과정을 나타낸 그림이다. G 매트릭스는 객체 파라미터와 렌더링 매트릭스에 의해 결정되는 upmix 매트릭스이며 P 매트릭스는 G 매트릭스와 유사한 기능을 수행하지만 decorrelation 된 다운믹스 신호를 입력 받는다는 차이가 있다.

(다) Enhanced Karaoke/Solo 모드

실제로 SAOC 부호화기에서 다운믹스 과정을 통해 합쳐진 신호에서 객체 파라미터만으로 원래의 객체 신호들을 완벽하게 복원하는 것은 불가능하다. 따라서 SAOC에서는 ±12 dB 정도로만 객체의 레벨을 조절하는 것을 목표로 하였으며, 객체 신호를 완벽하게 복원하는 것은 고려하지 않았었다. 그러나 가라오케와 같이 특정 오디오 객체 신호(보컬)를 완벽하게 삭제하거나 특정 객체만을 재생하는 응용분야가 존재하기 때문에, 이와 같은 상황에서도 만족할만한 음질을 제공하기 위하여 EKS (Enhanced Karaoke/Solo) 모드를 제공한다.

특정 객체 신호를 완벽하게 제거하거나 복원하기 위해서 원음과 복원되는 음 사이의 잔차 신호를 MPEG Surround 표준에서 사용하던 잔차 신호 부호화(residual coding) 기법을 이용하여 추정하여 부호화한다. SAOC는 MPEG Surround의 기본 처리 블록인 OTT와 TTT를 사용하지 않지만, MPEG Surround의 잔차 신호 부호화를 이용하기 위하여 이들을 이용한다. EKS 모드의 처리 과정은 그림 10-49와 같으며, BGO(BackGround Object)는 객체 파라미터만으로 처리되는 객체를 뜻하며, FGO(ForeGround Object)는 잔차 신호를 이용하여 특별히 관리되는 객체를 의미한다.

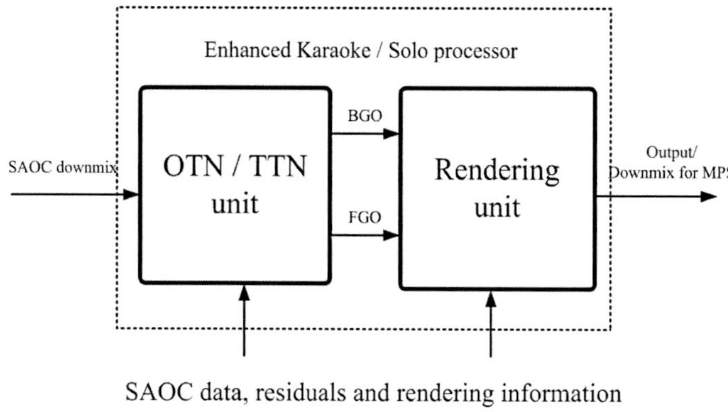

그림 10-49 EKS 모드 복호화기 처리 구조

4 Unified Speech and Audio Coding (USAC)

(가) USAC 표준화 배경

인간의 음성 생성 모델을 기반으로 하고 있는 음성 부호화(speech coding) 기술과, 인간의 청각 모델을 기반으로 하고 있는 오디오 부호화(audio coding) 기술은, 음성 통신과 음악 방송 등 각각의 독립적인 서비스 영역에서 독자적으로 기술 발전을 이루어 왔다. 하지만 최근 방송과 통신이 융합하는 방향으로 기술이 발전하고, 음성 통신과 음악 방송으로 구분되던 서비스 구조가 깨어짐에 따라 더 이상 음성과 오디오 신호를 별도의 콘텐츠로 분리하는 것이 어렵게 되었다. 따라서 하나의 부호화기로 음성과 오디오 신호 모두를 처리할 수 있는 새로운 부호화 기술이 필요하게 되었으나, 기존의 부호화 기술은 음성이나 오디오 신호의 특성을 기반으로 서로 다른 목표에 따라 개발되었기 때문에, 음성과 오디오 신호 모두에 대해 우수한 음질을 제공할 수 없었다. 이에 따라 새로운 음성/오디오 통합 부호화 기술에 대한 표준이 요구되었고, MPEG에서는 음성과 오디오 신호를 통합적으로 부호화하는 MPEG-D USAC 기술의 표준화를 2007년부터 시작하였다.

(나) USAC 부호화기

USAC 부호화기는 최신 오디오 부호화기인 HE-AAC v2와 최신 음성 부호화기인 AMR-WB+[22]의 장점을 적절하게 융합한 코덱으로서, 입력 신호의 특성에 따라 적절한 코어 코덱(core codec)을 선택하여 동작한다[23]. USAC는 MPEG 오디오 부호화 기술 중에서 음악 특성 신호를 부호화하기 위한 AAC, 고주파 대역을 부호화하기 위한 SBR, 스테레오 신호를 부호화하기 위한 MPEG Surround 도구를 선택하였다. 그리고 3GPP 음성 부호화 기술인 AMR-WB+의 ACELP(algebraic code-excited linear predictor)와 TCX(transform code excitation)를 이용하여 음성 특성 신호를 부호화한다. 그리고 음성 특성 신호와 음악 특성 신호를 분류하기 위한 신호 분류 도구, 다양한 특성의 부호화 도구 사이의 부드러운 전이를 위한 모드 변환 도구 등을 이용하여 USAC은 음성과 음악 신호 모두에 대해 우수한 음질을 제공할 수 있다. 특히, USAC은 AAC에 있던 Huffman 방식의 무손실 부호화 도구를 산술 부호화(arithmetic coding) 방식으로 변경하여 성능을 향상시켰으며, AMR-WB+의 TCX를 MDCT 기반으로 변경하였고, AAC와 동일한 산술 부호화 방식으로 무손실 부호화를 수행한다.

USAC 부호화기는 그림 10-50과 같은 구조를 가지고 있다. USAC는 크게 스테레오 부호화를 위한 MPEG Surround 도구, 고대역 부호화를 위한 enhanced SBR 도구, 저대역 신호를 부호화하기 위한 FD(frequency domain)/LPD(linear predictive domain) 도구, 무손실 부호화(arithmetic coding) 도구로 나눌 수 있다. 먼저 입력 신호는 신호 분류(signal classifier) 도구를 이용하여 음성 특성 신호와 음악 특성 신호로 분류하여 적절한 부호화 방법을 선택한다. 음성 특성 신호인 경우 AMR-WB+와 동일하게 프레임별로 Segmental SNR을 계산하여 ACELP나 TCX를 선택하여 처리하는 LPD 모듈을 이용하여 부호화하고, 음악 특성 신호인 경우 AAC를 개선한 FD 모듈을 이용하여 부호화를 수행한다.

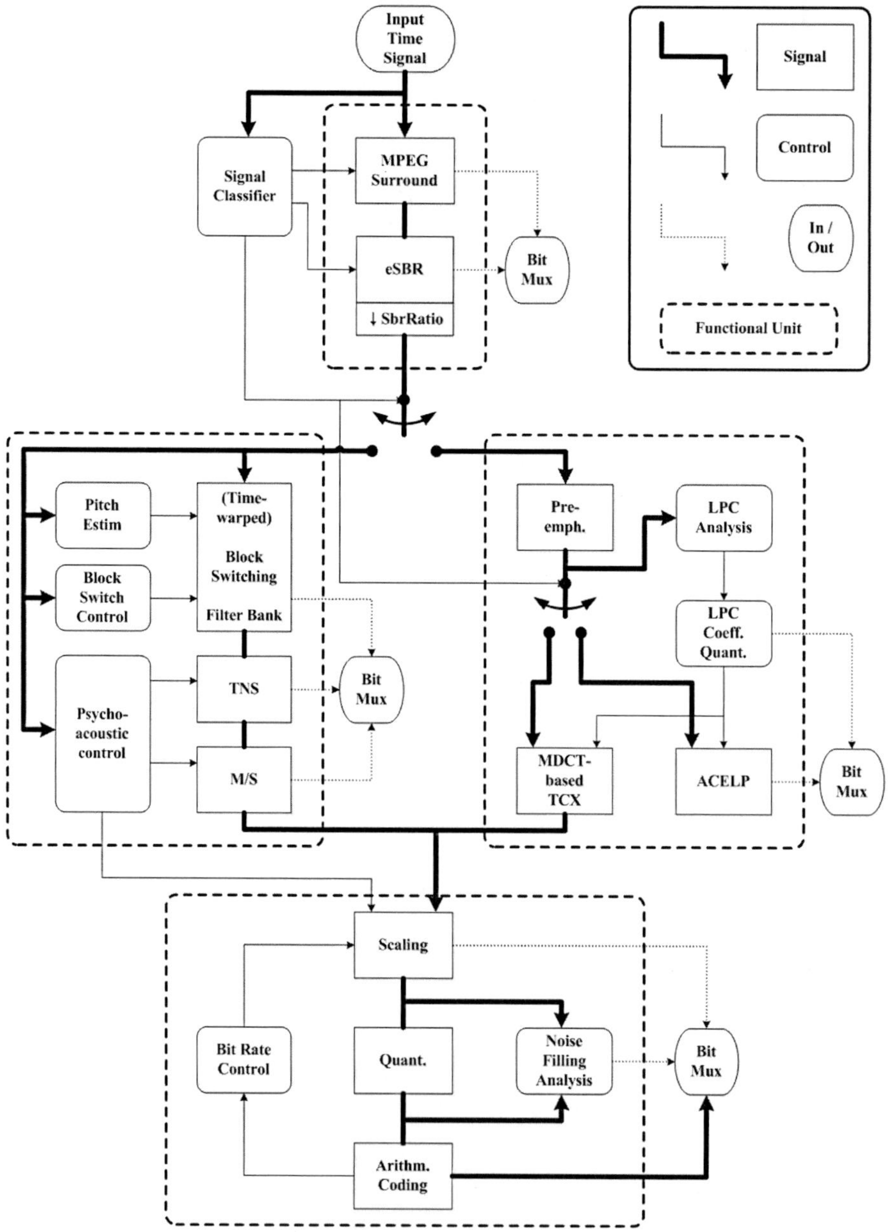

그림 10-50 MPEG-D USAC 부호화기의 구조

(다) MPEG Surround 도구

USAC의 스테레오 신호 부호화 도구는 MPEG Surround 기술을 개선하여 이용하였다. USAC은 기본적으로 매우 낮은 비트율에서 스테레오 부호화 방법을 이용하므로, MPEG Surround 도구를 파라메트릭 스테레오 도구로써 사용하는데, 이는 MPEG Surround에 원래 정의되지 않은 2-1-2 모드를 기존 OTT box를 이용하여 구현하여 사용한다(그림 10-51 왼쪽). 그림 10-51은 OTT box를 2-1-2 모드에 맞추어 설명한 그림이다. 기존의 MPEG Surround와 달리 M1 매트릭스가 필요 없으며, decorrelator는 한 개만 있으면 된다. 물론 잔차 신호도 입력 받을 수 있으므로 고품질의 스테레오 부호화도 가능하다(그림 10-51 오른쪽).

USAC의 MPEG Surround 2-1-2에서 새롭게 추가된 툴로는 통합 스테레오 부호화(unified stereo coding) 툴이 있는데, 이는 잔차 신호가 사용되는 스테레오 부호화 모드에서 기존의 모노 신호를 이용하여 부호화 할 수 있는 만큼 최대한 부호화 한 후, 남은 신호를 잔차 신호로 전송하여 음질을 향상시키는 툴이다. 그림 10-52는 MPEG Surround를 사용하지 않는 고비트율 모드(64 kbps 이상)에서 기존의 AAC 복호화 과정에서 사용하는 M/S 스테레오 부호화를 이용하는 대신 사용하는 통합 스테레오 복호화 툴의 구조를 나타낸다. 이는 부호화기에서 모노 다운믹스 신호, 잔차 신호, MPEG Surround 부가정보를 생성하고, 복호화기에서는 이들을 이용하여 MPEG Surround 복호화 과정과 동일하게 처리함으로써 고품질의 스테레오 신호를 복원한다.

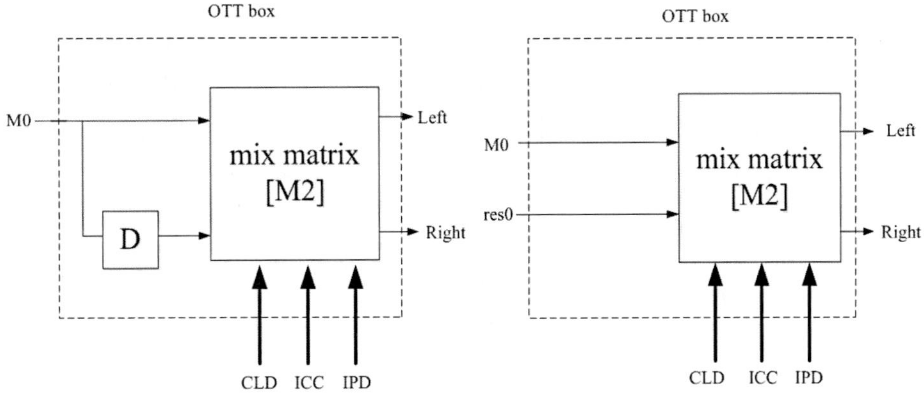

그림 10-51 잔차 신호 입력에 따른 USAC MPEG Surround 복호화 도구 구조도

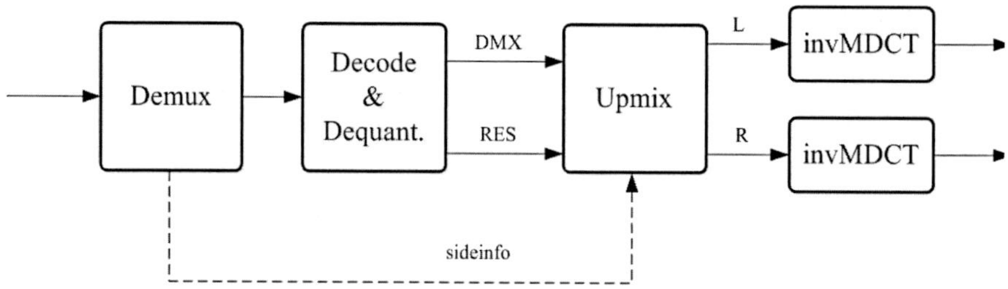

그림 10-52 고비트율에서의 통합 스테레오 복호화 도구 구조도

(라) eSBR 도구

USAC에서는 고주파 대역 부호화 기술로 기존 MPEG-4 SBR 툴을 개선한 eSBR (enhanced SBR) 툴을 이용한다. eSBR 기술은 고조파 복제(harmonic transposer)를 추가적으로 사용할 수 있도록 한 것이 주요한 특징이다. MPEG-4 SBR에서는 고주파 대역을 저주파 대역의 복제(transposition) 과정을 통해 생성한다. 이러한 저주파수 대역 복제방법으로는 그림 10-54와 같이 업샘플링을 통한 mirroring 효과에 의해 생성하는 방법, 저주파수를 복제하거나 변조(modulation)해서 다시 붙이는 patch 방법, 그리고 phase vocoder를 이용한 확장(stretching)과 decimation으로 설명할 수 있는 고조파 복제(harmonic transposer) 방법 등이 있다. USAC eSBR은 그림 10-53(c)와 같은 phase vocoder 기반의 복제방법을 추가하여 저비트율에서 기존 SBR 보다 우수한 압축 효과를 제공한다.

Phase vocoder를 이용한 eSBR은 그림 10-54와 같이 저주파수 대역 신호를 Phase Vocoder를 이용하여 시간영역에서 N배 확장한 신호(time stretched)를 계산하고, 이를 N배 다운 샘플링하여 출력 신호를 계산한다. 다운 샘플링 과정에서 스펙트럼이 확장되어 고주파수 대역에 새로운 성분을 생성하고, 이를 대역통과 필터를 이용하여 고주파수 대역 신호를 생성한다.

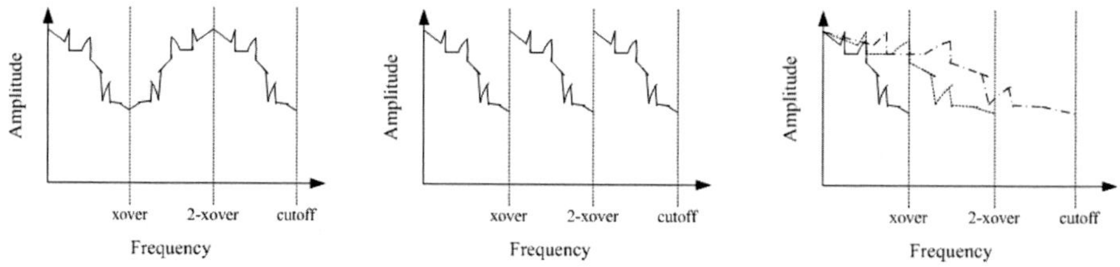

(a) upsamling (b) copying or modulation (c) stretching(phase vocoder)

그림 10-53 SBR transposition 방법

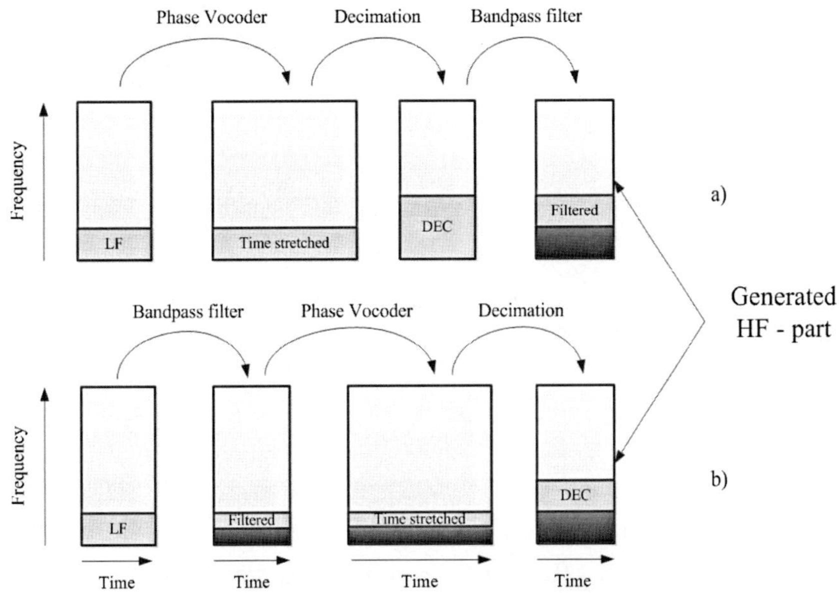

그림 10-54 eSBR의 harmonic transposition 개념도

(마) FD 모드 툴

USAC의 FD 모드 툴은 MPEG-4 AAC를 개선한 것으로, 무손실 부호화 방법으로 허프만 부호화 툴이 아닌 내용기반의 산술 부호화(context-based arithmetic coding) 툴을 이용하는 것과 LPD 모드와의 연결을 위한 새로운 윈도 및 관련 툴을 추가한 것, Time-Warping 필터뱅크를 이용하여 시간 영역에서 서로 다른 해상도를 갖는 주파수 분해 기능을 제공하는 것을 추가 또는 변경한 것이 특징이다. Time-Warping 필터뱅크는 LPD 모드를 사용하지 않는 고비트율에서 음성 신호가 입력될 경우 음성의 피치에 비례하여 코딩블록이 가변적으로 적응할 수 있도록 만든 툴로, 피치의 퍼짐에 인한 왜곡을 줄일 수 있다.

Time-Warping 필터뱅크 변환 과정은 그림 10-55와 같다. 피치 윤곽을 추정하는 모듈로부터 변하는 피치값을 입력 받으면 이를 상수화 시킬 수 있는 샘플링률을 규정하고 이에 따라 재샘플링할 위치를 계산한다. 또한, MDCT의 TDAC 구조를 보장하기 위한 윈도 형태도 보정한다. 이와 같은 정보를 바탕으로 입력 신호를 재샘플링하고 변경된 윈도를 처리한다. 이때, 변환 블록 크기는 종래의 일반적인 MDCT와 동일한 2048 샘플이다.

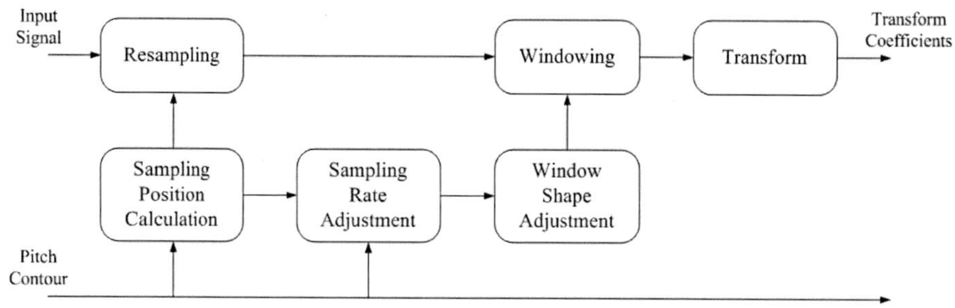

그림 10-55 Time-warping 필터뱅크 변환 과정도

USAC에서는 그림 10-56과 같이 기존 AAC에서 사용하던 윈도(LONG_WINDOW, LONG_START_WINDOW, 8*SHORT_ WINDOW, LONG_STOP_WINDOW) 외에 LPD 프레임과의 연결을 위한 윈도가 추가적으로 필요하게 되었다. 또한, Short 및 Long 프레임 간의 보다 유연한 스위칭을 위해 STOP_START_WINDOW도 추가로 디자인하였다.

Value	Window	#coeffs	Window Shape
0	ONLY_LONG_SEQUENCE = LONG_WINDOW	1024/960	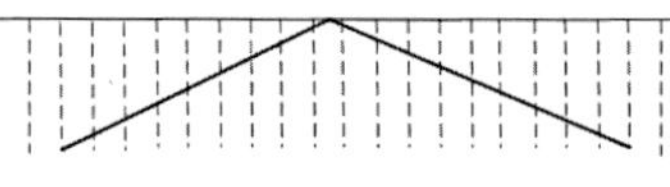
1	LONG_START_SEQUENCE = LONG_WINDOW	1024/960	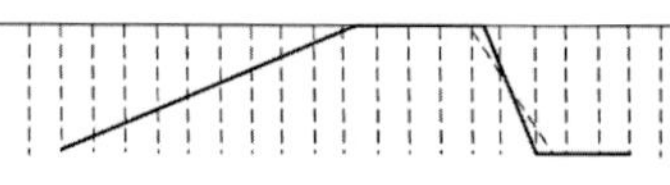
2	EIGHT_SHORT_SEQUENCE = 8*SHORT_WINDOW	8*(128/120)	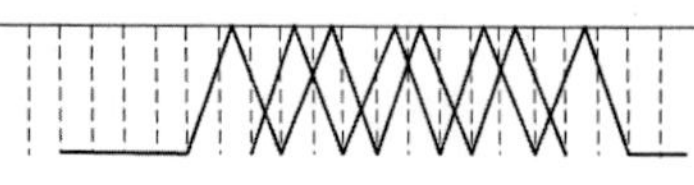
3	LONG_STOP_SEQUENCE = LONG_STOP_WINDOW	1024/960	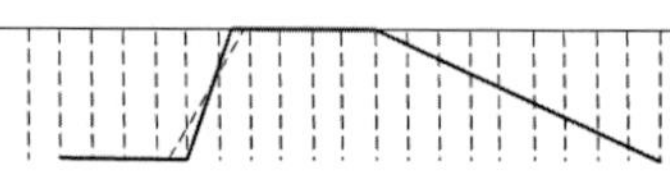
1	STOP_START_SEQUENCE = STOP_START_WINDOW	1024/960	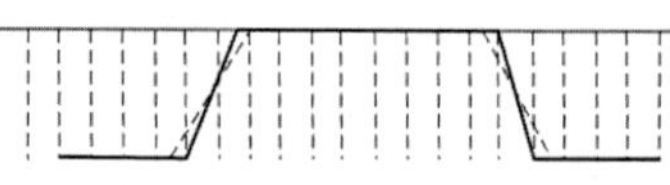
Note	Dashed lines indicate window shape when the adjacent window sequence is LPD_SEQUENCE		

그림 10-56 USAC에서 FD모드에서 사용하는 윈도

또한, USAC에서는 noise filling이라는 이름으로 PNS를 대체한 툴을 FD 모드에서 사용한다. 기존 PNS 툴은 PNS가 동작되면 특정 밴드 이상의 모든 MDCT 계수는 0으로 고정되고 해당 밴드들이 PNS로 대체되는 데 반해, noise filling에서는 어떤 밴드 이상을 noise filling 툴로 대체하되, 해당 주파수 구간 안에 정상적으로 부호화된 스펙트럼 값이 중첩될 수 있는 것이 다르다.

그외에 USAC에서 사용하는 심리 음향 모델(Psycho-acoustic model), TNS(Temporal Noise Shaping)툴, M/S 스테레오 툴 등의 동작은 기존 AAC와 동일하다.

(바) LPD 모두 도구

USAC LPD 모드는 음성 특성 신호를 부호화하기 위한 것으로 LPC를 기반으로 부호화를 수행한다. LPD 모드는 Closed-loop Segmental SNR을 이용하여 ACELP나 TCX 툴을 선택하여 부호화를 수행하는데, AMR-WB+와 같이 1024 샘플의 슈퍼 프레임(super frame)을 입력 받아서, 256 샘플의 프레임 단위로 동작한다. LPD 모드에서는 입력 슈퍼 프레임을 256 샘플 프레임 단위로 LPC 분석을 실시하여 LPC1, LPC2, LPC3, LPC4의 4개의 LPC 세트를 계산하고, ACELP나 TCX 등 슈퍼 프레임의 모드에 따라 전송할 LPC 세트를 결정한다. USAC에서는 AMR-WB+와는 다른 새로운 방식으로 LPC를 양자화하는데, 이는 LPC 세트 사이에 변화가 적을 때 양자화 성능을 향상시키기 위한 것이다.

LPC 세트를 계산한 후 AMR-WB+처럼 각 256 프레임 단위로 ACELP나, TCX256, TCX512 및 TCX1024 분석을 통해 슈퍼 프레임의 모드를 결정한다. USAC의 ACELP는 AMR-WB+와 유사하지만, TCX는 DFT 대신 MDCT를 사용하여 주파수 변환을 수행하고, FD 모드와 동일한 산술 부호화 방식으로 양자화를 수행한다. MDCT 기반의 TCX 툴은 프레임의 TCX 모드에 따라 3가지 형태의 윈도를 가질 수 있는데, 윈도는 그림 10-57과 같이 좌측 오버랩 L 샘플, 중간 M 샘플, 우측 오버랩 R 샘플과 좌/우측 zero 영역 ZL/ZR로 구성한다.

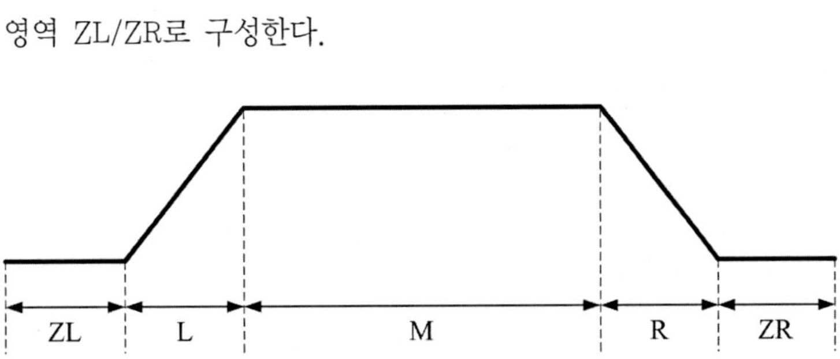

그림 10-57 LPD모드에서 사용하는 MDCT 기반의 TCX 윈도

(사) 무손실 부호화 도구

USAC에서 무손실 부호화 방식으로 사용하는 산술 부호화 툴은 양자화된 스펙트럼에서 추가적인 잉여성분(redundancy)을 제거하기 위한 것으로, dynamically adapted context를 이용한다. 이를 위해 그림 10-58과 같이 시간과 주파수를 모두 고려한, 인접한 2개의 스펙트럼 성분을 context 기반의 누적된 주파수 테이블을 이용하여 현재 상태를 결정한 후 산술 부호화를 수행한다. USAC에 새로 추가된 산술 부호화 툴은 위와 같은 특징에 의해 기존의 허프만 부호화 방식에 비해 우수한 비트 감소 효과를 제공한다. FD 모드와 LPD 모드의 TCX가 사용되는 경우에 무손실 부호화 툴을 이용한다.

(아) USAC 윈도 천이 도구

USAC는 FD와 LPD의 2개의 핵심 모듈을 이용하여 부호화를 수행하며, FD 모듈은 Long 윈도와 Short 윈도가 있고, LPD 모드는 ACELP와 TCX 툴이 있어서 4가지의 다른 코딩 방식에 따른 총 16가지의 윈도 천이가 발생한다. USAC 표준화 중간단계

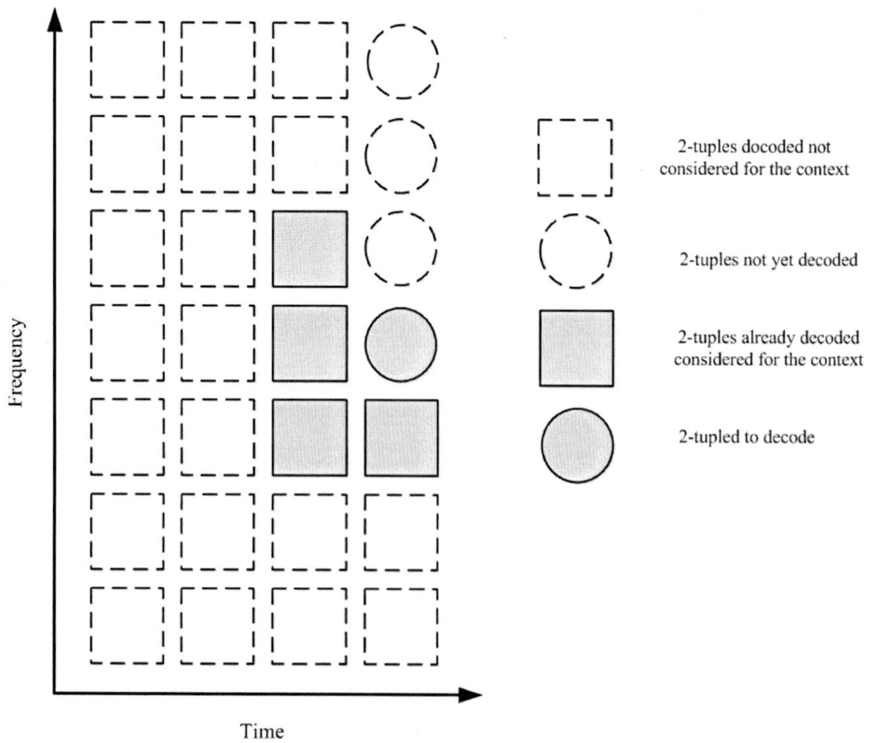

그림 10-58 State 계산을 위한 콘텍스트

까지는 이러한 16개의 윈도 천이를 처리하기 위해 특이한 형태의 윈도를 정의하여 처리하였으나 TCX/ACELP에서 Short 윈도 FD 모드로의 천이가 불가능하였고, TCX와 ACELP 사이의 천이 시 변환한 샘플을 버리는 등의 문제가 있었다[24]. 이를 해결하기 위해 FAC(forward aliasing cancellation)란 툴이 새로이 추가되었다. FAC 툴은 MDCT 기반의 핵심 모듈(FD 모드, TCX)과 ACELP 사이의 천이 시, FAC 윈도를 이용하여 TDAC를 제공하기 위한 것이다. FAC 툴을 이용함으로써 불가능하던 Short FD 윈도로의 천이가 가능해졌고(그림 10-59의 (l)), TCX와 ACELP 사이의 천이 시 샘플을 버리지 않고 TDAC 적용이 가능해졌다(그림 10-59의 (h)와 (n)). 또한 기존 FD와 TCX 모두 MDCT 기반의 변환 부호화 툴이지만, TCX 툴의 경우 LPC 필터 다음에 MDCT를 수행하였기 때문에 TDAC를 만족하지 못하던 문제점을 해결하기 위해 FDNS(frequency domain noise shaping)를 이용하여 TCX도 원 신호에 MDCT를 적용하여 FD와 TCX 변환 사이에 TDAC 조건을 만족하게 되었다(그림 10-59의 (b), (e), (g), (j)).

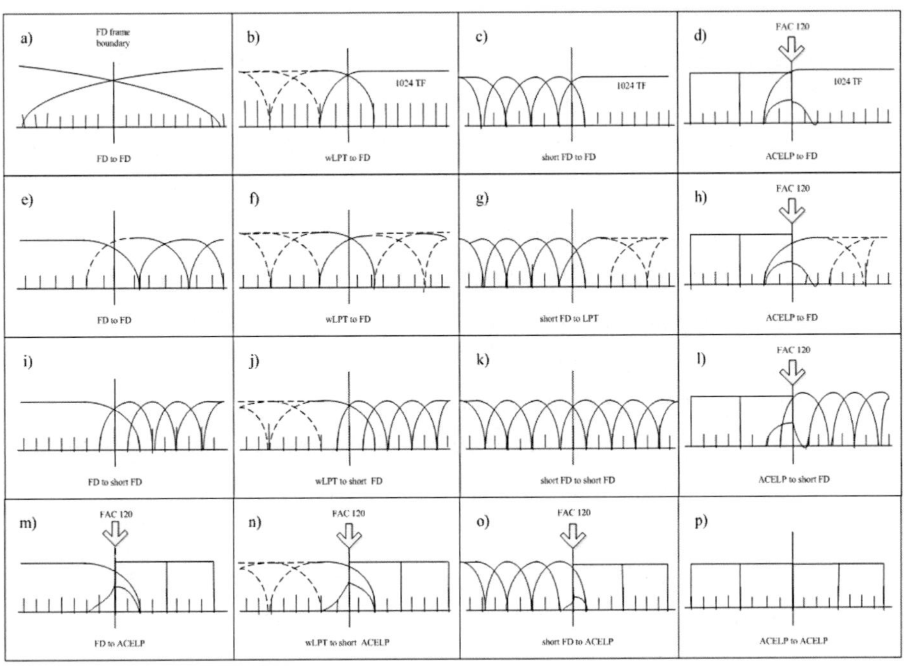

그림 10-59 USAC의 윈도 천이 도구 개념도

• 참고문헌

[1] E. Zwicker, *Psychoacoustics*, Springer-Verlag, New York, 1982.

[2] ATSC A/52 : 2010 : Digital Audio Compression(AC-3) (E-AC-3) Standard.

[3] J. P. Princen, A. W. Johnson and A. B. Bradley, "Subband/Transform Coding Using Filterbank Designs Based on Time Domain Aliasing Cancellation," *Proc. ICASSP*, pp. 2161-2164, 1987.

[4] N. S. Jayant and P. Noll, *Digital Coding of Waveforms : Principles and Applications to Speech and Video*, Englewood Cliffs, NJ : Prentice Hall, 1984.

[5] J. Blauert, *Spatial Hearing*, MIT Press, Cambridge, MA, 1983.

[6] Craig C. Todd et al. "AC-3 : Flexible Perceptual Coding for Audio Transmission and Storage", *Journal of Audio Engineering Society*, 1993.

[7] ISO/IEC 11172-3, MPEG-1 Coding of Moving Pictures and Associated Audio for Digital Storage Media at up to about 1.5 Mbit/s, Part 3 : Audio.

[8] ETSI EN 300 401 v1.4.1, Radio Broadcasting Systems; Digital Audio Broadcasting(DAB) to mobile, portable and fixed receivers.

[9] ISO/IEC 13818-3, MPEG-2 Generic Coding of Moving Pictures and Associated Audio Information, Part 3 : Audio.

[10] R. Warner, "Compatibility Matrixing of Multi-Channel Bit-Rate-Reduced Audio Signals", *The 96th AES Convention*, preprint 3792, 1994.

[11] J. D. Johnston, J. Herre, M. Davis and U. Gbur, "MPEG-2 NBC Audio-Stereo and Multichannel Coding Methods", *The 101st AES Convention*, preprint 4383, 1996.

[12] ITU-R Document TG10-2/3- E only, "Basic Audio Quality Requirements for Digital Audio Bit-Rate Reduction Systems for Broadcast Emission and Primary Distribution", Oct. 1991.

[13] ISO/IEC 13818-7, MPEG-2 Generic Coding of Moving Pictures and Associated Audio Information, Part 7 : Advanced Audio Coding.

[14] ISO/IEC 14496-3, Information Technology - Coding of Audio Visual Objects, Part 3 : Audio.

[15] G. A. Davision and M. Bosi, "AC-2 : High Quality Audio Coding for Broadcasting and Storage", *in Proc. 46th Ann. Broadcasting Eng. Conf.*, pp. 98-105, Las Vegas, NV, Apr. 1992.

[16] H. Fuchs, "Improved MPEG Audio Coding by Backward Adaptive Linear Stereo Prediction", *The 99th AES Convention*, preprint 4086.

[17] S. Meltzer and G. Moser, *MPEG-4 HE-AAC v2 – audio coding for today's digital media world*, white paper of CodingTechnologies, 2006.

[18] F. Baumgarte and C. Faller, "Binaural cue coding – part I : Psychoacoustic fundamentals and design principles", *IEEE Trans. Speech Audio Processing*, vol. 11, pp. 509–519, Nov. 2003.

[19] C. Faller and F. Baumgarte, "Binaural cue coding – part II : Schemes and applications", *IEEE Trans. Speech Audio Processing*, vol. 11, pp. 520–531, Nov. 2003.

[20] ISO/IEC 23003-1, Information Technology – MPEG audio technologies, Part 1 : MPEG Surround, 2007.

[21] ISO/IEC 23003-2, Information Technology – MPEG audio technologies, Part 2 : Spatial Audio Object Coding, 2010.

[22] 3GPP TS 26.290 V6.3.0, Extended Adaptive Multi-Rate – Wideband(AMR-WB+) codec; Transcoding functions, 2007.

[23] Max Neuendorf et al., *Unified Speech and Audio Coding Scheme for High Quality at Low bitrates*, ICASSP 2009.

[24] ISO/IEC SC29 WG11 N11040, WD5 on Unified Speech and Audio Coding, 90th MPEG Meeting, October, 2009.

[25] Marina Bosi and Richard E. Goldberg, *Introduction to Digital Audio Coding and Standards*, Kluwer Academic Publishers, 2003.

[26] 박규식역,『디지털 오디오 코딩과 표준 소개』, 홍릉과학출판사, 2008.

[27] 박영철 외,『최종연구보고서 : 지상파 DMB 서비스용 MPEG-4 BSAC Transcoder Software 구현』, 한국전자통신연구원, 2005.

[28] 강경옥, 이태진, 오현오,『MPEG-D USAC 표준화 동향 및 기술 추적보고서』, MPEG 포럼, 2010.

생각해 볼 문제

Q1 시간축의 오디오 신호를 주파수축으로 변환하여 부호화하는 이유는?

Q2 음성 부호화 기술과 오디오 부호화 기술의 근본적인 차이는?

Q3 지각 오디오 부호화 기술의 가장 큰 특징은 심리 음향 모델을 이용한 지각적 잉여성분을 제거하는 것에 있다. 이를 위하여 심리 음향 모델 중 지각 오디오 부호화 기술이 이용하는 가장 큰 지각 특성과 이를 오디오 신호 압축에 이용하는 과정은?

Q4 AC-3 부호화 기술의 주요한 특징인 가수/지수 분할 부호화와 혼성 비트할당 방법의 장단점은?

Q5 MPEG-1 오디오 부호화 기술에서 계층 III이 하위 계층들과 가지는 가장 주요한 특징과 그 역할은?

Q6 MPEG-2 BC 오디오 부호화 기술과 MPEG-1 오디오 부호화 기술의 차이점은?

Q7 MPEG-2/4 AAC가 이전의 MPEG 오디오 부호화 기술에 비해 혁신적인 압축 성능을 얻어내는 데 영향을 끼치는 특징은?

Q8 AAC에서 적용될 툴 가운데 TNS가 가지는 가장 큰 장점은?

Q9 HE-AAC v2 프로파일을 구성하는 블록들의 역할과 기능은?

Q10 사람이 공간상의 음원의 위치를 판단하는 데 주요한 영향을 끼친다고 알려진 파라미터들과 이를 MPEG Surround 멀티채널 부호화 기술에서 어떠한 파라미터로 변환하여 사용하는지?

Q11 MPEG Surround 부호화에서 이용하는 시간-주파수 변환인 Hybrid QMF가 어떠한 방법으로 사람의 임계대역(critical band)으로 변환하는가?

Q12 SAOC에서 가라오케와 같은 응용분야를 위해 도입된 EKS 모드의 동작 원리는?

Q13 음성/오디오 통합 부호화 기술인 USAC가 어떠한 방법으로 음성 신호와 오디오 신호에 모두 우수한 부호화 성능을 나타내는가?

Q14 USAC에서 입력 신호의 특성(음성, 오디오)에 의하여 결정된 부호화 모드간의 왜곡 없는 전환을 위하여 고안된 윈도들이 가져야 할 가장 중요한 조건은?

Q15 무손실 부호화 기법인 허프만 부호화와 산술 부호화의 특징과 산술 부호화가 허프만 부호화에 비해 압축성능이 우수한 이유는?

Part 3

방송 시스템 및 서비스

Chapter 11

MPEG-2 시스템

MPEG 시스템(Systems) 표준은 압축 부호화된 오디오 및 비디오 비트스트림의 다중화(multiplexing) 및 동기화(synchronization)를 규정하는 것으로 MPEG 표준의 한 파트이다. MPEG 시스템 표준에는 MPEG-1 시스템(ISO/IEC 11172-1)과 MPEG-2 시스템(ISO/IEC 18318-1)[1]이 있다. MPEG-1 시스템은 저장 응용을 위한 규격으로 하나의 프로그램을 구성하는 오디오, 비디오 등의 압축 비트스트림을 하나의 비트스트림으로 다중화한다. 반면, MPEG-2 시스템 표준은 하나의 프로그램 다중화뿐만 아니라 다수 프로그램의 다중화를 지원하며, DVD 등 저장매체뿐만 아니라 디지털 방송을 포함한 전송 등 다양한 응용 분야에 적용된다.

본 장에서는 MPEG-2 시스템 표준을 살펴본다. MPEG-2 시스템은 부호화된 하나 또는 그 이상의 오디오, 비디오 그리고 데이터 비트스트림들을 동기화된 복호 및 재생이 가능한 하나의 비트스트림으로 다중화한다. 즉, MPEG-2 시스템의 핵심 기능은 다중화와 동기화로 요약할 수 있다. 다중화는 저장 및 전송을 위하여 다수의 압축 비트스트림을 하나의 비트스트림으로 만들고, 또한 다중화된 비트스트림으로부터 각각의 압축 비트스트림을 분리할 수 있는 역다중화(DeMultiplexing) 기능을 포함한다. 동기화 기능은 부호기와 복호기 간의 타이밍 동기를 위한 시스템 타임클록(STC : System Time Clock) 동기와 이를 바탕으로 오디오 및 비디오 간의 미디어 간(inter-media) 동기와 오디오 및 비디오의 각 미디어 내(intra-media) 동기 기능을 지원한다.

앞 장에서 설명한 오디오 및 비디오 부호화를 통하여 생성된 비트스트림을 기초스트림(ES : Elementary Stream)이라고 하며, 그림 11-1과 같이 오디오 ES와 비디오 ES 및 데이터 비트스트림을 시스템 다중화기에 의해 하나의 비트스트림(PS 또는 TS)으로 다중화한다.

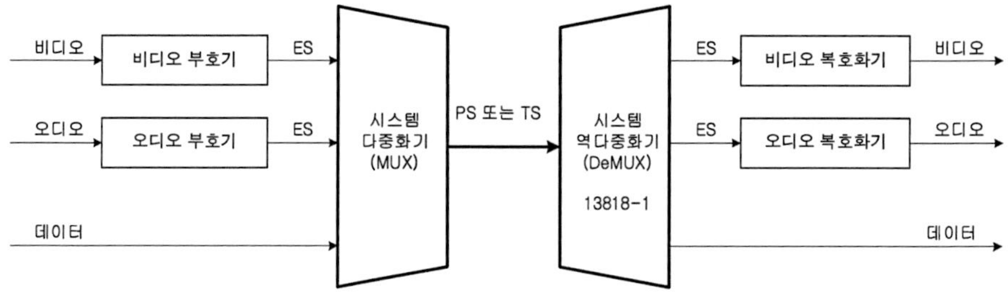

그림 11-1 MPEG-2 시스템 다중화

MPEG-2 시스템에서는 트랜스포트 스트림(TS : Transport Stream)과 프로그램 스트림(PS : Program Stream)의 두 종류의 패킷 기반의 다중화 방식을 규정하고 있다. PS는 단일 프로그램의 다중화를 위한 규격으로 전송오류 발생확률이 매우 낮은 디지털 저장매체(DSM : Digital Storage Media) 응용을 전제로 하며 MPEG-1 시스템과 유사하다. TS는 디지털 방송[2] 등 전송오류 발생확률이 높은 전송 환경을 위한 규격으로 전송오류에 대응하기 위하여 188 바이트로 고정된 짧은 길이의 패킷 단위로 단일 또는 복수 프로그램의 다중화를 지원한다.

본 장에서는 지상파 및 위성 디지털 방송, DVD 등의 다양한 응용 분야에 널리 상용되고 있는 MPEG-2 TS를 중심으로 MPEG-2 시스템 표준에 대해서 살펴보기로 한다.

11.1 MPEG-2 시스템 개요

MPEG-2 시스템의 다중화 과정은 그림 11-2와 같이 구성된다. 다수의 압축 비트스트림인 ES를 입력받아 단일 비트스트림인 TS 또는 PS로 다중화한다. TS 또는 PS 다중화를 위하여 먼저 각각의 ES를 기초패킷스트림(PES : Packetized Elementary Stream)으로 패킷화 한다. 즉, PES 패킷은 비디오, 오디오 및 데이터 등의 하나의 정보원을 포함한 패킷이다. TS 또는 PS 다중화에는 시스템 타임클록(STC) 동기화를 위한 시각 정보인 PCR(Program Clock Reference)과 SCR(System Clock Reference)이 TS와 PS의 헤더에 각각 포함된다.

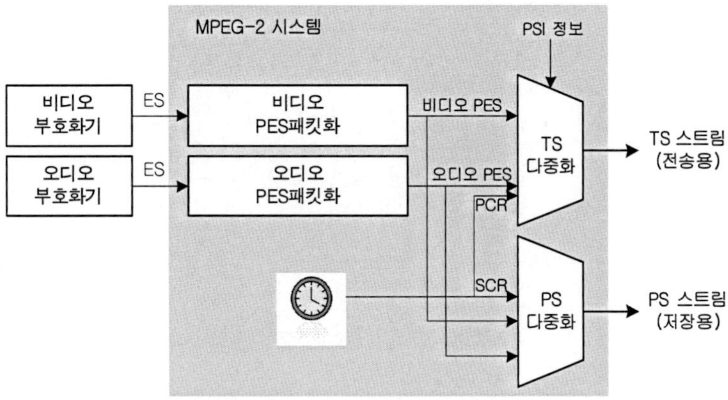

그림 11-2 MPEG-2 시스템 다중화

PES 패킷화는 일반적으로 하나의 재현단위(PU : Presentation Unit)를 압축 부호화한 비트스트림인 하나의 접근단위(AU : Access Unit)를 하나의 PES 패킷으로 패킷화 한다. 즉, 비디오 한 프레임 및 오디오 한 프레임을 압축한 AU 하나가 PES 패킷의 유료부하(payload)에 포함된다. 물론 여러 AU가 하나의 PES 패킷으로 패킷화되거나 하나의 AU가 여러 PES 패킷에 나누어 패킷화될 수 있다. 이와 같이 패킷화된 다수의 PES는 하나의 비트스트림인 TS나 PS로 다중화 된다.

TS는 4바이트의 헤더정보와 184바이트의 유료부하 데이터로 구성된 188바이트의 고정길이 패킷이다. 이와 같이 TS는 188바이트의 짧은 고정길이 패킷을 통해 전송오류에 보다 효과적으로 대응할 수 있는 장점을 갖는다. PS는 하나의 프로그램을 구성하는 오디오, 비디오 및 데이터를 각각 패킷화한 PES를 다중화하는데, 보통 다수의 PES 패킷을 그룹화한 유료부하 데이터와 이 프로그램에 관련된 타이밍 정보 등을 포함한 헤더로 하나의 팩(pack)을 구성한다. 반면에 TS는 오디오, 비디오 및 데이터를 패킷화한 각각의 PES 패킷을 작은 크기로 분할하여 TS 패킷의 유료부하로 포함한다. 즉, TS 패킷 단위로 오디오와 비디오, 데이터의 다중화가 이루어지고 TS 헤더에 포함되어 있는 패킷 식별자(PID : Packet Identifier)를 이용하여 TS 패킷이 어떤 데이터를 포함하고 있는지에 따른 TS 패킷의 종류를 구분한다. TS는 다수의 프로그램의 다중화도 제공하는데, 이는 하나의 프로그램을 다중화한 다수의 TS들을 다시 TS 패킷 단위로 다중화하여 최종 단일 TS를 생성하는데, 이 과정을 재다중화(Re-multiplexing)라고 한다.

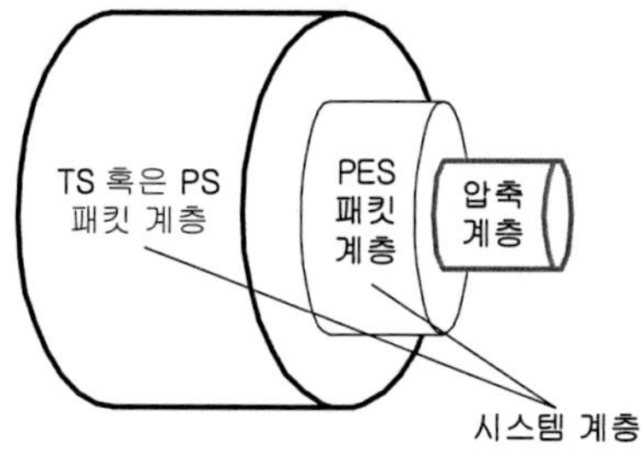

그림 11-3 MPEG-2 시스템 계층 구조

위와 같은 MPEG-2 시스템은 그림 11-3[3]과 같은 계층 구조를 갖는 것으로 볼 수 있다. 즉, MPEG으로 부호화된 오디오 및 비디오가 압축 계층에 해당하고, 시스템 계층은 다시 각 ES를 패킷화하는 PES 패킷 계층과 이를 다중화하는 PS 패킷 및 TS 패킷 계층으로 구성된다. PES 패킷 계층은 PS 또는 TS의 다중화 방식에 공통으로 적용되는 패킷 계층이고 응용분야에 따라서 PS 또는 TS의 다중화 방식이 결정된다.

다음 절부터는 위에서 설명한 시스템 계층을 구성하는 요소인 PES, TS, PS의 비트스트림 구조에 대해서 자세히 설명한다. 또한, 동기화된 재생을 가능하게 하는 MPEG-2 시스템 타이밍 모델에 대해서 기술한다.

11.2 PES 패킷화

PES 패킷화는 TS 또는 PS를 생성하기 위한 전 단계로 PES 패킷은 헤더와 오디오 또는 비디오 ES의 유료부하로 구성된다. PES는 다중화되는 각 ES를 패킷화한 것으로 PES 헤더에는 ES와 직접 관련된 정보들이 포함된다. 즉, 현재 PES 패킷의 유료부하에 포함되어 있는 ES의 종류, 동기 및 복호기 버퍼 제어를 위한 시간정보를 포함한다. 또한, 패킷의 중요도를 표시하는 우선순위 플래그(flag), 암호화와 관련된 암호화 제어 플래그, 빠른 재생 등의 비디오 재생과 관련된 트릭모드(trick mode) 재생 정보, 저작권, 오류검출 등 주로 ES와 직접 관련된 기능을 지원하기 위한 정보들을 포함하고 있다.

PES 패킷의 길이는 비디오의 경우를 제외하고는 64K 바이트 이하로 제한된다. PES 패킷은 보통 하나의 AU를 포함하지만 한 개의 AU가 여러 개의 PES 패킷으로

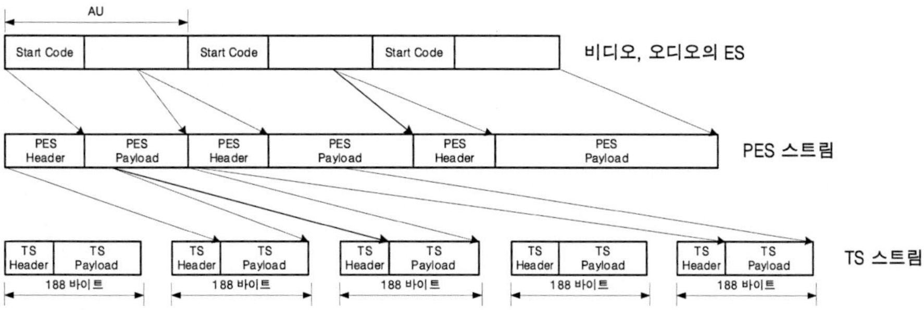

그림 11-4 TS 다중화 구성도

나누어져 포함될 수도 있다. 따라서 그림 11-4와 같이 PES 패킷 유료부하의 처음 시작부분이 AU의 처음 시작부분이 아닐 수 있다. 반면, PES 패킷이 PS나 TS의 유료부하에 들어가는 경우에는 PES 패킷의 처음 시작부분이 항상 PS의 팩이나 TS 패킷의 유료부하 첫 시작부터 포함되도록 한다.

PES 스트림(PES Stream)은 일련의 PES 패킷을 의미하는데, 하나의 PES 스트림은 한 종류의 PES 패킷만을 포함한다. PES 스트림은 PS 및 TS와 함께 MPEG-2 시스템에서 규정한 또 다른 형태의 다중화 출력 비트스트림이다.

PES 패킷의 종류는 그림 11-5와 같이 PES 패킷 헤더의 stream_id로 식별한다. 즉, stream_id는 PES 패킷의 유료부하에 포함된 정보의 종류를 나타낸 것으로 표 11-1과 같이 정의되어 있다. 예를 들면, 비디오 ES를 유료부하로 가지는 PES 패킷의 stream_id는 '1110 xxxx' 값을 가진다. 여기서 'x'는 '0' 또는 '1'의 값을 가지며 'xxxx'는 TS에 다중화되는 비디오 ES의 일련번호이다. 만약 2개의 비디오 ES가 다중화되면 각 비디오 ES를 포함한 PES 패킷의 stream_id를 stream_id=1110 0000과 stream_id=1110 00001로 할 수 있다.

PES 헤더에 포함되는 또 다른 중요한 정보로 프로그램을 구성하는 오디오 및 비디오 간의 동기화된 재생을 위한 타임스탬프가 있다. 즉, 그림 11-5와 같이 PES 패킷 헤더의 재현 타임스탬프(PTS : Presentation Time Stamp) 및 복호 타임스탬프(DTS : Decoding Time Stamp)를 이용하여 비디오와 오디오 간의 동기를 유지한다. PTS와 DTS는 전송매체와 무관하게 해당 PES 패킷의 유료부하에 포함된 오디오 및 비디오 AU의 복호시각과 해당 PU의 재생시각을 각각 지정한다. 이때 PTS와 DTS의 시각은 시스템 타임클록(STC)을 기준으로 한 시간을 나타낸다. 오디오와 비디오는 별도의 PES 패킷으로 패킷화되므로 오디오와 비디오 별도로 각 PU의

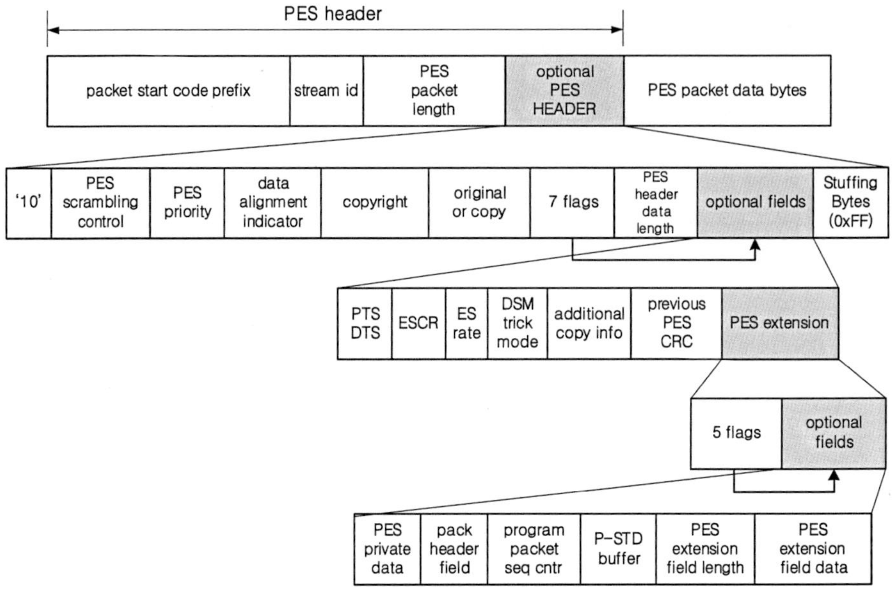

그림 11-5 PES 패킷 구조

재생시각을 명시함으로써 오디오와 비디오 간의 동기화된 재생을 가능하게 한다. 보다 상세한 내용은 6절의 타이밍 모델에서 다룬다.

PES 패킷 헤더는 그림 11-5와 같이 계층화된 구조를 가진다. 즉, 헤더 구조를 계층화하여 기본적으로 포함되는 정보를 위한 필드와 선택적으로 포함되는 정보를 위한 선택필드를 두어 불필요한 헤더의 오버헤드를 줄이면서 필요에 따라 다양한 정보를 헤더에 포함할 수 있도록 한다. 선택필드는 내부에 또 다른 선택필드를 포함할 수 있는 계층의 구조를 가지고, 각 선택필드의 존재 유무는 플래그를 이용하여 명시한다.

PES 헤더에 포함된 주요 정보는 다음과 같다.

- packet_start_code_prefix :
  - 0x000001, stream_id와 함께 packet start code를 구성한다.
- stream_id
  - ES의 종류와 일련번호를 나타낸다. 뒤에서 설명할 프로그램사양정보(PSI : Program Specific Information)에 정의된 값(PMT의 stream_type)과 일관성이 있어야 한다.

표 11-1 stream_id 값

stream_id	Stream coding
1011 1100	program_stream_map
1011 1101	private_stream_1
1011 1110	padding_stream
1011 1111	private_stream_2
110x xxxx	ISO/IEC 13818-3 or ISO/IEC 11172-3 or ISO/IEC 13818-7 or ISO/IEC 14496-3 audio stream number x xxxx
1110 xxxx	ITU-T Rec. H.262 | ISO/IEC 13818-2 or ISO/IEC 11172-2 or ISO/IEC 14496-2 or ITU-T Rec. H.264 | ISO/IEC 14496-10 video stream number xxxx
1111 0000	ECM_stream
1111 0001	EMM_stream
1111 0010	ITU-T Rec. H.222.0 | ISO/IEC 13818-1 Annex B 혹은 ISO/IEC 13818-6_DSMCC_stream
1111 0011	ISO/IEC_13522_stream
1111 0100	ITU-T Rec. H.222.1 type A
1111 0101	ITU-T Rec. H.222.1 type B
1111 0110	ITU-T Rec. H.222.1 type C
1111 0111	ITU-T Rec. H.222.1 type D
1111 1000	ITU-T Rec. H.222.1 type E
1111 1001	ancillary_stream
1111 1010	ISO/IEC14496-1_SL-packetized_stream
1111 1011	ISO/IEC14496-1_FlexMux_stream
1111 1100	metadata stream
1111 1101	extended_stream_id
1111 1110	Reserved data stream
1111 1111	program_stream_directory

- PES_packet_length
  - 이 필드의 마지막 바이트 바로 다음부터 PES 패킷 끝까지의 바이트 수. 0값은 PES 패킷의 유료부하가 비디오 ES이고, TS 패킷으로 전송되는 경우에만 허용되는데, 길이가 정해지지 않았거나 범위가 한정되어 있지 않다는 뜻이다.
- PES_scrambling_control
  - PES 패킷 유료부하의 스크램블링(scrambling) 모드를 표시한다.
- PES_priority
  - PES 패킷 유료부하의 우선순위를 나타내며 '1'은 '0'보다 높은 순위를 가지며, 전송단에서 변경되지 않는다.

- data_alignment_indicator
  - '1'이면 PES 패킷 헤더 바로 뒤에 ES의 AU의 시작, 즉 video_start_code나 audio_sync_word가 따라온다는 것을 의미한다.
- copyright
  - '1'이면 그 PES 패킷 유료부하가 저작권을 갖고 있음을 의미한다. '0'이면 저작권을 갖고 있는지 없는지 모른다.
- original_or_copy
  - '1'이면 PES 패킷 유료부하가 원본임을 나타내며, '0'은 사본임을 나타낸다.
- PTS_DTS_flags
  - '10'이면, PES 패킷 헤더에 PTS 정보가 존재한다. '11'이면 PTS 및 DTS 정보가 모두 존재한다. '00'이면, PTS와 DTS 정보가 모두 존재하지 않는다. '01'은 금지된 값이다.
- ESCR_flag :
  - '1'이면 ESCR(Elementary Stream Clock Reference) 정보가 PES 패킷 헤더에 존재하며, '0'이면 존재하지 않는다.
- ES_rate_flag
  - '1'이면 ES_rate가 PES 패킷 헤더에 존재하며, '0'이면 존재하지 않는다.
- DSM_trick_mode_flag
  - '1'이면 8비트 트릭모드가 존재하며, '0'이면 존재하지 않는다.
- additional_copy_info_flag
  - '1'이면 additional_copy_info가 존재하며, '0'이면 존재하지 않는다.
- PES_CRC_flag
  - '1'이면 CRC(Cyclic Redundancy Check) 정보가 존재하며, '0'이면 존재하지 않는다.
- PES_extension_flag
  - '1'이면 PES extension이 PES 패킷 헤더에 존재하며, '0'이면 존재하지 않는다.
- PES_header_data_length
  - 이 변수 바로 다음부터 PES_packet_data_byte 바로 전까지(스터핑(stuffing) 바이트가 있는 경우 이를 포함)의 바이트 수.

• PTS : PTS 값을 전송하며, 사이사이에 marker_bit를 삽입한다.

$$PTS(k) = ((system\_clock\_frequency \ tp_n(k)) \ DIV \ 300) \ \% \ 2^{33} \quad (11.1)$$

– 여기서, $tp_n(k)$는 n번째 ES에서 k번째 PU가 시스템 기준복호기(STD : System Target Decoder)에서 재생되는 시각을 의미하고, $PTS(k)$는 이 시각을 시스템 클록 주파수(27 MHz)의 해상도를 가지는 시각을 1/300 단위(즉, 90 kHz 해상도)로 표현한 33비트의 값이다. 연산자 DIV는 절삭 나눗셈이다.

• DTS : DTS 값을 전송하며, 사이사이에 marker_ bit를 삽입한다.

$$DTS(j) = ((system\_clock\_frequency \ td_n(j)) \ DIV \ 300) \ \% \ 2^{33} \quad (11.2)$$

– 여기서, $td_n(j)$는 n번째 ES에서 j번째 PU가 STD에서 복호되는 시각을 의미하고, $DTS(j)$는 이 시각을 시스템 클록 주파수(27 MHz)의 해상도를 가지는 시각의 1/300 단위로 표현한 33비트의 값이다. MPEG-2 시스템의 타이밍 모델에서는 비디오의 경우 복호순서와 재생순서의 재배치(reordering)가 필요한 B 픽처가 존재하지 않는 경우는 재생시각 $tp_n(k)$와 복호시각 $td_n(j)$는 동일한 것으로 가정한다. 즉, 복호화에 소요되는 시간은 0이라고 가정한다. 따라서, DTS는 PTS와 동일하므로 DTS의 추가적인 전송은 불필요하므로 B 픽처가 없는 경우에는 PTS만 전송한다.

• ESCR_base, ESCR_extension : ESCR_base와 ESCR_extension 값을 각각 전송한다.

$$ESCR(i) = ESCR\_base(i) \times 300 + ESCR\_ext(i)$$
$$ESCR\_base(i) = ((system\_clock\_frequency \ t(i)) \ DIV \ 300) \ \% \ 2^{33} \quad (11.3)$$
$$ESCR\_ext(i) = ((system\_clock\_frequency \ t(i)) \ DIV \ 1) \ \% \ 300$$

– TS나 PS의 헤더에 시스템 클록 정보를 포함하는 TS나 PS와 달리 다중화 포맷이 PES 스트림인 경우에는 ESCR 필드를 이용하여 시스템 클록 정보를 제공한다.

– $ESCR(i)$는 ESCR 필드의 마지막 i번째 바이트가 프로그램 기준복호기(P-STD : Program Stream-STD)에 입력되는 시각 $t(i)$을 표시한 값으로 식 (11.3)과 같이 33비트의 $ESCR_base$와 9비트 $ESCR_extension$으로 구성된다. $ESCR_base$는 시스템 클록 주파수 27 MHz를 300으로 나눈 90 kHz 시간 해상도로 시각 $t(i)$를 33비트로 표현한 것이고, $ESCR_ext$는 시각 $t(i)$를 90

kHz의 해상도의 *ESCR_base*로 표현한 나머지 27 MHz 해상도의 시각을 9비트로 표현한 것이다.

- ES_rate(Elementary Stream rate)
  - PES 스트림의 경우에, STD가 PES 패킷을 입력 받는 바이트율(50 바이트/초 단위)로서 새로운 ES_rate 값이 발생하기 전까지는 같은 스트림의 계속되는 PES 패킷들에 이 값은 유효하다. 이 값은 P-STD의 입력단에서 PES 스트림이 도착하는 시각을 정의하기 위해서 사용된다.
- trick_mode_control
  - 해당 비디오 스트림에 어떤 트릭모드가 적용되는가를 나타내는 데, 비디오가 아닌 다른 종류의 ES에서는 이 변수와 바로 다음의 5비트는 의미 없는 값이다.

11.3 PS 다중화

MPEG-2 PS는 MPEG-1 시스템과 같이 단일 프로그램을 구성하는 오디오, 비디오 등의 압축 비트스트림을 다중화하기 위한 규격으로 주로 저장매체, 컴퓨터 응용 등 전송오류가 거의 없는 환경에서 사용된다.

PS 스트림은 그림 11-6과 같이 일련의 팩(pack)으로 구성되는데, 팩은 팩 헤더와 다수의 PES 패킷을 포함하는 유료부하로 구성된다. 특히, 한 프로그램에 대한 첫 번째 팩은 전체 비트스트림 대한 개요정보를 포함한 시스템 헤더를 포함한다. 팩 헤더는 32비트의 시작부호(pack_start_code)를 시작으로 시스템 시각기준값(SCR : System Clock Reference)과 프로그램 다중화율(program_mux_rate)을 포함한다. SCR은 27 MHz의 시스템 클록의 시각을 90 kHz 해상도로 표현한 33비트의 SCR_base와 나머지 27 MHz 해상도에 해당하는 시각을 9비트의 SCR_extension 필드로 나타낸다. 프로그램 다중화율은 P-STD가 이 비트스트림을 수신하는 전송률을 50바이트/초 단위의 값으로 22비트로 나타낸다. 팩 헤더 다음에 오는 시스템 헤더는 시스템 헤더 시작부호(system_header_start_code, 32비트), 시스템의 헤더 길이를 나타내는 헤더 길이(header_length) 등을 포함한다. 팩의 유료부하는 2절에서 기술한 PES 패킷이 포함된다.

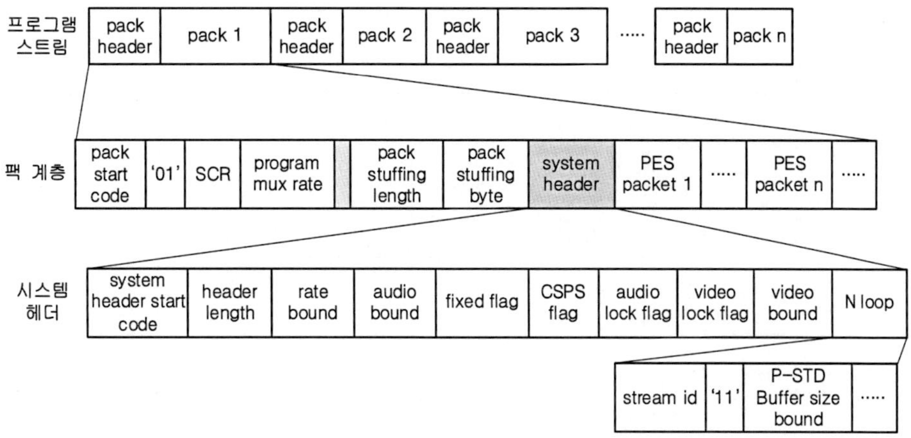

그림 11-6 PS 다중화 및 PS 패킷 구조

PES 패킷은 TS와 PS에 동일하게 사용되기 때문에 PES 스트림을 중심으로 TS와 PS 간의 상호변환을 가능하게 한다. 즉, 상호변환 시 PES 패킷을 ES로 완전히 풀어서 다시 PES 패킷화를 하는 것이 아니라 PES 패킷의 단위로 변환하면 된다. 따라서 PS를 TS로 변환하는 경우, PS 역다중화를 통해 PES 스트림을 얻고 이를 다시 TS로 다중화할 수 있다.

11.4 TS 다중화

1 TS 패킷 구조

TS는 188바이트의 고정길이를 갖는 일련의 TS 패킷으로 구성된다. 이러한 고정길이의 짧은 패킷은 PS와 달리 전송오류에 대한 효과적인 대응과 실시간 전송 시의 재다중화 및 수신기에서의 역다중화 처리 등을 용이하게 한다. 길이가 188바이트로 결정된 것은 TS 표준화 당시 전송방식으로 고려되던 ATM과의 호환성을 고려한 것이다. 즉, 하나의 TS 패킷이 4개의 ATM 셀(53바이트)에 나누어 전송될 수 있다. 53바이트의 ATM 셀 중 5바이트의 헤더와 1바이트의 오버헤드를 제외하면 47바이트의 유료부하 크기를 가지므로 188바이트의 TS 패킷은 4개의 ATM 셀에 포함된다 $(4\times47=188)$[3].

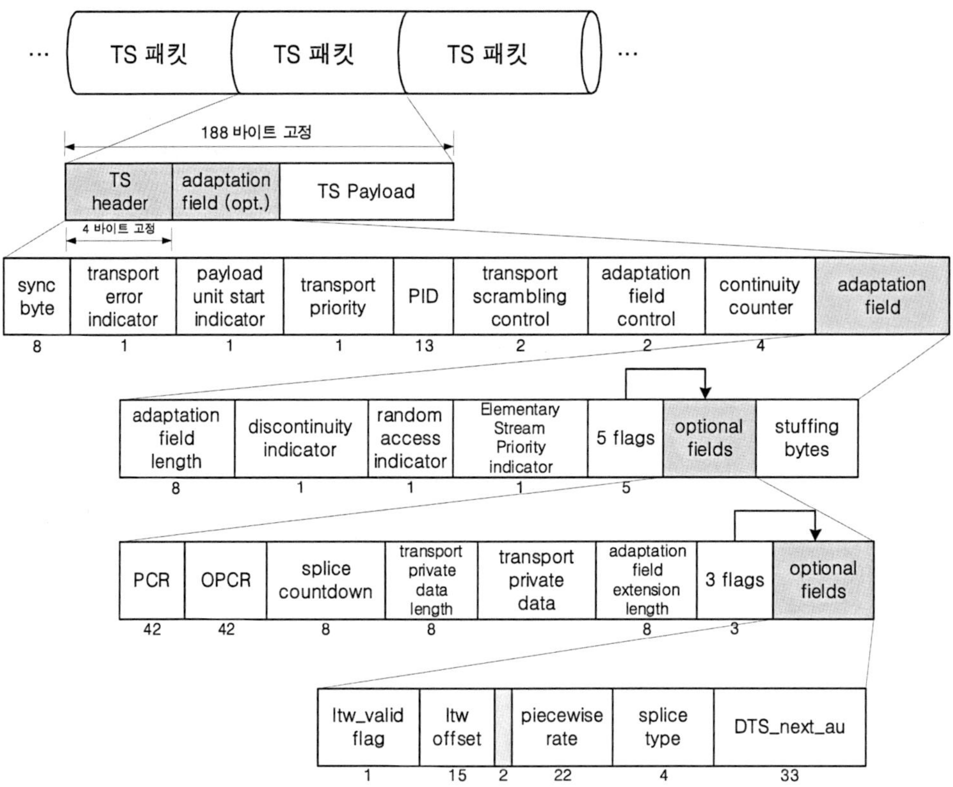

그림 11-7 TS 패킷 구조

그림 11-7과 같이 TS는 연속된 TS 패킷들로 구성되고, 188바이트의 TS 패킷은 4바이트 고정길이의 헤더와 184바이트의 적응필드(adaptation field) 및 유료부하로 구성된다. 헤더를 제외한 184바이트는 적응필드와 유료부하로 구성되는데, 적응필드는 선택적 헤더정보를 포함하는 것으로 0～184바이트로 구성될 수 있다. 즉, 적응필드가 184바이트인 TS 패킷은 유료부하를 포함하지 못한다. 또한, PES 패킷을 실어 보내는 TS 패킷에서 PES 패킷 데이터가 TS 패킷 유료부하 바이트를 완전히 채우지 못할 경우, 부족한 바이트 수만큼 스터핑이 필요하게 되는데, 이 스터핑 필드는 적응필드에 정의되어 있다.

2 TS 패킷 헤더

TS 헤더는 그림 11-7과 같이 sync_byte로부터 시작되고 패킷을 구분하기 위한 패킷 식별자(PID), 동일한 PID를 가지는 패킷의 연속성을 유지하기 위해 사용되는 continuity_counter가 있다. 이 외에도 패킷의 특성을 표시하는 표시자(indicator)

와 플래그들로 구성되어 있다. payload_unit_start_indicator는 TS 패킷의 유료부하가 PES 패킷의 첫 바이트부터 시작되는 경우를 표시하는데, 이 필드를 이용하면 TS에서 ES의 접근단위(AU)로 바로 접근할 수 있도록 하여 임의접근(random access), TS의 편집(splicing) 등을 효과적으로 할 수 있도록 한다. 즉, TS에서 TS, PES를 복호화하지 않더라도 이 필드가 '1'로 설정되어 있으면 그 TS 패킷부터 새로운 AU를 포함하는 것임을 바로 알 수 있다.

적응필드는 TS에서 지원하고 있는 프로그램 시각기준값(PCR : Program Clock Reference) 전송, TS 스위칭, TS 재다중화 등의 기능을 지원하기 위한 정보들을 포함하며 최대 184바이트까지 사용 가능하다. 하나의 TS 패킷에 포함되는 헤더와 적응필드 뒤에 위치하는 유료부하는 PES 패킷을 전달하는 용도로 사용되며 적응필드를 포함하지 않는 경우 최대 184바이트까지 사용 가능하다.

(가) TS 헤더정보

• sync_byte
  - "0100 0111"(0x47)
  - TS 패킷의 시작점을 검출하는 데 사용된다.

• transport_error_indicator
  - '1'의 값일 때 최소한 1개의 수정 불가능한 비트에러가 TS 패킷에 존재함을 의미한다. 따라서 이 비트는 transport layer의 어떤 것으로부터 수정된다.

• payload_unit_start_indicator
  1) 유료부하가 PES 패킷을 포함하는 경우
  - '1'의 값일 때, 해당 TS 패킷의 유료부하가 PES 패킷의 첫 바이트부터 시작됨을 의미한다.
  - '0'의 값일 때, 해당 TS 패킷의 유료부하에 새로이 시작되는 PES 패킷이 없음을 의미한다. 새로운 PES 패킷은 TS 패킷의 유료부하 시작부분부터 포함될 수 있고 중간부분에서 시작할 수 없다.
  2) 유료부하가 PSI(Program Specific Information)를 포함하는 경우
  - '1'의 값일 때, TS 패킷이 새로운 PSI 섹션(section)을 포함함을 의미하고 이 경우 유료부하의 첫 바이트가 PSI 정보의 pointer_field가 된다.
  - '0'의 값일 때, TS 패킷에 PSI 섹션의 시작이 없음을 의미(즉, TS 패킷 유료부하내에 pointer_field가 없음)한다.
  3) null 패킷에 대해서는 '0'의 값을 가진다.

• transport_priority

– '1'의 값일 때, 같은 PID를 갖는 패킷들 중에서 해당 TS 패킷이 '0'을 갖는 패킷들 보다 우선순위가 높음을 의미한다.

• PID

– TS 패킷의 유료부하의 정보의 종류를 나타내는 TS 식별자이다(표 11-2 참고).

표 11-2 PID 테이블

PID 값	설명
0x0000	Program Association Table
0x0001	Conditional Access Table
0x0002	Transport Stream Description Table
0x0003	IPMP Control Information Table
0x0004-0x000F	Reserved
0x0010 ... 0x1FFE	May be assigned as network_PID, Program_map_PID, elementary_PID, or for other purposes
0x1FFF	Null packet
NOTE - 0x0000, 0x0001, 그리고 0x0010-0x1FFE의 PID 값을 가지는 TS 패킷은 PCR을 전송할 수 있다.	

• transport_scrambling_control

– TS 패킷 유료부하의 스크램블(scramble) 유무와 스크램블 모드를 표시한다.

– TS 패킷 헤더와 적응필드는 스크램블 되지 않는다.

• adaptation_field_control

– TS 패킷 내의 헤더정보 다음에 적응필드, 그리고/또는 유료부하의 유무를 표시한다(표 11-3 참고).

– adaptation_field_control값이 '00'(사용유보)이면, ITU-T Rec. H.222.0|ISO/IEC 13818-1 복호기는 현재 TS 패킷을 버리고, null 패킷에서는 '01'로 코딩된다.

표 11-3 적응필드 값

값	설명
00	Reserved for future use by ISO/IEC
01	No adaptation_field, payload only
10	Adaptation_field_only, no payload
11	Adaptation_field followed by payload

• continuity_counter

- 같은 PID를 가지는 TS 패킷에서 이 값이 1씩 증가하고 최대값('1111')에서 '0000'으로 바뀌어 다시 카운팅한다. 동일한 PID를 가지는 패킷의 손실 여부 판단에 사용된다.
- TS 패킷의 adaptation_field_control이 '00'(사용유보)이거나 '10'(적응필드만 있음)이면 증가하지 않는다.
- 동일한 내용을 포함하는 TS 패킷이 연속하여 전송되는 복사된 TS 패킷(duplicated packet)의 continuity_counter는 원본 TS 패킷의 continuity_counter와 동일한 값을 가지며, adaptation_field_control은 '01'(유료부하만 있음)이거나 '11'(적응필드 뒤에 유료부하가 따라옴)이 되어야 한다. 복사된 패킷은 PCR 필드가 존재할 경우 PCR 값을 제외한 모든 데이터는 원본 패킷과 동일하다.
- Null 패킷의 경우 continuity_counter가 정의되지 않는다.

(나) 적응필드

적응필드의 구조는 그림 11-8과 같다.

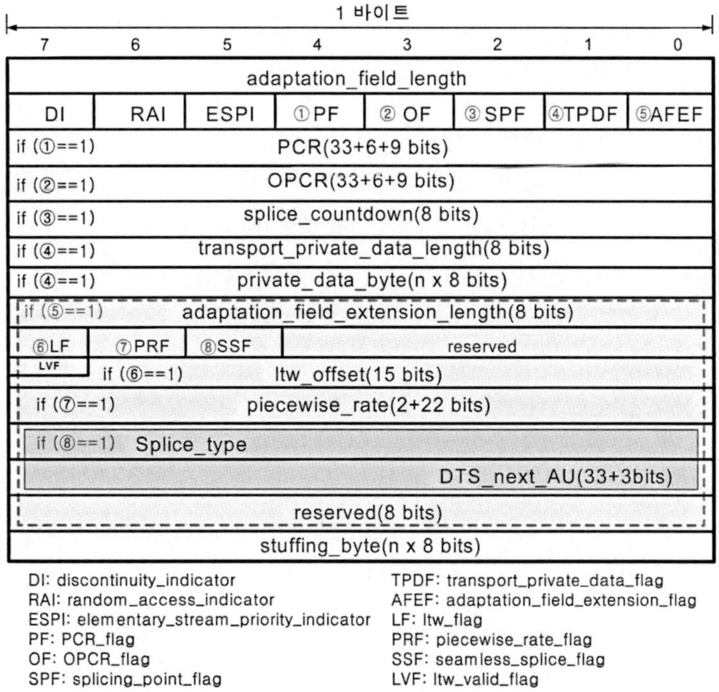

그림 11-8 적응필드의 구조

- adaptation_field_length
  - 이 필드 뒤에 따라오는 적응필드의 바이트 수를 나타낸다.
  - '0'의 값인 경우, TS 패킷에 한 바이트의 스터핑 바이트가 삽입된다. 즉, adaptation_field_length 자체가 스터핑 바이트로 사용되는 것이다.
  - adaptation_field_control 값이 '11'인 경우(즉, 적응필드 뒤에 유료부하가 따라옴), 0~182의 값을 가진다.
  - adaptation_field_control 값이 '10'인 경우(즉, 적응필드만 존재), 183의 값으로 고정된다.
- discontinuity_indicator
  - '1'의 값인 경우, 동일한 PID를 갖는 다음 TS 패킷에서 시스템 클록이 바뀜을 표시한다.
- random_access_indicator
  - 임의접근을 지원하는 정보를 포함한다.
  - '1'의 값인 경우, 현재 PID와 같은 현재 또는 그 다음 TS 패킷에서 처음 시작되는 PES 패킷에서 ES의 접근지점(예, 비디오의 경우 sequence header, 오디오의 경우 frame의 첫 번째 바이트)을 포함함을 표시(즉, 다음 TS 패킷부터 임의접근이 가능함을 의미)한다.
- elementary_stream_priority_indicator
  - '1'의 값인 경우, 현재의 TS 패킷 유료부하 부분의 데이터가 다른 TS 패킷의 유료부하보다 높은 우선순위를 가진다.
  - 예) 유료부하가 비디오 ES인 경우, 화면 내 부호화(intra)로 부호화된 데이터를 포함한 TS 패킷에 이 필드를 '1'로 설정하여 높은 우선순위를 지정할 수 있다.
- PCR_flag
  - '1'의 값인 경우, 적응필드가 PCR 필드를 포함하고 있음을 표시한다.
- splicing_point_flag
  - '1'의 값인 경우, splice_countdown 필드가 해당하는 적응필드에 존재하지만 '0'의 경우 존재하지 않는다.
- PCR 필드 : program_clock_reference_base, program_clock_reference_extension
  - PCR(i)는 PCR 필드의 마지막 i번째 바이트가 TS 시스템 기준복호기(T-STD)에 입력되는 시각 $t(i)$을 표시한 값으로 식 (11.4)와 같이 33비트의 기본구간

(PCR_base)과 9비트 확장구간(PCR_ext)으로 구성된다.

- PCR_base(program_clock_reference_base)는 시스템 클록 주파수 27 MHz를 300으로 나눈 90 kHz 시간 해상도로 시각 $t(i)$를 33비트로 표현한 것이고, PCR_ext(program_clock_reference_extension)는 시각 $t(i)$를 90 kHz의 해상도의 PCR_base로 표현한 나머지 27 MHz 해상도의 시각을 9비트로 표현한 것이다.
- 이와 같은 PCR_base와 PCR_ext로 구성된 PCR 필드의 부호화 방법은 그림 11-16과 같이 27 MHz 시스템 클록으로 동작하는 계수기(counter)와 90 kHz로 동작하는 계수기의 값으로 부호화할 수 있다.

$$\begin{aligned} &PCR(i) = PCR\_base(i) \times 300 + PCR\_ext(i) \\ &PCR\_base(i) = ((system\_clock\_frequency\ \ t(i))\ \ DIV\ 300)\ \%\ 2^{33} \\ &PCR\_ext(i) = ((system\_clock\_frequency\ \ t(i))\ \ DIV\ 1)\ \%\ 300 \end{aligned} \tag{11.4}$$

- OPCR 필드 : original_program_clock_reference_base, original_program_clock_reference_extension
  - OPCR은 PCR이 존재하는 경우에만 존재할 수 있는데, 재다중화한 TS에서 단일 프로그램을 다중화한 TS로의 재구성을 도와준다. 즉, 다수의 프로그램으로 재다중화할 때 재다중화된 TS에 맞는 새로운 PCR 값을 사용하게 되며 기존의 단일 프로그램을 다중화한 TS의 PCR 값을 OPCR로 복사하여 둔다. 추후, 단일 프로그램 TS로 재구성할 때 OPCR을 PCR 필드로 복사하면 단일 프로그램 TS의 PCR을 복원하게 된다.
- splice_countdown
  - 프로그램 전송중에 TS 비트스트림의 일부를 교체하거나 삽입(광고 삽입 등)하는 끊어잇기(splicing)를 할 수 있도록 하는 기능으로, 이러한 편집이 가능한 위치(splicing point)를 그 위치까지의 동일한 PID를 갖는 TS 패킷의 수로 표시한다. 예를 들면, 값이 0인 경우 동일한 PID를 갖는 바로 다음 TS 패킷부터 끊어잇기를 할 수 있음을 나타낸다.

11.5 PSI 및 다중화/역다중화

1 PSI 개요와 다중화

프로그램사양정보(PSI)는 복호기에서의 프로그램 역다중화를 위한 시그널링(signaling) 정보를 포함한다. 즉, TS에 포함된 다수의 프로그램으로부터 원하는 프로그램을 선택하여 복호 재생하기 위해서는 수신되는 TS로부터 원하는 프로그램을 구성하는 오디오, 비디오 및 데이터가 포함된 TS 패킷만을 선택해야 한다. 이를 위해서는 기본적으로 TS 패킷의 PID 정보와 프로그램과의 매핑 관계에 대한 정보가 필요하다. PSI는 이러한 역다중화를 위한 필수(normative) 데이터와 사적(private) 데이터를 포함하는데, 이들 데이터는 스크램블되지 않는다.

PSI는 표 11-4와 같이 6가지 종류의 테이블로 구성되고 각 테이블은 PID로 구분된다. 즉, PAT(Program Association Table), PMT(Program Map Table), CAT(Conditional Access Table), NIT(Network Information Table), TSDT(Transport Stream Descriptor Table), ICIT(IPMP Control Information Table)의 6가지 테이블이 정의되어 있다.

표 11-4 프로그램사양정보(PSI)

테이블	스트림 타입	PID 번호	설명
Program Association Table (PAT)	ITU-T Rec. H.222.0 | ISO/IEC 13818-1	0x00	프로그램 번호와 PMT의 PID를 매핑
Program Map Table (PMT)	ITU-T Rec. H.222.0 | ISO/IEC 13818-1	PAT에서 설정된 값	프로그램을 구성하고 있는 기초스트림(오디오, 비디오, 데이터 등)의 PID 제공
Network Information Table (NIT)	Private	PAT에서 설정된 값	FDM 주파수, transponder 번호 등과 같은 물리적 네트워크 변수 정보 포함
Conditional Access Table (CAT)	ITU-T Rec. H.222.0 | ISO/IEC 13818-1	0x01	조건부 수신을 위한 기능으로 EMM(Entitlement Management Message) TS 패킷의 PID 제공
Transport Stream Description Table (TSDT)	ITU-T Rec. H.222.0 | ISO/IEC 13818-1	0x02	프로그램 특성이나 각 ES의 특성 등을 설명하는 서술자(descriptor) 정보를 포함
IPMP Control Information Table	ITU-T Rec. H.222.0 | ISO/IEC 13818-1	0x03	IPMP(Intellectual Property Management and Protection) 툴 목록 포함

PSI는 TS 패킷의 유료부하에 포함되는데, 수신기에서의 초기화 등을 위해 일정한 시간간격 내에 반복적으로 전송되어야 한다. PSI의 각 테이블들은 표 11-4와 같이 각기 다른 PID를 가지고, 한 개의 TS 패킷의 유료부하에는 한 종류의 테이블만을 포함한다. 그러나 테이블의 길이가 길 때를 대비하여 각 테이블들을 한 개 이상의 섹션(section)으로 나누며, 각 섹션의 길이는 최대 1,024바이트이다. 단, 사용자가 정의하는 사적섹션(private section)의 최대 길이는 4,096바이트이다.

그림 11-9와 같이, TS의 유료부하에 새로 시작되는 PSI 섹션이 있을 때는 TS 패킷 헤더의 payload_unit_start_indicator='1'로 설정하고, 그때의 유료부하의 첫 번째 바이트가 8비트의 pointer_field를 나타낸다. pointer_field는 TS 패킷의 유료부하 내에 섹션의 경계가 위치할 경우 이 위치를 알려주는 기능을 한다. 즉, pointer_field 바로 다음 바이트부터 PSI 섹션이 시작되기 바로 전까지의 간격을 바이트로 나타낸 것이다. 예를 들면, pointer_field =0x00은 pointer_field 바로 뒤에 새로운 섹션이 위치한다는 것을 알려준다. 즉, 주어진 TS 패킷에서 최소한 1개의 섹션이 시작한다면 payload_unit_start_indicator는 '1'로 설정하고 pointer_field로 그 시작 위치를 알려준다. 주어진 TS 패킷에서 섹션의 시작이 없다면 그림 11-9의 3번째 TS 패킷과 같이 payload_unit_start_indicator는 '0'으로 설정되고, pointer_field도 전송되지 않는다.

또한, PSI 섹션들을 전송하는 TS 패킷에 적응필드가 포함될 수 있다. PSI나 private_section을 나르는 TS 패킷의 유료부하에서 섹션의 끝부분 이후에 스터핑

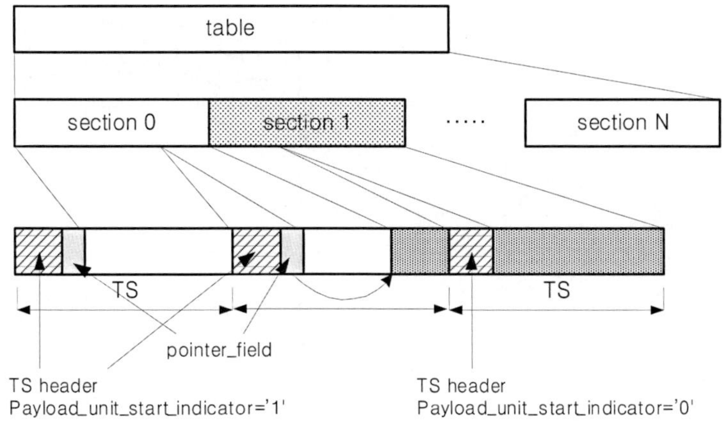

그림 11-9 PSI 테이블의 TS 패킷화

바이트 0xFF가 발생할 수 있다. 이 경우, 현재 TS 패킷의 나머지 바이트들은 모두 0xFF이어야 하며, 다음에 나타나는 같은 PID를 갖는 TS 패킷의 pointer_field는 0x00이 어야 한다. 즉, 현재 TS 패킷에 섹션을 포함하고 남은 유료부하는 스터핑 바이트로 채우고, 동일한 테이블을 전송하는 다음 TS 패킷에서 그 테이블의 새로운 섹션이 pointer_field 바로 다음에 위치하게 된다.

그림 11-10은 3개의 프로그램의 TS 다중화 예를 보여준다. TS 다중화는 PES 패킷화, 단일 프로그램 TS 다중화 및 다중 프로그램 TS의 재다중화로 구성된다. 각 단일 프로그램을 다중화한 TS에 포함되는 PSI에는 PAT(PAT의 PID는 항상 0)에서 그 프로그램 PMT의 PID를 할당하고, 그 PMT에서는 해당 프로그램을 구성하는 모든 ES들의 PID 값을 할당한다. 그림 11-10의 예에서는 비디오 1개와 오디오 2개로 전체 3개의 ES로 1번 프로그램이 구성되고, 이 프로그램에 대한 PMT의 PID는 100으로 할당되어 있다. PID=100인 PMT에는 이 프로그램을 구성하는 비디오, 오디오1과 오디오2의 PID가 각각 101, 102와 103으로 할당되어 있다. 또한, PMT에는 표 11-5와 같이 stream_type으로 각 ES의 타입을 명시하고 있어, 해당 ES의 부호화 방식(예, MPEG-1 오디오, MPEG-2 비디오 등)을 알려준다. 마찬가지로, 나머지 2, 3번 프로그램에도 각각 단일 프로그램 TS 다중화 단계를 거치게 된다.

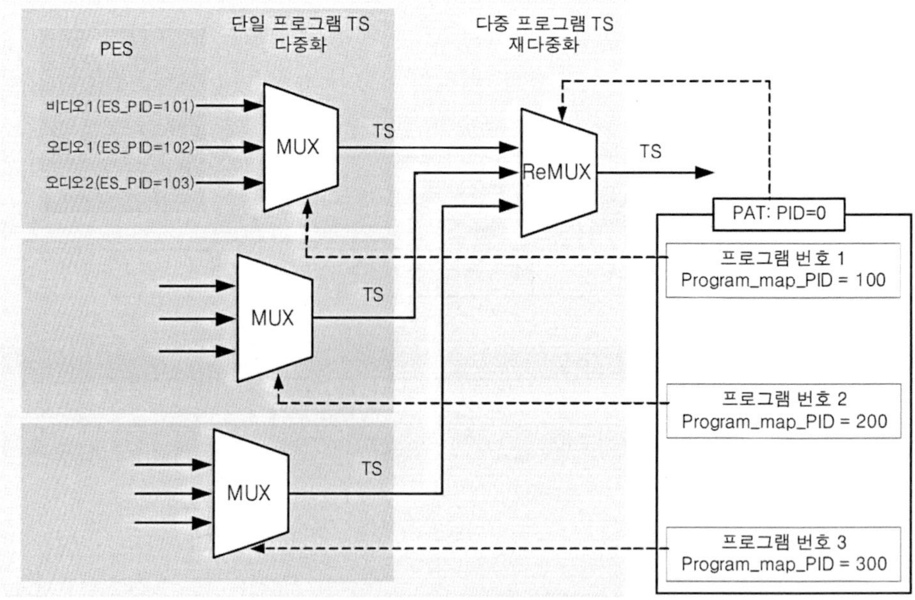

그림 11-10 3개의 프로그램으로 구성된 TS의 다중화 과정 및 PSI 정보

이와 같이 TS로 다중화된 3개의 단일 프로그램 TS는 다시 하나의 TS로 다중화되는데, 이를 재다중화라고 한다. 재다중화에서는 각 단일 프로그램 TS에 있던 PAT가 하나의 PAT로 재구성된다. 즉, 재다중화된 TS의 PAT에는 3개의 프로그램 번호와 각 프로그램의 PMT의 PID가 다시 할당된다. 그림 11-10의 예와 같이 각 단일 프로그램 TS의 PMT에 할당된 PID가 그대로 사용된 경우이다. 이와 같은 과정을 거치면, 최종 TS는 3개의 프로그램(3개의 프로그램에 대한 PMT의 PID=100, 200, 300)으로 구성되고, 최종 소비자에게 전송될 수도 있고 또 다른 재다중화기에서 다른 TS에 재다중화될 수도 있다.

2 역다중화

그림 11-11은 PSI를 이용한 TS의 역다중화 과정의 예로, 앞의 예에서 설명한 3개의 프로그램이 다중화된 TS의 역다중화이다. TS의 역다중화를 위해서는 수신된 TS에 포함된 PSI로부터 역다중화를 위한 정보를 추출해야 한다. 우선, PID=0인 TS 패킷에 포함된 PAT로부터 TS에 다중화되어 있는 프로그램의 PMT에 대한 PID를 확인한다. 복수의 프로그램을 전송하는 TS에는 다수의 program_number가 존재한다. 이때, 사용자는 다수의 program_number 중에서 특정한 번호를 선택하게 된다. program_number와 함께 서술자를 통하여 프로그램 정보를 함께 제공하거나, 실제 방송환경에서는 전자프로그램가이드(EPG : Electronic Program Guide) 등의 수단으로 실제 방송되고 있는 프로그램에 대한 정보를 알려주어 사용자가 원하는 프로그램을 선택할 수 있도록 한다. 사용자가 프로그램 번호를 선택하게 되면, 수신기는 지정된 program_number에 해당하는 PMT의 PID를 획득한다.

그림 11-11에서는 사용자가 1번 프로그램을 수신하고자 했으므로 PAT에서 1번 프로그램의 PMT의 PID가 100임을 확인하고, PID=100인 TS 패킷을 찾아 PMT를 해석하여 1번 프로그램이 어떤 ES들로 구성되어 있는지를 확인하고, 각 ES의 PID를 찾는다. 이와 같은 PSI 해석 과정이 완료되면 프로그램 1번은 오디오 2개와 비디오 1개로 구성되고 각각의 PID는 101, 102, 103임을 알고 PID가 이들 값을 갖는 TS 패킷들만 역다중화하여 오디오 및 비디오 복호화 과정을 거치게 된다(그림에서와 같이 실제로 3개의 역다중화기(DeMUX)가 필요한 것은 아니고 하나의 역다중화기에서 수행되는 역다중화 과정을 보여준 것이다).

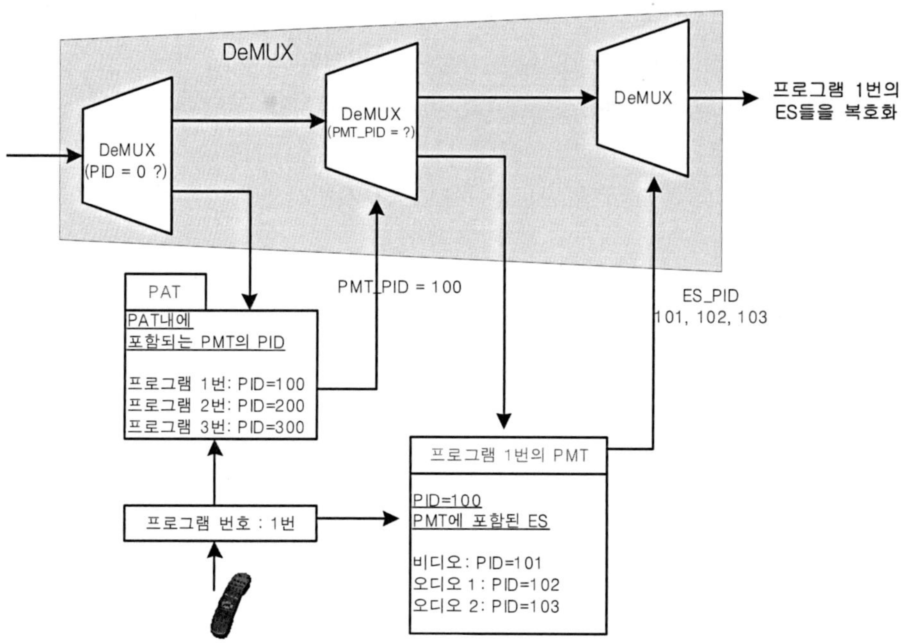

그림 11-11 TS 역다중화 과정 및 PSI

3 PSI 규격

(가) Program Association Table (PAT)

PAT는 TS 내의 모든 프로그램 목록 정보를 가지고 있으며 각 프로그램에 해당하는 PMT의 PID를 알려준다. 즉, TS에 포함된 각 프로그램의 program_number와 PID를 매핑해 준다. PAT는 하나 또는 다수의 섹션에 포함된다. 새로운 버전의 PAT가 유효하기 위해서는 모든 섹션들(last_section_number에 그 개수가 표시되어 있음)이 새로운 version_number를 가지고 current_next_indicator가 '1'로 설정되어야 한다.

- table_id
  - 0x00으로 설정된다.
- section_syntax_indicator
  - '1'로 설정된다.

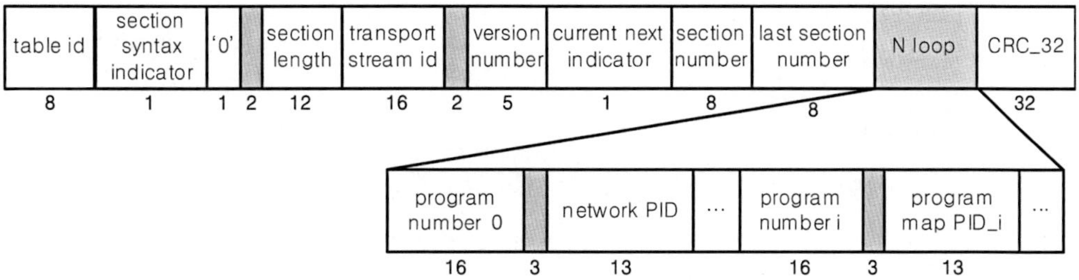

그림 11-12 PAT 구조

- section_length
  - 상위 2비트는 '00'이어야 한다.
  - 해당 필드 바로 뒤에서 시작하여 CRC_32를 포함한 바이트 수를 10비트로 표현한다.
  - 섹션의 전체 길이가 1024바이트이므로 1021(0x3FD)을 넘어서는 안 된다.
- transport_stream_id
  - 네트워크 내에서 다른 다중화 데이터로부터 이 TS를 식별하기 위한 라벨 역할을 하며, 사용자에 의해서 정의된다.
- version_number
  - PAT의 버전을 나타내며, PAT의 정의가 한 번 바뀔 때마다 1씩 증가하며 31까지 증가하며 다시 0부터 시작한다.
  - current_next_indicator='1'의 값으로 설정될 때, version_number는 현재 적용 가능한 PAT를 의미한다.
  - current_next_indicator='0'의 값으로 설정될 때, version_number는 이후에 적용 가능한 PAT를 의미한다.
- current_next_indicator
  - '1'의 값일 때, 전송된 PAT가 현재 적용 가능함을 의미한다.
  - '0'의 값일 때, 전송된 PAT가 아직 적용 가능하지 않고 유효하기 위해서는 다음 테이블이 있어야 한다.
- section_number
  - 이 섹션의 번호를 가리킨다.
  - 첫 번째 섹션 번호는 '0'이며, 섹션이 하나씩 증가할 때마다 1씩 증가한다.

- last_section_number
  - 마지막 섹션의 section_number를 표시한다.
- program_number
  - program_map_PID가 적용 가능할 경우에 프로그램 번호를 가리킨다.
  - 0x0000값은 network PID를 위해 할당된다.
  - 방송채널 번호로 사용 가능하다.
- network_PID
  - program_number가 0x0000으로 설정된 경우에만 결합되어 사용된다.
  - 사용자에 의해 정의되며 반드시 사용될 필요는 없다.
- program_map_PID
  - program_number에서 정의한 프로그램에 적용 가능한 program_map_section을 포함하는 TS 패킷의 PID를 가리킨다.
  - 프로그램 번호 당 하나의 program_map_PID만을 사용해야 하며, 사용자에 의해 정해질 수 있다.
- CRC_32
  - CRC에서 32개의 레지스터 값이 모두 0이 되게 하는 값

(나) Program Map Table (PMT)

PMT는 하나의 프로그램에 대한 정보를 가지고 있으며 PMT의 PID 값은 PAT가 알려준다. 즉, PMT는 프로그램 번호와 프로그램을 구성하는 구성요소들 사이의 관계를 맺어준다. 따라서 이러한 하나의 예를 프로그램 정의라고 한다. 일반적으로 하나의 프로그램은 오디오 및 비디오로 구성되고 이러한 하나의 프로그램마다 하나의 PMT PID가 할당된다.

- table_id
  - 0x02의 값을 가진다.
- section_syntax_indicator
  - '1'로 설정된다.

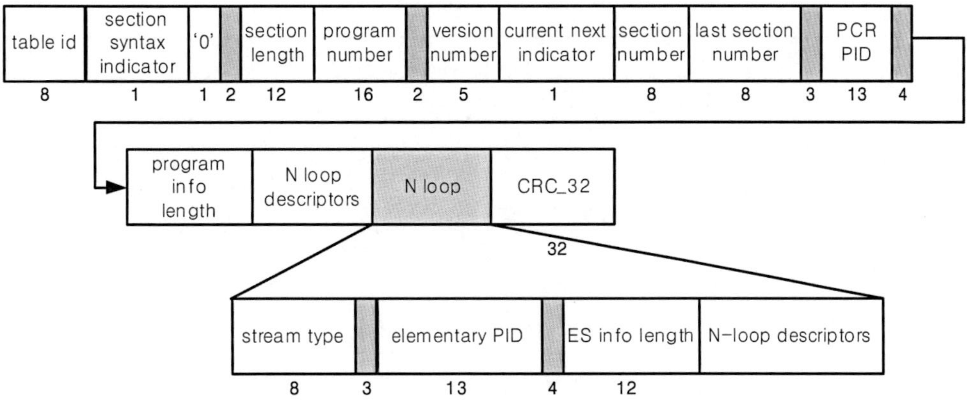

그림 11-13 PMT 구조

- section_length
  - 상위 2비트는 '00'이어야 한다.
  - 해당 필드 바로 뒤에서 시작하여 CRC_32를 포함한 바이트 수를 10비트로 표현한다.
  - 섹션의 전체 길이가 1024바이트이므로 1021(0x3FD)을 넘어서는 안 된다.
- program_number
  - program_map_PID가 적용 가능한 프로그램을 지정한다.
- version_number
  - PMT의 버전을 나타내며, 한 번 바뀔 때마다 1씩 증가하며 31까지 증가하며 다시 0부터 시작한다.
- current_next_indicator
  - '1'의 값일 때, 전송된 PMT가 현재 적용 가능함을 의미한다.
  - '0'의 값일 때, 전송된 PMT가 아직 적용 가능하지 않고 유효하기 위해서는 다음 테이블이 있어야 한다.
- section_number
  - 0x00의 값을 가진다.
- PCR_PID
  - program_number에 의해 지정된 유효한 PCR 필드를 포함하는 TS 패킷의 PID를 나타내는 값

표 11-5 Stream type 할당

값	설명
0x00	ITU-T | ISO/IEC Reserved
0x01	ISO/IEC 11172-2 Video
0x02	ITU-T Rec. H.262 | ISO/IEC 13818-2 Video or ISO/IEC 11172-2 constrained parameter video stream
0x03	ISO/IEC 11172-3 Audio
0x04	ISO/IEC 13818-3 Audio
0x05	ITU-T Rec. H.222.0 | ISO/IEC 13818-1 private_sections
0x06	ITU-T Rec. H.222.0 | ISO/IEC 13818-1 PES packets containing private data
0x07	ISO/IEC 13522 MHEG
0x08	Annex A - DSM CC
0x09	ITU-T Rec. H.222.1
0x0A	ISO/IEC 13818-6 type A
0x0B	ISO/IEC 13818-6 type B
0x0C	ISO/IEC 13818-6 type C
0x0D	ISO/IEC 13818-6 type D
0x0E	ITU-T Rec. H.222.0 | ISO/IEC 13818-1 auxiliary
0x0F	ISO/IEC 13818-7 Audio with ADTS transport syntax
0x10	ISO/IEC 14496-2 Visual
0x11	ISO/IEC 14496-3 Audio with the LATM transport syntax as defined in ISO/IEC 14496-3
0x12	ISO/IEC 14496-1 SL-packetized stream or FlexMux stream carried in PES packets
0x13	ISO/IEC 14496-1 SL-packetized stream or FlexMux stream carried in ISO/IEC 14496_sections
0x14	ISO/IEC 13818-6 Synchronized Download Protocol
0x15	Metadata carried in PES packets
0x16	Metadata carried in metadata_sections
0x17	Metadata carried in ISO/IEC 13818-6 Data Carousel
0x18	Metadata carried in ISO/IEC 13818-6 Object Carousel
0x19	Metadata carried in ISO/IEC 13818-6 Synchronized Download Protocol
0x1A	IPMP stream (defined in ISO/IEC 13818-11, MPEG-2 IPMP)
0x1B	AVC video stream as defined in ITU-T Rec. H.264 | ISO/IEC 14496-10 Video
0x1C - 0x7E	ITU-T Rec. H.222.0 | ISO/IEC 13818-1 Reserved
0x7F	IPMP stream
0x80 - 0xFF	User Private

• program_info_length
  - 서술자(descriptors)의 바이트 길이를 나타낸다.
• stream_type
  - elementary_PID에서 설정된 PID 값을 갖는 패킷의 유료부하에 포함된 프로그램 구성요소의 타입을 나타내다(표 11-5 참고).
• elementary_PID
  - 관련된 프로그램 구성요소를 포함한 TS 패킷의 PID 값
• ES_info_length
  - 프로그램 구성요소와 관련된 서술자의 바이트 수를 나타내다.

4 프로그램 및 프로그램 구성요소 서술자

서술자(descriptor)는 프로그램이나 프로그램 구성요소(오디오, 비디오 및 데이터 등)에 대한 속성을 기술하기 위하여 사용되는 구조로 PSI에 포함된다. 즉, 프로그램에 대한 서술자는 PAT에, 프로그램 구성요소에 대한 서술자는 PMT에 포함된다. 표 11-6은 MPEG-2 시스템 표준에 정의되어 있는 서술자이며, 추후 새로운 오디오 및 비디오 부호화 표준에 대한 서술자 등이 필요에 따라서 추가 정의될 수 있다. 서술자는 표 11-7의 예와 같이 8비트 태그(descriptor_tag)와 길이(descriptor_length)를 공통적으로 포함하며, descriptor_length는 이 필드 바로 뒤에서부터 서술자의 끝까지 사용되는 바이트 수를 나타낸다. 서술자는 TS와 PS에 모두 적용될 수 있으며, 표 11-6에서 'X' 표시는 해당 TS 혹은 PS에서 사용됨을 의미한다.

표 11-6 프로그램과 프로그램 구성요소 서술자

descriptor_tag	TS	PS	식별
0	n/a	n/a	Reserved
1	n/a	n/a	Reserved
2	X	X	video_stream_descriptor
3	X	X	audio_stream_descriptor
4	X	X	hierarchy_descriptor
5	X	X	registration_descriptor
6	X	X	data_stream_alignment_descriptor
7	X	X	target_background_grid_descriptor
8	X	X	video_window_descriptor
9	X	X	CA_descriptor
10	X	X	ISO_639_language_descriptor
11	X	X	system_clock_descriptor
12	X	X	multiplex_buffer_utilization_descriptor
13	X	X	copyright_descriptor
14	X		maximum_ bitrate_descriptor
15	X	X	private_data_indicator_descriptor
16	X	X	smoothing_buffer_descriptor
17	X		STD_descriptor
18	X	X	IBP_descriptor
19-26	X		Defined in ISO/IEC 13818-6
27	X	X	MPEG-4_video_descriptor
28	X	X	MPEG-4_audio_descriptor
29	X	X	IOD_descriptor
30	X		SL_descriptor
31	X	X	FMC_descriptor
32	X	X	external_ES_ID_descriptor
33	X	X	MuxCode_descriptor
34	X	X	FmxBufferSize_descriptor
35	X		multiplexbuffer_descriptor
36	X	X	content_labeling_descriptor
37	X	X	metadata_pointer_descriptor
38	X	X	metadata_descriptor
39	X	X	metadata_STD_descriptor
40	X	X	AVC video descriptor
41	X	X	IPMP_descriptor (defined in ISO/IEC 13818-11, MPEG-2 IPMP)
42	X	X	AVC timing and HRD descriptor
43	X	X	MPEG-2_AAC_audio_descriptor
44	X	X	FlexMuxTiming_descriptor
45-63	n/a	n/a	ITU-T Rec. H.222.0 | ISO/IEC 13818-1 Reserved
64-255	n/a	n/a	User Private

(가) 비디오 스트림 서술자

비디오 스트림 서술자(Video Stream Descriptor)는 표 11-7에서와 같이 MPEG-1 혹은 MPEG-2 비디오 ES의 부호화 파라미터에 대한 정보를 제공한다.

표 11-7 비디오 스트림 서술자

구문	비트수	간략기호
video_stream_descriptor(){		
descriptor_tag	8	uimsbf
descriptor_length	8	uimsbf
multiple_frame_rate_flag	1	bslbf
frame_rate_code	4	uimsbf
MPEG_1_only_flag	1	bslbf
constrained_parameter_flag	1	bslbf
still_picture_flag	1	bslbf
if (MPEG_1_only_flag == '0'){		
profile_and_level_indication	8	uimsbf
chroma_format	2	uimsbf
frame_rate_extension_flag	1	bslbf
Reserved	5	bslbf
}		
}		

- multiple_frame_rate_flag
  - '1'이면 다수의 프레임율(frame rate)이 비디오 스트림에 존재한다.
  - '0'이면 하나의 프레임율만이 존재한다.
- frame_rate_code
  - MPEG-2 비디오에서 정의된 4비트 값
  - multiple_frame_rate_flag가 '1'로 설정되어 표 11-8과 같이 특정 프레임율이 다른 어떤 프레임율을 허용하는 경우는 제외한다.
- MPEG_1_only_flag
  - '1'이면 MPEG-1 비디오 스트림만을 포함한다.

표 11-8 프레임율 부호

부호화	추가 포함
23.976	
24.0	23.976
25.0	
29.97	23.976
30.0	23.976 24.0 29.97
50.0	25.0
59.94	23.976 29.97
60.0	23.976 24.0 29.97 30.0 59.94

- constrained_parameter_flag
  - '1'이면 비디오 스트림은 제약조건이 없는 MPEG-1 비디오 데이터를 포함하지 않는다.
  - '0'이면 비디오 스트림은 제약조건이 있는 MPEG-1 비디오 데이터와 제약조건이 없는 MPEG-1 비디오 데이터를 모두 포함한다.
  - MPEG_1_only_flag가 '0'이면 이 필드는 항상 '1'로 설정된다.
- still_picture_flag
  - '1'이면 비디오 스트림은 정지화면만을 포함한다.
  - '0'이면 비디오 스트림은 동영상 혹은 정지화면을 포함한다.
- profile_and_level_indication
  - 이 필드는 MPEG-2 비디오 스트림의 프로파일(profile) 및 레벨(level)과 같은 방법으로 부호화되는데, 이들 프로파일 및 레벨은 실제 스트림과 같거나 높은 값이다.
  - MPEG-1 constrained parameter 스트림의 경우, MP@LL로 간주한다.
- chroma_format
  - 이 필드는 MPEG-2 비디오 스트림에서의 chroma_format과 같은 방법으로 부호화되는데, 이 값은 실제 스트림의 값과 같거나 높은 값이어야 한다.
  - MPEG-1 비디오의 경우, 4 : 2 : 0를 나타내기 위해 '01'값으로 부호화한다.
- frame_rate_extension_flag
  - '1'이면 MPEG-2 비디오 스트림에서 frame_rate_extension_n와 frame_rate_extension_d 둘 중 하나 혹은 모두가 0이 아님을 나타낸다.
  - MPEG-1 비디오 스트림은 두 필드 모두 0으로 제한된다.

(나) 오디오 스트림 서술자

오디오 스트림 서술자(Audio Stream Descriptor)는 ISO/IEC 13818-3 혹은 ISO/IEC 11172-3에서 기술된 오디오 ES의 부호화 버전을 식별하는 기본 정보를 제공한다(표 11-9 참조).

표 11-9 오디오 스트림 서술자

구문	비트수	간략기호
audio_stream_descriptor(){		
descriptor_tag	8	uimsbf
descriptor_length	8	uimsbf
free_format_flag	1	bslbf
ID	1	bslbf
layer	2	bslbf
variable_rate_audio_indicator	1	bslbf
reserved	3	bslbf
}		

- free_format_flag
  - '1'이면 bitrate_index가 '0000'인 경우
  - '0'이면 오디오 스트림의 어떤 오디오 프레임에서도 bitrate_index가 '0000'이 아니다.
- ID
  - '1'이면 오디오 스트림의 각 오디오 프레임의 ID 값이 '1'로 설정되어 있음을 나타낸다.
- layer
  - ISO/IEC 13818-3 혹은 ISO/IEC 11172-3 오디오 스트림에서의 layer 필드와 같은 방법으로 부호화되는데, 이 값은 오디오 스트림의 어떤 오디오 프레임에서 정의된 layer보다 같거나 큰 값이다.
- variable_rate_audio_indicator
  - '0'이면 비트율 필드의 부호화된 값이 연속하는 오디오 프레임에서 변하지 말아야 한다.

(다) 계층 서술자

계층 서술자(Hierarchy Descriptor)는 계층적으로 부호화된 비디오, 오디오 및 private 스트림을 포함하는 프로그램 구성요소들을 식별하는 정보를 제공한다(표 11-10 참고).

표 11-10 계층 서술자

구문	비트수	간략기호
hierarchy_descriptor() {		
descriptor_tag	8	uimsbf
descriptor_length	8	uimsbf
reserved	4	bslbf
hierarchy_type	4	uimsbf
reserved	2	bslbf
hierarchy_layer_index	6	uimsbf
reserved	2	bslbf
hierarchy_embedded_layer_index	6	uimsbf
reserved	2	bslbf
hierarchy_channel	6	uimsbf
}		

- hierarchy_type
  - (표 11-11)에서와 같이 hierarchy type을 나타낸다.

표 11-11 Hierarchy_type 필드 값

값	설명
0	Reserved
1	Spatial Scalability
2	SNR Scalability
3	Temporal Scalability
4	Data partitioning
5	Extension bitstream
6	Private Stream
7	Multi-view Profile
8-14	Reserved
15	Base layer

- hierarchy_layer_index
  - 부호화 계층 표에서 관련된 프로그램 구성요소의 고유한 인덱스를 정의하는데, 이 인덱스는 단일 프로그램 정의에서 고유해야 한다.
- hierarchy_embedded_layer_index
  - 이 hierarchy_descriptor와 연관된 ES를 복호하기 전에 필요한 프로그램 구성요소의 계층 표 인덱스를 정의한다.
  - 이 필드는 hierarchy_type이 15(base layer)이면 정의되지 않는다.
- hierarchy_channel
  - 순서가 매겨진 몇 개의 전송 채널 중 관련된 프로그램 구성요소에 대한 의도한 채널 번호를 나타낸다.
  - 가장 안정된(robust) 채널에 가장 낮은 값(채널 번호)을 할당하고, 이 hierarchy_channel은 동시에 각 프로그램 구성요소들에 할당될 수 있다.

(라) MPEG-4 비디오 서술자

MPEG-4 비디오 서술자(MPEG-4 Video Descriptor)는 MPEG-4 비디오 ES들이 어떠한 종류의 부호화 파라미터들을 갖고 있는지 알려주기 위해 필요한 기본적인 정보를 제공한다. MPEG-4 비디오 ES는 ISO/IEC 14496-2에 정의되어 있다.

표 11-12 MPEG-4 비디오 서술자

구문	비트수	간략기호
MPEG-4_video_descriptor () {		
descriptor_tag	8	uimsbf
descriptor_length	8	uimsbf
MPEG-4_visual_profile_and_level	8	uimsbf
}		

- MPEG-4_video_profile_and_level
  - 이 필드는 MPEG-4 비디오 스트림의 프로파일 및 레벨을 보여준다.
  - 이 필드는 Visual Object Sequence Header(ISO/IEC 14496-2에 명시되어 있음) 내의 profile_and_level_indication에서와 같은 값으로 부호화된다.

(마) MPEG-4 오디오 서술자

MPEG-4 오디오 서술자(MPEG-4 Audio Descriptor)는 MPEG-4 오디오 ES가 어떠한 종류의 부호화 파라미터들을 갖고 있는지에 대한 기본적인 정보를 제공한다.

MPEG-4 오디오 ES는 ISO/IEC 14496-3에 정의되어 있다.

표 11-13 MPEG-4 오디오 서술자

구문	비트수	간략기호
MPEG-4_audio_descriptor () {		
descriptor_tag	8	uimsbf
descriptor_length	8	uimsbf
MPEG-4_audio_profile_and_level	8	uimsbf
}		

- MPEG-4_audio_profile_and_level
  - 이 필드는 아래 표 11-14에서 해당되는 MPEG-4 오디오 스트림의 프로파일 및 레벨을 나타낸다.

표 11-14 MPEG-4_audio_profile_and_level 할당값

값	설명
0x00 - 0x0F	Reserved
0x10	Main profile, level 1
0x11	Main profile, level 2
0x12	Main profile, level 3
0x13	Main profile, level 4
0x14 - 0x17	Reserved
0x18	Scalable Profile, level 1
0x19	Scalable Profile, level 2
0x1A	Scalable Profile, level 3
0x1B	Scalable Profile, level 4
0x1C - 0x1F	Reserved
0x20	Speech profile, level 1
0x21	Speech profile, level 2
0x22 - 0x27	Reserved
0x28	Synthesis profile, level 1
0x29	Synthesis profile, level 2
0x2A	Synthesis profile, level 3
0x2B - 0xFF	Reserved

11.6 MPEG-2 시스템 타이밍 모델

1 타이밍 모델 개요

그림 11-14는 MPEG-2 시스템 타이밍 모델(Timing Model)의 개요를 보여준다. 디지털 방송 응용의 예를 들면 방송국에서 카메라로부터 획득된 오디오 및 비디오는 모든 수신기에서 오디오 및 비디오 간의 동기가 맞으면서 동일한 시각에 동일한 오디오 및 비디오가 재생되어야 한다. 만약 카메라로부터 획득된 순간부터 수신기에서 재생되는 순간까지의 시간지연(이를 종단간 지연(end-to-end delay)이라고 함)이 항상 일정하다면 오디오 비디오 간의 동기화된 재생이 될 것이고, 또한 카메라로부터 모든 수신기 간의 이러한 종단간 지연이 일정하다면 모든 수신기에서 동일한 오디오 비디오의 동기화된 재생이 구현될 것이다. 왜냐하면 카메라로부터 획득되는 순간의 오디오 및 비디오는 서로 동기가 맞는 신호로 가정할 수 있고, 이들 신호가 부호화되고 다중화되어 전송되고 역다중화/복호화의 전과정을 거친 일정한 시간후에 다시 재생이되므로 동기화는 그대로 유지된다. 이러한 기능을 제공하는 것이 MPEG-2 시스템 타이밍 모델이라고 할 수 있다.

MPEG-2 시스템 타이밍 모델은 앞서 설명한 바와 같이 기본적으로 부호기 입력단에서부터 복호기의 출력단에 이르는 종단간의 지연이 미디어에 상관없이 일정하다는 점을 가정하고 있고, 또 이 종단간 지연이 항상 일정한 고정지연(constant delay)을 갖도록 한다. 시스템 타이밍 모델에서는 두 가지 타임 스탬프를 정의하고

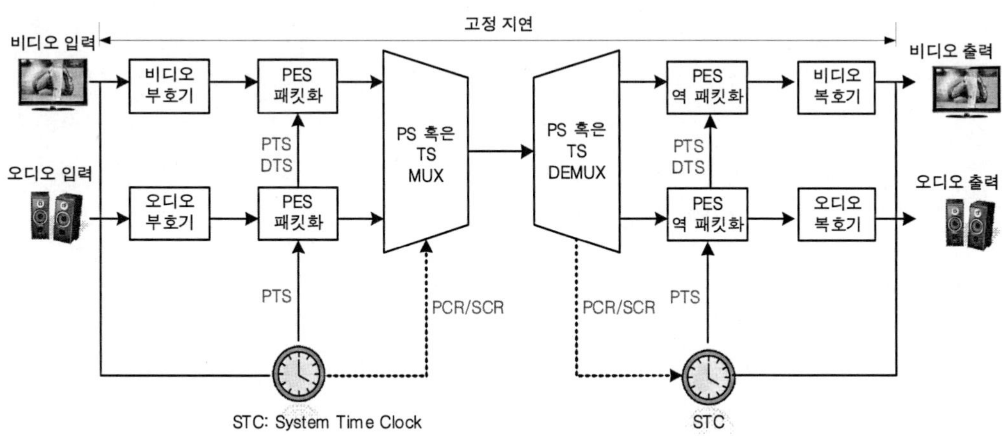

그림 11-14 MPEG-2 시스템 타이밍 모델

이를 이용하여 이러한 종단간 고정지연을 실현한다. 즉, 먼저 방송국에 시계(이를 STC로 정의함)를 두고 모든 수신기에도 시계를 두어 모든 수신기의 시계가 방송국에 있는 시계와 정확히 일치하도록 한다. 이를 위해서 반복적으로 방송국 시계의 시각을 읽어서 그 값(SCR 또는 PCR 타임 스탬프로 표현)을 수신기로 전송해주고, 수신기는 수신기의 시계를 전송되어 온 이 방송국의 시계의 시각값으로 맞춘다. 이러한 작업을 0.1초에 한 번 이상하게 하도록 규정하고 있다.

이제 방송국의 시계와 각 수신기의 시계가 일치한다고 하면, 다음 단계로 카메라로부터 비디오의 매 재현단위인 프레임이 입력되는 순간, 그때의 방송국의 시계를 보고 그 시각값(PTS 타임 스탬프로 표현)을 해당 재현단위를 부호화한 AU를 패킷화한 PES 패킷의 헤더에 넣어 전송한다. 이때 그 시각값은 입력되는 순간의 시각값에 종단간의 고정지연에 해당하는 시간값을 더하여 전송한다. 오디오도 마찬가지로 오디오 재현단위인 프레임이 입력되는 순간의 시각값을 동일한 방법으로 전송한다. 수신기에서는 비디오 및 오디오의 각 재현단위를 수신기의 시계가 전송되어온 해당 타임 스탬프의 시각값이 되었을 때 재생한다. 이러한 방법으로 오디오 및 비디오간의 동기화는 실현된다.

위에서 설명한 개요를 바탕으로 보다 자세히 설명하면 다음과 같다. 오디오 및 비디오의 종단간 지연이 일정하다는 가정을 바탕으로 부호기와 복호기에서의 각각의 동작의 기준이 되는 시스템 타임클록(STC)을 두고 수신기의 STC를 송신기의 STC와 정확히 일치시키도록 한다. 이를 위해 PS에서는 시스템 시각기준값(SCR)을, TS에서는 프로그램 시각기준값(PCR) 정보를 송신측에서 수신측으로 주기적으로 전송한다. SCR은 PS의 팩(pack)헤더의 SCR 필드를 통하여 전송되고, PCR은 TS의 적응필드에 있는 PCR을 통해 제공하고 있다. SCR 혹은 PCR은 각각 0.7초와 0.1초 이내에 최소한 한 번은 전송되어야 한다. SCR 또는 PCR은 송신단의 출력단에서 PS 또는 TS가 전송채널로 들어가는 순간의 STC 값을 표본화하여 전송하고, 수신단에서는 전송채널로부터 SCR 혹은 PCR이 수신단으로 입력되는 순간 수신단의 STC 값과 비교하여 수신단의 STC를 보정함으로써 송·수신단의 STC 값이 일치되도록 한다.

MPEG-2 시스템에서는 그림 11-15와 같이 STC의 정확도를 규정하고 있다. 즉, 송신단의 STC는 27 MHz±810 Hz 이내의 값을 가져야 하고 시간 변동률은 0.075 Hz/sec 이내이어야 한다.

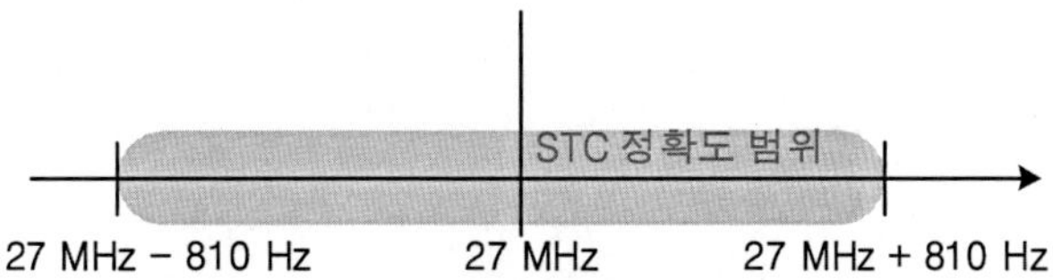

그림 11-15 STC의 정확도 허용범위

그림 11-16은 SCR 및 PCR의 부호화 방법의 한 예를 나타낸 것이다. 제4절에서 살펴본 바와 같이 SCR 및 PCR 필드는 기본구간(base)과 확장구간(extension)으로 구성된다. 기본구간은 90 kHz 클록으로 동작하는 33비트 계수기(counter)의 값에 해당하고, 확장구간은 27 MHz 클록으로 Mod 300(0~299)으로 동작하는 9비트 계수기의 값을 나타낸다. 이를 수식으로 표현하면 식 (11.4)와 같다. 이와 같은 기본구간와 확장구간의 구성은 90 kHz로 동작하는 33비트 계수기를 기준으로 규격화된 MPEG-1 시스템과의 호환성을 고려한 것이다.

수신단에서는 일반적으로 그림 11-17과 같이 PLL(Phase Locked Loop)을 이용하여 클록복원회로를 구성하고, 이를 통해 수신단의 STC가 송신단의 STC에 동기가 되도록 구현한다. 전송채널을 통해 수신단으로 입력되는 SCR 혹은 PCR은 일단 계수기의 초기값으로 입력(initial load)되고, 다음에 입력될 때는 위상비교기(phase detector) 내에서 계수기의 출력과 비교된다. 이렇게 비교된 오차신호는 저역통과여파기(LPF : Low Pass Filter)를 거쳐 평활화되고, 이 신호가 VCXO (Voltage Controlled Crystal Oscillator)를 제어하게 된다. 이때, VCXO는 SCR 및 PCR이 수신단의 STC 계수기 값보다 클 경우, SCF(System Clock Frequency, 27 MHz)가 증가하도록 하고, 적을 경우 감소하도록 제어함으로써 SCF가 수신단 동작의 기준 주파수인 STC와 일치하게 된다.

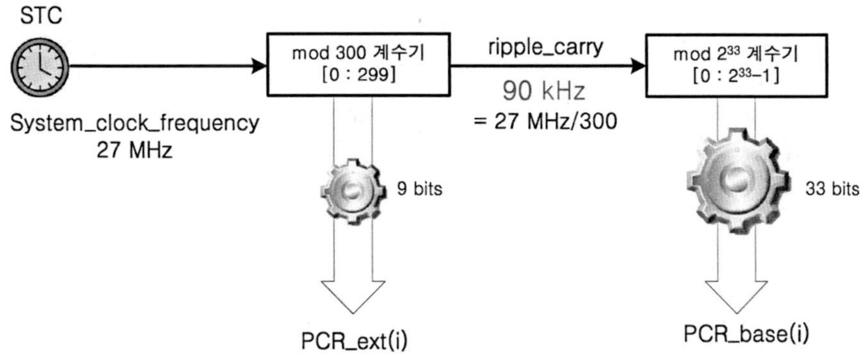

그림 11-16 PCR 부호화 방법

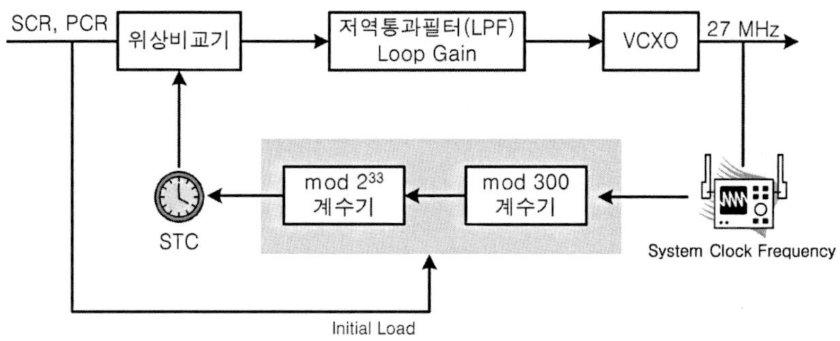

그림 11-17 시스템 클록복원 회로

2 비디오/오디오 동기화

비디오와 오디오는 서로 다른 부호화 지연을 갖는다. 일반적으로 비디오는 오디오보다 더 큰 버퍼를 사용함에 따라 부호화 지연시간도 더 길게 된다. MPEG 시스템에서는 이러한 미디어 간의 동기를 유지하기 위해 상대적 지연을 고려하지 않고 절대적인 시간기준을 설정하여 각 미디어 마다 개별적인 복호시각 및 재현시각을 알려주는 방법을 사용한다. 즉, 오디오와 비디오 각각에 대해서 PTS와 DTS 타임스탬프를 사용한다. PTS/DTS는 앞서 기술한 바와 같이, 각 미디어 ES를 패킷화하는 PES 패킷헤더에 위치하고, PTS는 해당 PES 패킷의 유료부하인 AU의 재현시각을 나타내고, DTS는 해당 AU의 복호화 시각을 나타낸다.

이때 PTS/DTS가 나타내는 시각은 수신단의 STC를 기준으로 한다. 즉, 수신단의 STC 값이 특정 AU의 DTS 값과 일치할 때 해당 AU를 복호화한다. 모든 수신단의 STC는 PCR 또는 SCR을 통해서 송신단의 STC와 동기화가 되어 있으므로 모든 수신기에서의 각 AU의 복호 및 재현시각이 일치하게 되고 오디오 비디오 간의 동기도 실현되게 된다.

MPEG-2 시스템 타이밍 모델에서는 복호화에 소요되는 시간이 0이라고 가정한다. 즉, 순간적으로 복호가 된다고 가정한다. 따라서 B 픽처를 사용하지 않는 경우 부호화순서와 재생순서가 일치하므로 DTS는 PTS와 동일한 값을 가지게 되어 PTS만 사용한다. 반면, B 픽처를 사용하는 경우 재생순서가 B 픽처보다 늦은 I 픽처와 P 픽처가 B 픽처보다 먼저 복호화되므로 복호화순서와 재생출력의 순서가 다르게 되어 PTS와 DTS를 모두 전송하여 재배치가 가능하게 한다. PTS와 DTS는 STC와 동기된 90 kHz 클록으로 식 (11.1)과 식 (11.2)로 부호화되고 재현시각과 복호시각을 각각 나타낸다. PTS/DTS는 0.7초 이내에 한 번씩 전송하도록 규정하고 있다.

11.7 TS 시스템 기준복호기(T-STD) 모델

앞서 살펴본 바와 같이 TS 스트림은 오디오, 비디오 등의 미디어가 포함된 TS 패킷, PSI가 포함된 TS 패킷, PCR 정보가 포함된 TS 패킷들이 188바이트의 TS 패킷 단위로 다중화되어 생성된다. 이때 TS 스트림이 규격에서 정의하고 있는 TS 시스템 기준복호기(T-STD : TS System Target Decoder) 모델을 만족하여야 한다. 즉, T-STD 모델에 따른 수신단의 버퍼들이 정상적으로 동작할 수 있도록 다중화되어야 한다. 예를 들면, 그림 11-18과 같이 3가지 미디어 a, b, c를 다중화할 때, 다중화 방법 A의 경우, 복호기가 다중화된 TS를 큰 문제없이 수신하여 복호할 수 있지만, 방법 B인 경우, 버퍼a에 버퍼넘침(overflow)이 발생할 수 있다. 즉, 버퍼a로 입력되는 데이터를 포함한 TS 패킷을 연속적으로 TS 스트림에 다중화함으로써 버퍼a의 입력 데이터율이 일시적으로 지나치게 높게 되어 버퍼넘침이 발생한 것이다.

이와 같은 문제를 방지하기 위해서 다중화 과정에서 적절한 제약조건을 두고 원활한 역다중화 및 복호화 동작이 이루어질 수 있도록 하는 규격이 필요하게 된다. 즉, 다중화에 대한 제약으로 수신단의 버퍼들의 크기 및 입출력 동작을 기준복호기 모델로 규격화하여 송신단에서는 이 기준복호기 모델을 위배하지 않도록 다중화를 하여야 한다. T-STD 모델에서 가상의 시스템 복호기를 두고 이와 같은 제약조건을 규정하고 있다. 본 절에서는, T-STD 모델의 전반적인 내용과 시스템, 비디오, 오디오의 T-STD 모델에 대해 살펴본다.

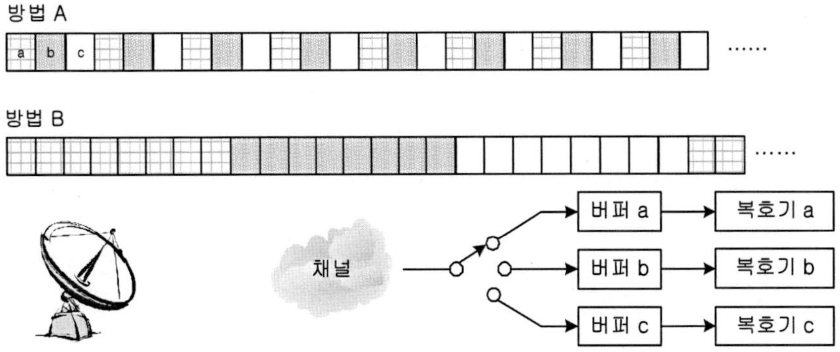

그림 11-18 TS 패킷들의 다중화 예

1 T-STD 모델

그림 11-19는 MPEG-2 TS에 대한 T-STD의 구조도를 나타낸 것이다. T-STD는 전체적인 시스템 복호화 및 재다중화 과정 등 권고안에서 필요한 조건들을 기술할 수 있도록 필요한 기능블록을 포함하고 있다. T-STD 모델에서는 TS가 T-STD에 입력되는 상황을 설명하기 위해서 한 번에 하나의 프로그램만을 복호화하는 것을 기본 가정으로 한다.

T-STD의 구성은 비디오, 오디오, 시스템의 3종류의 복호기로 이루어진다. 이때, 오디오와 시스템은 2개의 버퍼를 가지고, 비디오는 3개의 버퍼를 가진다. 그림 11-19에서 TB_n은 n번째 ES를 포함한 TS 패킷을 전송채널로부터 수신하기 위한 버퍼이고, 512바이트의 크기를 갖는다. 시스템 복호기의 B_{sys}는 PSI를 위한 주버퍼(Main Buffer)이며, 또한 오디오 복호기 B_n은 역다중화와 주버퍼를 모두 포함한 버퍼이며, 비디오 복호기는 3개의 버퍼로 구성되는데, ES 수준에서의 율제어(Rate Control)를 위한 버퍼 제어가 필요하기 때문에 ES 버퍼는 따로 독립적으로 존재한다. MB_1은 첫 번째 ES에 대한 TS 패킷의 역다중화용 버퍼이고, EB_1은 비디오 ES 복호화 버퍼이다.

T-STD와 관련된 용어 및 표기법은 다음과 같다.

- i　　TS에서 특정한 바이트들을 지정하는 인덱스이다. 맨 처음 바이트 인덱스는 0이고 0번째 바이트라고 한다.
- j　　ES에서 j번째 AU를 나타내는 인덱스
- k　　ES에서 k번째 PU를 나타내는 인덱스

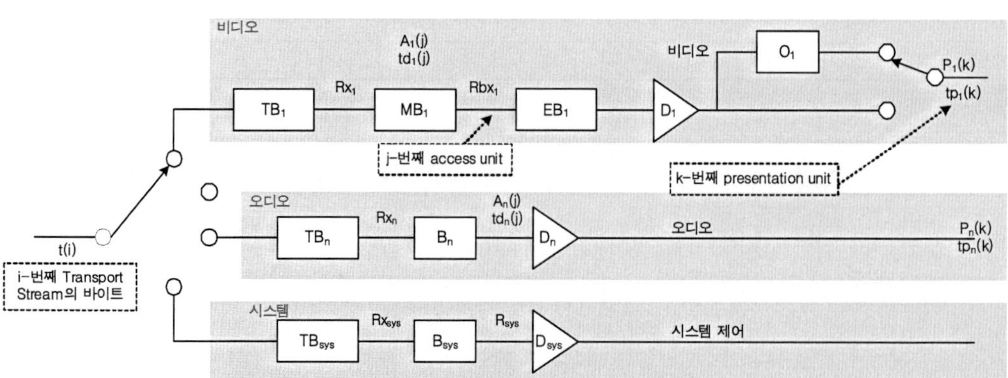

그림 11-19 T-STD 모델 구조도

- n　n번째 ES를 나타내는 인덱스
- p　TS에서 p번째 TS 패킷을 나타내는 인덱스
- t(i)　TS중 i번째 바이트가 T-STD에 입력되는 시각으로서 단위는 초이다. t(0)는 첫 번째 바이트가 입력되는 시각인데, 복호기는 임의의 시간에 동작할 수 있으므로 이는 임의의 상수값을 갖는다.
- PCR(i)　i번째 바이트에 대한 PCR 값으로서 i는 PCR 필드 중 base 필드 마지막 바이트를 가리킨다. 따라서 PCR(i)는 PCR base 필드의 마지막 바이트가 T-STD에 입력되는 시점을 27 MHz 클록 단위로 표현한 것이다.
- $A_n(j)$　n번째 ES에서 j번째 AU를 나타낸다. 이 순서는 복호화되는 순서에 따라 인덱스가 부여된다.
- $td_n(j)$　n번째 ES에서 j번째 AU가 이 STD에서 복호화되는 시각을 나타낸다.
- $P_n(k)$　n번째 ES에서 k번째 PU에 해당한다. $P_n(k)$는 $A_n(j)$를 복호화한 결과이며, 이 인덱스 순서는 재생되는 순서로 한다.
- $tp_n(k)$　n번째 ES에서 k번째 PU가 이 STD에서 재생되는 시각을 의미한다.
- t　초 단위의 시각
- $F_n(t)$　t의 시점에서 n번째 ES에 대하여 STD 입력버퍼의 충만도(fullness)를 바이트 단위로 나타낸 것이다.
- B_n　n번째 ES의 주버퍼(Main Buffer)를 나타낸다. 이 버퍼는 오디오 ES에만 있다.
- BS_n　바이트 단위로 표현된 B_n의 크기
- B_{sys}　STD에서 시스템 정보를 위한 주버퍼에 해당한다. 여기서 시스템 정보란 현재 디코딩 되고 있는 ES에 대한 프로그램 정보를 의미한다.
- BS_{sys}　바이트 단위로 표현된 B_{sys}의 크기
- MB_n　n번째 ES에 대한 다중화버퍼(Multiplexing Buffer)를 나타낸다. 이 버퍼는 비디오 ES의 경우에만 존재한다.
- MBS_n　바이트 단위로 표현된 MB_n의 크기
- EB_n　n번째 ES에 대한 ES버퍼를 나타낸다. 이 버퍼는 비디오 ES의 경우에만 존재한다.
- EBS_n　바이트 단위로 표현된 EB_n의 크기

- TB_{sys} 현재 복호화되고 있는 프로그램에 대한 시스템 정보(PSI)를 갖고 있는 TS 패킷들을 저장하기 위한 전송버퍼(Transport Buffer)
- TBS_{sys} 바이트 단위로 표현한 TB_{sys}의 크기
- TB_n n번째 ES에 대한 전송버퍼
- TBS_n 바이트 단위로 표현된 TB_n의 크기
- D_{sys} n번째 TS의 시스템 정보를 복호화하기 위한 복호기
- D_n n번째 ES의 복호기
- O_n n번째 비디오 ES에 대한 재정렬버퍼(Reordering Buffer)
- R_{sys} B_{sys} 버퍼로부터 출력되는 데이터율
- Rx_n TB_n 버퍼로부터 출력되는 데이터율
- Rbx_n Leak 방법을 이용하는 경우 MB_n로부터 PES 패킷의 유료부하가 출력되는 데이터율. 이는 비디오 ES의 경우에만 존재한다.
- $Rbx_n(j)$ vbv_delay 방법을 이용하는 경우 MB_n으로부터 PES 패킷의 유료부하가 출력되는 데이터율. 이는 비디오 ES의 경우에만 존재한다.
- Rx_{sys} TB_{sys}로부터 시스템 데이터가 추출되는 데이터율
- R_{es} 비디오 ES의 시퀀스 헤더(sequence header)에 있는 데이터율

2 버퍼 초기화 및 버퍼 제어

T-STD에서의 버퍼는 크게 전송버퍼(TB)와 주버퍼(Main Buffer)로 구성된다. TB는 전송된 TS의 역다중화를 위하여 TS 패킷을 일시적으로 저장하기 위한 버퍼이다. 주버퍼는 복호화를 위한 버퍼인데, 비디오 ES의 경우에는 오디오 ES와 시스템 정보의 경우와 달리 주버퍼가 다중화버퍼(MB)와 ES버퍼(EB)로 나뉘어져 있다. 비디오의 EB는 비디오 표준안의 VBV 버퍼와 동일하다. TB에 저장된 TS 패킷의 유료부하에 있는 PES 패킷의 일부분과 유료부하가 주버퍼 또는 다중화버퍼로 옮겨지게 되며, 그 이외의 TS 패킷 헤더 부분에 있는 정보들은 T-STD를 제어하는 데 사용되거나 제거된다.

TB_n에 저장되어 있던 PES 패킷의 일부분과 유료부하는 Rx_n의 전송률로 버퍼를 빠져 나가는데, PES 패킷이 오디오 ES라면 주버퍼 B_n에 전달된다. 이외의 TS 헤더에 포함된 다른 데이터는 특별한 다른 목적으로 쓰일 수 있어도 B_n, MB_n, B_{sys}의 버퍼로 전달되지 않는다. 이와 같은 동작으로 버퍼 TB_n으로부터 오디오, 비디오, 시스템의 각 데이터는 비워지게 되는데, 만일 TB_n에 데이터가 없다면 Rx_n은 0이 되

며, TB_n에 데이터가 있는 경우에는 각각의 데이터가 각 전송 버퍼로부터 출력되며 그 속도는 비디오, 오디오, 시스템 데이터에 따라 각각 다르게 규정되어 있다. 이와 같이 버퍼에 데이터가 있으면 정해진 고정 비트율로 출력되고, 없으면 출력되지 않는 전달 방식을 Leaky Bucket 방식이라고 한다. 다중화 버퍼 MB_n는 비디오의 ES의 경우에만 이용되는데, 버퍼 MB_n으로부터 EB_n 버퍼로 전달되는 방식은 Leaky Bucket 방식과 vbv_delay 버퍼 방식이 있다.

T-STD 모델은 이와 같이 T-STD에 정의된 버퍼들의 크기와 입력 데이터율, 출력 데이터율, 그리고 버퍼 입출력 방법을 각각 규정하고 있다.

11.8 다중화/역다중화의 예

이번 절에서는 앞 절의 내용을 바탕으로 예제를 통해 다중화와 역다중화의 과정을 확인한다. 그림 11-20은 3개의 프로그램으로 구성되는 TS의 예를 보여준다[5]. 하나의 프로그램 번호가 방송국의 한 채널로 할당되는 것을 가정한다.

그림 11-20과 같이 다중화된 TS에는 각 프로그램 번호에 해당하는 ES(Video1, Audio1 등)와 이를 식별할 수 있도록 PSI(PAT, PMT 등)가 다중화되어 있다. 그림 11-20의 예는 KBS의 9시 뉴스라는 프로그램이 프로그램 번호 1로 지정되고, 이 프로그램에 대한 정보를 기술하는 PMT의 PID가 100으로 할당된 예를 보여준다. 또한, 프로그램 번호 2의 SBS에서 방영되는 트랜스포머라는 영화는 PMT PID가 200으로, 프로그램 번호 3의 MBC에서 방영되는 해리포터라는 영화는 PMT PID가 300으로 각각 할당된 예를 보여준다. 각 PMT는 프로그램을 구성하는 오디오 및 비디오 ES들의 PID를 포함한다.

그림 11-21은 그림 11-20과 같이 다중화된 TS를 이용하여 시청자가 원하는 채널을 선택했을 때의 역다중화 과정을 보여주는 그림이다. 시청자가 KBS 채널(9시 뉴스)을 선택하면, 역다중화기는 입력되는 TS 방송 스트림으로부터 먼저 PID=0인 PAT가 포함된 TS 패킷을 검색하여 PAT를 파싱(parsing)한다. PAT로부터 해당 프로그램(KBS 9시 뉴스) 정보를 가지고 있는 PMT이 PID 번호(100)를 획득한다. PID=100인 TS 패킷으로부터 PMT 파싱하면 해당 프로그램은 비디오 1개, 오디오 2개로 구성되어 있고, 각 ES의 PID는 101, 102, 103임을 알 수 있다. 이제 입력 TS에서 PID=101인 패킷은 비디오 복호기로, PID=102과 PID=103인 TS 패킷은 오디오 1과 오디오 2 복호기로 역다중화 한다.

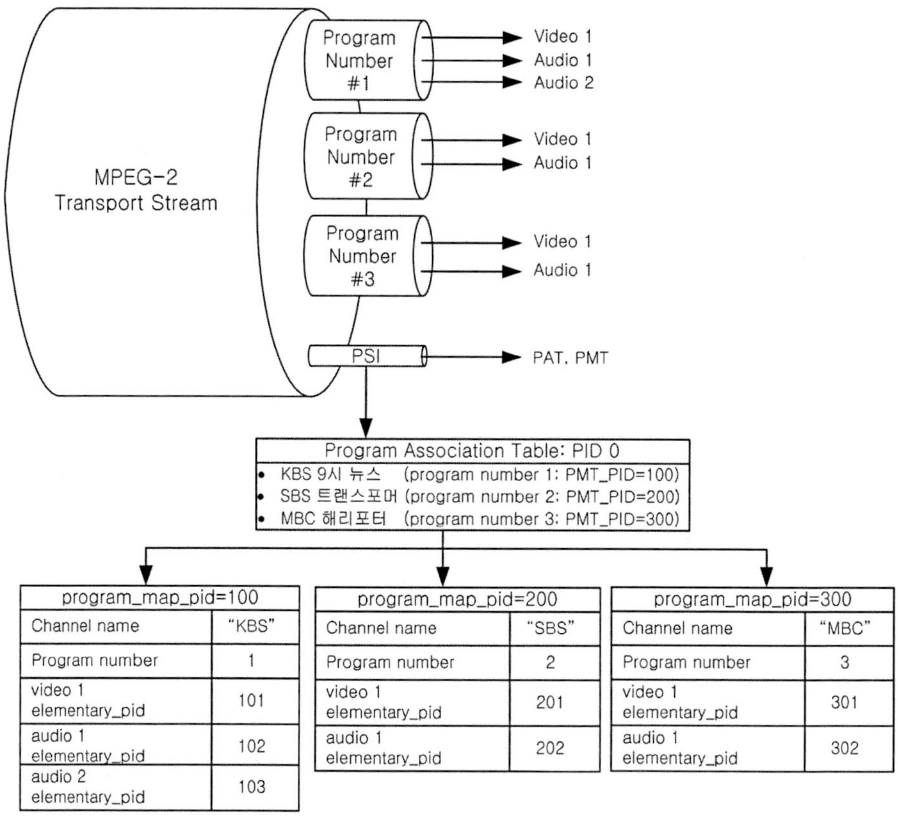

그림 11-20 3개의 프로그램을 다중화한 TS의 PSI

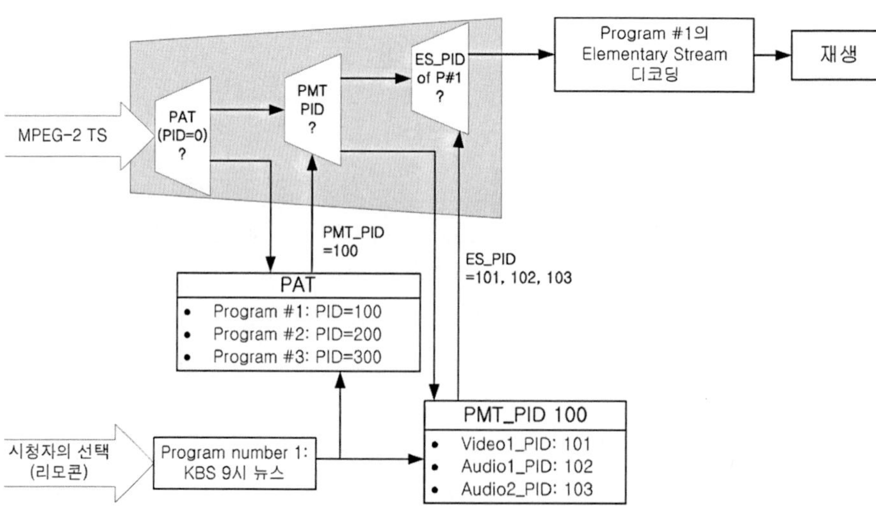

그림 11-21 TS의 역다중화 과정

11.9 H.264/AVC 다중화를 위한 확장 표준

MPEG-2 시스템 표준은 다양한 표준으로 부호화된 비디오 및 오디오 비트스트림의 다중화 기능을 제공하며, 새로운 MPEG의 비디오 및 오디오 부호화 표준의 다중화를 지원하기 위해서 필요한 범위 내에서 기존의 표준을 확장한 개정 표준을 만들어 나가고 있다. 이번 절에서는 H.264/AVC로 압축된 비디오 비트스트림을 MPEG-2 TS로 다중화하기 위한 MPEG-2 시스템의 확장 규격(ISO/IEC 13818-1 : 2000/Amd 3 : 2004, Transport of AVC video data over ITU-T Rec H.222.0 | ISO/IEC 13818-1 streams)에 대해서 설명한다.

MPEG-2 시스템에서는 H.264/AVC의 비트스트림을 MPEG-2 TS로 전송하기 위하여 아래 항목에 대한 확장을 규정하고 있다.

- 접근단위(AU)의 구조 정의
- 복호기 모델의 확장
- 신규 서술자 도입

1 H.264/AVC 접근단위의 구조

MPEG-2 시스템은 다음 규제를 추가하여 H.264/AVC 규격의 접근단위를 다음과 같이 정의하고 있다.

1) 바이트열 포맷을 사용한다.

2) AVC 접근단위는 접근단위 구분자(Delimiter) 네트워크 추상계층(NAL : Network Abstraction Layer) 단위를 반드시 포함해야 한다. 이 NALU(NAL Unit)은 AU 앞 부분에 포함되어 AU의 시작을 나타내는 NALU이다.

3) AU의 복호에 필요한 모든 SPS(Sequence Parameter Set) 및 PPS(Picture Parameter Set)를 H.264/AVC 비트스트림으로부터 획득할 수 있어야 한다.

4) 가상참조 복호기(HRD : Hypothetical Reference Decoder) 파라미터인 hrd_parameters()의 low_delay_hrd_flag(저지연 HRD 플래그)가 '1'인 비디오 시퀀스는 VUI(Video Usability Information, 비디오 표시정보) 파라미터 안의 timing_info_present_flag를 반드시 '1'로 정의한다. 이때의 비디오 스트림은 H.264/AVC 규격을 따른다.

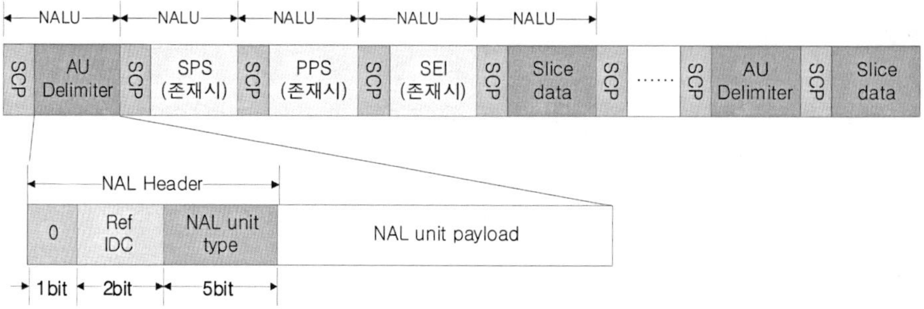

그림 11-22 H.264/AVC ES의 AU 구조

앞에서 설명한 것과 같이, H.264/AVC를 TS로 전송하기 위해서는 바이트열 포맷의 규약에 따라야 한다. 바이트열 포맷은 그림 11-22와 같이 각 NALU의 선두에는 NALU의 경계를 표시하기 위한 SCP(Start Code Prefix) 3바이트가 위치한다.

일반적으로 TS에서는 ES의 AU의 접근성을 고려하여 하나의 AU로 하나의 PES 패킷을 구성한다. 따라서 PES 패킷화를 위해서는 다중화기로 입력되는 H.264/AVC ES 비트스트림으로부터 AU를 검출하는 과정이 필요하다. AU 구분자(Delimiter) NALU은 AU 앞부분에 포함되어 AU의 시작을 나타내는 NALU으로 각 AU는 AU 구분자 NAL을 반드시 포함해야 함을 규정하고 있다. 즉, 그림 11-22와 SCP (0x000001) 3바이트, 그리고 AU 구분자 NAL(NAL_unit_type=9)[6]을 포함하는 NAL 헤더를 검출하여 하나의 AU를 검출한다.

2 가상참조 복호기(HRD) 모델 확장

H.264/AVC에서는 가상참조 복호기 모델을 규정하고 있기 때문에 H.264/AVC의 가상참조 복호기 모델과 정합성을 고려하여 MPEG-2 시스템 기준복호기를 확장하여 사용한다. H.264/AVC를 위한 T-STD는 다음 그림 11-23과 같이 복호기 뒤의 처리단이 H.264/AVC의 복호픽처 버퍼(DPB : Decoded Picture Buffer)로 구성된다.

MB 버퍼에서 EB 버퍼로 비디오 AU 데이터를 입력하는 방식은 MPEG-2 비디오의 경우와 같이 2가지 방식이 가능하다. 즉, 고정된 일정 비트율로 입력하는 Leak Bucket 방식과 H.264/AVC 가상참조 복호기 모델에 따른 입력 방식이 있으며, 어느 방식이 적용될지는 AVC 타이밍 및 HRD 서술자(AVC timing and HRD descriptor)에 의해 설정된다.

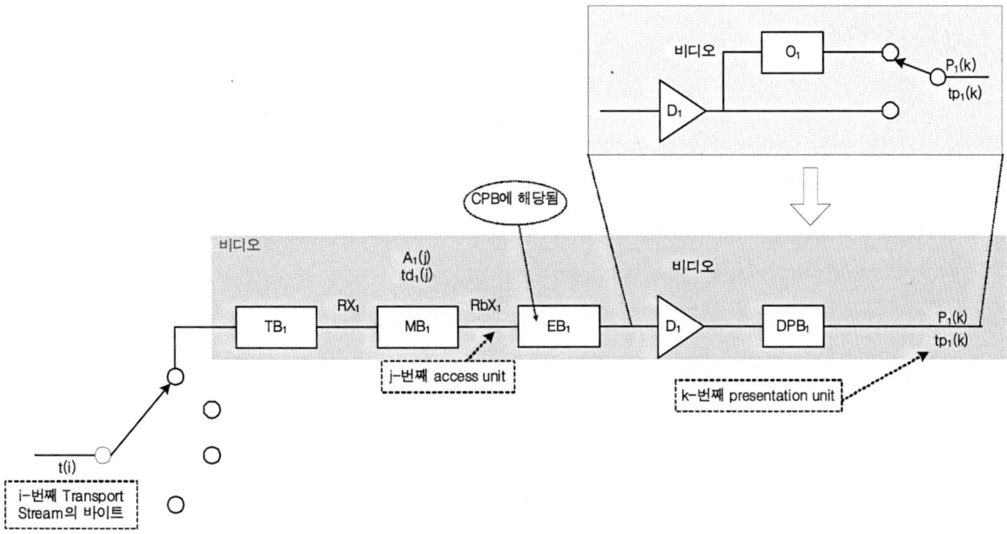

그림 11-23 H.264/AVC의 T-STD 확장

3 신규 서술자

MPEG-2 비디오와 마찬가지로 H.264/AVC로 부호화된 비디오의 비트율, 프레임률 등의 정보를 서술자로 기술하고 이를 PMT를 통해 전송할 수 있다. 아래와 같은 2가지의 서술자가 정의되어 있다.

- AVC video descriptor (AVC 비디오 서술자) :
  AVC 비디오 서술자는 프로파일, 레벨 등 AVC 비트스트림의 기본적 속성을 알려준다. 주로 SPS에 포함되는 정보를 나타내는데, PMT에 이 서술자를 포함시켜 프로그램 정보를 획득한 시점에서 AVC 비트스트림을 복호할 수 있는지 여부를 판정할 수 있다.
- AVC timing and HRD descriptor (AVC 타이밍 및 HRD 서술자) :
  AVC 타이밍 및 HRD 서술자는 타임 스케일 등의 시간정보 및 H.264/AVC 비트스트림이 따르는 복호기 모델을 나타내는 서술자이다.

• 참고문헌

[1] ISO/IEC 13818-1 : 2007, *Information technology - Generic coding of moving pictures and associated audio information : Systems.*

[2] M. Uehara, "Application of MPEG-2 Systems to Terrestrial ISDB (ISDB-T)", *IEEE Proceeding*, vol. 94, no. 1, pp. 261-268, Jan. 2006.

[3] 김재균, 권재철, 문주희, 황강욱, 『영상통신시스템개론』, 홍릉과학출판사, 2010.

[4] 유시룡, 장규환, 이병욱, 김종일, 정해묵, 『MPEG 시스템』, 대영사, 1997.

[5] B. J. Lechner, R. Chernock, M. K. Eyer, A. Goldberg, and M. S. Goldman, "The ATSC Transport Layer Including Program and System Information Protocol (PSIP)", *IEEE Proceeding*, vol. 94, no. 1, pp. 77-101, Jan. 2006.

[6] ITU-T and ISO/IEC JTC 1, *Advanced Video Coding for Generic Audiovisual Services, ITU-T Recommendation H.264 and ISO/IEC 14496-10 (MPEG4-AVC)*, 5th ed., May 2009.

[7] H.264/AVC Reference Software Joint Model(JM) version 1x.0. http : //iphome.hhi.de/suehring/tm1

[8] VLC media player, http : //www.videolan.org

[9] tsMuxeR, http : //www.videohelp.com/tools/tsMuxeR

[10] MPEG-2 TS Packet Analyzer, http : //www.pjdaniel.org.uk/mpeg

생각해 볼 문제

Q1 MPEG-2 시스템에서 규정한 전송 포맷인 PS와 TS의 특징과 그 차이점, 그에 따른 주요 응용분야를 설명하시오.

Q2 MPEG-2 TS의 PES 헤더와 TS 헤더의 주요 기능과 각 헤더에 포함된 주요 필드 5가지 이상에 대해서 그 기능과 함께 간단히 설명하시오.

Q3 TS의 다중화 및 역다중화 과정에서의 PSI에 해당되는 PAT, PMT의 역할 및 이들 간의 관계를 설명하시오.

Q4 MPEG-2 시스템의 타이밍 모델이 PTS와 PCR의 타임스탬프를 이용해서 어떻게 동기화된 오디오와 비디오 간의 재생을 실현하는지를 설명하시오.

Q5 T-STD 모델이 필요한 이유와 T-STD에서 규정한 내용이 무엇인지를 간단히 설명하시오.

Chapter 11 [부록] MPEG-2 시스템 실습

이번 장에서는 MPEG-2 TS의 다중화 및 역다중화에 관한 실습을 학습한다. 실습을 위하여 인터넷을 통해 확보할 수 있는 다중화/역다중화 프로그램을 이용한다. 또한, 다중화된 TS를 188바이트 TS 패킷 단위로 패킷의 정보를 확인하는 분석과정도 패킷 분석툴을 이용하여 학습한다.

11.1 [부록] MPEG-2 TS Multiplexer 다운로드

MPEG-2 TS 다중화를 실습하기 위해서 우선 그림 11[부록]-1과 같이 [tsMuxeR][9]를 다운로드 한다.

(a) 첫 단계로, http://www.videohelp.com/tools/tsMuxeR에 접속한다.

(b) Download(direct link)를 클릭하여 최신 버전인 1.10.6을 다운로드 한다(tsMuxeR_1.10.6.zip을 저장).

(c) 저장된 압축파일 tsMuxeR_1.10.6.zip을 원하는 폴더에 압축을 풀어 저장한다. 그림 11[부록]-2의 예제에서는 D:₩MPEG-2TS에 저장하여 압축을 풀고 나면, MPEG-2 TS 폴더에는 실행파일 tsMuxerGUI가 만들어진다.

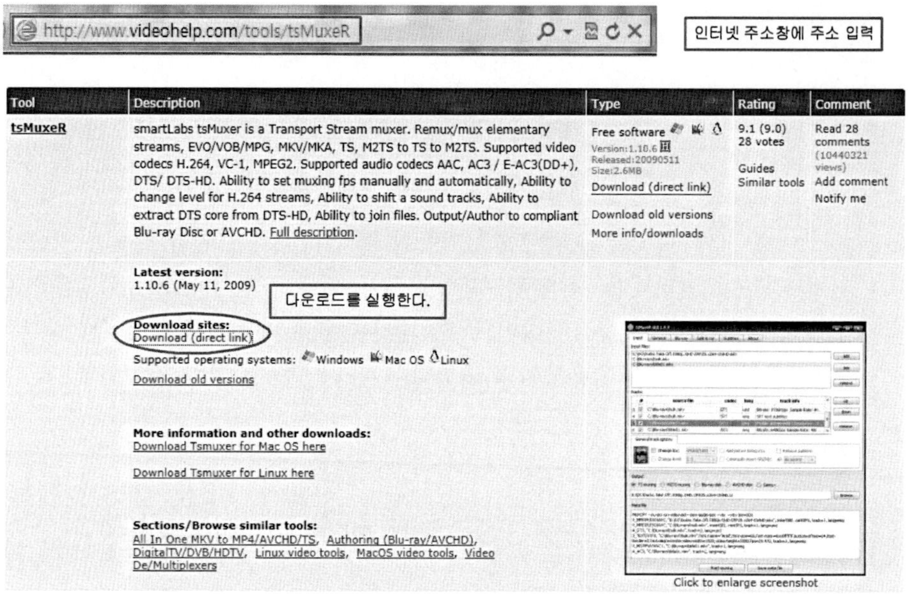

그림 11[부록]-1 MPEG-2 TS multiplexer software 다운로드

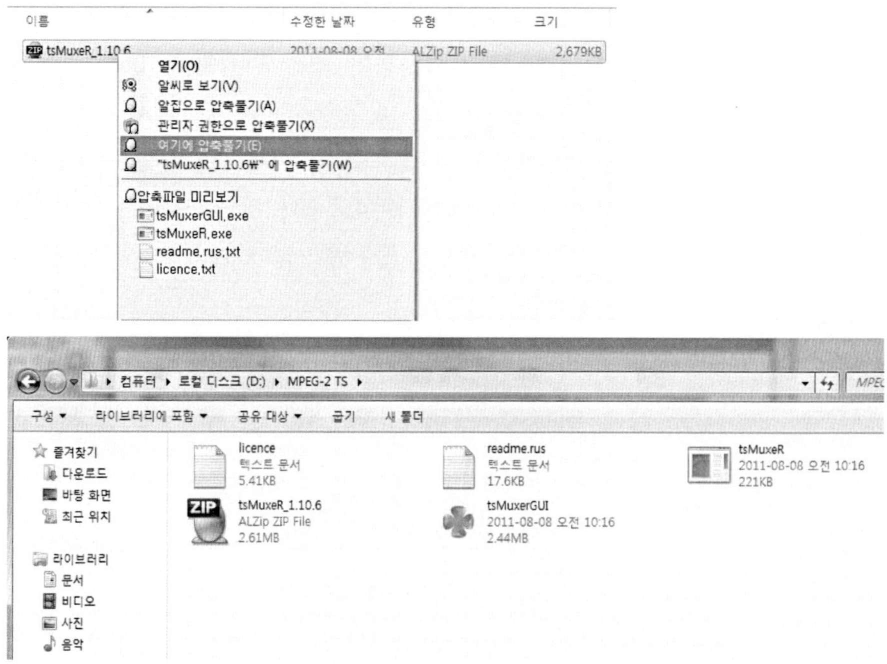

그림 11[부록]-2 MPEG-2 TS multiplexer software 압축풀기

11.2[부록] MPEG-2 TS Multiplexer 실행

MPEG-2 TS Multiplexer를 실행하기 위해 실행파일 tsMuxerGUI.exe를 클릭한다. 실행화면은 그림 11[부록]-3과 같다. 기능탭은 그림에 표기한 ①~③을 설정한다. ①은 전반적인 다중화/역다중화에 필요한 입력파일 설정 및 다중화/역다중화 실행화면이고, ②는 다중화를 수행할 때 출력되는 비트율을 설정할 수 있다. 그리고 ③은 본 다중화 실습 프로그램에서 지원하는 비디오, 오디오 코덱들에 대한 안내가 있다.

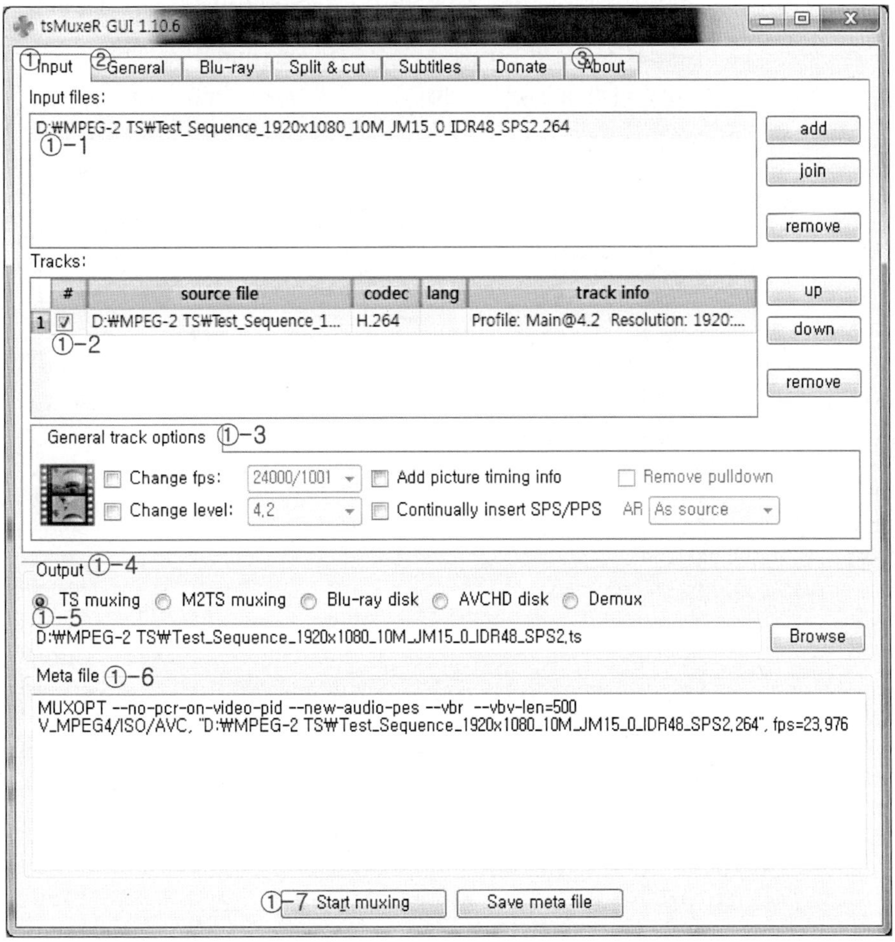

그림 11[부록]-3 MPEG-2 TS 다중화기 실행화면

그림 11[부록]-3의 ①-1은 다중화기에 입력되는 압축된 비디오, 오디오 비트열의 입력부이다. Add 버튼 혹은 드래그를 이용하여 넣어주면 된다. ③탭을 열어 보면 알 수 있지만, 본 다중화기는 MPEG-2, H.264/AVC 비디오 코덱을 지원하므로, 앞서 실습했던 MPEG-2 비디오 압축 비트열을 입력으로 해도 무방하다. 본 절에서는 H.264/AVC[6]의 참조소프트웨어인 JM(Joint Model)[7]에 의한 압축 비트열을 사용한 예를 보인다. ①-1은 입력파일의 위치를 표시해주고, ①-2는 입력 압축 비트열의 코덱 종류와 정보를 간략히 보여준다. 본 실습에서는 H.264/AVC의 코덱으로 압축된 비디오 비트열을 입력하여 코덱 정보에 H.264가 출력되는 것을 확인할 수 있다. ①-3을 통해 프레임율(fps)를 변경할 수도 있지만, 원래 압축된 프레임율로 다중화하기 위해서 'change fps'의 체크박스를 해제한다. 현재, 실습하고자 하는 내용이 다중화이므로, ①-4의 output란에는 'TS muxing'을 선택한다. ①-5에는 출력되는 다중화 비트열의 위치와 파일이름을 지정할 수 있다. 마지막으로 ①-7을 누르면 다중화가 시작된다.

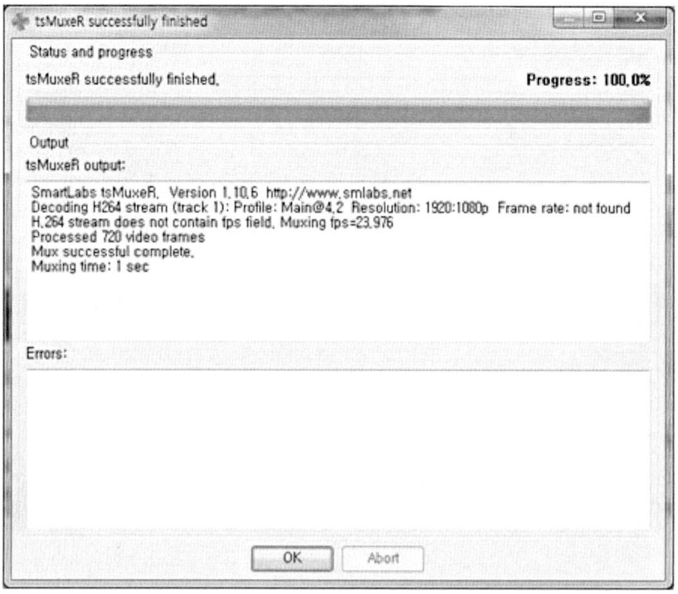

그림 11[부록]-4 MPEG-2 TS 다중화 실행 결과화면

그림 11[부록]-4와 같은 다중화 상태와 과정을 보여주는 화면이 출력되고, Output 탭에서 'Mux successful complete'라는 문구가 뜨면 정상적으로 다중화되었음을 알려준다. OK 버튼을 눌러 종료하자. 지정된 출력폴더를 확인해보면 다음 그림 11[부록]-5와 같이 .ts의 확장자로 다중화 결과 TS 스트림이 발생된 것을

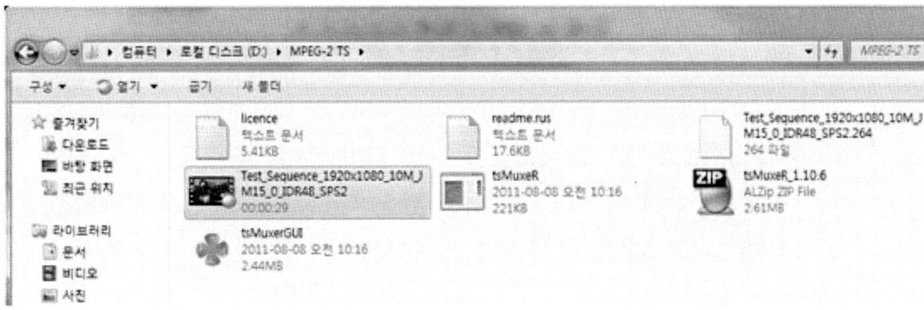

그림 11[부록]-5 MPEG-2 TS 출력폴더

확인할 수 있다. 이를 확인하기 위해 생성한 다중화 TS 파일을 VLC Media Player[8]를 이용하여 재생하여 정상적으로 화면이 출력되는지 확인한다.

추가로, 생성된 TS 파일을 마우스 오른쪽으로 클릭한 후, 등록정보(속성)에 들어가 '자세히' 탭을 보면 그림 11[부록]-6과 같이, 비디오의 재생길이와 총 비트 전송률을 확인할 수 있다. 예제에서는 다중화 실습 프로그램에 30초 길이의 H.264/AVC 코덱에 의해 10 Mbps로 부호화된 ES를 입력하였기 때문에, 그림 11[부록]-6에서 확인할 수 있듯이, 10 Mbps를 조금 넘기는 전송률을 갖는 TS 파일이 생성되었다. 이와 달리, 사용자가 원하는 비트 전송률을 가지는 TS 파일을 생성해야 하는 경우에 대해서도 실습해 본다.

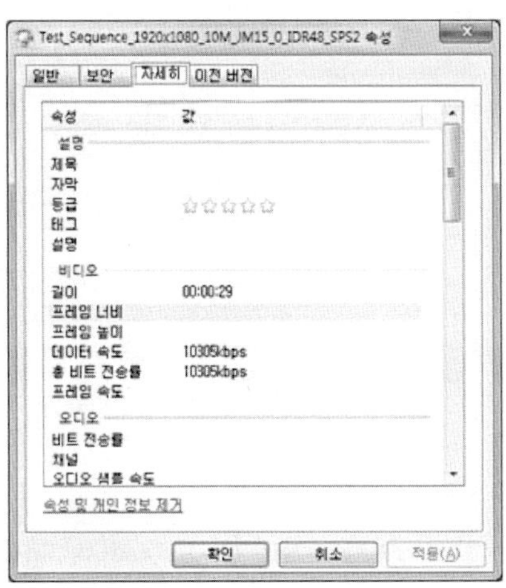

그림 11[부록]-6 생성된 TS 파일 속성정보

다중화 프로그램으로 돌아가서, ②탭 'General'을 클릭하여 보자. 그림 11[부록]-7과 같은 비트율(Bitrate)을 설정할 수 있는 화면을 확인할 수 있다. 이전의 실습에서는 기본으로 설정되어 있는 'Mux VBR'을 이용하였기 때문에, 입력으로 넣어준 비디오 압축 비트열의 비트율에 따라 적절한 전송률을 갖는 TS 파일이 생성되었고, 3번째 'Mux CBR' 탭을 선택하고 전송률(Bitrate, kbps)는 20000 kbps로 설정하여 'Start muxing'을 클릭하여 TS 파일을 생성한다.

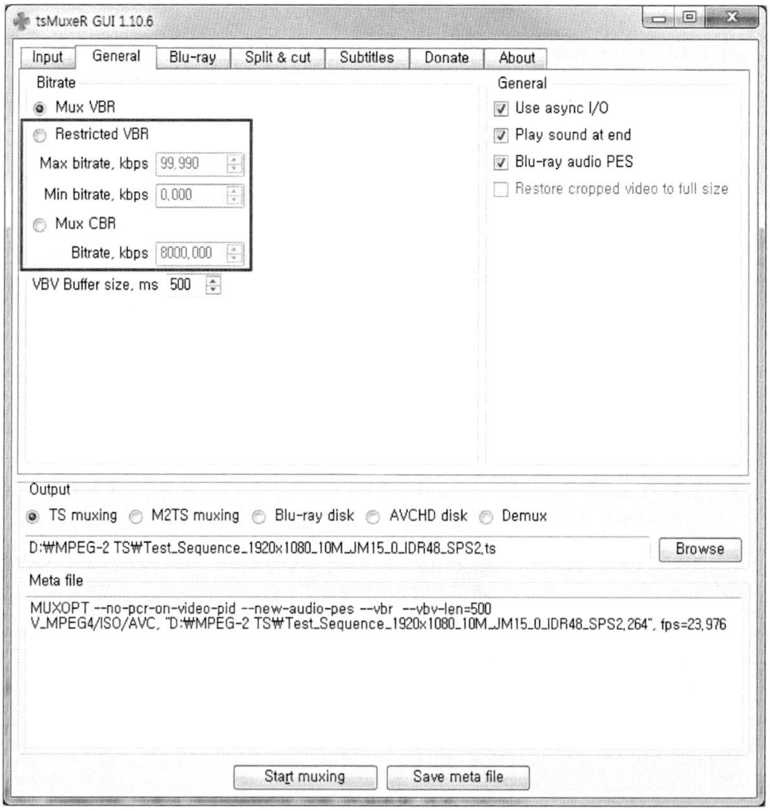

그림 11[부록]-7 TS 전송 비트율을 변경하기 위한 설정방법

사용자가 지정한 TS 전송률대로 TS 파일이 생성되었는지 확인하기 위해 그림 11[부록]-8과 같이 속성에 들어가보면 총 비트 전송률이 20028 kbps로 생성된 것을 확인할 수 있다.

그림 11[부록]-8 설정한 비트율에 맞게 생성된 TS 파일 속성정보

위의 다중화 실습에 의해 생성된 TS 파일을 역다중화하는 과정에 대해서 살펴보자. 역다중화의 경우 다중화 과정보다 더 간략하다. 위에서 생성한 TS 파일을 그림 11[부록]-3의 ①-1의 입력부에 넣고, ①-4의 output에서 'Demux' 탭을 선택한 후 ①-5에서 폴더를 지정한 후 ①-7의 'Start demuxing' 버튼을 누르면 완료가 된다.

11.3[부록] MPEG-2 TS 분석

앞서 생성한 TS 파일을 다중화/역다중화와 더불어 TS 패킷을 분석하는 데 도움이 되는 툴을 소개하고자 한다. 분석툴은 [MPEG-2 Transport Stream packet analyzer][10]를 다운로드 한다.

(a) 첫 단계로, http : //www.pjdaniel.org.uk/mpeg/에 접속한다.

(b) 해당 홈페이지에서 그림 11[부록]-9와 같이 다운로드 공간을 클릭하여 원하는 폴더에 저장한다.

(c) 해당 압축 파일의 압축을 풀면 'MPEG-2 TS packet analyzer'라는 파일을 클릭하면 분석기가 실행된다.

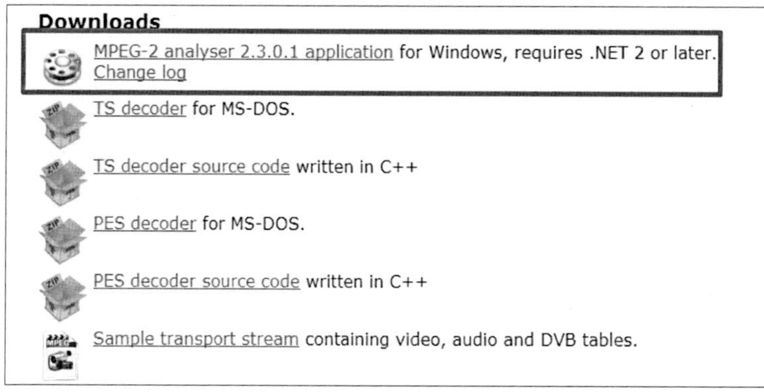

그림 11[부록]-9 MPEG-2 TS Analyzer Software 다운로드

분석기를 실행시키면 그림 11[부록]-10의 화면이 실행되고, 크게 4개의 파트로 구분할 수 있다. 주로, 패킷 단위로 TS를 탐색하거나 PID 별 리스트를 출력할 수 있는 동작과 관련된 ①번 파트, 현재 TS 패킷의 헤더와 적응구간에 대한 정보를 출력해주는 ②번 파트, 현재 TS 패킷의 바이트열을 보여주는 ③번 파트, 그리고 PSI 정보나 PES 정보를 출력해주는 ④번 파트로 구성된다.

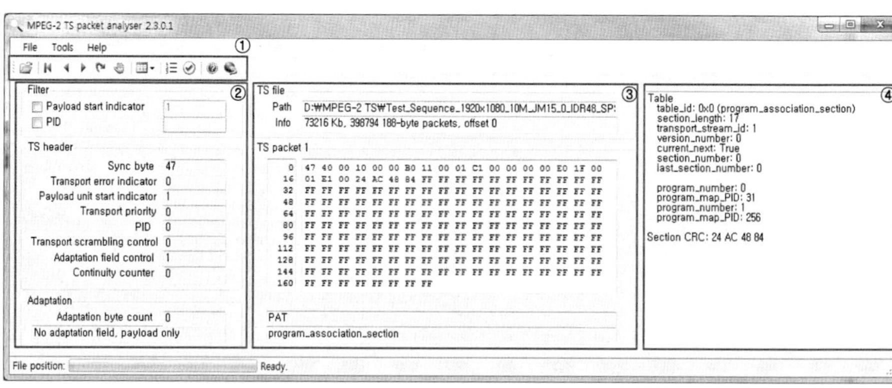

그림 11[부록]-10 MPEG-2 TS Analyzer 실행화면

입력할 TS 파일은 앞서 실습하여 생성한 전송률 2000 kbps의 TS 파일을 이용한다. ③번 파트의 TS file→Info에 보면 현재 입력한 TS 파일의 총 파일크기와 188 바이트의 TS 패킷이 몇 개로 구성되는지를 알려준다. ①의 버튼을 클릭하면, 다음 그림 11[부록]-11과 같이 TS에 포함된 PID 리스트를 보여준다. 다중화 시 포함되는 ES가 비디오 하나였고, 이는 H.264/AVC 코덱으로 10 Mbps의 비트율로 부호화된 ES 였다. 이를 예제에서 20 Mbps의 TS 전송 비트율의 결과를 갖도록 파라미

터를 설정하였기 때문에, TS 전송 비트율을 맞추기 위해, 그림 11[부록]-11의 8191번 PID를 갖는 'null packet'이 48.56%를 차지하는 것을 확인할 수 있다. 또한, 51.15%의 비율을 이루고 있는 4113번 PID를 사용한 TS 패킷들이 바로 입력한 비디오 ES에 대한 패킷들의 결과이다.

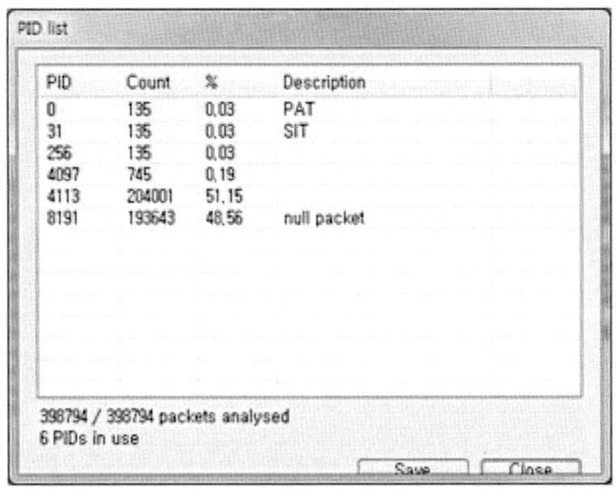

그림 11[부록]-11 TS 파일내에 포함된 PID 리스트 정보

그림 11[부록]-10의 ③번 탭을 보면 첫 번째 TS 패킷은 PAT 패킷임을 알 수 있다. 따라서 ④번 탭에 그 해당 정보가 출력되는데, 이때 비디오 ES를 포함한 프로그램 번호 1의 PMT의 PID가 256번임을 알 수 있다. 그림 11[부록]-11을 통해 256번 PID를 가지는 PMT 패킷이 일정한 주기에 따라 0.03% 발생한 것을 확인할 수 있다.

원하는 TS 패킷을 PID로 검색하는 것이 가능한데, 이는 다음 그림 11[부록]-10의 화면에서 ②번 탭의 PID 체크박스를 체크하고 원하는 PID 번호를 적고 ▶ 버튼을 누르면 해당 PID 번호를 가지는 패킷을 탐색하게 된다. 이와 같이 본 분석 툴을 이용하면 TS의 다중화 구성요소 정보를 담고 있는 PSI 정보와 각 TS 패킷의 바이트 데이터를 확인해봄으로써 실제 TS 다중화 과정을 학습할 수 있다.

Chapter 12 디지털 방송

이 장에서는 디지털 방송의 의의 및 필요성을 통해 현재 서비스되고 있는 디지털 방송들을 이해하고, 디지털 방송 기술의 발전 방향에 대해 살펴보고자 한다.

12.1 디지털 방송 개요

디지털 환경의 급속한 발달과 함께 디지털 미디어를 소비하는 사용자들은 좀 더 다양한 정보와 더불어 볼거리 및 양방향의 대화형 서비스를 요구하고 있다. 디지털 방송은 이러한 환경 및 시청자의 요구를 수용하여 방송 송신측에서 다양한 콘텐츠의 디지털화를 통한 방송 프로그램의 제작과 송출 그리고 고도화된 방송망 및 방송·통신 연동망을 통한 디지털 전송을 가능하게 하여, 수신측에서 고화질 및 고음질 콘텐츠와 함께 다양한 부가서비스를 제공받을 수 있게 한다.

방송의 디지털화는 기존 아날로그TV보다 5~6배 선명한 고선명(HD) 영상과 CD급 고음질 음향의 향상된 품질 및 대화형 서비스 등 다양한 서비스의 이점뿐만 아니라 전송 효율의 향상으로 송출 가능한 프로그램 수를 늘림으로써 시청자의 채널 선택권을 넓힐 수 있게 한다.

1 디지털 방송의 필요성

기존의 아날로그 방송에서는 음성과 영상은 연속적으로 변화하는 아날로그 신호의 형태로 전송되었으나 디지털 방송에서는 '0'과 '1'의 이진 데이터로 표현된 디지털로 압축 처리되어 전송된다. 따라서 잡음에 강하고 전송 효율이 높아 작은 출력에서도 많은 정보를 전달할 수 있다. 표 12-1은 아날로그TV와 디지털TV를 비교한 것이다[1].

이러한 성격의 디지털 방송은 i) 다채널화, ii) 고품질화, iii) 고신뢰성, iv) 양방향성, v) 제한수신 등의 장점을 제공한다[2]. 이 내용들을 세부적으로 살펴보면 다음과 같다.

표 12-1 아날로그TV와 디지털TV의 비교

구분	아날로그TV	디지털TV	
		SDTV	HDTV
해상도(주사선 수)	525 라인	704×480	1920×1080
음질	2 채널	5.1 채널	
화면비(가로 : 세로)	4 : 3	4 : 3 또는 16 : 9	16 : 9
부가기능	- 일방적 단방향 서비스 - 문자 다중방송	- 양방향 정보서비스 - 홈쇼핑, 홈뱅킹, 인터넷, 전자 투표 등 양방향 방송 가능	

(가) 다채널화

지상파 아날로그 방송에서는 한 채널에 할당된 6 MHz의 주파수 대역폭에 한 개의 프로그램만 전송 가능한 반면, 디지털 방송에서는 디지털 압축 기술과 디지털 변조 기술을 적용하여 다수의 프로그램을 다중화하여 하나의 채널에 여러 개의 프로그램을 전송할 수 있다.

즉, 6 MHz의 동일한 주파수 대역에 디지털 변조 방식으로 10~30 Mbps의 디지털 압축 처리된 영상, 음성, 데이터 등의 정보를 전송할 수 있게 함으로써 그림 12-1의 예와 같이 동일한 주파수 대역에서 복수의 프로그램을 전송할 수 있다.

우리나라에서 지상파를 통한 다채널 서비스는 MMS(Multi Mode Service)[2]라는 명칭으로 2006년 월드컵 기간 중 시험 서비스를 통해 처음 소개되었다. 그림 12-2의 예와 같이 MMS는 디지털의 장점을 극대화한 다양한 모드의 디지털 방송 서비스로 지상파 디지털 방송은 한 채널에 할당된 주파수 대역(VHF 또는 UHF 대역의 6 MHz) 내에서 고화질방송(HDTV) 1개 채널만을 방송하지만, MMS가 되면

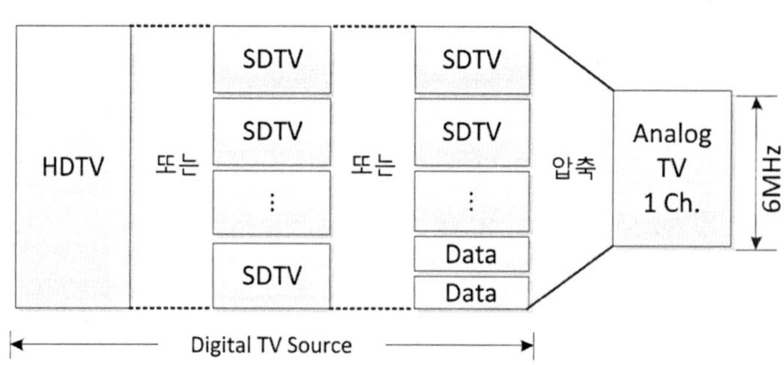

그림 12-1 아날로그TV 방송의 다채널화 개념

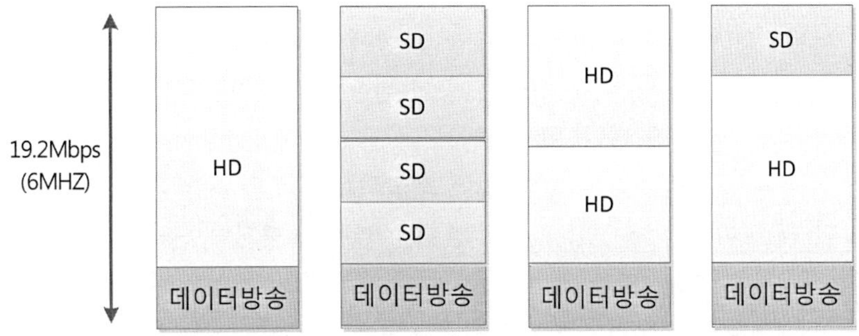

MMS를 통한 디지털방송 주파수 대역폭 채널할당 예

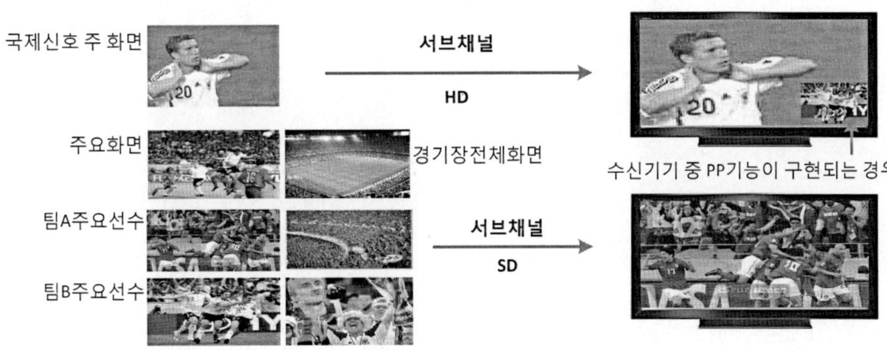

월드컵 방송의 MMS활용 예

그림 12-2 지상파 다채널 디지털 방송(MMS) 예

고화질방송, 표준화질방송(SDTV), 오디오 채널, 데이터 채널 등 다양한 서비스를 제공할 수 있다[3].

(나) 고품질화

기존 아날로그 방송 방식인 NTSC의 최대 영상 해상도는 720x525로 SD급의 화질을 제공한다. 지상파 디지털 방송에서 HDTV는 아날로그 화질의 5배 이상인 최대 1920x1080 영상과 디지털 오디오 및 데이터까지 포함하여 19.2 Mbps 전송률의 데이터를 6 MHz의 대역에 전송하고 있다. 이는 MPEG-2 비디오 압축 기술을 채택하여 20~30배의 압축률로 비디오를 압축하고, 돌비의 AC-3 기술로 오디오 압축하여 데이터 전송량을 획기적으로 줄이기 때문에 가능하다. 따라서 디지털 방송의 경우 아날로그 방송 보다 훨씬 개선된 고품질의 콘텐츠를 제공하는 장점을 가진다.

(다) 고신뢰성

아날로그 방송에서는 전송 신호의 파형에 정보를 싣는 아날로그 변조를 사용하므로 전송 채널의 특성이나 전송 도중의 잡음에 의해서 신호의 일그러짐이 생기거나 파형이 흐트러지게 된다. 즉, 아날로그 변조는 왜곡현상이나 잡음의 영향력이 전송 신호의 파형 자체보다도 '0'과 '1'에 해당하는 신호의 레벨만 판정하는 디지털 변조보다 더 크다고 할 수 있다. 이러한 특성 때문에 디지털 변조는 아날로그 변조에 비해 잡음에 강하고, 화면 내 영상이 이중으로 겹쳐 나오는 현상인 이중상(ghost) 및 색번짐 현상도 없으며, 복조 시에도 오류정정 기술 등을 통하여 잡음을 제거할 수 있다. 보통 디지털 변조는 아날로그 변조에 비해 잡음에 100~1000배 정도 강한 특성을 가지고 있으며, 이는 수백 분의 1 정도의 상대적으로 현저히 낮은 송신전력으로도 동일한 서비스 영역에서 송수신이 가능함을 의미한다.

(라) 양방향성 및 대화형 서비스

디지털 방송에서 주목할 또 다른 특징은 방송 콘텐츠 소비에 능동적으로 참여하고자 하는 시청자의 욕구를 수용한 양방향 기반의 대화형(interactive) 서비스를 제공할 수 있다는 것이다. 즉, 기존의 아날로그TV에서와 같이 선택한 채널에서 일방적으로 제공되는 콘텐츠를 수동적으로 시청하는 형태가 아닌, 시청자가 원하는 콘텐츠를 보다 다양한 형태로 소비하고자 하는 대화형, 맞춤형의 서비스를 제공하는 것이다. 대표적인 양방향 서비스인 데이터방송의 경우 영상과 음성의 본 프로그램 외에 함께 제공되는 부가데이터를 통하여 사용자가 원하면 부가정보(실시간 뉴스, 일기예보, 주식시세 등)를 선택적으로 제공받을 수 있게 된다. 또한, 맞춤형 방송, IPTV 등에서도 이러한 양방향 서비스를 기본적으로 제공한다. 그림 12-3은 본 프로그램을 시청하는 과정에서 출연자의 모자를 경매를 통해 구매하는 양방향 서비스의 예를 보인 것이다. 이때 모자에 대한 정보와 경매를 위한 추가 정보는 부가데이터로 제공되고 모든 시청자가 동일한 형태로 시청하는 것이 아니고 이를 원하는 사용자의 선택에 의해서 소비되는 것이다.

(마) 제한수신과 스크램블링[4]

제한수신(CA : Conditional Access) 기능은 수신료를 지불한 시청자만이 프로그램을 시청할 수 있도록 하는 유료방송의 기본 기능이다. 아날로그 유료방송에서는 단순히 송출된 신호에 왜곡을 발생시켜 이를 수신기에서 복원하는 단순한 형태였지만, 디지털TV에서는 가입자 인증을 기반으로 하여 송출 데이터를 암호화하고 이를 수신기에서 복호화하는 형태의 제한수신 기술이 사용된다. 즉, 디지털TV의 제한수신

그림 12-3 IPTV에서의 대화형 서비스의 예

시스템(CAS : CA System)은 오디오, 비디오 등의 프로그램 데이터를 스크램블링(scrambling)하고 스크램블링에 사용되는 제어단어(CW : Control Word)를 인증키로 암호화하여 전송한다. 수신단에서는 인증키를 복호화하고 복호화된 인증키로 제어단어를 획득하고, 획득한 제어단어를 통해 프로그램 데이터를 디스크램블링하여 시청 가능한 형태의 신호를 출력한다. 스크램블링은 수신 자격이 없는 시청자는 시청이 불가능하도록 데이터를 암호화하는 것으로 제어단어를 이용하여 프로그램 데이터를 암호화 및 복호화하는 것을 말한다. 즉, 제어단어는 프로그램 데이터를 암호화하고 복호화하는 일종의 키로 송신부와 수신부가 반드시 같은 키를 공유하여야 한다.

그림 12-4는 디지털TV의 제한수신 시스템 구성도를 나타낸 것이다. 위에서 설명한 바와 같이 프로그램을 구성하는 영상, 음성, 데이터 신호는 제어단어, 즉 스크램블 키를 사용해서 스크램블을 걸어 전송한다. 수신기는 프로그램 신호와 별도로 전송되는 스크램블 키를 취득하여 그 키를 이용해서 프로그램 신호의 스크램블을 해제한다. 이러한 제한수신에 관련된 정보는 자격제어메시지(ECM : Entitlement Control Message)와 자격관리메시지(EMM : Entitlement Management Message) 신호로 전송된다. ECM은 영상, 음성, 데이터 각각의 신호에 스크램블을 걸어두기 위한 스크램블 키(Ks)를 전송하기 위한 섹션(Section) 형식의 신호로, 워크 키(Kw)를 식별하고 수신기에서 스크램블 기능에 대한 강제 on/off 정보도 전송한다. EMM은 ECM 데이터를 암호화하는 키인 워크 키를 전송하기 위한 섹션 형식의 신호로 가입자에 대한 계약정보를 전송하며, 마스터 키(Km)에 의해 암호화된다. 이때, 마스터 키는 보통 수신기(IC 카드)별로 고유의 키를 가진다.

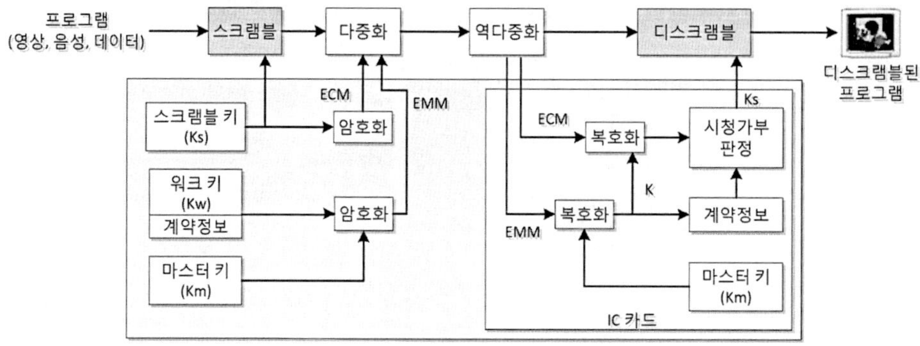

그림 12-4 제한수신 시스템 구성도

제한수신 시스템의 수신기에서는 EMM을 통해 전송된 가입자에 대한 계약정보를 취득하고, ECM을 통해 전송된 영상, 음성, 데이터 각각의 스크램블 키를 취득함으로써 가입자는 스크램블이 해제된 프로그램을 이용할 수 있게 된다.

2 국내외 디지털 방송 현황

방송의 디지털화는 1990년대 중반부터 미국과 영국을 중심으로 전세계적으로 추진되었다. 90년대 중반 미국의 디지털 위성방송인 DirectTV를 시작으로 90년대 후반에는 유럽의 각국에서도 디지털 위성방송 서비스를 시작하였다. 우리나라의 디지털 위성방송은 2001년 12월 시험방송을 시작으로 2002년 3월 Skylife에 의해 본방송이 시작되었다. 디지털 위성방송의 본격적인 등장으로 케이블TV의 디지털화와 지상파 방송의 디지털화 역시 전세계적으로 추진되고 있다[5].

국내 지상파 디지털 방송은 미국의 ATSC(Advanced Television Systems Committee)를 전송방식으로 하여 2001년 10월 서울 · 수도권 지역을 중심으로 DTV 본 방송이 시작되었으며, 현재는 케이블, DMB(Digital Multimedia Broadcasting), IPTV 등 다양한 전송매체를 통하여 디지털 방송이 서비스되고 있다.

국내 지상파 방송의 디지털 전환은 지상파 TV의 디지털 전환을 위한 종합계획에 따라 2012년까지 디지털 송신소 · 중계소를 추가로 구축하여 2012년 12월 31일 지상파 아날로그TV 방송은 모두 종료가 될 예정이다. 케이블TV의 경우도 아날로그TV 방송 종료에 맞춰 HD 중심의 디지털 전환 활성화 계획을 발표하여 진행 중에 있다.

12.2 디지털 방송의 종류

국내의 방송 환경은 2001년 지상파 TV 방송의 디지털 서비스를 시작으로 모든 방송의 디지털화가 진행 중에 있다. 디지털 방송은 크게 디지털 라디오 방송과 디지털TV 방송으로 구분할 수 있다.

디지털 라디오 방송은 고품질 음성 서비스 제공과 함께 기존 주파수 대역을 보다 효율적으로 사용하게 되므로 기존의 주파수를 다른 용도로 전환하거나 보다 많은 채널을 운영할 수 있게 된다. 이러한 면에서 디지털 라디오 방송은 무선호출, GPS 서비스 등과 같은 통신과의 융합을 통해 다양한 분야로의 사업 진출이 가능해 진다.

디지털TV 방송은 고품질 및 다채널 서비스 제공뿐만 아니라 디지털화를 통한 통신, 컴퓨터 등과의 융합을 통한 디지털 콘텐츠의 활용을 가속화 한다. 즉, 홈 네트워크를 통한 PC나 프린터, 오디오 등 멀티미디어 기기 간의 다양한 정보교환을 가능하게 하고, 통신망과의 연동을 기반으로 양방향의 다양한 부가 정보 서비스를 제공한다.

디지털TV 방송은 전송매체에 따라 지상파 디지털TV 방송, 디지털 위성방송, 디지털 케이블방송으로 나눌 수 있고, 디지털 데이터방송, 지상파 DMB와 위성 DMB 등이 현재 서비스되고 있다.

1 디지털TV(DTV) 방송

표 12-2 아날로그TV와 디지털TV 비교

구분	아날로그TV (NTSC)	디지털TV(ATSC)	
		SDTV	HDTV
해상도(주사선 수)	525 라인	704 x 480 640 x 480	1920 x 1080 1280 x 720
채널(6 MHz)	1채널	3~4채널	1채널
음질	2 채널 FM 스테레오	5.1 채널(멀티채널)	
화면비(가로 : 세로)	4 : 3	4 : 3 또는 16 : 9	16 : 9
방향성	단방향	양방향	
변조방식	VSB	8-VSB	
외부잡음	약함	강함	
송신전력	높음	낮음	
부가기능	- 문자다중방송 - VBI를 이용한 데이터방송	- 홈 쇼핑, 홈 뱅킹, 인터넷 접속, 전자 투표 등 - 양방향 방송	

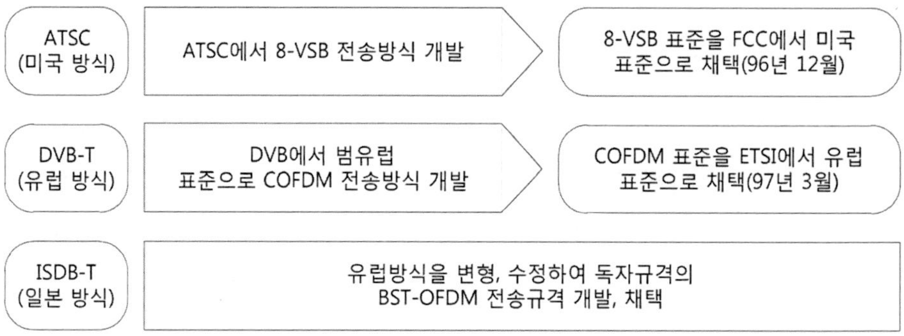

그림 12-5 지상파 디지털TV 전송방식

국내의 지상파 디지털TV 방송은 1997년에 미국의 디지털 방송방식인 ATSC를 채택한 후, 2000년 시험방송을 거쳐 2001년 10월 수도권을 중심으로 본 방송이 시작되었다. 지상파 디지털TV 방송 전송방식 중 하나인 ATSC 방식은 1996년 미연방통신위원회(FCC)가 미국 디지털TV 방식으로 채택하면서 미국의 디지털TV 방식을 통칭하는 말이 됐다. 미국형 방식인 ATSC는 단일 캐리어(single carrier)를 사용하고, 유럽형 방식인 DVB-T(Digital Video Broadcasting-Terrestrial)는 복수 캐리어(multi carrier)를 사용한다. 그림 12-5는 지상파 디지털TV 전송방식을 나타낸 그림[6]이다.

디지털TV에서 사용하는 해상도는 크게 HD와 SD로 구분된다. HDTV가 주로 입체적인 음향과 현장감을 살리는 고화질의 영상을 제공한다면, SDTV는 음질과 화질을 좀 더 낮추어 여러 개의 채널과 부가적인 서비스를 제공하는 데 초점이 맞춰져 있다. SDTV는 화면 종횡비가 4 : 3으로 HDTV에 비하면 현장감이 떨어지지만 고선명 TV인 HDTV의 해상도는 1920×1080으로 약 200만 화소수를 갖는다. 이러한 화소수는 일반적인 컴퓨터 모니터의 해상도인 1024×768의 80만 화소를 가진 것과 비교해도 월등한 수준이다.

2 디지털 라디오 방송

디지털 라디오 방송은 디지털 변조 기술을 사용함으로써 CD급의 깨끗한 음질을 제공하고 기존의 뉴스와 음악뿐만 아니라 문자, 그래픽 및 간단한 동영상 등의 멀티미디어 방송까지 가능한 기존의 AM · FM 라디오 방송을 대체할 수 있는 디지털 오디오 방송을 의미한다.

따라서 디지털 라디오 방송은 디지털 기술을 바탕으로 새로운 형태의 미디어 특성을 가지고 있다. 즉, 다양한 고부가가치 데이터를 제공하는 멀티미디어 정보 단말기로 활용됨으로써 청취자의 정보요구를 충족시키는 데 큰 역할을 할 것이다. 저렴한 수신기를 통해 보편적 정보 서비스를 제공함으로써 누구나 쉽게 접근할 수 있는 새로운 형태의 유비쿼터스 단말기라는 장점을 갖는다.

디지털 라디오 방송은 1995년 영국에서 EUREKA-147 규격의 DAB(Digital Audio Broadcasting) 방식으로 시작되었다. 유럽과 미국에서는 DRM(Digital Radio Broadcasting), DAB, IBOC(In-Band On-Channel) 등 서로 다른 전송방식을 채택하여 디지털 라디오 방송을 시작하였으나 아직은 보급이 더디고 수신기 역시 고가이므로 완전한 전국적인 서비스가 이루어지고 있는 국가는 그리 많지 않다.

국내 디지털 라디오 방송의 도입은 2002년 EUREKA-147의 DAB 방식을 디지털 라디오의 표준으로 잠정 채택하였다. 그 후 라디오의 디지털화를 통해 '듣는 방송'에서 '보고 듣는 멀티미디어 방송'이라는 개념으로 확대하여 기존 DAB라고 지칭하던 명칭을 이동 멀티미디어 서비스의 특성을 살려 DMB로 명칭을 변경하였다[7].

제14장에서는 디지털 라디오 방송 기술인 EUREKA-147방식과 IBOC 방식에 대해 더 자세히 알아보고, 외국의 디지털 라디오 방송 추진 현황을 알아본다.

3 디지털 위성방송

디지털 위성방송이란 위성을 이용하여 디지털 방식으로 방송신호를 송출하고 위성 수신설비를 설치한 가입자가 수신하는 방송 방식을 말한다. 위성방송 시스템은 적도 상공 36,700 km에 위치한 정지위성궤도의 방송위성(BS)을 통해 방송센터에서 수신된 전파를 증폭하고, 재 송출하는 역할을 수행한다.

아날로그 방송의 경우 1개의 위성중계기(transponder)로 1개 채널만 전송이 가능했던 것에 비해 디지털 위성방송은 1개의 위성중계기로 4~8개 채널을 다중화한 전송이 가능하다. 또한, 전파의 도달 범위가 매우 넓기 때문에 넓은 국토를 단일 수신권으로 하는 전국적인 방송에 용이하다. 이 때문에 위성방송은 지상파의 난시청 해소나 케이블방송의 혜택을 받지 못하는 지역에까지도 전국적으로 동일한 방송 서비스를 제공할 수 있는 이점을 가지고 있다.

위성방송이 지닌 이러한 장점들은 디지털 방송이 갖는 고품질, 다채널, 양방향성 등의 장점들이 부가됨으로써 보다 고도화되고 다양한 서비스를 제공할 수 있게 되었다. 디지털 위성방송의 대표적인 서비스의 하나는 수십 개에서 수백 개까지의 다채널 서비스를 실현하고 있다는 점이다. 최초의 디지털 위성방송을 실시한 미국

DirecTV의 경우 현재 225개 이상의 채널을 서비스하고 있다. 영국 BskyB의 경우도 기존 아날로그 채널 40개를 서비스하는 것과는 별도로 140개 채널의 디지털 서비스를 제공하고 있다. 국내의 SkyLife는 비디오 채널 80여개, 오디오 채널 60여개, 유료채널 10여개를 서비스 하고 있다.

디지털 위성방송 서비스는 1994년 DirecTV가 최초로 서비스된 후 전세계적으로 급속히 확산되었다. 전송방식은 DirecTV가 채택하고 있는 DSS(Digital Satellite System) 방식과 유럽의 DVB-S(Digital Video Broadcasting-Satellite) 방식이 있으나 DirecTV를 제외한 전세계 대부분의 방송이 DVB-S 방식을 채택하고 있다. 위성방송의 변화 과정을 보면 초기에는 단순히 위성을 통한 중계방송이나 기존 방송의 재전송수단에 그쳤으나, 1980년대 중반부터는 직접방송위성(DBS : Direct Broadcasting Satellite)을 통한 독자적인 방송으로 자리잡기 시작했다. 특히, 1980년대 후반부터는 각 나라별로 쏘아 올린 여러 위성을 통해 방송 서비스를 하는 사례가 크게 늘어나게 되었다. 이때부터 위성방송도 중요한 방송산업의 한 영역으로 자리잡게 되었다. 이후 1990년대부터는 위성기술의 발전으로 다수의 중계기를 탑재한 고출력 위성의 이용과 위성방송의 디지털화가 이루어지게 됨에 따라 디지털 다채널 위성방송이 자리잡게 되었다.

위성방송을 위해 사용하는 주파수 대역은 12 GHz, 21 GHz 그리고 L,S 대역을 이용한다[1]. 이러한 주파수 대역은 국제적인 결정에 의거하고 있으며, 유럽을 제1, 미주를 제2, 그리고 아시아와 오세아니아를 제3지역으로 나누어 세부 대역을 할당한다.

(가) 12 GHz 대역 디지털 위성방송

12 GHz 주파수 대역을 사용하는 디지털 위성방송은 고품질과 다채널 서비스에 적합하고, 지상파에 비해 방송망 관리가 간단하여 많은 채널 확보가 가능하다. 또한, 이 주파수 대역은 저렴한 중계 비용과 방송망 설비가 없는 중소 상업 방송에서 유리한 이점을 가지고 있다. 세계무선통신주관청회의(WARC : World Administrative Radio Conference)에서는 WARC-77로써 지역별 위성방송용 위성궤도의 위치와 채널을 할당하였다. 제1지역은 11.7~12.5 GHz 대역을, 제3지역은 11.7~12.2 GHz 대역을 할당하였다.

(나) 21 GHz 대역 디지털 위성방송

21 GHz 대역 디지털 위성방송은 WARC-92에서 스튜디오 품질의 HDTV 서비스가 가능한 새로운 위성방송용 주파수를 할당하였는데, 제1,3지역에는 21.4~22 GHz

대역의 주파수를 사용하고, 제2지역에는 17.3~17.8 GHz를 사용한다. 국제전기통신연합(ITU-R : International Telecommunication Union-Radio communication)에서는 국가 단위로 복수궤도를 할당하여 제1,3지역의 채널분할에 대해 해당 국가의 자유선택을 검토하고, 공통 주파수에 대한 계획을 세우고 있다. 공통 주파수는 간섭현상이 적고, 12 GHz에 비해 파장의 축소가 가능한 장점을 가지고 있다.

전송방식은 100 MHz 대역폭을 이용하고, 현재는 1000 Mbps 이상의 정보 전송이 가능하도록 고속 변복조 방식을 연구 개발하고 있다. 또한, 12 GHz대에 비해 강우감쇄가 커서 이를 극복하기 위해 계층화 전송방식과 전력 멀티빔 위성방식 등의 전송기술 개발이 이뤄지고 있다.

(다) L, S 대역의 이동수신 위성방송

L, S 대역은 이동체 수신과 위성통신 등에 사용되는 주파수 대역으로 국가 및 지역마다 다른 주파수 대역을 사용한다. 미국과 인도에서는 2.3 GHz를 사용하고, 동아시아는 2.535~2.655 GHz 대역을 사용한다. 국내에서는 S-Band인 2~4 GHz를 사용하고 있다.

(라) 세계 각국의 디지털 위성방송 현황

12 GHz 대역의 디지털 위성방송 서비스를 하는 영국에서는 1990년 11월 BSB와 Sky-TV의 합병으로 BSkyB 사(社)가 탄생하였다. 이에 따라 기존 BSB에서 제공하던 5개 채널과 Sky-TV에서 제공하던 4개 채널로부터 새롭게 5개의 방송채널 서비스만을 제공하게 되었다. 1996년 6월에는 영국 방송법 개정으로 디지털 방송 사업자 구도와 허가방식을 규정하였고, 1998년 10월에는 본격적인 디지털 위성방송 서비스를 시작하여 2002년 12월 기준 660만 가입자를 확보하게 되었다.

프랑스의 경우는 프랑스에서 가장 중요한 디지털TV 사업자인 CSN 사가 1997년 7월, 디지털 위성방송 가입자 38만 4천여명을 확보하였고, TFI를 비롯한 지상파 TV방송사들이 합작해 설립한 TPS 사는 1998년 1월 본격적인 디지털 방송을 시작하여 17만여명의 가입자를 확보하였다.

일본의 위성방송은 방송위성(BS)과 통신위성(CS)의 두 가지 종류를 이용하여 위성방송을 서비스하고 있다. 2000년 12월 방송위성(BS)을 이용한 디지털 위성방송을 시작하였고, NHK, WOWOW, 스타채널 및 5개의 민영 지상파 방송사가 참여하고 있다. 방송 서비스는 채널 수보다는 HDTV 전송에 집중하여 2005년 6월 기준으로 위성방송 가입자 937만 5천 세대를 확보하였다.

국내에서는 1990년대 초 디지털 위성방송의 전송방식으로 유럽의 DVB-S 방식이 채택되었고, 2002년 3월에는 한국디지털위성방송사 SkyLife가 무궁화3호 위성을 이용한 상용 디지털 위성방송 서비스를 개시하였다. 최근 디지털 위성방송은 고선명/고음질을 실현하고, 다양한 부가서비스를 제공하는 고품질의 디지털 전송방식으로 변화하고 있다. 이러한 위성방송의 수요확대에 따라 다채널 데이터 전송 및 HD급 고품질의 영상을 전송할 수 있는 DVB-S2 시스템[8] 개발이 진행되고 있다.

4 데이터방송

데이터방송은 방송의 디지털화에 따라 등장한 새로운 형태의 방송 서비스의 하나이다. 데이터방송의 특징은 리턴채널을 이용하여 양방향 대화형 서비스를 제공하는 것이다. 리턴채널은 인터넷 등의 상향채널을 통해 사용자의 요구나 정보를 방송국 서버로 전달하고 이에 따라 처리된 결과를 각 사용자에게 전달하는 기능을 수행한다[9].

(가) 데이터방송 유형 및 서비스의 예

데이터방송은 기존의 오디오 및 비디오뿐만 아니라 텍스트나, 사진, 그래픽 등의 디지털 콘텐츠를 제공하는 방송 서비스로 정보 서비스 및 TV상거래 등에 이용될 수 있다. 데이터방송을 통해 가능한 데이터 정보의 예를 들면, 방송국의 전자프로그램 안내(EPG : Electronic Program Guide), 호출 부호 및 제휴 네트워크 등의 방송국 정보, 교통과 날씨, 주식 정보 및 뉴스 등이 있다.

그림 12-6 스포츠 데이터방송 예

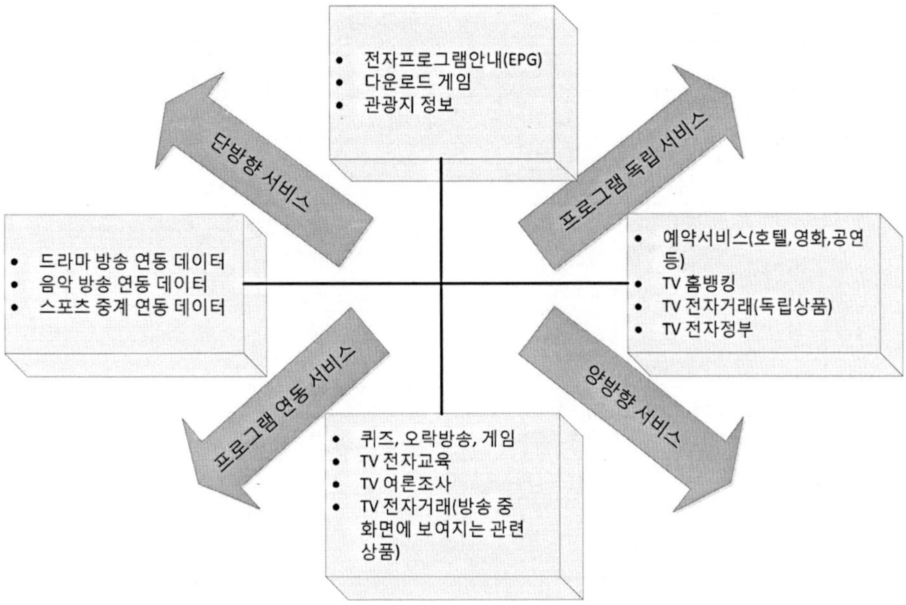

그림 12-7 데이터방송의 유형

이러한 데이터방송 서비스는 그림 12-7과 같이 양방향성의 존재 유무에 따라서 단방향 서비스와 양방향 서비스로 나눌 수 있고, 데이터방송의 본 프로그램과의 연동 유무에 따라서 프로그램 연동 서비스와 프로그램 독립 서비스로 그 유형을 구분할 수 있다. 프로그램 연동 서비스는 드라마, 음악 프로그램, 스포츠 중계 등 본 프로그램과 관련된 정보를 제공하는 서비스로 스포츠의 신수 프로파일, 드라마의 배우 소개 정보 제공 등이 그 예가 될 수 있다. 반면 호텔 예약, 영화 예약 서비스, 날씨, 주식 정보 등은 프로그램과 무관하게 제공되는 것으로 프로그램 독립 서비스로 분류된다.

양방향성의 측면에서는 예약 서비스, 퀴즈, 여론조사 등은 사용자의 정보가 방송 서버로 전달되어야 하는 양방향 서비스인 반면, 게임 다운로드, 전자프로그램안내(EPG), 관광지 정보 등은 단방향으로 사용자에게 일방적으로 제공되는 단방향 데이터방송 서비스이다. 따라서 특정 데이터 서비스는 양방향성과 프로그램 연관 여부 측면에서 구분할 수 있는데, 예를 들면 스포츠 선수의 프로파일 제공 서비스는 단방향 서비스이면서 프로그램 연동 서비스의 한 예가 된다.

표 12-3은 대표적인 데이터방송 서비스의 종류를 나타낸 것이고, 표 12-4는 방송망만을 이용한 방송 프로그램 연동 서비스의 예이고, 표 12-5는 방송망과 상향채널을 동시에 이용하여 방송 제작자와 시청자 간의 양방향 서비스의 예이다.

표 12-3 데이터방송 서비스 유형

구분	서비스 내용
기상 방송	– 일일 주간/월간/연간 날씨 정보 제공 – 기압 분포 및 위성 사진 제공 – 일출, 일몰, 간조, 만조 시간 관련 정보 제공
전자프로그램 안내(EPG)	– 전자프로그램안내(EPG) : 방송 프로그램에 관한 방송 시간, 내용 등 제공 – 스포츠 : 팀 성적, 개인 성적, 지난 경기 설명, 스포츠 용품 구매제공 – 드라마 : 출연자 정보, 대본, 드라마 요약, 드라마 제작 과정 설명 등 제공
상품 판매	– 음반(CD) 및 비디오 테이프 판매 – 콘서트 정보 및 입장권 판매 – 자동차, 의류, 가전 제품 등 판매
TV e-mail	– TV 시청 도중 e-mail 송/수신 제공
뱅킹 서비스	– 주식 정보 및 거래 제공 – 온라인 은행 서비스 제공
인터넷 접속 서비스	– 인터넷 망과의 접속을 통한 인터넷 서비스 제공

표 12-4 방송망만을 이용한 데이터방송 서비스[10]

<table>
<tr><td rowspan="4">방송 프로그램 연동형 데이터방송 서비스</td><td>스포츠</td><td>선수들의 경력, 최근 전적 등의 정보를 서비스</td></tr>
<tr><td>드라마</td><td>배우들의 경력과 과거 작품 및 최근 근황 등의 서비스</td></tr>
<tr><td>게임</td><td>기존의 방송 프로그램을 보면서 이와 관련된 게임을 제공하는 서비스를 함.</td></tr>
<tr><td>광고</td><td>기존의 프로그램이 광고 방송일 경우와 아닐 경우를 나누어 생각
– 광고 방송일 경우 : 광고의 효과를 극대화하기 위해 사용자에게 부가정보 및 관련 정보를 제공할 수 있음.
– 광고 방송이 아닐 경우 : 배우나 선수들이 착용하고 있는 상품이나 촬영장소에 대한 추가적인 부가 서비스를 할 수 있음.</td></tr>
<tr><td rowspan="2">방송 프로그램 독립형 데이터방송 서비스</td><td>EPG</td><td>채널에 관련된 프로그램 안내 정보 서비스
– 수신기 자체 내장형 EPG 서비스 : 수신기 내에서 구성된 화면 포맷의 형태로 기본적으로 전송되는 프로그램 편성정보를 참조하여 사용자에게 제공함.
– 채널에서 제공되는 EPG 서비스 : 특정 채널에서 프로그램 편성과 함께 이와 관련된 다양한 부가정보도 함께 제공함으로써 프로그램에 대한 좀 더 다양한 정보를 사용자가 얻을 수 있도록 서비스 함.</td></tr>
<tr><td>디지털 텍스트 서비스</td><td>방송되고 있는 프로그램과는 상관없이 날씨와 주식정보 및 증권정보 버스 시간표 등을 텍스트 알림 형태로 보내주는 서비스</td></tr>
</table>

표 12-5 방송망과 상향채널을 동시에 이용한 데이터방송 서비스[10]

퀴즈 쇼	시청자는 데이터방송 서비스 시 예상 우승자 맞추기 등 다양한 형태로 퀴즈쇼에 참여
전자 상거래	홈 쇼핑 채널이나 기존의 드라마 프로그램을 보면서 시청자가 필요하거나 마음에 드는 상품이 있을 경우, 그 즉시 상향채널을 통해 해당 상품을 구입 및 결제까지 할 수 있는 서비스
홈 뱅킹	굳이 컴퓨터를 켜지 않아도 기존의 은행과 제휴를 통해서 자신의 계좌를 편리하게 관리할 수 있는 서비스
홈 배팅	경마, 경륜 등 스포츠를 보면서 우승자에 대한 상금 배팅
전자 메일	메일 서버를 제공하여 자신의 메일을 편리하게 관리
채팅 및 커뮤니티	인터넷 포털 사이트와 같이 동일한 서비스 가입자 사이에 방송 프로그램을 시청하면서 채팅을 즐긴다거나, 동호회 인원들에게 SMS 등의 연락이 가능

미국에서의 데이터방송은 초기 케이블TV를 이용한 VOD 부가서비스로부터 시작되었다. DirecTV, Echostar, Cablevision, Charter 사로부터 경기 결과, 날씨, 증권, 게임, 개인 사진 서비스, 경제 정보 등에 대한 데이터방송 서비스가 이루어지고 있다.

일본의 경우 NHK를 비롯한 방송사들이 지상파 디지털 부가서비스 프로그램을 시험 실시하였다. 유럽에서는 영국, 이탈리아를 중심으로 데이터방송 서비스가 실시되고 있으며, 특히 영국은 데이터방송 보급률이 가장 높은 국가로 BSkyB에서 축구 중계 독점권을 가지고 스포츠 배팅 서비스, 전자 상거래 등을 서비스 하고 있으며, 케이블 방송사인 CWC, 지상파 방송 BBC 등에서 게임, 퀴즈 등의 양방향 데이터방송 서비스를 제공하고 있다.

(나) 대화형 방송 시스템

양방향 대화형 데이터방송 서비스는 방송채널을 통해 전송된 애플리케이션이 수신 단말에서 사용자의 조작을 통하여 리턴채널을 통해 그 응답이 다시 송신측에 전달되는 서비스를 의미한다.

그림 12-8은 대화형 방송 시스템의 한 예이다. 콘텐츠 저작 도구를 이용하여 콘텐츠를 제작하고, 제작된 콘텐츠를 DB에 저장한다. 스케쥴 DB를 이용하여 주간 편성정보의 프로그램 스케줄을 바탕으로 대화형 방송 일정을 담당한다. 송출 시스템에서는 스케줄 DB에 따라 해당 프로그램을 콘텐츠 DB에서 읽어 데이터 부호기로 전달한다.

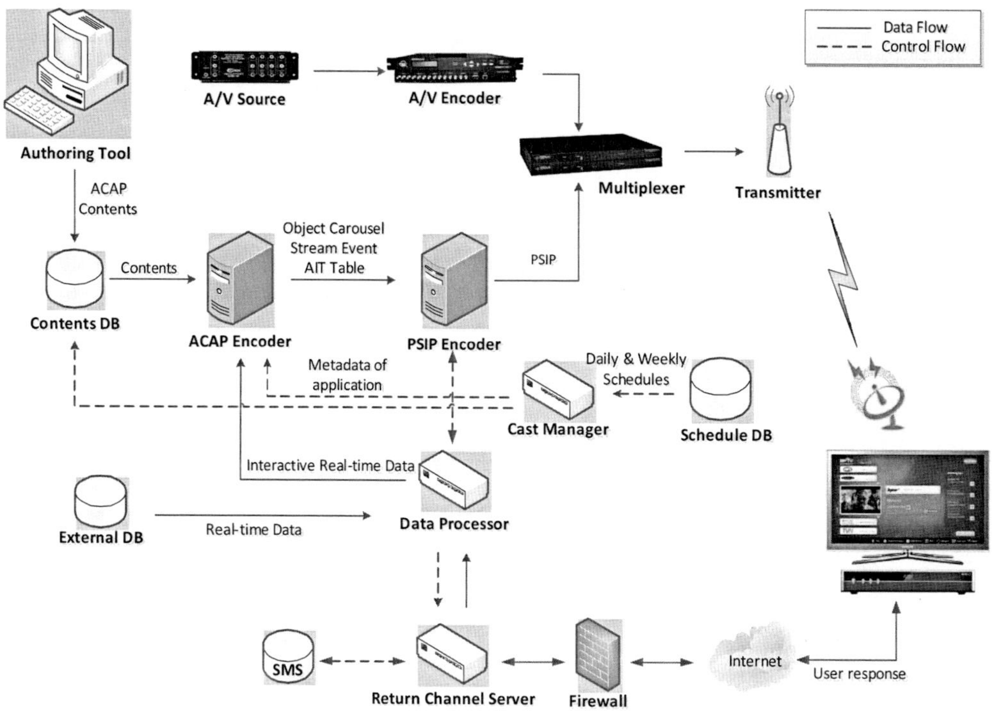

그림 12-8 양방향 대화 방송 시스템 구성 예

데이터 부호기에서는 전달받은 프로그램을 표준에 정의된 송출 프로토콜에 맞게 부호화를 하고, 부호화된 스트림은 디지털 방송 수신을 위해 필요한 PSIP(Program and System Information Protocol) 부호화기로 전달되어 PSIP 정보와 다중화된 후 실제 하드웨어 다중화기로 전달된다. 데이터 처리부에서는 시청자가 입력한 리턴 데이터를 취합 후에 처리하는 역할을 하고, 외부 DB로부터 콘텐츠에서 필요로 하는 정보를 실시간 업데이트하게 된다.

(다) 국내외 데이터방송 표준 동향

현재 데이터방송 표준화는 북미의 ATSC, CableLabs와 유럽의 DVB라는 기관에서 주도적으로 하고 있다. 각 기관에서 이루어지고 있는 데이터방송 표준화 현황을 살펴보면 다음과 같다.

미국의 데이터방송 표준으로는 ATSC가 지상파 데이터방송 표준으로 DASE (Digital TV Application Software Environment) 방식을 정의하였고, 추후 여러 단계의 조정을 거쳐 지상파와 케이블 간의 대화형 방송 콘텐츠의 상호 호환성을 위한 통합 표준으로 SCTE(Society of Cable Telecommunications Engineers)에서 채택한 케이블 데이터방송 표준인 OCAP(Open cable Common Application Platform)과 통합한 ACAP(Advanced Common Application Platform)을 공식 표준화하였다. ACAP의 목적은 지상파와 케이블 양쪽에서 모두 수용할 수 있는 표준이었지만 현재 지상파는 ACAP으로 진행되고 있고, 케이블은 OCAP 표준을 고수하고 있다.

유럽의 데이터방송 표준으로는 DVB의 양방향 데이터방송 표준인 DVB-MHP (Multimedia Home Platform)를 따르고, 가정용 디지털 네트워크를 모두 수용하는 수신기에서는 향상된 방송, 양방향 서비스, 인터넷 액세스 서비스 제공을 목표로 하고 있다. DVB에서는 TV를 이용한 대화형 응용과 이를 실행하는 단말기 사이의 인터페이스를 정의한 규격으로 MHP 표준을 만들었다. MHP는 유럽 표준화 작업의 상위기구인 유럽통신표준국(ETSI : European Telecommunications Standards Institute)에서 주도하고 있지만, 유럽뿐만 아니라 미국의 OCAP 및 ACAP 규격에서도 MHP의 핵심 요소들을 채택하고 있는 개방형 표준으로 상호 유사성이 많다.

국내 데이터방송을 위한 전송표준은 매체별로 매체 자체의 전송방식과 그 매체에서 채택하고 있는 데이터방송 관련 국제 표준에 따라 각기 다른 표준을 채택하고 있다. 지상파에서는 ATSC 표준인 ACAP을 채택하고 있고, 케이블에서는 미국의 CableLabs에서 주도한 OCAP을 채택하고 있으며, 위성방송에서는 DVB의 MHP를 채택하고 있다. 지상파 방송사들은 실험방송을 거쳐 데이터방송을 위한 방송 송출 시스템의 기술적인 실험을 하였고, 다양한 애플리케이션 서비스와 함께 데이터방송의 활성화를 추진하였다.

12.3 디지털 방송 기술의 발전 방향

그림 12-9에서 나타난 방송의 발전 로드맵을 보면, 1961년 1세대 흑백TV 방송이 처음 송출되고, 1980년에 제2세대인 컬러TV방송이 시작되었으며, 다시 20년이 지난 2001년에 제3세대인 디지털 고화질TV(HDTV) 방송이 시작되었다. 디지털 압축기술 및 전송기술의 발전으로 SD 및 HD급의 고화질 서비스가 보편화되었으며, 추후 차세대 디지털TV 방송인 초고화질TV(UDTV : Ultra High Definition Television), 입체영상TV(3DTV)를 중심으로 한 실감 방송으로 빠르게 발전하고 있다.

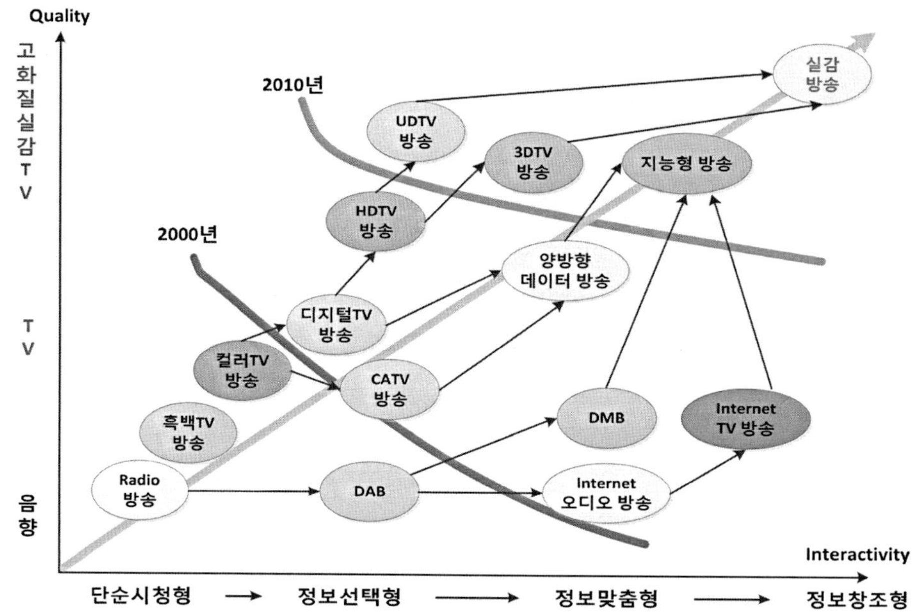

그림 12-9 디지털 방송의 발전전망 로드맵

디지털 전환이 완료되면 기존 아날로그 주파수를 활용하여 UDTV와 3DTV 서비스를 위한 실험 및 시험방송을 통해 HD급 고화질의 다채널 서비스는 물론 UDTV 및 3DTV 서비스의 도입이 본격화될 것으로 전망된다.

또한, 방송통신 융합으로 인한 미디어 컨버전스의 가속화 또한 디지털방송의 중요한 환경 변화 및 발전 방향으로 주목 받고 있다. 통신망과의 연동을 통한 양방향 서비스는 물론 IPTV 등 통신망을 통한 방송 미디어의 전송이 보편화되고 있으며, 사용자가 가정에서의 고정 TV는 물론 모바일 단말을 통하여 장소와 시간에 구애받지 않고 방송 콘텐츠를 접근 소비할 수 있는 맞춤형, 개인형의 방송 서비스로 진화하고 있다.

방송 콘텐츠 측면에서도 방송의 제작/편집, 전송, 수신 등 전 부분의 디지털화가 진행되고, 다양한 전송 매체 간의 융합화로 인하여 방송 콘텐츠의 수요가 증대될 것이다. 또한, 콘텐츠의 패키지화를 통한 다양한 형태의 부가정보 서비스가 확대될 것이다. 따라서 방송 콘텐츠는 고품질 및 입체형의 실감형 패키지 콘텐츠로 진화 발전할 것이다.

• 참고문헌

[1] 이창형, 박상규, 김상철, 박창묵, 김영석, 『디지털방송기술총람』, 커뮤니케이션북스, 2009.

[2] 김광호, "DTV 시대 지상파 MMS : 다양한 부가서비스로 지상파 DTV 활성화 기대", 방송문화, 2006년 7월호.

[3] 성동규, 임성원, 강형철, 김해식, "지상파 방송의 MMS(Multi Mode Service) 채널전략에 관한 연구", 한국언론학회논문지, 2007.9.

[4] 정준영, 구한승, 권은정, 권오형, "제한수신 기술 및 표준화 동향 분석", ETRI 주간기술동향, 2005. 9.

[5] 김현미, "디지털방송 현황과 저작권보호", 저작권기술 동향, 2010년 8월호.

[6] 강상현, 김국진, 정용준, 최양수, 『디지털 방송론』, 한울 아카데미, 2002.

[7] 조창현, 『미래 방송 서비스를 위한 주파수 확보 방안 연구』, 방송위원회, 2006.12.

[8] 김승철, 최은아, 장대익, "위성방송 수신 가용도 개선을 위한 디지털 위성방송 전송기술 동향", 전자통신동향분석, 제23권 제3호, 2008.6.

[9] 배재휘, 임종수, 이수인 "지상파 디지털 이동멀티미디어 방송 동향", 전자통신동향분석, 제21권 제4호, 2006.8.

[10] 방건, 최진수, "김진웅 데이터방송 기술 및 표준화 동향", 전자통신동향분석, 제19권 제4호, 2004.8.

생각해 볼 문제

Q1 디지털 방송이 아날로그 방송에 비해 갖는 장점에 대해 설명하시오.

Q2 디지털TV와 아날로그TV의 차이를 설명하시오.

Q3 디지털 방송의 종류를 나열하고 각각의 특징을 간단히 설명하시오.

Q4 데이터방송의 유형을 분류하고 각 유형별 대표적인 서비스의 예를 제시하시오.

Q5 디지털 방송은 향후 실감방송으로 진화될 것으로 전망되고 있다. 실감방송의 대표적인 2가지 방송 서비스는 무엇인가?

Chapter 13

디지털TV 방송

이번 장에서는 앞장에서 살펴본 디지털 방송 중 지상파 디지털TV 방송에 대해 살펴본다. 먼저, 디지털TV 방송의 배경 및 특징을 간단히 살펴보고, 미국, 유럽, 일본에서 지상파TV 방송방식으로 채택하고 있는 ATSC, DVB-T, ISDB-T 방식에 대해 자세히 알아보고 각 방식을 비교한다.

13.1 디지털TV 방송 배경

1 개요

디지털 방송이란 방송 콘텐츠의 제작, 전송 및 재현에 이르는 모든 과정을 디지털화함으로써, 고품질의 방송 프로그램 및 다채널 서비스를 실현하고 통신방송 융합형 서비스를 포함한 다양한 부가기능을 제공하는 방송 기술로 정의된다. 디지털 TV/방송의 주요 특징[1]은 다음과 같이 정리할 수 있다.

- 현재 아날로그TV보다 5~6배 선명한 고선명(HD) 영상과 CD급 고음질의 음향을 제공
- 영상, 음성, 음향, 문자, 그래픽 등 다양한 형태의 멀티미디어 정보 제공과 TV 수상기, 컴퓨터 모니터, 이동통신 단말 등 여러 가지 사용자 단말에서의 방송망과 통신망과의 연동을 통한 시청자가 참여하는 양방향 서비스 제공
- 시간과 공간의 제약 없이 언제, 어디서나, 시청자 개인 취향의 프로그램을 자유롭게 시청하는 맞춤형 방송 가능
- 양방향 데이터방송, TV 전자상거래, T-Government 등 멀티미디어 부가서비스를 이용하여 디지털 인프라 간 통합의 구심점 및 정보 플랫폼(Home Gateway) 역할

위와 같은 서비스를 제공하기 위한 지상파 디지털 방송은 이미 전세계적으로 본격화되었다. 2003년 디지털 방송을 시작한 네덜란드는 2006년 아날로그 방송을 종료했으며, 최근 미국과 일본, 프랑스는 현행 아날로그 방송을 중단하는 등 세계적

으로 디지털 방송 전환이 속속 이뤄지고 있다. 우리나라는 시청자의 방송 만족도를 높이고 관련 산업의 경제적 부가가치를 극대화하기 위하여, 2001년 10월에 디지털 지상파 방송을 시작으로 2002년 3월에 디지털 위성방송, 2005년 2월에 디지털 케이블TV 방송 서비스를 시작했고, 2012년 12월 지상파 아날로그 방송을 종료하고 디지털TV방송으로의 전환을 계획하고 있다.

2 디지털TV 방송방식

표 13-1에서 나타낸 것과 같이 지상파 디지털TV 방송방식[2]은 국제적으로 미국방식인 ATSC(Advanced Television Systems Committee) 방식, 유럽방식인 DVB-T (Digital Video Broadcasting-Terrestrial) 방식, 일본방식은 ISDB-T(Integrated Services Digital Broadcasting-Terrestrial) 방식, 그리고 중국방식인 DMB-T/H (Digital Multimedia Broadcasting-Terrestrial/Handheld) 방식이 있다.

표 13-1 지상파 디지털TV 방송방식별 특징[3]

구분		멀티 캐리어(OFDM) 방식			싱글 캐리어 방식
		ISDB-T	DVB-T	DMB-T/H	ATSC
변조방식		BST-OFDM	COFDM	VSB/OFDM	8-VSB
채널 대역폭		6 MHz (7 또는 8 MHz로 확장가능)	7 또는 8 MHz (6 MHz로 확장가능)	8 MHz	6 MHz (7 또는 8 MHz로 확장가능)
세그먼트 단위의 운용		세그먼트 단위로 변조방식 변경 가능	×	×	×
다중화 방식		MPEG-2 Systems			
부호화 방식	영상	MPEG-2 Video	MPEC-2 Video	AVS(Audio Video Coding Standard)	MPEC-2 Video
	음성	MPEG-2 (Audio AAC (Advanced Audio Coding))	MPEG-2 (Audio BC (Backward-Compatible)	AVS(Audio Video Coding Standard)	Dolby AC-3
특징		- 다중경로 방해에 강함 - SFN 기능 - 이동수신에 강함 - 휴대단말에 수용 가능	- 다중경로 방해에 강함 - SFN 기능 - 이동수신 가능	- OFDM/VSB 전송 방식을 모두 사용 - 이동수신 가능	- 아날로그 변조기술을 기본으로 함으로써 제조 기술이 용이 - 이동수신 불가
채택국가		일본, 브라질	유럽, 아프리카, 아시아 등 대부분 국가	중국	미국, 캐나다, 한국, 멕시코, 페루 등

국내의 지상파 디지털TV는 8-VSB(Vestigial Side Band) 전송방식을 사용하는 단일 반송파 시스템인 미국의 ASTC 방식을 채택하고 있다. 캐나다, 멕시코, 페루 등도 ASTC 방식을 채택하고 있다. 유럽을 비롯해 아시아, 아프리카 등 세계적으로 가장 많은 국가에서 지상파 디지털TV 표준으로 채택된 DVB-T 방식은 직교주파수 분할다중화(OFDM : Orthogonal Frequency Division Multiplex) 방식을 사용하는 복수 반송파 시스템이다. 일본의 ISDB-T 방식은 DVB-T와 마찬가지로 ODFM 전송 방식을 사용하는 복수 반송파 시스템으로 브라질에서도 채택하고 있다. 최근 중국에서 독자적으로 개발한 DMB-T/H 방식은 전송모드에 따라서 VSB 전송방식과 OFDM 전송방식을 각각 사용할 수 있어 양 전송방식의 장점을 모두 취할 수 있다. 다음 절에서는 각 방식에 대해 구체적으로 살펴본다.

13.2 ATSC 전송방식

1 개요

ATSC 전송방식[4]은 미국의 디지털TV 기술규격 제정 단체인 ATSC에서 만들어졌으며, 1996년 미국의 연방통신위원회(FCC)가 디지털TV 표준으로 승인하였다. ATSC 디지털TV 표준에서 채택하고 있는 각 방식의 주요 특징은 다음과 같다.

- 8-VSB(잔류측파대 진폭변조) 전송방식을 사용하여 6 MHz의 채널에 19.39 Mbps의 데이터 전송률을 얻을 수 있어 대역 효율이 높다.
- 기존의 NTSC 채널과의 간섭을 최소화하도록 설계되었고, 잡음이 많은 상황에서도 안정적으로 동작할 수 있도록 파일럿(pilot) 신호, 세그먼트 동기 신호, 필드 동기 신호 등을 사용한다. 또한, 전송오류를 방지하기 위하여 리드-솔로몬(RS : Reed-Solomon) 부호를 사용한다.
- 비디오 부호화 방식은 MPEG-2 Video(ISO/IEC 13818-2)를 사용하고, 오디오 부호화는 돌비(Dolby) 사의 AC-3 표준을 사용한다.
- 오디오, 비디오 및 데이터 다중화 방식은 전송오류를 고려한 방송환경에 적합한 MPEG-2 Systems 표준(ISO/IEC 13818-1)의 TS(Transport Stream)을 사용한다.

현재 미국, 캐나다, 한국 등에서 채택하고 있는 ATSC 디지털TV 규격[5]은 표 13-2와 같다.

표 13-2 ATSC 디지털TV 규격

구분	방식
영상신호 형식	- 1920×1080, 1280×720, 720×480, 640×480, 60, 30, 24 프레임/초, 순차주사, 비월주사 - 1920×1080(HDTV급), 30 프레임/초, 순차주사
영상 부호화	- MPEG-2(ISO/IEC 13818-2) Main Profile@High Level
음성 부호화	- Dolby AC-3
다중화	- MPEG-2 Systems(ISO/IEC 13818-1)
변조방식	- 지상파 방송용 : 8-VSB(AM, 6 MHz) - 케이블 전송용 : 16-VSB(AM) - 위성 전송용 : QPSK

2 ATSC 디지털TV 시스템

ATSC 디지털TV의 송신 시스템은 그림 13-1의 구성도와 같이 신호원 부호화부, 다중화부, RF/전송부로 구성된다.

신호원 부호화부는 비디오, 오디오 및 부가데이터를 부호화하여 전송률을 줄이는 역할을 한다. 부가데이터는 제어데이터, 제한수신 데이터, 프로그램 영상/음향 서비스와 관련된 데이터를 말한다. 또한, 부가데이터는 독립적인 프로그램 서비스를 말하기도 한다. ATSC는 비디오 및 오디오 부호화를 위하여 MPEG-2 비디오 표준과 돌비 AC-3 표준을 채택하고 있다.

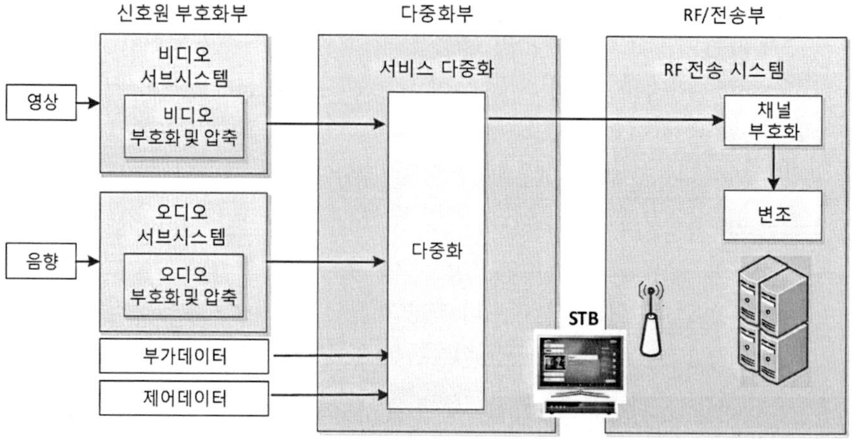

그림 13-1 ATSC 디지털TV 송신 시스템 구성도

다중화부는 부호화된 비디오, 오디오, 데이터 비트열인 ES(Elementary Stream)들을 MPEG-2 시스템 규격에 따라 TS로 다중화 한다. 이를 위해서 먼저 비디오, 오디오 ES를 각각 PES(Packetized Elementary Stream) 패킷으로 패킷화 한다. PES 패킷은 일반적으로 비디오 및 오디오의 한 재현단위(PU : Presentation Unit)를 부호화한 접근단위(AU : Access Unit)를 하나의 PES 패킷으로 패킷화 하고, PES 패킷 헤더에는 그 해당 AU의 재현 및 복호화 동기 정보를 포함한다. 이렇게 패킷화된 오디오, 비디오, 부가데이터를 포함한 PES 패킷은 188바이트의 TS 패킷 단위로 다중화되어 전송을 위한 단일 TS가 생성된다. 이러한 다중화 과정은 MPEG-2 시스템 규격을 따르며, MPEG-2 시스템에서는 저장 및 전송을 위한 단일 다중화 비트열로 PS(Program Stream)와 TS를 규정하고 있으며, TS는 전송오류를 고려한 방송응용을 위한 것으로 ATSC에서도 TS를 채택하고 있다.

RF/전송부는 채널 부호화와 변조를 포함한다. 채널 부호화는 수신기가 전송오류로 손상된 수신 데이터를 원래의 신호로 복구할 수 있도록 부가데이터를 입력 데이터 비트열에 추가하는 과정이다. 변조기는 디지털 비트열을 송신신호로 변조하며 8-VSB 변조방식을 사용한다.

(가) 비디오 시스템

ATSC의 비디오 부호화는 MPEG-2 비디오 표준의 메인 프로파일(MP : Main Profile)에 기초한다. 표 13-3은 ATSC 방송방식에서 표준으로 정한 18가지 비디오 포맷을 나타낸 것으로 비월주사(interlaced), 순차주사(progressive), HDTV와 SDTV 모두 표준으로 정하였다. 또한, NTSC용 장비와도 쉽게 연동 가능하도록 NTSC용 프레임율(55.94, 29.97, 23.97 Hz)을 고려하여 36가지 비디오 포맷을 결정하였다. 방송사는 이 규격 중 원하는 규격을 사용할 수 있다.

표 13-3 ATSC 비디오 포맷

화면비	유효 화소수	유효 라인수	스캐닝 모드	프레임율(Hz)
4 : 3	640	480	Progressive Interlaced	60(59.94) / 30(29.97) 24(23.98) / 30(29.97)
4 : 3	704	480	Progressive Interlaced	60(59.94) / 30(29.97) 24(23.98) / 30(29.97)
16 : 9	704	480	Progressive Interlaced	60(59.94) / 30(29.97) 24(23.98) / 30(29.97)
16 : 9	1280	720	Progressive Interlaced	60(59.94) / 30(29.97) 24(23.98) / 30(29.97)

(나) 오디오 시스템

ATSC 오디오 표준은 Dolby 사의 AC-3 표준을 사용한다. AC-3 부호기의 입력인 5.1 채널 오디오는 좌, 우, 중앙, 좌/우 서라운드의 5개 전역 오디오 신호(3 Hz~20 kHz)와 1개의 LFE(Low Frequency Enhancement) 신호(3 Hz~120 Hz)로 구성된다. LFE 채널의 대역폭은 다른 채널의 대역폭의 1/10에 불과하여 AC-3 시스템을 5.1채널 시스템이라고 한다. 만일 PCM을 이용하게 되면 5 Mbps(6채널×48 kHz×18비트=5.184 Mbps) 이상의 데이터 전송률이 필요하게 되는데, AC-3를 이용하면 5.184 Mbps의 데이터 비트열을 384 Kbps로 압축한다.

AC-3 부호화는 다음의 3단계로 구성된다. 우선 오디오 신호를 심리 음향모델(Psychoacoustic Model)을 적용하여 시간 영역에서 주파수 영역으로 변환한다. 그 다음 주파수 계수를 부호화하고, 마지막으로 청각모델에 의해 정해진 비트율 할당에 따라 주파수 변환계수를 양자화하여 부호화된 비트열을 생성한다.

표 13-4는 AC-3 기본 스트림이 포함된 오디오 서비스 유형을 나타낸 것이다. ATSC 규격의 오디오 시스템에서는 주 오디오 서비스(Main Audio)와 부 오디오 서비스(Associated)로 서비스 유형이 나뉜다. 주 서비스에는 CM과 ME 두 가지 유형이 있으며, 부 서비스에는 VI, HI, D, C, E, VO의 6개 유형이 있다. 또한, 각 부서비스는 하나 이상의 주 오디오 서비스와 관련되어 있다.

주 오디오 서비스 중 CM 유형은 완전한 오디오 프로그램(대화, 음악, 음향 모두 지원)을 포함하며, 이는 일반적으로 제공되는 오디오의 형태를 말한다. CM 서비스는 1부터 5.1 오디오 채널까지를 포함하며, 부 오디오 서비스에 의해 더욱 향상된다. ME 유형은 CM 유형과 비교하여 오디오 프로그램의 음악과 효과를 포함하지만, 대화는 포함하고 있지 않다. CM 서비스와 마찬가지로 1부터 5.1 오디오 채널까지를 포함할 수 있다.

부 오디오 서비스 중 VI 유형은 단일 오디오 채널이지만, CM 서비스와 동시 재생을 통해서 시각 장애자를 고려하여 화면상의 내용을 귀로 들으며 이해하도록 도와주며, 복수 채널의 주 오디오 프로그램을 즐길 수 있게 해준다. HI 유형은 청각 장애자를 고려한 서비스로 CM 서비스와 동시 재생을 통해 어떤 음악과 효과가 나가는 동안 대화를 좀 더 강조하는 혼합 서비스로 이용될 수 있다. D 유형은 오디오와 같이 사용되는 프로그램 대화를 포함하며, C 유형은 필수적인 프로그램 대화를 전달하는 D 유형과는 달리 선택적인 프로그램 해설을 전달한다. E 유형은 긴급사항이나 높은 우선순위를 갖는 발표를 삽입할 때 사용되며, VO 유형은 수신기에서 주 오디오 서비스를 따라 재생되도록 만들어진 단일 채널 서비스를 말한다.

표 13-4 ATSC 오디오 서비스 유형

명칭	서비스 유형	채널 수	전송속도(Kbps)
Complete Main(CM)	Main Audio	1~5.1	64~384
Music & Effects(ME)	Main Audio	1~5.1	64~384
Visually Impaired(VI)	Associated	1	128
Hearing Impaired(HI)	Associated	1	128
Dialog(D)	Associated	1	128
Commentary(C)	Associated	1	128
Emergency(E)	Associated	1	128
Voice-Over(VO)	Associated	1	128

13.3 DVB 전송방식

1 개요

유럽방송연맹(EBU : European Broadcasting Union)에서는 유럽 디지털 방송규격 제정을 위하여 1993년 DVB[6] 프로젝트를 시작하였다. 위성, 케이블, 지상파 등 다양한 전송매체에 대한 유럽 공통규격을 정하였으며, 각 매체가 최대한 공통기술을 공유할 수 있도록 규격 작업을 진행하였다. 최종 DVB가 제안한 위성방송용 규격인 DVB-S, 케이블방송용 규격인 DVB-C, 지상파방송용 규격으로 DVB-T가 유럽통신표준국(ETSI)에서 유럽 디지털 방송 표준으로 승인되었다. DVB-S는 우리나라를 포함하여 전세계적으로 널리 채택되어 있으며, DVB-T는 유럽의 모든 국가에서 채택하고 있으며 호주, 뉴질랜드, 싱가포르, 인도, 홍콩 등에서도 채택하고 있다. 유럽의 지상파 디지털TV 방송은 SD급의 다채널 방송을 위주로 서비스가 진행되었고, DVB 진영에서 유일하게 호주에서만 고화질의 HD(720p)급 서비스를 제공하였다.

DVB-T 디지털TV 표준에서 채택하고 있는 각 방식의 표준은 다음과 같다.

- 비디오 부호화 방식 : MPEG-2 Video(ISO/IEC 13818-2)
- 오디오 부호화 방식 : MPEG-1 Audio(ISO/IEC 11172-3)와 MPEG-2 Audio (ISO/IEC 13818-3)

• 다중화 방식 : MPEG-2 Systems(ISO/IEC 13818-1)
• 변조 및 전송방식 : QPSK/QAM과 COFDM(Coded OFDM) 방식

표 13-5는 DVB에서 제안한 유럽 디지털 방송규격을 나타낸 것이다.

표 13-5 DVB 유럽 디지털 방송규격

규격명	제목	ETSI규격집
DVB-S	Digital satellite transmission system	ETS 300 421
DVB-C	Digital cable delivery system	ETS 300 429
DVB-T	Digital terrestrial broadcasting system	ETS 300 744
DVB-MC (Based on DVB-C)	Digital microwave MDS(Multipoint Distribution System) at and above 10 GHz	ETS 300 748
DVB-MS (Based on DVB-S)	Digital MMDS at below 10 GHz	ETS 300 749
DVB-CS	Digital Satellite Master Antenna Television(SMTV) distribution systems	ETS 300 473
Interactive Television	- Return channels in CATV system (DVB-RCC) - Network-independent interactive protocols (DVB-NIP) - Interaction channel for satellite master antenna television (SMTV) - Return channel in PSTN/ISDN systems (DVB-RCT) - Interfacing to PDH networks - Interfacing to SDH networks	ETS 300 800 ETS 300 801 ETS 300 803 ETS 300 802 ETS 300 813 ETS 300 814
Data Broadcasting	Specification for the transmission of data in DVB bit stream	TS/EN 301192
DVB-CI	Common interface for conditional access and other application	EN50221 (by CENELLEC)
DVB-CA	Technical specification of simulcrypt in DVB systems	TS 101 197
Subtitling	Subtitling system	ETS 300 743
Interfaces	- DVB interfaces to PDH networks - DVB interfaces to SDH networks	ETS 300 813 ETS 300 814
DVB-SI	Specification for service information(SI) in DVB system	ETS 300 468
DVB-TXT	Specification for conveying ITU-R system B Teletext in DVB bit streams	ETS 300 472

2 DVB 방송 시스템의 기본 구성

DVB 방송 시스템은 그림 13-2와 같이 소스 부호화 및 다중화, 채널 부호화 및 변조, 전송매체, 복조 및 복호화, 디스플레이 등으로 구성된다. 소스 부호화 및 다중화의 경우 MPEG-2를 사용하고 채널 부호화 및 변조의 경우 여러 등급의 채널 부호화를 수행하며 채널 부호화된 신호는 전송매체에 따라 적합한 변조를 수행한다.

그림 13-2 DVB 방송 시스템의 기본 구성

DVB는 비디오 부호화 기술로 MPEG-2를 사용하며, 위성, 케이블, 지상파 등 다양한 전송매체에 공통으로 사용된다. 오디오는 MUSICAM에 기반을 둔 MPEG-2 Layer II 방식을 사용하며, 다중화 기술은 MPEG-2 시스템을 사용한다.

소스 부호화는 채널 대역폭을 줄이기 위해 신호의 데이터양을 줄이는 반면, 채널 부호화는 데이터를 추가하여 전송오류에 강인하게 하는 과정이다. MPEG-2 TS를 채널 성격에 따라 여러 등급의 채널 부호화를 수행하며, 부호화된 신호는 전송매체에 따라 적절한 변조를 수행한다. 위성, 케이블, 통신위성을 이용한 위성방송과 분배시스템(SMATV, MMDS), 지상파 등 다양한 형태의 전송매체의 물리적 특성을 고려하여, MPEG-2 TS가 시간당 최대 1개의 미수정 오류가 발생하는 상태로 수신될 수 있도록 한다.

복조 및 복호화 과정은 RF 신호를 제거하고 기저대역의 신호를 복원한다. 디지털 신호는 전송매체의 반향 현상에 민감하기 때문에 필요한 경우 등화(equalization) 기술을 사용한다. 디스플레이는 4 : 3, 16 : 9, 2.21 : 1의 화면비 포맷을 지원하며, 이런 포맷의 프로그램이 전체 유효라인을 통해 전송되어야 한다. TV 수상기가 자신의 고유 포맷이 아닌 다른 포맷의 프로그램을 수신하는 경우를 대비하여 팬(pan)벡터를 전송한다.

3 DVB-T 시스템

DVB-T 규격은 ETSI EN 300 744로 규격화되어 있고 미국이나 일본 방식과 마찬가지로 비디오 신호 부호화 규격은 MPEG-2 Video를 따른다. 오디오 신호 부호화

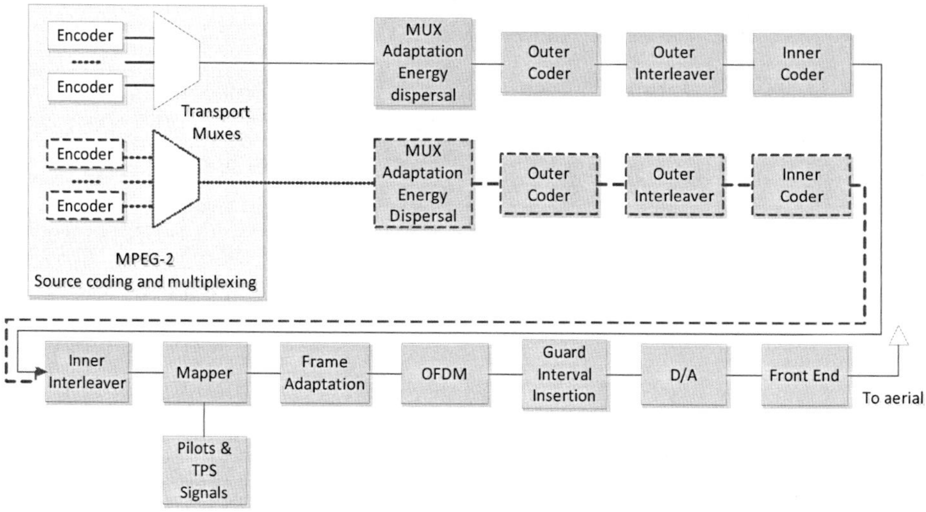

그림 13-3 DVB-T의 송신 시스템 구성도

규격은 MPEG-2 Layer II를 따른다. 그림 13-3은 유럽의 지상파 디지털TV 방식인 DVB-T 송신 시스템 구성도이다.

먼저 프로그램 다중화기(Transport MUX)를 통해 비디오, 오디오 및 데이터 부호기 출력 신호를 MPEG-2 TS로 다중화한다. 이후 다중화 적응에너지확산(MUX Adaptation Energy Dispersal)에서는 188바이트 단위로 다중화된 TS 비트열에 동일 비트가 반복되는 것을 방지하기 위해 랜덤화 과정을 거쳐 에너지를 고르게 분산시킨다. 외부호기(Outer Coder)에서는 그림 13-4와 같이 리드-솔로몬(RS) 부호화를 거치면서 오류정정용 부호가 첨가되어 188바이트 크기의 TS 패킷당 16바이트의 패리티 비트를 추가하여 총 204바이트를 출력한다(RS(204, 188, t=8)). 이때 16비트의 패리티(parity)를 추가하여 8비트의 오류를 수정할 수 있다. 이후 외부 인터리버(Outer Interleaver)를 통해 전송과정에서 발생하는 연집오류(burst error)로 인한 많은 데이터의 손실을 방지하고자 일정한 패턴으로 데이터를 뒤섞는다.

그림 13-4 리드-솔로몬 RS(204, 188, t=8) 패킷

내부호기(Inner Code)에서는 분산된 비트오류를 정정하기 위해 펑처드(punctured) 길쌈부호(Convolutional Code)에 의해 오류정정용 부호를 다시 추가한다. 내부호기에서는 원하는 서비스 또는 전송률에 따라 에러정정 레벨을 달리할 수 있다. 즉, 펑처링(puncturing)을 통하여 1/2, 2/3, 3/4, 5/6, 7/8의 부호율을 얻을 수 있다. 또한, 내부 인터리버에서는 비트 단위로 또 다시 일정한 순서로 뒤섞는다. 내부호기와 내부 인터리버를 거친 모든 신호는 방송사가 선택한 변조방식으로 각 부반송파에 변조가 걸리게 되고, 변조된 각 부반송파는 방송파 간의 간섭이 없도록 배치되고(즉, OFDM 프레임으로 변조되어) 주파수 변환이 행해진 후 전력 증폭부를 통해 증폭된 후 안테나를 통해 송신된다. 변조방식으로는 균일변조(QPSK, 16-QAM, 64QAM)와 비균일변조(16-QAM, 64-QAM)가 있다. 변조에 사용되는 성좌점(constellations)의 위치는 매개변수 $\alpha(=1, 2, 4)$에 따라 달라지며 값이 2 이상이면 비균일 변조가 된다. 매핑기에서는 신호를 변조방식에 맞게 각 성좌점에 매핑한다.

13.4 ISDB-T 전송방식

1 개요

90년대 초 미국에서 완전 디지털 방식의 HDTV 개발을 시작하고 1992년 유럽에서도 디지털 방송규격 작업을 위한 DVB 프로젝트가 시작되었다. 이에 따라 일본에서는 통합형 멀티미디어 서비스를 위한 디지털 방송방식인 ISDB를 개발하였다. ISDB는 전송매체에 따라 위성은 ISDB-S, 지상파는 ISDB-T, 케이블은 ISDB-C로 구분되어 있다. ISDB-T는 HDTV를 포함한 다양한 서비스 및 모바일 멀티미디어 서비스에 충분한 수신 성능을 보장하는 것을 목표로 개발되었다. ISTB-T는 유럽방식과 달리 대역폭을 자유롭게 쓸 수 있는 OFDM 방식의 변형인 대역분할전송-직교주파수분할다중(BST-OFDM : Band Segmented Transmission-OFDM)이라는 독자적인 방식을 채택하였다. 또한, 수신기의 성능에 따라 원하는 서비스를 소비자가 선택할 수 있도록 하였다. 지상파 ISDB-T는 대역에 따라 SDTV, HDTV와 사운드를 가능한 넓게 사용하는 광대역 ISDB(ISDB-Tw(Television))와 사운드(오디오+데이터) 서비스만 가능하게 하여 좁게 사용하는 협대역 ISDB(ISDB-Tn(Sound and Data))로 구분하고 있다. ISDB는 다양한 종류의 콘텐츠 서비스를 체계적으로 통합하기 위하여 다음과 같은 주요 특징[7]을 가진다.

- 다채널 SDTV 및 HDTV 서비스 가능
- 이동수신 가능
- MPEG-2 미디어 인터페이스를 사용하여 전송 시스템의 입력과 출력이 같은 규격으로 되기 때문에, 미디어가 서로 다른 ISDB-S나 ISDB-C와도 호환성을 가질 수 있다.
- MPEG-2 TS를 기반으로 하기 때문에 콘텐츠의 복호화 및 재부호화 없이 TS 레벨에서 다중화가 가능하므로, 다양한 멀티미디어 서비스가 가능하다. 송신 대역폭을 14개의 세그먼트(segment)로 나누고 이 세그먼트 내에서 주파수 인터리빙(frequency interleaving)을 하여 각 세그먼트에 대해 독립적으로 추출이 가능하다.
- ISDB 스트림 내에서 각 세그먼트 단위로 적절한 변조방식 및 데이터의 선택이 가능하다.
- 수신기에 다중화와 변조기법에 관한 정보를 알려주는 제어신호(TMCC)를 사용하여 다중방식 및 변조방식에 따라 수신기 성능의 차별화가 가능하다.
- 통합된 서비스의 일부는 저가이고, 가벼운 협대역 수신기로 수신이 가능하다.

2 ISDB-T 전송 시스템

ISDB-T는 BST-OFDM이라는 DVB-T의 단점을 보완한 독자적인 전송방식을 채택하여 ISDB 비트열 내에서 각 세그먼트 단위로 적절한 변조방식 및 전송 데이터를 선택할 수 있도록 하여, 동시에 오디오, 데이터 및 영상 송신이 가능하고 매개변수 설정에 따라 이동수신도 가능하도록 하였다. 송신 대역폭을 14개의 세그먼트로 나누고 각 세그먼트 내에서 주파수 인터리빙을 하여 독립적으로 추출이 가능하도록 하였다. 그림 13-5는 ISDB-T 방식의 전송대역을 나타낸다. 6 MHz의 대역을 14개의 세그먼트로 나누면 한 세그먼트의 대역은 약 430 kHz가 되는데, 이 중 1개는 사용하지 않고 13개의 세그먼트만 사용하여 실제 사용하는 대역폭은 약 5.6 MHz가 된다.

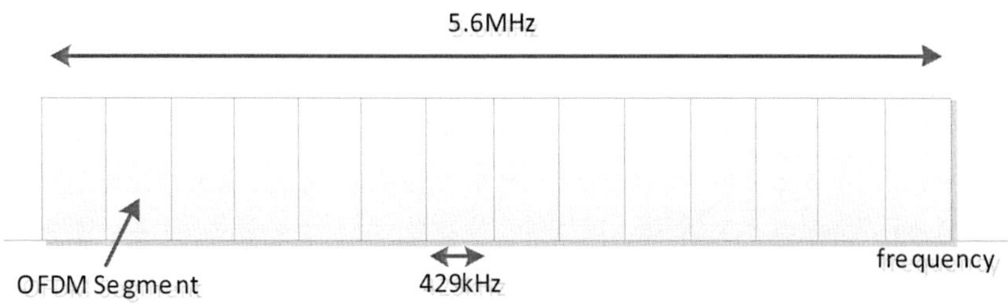

그림 13-5 ISDB-T 방식의 전송대역

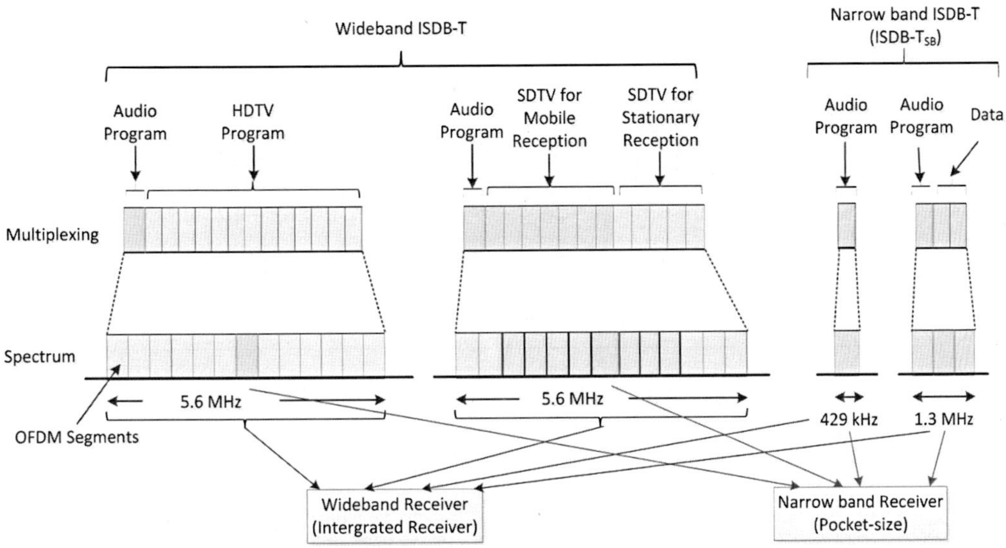

그림 13-6 ISDB-T 계층적 전송의 예

이렇게 세그먼트로 나누는 이유는 그림 13-6과 같이 각 세그먼트 단위로 적절한 변조방식 및 전송 데이터를 서비스 목적에 맞게 선택할 수 있도록 하여 계층적으로 서비스하기 위함이다. 이러한 세그먼트들은 정보량에 따라 최대 3계층까지 설정할 수 있는데, 가장 낮은 단계가 오디오와 데이터 계층, 다음이 3개 계위를 사용하는 SDTV 계층, 가장 높은 HDTV 단일계층으로 되어 있다. 3단계 계층은 각각 반송파의 변조방식이나 오류정정 매개변수를 조정하여 서비스 목적에 맞출 수 있다.

그림 13-7은 ISDB-T의 채널부호화와 변조과정을 나타내고 있다. 바이트 단위의 인터리빙 과정에서 발생하는 지연은 각 계층이 지닌 특성(채널부호화 및 변조)에 따라 해당 계층의 비트열마다 달라진다. 수신기에서 디인터리빙 시에 발생하는 지연의 차이를 보상하기 위해 송신측에서는 바이트 단위 인터리빙 이전에 지연의 조정이 이루어진다. 주파수 인터리빙은 세그먼트 간 주파수 인터리빙과 세그먼트 내 주파수 인터리빙으로 이루어진다. 세그먼트 간 인터리빙은 DQPSK 변조가 적용된 세그먼트와 QPSK, 16QAM, 64QAM 변조가 적용된 세그먼트 사이에서 이루어진다. 여기에 적용된 세그먼트 간 주파수 인터리버는 랜덤한 특성을 가진다.

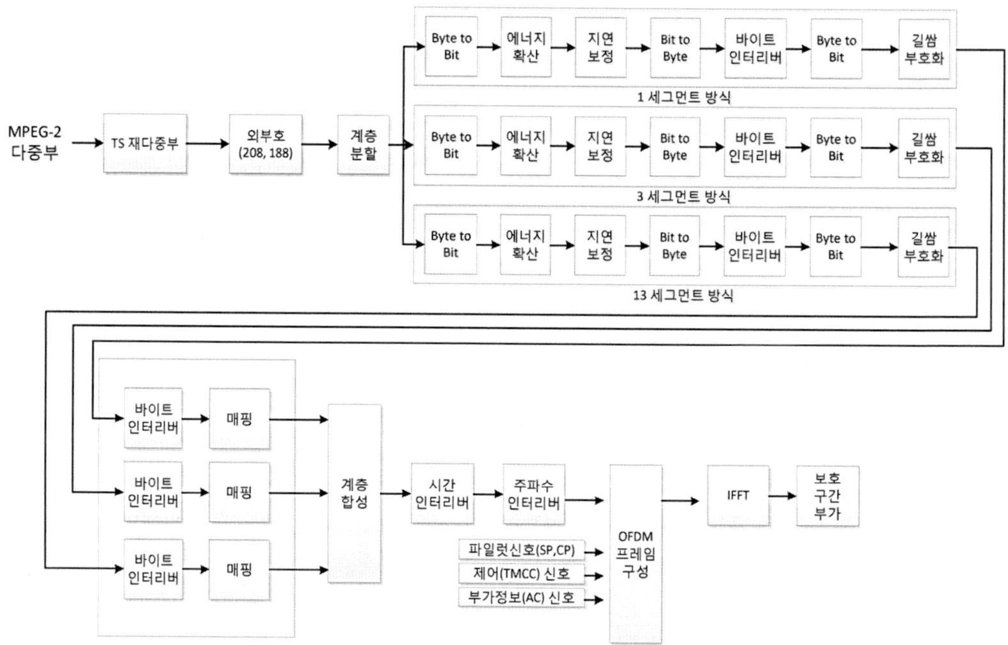

그림 13-7 ISDB-T 송신 시스템

3 ISDB-T 전송 매개변수

ISDB-T의 6 MHz 채널 대역폭에 대한 세그먼트 매개변수는 표 13-6과 같고, 전송 모드별 매개변수는 표 13-7과 같다. ISDB-T의 경우도 다른 방식과 마찬가지로 7 MHz 또는 8 MHz의 채널 대역폭에 대해서 적용이 가능하다.

표 13-6 세그먼트 매개변수(6 MHz)[8]

모드		모드 1		모드 2		모드 3	
대역폭		6000/14 = 428.57 kHz					
반송파 간격		6000/(14×108) =3.96 kHz		6000/(14×216) =1.984 kHz		6000/(14×432) =0.99206 kHz	
반송파 수	Total	108	108	216	216	432	432
	Data	96	96	192	192	384	384
	SP	9	0	18	0	36	0
	CP	0	1	0	1	0	1
	TMCC	1	5	2	10	4	20
	AC1	2	2	4	4	8	8
	AC2	0	4	0	9	0	19
반송파 변조방식		16QAM, 64QAM, QPSK	DQPSK	16QAM, 64QAM, QPSK	DQPSK	16QAM, 64QAM, QPSK	DQPSK
심볼수/프레임		204					
유효심볼 길이		252 μs		504 μs		1.008 ms	
보호구간 길이		63 μs(1/4), 31.5 μs(1/8), 15.75 μs(1/16) 7.875 μs(1/32)		126 μs(1/4), 63 μs(1/8), 31.5 μs(1/16), 15.75 μs(1/32)		252 μs(1/4), 126 μs(1/8), 63 μs(1/16), 31.5 μs(1/32)	
프레임 길이		64.26 ms(1/4), 57.834 ms(1/8), 54.621 ms(1/16), 53.0145 ms(1/32)		128.52 ms(1/4), 115.668 ms(1/8), 109.242 ms(1/16), 106.029 ms(1/32)		257.04 ms(1/4), 231.336 ms(1/8), 218.464 ms(1/16), 212.058 ms(1/32)	
FFT 표본속도		512/63 = 8.126984 kHz					
내부호기		Convolutional Code(1/2, 2/3, 3/4, 5/6, 7/8)					
외부호기		RS(204, 188)					

표 13-7 전송모드별 매개변수(6 MHz)

모드		모드 1	모드 2	모드 3
세그먼트 수		N_s (less equal 13)		
대역폭		6000/14×N_s+6000 (14×108) kHz	6000/14×N_s+6000 (14×216) kHz	6000/14×N_s+6000 (16×432) kHz
차동변조부 세그먼트 수		N_d		
동기변조부 세그먼트 수		n_s (n_s+n_d=n_s)		
반송파 간격		6000/(14×108) =3.968...kHz	6000/(14×216) =1.984...kHz	6000/(14×432) =0.992...kHz
반송파 수	Total	108×N_s + 1	216×Ns + 1	432×Ns + 1
	Data	96×N_s	192×Ns	384×Ns
	SP	9×n_s	18×ns	36×ns
	CP	n_d + 1	n_d + 1	n_d + 1
	TMCC	n_s + 5×n_d	2×n_s + 10×n_d	4×n_s + 20×n_d
	AC1	2×N_s	4×N_s	8×N_s
	AC2	4×n_d	9×n_d	19×n_d
반송파 변조방식		QPSK, 16QAM, 64QAM, DQPSK		
심볼수/프레임		204		
유효 심볼 길이		252 μs	504 μs	1,008 μs
보호구간 길이		63 μs(1/4), 31.5 μs(1/8), 15.75 μs(1/16) 7.875 μs(1/32)	126 μs(1/4), 63 μs(1/8), 31.5 μs(1/16), 15.75 μs(1/32)	252 μs(1/4), 126 μs(1/8), 63 μs(1/16), 31.5 μs(1/32)
프레임 길이		64.26 ms(1/4), 57.834 ms(1/8), 54.621 ms(1/16), 53.0145 ms(1/32)	128.52 ms(1/4), 115.668 ms(1/8), 109.242 ms(1/16), 106.029 ms(1/32)	257.04 ms(1/4), 231.336 ms(1/8), 218.464 ms(1/16), 212.058 ms(1/32)
내부호기		길쌈부호(1/2, 2/3, 3/4, 5/6, 7/8)		
외부호기		RS(204, 188)		

13.5 지상파TV 전송방식 비교

앞에서 살펴본 미국, 유럽, 일본의 지상파 디지털TV 전송방식인 ATSC, DVB-T, ISDB-T 방식에 대해 비교한다. 표 13-8은 디지털TV 방송방식을 비교한 것이다.

미국방식과 유럽방식은 각각 목표로 하는 고유의 특징을 가지고 있다. ATSC 방식의 목표는 첫째, 6 MHz 대역에서 HDTV가 가능한 높은 전송률 제공, 둘째 기존 아날로그 방송 영역을 서비스할 수 있을 만큼 넓은 전송지역, 셋째 동일채널 및 인접채널의 기존 아날로그 방송과의 간섭을 일으키지 않는 것이다. 따라서 아날로그 방송과의 간섭을 고려하여 디지털TV 방송의 출력을 가능한 적게 하고, 넓은 방송지역을 서비스하기 위해서 수신신호의 CNR(Carrier-to-Noise Ratio)을 높이는 방향으로 설계되었다.

유럽방식은 기존TV 채널(8 또는 7 MHz)을 통해서 SDTV를 방송하며 채널 부호화도 위성, 케이블과 공통으로 적용할 수 있도록 전송방식을 설계하였다. 채널 활용 효율에 대한 필요성은 ATSC에 비해 상대적으로 낮아 이동수신과 단일주파수방송망(SFN) 이용을 고려하였다. 따라서 유럽방식은 미국방식보다 약한 성능의 오류정정부호와 인터리버를 선택한 반면, 다중경로에 의한 전송로 왜곡에 강하도록 긴 보호구간 등 중복부호 및 기준신호를 부가하였다.

표 13-8 지상파TV 전송방식 비교

항목	ATSC	DVB-T	ISDB-T
비디오 부호화	MPEG-2	MPEG-2	MPEG-2
오디오 부호화	Dolby digital AC-3	MPEG-2 BC	MPEG-2 AAC
다중화 방식	MPEG-2 Systems	MPEG-2 Systems	MPEG-2 Systems
변조방식	8-VSB	QPSK, 16/64-QAM	QPSK, 16/64-QAM
반송파 형식	단일 반송파	다수 반송파 OFDM	다수 반송파 OFDM
수신방법	고정수신	고정/이동수신	고정/이동수신
전송 대역폭	6 MHz	6, 7, 8 MHz	5, 6 MHz

1 오류정정

미국방식의 오류정정부호는 10바이트 오류까지 정정해 낼 수 있는 강력한 RS(207, 187)와 함께 격자부호변조(TCM : Trellis Coded Modulation) 방식을 사용하는 반면, 유럽방식은 8바이트 오류까지 정정해 내는 RS(255, 237)와 펑처드 길쌈부호를 사용하고 있다. 따라서 2/3 부호율 기준으로 미국방식이 유럽방식보다 1.5 dB, 즉 40% 잡음대항력이 강하다.

2 변조방식

미국방식의 ATSC는 8-VSB 방식을 사용하여 단일반송파의 실수차원의 진폭변조를 함으로써 반송파 간 간섭이 없어 안정적이며, 복조도 단순한 장점이 있다. 또한, 위상잡음에 강하고 전력분포가 매우 균일하다는 특징이 있다. 한편, DVB-T와 ISDB-T는 OFDM은 각 반송파가 복합(complex)차원으로 확장된 진폭변조인 QAM의 복수반송파 방식이기 때문에 보호구간을 삽입할 수 있고, 전송로의 주파수 스펙트럼 왜곡을 쉽고 신속하게 보상 가능한 장점이 있다.

3 수신성능

ATSC 방식은 등화기 구조 및 위상잡음 강인성으로 인해 DVB 방식에 비해 약 2~3 dB 잡음대항력 이득이 있다. 또한, 오류정정 이득을 합치면 3.5~4.5 dB(약 2.8배)의 잡음대항 능력이 있다. 따라서 DVB-T 방식은 ATSC 방식과 동일한 수신성능을 위해서는 2.8배 이상의 평균전력이 필요하다.

4 송신전력

ATSC 방식에서 사용하는 VSB는 전력 균일성이 뛰어나 99.99%의 최대값을 유지함으로써 최대값에 대한 평균전력비(PAR : Peak Average Ratio)도 DVB-T, ISDB-T에서 사용하는 OFDM 방식에 비해 2.5 dB 우수하다. 따라서 OFDM 방식은 최대값 송출전력 측면에서 6~7 dB(약 5배)의 송출전력이 더 요구된다. 또한, 아날로그 방송에 의한 간섭은 주로 최대 전력점에서 발생하기 때문에 아날로그에 의한 간섭 발생 가능성 또한 ATSC 방식에 비해 높다.

• 참고문헌

[1] 전병우, 전준표, "신성장동력과 디지털TV/방송 기술개발", 한국정보과학회논문지, 제23권, 제2호, pp. 56~65, 2005년 2월.

[2] 박지형, 김강수, 『디지털 텔레비전 전송기술』, 커뮤니케이션북스, 2002년.

[3] 김대진, 오영호, "디지털 방송 기술 개요 및 발전방향", 한국인터넷정보학회논문지, 제7권, 제1호, pp. 38~47, 2006년 3월.

[4] ATSC Standard A/53, *ATSC Digital Television Standard*, Aug. 2009.

[5] 한국방송기술인연합회, 『디지털방송기술총람』, 커뮤니케이션북스, 2009년.

[6] ETSI EN 300 704 v1.6.1, *Digital Video Broadcasting (DVB); Framing structure, channel coding and modulation for digital terrestrial television*, Jan. 2009.

[7] 김용훈, "ISDB-T에 대해서", 한국방송공학회논문지, 제5권, 제4호, pp. 22~31, 2000년 12월.

[8] ARIB STD-B31, *Transmission system for digital terrestrial television broadcasting*, Nov. 2005.

생각해 볼 문제

Q1 디지털TV 방송이 출현하게 된 배경 및 특징에 대해 설명하시오.

Q2 지상파 디지털TV 방송방식의 종류와 각각의 주요 특징을 간단히 설명하시오.

Q3 각 지상파 디지털TV 방송방식에서 채택하고 있는 비디오 부호화, 오디오 부호화, 다중화 표준은 무엇인지 설명하시오.

Q4 ISDB-T의 계층적 전송에 대해서 설명하시오.

Q5 각 지상파 디지털TV의 변조방식에 따른 특징을 설명하시오.

Chapter 14 디지털 라디오 방송

14.1 디지털 라디오 방송의 필요성

1 아날로그 라디오 방송

CD 플레이어, MP3 기기 등 디지털화된 오디오가 보편화되고, 또 디지털 TV에서 CD급 품질의 오디오 서비스가 제공됨에 따라 청취자들의 라디오 방송에 대한 고품질 사운드의 욕구가 증대하고 있다. 반면, 기존의 AM(Amplitude Modulation)과 FM (Frequency Modulation)의 아날로그 라디오 방송은 잡음이 많으며, 고층 빌딩과 주택의 밀집화에 따라 라디오 전파의 신호가 약해지거나 강해지는 다중경로 전파 현상이나 반송파의 주파수가 변화하는 도플러(Doppler) 효과 등에 의해 음질열화가 초래된다.

주파수 활용에 있어서도 현재의 아날로그 방식의 라디오 방송은 이미 채널 부족 현상이 심화되고 있어 보다 효율적인 주파수를 활용하기 위한 디지털 라디오 방송의 도입이 요구된다. 또한, 오디오뿐만 아니라 데이터, 그래픽, 간단한 영상 등의 멀티미디어 서비스에도 적합하지 못하다. 이러한 아날로그 라디오 방송의 한계를 보이며 디지털 라디오 방송의 필요성이 대두되기 시작했다.

2 디지털 라디오 방송

디지털 라디오 방송은 현재의 AM, FM 방송과는 전혀 다른 방식의 방송 시스템으로 디지털 신호 압축, 채널 부호화, 다양한 디지털 변조 기술 등을 이용한다. 기존의 아날로그 방송은 오디오 서비스와 문자 정보를 제공한 반면, 디지털 라디오 방송은 이동체에서의 수신 능력 향상과 더불어 영상전송, GPS, 문자방송, 교통정보, FAX, 광역 호출 등의 다양한 서비스를 제공한다. 디지털 기술의 융합화와 서비스 및 시장의 융합화가 이루어지면서, 기존 라디오 방송을 벗어나 멀티미디어 정보 전달 개념으로 디지털 라디오 방송(Digital Radio Broadcasting)이 등장하였다.

각국에서 사용되는 명칭을 살펴보면, 유럽에서는 DAB(Digital Audio Broadcasting) 미국에서는 DAR(Digital Audio Radio)이라고 부른다. 캐나다에서는 DRB(Digital

Radio Broadcasting), 국제전기통신연합(ITU : International Telecommunication Union)에서는 DSB(Digital Sound Broadcasting)라고 부른다.

디지털 라디오 방송은 디지털 변조 기술을 사용함으로써 CD 급의 깨끗한 음질을 제공하고, 다중경로 잡음에도 강인하며, 멀티미디어 정보 제공과 주파수 활용에도 매우 효과적이다. 디지털 라디오는 깨끗한 음질에 더해 제한적인 멀티미디어, 데이터 서비스들이 가능하게 된다. 즉, 음악 청취와 동시에 가사나 곡 정보를 본다든지, 음악에 어울리는 영상이나 사진이 배경화면에 나오는 것이다. 아래와 같은 다양한 멀티미디어 및 부가정보 서비스가 가능하다.

- 고속 데이터 방송, 소프트웨어 방송, 교통/기상/주식정보 방송
- 지리위치정보(GPS) 방송, 영상 라디오 방송, 문자 방송(teletext)
- FAX 서비스, Pay Radio 방송, 전자 신문, 특정 가입자 방송(narrow casting)
- 광역 페이징(paging), 이동 멀티미디어(음성, 영상, 데이터) 방송

표 14-1 디지털 라디오 방송의 기술적인 특징 및 장점

항 목	VHF/FM	디지털 라디오 방송
다중경로 간섭 영향	크다	작다
Shadowing 영향	크다	작다
잡음과 간섭 영향	크다	작다
전력 사용 효율	낮다	높다
요구 송출 전력	수십 kW 이상	수십 W 이상
주파수 사용 효율	낮다	높다(FM 대비 최소 39배)
지역별 서비스 가용도	50%	95~99%
시간별 서비스 가용도	90%	99%
서비스 품질	낮다	높다(CD급)
이동체 수신 품질	낮다	높다
서비스 종류	오디오 위주	오디오, 비디오, 데이터
단일주파수망	불가능	가능
난청지역 해소	어렵다	쉽다
채널 오류정정 기능	없다	있다
특정 가입자 선별 시청	불가능	가능
송신 설비 공동 이용	어렵다	쉽다
스마트 단말 이용	없다	있다(방송국, 프로그램 자동 선택)

디지털 라디오 방송의 기술적인 특징 및 장점은 표 14-1과 같다. 라디오 방송에 대한 많은 요구사항에 대해 디지털 라디오 방송이 아날로그 라디오 방송보다 모든 면에서 우수함을 확인할 수 있다. 디지털 라디오 방송의 이런 우수한 특성들은 소비자들에게 언제 어디서나 고부가 서비스를 제공할 수 있게 한다.

14.2 디지털 라디오 전송방식

디지털 라디오 방송은 표 14-2와 같이 전송신호의 분배방식에 따라 지상방송과 위성방송으로 분류되며, 사용하는 주파수 대역에 따라 기존 FM 대역내(In-Band) 방식인 IBOC(In-Band On-Channel)과 대역외(Out-of-Band) 방식으로 분류된다.

표 14—2 디지털 라디오 방송방식의 분류

분류 기준	형 태	
전송신호의 분배방식	지상파 단일 송신망	
	지상파 단일 송신망 + Gap Filter or Coverage Extender	
	지상파 송신국 단일주파수망(SFN)	
	위성망	
	위성/지상 혼합 단일주파수망(Hybrid)	
	위성/지상 혼합망(Mixed)	
전송 주파수 대역	대역외(Out-of-Band) 방식	Satellite
		Terrestrial
		Mixed
	대역내(In-Band) 방식	On-Channel
		Adj-Channel

1 대역외(Out-of-Band) 방식

대역외 시스템은 광대역 전송과 새로운 스펙트럼을 이용하는 것을 특징으로 한다. 이 시스템에 할당되는 주파수 스펙트럼은 위성과 지상으로 나누어지며 양쪽이 같은 주파수 대역을 이용하는 복합 시스템도 고려되고 있다. 아날로그 방송이 서비스되는 FM 대역 이외 주파수를 사용하는 방식으로 30 MHz~3 GHz 주파수 대역(VHF, UHF 및 L/S 대역)에서 운용된다. 광대역 전송으로 인한 이동체에서의 수신 성능 개선 및 고속 데이터 전송이 가능하고, 단일주파수망(SFN) 구성을 통한 효율적인 주파수 사용으로 현재까지 개발된 디지털 방송 시스템 중 성능이 가장 우수하다. 대역외 방식으로 유럽식 방식인 EUREKA-147(유레카-147) 시스템이 있고, 일본식 방식으로 협대역 ISDB-T 시스템이 있다.

(가) EUREKA-147 DAB

먼저 유럽에서 연구가 되었던 유럽 방식인 DAB는 EUREKA-147 시스템이다. 유럽통신표준국(ETSI)과 유럽방송연맹(EBU) 공동으로 디지털 라디오를 위한 EUREKA 프로젝트를 수행하여 1994년 EUREKA-147이라는 이름의 ETS 300 401 표준안을 만들었다. 1995년 BBC가 이 표준에 따른 디지털 라디오 방송을 실시하면서, 1997년 ETSI 300 401 최종안이 완성되어 디지털 라디오 규격 DAB 표준안이 완료되었다. 2006년 말 현재 영국, 독일 등 유럽을 중심으로 약 44개국에서 DAB 방송을 실시하고 있다.

EUREKA-147은 2 MHz의 대역폭을 사용하고 MPEG-1 Audio Layer-II에 기반한 고음질 압축 기술을 도입함으로써 CD 수준의 음질을 갖는 오디오 서비스와 다양한 부가 데이터 서비스를 가능하게 한다. 그리고 전송방식으로 직교주파수분할다중화(OFDM) 방식을 채택하고, 다중 반송파 전송기법을 사용하므로 이동체 수신에서 다중경로 페이딩(multipath fading) 및 도플러 확산에 강인한 성능을 보인다. 오류정정 부호화 방식으로는 1/4 길쌈부호(Convolutional Code)를 기반으로 데이터율의 가변이 가능한 RCPC(Rate Compatible Punctured Code)와 오디오 및 데이터 연집오류를 방지하기 위해 시간 및 주파수 영역 인터리빙을 사용한다. 또한, 독일의 방송기술연구소(IBT)에서 개발한 오디오 부호화 방식인 MUSICAM 방식(ISO/IEC 11172-3(MPEG-1 Audio) Layer II)을 사용한다. EUREKA-147의 주요 규격은 표 14-3과 같다.

표 14-3과 같이 전송구격으로 지상파와 위성에서 모두 사용 가능하도록 Ⅰ, Ⅱ, Ⅲ, Ⅳ의 4가지 전송모드를 정의하고 있으며, 위의 표에서 각 모드에 해당하는 전송 매개변수를 보여준다. 전송모드에 따라 각기 다른 전송 매개변수가 결정되므로, 수신단에서는 위에 표에서 보인 전송모드별 널(null) 심볼 길이의 추정이 중요하다. 4가지 전송모드 중에서 전송모드 I과 전송모드 Ⅲ에 대해 간단히 살펴본다. 전송모드 I은 반송파를 조밀하게 배치하여 주파수 인터리빙 효과를 극대화 하였다. 그리고 심볼 구간을 길게 배치함으로써 허용 가능한 다중경로 전파 지연시간을 길게 하였고, 단일주파수망에 적합하게 설계되었다. 사용 가능 주파수는 375 MHz로 제한한다.

표 14-3 EUREKA-147 DAB의 전송모드에 따른 주요 규격

파라미터	전송모드 I	전송모드 II	전송모드 III	전송모드 IV
망 구성 응용	I,II와 III밴드의 지상파 SFN과 지역방송	I,II,III,IV,V와 L밴드 내의 지상파 지역방송, 위성, Hybrid	3 GHz이하 주파수의 지상파, 위성, Hybrid, Cable망	1.5 GHz이하 주파수의 지상파 방송망
반송파 간격	1 kHz	4 kHz	8 kHz	2 kHz
프레임당 심볼수	76	76	153	76
심볼당 반송파수	1,536	384	192	768
전송 프레임 구간	96 ms	24 ms	24 ms	48 ms
Null 심볼 구간	1,297 ms	324 ms	168 ms	648 ms
OFDM 심볼 구간	1,246 ms	312 ms	156 ms	648 ms
반송파 간격의 역수	1 ms	250 μs	125 μs	500 μs
보호 구간	246 μs	62 μs	31 μs	123 μs
적용 주파수 범위	≤ 375 MHz	≤ 1.5 GHz	≤ 3 GHz	≤ 1.5 GHz
SFN 송신기 간의 최대 이격 거리	96 km	24 km	12 km	48 km
변조 방식	π /4-DPSK			
샘플링 주파수	2.048 MHz			
시간 인터리빙	Depth = 384 ms			
주파수 인터리빙	Width = 1.536 MHz			
시스템 대역폭	1.536 MHz			
유효 데이터율	0.8~1.7 Mbps			

전송모드 III의 경우 반송파 간격을 넓게 배치하여 도플러 주파수 허용치를 크게 하였고, 동작 주파수 영역을 3 GHz까지 확장하였다. 위의 4가지 전송모드에서 제한된 대역폭과 주어진 채널 환경 하에서 다수의 오디오 및 데이터를 최적 데이터율로 전송하기 위해 오디오의 경우 압축된 데이터 영역에서 오류 민감성을 고려한 비균등 오류보호(UEP : Unequal Error Protection)를 사용하고 데이터의 경우 모든 데이터 영역에 균일한 균등 오류보호(EEP : Equal Error Protection) 기술을 사용한다.

EUREKA-147 DAB 전송 프레임은 동기화 채널(SC : Synchronization Channel), 고속정보 채널(FIC : Fast Information Channel), 주 서비스 채널(MSC : Main Service Channel)로 구성되어 있다. EUREKA-147 DAB 전송모드 I 경우에 해당하는 전송 프레임 구조는 그림 14-1과 같다. 전송모드와 상관 없이 SC는 동기화 채널

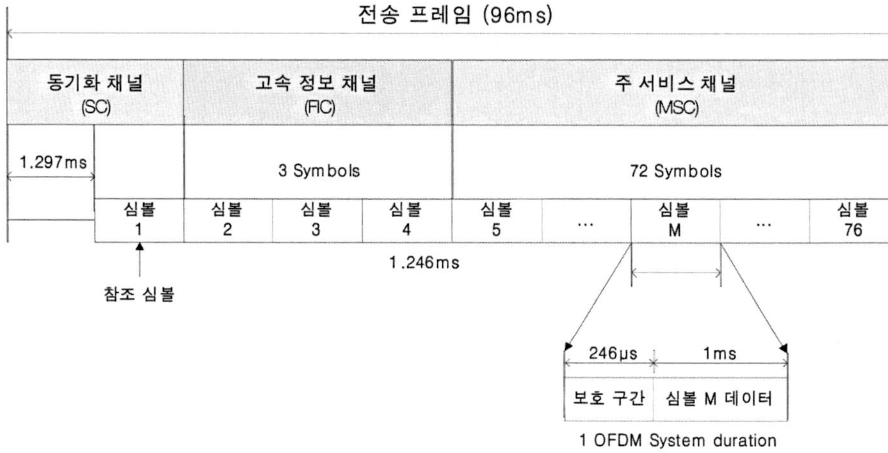

그림 14-1 EUREKA-147 DAB 전송 프레임과 널 심볼 구조(Mode I)

로서 전송 프레임의 동기, 자동 주파수 제어, 채널상태 추정 및 기본적인 복조 기능을 수행하고 전송모드를 결정할 수 있는 널 심볼과 OFDM 심볼 동기 및 반송파 주파수 동기에 필요한 참조 심볼로 구성되어 있다. FIC는 고속정보 채널로서 고속정보 채널과 주 서비스 채널의 데이터 전송 역할을 담당한다. 복수 개의 고속정보 블록(FIB : Fast Information Block)들로 구성되어 있으며, FIC는 MSC를 구성하는 오디오와 데이터 서비스들과 관련된 모든 정보를 포함하고 있는 MCI(Multiple Configuration Information), 선택적 서비스가 가능한 서비스 정보(SI : Service Information) 및 데이터 서비스를 포함하고 있다. 서비스 정보는 디스플레이 데이터와 제어 데이터가 있는데, 표 14-4에 나타내었다.

표 14-4 디스플레이 및 제어 데이터

디스플레이 데이터	제어 데이터
프로그램, 서비스 레이블, 시간/날짜, 프로그램 레이블(제목, 아티스트 이름), 사용 언어, 프로그램 종류(뉴스, 스포츠, 음악, 영화 등)	다른 채널 DAB 방송 정보, AM/FM 동시 방송 서비스 유무, 방송국 인식 표시(국명, 위치)

MSC는 주 서비스 채널로서 전송하고자 하는 오디오와 데이터를 포함하고 있으며 여러 개의 CIF(Common Interleaved Frame)로 구성되어 있다. CIF는 24 ms 오디오 프레임(한 CIF 당 55,296 bps)으로 구성되어 있으며, CIF의 최소 주소 단위는 64비트 단위용량(CU : Channel Unit)이다. 또한, MSC는 서브 채널의 다중화로 구성되어 있으며, 시간 인터리브된 후 채널 부호화가 이루어진다. 여기서 서브채널

은 단위용량의 정수 배로 구성이 된 것으로 주 서비스 채널의 기본 전송 단위이고 한 개 또는 그 이상의 서비스 성분을 나타낸다. 그 밖의 전송모드의 경우에도 그림 14-1에서 보이는 전송 프레임 구조와 비슷하다.

그림 14-2와 그림 14-3은 각각 EUREKA-147 송신기 및 수신기 구조를 나타낸 것이다. 아래 그림을 통해 주요 동작 원리를 살펴보면, 서브채널의 오디오 데이터 및 일반 데이터는 각각의 채널 부호화, 시간 인터리버를 거친 후 전송 프레임으로 합쳐진다. 전송 프레임은 주파수 인터리빙된 후 OFDM 변조되고, 채널을 거쳐 수신된 신호는 OFDM 복조, 시간 및 주파수 인터리빙 등의 과정을 거친 후 오디오 및 데이터 신호로 바뀐다. 송/수신 과정의 서비스 제어는 고속정보 채널을 통해 이루어진다.

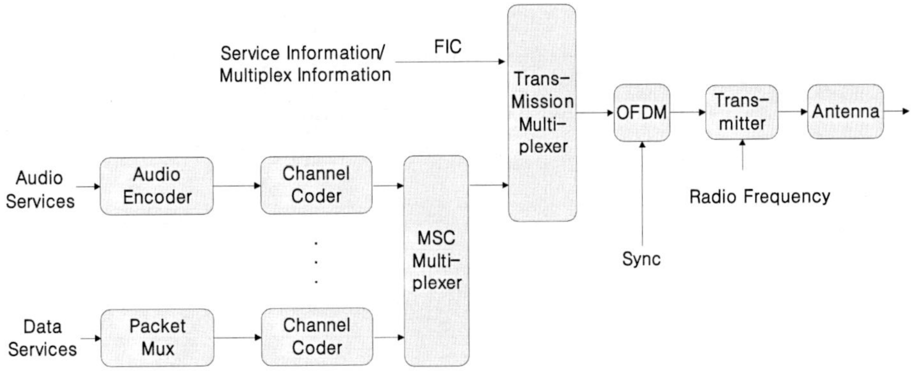

그림 14-2 EUREKA-147 DAB 송신기 구조

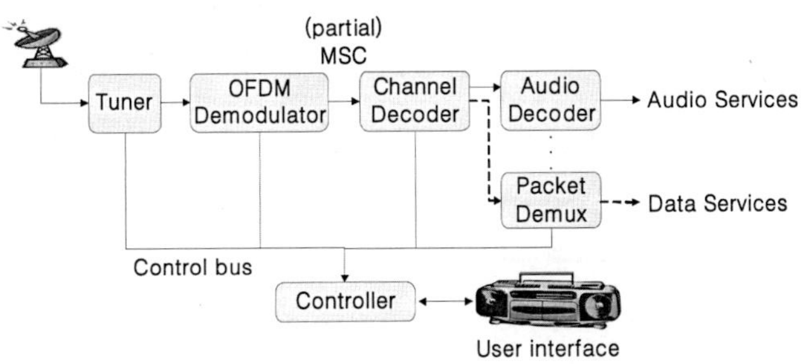

그림 14-3 EUREKA-147 수신기 구조

(나) 협대역 ISDB-T

협대역 ISDB-T 방식은 유럽의 EUREKA-147 방식과 흡사한 대역외(Out-of-Band) 방식으로 일본에서 개발한 방송 방식이다. ISDB-T 방식은 HDTV 방송 및 다채널 SDTV 방송, 모바일/포터블 멀티미디어 서비스뿐만 아니라 라디오 방송 서비스를 제공하며, 자동차나 휴대폰 등의 이동체 수신이 가능한 방식이다. 전송방식으로는 OFDM을 기초로 한 대역분할전송-직교주파수분할다중(BST-OFDM : Band Segment Transmission-OFDM) 방식을 사용함으로써 대역폭 가변이 가능하다. 오디오 부호화 방식으로 MPEG-2 AAC(Advanced Audio Coding)를 사용하여 144 kbps 정도의 압축률을 유지하면서도 CD 수준의 오디오 음질을 제공한다. 표 14-5는 협대역 ISDB-T의 3가지 전송모드에 따른 파라미터를 나타낸다.

표 14-5 협대역 ISDB-T의 전송모드에 따른 파라미터

항목 \ 전송모드	1	2	3
심볼 길이	252 μs	504 μs	1.008 ms
보호 구간	심볼 길이의 1/4~1/32		
프레임 당 심볼수	204		
프레임 길이	53~64 ms	106~129 ms	212~257 ms
내부호	길쌈부호(1/2, 2/3, 3/4, 5/6, 7/8)		
외부호	RS(204, 188)부호		
인터리빙	시간 및 주파수		
세그먼트 수	1 또는 3		
대역폭	430 kHz 또는 1.3 GHz		
부반송파 간격	3.97 kHz	1.98 kHz	0.99 kHz
부반송파 수(1/3)	109/325	217/649	433/1297
데이터 부반송파 수(1/3)	96/288	192/576	384/1152
변조방식	QPSK, 16-QAM, 64-QAM, DQPSK		

위의 표를 보면 알 수 있듯이, 오류정정을 위해 내부부호(Inner Code)로 길쌈부호를 사용하고, 외부부호(Outer Code)로 리드-솔로몬 부호를 사용하며, 시간 및 주파수 인터리빙을 사용한다. 그리고 변조방식은 QPSK, DQPSK, 16-QAM, 64-QAM을 사용한다.

ISDB-T 방식은 BST-OFDM을 사용함으로써 대역폭 가변이 가능하고, 그림 14-4와 같이 지상파 디지털TV 방식과 공통의 세그먼트 구조를 사용한다. 대역폭이 429 kHz인

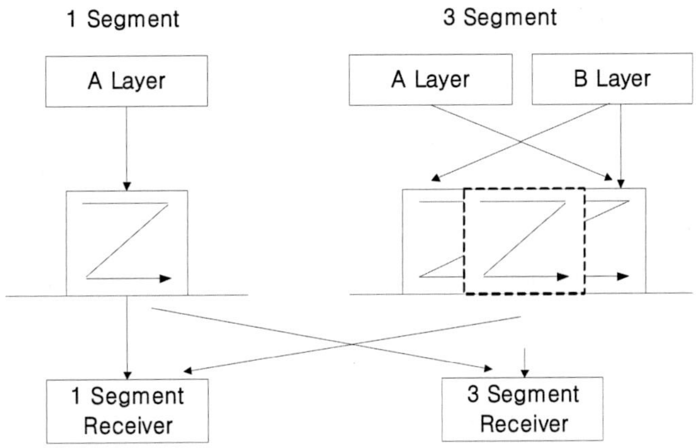

그림 14-4 ISDB-T 전송대역과 수신 이미지

세그먼트 1개 송신 방식과 대역폭이 1.29 MHz인 세그먼트 3개 송신 방식이 존재한다. 3 세그먼트 방식은 중앙부 한 세그먼트를 1세그먼트만 수신하는 수신기에 의해 부분 수신하고, 부분 수신용 세그먼트와 나머지 2세그먼트의 2계층 전송이 가능하다. 그리고 3세그먼트의 수신기는 1세그먼트용 필터가 필요하다. 중앙부 세그먼트는 세그먼트 내 인터리브만 실시하고 1세그먼트 수신기에 의한 수신이 가능한 것이다.

그림 14-5는 협대역 ISDB-T의 송신기 구조를 나타낸다. 먼저 오디오 데이터는 MPEG-2 AAC에 의해 부호화되고 나머지 일반 데이터와 전송프레임으로 합쳐진다. 그리고 RS 부호를 이용하여 외부 부호화가 이루어지고 어떤 대역폭을 사용하느냐에 따라 채널 부호화가 결정되고, 인터리빙된 후 대역폭에 따라 OFDM 변조된다.

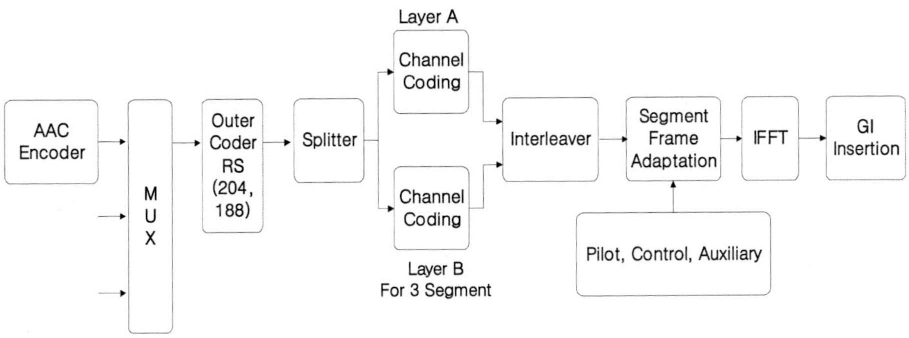

그림 14-5 협대역 ISDB-T 송신기 구조

2 대역내(IBOC : In-Band On-Channel) 방식

IBOC 방식은 지상파 방송용에 사용되며 기존의 AM 또는 FM 방송과 같은 주파수 대역을 공유하는 방식으로 기존의 아날로그 대역위에 겹쳐서 디지털 방송을 전송하는 동시전송(simulcast) 방식으로 별도의 주파수 대역을 할당하지 않아도 된다.

새로운 대역을 할당할 필요가 없으므로 디지털 수신기가 많이 보급되어 좁은 아날로그 AM/FM 대역이지만 전체를 모두 디지털화하게 되면 디지털화로 인한 채널의 증가와, 음성뿐만 아니라 다양한 부가서비스가 가능하게 된다. 만약 아날로그 채널 전체를 IBOC 방식으로 디지털화하면 한 채널에 EUREKA-147 DAB로 했을 때의 192 kbps보다 많은 300 kbps 정도를 사용하게 되어 멀티미디어 부가서비스에 더 유리할 수 있다.

(가) IBOC

미국에서 제안된 IBOC 방식은 디지털 신호만 사용하는 다른 시스템과는 달리 기존의 AM/FM 방송신호에 디지털 변조파를 중첩하는 방식이다. FM 대역 채널 공용 시스템은 기본적으로 두 가지가 있는데, FM 방송 채널 내에서 FM 방송 신호와 디지털 라디오 방송 신호를 동시에 전송하는 하이브리드 모드와 디지털 라디오 방송 신호만을 전송하는 디지털 모드이다. FM 방송과 동시방송 기간에는 하이브리드 모드를 사용하고, FM 방송을 중단한 후에는 디지털 모드를 사용한다. 즉, 아날로그 FM 방송 → 하이브리드에 의한 동시방송 → 디지털 방송으로 이행되는 것이다.

• IBOC 하이브리드

기존의 아날로그 AM/FM과 동시방송이 가능한 시스템으로 개선된 충실도, 양호한 수신감도를 갖는 새로운 데이터서비스는 방송사업자, 기기제조사, 청취자 모두에게 새로운 기회를 제공한다. 또한, AM과 FM대역 양쪽에 적용할 수 있으면서도 다중경로잡음, 정전잡음과 혼선 등 아날로그에서 항상 문제로 되는 잡음을 제거시킴으로써 완벽한 수신성능을 발휘하여 AM은 FM과 같은 충실도를, FM은 CD와 같은 음질을 나타낸다. 또한, 이 시스템은 디지털 반송파를 기존의 AM과 FM 대역에 부가하여 아날로그와 디지털신호를 동시에 방송함으로써 같은 장소에서 하나의 수신기로 동일한 채널에서 아날로그와 디지털 방송을 선택할 수 있다.

IBOC 하이브리드 시스템은 아날로그 FM 방송 중단 이후 디지털로 전환될 예정이며, 신호원 부호화 및 전송로 부호화 외의 기본 방식은 같다. IBOC 하이브리드 시스템의 주요 규격을 살펴보면, AM 방송파를 중심으로 약 14.7 kHz의 대역폭을

표 14-6 IBOC 하이브리드의 주요 규격

항 목	주요 규격
변조방식	OFDM-QPSK
반송파 수	95개(단측파대)
반송파 배열	- 중심 주파수를 0으로 400 kHz 대역폭 : 좌우 끝까지 ±275번 - 제일 바깥쪽 반송파(274번)의 주파수 : ±199.128 kHz - 제일 안쪽 반송파(179번)의 주파수 : ±130.087 kHz - 파일럿 부반송파(178번)의 주파수 : ±129.36 kHz
보호구간	사용 안함
대역폭	70 kHz(단측파대)

사용하며, 디지털 신호를 Core/Enhanced 영역으로 구분하여 기존 아날로그 AM 주파수 대역에 Enhanced 영역을 두어 신호를 전송한다. 오디오 부호화로 MPEG-4 AAC와 SBR(Spectral Band Replication)을 사용하며, 다양한 채널의 안정적인 수신을 위하여 오류정정부호 및 인터리빙을 사용하고, 변조방식으로는 QAM을 사용한다. 또한, 오류에 강인한 높은 수신 성능을 위하여 예비(back-up) 디지털 신호를 제공하는 블렌딩(blending) 기법을 사용한다. 그 외 IBOC 하이브리드 시스템의 주요 규격에 대해서 표 14-6에 나타내었다.

그림 14-6은 IBOC 하이브리드 송신기의 블록도를 나타낸 것이다. AM/FM 대역 양쪽에 적용 가능하고 아날로그에서 문제가 되는 잡음 제거가 가능하다. 또한, 하나의 수신기로 동일한 채널에서 아날로그와 디지털 방송 선택이 가능한 구조임을 알 수 있다.

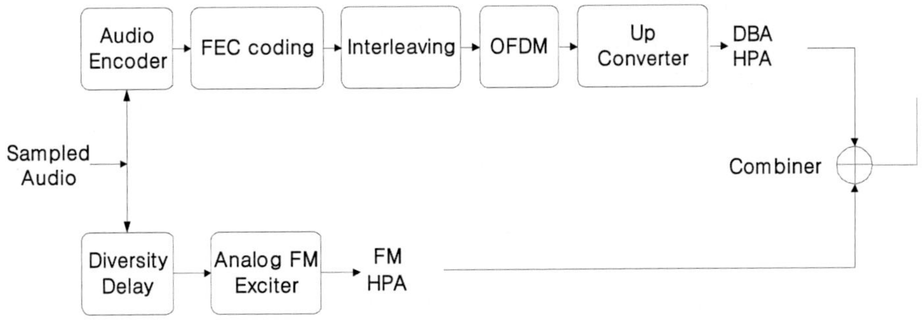

그림 14-6 IBOC 하이브리드 송신기 블록도

• IBOC 디지털

IBOC 디지털 시스템은 FM 방송신호를 배제하고 디지털 라디오 방송신호만 전송하는 방식으로 FM 방송신호의 상호간섭을 고려하지 않아도 된다. IBOC 디지털 시스템의 주요 규격은 표 14-7과 같다. AM 반송파를 중심으로 10 kHz의 대역폭을 사용하고, FM 대역을 사용하므로 점유 대역폭은 400 kHz이다. 변조방식은 OFDM-QPSK로 136개의 단측파대(SSB : Single Sideband) 반송파를 가지며, 보호구간은 사용하지 않는다. 반송파 배열은 −137~137번의 총 275개의 부반송파로 137번은 사용하지 않으며, 0번은 파일럿톤(pliot tone)으로 사용한다. 그림 14-7과 그림 14-8은 IBOC 디지털 송/수신 시스템 블록도를 나타낸다.

표 14-7 IBOC 디지털 주요 규격

항 목	주요 규격
변조방식	OFDM-QPSK
반송파 수	136개(단측파대)
반송파 배열	−137~137번의 총 275개 부반송파 137번은 사용하지 않음 0번은 파일럿 송출 톤으로 사용
보호구간	사용 안함
대역폭	400 kHz(단측파대)

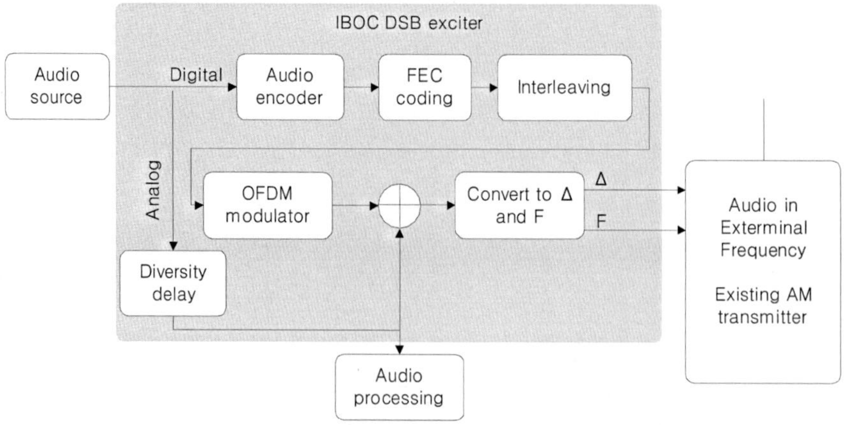

그림 14-7 IBOC 디지털 송신 시스템 블록도

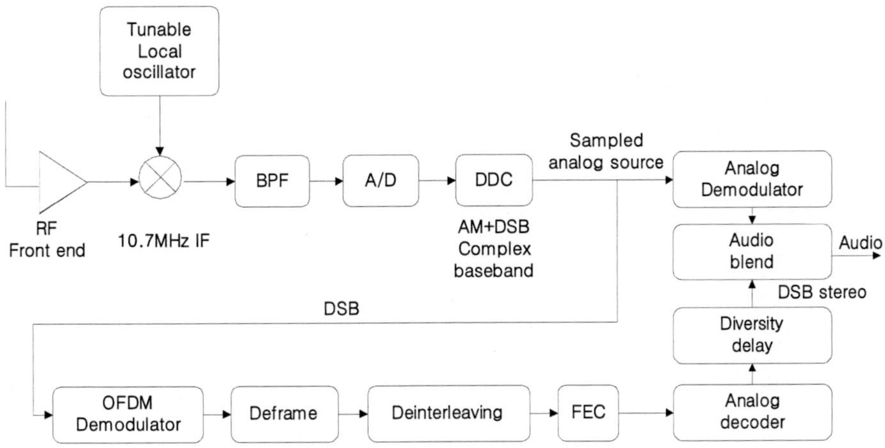

그림 14-8 IBOC 디지털 수신 시스템 블록도

(나) DRM(Digital Radio Mondiale) 방식

DRM은 유럽을 중심으로 미국, 일본, 중국 등 25개국의 70여개 회원사로 구성된 DRM 컨소시엄에서 개발한 방식으로 30 MHz 이하의 주파수 대역을 사용하며 9 kHz 또는 10 kHz의 전송 대역폭을 기본으로 한다. 오디오 부호화 방식으로 MPEG-4 AAC와 SBR을 사용하며, 음성 부호화 방식으로는 사용 가능한 비트율에 따라 MPEG-4 CELP(Code Excited Linear Prediction)와 MPEG-4 HVXC(Harmoniv Vector Excitation Coding)를 사용한다.

특히, DRM에서 사용하는 SBR은 채널당 약 2 kbps정도의 적은 데이터양으로 고품질의 오디오 서비스를 재생할 수 있는 기법으로, 오디오 부호화 시 제거되는 높은 주파수 대역의 하모닉 성분을 효과적으로 추출하여 얻어진 정보를 전송함으로써, 오디오 복호 시 SBR 정보를 AAC 복호기에 이용하여 보다 향상된 오디오 신호를 재생할 수 있다. AM 주파수 대역의 다양한 전송 환경에서 사용하기 위하여 채널 부호화기로는 길쌈부호를 기반으로 한 RCPC와 4-QAM, 16-QAM 그리고 64-QAM 변조방식을 사용한다. 그리고 전송 데이터의 종류에 따라 다른 형태의 계층적(hierarchical) 변조방식을 사용하여 신뢰성을 높인다. 유럽식 방식인 EUREKA-147과 유사한 상태로 전송 채널의 상황에 따라 A, B, C, D의 4가지의 오류 강인성 모드를 정의하고 있으며, 각 모드에 해당하는 전송 매개변수를 표 14-8에 정의하고 있다. 그림 14-9는 DRM 방식 송신 시스템 블록도를 나타낸 것이다.

표 14-8 DRM의 오류 강인성 모드에 따른 매개변수

항목 \ 전송모드	A	B	C	D
T(μs)	$83^{1/3}$	$83^{1/3}$	$83^{1/3}$	$83^{1/3}$
유효심벌 길이(ms)	24(288×T)	$21^{1/3}$(256×T)	$14^{2/3}$(176×T)	$9^{1/3}$(112×T)
보호구간 길이(ms)	$2^{2/3}$(32×T)	$5^{2/3}$(64×T)	$5^{2/3}$(64×T)	$7^{1/3}$(64×T)
보호구간 / 유효심벌	1/9	1/4	4/11	11/14
전체심벌길이(ms)	$26^{2/3}$	$26^{2/3}$	20	$26^{2/3}$
프레임 길이(ms)	400			

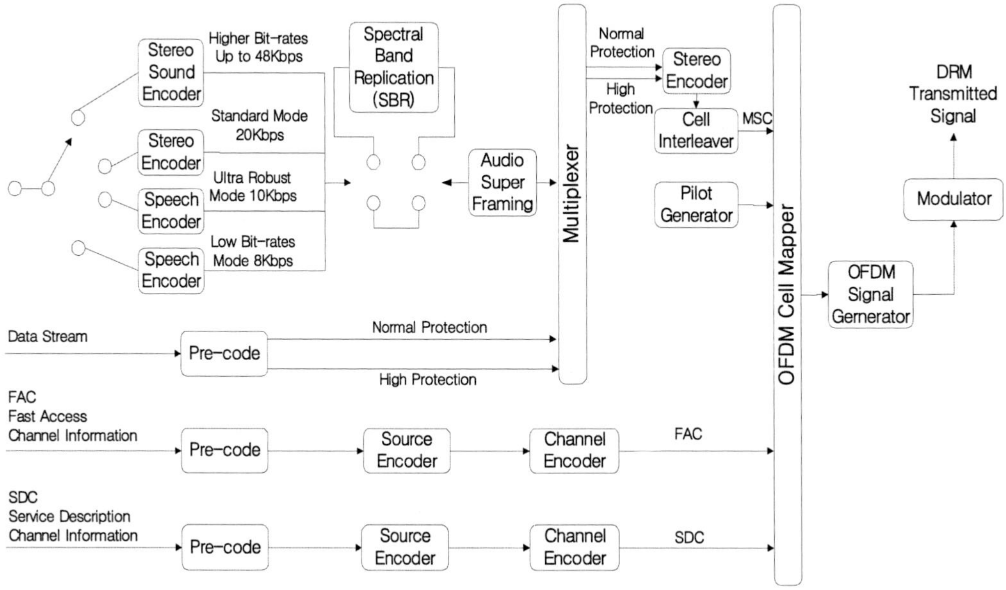

그림 14-9 DRM 방식 송신 시스템 블록도

14.3 디지털 라디오 방송방식 비교

이번 절에서는 제2절에서 설명한 디지털 라디오 방식을 비교해 본다. 표 14-9는 EUREKA-147, ISDB-T, IBOC, DRM 방식들을 비교한 것이다.

표 14-9 디지털 라디오 방송방식 비교

항목	EUREKA-147	ISDB-T	IBOC	ETRI IBAC
적용 주파수	모드 Ⅰ : 375 kHz 모드 Ⅱ : 1.5 GHz 모드 Ⅲ : 3 GHz 모드 Ⅳ : 1.5 GHz	TV VHF 대역	AM/FM 대역	AM/FM 대역
변조/전송	D-QPSK/OFDM	D-QPSK, QPSK, 16QAM, 64QAM/BST-OFDM	QPSK/OFDM	8-PSK, 16QAM/OFDM
오류정정 부호	Convolutional Code(부호율 가변)	RS+Convolutional Code(부호율 가변)	Convolutional Code(CPC)	RS+Convolutional Code 또는 RS+TCM
오디오 부호화	MUSICAM (MPEG-1 계층 II)	MPEG-2 AAC	MPEG-2 AAC or PAC	MPEG-2 AAC
대역폭	1.536 MHz	약 430 kHz (확장 가능)	약 140 kHz	약 500 kHz
유효 데이터율	0.8~1.7 MHz	280~1787 kbps	144~160 kbps	0.6~1.2 Mbps
오디오 서비스	2Ch CD급	2Ch CD급	2Ch CD급	2Ch CD급
데이터 서비스	오디오/데이터 프로그램 간의 절충	오디오/데이터 프로그램 간의 절충	48~64 kbps	오디오/데이터 프로그램 간의 절충
채널 수	오디오 기준 4~8	오디오 기준 2~13	오디오 : 1, 데이터 : 1	오디오 기준 6~12
이동수신	가능	가능	가능	가능
SFN 구현	가능	가능	곤란	가능

각 디지털 라디오 방식들의 장/단점은 다음과 같다. 유럽의 EUREKA-147 방식은 전송 성능이 우수하고 대용량 전송이 가능하여 다채널 오디오 프로그램을 전송할 수 있다. 다중구조의 융통성이 보장되고 오디오 부호화에 MUSICAM(MPEG-1 Layer II)이 사용된다. 미국의 IBOC 방식은 OFDM 변조방식을 기본으로 하고 주파수 다이버시티(diversity) 기능이 있어 페이딩에 강하고 구현 비용을 최소화하였다. 하지만 한정된 대역 내의 데이터 전송용량이 낮은 문제와 신규 방송사업자 선정의 어려움 등의 단점이 있다. 일본의 ISDB-T 방식은 우수한 오디오 부호화 기법 도입으로 송/수신 방식의 융통성이 보장되고 다중구조를 MPEG-2와 호환되도록 한 것을 강점으로 들 수 있다.

14.4 디지털 라디오 방송 추진현황

유럽과 북미 국가는 이미 디지털 라디오 방송 서비스를 시작하였으나, 아시아권에 속한 국가들은 아직 실험방송을 준비하거나 실험국 수준에 머물러 있다. 해외 각국은 AM, FM에 서로 다른 기술 표준을 사용하여 디지털 라디오 서비스를 제공하고 있으며, 표 14-10은 국가별 디지털 라디오 서비스 현황을 나타낸 것이다.

표 14-10 외국의 디지털 라디오 방송 추진현황

국가	기술 표준		서비스 현황
	AM	FM	
미국	IBOC	IBOC	약 1313개 방송국이 서비스 중(약 613개 방송국 동시 방송 중)
영국	DRM	DAB	AM은 상용서비스 중/FM은 400개 이상 방송국 서비스 중
독일	DRM	DAB	AM은 시험방송 중/FM은 인구의 80% 커버지 확보
캐나다	DRM	IBOC	AM 상용서비스 중/FM은 시험방송 중임
일본	-	ISDB	FM 상용서비스 추진 중
중국	DRM	DAB	AM은 2007년에 상용서비스 추진/FM은 일부 지역 DRM으로 서비스 중

1 유럽의 동향

EUREKA-147 프로젝트는 ITU 내 WARC-79에서 위성 디지털 라디오 방송의 기술적 검토를 착수하여 1987년 대역외(Out-of-Band) 방식 도입과 새로운 주파수 할당 등 유럽 중심의 디지털 라디오 방송 시스템 개발을 목표로 하였다. 1단계로 1988년에서 1991년 사이에 COFDM(Coded OFDM) 전송방식 개발을 하여 MUSICAM 오디오 부호화 방식과 이동 수신이 가능하게 되었다. 그 후 EUREKA 프로젝트는 1994년 2단계 공동작업을 완료하고 1994년 1월 EUREKA-147이라는 이름의 ETS 300 401 표준안을 만들었으며, 1995년 영국 BBC가 세계 최초로 이 표준에 의거한 디지털 라디오 방송을 실시하면서, 97년 2월 ETS 300 401 최종안이 완성되어 유럽의 디지털 라디오 규격 DAB 표준안이 만들어졌다. 스웨덴과 덴마크가 1995년 9월 디지털 라디오 방송을 실시함으로써 EUREKA-147 표준이 전세계로 확산되었다. 2006년 말 현재 약 44개국에서 DAB 방송을 실시하고 있으며 약 3억명이 DAB를 수신하고 있다고 알려져 있다.

2 미국의 동향

IBOC는 1990년 전미방송협회(NAB : National Association of Broadcasting)와 EIA(Electronic Industry Association)의 두 그룹을 중심으로 연구가 시작되었다. 먼저 대역내 방식과 대역외(EUREKA-147) 비교를 하였을 때, EUREKA-147 방식이 성능이 우수함을 확인하였으나 아날로그 라디오 방송국들의 반발로 인해, 기존 AM/FM 주파수 대역에서 사용 가능한 독자적 기술을 개발하기 시작하였다. 1998년 라디오 방송시스템위원회(NRSC : National Radio System Committee)가 재구성되어, 모든 방송 사업자의 DAB 주파수를 할당하고 디지털로의 전환 비용이 최소인 IBOC 방식을 선정하였다. 2000년에 기존의 USADR(USA Digital Radio)과 LDR (Lucent Digital Radio) 사가 합병하여, iBiquity가 탄생함으로써 IBOC 시스템 개발의 단일화가 이루어졌다. 2001년 NAB Radio에서 IBOC FM에 대한 일반인의 최종 평가를 하고, 2003년 IBOC AM/FM 본 방송이 시작되었다.

3 일본의 동향

1994년 TTC(Telecommunication Technology Committee) 주도 하에 세계 추세에 맞는 오디오 및 비디오 서비스가 가능한 기술들에 대한 디지털 라디오 방송 기술 검토가 이루어졌다. 그리고 1995년 오디오 및 비디오 통합형 멀티미디어 서비스를 위한 디지털 방송방식인 ISDB를 개발을 시작하였다. 이 중 지상파 디지털 방송 규격인 ISDB-T는 OFDM에 기초한 유럽의 DVB-T를 개량한 BST-OFDM이라는 전송방식을 사용한 것으로 디지털 오디오 및 TV 통합 방식으로 개빌되었다. 일본전파산업협회(ARIB : Association of Radio Industries and Business)에서 ISDB-T를 잠정 표준으로 승인하였다. ISBD-T의 특징은 안정된 수신 및 송/수신 환경에 대응 가능한 오류정정부호 및 등화방식을 사용하고 다양한 멀티미디어 서비스를 지원한다.

4 국내의 동향

국내 디지털 라디오는 1997년 지상파디지털라디오방송추진협의회가 결성되어 DAB 규격의 디지털 라디오 도입이 검토되기 시작하였고, 1999년 DAB도입 연구반이 구성되었으며, 2000년에는 디지털라디오추진전담반이 운영되면서 EUREKA-147에 의한 유럽국가의 DAB뿐만 아니라 미국에서 사용하고 있는 IBOC와 일본방식의 ISDB-TSB(ISDB-Terrestrial for Sound) 등 대표적인 디지털 라디오 전송방식에 대한 검토가 시작되었다. 그 결과 유럽의 EUREKA-147을 국내 디지털 라디오의 표준으로 채택하고 라디오의 디지털화를 통해 듣는 방송에서 보고 듣는 멀티미디어 방송으로 확대하여 서비스를 시작하였고, 기존 DAB라고 지칭하던 서비스를 이동 멀티미디어 방송의 특성을 반영하여 DMB라고 개명하였다. 그러나 DMB 방송으로 인해 지상파 라디오의 디지털화를 위한 주파수 확보가 어려운 점을 감안하여 지상파 라디오 디지털화를 위한 새로운 방안을 모색하게 되었다.

5 기타 국가

미국과 일본을 제외한 대부분의 국가는 아래 표 14-11과 같이 유럽 방식 시스템을 선호하고 있다.

표 14-11 외국의 디지털 라디오 방송 추진현황

국가	디지털 라디오 방송기술 개발 동향
캐나다	- 1990년 디지털 오디오 방송 시스템의 전송과 실용화 연구시작 - 1993년 Digital Radio Research Inc. 설립(정부와 방송사 참여) - EUREKA-147 시스템을 이용한 L-Band에서 혼합 방식 추진 - 현재 다수 지역에서 디지털 오디오 방송 실시 중
멕시코	- 1995년 6월 위성을 이용한 EUREKA-147 시스템 전송실험 - 2004년 7월 디지털 TV 방송 표준을 ATSC로 채택
호주	- 1991년 DAB 위원회 구성, EUREKA-147을 기반으로 L-Band 사용 - 시드니, 브리스번, 멜버른에 시험방송 실시
중국	- 엔지니어를 EUREKA-147 프로젝트에 파견하여 연수 - 1996년 중반에 DAB Pilot 프로젝트 설비 설치
아시아 방송연맹	- 1995년 7월 DAB Workshop 개최(태국 등 7개국 참가) - 아시아 지역 DAB Forum 구성 결의(ABU) - 세계적인 단일 표준 방식을 강하게 주장하여 EUREKA-147 방식 지지

• 참고문헌

[1] 박지형, 『디지털 라디오 방송』, 세종출판사, 2000.

[2] 이창형, 『디지털 방송 기술 총람』, 한국방송기술인연합회, 커뮤니케이션북스, 2009.

생각해 볼 문제

Q1 아날로그 라디오 방식의 문제점을 설명하고, 디지털 라디오 방송의 특징 및 장점에 대해 자세히 설명하시오.

Q2 아날로그 라디오 방식에 대해 설명하고, 각각의 방식에 따른 장/단점을 비교 설명하시오.

Q3 디지털 라디오 방식인 대역내(In-Band) 방식과 대역외(Out-Of-Band) 방식에 대해 설명하시오.

Q4 오디오 부호화 기술인 MUSICAM, MPEG-2 AAC, MPEG-4 SBR에 대해서 간단히 설명하시오.

Q5 디지털 라디오 방식을 비교하고, 각각의 방식에 따른 장/단점을 설명하시오

Chapter 15

DMB (Digital Multimedia Broadcasting)

15.1 개요 및 국내외 동향

1 이동방송 개요

이동방송(이동수신방송 또는 이동멀티미디어방송으로도 지칭)은 가정이나 사무실 등에서 고정된 상태의 TV 수상기를 통해 방송을 수신하는 기존의 TV방송 서비스와 달리 고속으로 이동하는 차량 또는 다양한 장소에서 개인의 휴대형 단말기를 통해 비디오를 포함한 방송 서비스를 수신하는 것을 말한다[1].

이동방송 서비스를 제공할 수 있는 디지털 이동방송 기술로는 지상파 DMB (T-DMB : Terrestrial-Digital Multimedia Broadcasting), 위성 DMB(S-DMB : Satellite-DMB), DVB-H(Digital Video Broadcasting-Handheld), MediaFLO(FLO : Forward Link Only), ONE-SEG, HSDPA(High Speed Downlink Packet Access), WiBro 등이 있다. 지상파 DMB와 위성 DMB는 이미 국내에서 상용 서비스를 제공하고 있으며, 노키아가 강력하게 지원하고 있는 DVB-H와 퀄컴이 개발한 MediaFLO는 유럽과 미국 등 세계 여러 국가에서 이미 상용 서비스를 시작했거나 서비스를 적극적으로 검토하고 있는 대표적인 이동방송 기술이다. 이외에 일본에서는 지상파 디지털TV(ISDB-T)와 함께 방송중인 ONE-SEG도 상용 서비스를 실시중이며 단말기 보급이 빠르게 확산되고 있다.

HSDPA와 WiBro 기술은 이동통신 서비스 기술이면서도 방송 서비스를 제공할 수 있는 기능을 지니고 있으나 일반적인 방송 서비스를 제공하기 보다는 가입자에 특화된 제한적인 방송 서비스를 제공하는 데 적합할 것으로 보인다.

이와 같이 전세계적으로 다양한 이동방송 기술이 개발되면서 이동방송 시장에 대한 기대가 높아졌으나, 한국의 T-DMB와 일본의 ONE-SEG를 제외한 대부분의 서비스가 가입자 확보에 어려움을 겪고 있는 등 상용 서비스가 정착되지 못하고 있다. 표 15-1에서는 이동방송의 전송기술 및 특징을 간략하게 나타내었다.

표 15-1 이동방송 방식 비교[2]

항목	T-DMB	S-DMB	ISDB-T ONE-SEG	DVB-H	MediaFLO
개발주체	유럽 DAB 기반, 모바일 TV서비스를 위해 수정(한국)	도시바(일본)	ISDB-T(일본)	DVB-T로부터 파생(유럽)	QUALCOMM (미국)
전파매체	지상파	위성	지상파	지상파	지상파
호환성	DAB와 순방향 호환, 역방향 부분호환	해당 없음	ISDB-T와 부분적 기술공유, 호환성은 없음	DVB-T와 부분적 기술공유, 호환성은 없음	해당 없음
비디오 부호화	H.264/AVC	H.264/AVC	H.264/AVC	H.264/AVC	기저계층 : H.264/AVC, 상위계층 : 퀄컴 독자방식
오디오 부호화	MPEG-4 BSAC	MPEG-4 HE-AAC(AAC+SBR)	MPEG-2 AAC	MPEG-4 AAC	MPEG-4 HE-AAC
채널부호화	길쌈부호(Convolutional Code), Reed-Solomon	길쌈부호, Reed-Solomon	길쌈부호, Reed-Solomon	길쌈부호, Reed-Solomon	Turbo, Reed-Solomon
전송 다중화	OFDM	CDM	OFDM	OFDM	OFDM

2 DMB 개요

DMB는 라디오 방송을 디지털화하여 문자방송, 무선호출, 정지영상 등 멀티미디어 데이터 전송 서비스를 제공하는 기술을 말하며, 일명 보는 라디오를 의미한다.

이러한 DMB 방송은 미국, 유럽, 캐나다 등에서 DAB(Digital Audio Broadcasting), DAR(Digital Audio Radio), DRB(Digital Radio Broadcasting), DSB(Digital Sound Broadcasting) 등으로 불리고, 국내에서도 명칭을 당초 DAB라 부르기도 했으나 DAB가 오디오 이외에 비디오를 비롯하여 멀티미디어 데이터를 포함한다는 ITU 규정에 의거 DMB로 개칭해서 사용하게 되었다.

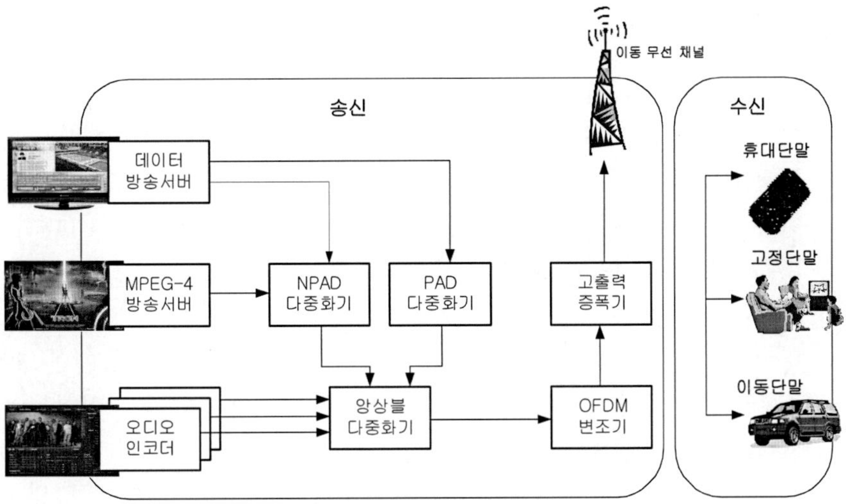

그림 15-1 DMB 시스템 개념도

그림 15-1은 DMB 시스템의 개념도를 나타낸 것이다. 데이터방송 서버와 MPEG-4 방송 서버, 그리고 오디오 인코더를 통해서 송신할 데이터 신호, 영상 신호, 오디오 신호를 각각 생성, 출력한다. 데이터와 영상 신호는 PAD(Program Associated Data)/NPAD(Non PAD) 다중화기를 통해서 앙상블(ensemble) 다중화기로 전달되고, 오디오 신호만 있는 라디오 방송의 경우 오디오 신호는 오디오 인코더에서 바로 앙상블 다중화기로 전달된다. 앙상블 다중화기는 PAD/NPAD 다중화기를 거쳐서 들어오는 신호들과 오디오 인코더에서 온 신호를 하나의 앙상블로 다중화하여 직교주파수분할다중화(OFDM) 변조기로 보내준다. 수신측에서는 이렇게 앙상블 되어있는 신호를 데이터 신호와 영상 신호, 그리고 오디오 신호로 분리해 주어야 원래의 신호로 해당 서비스에 대한 정보를 제공받을 수 있다. 앙상블로 다중화된 신호는 OFDM 변조된 후 증폭기를 통해서 무선채널로 송출하게 된다.

PAD 서비스는 오디오 프로그램과 연관된 데이터를 오디오 프로그램에 포함하여 제공하는 것이고, NPAD 서비스는 오디오 프로그램에 관계없이 독립적으로 문자, 그래픽 및 영상으로 프로그램을 제공한다. NPAD 서비스로는 기차 및 비행기 시간표, 증권정보, 날씨정보, 연극과 오페라, 그리고 음악공연 정보, 뉴스와 같은 콘텐츠 제공이 가능하다. 또한, 오디오 프로그램과 데이터 프로그램을 동시에 서로 다른 데이터율로 전송할 수 있게 함으로써 앞에서 설명한 것과 같이 사용자가 원하는 다양한 데이터를 이용할 수 있다.

3 DMB 정의의 탄생

DMB는 DAB 시스템에 멀티미디어 서비스를 추가한 개념이다. DAB는 1987년 유럽에서 결성한 EUREKA-147(EUropean REsearch Coordination Agency project-147) 공동 프로젝트의 고유명칭이며, 이동수신 상태에서 고음질의 오디오 서비스를 제공하는 디지털 오디오 방송을 말한다. 1993년 ITU-R에서 EUREKA-147의 고유명칭을 DAB로 명명했으며, 개발 초기 시스템은 오디오 및 데이터 방송을 목적으로 차량을 이용하여 이동 수신하도록 한 것이다. 1995년에 DAB 규격이 완성되었으며 그 해 영국의 BBC에서 세계 최초로 DAB 방송이 시작되었다. 이후 스웨덴(1995년), 프랑스(1997년), 독일(1999년) 등 유럽 국가들이 잇따라 DAB를 도입해 서비스를 시작했다. 그러나 유럽의 DAB 서비스는 음성 위주에 일부 데이터 방송을 추가한 형태로 오늘날 멀티미디어 방송을 뜻하는 DMB라고 하기는 어렵다. 유럽의 경우 현재까지도 오디오 위주로 DAB 서비스가 이루어지고 있어 이 경우는 DAB로 칭하는 것이 적절하다.

국내에서는 2001년에 '디지털 라디오 방송'의 방식으로, 유럽을 중심으로 한 여러 나라의 상용 서비스를 통해 검증되었고 가장 넓은 주파수 대역폭을 갖고 다채널의 음성 및 데이터 서비스를 수용할 수 있는 유럽방식인 EUREKA-147을 국내의 잠정 표준방식으로 결정하였다. 이후 여러 과정을 거쳐 2003년 방송위원회에서는 '디지털 라디오 방송(DRB)'이 협의의 개념인 오디오 방송으로 주로 사용되며, 데이터 방송 등 멀티미디어 서비스의 특성을 표현하는 데 한계가 있다는 측면에서 오디오, 비디오 및 데이터 방송을 포괄하여 영문으로는 DMB(Digital Multimedia Broadcasting), 우리말로는 '이동멀티미디어방송'으로 명명하기로 통일하였다. 즉, 방송위원회는 DMB를 'CD 수준의 음질과 데이터 또는 영상 서비스 등이 가능하고 고정 · 이동수신의 우수한 품질을 제공하는 디지털 방식의 멀티미디어 방송'으로 정의하였다. DMB는 전송매체에 따라 지상파 DMB와 위성 DMB로 구분된다. 우리나라가 DMB라는 개념을 표준 용어로 확립하고 이동전화와 결합된 DMB 단말기를 구현하는 등 상용 서비스 확산에 최초로 성공한 만큼 DMB 종주국이라 할 수 있다.

4 DMB 서비스 개념

현재 국내의 DMB 방송은 지상파 DMB(T-DMB)와 위성 DMB(S-DMB)의 두 가지 형태의 상용 서비스가 제공되고 있다. 두 DMB 방송의 시스템 개념도는 그림 15-2와 같다.

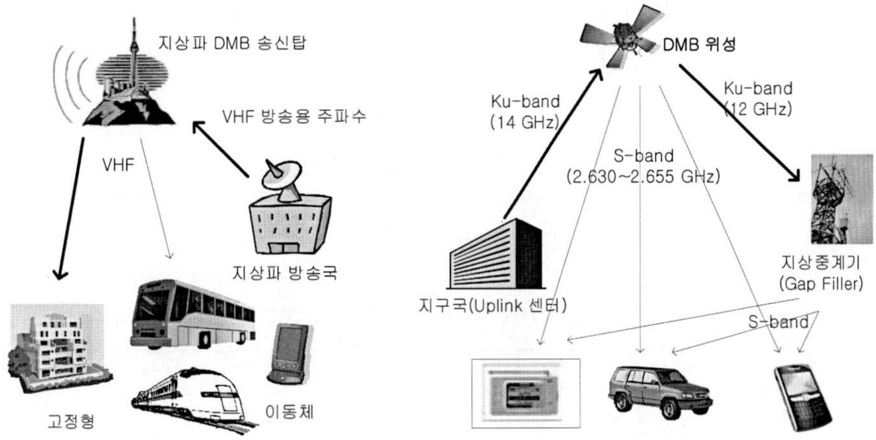

그림 15-2 지상파 DMB와 위성 DMB의 시스템 개념도

T-DMB와 S-DMB는 탄생 배경도 다르고 기술적으로도 다른 시스템이다. T-DMB는 지상파 디지털TV의 이동수신 문제를 해결하기 위한 시도에서 출발한 것으로 방송의 확장 차원에서 도입된 반면, S-DMB는 통신 사업자(SK텔레콤)가 기존의 이동전화 외에 TV와 같은 새로운 멀티미디어 서비스를 제공하고자 도입된 것으로 통신의 확장 측면으로 볼 수 있다. 기술적인 측면에서는 T-DMB는 OFDM 기반의 전송방식을 사용하는 기존의 DAB, 즉 EUREKA-147(System A)를 채택한 반면, S-DMB는 이동전화에 사용되는 CDMA와 같은 코드분할다중화(CDM : Code Division Multiplexing) 기술을 사용하는 일본 도시바의 System E 기술을 채택하였다.

T-DMB는 국내 아날로그TV 방송에서 사용하는 VHF(초단파 방송) 주파수 대역을 이용하여 유럽의 EUREKA-147 DAB 시스템에 멀티미디어 데이터 서비스를 부가한 것으로, 휴대전화뿐만 아니라 차량에 부착할 수 있는 차량 이동수신용의 각종 정보 단말기에 응용된다. T-DMB는 시속 200 km 이상의 고속 이동중에도 고품질 오디오와 비디오 서비스, 그리고 데이터 서비스를 제공한다. 오디오 서비스는 CD급 품질이며, 비디오 서비스는 7인치 디스플레이에 적합한 QVGA급 품질을 제공한다. 데이터 서비스는 교통정보(TPEG : Transport Protocol Experts Group), 전자프로그램안내(EPG), 뉴스, 날씨, 증권 등 다양한 정보를 제공한다.

T-DMB는 비디오 부호화를 위해 H.264/AVC 기술을 사용하고, 오디오 부호화를 위해 MPEG-4 BSAC(Bit Sliced Arithmetic Coding) 기술을 적용한다. 기존의 DAB처럼 CD급 음질의 스테레오 오디오 서비스가 제공되는데, 이 전용 오디오 부호화는 MPEG-1/2 Audio Layer II(MUSICAM)를 채택하고 있다.

S-DMB는 위성을 통해 방송 콘텐츠를 송출하여 가입자들이 옥외 또는 이동중에 무지향성 수신 안테나를 장착한 개인 휴대용·차량용 수신기를 통해 비디오, 오디오 및 데이터 등 다양한 멀티미디어 방송을 다채널로 시청하거나 청취할 수 있는 방송 서비스를 말한다. S-DMB 시스템은 그림 15-2와 같이 지구국, 위성, 지상 중계기, 가입자 단말기로 구성된다. 지상의 지구국에서 프로그램 공급자로부터 수신한 고품질의 다채널 오디오 방송 등 다양한 멀티미디어 정보를 위성으로 송출한다.

표 15-2 위성 DMB와 지상 DMB의 기술규격[3]

항 목		위성 DMB	지상 DMB
전송방식		System E (일본 방식, CDM 방식)	System A (유럽 방식, EUREKA-147)
비디오 가능 여부		가능	가능
지상 중계기(Gap-Filler) 사용		가능	가능
고속 이동수신		가능	가능
상대적 장점		전력 효율이 우수	주파수 이용 효율이 우수
전송다중화	위성 (수신/송신)	CDM 및 TDM/ CDM 및 TDM	OFDM/OFDM
	지상 중계기 (수신/송신)	TDM/CDM	OFDM/OFDM
오류정정부호		RS(204,188) Byte Interleaver Convolutional code Bit Interleaver	RS(204,188) Convolutional code Convolutional Interleaver
다중화		MPEG-2 Systems MPEG-4 SL	MPEG-2 Systems
변조		QPSK	DQPSK
오디오 부호화		MPEG-2 HE-AAC(AAC+ SBR)	MPEG-1/2 Layer Ⅱ(MUSICAM)와 MPEG-4 BSAC
비디오 부호화		H.264/AVC	H.264/AVC
주파수 대역		S 밴드 대역폭 : 25 MHz - 2,630~2,655 MHz	VHF 대역폭 : 12 MHz(6 MHz 채널 2개, 6 MHz 대역을 3개로 나누어 사용) - CH 12 : 204~210 MHz - CH 8 : 180~186 MHz
주파수 이용 효율		0.4~0.7 bits/Hz	0.5~1.1 bits/Hz
전송용량		전송용량 : 7.68 Mbps	전송 용량 : 6.912 Mbps - 사업자당 : 1.152 Mbps

사용자는 위성으로부터 직접 S밴드(2~4 GHz)의 CDM 신호를 수신하거나, 음영지역 및 차단환경에서는 위성으로부터 받은 신호를 변조/증폭하는 지상 중계기인 갭필러(Gap-Filler)로부터 CDM 신호를 수신한다.

S-DMB는 비디오 신호의 부호화는 T-DMB와 동일한 H.264/AVC를 사용하고, 오디오 부호화는 MPEG-4 HE-AAC(High Efficiency Advanced Audio Coding)를 채택하고 있다.

표 15-2는 위성 DMB와 지상파 DMB의 기술규격을 비교한 것이다.

5 국내외 DMB 서비스 동향

(가) 국내 : 지상파 DMB/위성 DMB

2004년 12월에는 위성 DMB 사업자로 TU미디어가 선정되었고, 2005년 1월 시험방송을 거쳐 그 해 5월에 본 방송을 시작하였다. 또한, 2005년 3월말에 6개사의 지상파 DMB 사업자가 결정되어 12월에 본 방송을 시작하였다. 이로써 세계 최초로 위성 DMB 서비스와 지상파 DMB 서비스를 동시에 시작하게 되었다. 각 서비스의 도입 경과와 서비스 현황은 다음과 같다.

지상파 DMB(T-DMB)는 1997년 3월 당시 정보통신부가 '지상파디지털방송추진협의회'를 구성하면서 DMB 도입이 검토되기 시작하였으며, 2001년 4월 단기간 내의 상용화와 세계시장 진출 등을 고려하여 유럽의 EUREKA-147을 잠정 국가 표준으로 채택하였다. 그 후 실험방송을 통한 검증작업을 통하여 2002년 12월 지상파 DMB의 표준방식으로 결정하였다. 2005년 3월말에 TV 한 채널(6 MHz 대역)에 3개의 DMB 사업자를 할당하여 2개 채널, 6개 사업자를 선정하였다. 선정된 사업자는 3개의 지상파TV 사업자(KBS, MBC, SBS)와 3개의 비지상파TV 사업자(YTNDMB, 한국DMB, KMMB(U1미디어))이다.

2005년 9월부터 수도권 사업자를 중심으로 실질적인 지상파 DMB 시범 서비스가 시작되어 12월부터 본 방송 서비스를 시작하였다. 2006년 12월에는 13개의 지역 지상파 DMB 사업자를 선정함으로써 전국 방송의 틀을 마련하였다. 지상파 DMB는 무료라는 이점과 이동 통신사의 가입자 확보 등을 통해 다양한 단말기 보급으로 빠른 속도로 확산되어 2009년 2분기까지 누적 판매대수가 1,255만대를 기록하였다.

지상파는 DMB가 차량 이동수신뿐만 아니라 휴대 이동수신까지 가능하도록 하기 위하여 송신출력을 1 kW에서 2 kW로 높이고, 송신소를 관악산뿐만 아니라 남산, 용문산 등을 단일주파수방송망(SFN)으로 구성하고, 지상 중계기 구성을 위해 이동

통신사와 연결하는 등 휴대수신까지 영역을 넓히고 있기 때문에 위성 DMB와의 경쟁이 불가피하게 전개되고 있다.

위성 DMB(S-DMB)는 지상파 DMB 보다 늦은 2001년 SK텔레콤이 위성을 통한 멀티미디어 방송사업을 추진하면서 시작되었다. 원래 위성 DMB 사업은 일본의 도시바가 MBCo라는 자회사를 설립하여 추진하고 있었는데, SK텔레콤이 이 사업에 참여하면서 국내 위성 DMB가 도입되게 되었다. 2003년 위성 DMB 표준으로 도시바의 'System E'를 채택하였고, 2004년 12월 SK텔레콤의 자회사인 TU미디어가 위성 DMB 사업자로 선정되었다.

2005년 1월부터 시험방송을 거쳐 그 해 5월 비디오 8개 채널과 오디오 24개 채널로 본격 유료 서비스를 시작하였다. 2009년에는 SK텔레콤과 제휴를 통해 위성 DMB에 가입하는 SK텔레콤 가입자에게 무료로 위성 DMB를 시청할 수 있는 프로그램을 제공하고 월드컵 예선, 월드베이스볼 등 스포츠 이벤트의 제공, KBS 오락 프로그램 수급 등에 따라 가입자가 큰 폭으로 증가하였고, 2009년 9월 기준으로 가입자가 204만명을 넘었다[4].

위성 DMB는 사업자당 10여개의 TV 방송, 20여개의 라디오 방송, 3~4개의 데이터 방송을 제공할 수 있으며, 광고 수익과 함께 가입비 및 월정액의 이용요금 등을 추가로 징수하여 운영하고 있다. 위성 DMB 사업자는 사업의 성패라고 할 수 있는 지상파 재전송 허용이 사실상 결정되었기 때문에 지상파 DMB 서비스와의 차별화를 모색해 적극적인 서비스를 추진하고 있다.

(나) 미국 : MediaFLO

미국은 퀄컴 사에서 제안한 '휴대디지털방송규격'인 MediaFLO를 이용하여, 이동방송을 서비스 하고 있다. FLO는 이동통신망 외에 별도의 단방향 주파수 대역을 할당하여 다수의 수요자들에게 멀티미디어 콘텐츠를 제공할 수 있는 새로운 멀티캐스팅(multicasting) 기술이다. 반면 유료 서비스를 위한 가입, 인증 등의 실제 서비스를 제공하기 위해서는 이동통신망과의 연동이 필요하다. 주요 서비스 모델은 실시간 오디오, 비디오 스트리밍 서비스 외에 개인별 맞춤형의 비실시간 비디오, 오디오 클립과 스포츠, 뉴스, 증권, 날씨 정보 등의 download & play 형의 콘텐츠 전송 서비스로 크게 나눌 수 있다.

그림 15-3은 MediaFLO 시스템 구성도로 광역방송을 위한 NOC와 하나 또는 그 이상의 각 지역별 LOC로 구성된다. NOC와 LOC는 광역 및 지역방송 사업자의 개념으로 콘텐츠를 수집, 스케줄링, 다중화하여 FLO 송신시스템으로 전달한다.

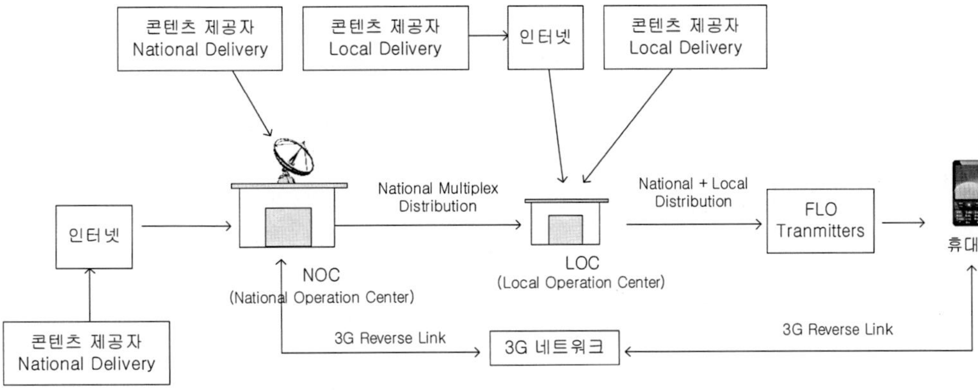

그림 15-3 MediaFLO 시스템 구성도

FLO 송신기는 FLO 신호를 단말기로 전송한다. 이동통신사의 3G망은 3G 서비스 가입과 접속키 분배를 위해 단말기가 NOC와 정보교환이 가능하도록 양방향 서비스를 지원하고, FLO 단말은 가입한 콘텐츠 서비스와 프로그램안내정보 등을 포함한 FLO 신호를 수신한다.

(다) 유럽 : DVB-H

유럽에서는 DVB-T를 기반으로 이를 휴대 이동수신에 맞게 이동수신 성능, 수신기 전력소모 등을 개선한 모바일TV 표준인 DVB-H를 이용하여 이동방송을 서비스 하고 있다. DVB-H는 세계적인 단말 제조사인 노키아를 비롯한 유럽의 방송, 통신, 단말업체들이 주도로 2004년 유럽통신표준국(ETSI) 표준화가 완료되었고, 최근 EU에서 모바일TV 표준으로 공식 권고한 대표적인 모바일TV 기술이다.

DVB-T는 고정, 휴대, 이동 단말기를 지원할 수 있으나, 전력 소모가 많기 때문에 가벼운 배터리를 전원으로 사용하는 휴대 단말기에는 부적합하다. 따라서 DVB-H에 도입한 대표적인 기술인 시간분할(time slicing) 기술을 이용하여 전력 소비를 줄인다. 시간분할은 수신기가 요청한 서비스를 요구되는 비트율 보다 훨씬 높은 순시 비트율로 군집 데이터를 전송하는 버스트(burst) 모드를 이용하여 짧은 시간에만 단말기가 활성상태에 머무르도록 함으로써 배터리 사용시간을 늘리도록 한다. 또한, 시간분할은 해당 서비스를 수신하지 않는 버스트와 버스트 사이의 오프 시간 동안에도 인접 기지국의 신호를 검색할 수 있도록 하여 하나의 RF 수신부를 갖는 단말로도 핸드오버(hand over)가 가능하도록 한다.

DVB-H의 또 다른 기술적 특징은 정보를 IP-데이터그램(IP-datagram)으로 전송하는 시스템이라는 데 있다. IP-데이터그램은 신호를 인터넷 프로토콜(IP)에 의해

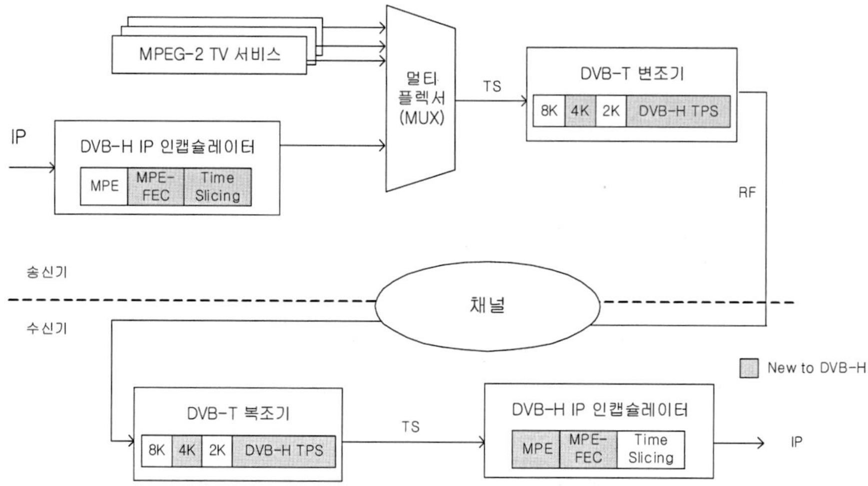

그림 15-4 DVB-H 전송 시스템

패킷 단위로 보내는 방식을 말한다. 오디오와 비디오 신호를 스트리밍하는 방식으로 지금까지의 방송과 달리 DVB-H는 유무선 인터넷과 같이 오디오와 비디오 신호를 패킷 단위로 끊어 압축한 후 전송하는 IP 데이터캐스팅(IPDC : IP Datacasting) 방식을 적용하고 있다. 또한, MPE-FEC(Multi Protocol Encapsulation-Forward Error Correction)라고 하는 IP-데이터그램에 추가적인 리드-솔로몬(RS) 부호화를 적용하여 오류정정 효율을 높였다.

그림 15-4는 IP패킷을 전송하기 위한 DVB-H의 서비스 개념도로, 송신부에서는 MPEG-2 디지털 방송 서비스와 시간분할된 DVB-H 서비스가 동일 다중화기를 통해 트랜스포트스트림(TS)으로 다중화되고, 이를 변조하여 전송한다. 수신부에서는 전송받은 신호를 복조하여 다시 TS로 만들고, 이 TS를 복호화 하여 사용한다. 이때, 소형 휴대단말기는 IP-서비스 데이터만을 복호화하여 사용한다.

(라) 일본 : ISDB-T ONE-SEG

일본의 이동방송 서비스는 이동수신 방송을 의미하는 브랜드인 'ONE SEG'를 이용하여 서비스 되고 있다. 지상파 DTV 방송망을 통한 휴대전화 결합형 단말기를 주 서비스 대상으로 한다. 일본의 지상파 DTV 방식은 ISDB-T로 6 MHz 채널대역을 13개의 세그먼트로 나누어 각 세그먼트별로 다른 전송방식을 사용한 다른 서비스를 할 수가 있는데, ONE-SEG는 이중 1개의 세그먼트를 이용해서 이동방송을 하기 때문에 지어진 이름이다.

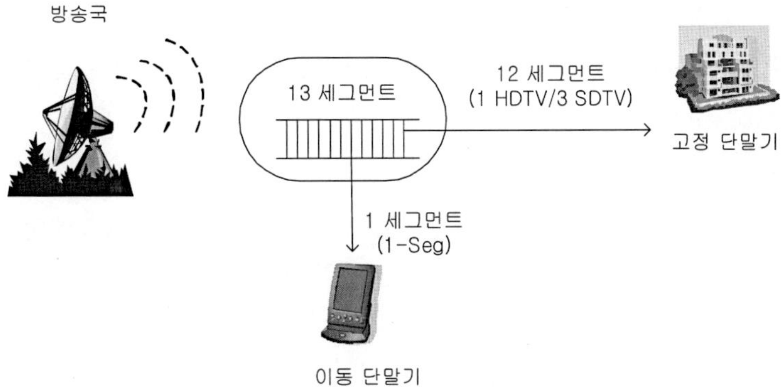

그림 15-5 ONE-SEG 서비스 개념도

그림 15-5는 ISDB-T을 이용한 HDTV 방송, SDTV 방송 그리고 ONE-SEG 방송을 동시 또는 선택적으로 방송하는 서비스 개념도이다. 국내의 경우 지상파 DTV 방송망과는 별도로 이동방송을 위해 지상파 DMB 방송망을 구축하였으나, 일본에서는 ISDB-T의 구조상 지상파 DTV 방송망을 통해 ONE-SEG 방송도 동시에 송신한다.

15.2 지상파 DMB

1 개요

우리나라 지상파 DMB는 기존의 지상파 디지털TV에서 불가능한 이동방송 서비스를 제공하기 위해서 시작되었다. 조속한 방식 결정 및 서비스 실시에 의한 수출시장 확보 및 내수진작 등을 고려하여 기존의 유럽 DAB 전송규격인 EUREKA-147을 선택하고 이동수신 TV 기능을 추가하였다. EUREKA-147은 유럽을 중심으로 한 여러 나라의 상용 서비스 실시에 의해 검증이 완료되었고, 가장 넓은 주파수대역폭을 가지며, 다채널의 음성 및 데이터 서비스를 수용할 수 있는 장점을 바탕으로 표준방식으로 선정되었다.

DAB를 채택하고 비디오 부호화 방식으로는 H.264/AVC, 오디오 부호화 방식은 MPEG-4 BSAC, 다중화는 MPEG-2 TS와 MPEG-4 SL을 각각 채택하고 있다.

지상파 DMB는 CD 수준의 음성과 7인치 이하의 소형TV, PDA, 그리고 휴대폰 등과 같은 휴대단말기를 통해 디지털 오디오 서비스는 물론 증권, 날씨, 교통정보 등의 데이터방송 서비스를 제공하며, 특히 이동TV 서비스를 가능하게 한다.

2 서비스 개념

지상파 DMB는 아날로그TV 방송에 이용되는 초단파(VHF) 대역을 통하여 이동중에도 선명한 화질을 수신할 수 있는 일종의 디지털TV 서비스라고 할 수 있다. NTSC 방식에 의한 아날로그TV를 차량 내에서 이동 중에 수신할 경우 화면떨림, 이중상(ghost) 현상 등으로 인해 선명한 화질을 얻을 수 없다. 고정수신을 위한 디지털TV와 달리 DMB는 이동수신을 위해서 개발된 것으로, 한 개의 안테나만으로 폭넓은 지역을 서비스할 수 있으며 이 방송 매체로 고정용 디지털TV 방송을 보완할 수 있다.

무선 이동통신 기술이 발전함에 따라 사용자들은 이동 중의 정보통신 서비스에 익숙해져 오디오, 비디오 및 다양한 데이터 콘텐츠를 휴대단말을 이용하여 이동중에 서비스 받고자 하는 욕구가 급증하였다. 그러나 휴대전화를 통한 멀티미디어 서비스는 전송 대역폭이 제한적일 뿐만 아니라 가격이 매우 비싸기 때문에 일상적으로 즐기기는 부담이 적지 않다. 지상파 DMB는 이러한 문제들에 대한 해결책을 제시할 수 있는 뉴미디어로서 우수한 휴대성과 이동성의 장점을 갖고 있으며, 7인치 이하의 TV 액정이 있는 휴대용 단말기로 통신 서비스와 결합된 이동방송 서비스를 제공한다. 이러한 지상파 DMB의 특징과 비전으로는 상대적으로 매우 적은 투자를 통하여, '이동수신 성능이 탁월한 내 손안의 디지털TV', '무료 멀티미디어 서비스', '무료 대용량 데이터 서비스', 'CD급 음질의 오디오 전용 방송' 등이라고 할 수 있다.

지상파 DMB는 그림 15-6과 같이 TV 한 채널의 대역폭 6 MHz를 세 개의 블록으로 나누어 각각 1.54 MHz의 전송 대역폭과 200 kHz의 보호대역(guard band)을 가진다. 하나의 블록은 1.152 Mbps의 유효전송률을 가지는데, 이 데이터율은 기본 오디오, 비디오 및 데이터를 다양한 형태로 구성할 수 있다. 국내 지상파 DMB는 VHF 채널 8번과 12번을 6개 블록으로 나누어 블록당 한 개의 사업자로 총 6개 사업자를 선정하여 서비스를 제공하고 있다.

그림 15-7은 지상파 DMB 서비스 개념도를 나타낸 것이다. 오디오 전용 서비스와 함께 스트림 모드를 이용한 비디오 서비스를 제공한다.

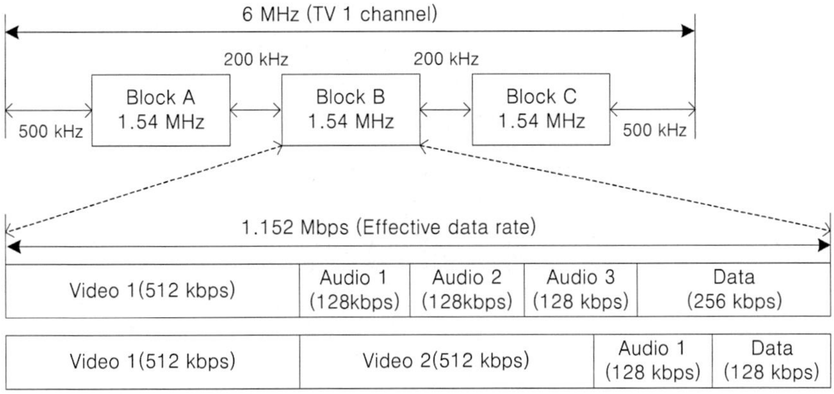

그림 15-6 지상파 DMB 주파수 할당

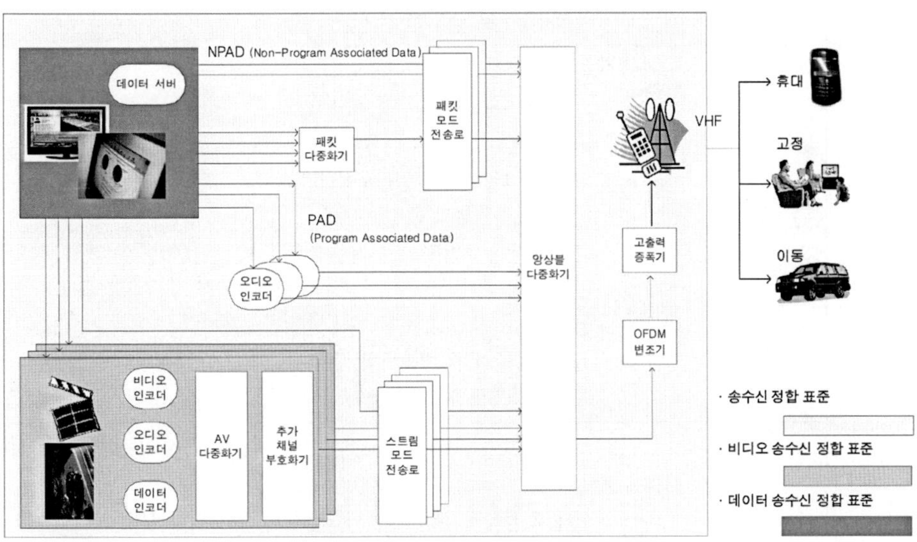

그림 15-7 지상파 DMB 서비스 개념도

3 표준화 동향

(가) 국내 표준화

국내 지상파 DMB의 세부 표준화 추진 과정은 표 15-3 및 표 15-4와 같다. 이동 멀티미디어 방송을 위한 표준방식은 정보통신부에서 결정되었고, 세부적인 표준규격 초안은 차세대방송포럼에서 만들어져 TTA DMB 프로젝트그룹을 통해 결정되었다.

표 15-3 지상파 DMB송수신 정합표준에 대한 국내표준화 추진현황-1[5]

진 행 일	추 진 내 용
1997년	디지털방송추진협의회 산하 오디오방식 분과에서 유럽방식을 국내표준으로 디지털방송추진협의회에 건의
1999년	유럽방식인 DAB가 국내 표준으로 가장 우수하다는 의견 수렴 – DAB 도입의 경제성, 타당성, 주파수 할당 가능성 등에 대해 다각적인 검토
2000년 04월	정보통신부 DAB 추진 전담반 구성 및 활동 – 방식별 비교평가를 위해 평가항목을 도출하고, 평가의견을 접수하는 한편 전문분야별 분과 구성으로 조사연구 및 실험검증을 시행하는 등 DAB의 국내표준 수용을 위한 연구 시작
12월	정보통신부, 잠정표준방식으로 유럽방식을 선정 – 디지털라디오방송추진전담반은 방식별 비교평가를 위해 20개 평가항목을 도출하고 각 참여기관의 평가의견을 접수하여 2000년 12월 유럽방식을 국내잠정표준으로 정부에 건의
2001년 8월	DAB 실험방송 실시(1년간) – 2001년 3월 개최된 공청회를 통해 폭넓은 의견을 수렴하였고, 공청회에서 EUREKA-147방식에 대한 검증이 필요하다는 의견이 제기 – 2002년 4월부터 실험방송전담반을 구성 · 운영하여, 국내도입을 위한 필드테스트를 9월까지 추진함 – 향후 이동TV 서비스 요구가 증가할 것에 대비하여 지상파 DMB 활성화의 방안으로 동영상 서비스 도입의 가능성에 대한 객관적 검증과 방송망 구현시 필요한 파라미터 추출을 위해 전담반 구성 – 실험방송을 통해 방송구역, 인접채널에 대한 혼신여부 등에 대한 검증을 실시하여 EUREKA-147방식이 국내도입에 중요한 문제가 없는 것으로 결론
2002년 5월	차세대방송포럼 DAB 표준작업반 DAB기술기준(안) 및 2개 송수신정합규격(안) 제안 – 국내 지상파 DMB의 표준방식을 결정하기 위하여 다음의 요소를 고려함. – 국제표준방식으로서의 중요도, 시장 확대 용이성, 방송프로그램 호환성 등 국제동향에 대한 평가 – 방송사의 설비투자 및 운용비용, 수신기 가격, 기기산업 등 관련산업의 파급효과, 기술료 등 경제적 분야에 대한 평가 – 다양한 서비스의 수용 가능성, 시스템 성능, 국내기술의 축적도, 스펙트럼 이용의 효율성, 기술의 완성도 등 기술적 분야에 대한 평가 – EUREKA-147 시스템 방식이 전 분야에서 유리한 것으로 결론
2006년 6월	'방송표준방식 및 방송업무용무선설비의 기술기준'을 개정 고시 – 방송법 개정(안)을 통과하여 DMB를 '이동 멀티미디어 방송'으로 새롭게 규정하고 방송위원회에서는 '이동 멀티미디어 방송'의 근거규정을 마련

표 15-4 지상 DMB송수신 정합표준에 대한 국내표준화 추진현황-2[5]

진 행 일	추 진 내 용
2003년 08월	TTA, 지상파 DMB 송수신정합표준 초안 과제 접수
2003년 10월	TTA, 지상파DMB 오디오 송수신정합표준 제정
2004년 08월	TTA, 지상파 DMB 비디오 송수신정합표준 제정
2006년 12월	TTA, 지상파 DMB 비디오 송수신정합표준 개정(R1)
2007년 06월	TTA, 지상파 DMB 송수신정합표준 개정(R1) - ETSI 규격 갱신에 따른 일치 작업

(나) 국제 표준화

2003년 이후, 삼성전자, LG전자, 퍼스널 텔레콤 등 국내 업체를 중심으로 단말기 개발이 적극적으로 추진되자 지상파 DMB는 국제적인 주목을 받았으며, WorldDAB 포럼과 TTA 간에 지상파 DMB 국제 표준화를 위한 상호협력 체계가 논의되었다. 아울러, 국제 표준화 기관의 관심과 국내 관련 산업계의 필요성에 부응하여 TTA는 지상파 DMB의 국제 표준화를 위해 TTA DMB 프로젝트그룹 산하에 지상파 DMB 국제 표준화 애드혹(Ad-hoc) 그룹을 결성(2008년 4월)하였다. 이 애드혹은 WorldDAB 포럼과 공조하여 ETSI 표준화 및 ITU-R 표준화를 목표로 한 ITU-R 기고서 초안 작성 등의 작업을 진행하였으며, WorldDAB 포럼 기술위원회(TC)에 참석하여 지상파 DMB에 대한 ETSI 표준 초안을 기고하고 관련 조율작업을 진행하였다. 이러한 노력의 결실로 지상파 DMB는 WorldDMB 포럼 및 ETSI에서 표준으로 반영되었다. 다음 표 15-5와 표 15-6은 ETSI와 ITU-R WP(Working Party) 6M의 표준화 채택 추진 경과이다.

표 15-5 ETSI의 표준화 채택 추진내용[5]

일 정	추 진 내 용
2005년 2월	T-DMB 관련 과제 채택(T-DMB Video Services) – 2004년 12월에 개최된 WorldDMB 기술위원회의 합의에 따라 WorldDMB 포럼이 과제를 제안
2005년 2월	ETSI Broadcasting 26차 회의 : 국내 T-DMB 표준화 및 서비스 추진 현황에 대한 소개
2005년 4월	WorldDMB 포럼 표준초안 ETSI에 송부 – WorldDMB포럼과 TTA가 합의한 영문 표준(안)을 ETSI로 송부
2005년 5월	ETSI 기술위원회(TB) 의견수렴
2005년 6월	ETSI 기술위원회(TB) 승인
2005년 6월	ETSI 표준 채택

표 15-6 ITU-R 표준화 채택 추진내용[5]

일 정	추 진 내 용
2004년 1월	TTA 지상파 DMB 국제 표준화 애드혹그룹에서 지상파 DMB 표준안에 대한 ITU-R 기고 초안 작성
2004년 2월	한국 ITU 연구위원회 지상파 DMB 기고문 승인 및 ITU 제출
2004년 4월	ITU-R WP6M 국제회의(T-DMB 관련 표준(안) 검토)
2004년 10월	ITU-R WP6M T-DMB 관련 Report 완료(BU.2049)
2005년 4월	ITU-R WP6M 국제회의 T-DMB 관련 표준(안) 검토 - 할당 과제번호(Question 45/6) : 이동수신을 위한 멀티미디어 및 데이터방송 (Broadcasting of multimedia and data applications for mobile reception)
2005년 9월	ITU-R WP6M 국제회의 T-DMB 관련 표준(안) 검토 유럽(DVB-H), 일본(ONE-SEG), 한국(T-DMB) 기술 규격 통합
2006년 4월	ITU-R WP6M 국제회의 T-DMB 관련 표준(안) 검토 - 미국은 FLO 시스템을 부속서에 포함할 것을 기고
2007년 5월	ITU-R SG6 국제회의(T-DMB 관련 표준(안) 검토) - 권고안 최종 승인, 채택승인 절차 진행
2007년 9월~12월	의견수렴
2007년 12월	ITU-R BT.1833 권고 재정 - 시스템 A : 한국의 T-DMB, 시스템 C : 일본의 ISDB-T(ONE-SEG), 시스템 H : 유럽의 DVB-H, 시스템 M : 미국의 MediaFLO - 시스템 A에 TTA 지상파 DMB 비디오 송수신 정합표준(TTAS. KO-07.0026) 반영

4 기술규격

국내 지상파 DMB는 DAB(EUREKA-147)의 4가지 전송모드 중 전송모드 I(표 15-7)을 채택하고 있으며 대역폭은 1.536 MHz이다. 또한, 서비스 목적에 따라 선택 가능한 채널부호화 기술, 시간 및 주파수 영역인 인터리빙 기술, 그리고 다중경로 페이딩(multipath fading) 영향에 강한 OFDM 전송 기술을 특징으로 하며 뛰어난 이동수신 성능을 갖는다.

따라서 국내규격에서는 DAB 전송규격에 디지털TV에서 검증된 채널부호화 기술과 인터리빙 기술을 추가하여 오디오 성능과 유사한 비디오 성능을 갖도록 하였다. DAB는 기본적으로 디지털 오디오 방송 규격으로 오디오 스트림 모드 전송방식에 기반하여 비디오 부호화 방식과 다중화 방식을 규정하고 있다. 따라서 비디오 서비스를 위해서는 오디오와 같은 스트림 모드 전송이 불가피하며, 적절한 비디오 부호화와 다중화 규격을 정의하게 되었다. 이상과 같은 DAB 비디오 서비스는 국내에서 독자적으로 개발한 기술로서 2005년 6월에 월드-DAB 포럼에서 국제 규격으로 채택되었다.

표 15-7 EUREKA-147 전송 매개변수[3]

파라미터	전송모드 I	전송모드 II	전송모드 III	전송모드 IV
응용	지상파(SFN)	지상파	지상/케이블	지상파
반송파 주파수	< 375 MHz	< 1.5 GHz	< 3 GHz	1.5 GHz
부반송파 수	1536	384	192	768
부반송파 간격	1kHz	4kHz	8kHz	2kHz
보호구간 지속시간	246μs	62μs	31μs	123μs
유효심볼 지속시간	1ms	250μs	125μs	500μs
전송 프레임 지속시간	96ms	24ms	24ms	48ms
널 심볼 길이	1.297ms	324μs	168μs	648μs
프레임당 심볼 수	76	76	153	76
채널 부호화	RS code + Convolutional code			
오디오 부호화	MPEG Layer II(MUSICAM)			

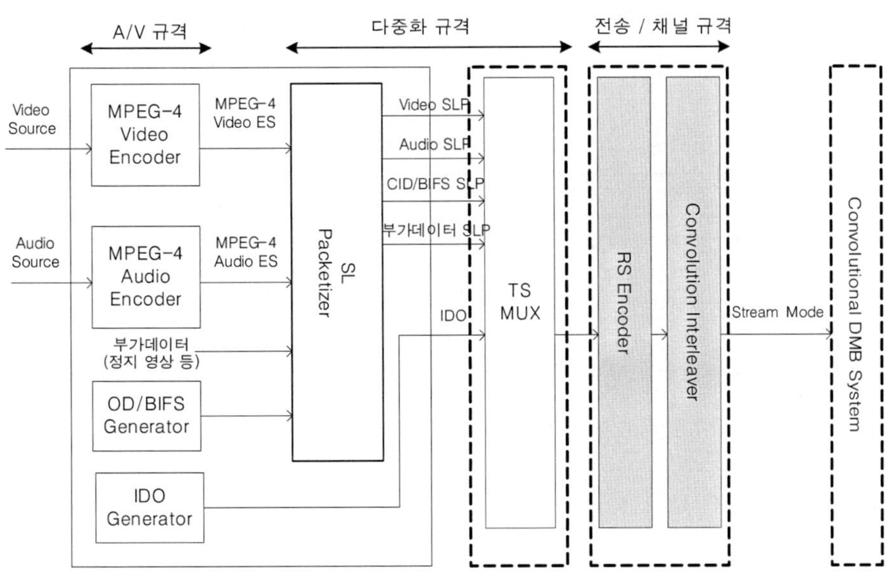

그림 15-8 지상파 DMB 기술규격 구성도

(가) 영상/음성 부호화

비디오 부호화는 H.264/AVC의 Baseline Profile@Level 1.3을 채택하고 오디오 부호화는 MPEG-4 ER-BSAC(Error Resilient Bit-Sliced Arithmetic Coding) 표준을 채택하고 있다.

(나) 장면합성 및 대화형 데이터 방송

장면합성 및 다양한 대화형 멀티미디어 처리를 위해 객체 서술자(OD : Object Descriptor) 및 BIFS(Binary Format for Scenes)를 채택하고 있다. BIFS는 자바(Java) 기반의 데이터방송 미들웨어(middleware) 없이도 대화형 데이터 방송을 쉽게 구현할 수 있는 장점이 있다. 이 기능을 사용하면 DMB 시청 중에 화면상에 하이퍼링크되어 있는 객체의 상세정보를 제공하거나 전자상거래 등의 양방향 데이터 방송 서비스를 제공할 수 있다.

(다) 패킷화 및 다중화

MPEG-4 시스템과 MPEG-2 시스템을 동시에 사용하는 구조인 MPEG-4 over MPEG-2 TS 다중화 방식을 채택하고 있다. MPEG-4 시스템의 BIFS나 OD 정보를 전송하기 위해서는 MPEG-4 SL(Sync Layer) 계층을 사용한다. SL 계층은 장면을 구성하는 각 객체의 다중화 기능과 동기 기능을 담당한다. MPEG-4 SL 패킷으로 다중화된 미디어는 최종 MPEG-2 TS를 통하여 전송된다.

표 15-8 지상파 DMB 기술표준[3]

기 술	기술표준	비 고
DAB 시스템의 기반기술	유럽 방식 DAB(EUREKA-147	ETSI EN 300 401
비디오 부호화	H.264/AVC Baseline Profile@Level 1.3	최대 352 X 288 @ 30fps
오디오 부호화	MPEG-4 ER-BSAC	
대화형 데이터 서비스	MPEG-4 BIFS	
다중화	MPEG-4 SL MPEG-2 TS	ISO/IEC 14496-1 ISO/IEC 13818-1
에러정정 부호	RS부호(204,188) Convolutional Code Convolutional Interleaver	

(라) 채널 부호화

오디오 서비스는 비트 오류율이 2×10^{-4}, 비디오 서비스는 약 1×10^{-8} 정도 이하가 되어야 안정적인 수신이 보장되므로, 이 성능을 만족시키기 위하여 RS(204, 188)와 길쌈 인터리빙 기술을 추가하여 오디오 수신권역과 유사한 비디오 서비스 권역을 갖도록 하였다.

그림 15-9는 지상파 DMB의 프로토콜 구조를 나타내는 것이다. 오디오 전용 서비스를 위한 오디오 부호화는 MPEG-1/2 Audio Layer II(MUSICAM) 표준을 채택하고 있고, 데이터 서비스는 MPEG-4 BIFS를 적용하여 텍스트 및 그래픽 서비스가 가능하게 된다. 비디오 서비스(비디오, 오디오 및 데이터를 포함한 이동멀티미디어 서비스)를 위한 비디오 부호화는 H.264/AVC를, 오디오 부호화는 MPEG-4 Part 3 BSAC을 채택하고 있다. 다중화는 MPEG-4 SL 패킷과 MPEG-2 Systems를 채택하고 있고, MOT(Multimedia Object Transfer) 프로토콜은 텍스트, 정지영상, 동영상 등의 데이터 서비스를 위한 것이다.

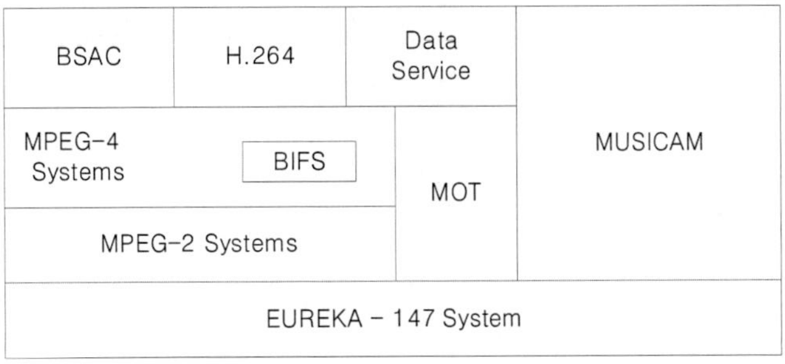

MOT: Multimedia Object Transfer Protocol
BIFS : Binary Format for Scene
BSAC : Bit Sliced Arithmetic Coding

그림 15-9 지상파 DMB 프로토콜 구조

5 지상파 DMB 기술

(가) 지상파 DMB 시스템 개요

지상파 DMB 시스템은 유럽의 EUREKA-147 DAB 시스템에 기본을 두고 있다. 유럽의 DAB 시스템은 기존의 AM 및 FM 방송의 디지털화를 통해서 오디오 및 데이터 서비스를 제공하는 반면, 국내 지상파 DMB는 유럽 DAB 시스템의 오디오와 데이터 서비스외에 DAB 시스템의 스트림 모드를 이용하여 비디오 서비스(비디오, 오디오 및 데이터를 포함)를 제공한다. 지상파 DMB는 유럽의 DAB 스트림 모드 데이터 채널을 통해 비디오 서비스 신호를 안정적으로 전송하기 위해 MPEG-2 TS를 사용하고, 그 상위 계층에 H.264/AVC 비디오 부호화 및 MPEG-4 BSAC 오디오 부호화 기술을 적용한다.

전송방식은 OFDM에 DQPSK(Differential Quadrature Phase Shift Keying) 변조방식을 사용한다. DAB의 4개 전송모드 중에서 VHF 채널의 이동 멀티미디어 서비스에 적합한 전송모드 I을 사용한다. 전송모드 I은 보호구간이 246μs로 가장 길다. 전용 오디오 서비스에는 MPEG-1/2 Audio Layer II(MUSICAM)을 사용한다. 그 외의 데이터 서비스는 패킷 모드 또는 스트림 모드를 사용하여 다양한 데이터 스트림 및 데이터 객체를 전송할 수 있다.

(나) 지상파 DMB 송신 시스템 구조

그림 15-10은 지상파 DMB의 송신 시스템의 구조를 나타낸 것이다. 고속정보채널(FIC : Fast Information Channel) 데이터 서비스는 고속정보채널을 통하여 교통정보나 긴급경고 등의 서비스처럼 작은 대역으로 서비스가 가능한 데이터들을 전송할 수 있다. 다중제어 데이터는 DMB 시스템을 통하여 전송되는 서비스의 다중화 정보를 담고 있다. 서비스 정보는 프로그램에 관련된 부가적인 정보들을 포함하는데, 고속정보채널을 통하여 다중화 정보 등과 함께 전송된다.

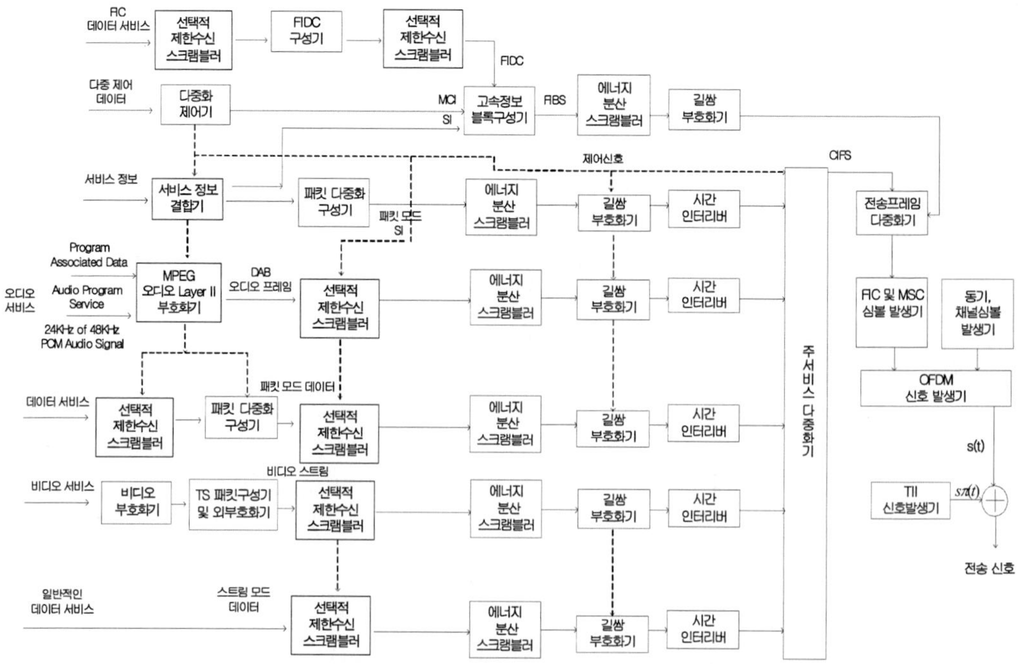

그림 15-10 지상파 DMB 송신 시스템 구성도

오디오 서비스는 CD급 음질의 오디오 서비스를 제공하기 위해 독립적인 채널을 통하여 전송한다. 데이터 서비스는 오디오 서비스의 노랫말 등과 같은 문자 데이터 전송에 이용될 수 있다. 비디오 서비스는 자체적으로 비디오, 오디오 및 다중화, 동기화 정보를 포함하기 때문에 DMB 시스템에 입력되기 전에 비디오 다중화기를 통하여 하나의 스트림으로 만들어진 후 DMB의 스트림 모드를 이용하여 하나의 서브 채널로 전송된다.

여기서 기본 오디오, 데이터 및 비디오 서비스는 주 서비스 다중화기에서 주 서비스 채널(MSC : Main Service Channel)에 다중화된 후 전송 프레임 다중화기에서 고속정보채널(FIC)로 전송되는 데이터와 하나의 프레임으로 묶여 물리적 채널을 통하여 전송된다.

또한, 제한수신 기능이 필요한 경우 DMB의 선택적 제한수신(Conditional Access) 스크램블러(Scrambler)를 통하여 이루어진다. 스크램블러는 수신자격이 없는 수신자는 시청이 불가능하도록 방송데이터를 뒤섞어서 변형시키는 기술로서 제어단어(Control Word)를 이용하여 스크램블링 처리한다. 즉, 제어단어는 방송데이터를 스크램블링하고 디스크램블링하는 일종의 키로 작용하므로, 디스트램블링 키인 제어단어를 복원하여 가질 수 있는 수신기에서만 디스크램블링을 처리할 수 있으며 정상적인 시청이 가능하다[6].

그림 15-11은 DMB의 비디오 다중화기 구조를 나타낸 것이다. IOD(Initial Object Descriptor)는 관련된 모든 스트림의 첫 접근 지점으로 OD 또는 BIFS의 ES-ID(Elementary Stream ID)를 알려주는 역할을 하고, OD는 객체를 구성하는 ES-ID를 알려주며 BIFS는 화면에 객체를 배치하는 기능을 수행한다. 또한, SLP(Sync Layer Packet)는 기술자를 포함해 멀티미디어 스트림의 동기화를 가능하게 해준다. 비디오 ES는 H.264/AVC, 오디오 ES는 MPEG-4 BSAC를 통하여 각각 부호화된 스트림이고, PSI 섹션 발생기, PES 패킷화기, TS 다중화기는 MPEG-2 시스템의 구성 요소들이다. PSI 섹션 발생기는 주로 다중화 및 역다중화를 위한 다중화 정보를 관리하고, PES 패킷화기는 각 ES에 대하여 독립적인 스트림을 생성하며 AV 동기를 위한 정보를 포함한다. TS 다중화기는 PES 및 PSI 섹션 정보를 전송을 위한 하나의 스트림으로 다중화하며 시스템 클록 동기화 기능을 제공한다. RS 및 인터리버 부호기는 DAB 표준에서 사용되는 기술로, 오류에 강한 전송을 위한 기술이다.

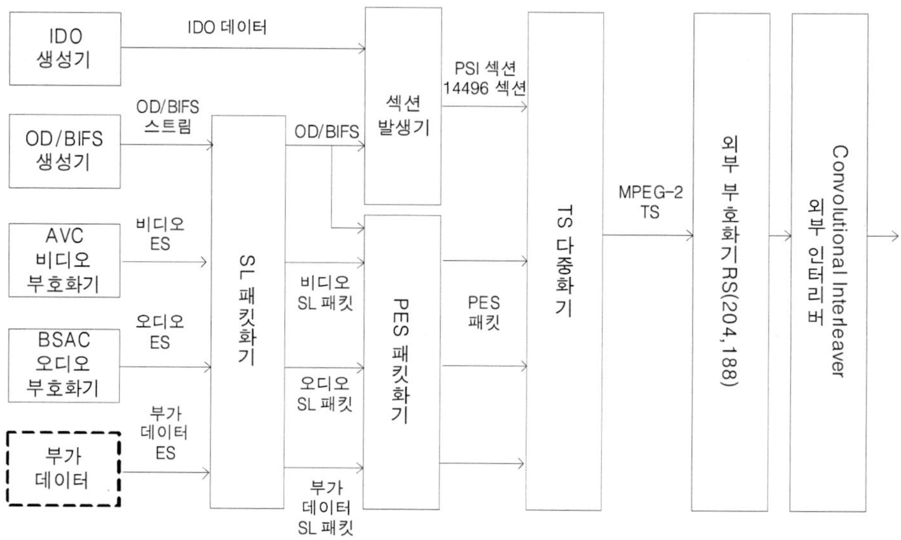

그림 15-11 비디오 다중화기 구조의 개념도

(다) 지상파 DMB 전송 기술

지상파 DMB 시스템은 데이터 다중화 방식으로 OFDM을 사용한다. OFDM 기술을 사용하면 고속으로 전송해야 하는 데이터 스트림을 다수의 캐리어로 분산하여 저속으로 전송할 수 있다. 이는 고정수신에서 문제가 되는 다중경로 페이딩 현상 및 이동수신 문제의 원인이 되는 도플러(Doppler) 효과에 의한 레일리 페이딩(Rayleigh fading) 현상 등을 극복할 수 있는 성능을 얻기 위한 것이다. 또한, 각 반송파(carrier)에 대한 변조방식은 QPSK 변조보다 성상도(constellation)상의 긴 거리를 사용함으로써 전송 효율을 높인 DQPSK를 사용하였다.

채널부호화 방식으로는 부호율 1/4 및 구속장(constraint length) K=7인 길쌈부호를 모부호(mother code)로 하는 RCPC(Rate Compatible Punctured Convolutional code)를 적용하여 길쌈 부호율을 가변시킬 수 있도록 하였다. 또한, 서비스 데이터의 구조상 중요도에 따라 길쌈 부호율을 차등 적용하는 비균등 오류보호(UEP) 및 균등 오류보호(EEP) 방법이 있다. 그림 15-12는 UEP와 EEP의 개념을 나타낸 것으로 MUSICAM 오디오 서비스의 경우 UEP를 적용하고 그 외 데이터 및 비디오 서비스에는 EEP를 적용한다.

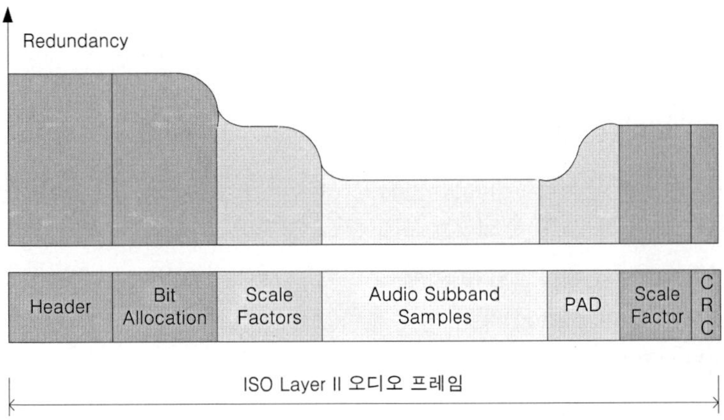

그림 15-12 UEP와 EEP 개념

임펄스 잡음 등에 의한 오류를 분산시키기 위해서 16개의 논리 프레임 구간(384 ms)에 대하여 시간 인터리빙을 적용하고, 주파수 선택적 페이딩(frequency selective fading) 등의 채널열화 오류를 분산시키기 위해서 주파수 인터리빙 기술을 적용한다. DMB 신호의 유효 심볼구간은 1 ms인데 심볼 간의 간섭을 방지하기 위하여

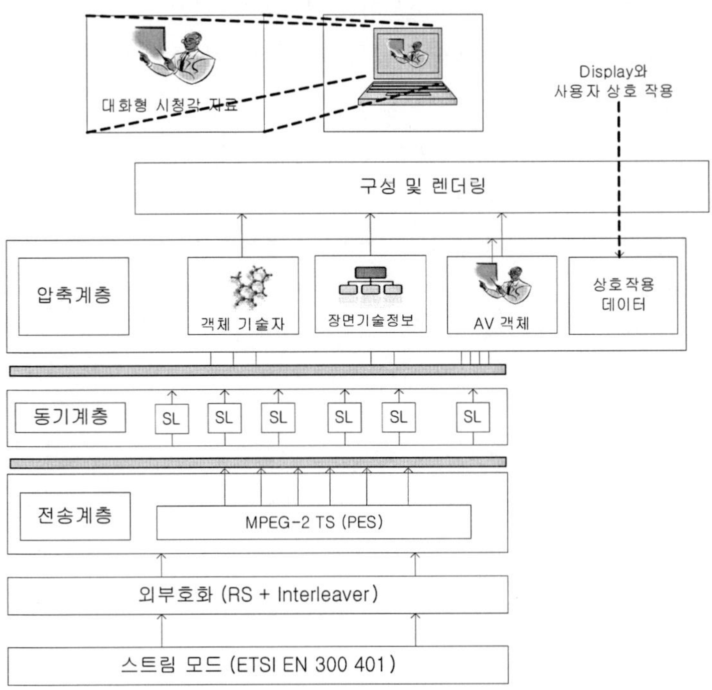

그림 15-13 비디오 서비스 시스템의 구조

246 μs의 보호구간을 둔다. 또한, 주파수를 분할하여 발생할 수 있는 반송파 간 간섭을 피하기 위하여 직교성을 확보할 수 있도록 반송파 간격을 1 kHz로 한다.

(라) 비디오 서비스 기술

비디오 서비스를 지원하기 위한 시스템의 구조는 그림 15-13과 같다. 스트림 모드의 데이터 오류를 외부호화를 통해 정정한 다음, 전송계층(Delivery Layer)에서 MPEG-2 TS 역다중화를 통해 분리하고 동기계층(Sync Layer)에서 데이터를 디캡슐화(decapsulation)해서 압축계층(Compression Layer)에서 비디오, 오디오, 데이터 등의 콘텐츠를 처리한다.

• 비디오 부호화 기술 : H.264/AVC

그림 15-14는 지상파 DMB에 채택된 비디오 부호화 기술인 H.264/AVC의 구성도를 나타내고 있다. H.264/AVC는 VCL(Video Coding Layer) 계층과 NAL(Network Abstraction Layer) 계층의 두 계층으로 구성된다. 비디오 압축기술에 NAL과 같은 네트워크 적응화를 위한 기술이 적용된 것은 다양한 디지털 통신망과 프로토콜이 존재하는 전송 환경에 적용이 용이하도록 하기 위함이다. NAL Unit(NALU)은 슬라이스 데이터, 파라미터 집합, 또는 SEI(Supplemental Enhancement Information)라는 부가정보를 포함할 수 있다. 슬라이스 데이터와 파라미터 집합은 VCL에서 영상 복호화에 사용되고, SEI 정보는 일반적으로 복호화된 영상을 활용하는 응용계층에서 소비되며, 극히 일부는 복호화 과정에 사용되도록 VCL 계층에 전달된다.

지상파 DMB는 H.264/AVC의 베이스라인 프로파일(Baseline Profile)을 사용한다. 즉, 입력 색상형식으로 4 : 2 : 0 한 가지 형식만을 지원하며 픽처 타입으로 I 및 P 프레임이 정의되어 있고, B 프레임은 사용하지 않는다. 디블로킹 필터(De-blocking Filter)를 사용할 수 있도록 하며 엔트로피 부호화 방식으로 CAVLC(Context Adaptive Variable Length Coding) 방식을 사용한다. 또한, 방송에 차질이 없고 수신기에 부담이 없는 범위에서 아래 추가 제약사항을 정의한다.

- 베이스라인 프로파일의 ASO(Arbitrary Slice Ordering), FMO(Flexible Macroblock Ordering), RS(Redundant Slice), DP(Data Partitioning) 기능은 허용하지 않음
- MaxDPB(Maximum Decoded Picture Buffer) = 115.5kB
- 수직방향 움직임벡터 탐색범위 : -64~63.75
- 지원 해상도 : QCIF, QVGA, CIF, WDF(384X224) 지원
- 프레임율 : 최대 30FPS

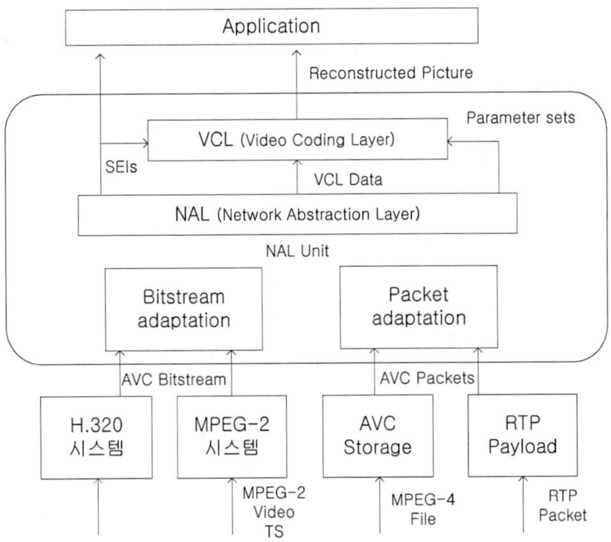

그림 15-14 H.264/AVC 구성도

• 오디오 부호화 기술 : MPEG-4 BSAC

지상파 DMB에서는 오디오 부호화 표준으로 MPEG-4 AAC의 변형인 MPEG-4 BSAC을 사용한다. AAC는 압축 최종단의 엔트로피 부호화로 허프만 부호화(Huffman Coding)를 사용하는데, BSAC은 이를 산술 부호화(Arithmetic Coding)로 대체한다. 따라서 변환 부호화 및 양자화 등 엔트로피 부호화 이전의 압축 성능은 AAC와 동일하다. BSAC에서는 MSB(Most Significant Bit)부터 비트평면(bit-plane) 단위로 전송하므로 전송오류로 인해 일부만 수신을 하더라도 오디오 재생이 가능한 오류에 강인한 특성을 가진다. 이를 강조하여 ER-BSAC(Error-Resilient BSAC)으로도 불린다.

• 다중화 기술 : MPEG-4 Over MPEG-2 TS 기술

일반적으로 MP4onMP2라고도 하는 이 기술은 객체기반의 MPEG-4 데이터를 방송 환경의 전송 시스템에 적용하기 위한 규격이다. 그림 15-15는 MP4onMP2의 개념도를 나타낸 것이다. MPEG-4 시스템의 SL 패킷화, MPEG-2 PES 패킷화, MPEG-2 TS 다중화 단계로 구성된다. MPEG-4 시스템의 BIFS나 OD 정보를 전송하기 위해서는 MPEG-4 SL 계층을 사용한다. SL 계층은 장면을 구성하는 각 객체의 다중화 기능과 동기 기능을 담당한다. MPEG-4 SL 패킷으로 다중화된 미디어는 최종 MPEG-2 TS를 통하여 전송된다.

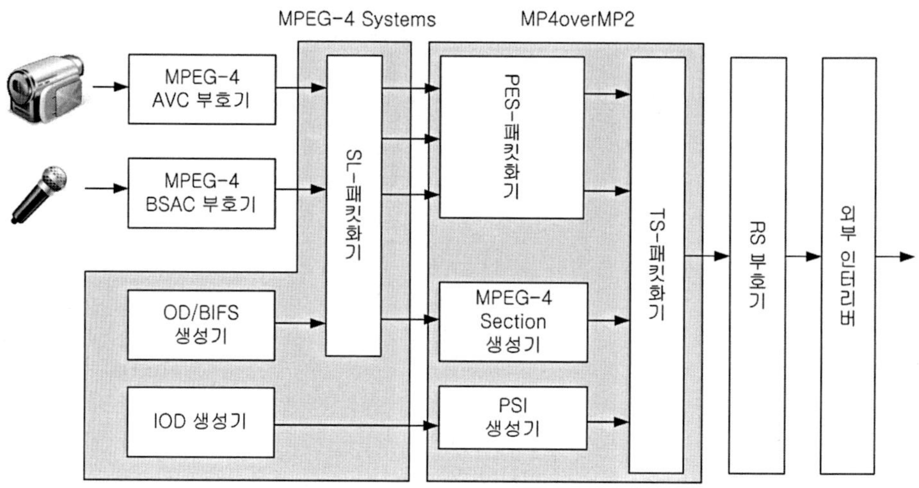

그림 15-15 MP4onMP2 개념도

이러한 구조는 MPEG-4 시스템과 MPEG-2 시스템을 동시에 사용하는 구조로 두 시스템 계층에서 중복되는 기능이 많이 있지만 서비스의 확장성과 안정성을 고려하여 디지털TV에서 사용중인 MPEG-2 TS를 채택하고 있다. 그리고 MPEG-4 over MPEG-2 TS 다중화 방식으로 인한 중복성을 줄이기 위한 기법들을 적용하고 있다. 예를 들면 MPEG-4 SL 헤더와 MPEG-2 PES 헤더에는 중복된 필드들이 있는데, 지상파 DMB 표준에서는 불필요한 필드들을 생략하여 중복성을 최소화하고 있다.

(마) 오디오 서비스 기술

지상파 DMB의 오디오 서비스는 비디오 서비스의 오디오 신호와 달리 FM이나 AM 라디오의 오디오 서비스에 해당한다고 할 수 있다. 오디오 부호화는 MPEG-1/2 Layer-II로 일반적으로 MUSICAM 오디오라고 한다. MPEG-4 계열의 부호화 방식보다는 부호화 효율이 낮지만 기존의 DAB 시스템에서 안정성이 검증되었고, 방송되는 음악과 관련된 시각적인 정보들을 보낼 수 있는 PDA(Program Associated Data) 서비스 및 보조데이터 채널을 사용하여 오디오 서비스에 대한 간단한 텍스트 정보를 전달하는 DLS(Dynamic Label Service) 서비스 등의 부가데이터 방송이 가능하다는 장점을 가지고 있다. MUSICAM 오디오 프레임은 헤더, 스케일 팩터정보, 서브밴드 샘플 및 보조데이터로 구성되고, 보조데이터는 길이를 가변할 수 있는데, 보조데이터의 용량이 커지면 오디오 데이터의 용량이 감소하며 그 역도 성립한다.

(바) 데이터 서비스 기술

지상파 DMB 시스템이 제공할 수 있는 데이터 서비스 표준으로는 데이터 전송 프로토콜인 MOT 프로토콜, IP터널링(IP Tunneling), 투명데이터 채널(TDC : Transparent Data Channel) 등이 있고, 세부 응용 서비스로서 MOT 슬라이드 쇼, 방송 웹사이트 서비스, XML 기반 전자프로그램안내(EPG) 서비스, 음성기반 EPG 서비스 등이 있다. 또한, DMB를 이용한 양방향 서비스에 대한 표준안도 검토되고 있다.

지상파 DMB의 데이터 서비스는 전송 방법에 따라 크게 두 가지로 구분된다. 첫 번째는 기본 오디오 서비스인 MUSICAM 오디오에 함께 다중화되어 전송되는 PAD이며, 두 번째는 독립적으로 전송되는 NPAD(Non-PAD)이다. 앞에서 언급된 서비스 표준들은 기본적으로 독립 데이터 서비스인 NPAD에 해당하며 MOT 슬라이드 쇼와 방송 웹사이트 서비스 등은 PAD에도 적용될 수 있다.

15.3 위성 DMB

1 개요

위성 DMB는 디지털화된 방송 콘텐츠를 위성으로 송출하고 다시 위성에서 휴대용 또는 차량용 수신기로 전송하여 방송을 시청할 수 있게 하는 새로운 디지털 멀티미디어 방송 서비스이다. 위성 DMB는 방송을 디지털화함으로써 CD 수준의 음질, 다양한 데이터 서비스, 양방향 서비스, 우수한 이동수신 품질 등을 제공하게 되고, 데이터 방송을 통해 음악방송 이외에도 뉴스, 교통정보, 기상정보, 지리위치정보, 동영상정보 등 다양한 멀티미디어 정보를 문자와 그래픽으로 전송한다.

위성 DMB는 지역적인 성격의 지상파 DMB와 달리 전국 어디서나 동시에 수신이 가능한 전국 서비스라는 점과 채널수도 훨씬 많다는 장점을 가지고 있다. 따라서 수해나 재해 발생 시 긴급 방송을 편성해 서비스할 수 있다. 또한, 다양한 채널을 활용해 특화된 콘텐츠를 제공하는 유료채널 등으로 다변화할 수 있다.

위성 DMB는 기존의 고정수신 위성 라디오 방송과는 차별화된 이동서비스를 제공하며 이를 위해서는 별도의 L밴드나 S밴드 등을 다운링크로 이용하는 위성이 필요하다. 그리고 이동중에도 수신이 가능해야 하므로 기존의 고정수신용 위성에 비해서 위성의 송신출력이 좀 더 커져야 한다. 방송 수신 시에 지상의 대부분의 지역은 위성에서 직접 수신이 가능하나 위성의 LOS(Line-Of-Sight)를 벗어나는 빌딩내부, 지하공간 및 고층건물에 의한 음영지역 등 직접 수신이 불가능한 도심내의 지역은 갭필러를 사용하여 수신한다.

그림 15-16은 위성 DMB의 서비스 개념도를 나타낸다. 프로그램 공급자로부터 받은 멀티미디어 신호를 위성 DMB 방송센터(지구국)에서는 Ku밴드(13.824~13.883 GHz)의 상향 통신채널을 사용하여 데이터를 위성으로 전송하고, 위성은 이 신호를 S밴드(2.630~2.655 GHz)로 변환하여 지상의 위성 단말기로 송출한다. 음영지역의 경우에는 Ku밴드(12.214~12.239 GHz)의 하향 주파수를 사용하여 갭필러로 송출하고, 갭필러는 이를 다시 S밴드로 변환하여 단말기로 송출한다.

위성 DMB 전송방식은 우리나라 이동전화에 사용되는 CDMA와 같은 CDM 방식을 사용한다. 동일한 주파수를 다수의 사용자가 동시에 사용할 수 있으며 OFDM 방식과 같이 다중경로 간섭에 강한 특성을 가진다. 위성 DMB의 비디오 부호화 기술은 지상파 DMB와 동일하게 H.264/AVC를 사용하고, 오디오 부호화 기술은 지상파 DMB와 달리 MPEG-2의 HE-AAC를 채택하고 있다.

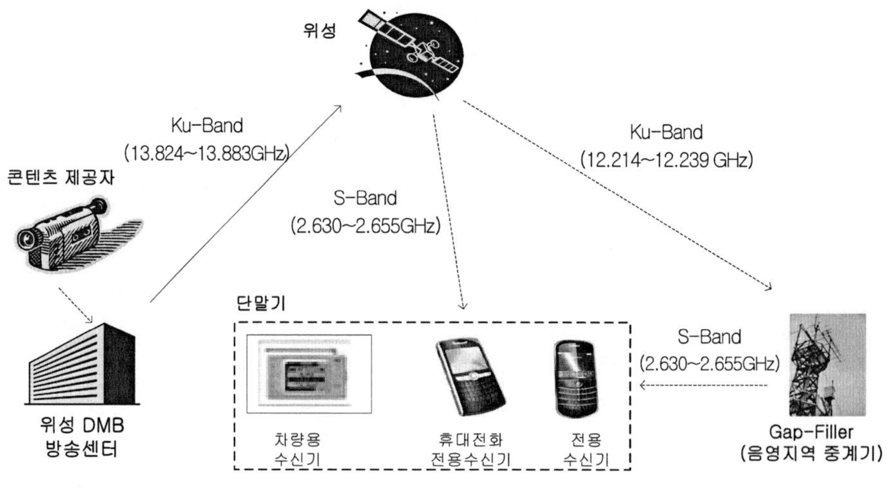

그림 15-16 위성 DMB 서비스 개념도

2 서비스 현황

위성 DMB 서비스는 2001년부터 준비하여, 2004년의 사업자 선정 및 2005년 5월 상용서비스 개시이래, TU미디어는 사업개시 1년 6개월 만에 유료 가입자 100만을 돌파하여 국내에서 많은 가능성을 보였으며, 2008년 8월에는 150만 가입자를 돌파하였다. 또한, 2007년 기준으로 약 1,200억원의 매출을 기록하였다[7]. 위성 DMB 단말기는 차량용 단말, 고정단말, 휴대단말 등이 있으며, 이들을 통한 응용 서비스로는 디지털 방송 시스템을 통해 실시간으로 교통정보를 제공하는 TPEG 서비스, 위성을 이용해 3지점을 측정하여 차량이나 사람의 위치를 파악하는 GPS 서비스, 휴대용이나 차량용 DMB 수신기에 전달되는 오디오 신호를 MP3 플레이어와 연계하여 재생하는 MP3 서비스, JPEG 등의 정지된 이미지를 보내는 일종의 슬라이드 쇼 서비스, R(Radio)-commerce 서비스, 방송 웹사이트(BWS : Broadcasting Web Site) 서비스 등 다양하다.

위성 DMB의 커버리지는 전국을 단일주파수방송망(SFN)으로 구성하여, 위성과 갭필러를 통해 송출하고 있으며, 임계기준값 기준으로 전국 평균 98%의 QoS 수준을 제공하고 있으며 고속도로, 지하철(수도권) 및 KTX 구간에서도 서비스를 제공하고 있다. 위성 DMB의 주요 수익원은 고객들이 지불하는 월정액이며, 이를 주요 제휴사와 이익 배분하는 협력모델을 구성하고 있다. 최근 들어 차량단말의 초충전(Initial Charge) 모델, 제휴사와의 공동 프로모션 모델 및 자체광고 유치 등의 수익 다변화를 시도하고 있다[7].

3 표준화 동향

위성 DMB는 '모빌리티'와 '멀티미디어'를 지원하며 방송과 통신망을 융합하는 새로운 방송매체로 발전하였으며, 국내에서는 2004년 상용 서비스 계획에 따라 이를 위한 표준방식과 기술기준 제정을 위한 연구가 진행되었다.

(가) 국외 표준화

1979년 세계무선주관청회의(WARC)-79의 결정에 따라 WP10-11S에서 위성 DSB (Digital Sound Broadcasting)에 대한 기술적인 검토가 시작되었다. 1985년 WARC-ORB-85에서 위성 DMB에 대한 추가연구를 요구하였고, 1988년에 WARC-ORB-88에 제출하기 위한 보고서가 작성되었으며, WARC-ORB-88에서 추가 연구가 요구되었다. 1991년에 DMB 서비스 및 시스템의 요구사항 초안이 작성되었다. 1992년에 WARC-ORB-88의 내용을 추가하여 WARC-92에 제출하였으며, WARC-92에서 DMB 주파수가 할당되었다. 또한, 1992년에는 시스템 요구사항이 권고로 채택되었다. 1993년에는 보고서 BO.955-2, 권고 BS.774 및 BO.789가 제정되었고, 1994년에 DMB에 사용되는 시스템 권고 BS.1114와 BO.1130이 채택되었다[8].

ITU-R의 시스템 권고인 ITU-R 권고 BO.1130-4에 포함된 위성 DMB 시스템은 ITU-R Digital System A(EUREKA-147), ITU-R Digital System B(VOA-JPL 시스템), ITU-R Digital System D(Worldspace 시스템), ITU-R Digital System E(일본의 CDM 시스템)가 있으며 각 시스템의 특징은 다음과 같다.

- **디지털 시스템 A** : OFDM 전송방식으로 주파수 사용효율이 우수하고, 저출력 SFN에 의한 광역방송이 가능하며 On-Channel 중계기 사용으로 난청지역 해소가 가능하다. 1993년 ITU가 지상 및 위성 DAB 방식으로 권고하고, 1995년 ETSI가 유럽표준 DAB 방식으로 공표했다.
- **디지털 시스템 B** : VOA/JPL(Voice of America/Jet Propulsion Laboratory)이 제안한 시스템으로 도심지 수신환경인 다중경로 페이딩을 보상하기 위해 적응형 등화 기술을 이용한다.
- **디지털 시스템 Ds** : Worldspace에서 운용하는 방식으로 1,452~1,492 MHz 대역에서 최적화되었으며, 실내외 고정, 휴대, 이동 수신기를 이용한 서비스가 가능한 시스템이다.
- **디지털 시스템 Dh** : 하이브리드 위성/지상망 Worldspace 시스템으로 저가 수신기를 이용할 수 있는 장점이 있다. 시스템 Ds에 기반을 두고 지상파 전송 시스템을 추가함으로써 음영 수신환경에서 성능을 개선시켰다.
- **디지털 시스템 E** : 일본전파산업협회(ARIB : Association of Radio Industries and Businesses)에서 제안한 시스템으로 전력 사용효율이 우수하고 위성과 갭필러를 통해 고품질 멀티미디어 방송이 가능하다. 2,630~2,655 MHz 대역에서 최적화되었으며 저가 수신기 개발이 가능한 장점이 있다.

(나) 국내 표준화

국내 위성 DMB 표준화 추진은 2002년 4월부터 학계, 연구소, 제조업체, 정부 등이 참여하는 위성 DMB 표준화 추진위원회에서 시스템별 평가항목을 점검하였다. 시스템 A, B, Ds, Dh, E 등 ITU-R 표준 다섯 가지 중에서 시스템 A인 OFDM 방식과 시스템 E인 DS-CDM 방식이 경합을 벌였고, 2003년 2월 공청회를 거쳐

표 15-9 위성 DMB 표준화[3]

일 정	표준화 내용
2003년 2월	방송위원회, 기존의 DAB 개념에 비디오 및 데이터 방송을 추가한 DMB 도입 정책 발표
2003년 3월	위성 DAB 표준화 추진위원회, 시스템 E를 국내 위성 DMB 기술표준으로 잠정결정
2003년 5월	위성 DMB 기술기준반을 구성하여 기술기준 및 표준 작성
2003년 7월	KT 위성 DMB 주파수(2,605 MHz~2,630 MHz) 추가 확보
2003년 12월	정보통신부, '방송 표준방식 및 방송 업무용 무선 설비의 기술기준' 개정
2004년 3월	- 한별 위성(MBSat)발사(SK텔레콤과 MBCo 공동투자)
	- 방송법 개정, 이동 멀티미디어 방송 개념 도입
2004년 9월	- 방송법 시행령 개정
	- 데이터 방송 부분을 제외한 위성 DMB 송·수신 정합표준 제정(TTA)
2004년 12월	위성 DMB 방송 사업자 선정(TU미디어)

2003년 5월에 ITU-R BO.1130-4 시스템 E 방식을 국내 단일표준으로 최종 확정하였다. 표 15-9는 위성 DMB 표준화 진행 일정을 정리한 것이다.

국내 위성 DMB 표준안은 시스템 E방식을 따르고 있으며 비디오와 오디오에 관해서는 다음과 같은 기술기준을 채택하고 있다.

1) 비디오 신호

- 비디오 부호화 : H.264/AVC Baseline
- 비디오 해상도 : QVGA(320×240) 해상도 및 초당 15 프레임
- 표본화 비트 수 : 6비트 또는 8비트
- 데이터 전송량 : 비디오와 관련된 오디오 포함 최대 512 kbps
- 비디오 신호의 처리시 : 최소 1채널 이상의 오디오 신호 동시 처리
- 비디오 신호부는 시간계위(temporal scalability)로 부호화된 스트림 처리

2) 오디오 신호

- 오디오 부호화 처리 : MPEG-2 HE-AAC(ISO/IEC 13818-7)(AAC+SBR)
- 표본화 주파수 : 최대 48 kHz
- 양자화 비트수 : 최대 24비트
- 복호가능 채널수 : 하나의 오디오 데이터 채널당 최대 2채널 복호
- 오디오 복호 기능 : 싱글 모노, 듀얼 모노, 스테레오 등

- 오디오 모드 식별 및 표시 : 싱글 모노, 듀얼 모노, 스테레오의 오디오 모드 식별 및 표시 기능

MPEG-4 HE-AAC는 채널당 24 kbps의 낮은 전송률에서도 CD 수준의 높은 음질을 제공하는 저전송률 오디오 부호기로, 기존 지각적 오디오 부호기의 한계를 극복하기 위해 대역폭 확장 기술의 하나인 SBR(Spectral Band Replication)을 MPEG-4 AAC에 적용한 것이다. SBR과 결합된 AAC를 통상 'AAC+' 또는 'aacPlus' 라고도 한다.

4 기술규격

시스템 E는 시스템 A에 비해 주파수 이용효율은 낮지만 전력효율이 상대적으로 우수하여 위성 시스템에 보다 경제적인 방식이다. 즉, 위성과 상호 보완적인 갭필러를 통해서 이동, 휴대 및 고정수신기에 대해서 고품질 오디오, 비디오 및 데이터 등 멀티미디어 서비스를 효율적으로 제공하기 위해서 고안되었다. 시스템 E는 2,630~2,655 MHz의 주파수 대역을 사용하고 위성 서비스 및 지상파 중계기 서비스에 대해서 성능을 최적화하도록 설계되었으며, RS 부호와 길쌈부호를 사용하는 연접부호(Concatenated Code)와 함께 QPSK 변조를 기반으로 한 DS-CDM(Direct Sequence-CDM)방식을 통해서 동작한다.

표 15-10 시스템 A와 시스템 E 기술 비교[9]

	시스템 A	시스템 E
주파수 대역	3 GHz 이하	2.630~2.655 GHz
신호 다중화방식	TDM	CDM
비디오 부호화	H.264/AVC	H.264/AVC
오디오 부호화	MPEG 4 BSAC	MPEG 2 HE AAC
대역폭	1.536 MHz 채널 전체 1.536 MHz×채널	25 MHz(=1개 채널)
최대 송신 데이터율	0.8 Mbps/채널(code rate=1/3)	9.472 Mbps/채널(code rate=1/2)
주파수 사용효율	0.533 bits/s/Hz(code rate=1/3)	0.378 bits/s/Hz(code rate=1/2)
요구 송신전력	3.1 KW for 9.848 Mbps	1.2 KW for 9.472 Mbps

위성 DMB는 위성 DMB 2.6 GHz 대역에서 시스템 E 방식을 적용하고, 지상파 DMB는 VHF 대역에서 시스템 A 방식을 적용하고 있다.

5 위성 DMB 기술

위성 DMB는 고품질의 이동형 멀티미디어 방송 서비스를 목표로 위성 DAB 규격 중 시스템 E 방식에 비디오 송출을 위한 규격을 포함시킨 새로운 개념의 서비스이다. 변조방식으로 CDM 기술을 사용하고 있으며, 64비트 월시부호(Walsh Code)를 이용하고 있다. 현재 30개의 CDM 채널을 사용하여 CDM 채널당 256 kbps의 데이터를 전송하므로, 25 MHz 대역에 총 7.68 Mbps의 페이로드 데이터 전송이 가능하다. 비디오 데이터의 경우 2개의 CDM 채널을 이용하여 전송하며, 오디오 데이터의 경우 1개의 CDM 채널을 이용한다.

(가) 위성 DMB 시스템 구성

CDM 기반의 디지털 라디오 방송은 일본의 ARIB가 최초로 제안하였다. ITU-R 권고안 B0.1130에 명시된 디지털 시스템 E는 위성과 상호 보완적인 지상중계기(On-Channel Repeater 또는 갭필러)를 통해서 이동, 휴대 및 고정수신기에 멀티미디어 서비스를 효율적으로 제공하기 위해서 고안되었다.

시스템 E는 Feeder-Link 지구국, 방송위성, 두 가지 형태의 지상중계기 그리고 휴대형, 고정형 그리고 이동형수신기로 이루어져 있다. 신호는 FSS(Fixed-Satellite Service) 업링크(Ku밴드 : 12~14 GHz)를 이용해서 Feeder-Link 지구국에서 방송위성으로 먼저 전송된다. 이 신호는 위성에서 S밴드 2.6 GHz 또는 Ku밴드 12 GHz 대역으로 변환되고 위성 중계기를 이용하여 증폭된 후, 전송 안테나를 통해 서비스 지역으로 방송된다. 위성 DMB 서비스 가입자들은 무지향성 소형 안테나를 이용하여 위성 또는 지상 중계기를 통해 방송신호를 수신할 수 있다.

디지털 시스템 E의 주된 특징은 다음과 같다. 첫째, 방송위성 서비스(BSS : Broadcasting Satellite Service)를 위해서 할당된 2.630~2.655 MHz 주파수 대역을 사용한다. 둘째, 다른 디지털 방송 서비스들을 상호 이용하고 많은 방송 서비스들의 유연성 있는 다중화를 위해서 MPEG-2 Systems를 채택한다. 셋째, 오디오 부호화를 위해서 고품질의 오디오 서비스를 제공하는 높은 부호화 효율을 갖는 MPEG-2 AAC를 채택한다. 넷째, 고속 이동체에서도 안전한 수신이 가능하다. 다섯째, 위성신호는 이동체의 두 안테나를 이용한 다이버시티(diversity) 기술과 단일 무지향성 안테나를 사용하여 수신할 수 있다.

(나) CDM 송신기 구조

CDM 방식의 디지털 시스템 E의 송신기 블록도는 그림 15-17과 같다. 먼저, 오디오 및 비디오는 MPEG-2로 부호화되어 MPEG-2 TS로 다중화된다. 오류정정

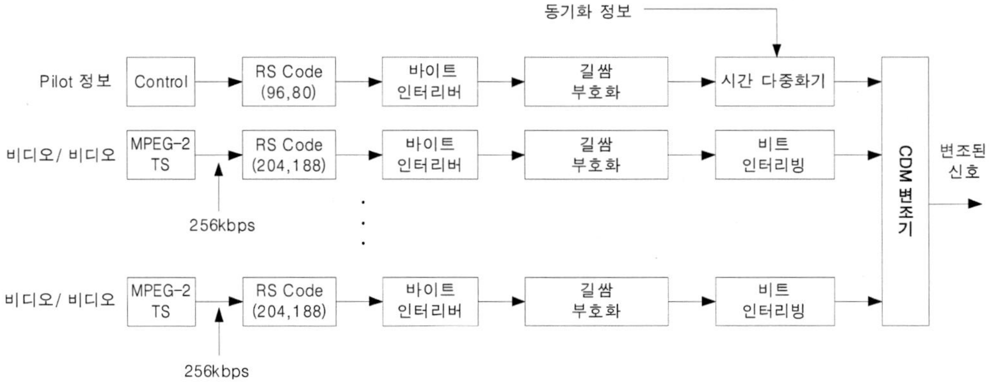

그림 15-17 CDM 방식의 송신기 블록도

부호로는 오류정정 외부호와 오류정정 내부호를 사용한다. 오류정정 외부호는 페이딩 왜곡에 의해 발생하는 오류를 정정하기 위해 직렬 채널부호화를 사용하며, 외부호로는 RS부호를 사용한다. RS(255, 239)의 각 204바이트의 정보 바이트 앞에 '0'으로 설정된 51바이트를 추가하여 부호화한 후, 그 결과에서 처음 51바이트를 제거하여 단축한 RS(204, 188)을 사용한다.

외부 부호화된 비트의 연집오류를 분산시키기 위해 바이트 단위의 길쌈 인터리빙(Convolutional Interleaving)이 사용되는데, 이는 DVB-S, DVB-T, ISDB-S 및 ISDB-T에서 사용되는 것과 동일하다.

이와 같은 외부 인터리빙에 이어 내부호로 구속장이 7인 길쌈부호화가 이루어진다. 길쌈부호의 부호율은 1/2, 2/3, 3/4, 5/6, 7/8 중에서 선택할 수 있으며 선택된 부호율은 파일럿 채널을 통해 수신기에 전송된다. 여러 가지 부호율의 부호는 펑처링(puncturing)을 사용하여 얻을 수 있다. 파일럿 채널은 가장 높은 부호율인 1/2을 사용한다.

그런데 음영 효과에 의해 신호가 왜곡될 경우에는 커다란 연집오류가 발생되며 오류정정 기능이 상실되므로 이를 방지하기 위해 비트 인터리빙을 사용한다. 외부 인터리버를 통과한 비트는 CDM 변조기에 입력된다. CDM 변조기에서는 채널별로 각각 다른 확산부호를 이용하여 전송신호 및 파일럿 신호를 확산변조하여 중첩한다. CDM 전송을 위해 직렬로 입력되는 비트열을 순서대로 I와 Q의 병렬 비트열로 정렬한 후, 각 채널에 할당된 월시부호와 길이 2,028칩(chip)의 의사잡음(PN : Pseudo random Noise)부호에 의해 확산시킨다.

(다) CDM 수신기 구조

그림 15-18은 CDM 방식의 수신기 기능 구성도를 나타낸다. RF단을 통해 기저대역으로 변환된 신호는 PN시퀀스와 월시부호와 상관(correlation)이 이루어지며, 이를 위해 수신기에서 부호의 동기화가 선행되어야 한다. 상관기의 출력은 레이크(Rake) 수신기에 입력되며 레이크 수신기는 채널추정을 통해서 얻은 다중경로 채널의 특성을 이용한다.

채널추정을 위해 기저대역 신호는 정합필터(Matched Filter)를 통과한다. 정합필터는 다중경로 페이딩 신호로부터 칩간격 단위의 시간지연을 갖는 각각의 경로신호를 분리해내며, 그 결과를 이용하여 채널추정을 수행하는데, 가장 전력이 큰 6개의 경로를 선택하게 된다. 이때 파일럿 채널을 통해 전송된 파일럿 심볼이 사용된다. 레이크 수신기는 채널추정을 통해 얻은 각 경로의 특성을 이용하여 수신신호로부터 위상정정 및 시간조정을 수행하여 전송된 QPSK 심볼을 복원하게 되며, I와 Q 채널 비트는 직렬비트로 변환되어 디인터리빙과 복호화 과정을 통해 전송비트가 복원된다.

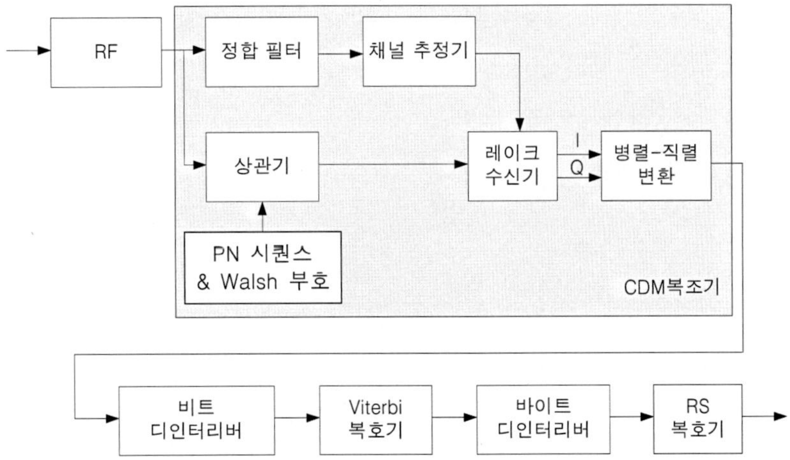

그림 15-18 CDM 방식의 수신기 블록도

• 참고문헌

[1] 한국방송기술인연합회, 『디지털 방송기술 총람』, 커뮤니케이션북스, 2011.

[2] 카도노 신야, 정제창 역, 『H.264/AVC 비디오 압축 표준』, 홍릉과학출판사, 2007.

[3] 구제길, 하상욱, 『DMB 시스템 기술』, 진한엠엔비, 2006.

[4] 김재영, "지상파 DMB 광고현황과 활성화 방안 연구", 한국방송광고공사, 연구보고서, 2010.

[5] 김대중, "지상파 DMB 국내표준화와 국제표준화", 한국통신학회지, 제 25권, 제 5호, pp. 2-92, 2008.

[6] 이진환, 이용훈, "지상파 DMB 제한수신 기술 및 표준화", 한국방송공학회지, 제 11권, 제 3호, pp. 20-30, 2006.

[7] 박헌주, "위성 DMB 서비스 현황과 과제", 방송공학회지, 제 13권, 제 3호, pp. 2-95, 2008.

[8] 서종수, "위성 DMB 기술기준 및 상용화 현황", 전자공학회지, 제32권, 제5호, pp. 56-61, 2005.

[9] 배성수, 한종수, 김철묵, 최규태, 『DMB 기술과 시스템』, 세화, 2005.

생각해 볼 문제

Q1 이동방송의 개념에 대해 자세히 서술하시오.

Q2 전세계적으로 대표적인 이동방송의 종류와 그 특징을 간략히 설명하시오.

Q3 국내 지상파 DMB는 DAB에 기반하여 확장한 것입니다. 두 방식 간의 차이점은 무엇인지 설명하시오. 왜 DMB라는 용어를 사용하게 되었는지를 설명하시오.

Q4 국내 지상파 DMB와 위성 DMB의 비디오 및 오디오 부호화 기술, 전송기술의 차이점을 간략히 설명하시오.

Q5 차세대 DMB 기술인 AT-DMB에 대해 간략히 설명하시오.

찾아보기

I

J

K

L

M

N

O

ㄱ

ㄷ

ㄹ

ㅁ

ㅂ

ㅅ

ㅇ

한종기

• 1992년 KAIST 전기 및 전자공학과 학사
• 1994년 KAIST 전기 및 전자공학과 석사
• 1999년 KAIST 전기 및 전자공학과 박사
• 1999년 ~ 2001년 삼성전자 DM 연구소 책임 연구원
• 2008년 ~ 2009년 UC San Diego Visiting Scholar
• 2001년 ~ 세종대학교 정보통신공학과 교수
• hjk@sejong.ac.kr
• http://msp.sejong.ac.kr

김재곤

• 1990년 경북대학교 전자공학과 학사
• 1992년 KAIST 전기 및 전자공학과 석사
• 2005년 KAIST 전기 및 전자공학과 박사
• 1992년 ~ 2007년 한국전자통신연구원(ETRI) 팀장/선임연구원
• 2001년 ~ 2002년 Columbia University Visiting Scholar
• 2007년 ~ 한국항공대학교 항공전자 및 정보통신공학부 교수
• jgkim@kau.ac.kr
• http://mcl.kau.ac.kr

서정일

• 1994년 경북대학교 전자공학과 학사
• 1996년 경북대학교 전자공학과 석사
• 2005년 경북대학교 전자공학과 박사
• 1998년 ~ 2000년 LG반도체 주임 연구원
• 2010년 ~ 2011년 University of Southampton Visiting Researcher
• 2001년 ~ 한국전자통신연구원 선임 연구원
• seoji@etri.re.kr
• www.etri.re.kr

정가 37,000원

멀티미디어를 중심으로 설명하는

디지털 방송 시스템

2012년 2월 23일 초판 인쇄
2012년 2월 29일 초판 발행

저자와의
협의하에
인지생략

저　자 : 한 종 기 · 김 재 곤 · 서 정 일
발행자 : 우 명 찬 · 송　준
발행처 : 홍릉과학출판사
주　소 : ㊝142-885 서울시 강북구 인수동 455-60
등　록 : 1976년 10월 21일 제5-66호
전　화 : 999-2274~5, 903-7037
팩　스 : 905-6729
ISBN : 978-89-97570-02-7
hongpub@hongpub.co.kr
www.hongpub.co.kr